새로운 사회적 자유주의

# 새로운
# 사회적
# 자유주의

한국 사회,
미래 정치의 길을 묻다

**문성훈** 지음

NEW SOCIAL LIBERALISM

사월의책

# 새로운 사회적 자유주의

1판 1쇄 발행  2022년 4월 30일

지은이 문성훈
펴낸이 안희곤
펴낸곳 사월의책

편집 박동수
디자인 김현진

등록번호 2009년 8월 20일 제2012-000118호.
주소 경기도 고양시 일산서구 중앙로 1388 동관 B113호
전화 031)912-9491 | 팩스 031)913-9491
이메일 aprilbooks@aprilbooks.net
홈페이지 www.aprilbooks.net
블로그 blog.naver.com/aprilbooks

ISBN 979-11-92092-02-7  93300

* 책값은 뒤표지에 있습니다.
* 이 저서는 2017년 한국연구재단 선정·저술출판지원사업 지원을 받아 수행된 연구임
  (과제번호: NRF-2017S1A6A4A01021428)

# 차례

# 제III부 새로운 사회적 자유주의의 구성요소

# 서문: 왜 사회적 자유주의인가?

　나는 이 책에서 사회적 자유주의를 우리 사회가 추구해야 할 새로운 정치이념으로 제시하고자 한다. 사회적 자유주의란 인간의 자유를 최고의 가치로 삼는다는 점에서 자유주의이지만, 인간의 자유를 인간의 사회성에 기초한 자유, 즉 사회적 자유로 본다는 점에서 사회적 자유주의이다. 여기서 사회성이란 인간이 자기중심성에서 벗어나 타인의 관점에서 자기를 성찰할 줄 아는 특성으로서 이를 통해 서로 다른 개인들이 일체감을 형성하고 서로를 보완하는 상호협력을 수행하면서 결국 각자의 한계를 극복한다. 따라서 사회적 자유란 개인의 자유라는 면에서 외적 강제나 내적 장애 없는 자아실현을 의미하면서도 타인과의 일체감과 상보성을 통해 실현되는 '협력적 자아실현'을 의미한다. 그런데 지금까지의 자유주의는 인간의 사회성이 아니라, 인간의 자기보존본능과 이로 인한 자기중심적 욕구에 기초한 개인적 자유를 최고의 가치로 설정한 자기중심적 자유주의였다. 이러한 자유주의는 모순적이다. 인간의 자기중심성에 기초한 개인적 자유는 외부로부터 아무런 방해 없는 욕구 충족을 의미하지만, 타인과의 대립과 경쟁을 피할 수 없다는 점에서 개인의 자유 실현은 타인의 자유 실현을 침해할 수 있다. 따라서 자기중심적 자유주의는 개인적 자유를 최고의 가치로 삼으면서도 항상 이를 제한해야 했다. 다시 말해 개인의 자기중심성에 기초한 지금까지의 자유주의는 타인의 자유를 침해하지 않는 한도 내에서만 개인의 자유를 허용하는 제한적 자유주의였다는 것이다. 그러나 이렇게 제한된 자유 역시 경쟁 관계 속에서 실현된다는 점에서 경쟁의 승자와 패자가 나누어지듯 결국 자기중심적 자유주의는 소수의 자유와 대다수의 부자유를 초래하고 말았다. 그 결과 경쟁에서 이긴 사람들은 재산, 권력, 명예를 독점하며 자신의 목표와 선호를 실현할 뿐만 아니라, 우월감에 빠져 자신보다 뒤처진 사람들을 무시하고, 반대로 경쟁에서 뒤처진 사람들은 생존 위기는 물론 열등감에 허덕이며 삶의 의미마저 지키기 어렵게 된다. 이에 반해 사회적 자유주의는 개인의 자유를 최고의 가치로 삼으면서도 개인의 자유를 제한하는 자기모순에 빠지지 않는다. 인간의 사회성에 기초한 자유는 일체감과 상보성을 통한 타인과의 협력을 전제하기 때문에, 한 개인의 자유 실현은 타인의 자유 실현과 대립하는 것이 아니라, 오히려 타인의 자유 실현의 필수적 조건이 된다. 이런 점에서 사회적 자유를 최고의 가치로 삼는 사회적 자유주의는 자기중심적 자유를 최고의 가치로 삼는 자기중심적 자유주의에 대한 대안적 정치이념이 될 수 있다. 그런데 내가 사회적 자유주의 앞에 "새로운"이라는 수식어를 붙인 것은 과거에 사회적 자유주의라고 지칭된 자유주의의 한 흐름이 있었기 때문이다. 하지만 과거의 사회적 자유주의는 비록 인간이 사회적 존재임을 강조하지만, 인간의 '사회성'에 대한 명료한 이해와 '사회적 자유' 개념에 기초한 것이 아니기에, 진정한 의미의 사회적 자유주의는 아니다. 이런 점에서 용어상의 혼동이 생기지 않을 경우, "새로운"이란 수식어를 사용하지 않아도 무방하다.

　오늘날 우리 사회는 가히 경쟁 사회라 부를 수 있을 만큼 거의 모든 사회적 영역이 경쟁으로 구조화되었다. 따라서 이런 사회적 영역에서 수행되는 개인적 활동은 개인의 의도와 상관없이 내가 얻으면 남은 잃고, 내가 이기면 남은 패배하는 제로섬 방식으로 진행된다. 학생들이 열심히 배우고 익히는 것은 당연한 일이지만, 이는 곧바로 내신 성적을 위한, 특목고에 가기 위한, 그리고 대학 진학을 위한 경쟁으로 탈바꿈하면서 나의 모든 노력은 타인보다 우위에 서기 위한 노력으로 변질된다. 이는 대학에 입학하더라도 마찬가지이다. 누구나 A+를 받으려고 열심히 공부하지만, 상대 평가 상황에서는 단지 열심히 공부하는 것이 아니라, 다른 사람보다 1점이라도 더 얻기 위해 경쟁하는 것이 중요하다. 그리고 대학을 마치면, 취업을 위해 경쟁하고, 사업가가 되어도 경쟁하고, 자영업자가 되어도 경쟁하고, 생산자든 판매자든 소비자든 자신이 원하는 것을 성취하기 위해서는 단지 열심히 노력한다기보다 남보다 우위에 서기 위해 경쟁한다. 정치적 영역도 마찬가지다. 승자독식의 구조하에서 모든 정치인은 국회의원이 되기 위해, 대통령이 되기 위해 수단과 방법을 가리지 않고 다른 후보보다 한 표라도 더 얻기 위해 경쟁한다. 이것만이 아니다. 우리는 여가나 문화생활에서도 경쟁한다. 낚시가 취미인 사람은 단지 물고기를 잡는 것이 아니라, 남보다 더 큰 물고기를 잡기 위해 경쟁하고, 노래방에서조차 노래하며 즐기는 것이 아니라 남보다 높은 점수를 얻으려 경쟁한다. 당연히 모든 스포츠는 경기 방식으로 진행되기 때문에 승자와 패자가 갈리지만, 미술이나 음악 등 예술 분야에서도 등수를 매기는 대회가 넘쳐 난다. 이런 점은 한가하게 TV를 볼 때도 마찬가지이다. 여기서도 인기 있는 프로그램들은 흔히 시합과 경연 방식으로 진행되기 때문이다. 이렇듯 우리가 교육, 경제, 정치, 문화적 영역에 참여한다면 의도하든 의도하지 않든, 단지 내가 원하는 것을 얻고 행하기 위해 노력하기보다는 남들보다 우위에 서기 위한 경쟁으로 강조점이 이동한다. 더구나 누구는 이기고, 누구는 지는 제로섬 상황이 아닌데도 사람들이 있는 곳이면 흔히 경쟁적 상황이 펼쳐진다. 남들보다 더 많은 관심과 사랑을 받기 위해 가족끼리도 친구끼리도 동료끼리도 서로 경쟁하기 때문이다.

과연 이렇게 살아야 할까? 물론 경쟁을 긍정적으로 보는 사람들도 있다. 경쟁은 사람들에게 자기 발전의 계기가 될 수 있고, 그만큼 게으름과 나태함에서 벗어나 자신의 삶을 위해 무언가 열심히 노력하려는 원동력이 된다는 것이다. 그러나 경쟁이 승자와 패자를 나누고, 승자는 우월감을 만끽하고 패자는 열등감에 시달리며, 사회 전체적으로 볼 때 경쟁이 소수의 자유와 대다수의 부자유를 낳는 방식으로 진행된다면, 경쟁 일변도의 사회는 결코 좋은 사회가 아니다. 그렇기에 지금까지 정치, 경제, 교육 등 다양한 사회적 영역에서 경쟁을 제한하거나 경쟁이 낳은 폐해를 최소화하려는 수많은 정치적 시도가 등장했다. 하지만 경쟁의 제한은 이것이 자유의 침해라는 비판과 저항에 직면할 수밖에 없었고, 경쟁이 낳은 폐해를 최소화한다 하더라도 경쟁 관계는 여전히 존재한다는 점에서 이는 항상 사후적이라는 한계를 갖는다. 그 결과 경쟁을 제한하려는 정치적 시도 자체가 오히려 제한된다든지, 경쟁의 폐해가 최소화될 수 있기에 오히려 경쟁이 정당화되는 역설적 결과가 초래되었다. 이런 점에서 이제는 경쟁의 제한이나 사후적 조치만이 아니라, 경쟁 영역 자체를 축소하면서 이를 협력적으로 재구조화하려는 발상의 전환이 필요한 것은 아닐까?

　최근의 정치 상황을 보면 여당이든 야당이든 이구동성으로 말하는 정치적 의제는 단연코 공정이다. 물론 공정이 쟁점이 된 것이 어제오늘의 일은 아니다. 이미 2010년에도 이명박 정부가 '공정사회'를 천명했다. 가장 불공정하고, 가장 기득권 친화적이었던 이명박 정부가 공정을 말한다는 것 자체가 국민을 우롱하는 기만에 불과했지만, 오늘날 공정이 쟁점이 된 것은 우리 사회에 만연한 불공정에 대한 국민적 분노 때문이다. 그렇다면 여기서 말하는 공정이란 무엇일까? 어려운 철학적 논의를 거칠 필요도 없이 지금 말하는 공정이란 경쟁에서의 공정을 말하며, 대표적인 예로 대학 입학, 취업, 승진 경쟁에서의 공정을 말한다. 한국리서치에서 시행한 〈한국사회 공정성 인식조사〉에 따르면,[1] 대한민국 국민 대다수는 개인의 노력이나 능력이 경쟁의 기준이 되어야 공정한 경쟁이라고 생각한다. 그러나 우리 사회는 공정한 사회가 아니다. 이들은 우리 사회에서 경쟁이 부모의 배경이나 연줄에 의해 좌우된다고 보기 때문이다. 그렇기에 오늘날 우리 사회에는 불공정에 대한 분노가 팽배해 있다. 그런데 흥미로운 것은 개인의 노력이나 개인의 능력 중 한국 사람들은 개인의 노력을 더 중시한다는 점이다. 간단히 말해 우리 국민은 노력하는 사람이 성공하는 사회를 공정한 사회로 본다는 것이다. 그러나 단지 열심히 노력해서 자신이 원하는 것을 성취하는 것이 아니라, 내가 얻으면 다른 사람은 잃게 되는 제로섬 상황에서 개인의 노력이 공정성의 기준이 되어야 한다는 요구가 쉽게 받아들여지기는 어렵다. 사실 개인의 노력 정도는 객관적으로 비교 가능한 것이 아니기에 이것만으로 경쟁에서의 승자와 패자를 가릴 수는 없기 때문이다. 만약 개인의 노력 정도를 기준으로 대학 입학, 취업, 승진 경쟁에서 사람을 선발한다면 이를 받아들일 사람은 많지 않을 것이다. 이런 점에서 개인의 노력이 아니라, 객관적으로 비교 가능한 개인의 능력이 경쟁의 기준이 될 수밖에 없으며, 따라서 우리 사회에서는 이른바 능력주의가 공정한 경쟁의 원칙으로 천명되곤 한다.

그러나 능력주의가 과연 공정한 것일까? 물론 경쟁을 통해 대학에서 학생을 선발하고, 기업에서 사원을 채용하고 승진시킨다면 가장 우선적인 기준은 개인의 능력일 것이다. 그런데 엄밀하게 생각해 볼 때 능력을 통해 사람을 평가하는 것이 과연 정당한 것일까? 분명 어떤 사람은 능력이 있고, 어떤 사람은 능력이 없고, 개인 간의 능력 차이가 존재한다. 그런데 능력의 유무가 과연 본인의 책임일까? 개인의 능력이 본인이 노력한 결과라면 능력의 유무는 당사자에게 책임이 있다. 그러나 개인의 능력에는 본인의 노력만이 아니라, 가정환경, 유전적 특성, 그리고 운까지 영향을 미친다. 이런 요소들이 개인의 능력에 미치는 영향이 미미하다면, 개인의 능력은 개인적 노력의 결과이고, 오직 능력만으로 경쟁이 이루어진다면 이는 공정한 것이다. 흔히 사람들은 불공정을 말할 때 특혜를 거론한다. '부모 찬스'라는 말이 있듯이 부모가 영향력을 발휘해서 자기 자식을 대학에 합격시키고, 회사에 취직시킨다면 이는 특혜이고, 따라서 불공정이다. 그러나 부정 청탁과 같은 불법적인 방법이 아니더라도 입시 경쟁과 취업 경쟁에서 부모가 미치는 영향은 크다. 부모의 경제적 능력에 따라 좌우되는 교육 투자가 자식이 어느 대학에 입학하느냐를 결정하고, 이렇게 입학한 대학이 어느 회사에 채용되느냐를 결정한다면, 각종 경쟁에서 개인의 능력이 평가 기준이 되어야 한다는 주장은 설득력이 없다. 개인의 능력은 개인의 노력이라기보다 부모의 경제력을 통해 형성된 것이기 때문이다. 하지만 그렇다고 해서 자녀에 대한 부모의 투자를 배제할 수 있을까? 더구나 자녀 양육을 부모의 의무로 보는 상황에서 부모가 자식을 위해 많은 투자를 한다고 해서 이를 비난할 사람이 있을까? 사실 이렇게 본다면 우리 국민이 아무리 공정경쟁을 원한다고 해도, 그것이 불평등한 조건에서 형성된 개인의 능력을 통한 경쟁이라면, 여기에는 원초적 불가능성이 있다. 이런 점에서 능력을 기준으로 한 공정경쟁 주장은 불평등한 조건을 은폐하고 이를 미화하는 허위의식만을 확산할 뿐이다.

2021년 광복절 기념사에서 문재인 대통령은 대한민국이 선진국임을 선언하였다. 그리고 대한민국이 선진국으로서 품격을 지녀야 함을 강조했다. 우리나라는 경제 규모로 세계 10위권에 안에 들며, 이런 점에서 유엔무역개발회의(UNCTAD)는 대한민국에 선진국의 지위를 부여했다. 그렇다면 선진국으로서의 품격이란 무엇일까? 문재인 대통령은 이를 약자를 포용하는 것으로 보았다. 물론 사회적 약자와 강자는 개인의 능력, 즉 경쟁력 차이 때문에 발생하며, 남들보다 경쟁력이 떨어진 사회적 약자는 생활 수준이 열악할 수밖에 없고, 따라서 누군가의 도움 없이는 살기 어렵다. 그러나 우리는 더 근본적으로 질문할 수 있다. 왜 사회적 약자가 생기는 것일까? 당연히 이는 경쟁 때문이며, 경쟁이 격화하여 삶과 죽음을 건 무한경쟁 양상을 띠게 되면, 우리 사회 전체는 서열화된다. 즉 전 국민을 1등부터 꼴찌까지 경쟁력의 강함과 약함, 강자냐 약자냐에 따라 등수를 매길 수 있다는 것이다. 그 결과 어떤 사람은 좋은 학벌을 발판 삼아 대기업에 취직하여 고액연봉 생활자가 되고, 어떤 사람은 낮은 학벌에 비정규직을 전전하다가 실업자가 된다. 이렇게 경쟁력의 차이는 직업과 소득의 차이로 나타나고, 이로 인한 경제적 불평등과 빈부격차를 초래하지만, 이것만이 다가 아니다. 서열화가 개인의 능력에 따른 것이라면, 능력주의 사회에서 경쟁력이 낮은 사람들은 열등감에 빠져 자신을 자책하고 비하하며 살 수밖에 없다. 그래서 그럴까? 우리나라 행복지수는 OECD 국가 중 거의 꼴찌에 해당한다. 사람이 느끼는 행복이 자신에 대한 만족도에 좌우된다면, 자존감 없이 열등감에 빠진 국민은 결코 행복할 수 없다. 그렇다면 약자를 포용하는 것도 중요하지만, 경쟁을 축소하고, 이를 협력적으로 재구조화하는 것은 어떨까? 다시 말해 우리 사회를 경쟁 사회에서 협력 사회로 탈바꿈하는 것은 어떨까? 만약 이렇게 된다면 약자의 발생만이 아니라, 서열화로 인한 자존감 상실 또한 방지할 수 있는 것은 아닐까?

사실 어떤 사회이든 협력 관계를 전제하지 않으면 존속할 수 없다. 경제적 영역만 보더라도 오늘날 자기에게 필요한 모든 것을 자기 혼자 생산하는 사람은 없다. 모든 경제적 활동은 분업적 협력 속에서 수행되기 때문이다. 애덤 스미스가 지적했듯이,[2] 모직 코트를 생산하기 위해서는 양치기에서 시작하여 양모 선별공, 염색공, 방적공, 직포공 등 공장 노동자들의 노동이 필요하고, 모직 코트 원료를 공급하기 위해서는 상인, 해운업자가 필요하고, 해운업자가 운송 업무를 수행하기 위해서는 조선업자, 돛대 제조업자, 밧줄 제조업자가 필요하고, 또한 이들이 활동하기 위해서는 아마도 한 사회의 경제 활동 전체가 동원되어야 할 것이다. 이와 마찬가지로 생산자는 판매자가 있어야 생산하고, 판매자는 생산자가 없으면 판매할 수 없으며, 또한 판매자는 소비자를 필요로 하고 소비자는 판매자가 없으면 자신에게 필요한 물자를 소비할 수 없다. 경제적 영역만이 협력적으로 구조화된 것은 아니다. 정치적 영역에서도 우리가 민주주의를 실현하고자 한다면 협력은 필수적이다. 민주주의는 그 어원을 보더라도 인민의 자기 결정 원칙에 기초해 있으며, 따라서 민주주의 국가는 국민의 의사에 따라 운영되어야 한다. 그러나 사실 국민이란 단지 서로 다른 가치관이나 이해관계를 가진 다양한 개인, 집단, 계층을 포괄하는 추상적 개념일 뿐이라는 점에서 이는 단일한 주체를 의미하는 것이 아니다. 이런 점에서 개별적 국민이 협력을 통해 통일체를 이루지 않는 한 사실 인민의 자기 결정은 특정 계층이나 집단의 자기 결정으로 왜곡되기 쉽다. 그리고 우리는 일상생활에서도 수많은 협력 관계를 형성하며 산다. '백지장도 맞들면 낫다'는 말이 있듯이 서로 힘을 합쳐 일체감을 형성할 뿐만 아니라, 각자 자신의 역할을 통해 서로를 보완하는 상보적 관계라면 모두 다 협력 관계인 것이다. 더구나 이런 협력은 단지 일을 할 때만 발휘되는 것은 아니다. 연인 간의 사랑과 같이 일과 무관한 친밀성 영역에서조차 협력 관계가 필요하다. 내가 상대방을 사랑하기 위해서는 상대방 역시 나를 사랑해야 하며, 상대방의 나에 대한 사랑이 성공하기 위해서는 이 사람에 대한 나의 사랑이 필요하다. 이렇듯 협력 관계가 형성되면 내가 하고자 하는 바를 수행하는 것이 곧 상대방이 하고자 하는 바를 수행하기 위한 필수 조건이 되며, 그 반대도 마찬가지이다. 이런 점에서 협력 관계 속에서 개인의 자유는 서로 대립하는 것이 아니라, 상대방의 자유 실현을 위한 조건이 된다.

우리나라는 반만년 역사 동안 수많은 침략을 받았고, 근현대사만 보더라도 외세에 의한 국권침탈은 물론 분단의 아픔까지 겪었다. 아마도 이 때문에 우리 국민에게는 뿌리 깊은 열등감과 강대국 의존적 태도가 무의식에 자리 잡고 있는지도 모른다. 그런데 여기에 더해 무한경쟁이 만든 서열화까지 가중되면, 대한민국이 경제적으로 선진국 대열에 올랐다 해도 우리 국민이 국제적으로나 국내적으로 자존의식을 갖고 당당하게 살아나가기는 어렵다. 선진국의 품격을 위해서는 단지 경제 대국이라는 사실만이 아니라, 약자를 포용하는 것도 중요하다. 그러나 과연 경쟁이 만든 서열화 속에서 열등감에 빠진 국민이 선진국으로서의 품격을 가질 수 있을까? 따라서 이런 점에서도 이제 대한민국은 모든 국민이 자존감 있게 사는 나라가 되어야 하는 것은 아닐까? 나는 발상의 전환, 국민의식의 패러다임 전환이 필요하다고 생각한다. 경쟁을 당연한 것으로 전제하고, 단지 경쟁을 제한하거나 경쟁이 초래한 부정적 결과만을 대증적으로 해결하는 것이 아니라, 경쟁 자체를 축소하고 우리 사회 자체를 협력적으로 재구조화함으로써 대한민국을 경쟁 사회에서 협력 사회로 재구성해야 한다는 것이다. 그렇다면 어떻게 해야 경쟁 사회에서 협력 사회로의 대전환이 시작될 수 있을까? 나는 경쟁의 폐해를 극복하기 위해 그동안 제시된 다양한 제도와 정책을 떠올려 보면 그 실마리를 풀 수 있다고 본다. 예를 들어 독일 대학은 평준화되어 있으며, 대학입학 자격 고사만 합격하면 누구나 원하는 대학에 진학할 수 있다. 따라서 독일 학생들은 대학에 입학하기 위해 열심히 공부하지만, 다른 사람과 경쟁하지 않는다. 하지만 독일 대학이 극한 경쟁을 유발하는 한국의 서열화된 대학들보다 교육이나 연구에서 뒤졌다는 말은 들어본 적이 없다. 그리고 정치적 영역에서 한 표라도 더 얻은 후보자만 국회의원이 되는 승자독식의 선거구제가 아니라, 득표수에 비례하여 의석수를 배분하는 비례대표제가 확대된다면, 정치인들이 국민의 지지를 위해 노력하더라도 그 노력은 다른 후보를 떨어뜨리기 위해 수단과 방법을 가리지 않는 적대적 경쟁으로 나아가지는 않을 것이다. 경제적 영역도 마찬가지이다. 생산자 협동조합을 통한 공동 판매가 이루어지면 생산자들은 좋은 상품을 생산하기 위해 노력하지만 다른 생산자와 경쟁할 필요는 없다. 그리고 이런 협동조합이 소비자 협동조합, 신용 협동조합, 노동자 협동조합 등으로 확대될 뿐만 아니라 이들 협동조합 간의 협력적 네트워크가 형성될 수 있다면 경쟁이 불가피하다고 여겨져 온 경제적 활동 중 상당 부분이 협력적으로 재구조화될 것이다. 이것뿐만이 아니다. 만약 전 국민의 기본생활을 보장할 수 있는 기본소득제가 도입된다면, 사회구성원 간의 경쟁은 생존을 둘러싼 극한 경쟁에서 벗어나 개인의 자기 발전을 위한 우호적 경쟁으로 탈바꿈할지도 모른다. 물론 이런 사례들은 협력 사회가 어떤 사회인지 어렴풋하게 보여줄 수 있는 실마리에 불과하며, 교육, 정치, 경제, 문화 등 우리 사회에 존재하는 다양한 사회적 영역을 협력적으로 재구조화하기 위해서는 더욱 정교화된 창의적 제도와 정책이 필요하다. 그러나 이에 앞서 가장 중요한 것은 국가 정책 개발을 향도할 정치이념이다. 정치이념이란 국가의 개별 정책들을 입안하는 데 규제적 역할을 하는 최종 목표이자 가치를 말한다. 이런 규제적 정치이념이 없다면 국가는 어떤 정책을 개발하고 시행해야 할지 방향을 잡지 못하고 표류하게 된다. 물론 어떤 정치이념도 한 국가의 정체성을 무시할 수는 없다. 만약 그렇지 않다면 이는 해당 국가가 추구할 정당한 정치 행위의 한계를 넘어선 것이기 때문이다. 이런 점에서 내가 말하는 정치이념은 우리나라의 국가적 정체성을 실현하면서 협력 사회로의 전환을 효과적으로 실현할 수 있어야 한다. 나에게는 그런 정치이념이 바로 사회적 자유주의이며, 개인의 자기중심성과 경쟁이 아니라, 사회성과 상호협력에 기초한 사회적 자유주의가 실현된다면 분명 대한민국의 21세기는 모든 국민이 자존의식을 갖고 사는 '국민 자존 시대'가 될 것이다.

* * *

나는 이 책에서 사회적 자유주의가 향후 대한민국의 새로운 정치이념으로 자리매김할 수 있도록 개념적 토대를 마련하는 작업에 집중할 것이다. 그리고 이러한 나의 작업은 총 네 가지 부분으로 구성된다. 먼저 나는 예비적 고찰에서 서론 격으로 대한민국의 정체성이 무엇인지를 헌법 입안자의 입장, 헌법 전체 구조, 헌법재판소의 판례 전통, 합법적 정당의 강령, 그리고 대한민국의 정체성에 대한 이론적 담론을 통해 규명하면서 이를 실현할 정치이념으로 새로운 사회적 자유주의를 제시할 것이다. 이에 이어 제 I 부에서는 자유주의가 등장하게 된 역사적 배경을 살펴볼 뿐만 아니라, 고전적 자유주의가 주장하는 개인의 자유가 개인의 자기보존이라는 자기중심적 자유임을 규명할 것이다. 그리고 이런 자유 개념 때문에 자유주의 국가가 개인의 자유를 최고의 가치로 삼았음에도 불구하고 소수의 자유와 대다수의 부자유를 귀결하고 말았음을 지적할 것이다. 제 II 부에서는 이러한 전제하에 한편으로 인간의 자기중심성에 대비되는 사회성이 무엇이며, 인간의 협력이 갖는 특징이 무엇인지를 규명할 것이다. 그리고 다른 한편 이러한 사회성에 기초한 자유가 무엇인지를 악셀 호네트의 사회적 자유 개념에 근거하여 해명할 것이다. 제 III 부에서는 고전적 자유주의자들이 개인적 자유가 실현되는 사회 체제로 구상한 대의제 민주주의, 자본주의적 시장경제, 원자론적 사회에 대한 대안으로 사회적 자유가 실현될 사회 체제로 협력적 민주주의, 사회적 경제, 유기체적 사회를 제시할 것이다. 분명 이러한 나의 작업이 비록 과감하기는 하지만, 충분히 체계화된 것이 아님을 고백한다. 오히려 나는 저술 작업이 다 끝난 지금에서야 비로소 새로운 사회적 자유주의를 체계화시킬 수 있는 적절한 방향을 깨달은 것 같은 아이러니를 느낀다. 그렇기에 나는 새로운 사회적 자유주의라는 나의 제안이 오늘날 대한민국이 추구할 이념적 향방을 고민하는 사람들에게 새로운 길을 열어 준다기보다는 앞으로 토론해 볼 만한 새로운 주제라도 될 수 있기를 바랄 뿐이다.

2022년 3월 14일
문성훈

# 대한민국의 재구성과
# 새로운 사회적 자유주의

지난 2016년 박근혜 대통령 탄핵을 위한 촛불 집회에서 그동안 쌓인 국민적 분노를 가장 집약적으로 표현했던 말은 단연코 "이게 나라냐?" 이다. 그렇다면 그 후 우리나라는 과연 나라다운 나라가 되었을까? 2020년 발생한 코로나 팬데믹으로 인해 전 세계가 2차 세계대전 이후 최대의 위기에 직면했다. 그러나 우리나라는 서구 선진국들과 비교해 볼 때 상대적으로 피해를 최소화하면서도, 경제마저 살려냄으로써 역설적으로 10대 경제 대국에 진입하였다. 하지만 '금수저-흙수저', '3포 세대', 그리고 여기에 더해 '벼락 거지'라는 말들이 회자되듯이 일반 국민의 삶은 크게 개선된 것 같지 않고, 코로나 팬데믹으로 인해 사회적 양극화마저 심화하였다. 대한민국은 여전히 OECD 국가 중 행복지수 최하위, 자살률 1위, 출산율 감소 1위, 노인빈곤율 1위 국가이며, 그만큼 우리 국민의 삶은 어렵다. 이러한 상황에서 우리나라 정치인들은 여당이든 야당이든, 아니면 진보든 보수든 나라다운 나라를 만들기 위해 올바른 이념적 방향을 설정하고 있을까?

이 책의 목적은 오늘날 우리가 추구해야 할 정치이념이 무엇인지를 제시하는 데 있다. 내가 생각하는 정치이념이란 국가의 개별 정책들을 입안하는 데 규제적 역할을 하는 최종 목표이자 가치를 말한다. 이런 규제적 정치이념이 없다면 국가가 추진하는 제반 정책들은 조화와 통일성을 상실하고, 서로 대립하거나 무질서해지기 쉬우며, 정당성 제시는 커녕 국정 운영 자체가 방향을 잃고 표류하게 된다. 물론 정치이념은 시대에 따라 변화할 수밖에 없고, 또한 정당이나 정치 세력에 따라 달라진다. 그러나 정치이념의 변화나 다양성이 한 국가의 정체성마저 훼손할 수는 없다. 만약 어떤 정치이념이 국가적 정체성마저 훼손한다면, 그것은 해당 국가가 추구할 정치이념의 한계를 넘어선 것이다. 이런 점에서 내가 말하는 정치이념은 우리나라의 정체성을 유지하면서도 오늘날의 시대변화에 맞게 이를 효과적으로 실현할 수 있어야 한다. 그렇다면 어떤 정치이념을 국정 운영의 방향으로 삼아야 대한민국이 나라다운 나라가 될까? 이 책의 예비적 고찰에서는 이러한 문제에 답하기 위해 첫째, 우리나라 대한민국이 어떤 나라인지를 헌법과 헌법 제정 과정에 근거하여 살펴볼 것이다(1장). 그리고 이에 이어 둘째, 대한민국의 정체성이 다시금 쟁점이 되었던 2008년 촛불 집회 이후 대한민국을 개혁하려는 새로운 국가 담론들을 소개할 것이다(2장). 셋째, '헌법적 통합성'이란 관점에서 대한민국의 정체성이 무엇인지를 규명하고, 과연 오늘날 대한민국이 헌법적 정체성에 부합하는 '나라다운 나라'인지를 진단한다(3장). 그리고 끝으로 오늘날 어떤 정치이념이 필요한지를 논의하면서 '새로운 사회적 자유주의'를 그 답으로 제안할 것이다(4장).

# 1장 대한민국은 어떤 나라인가?

우리나라가 어떤 나라인지 그 정체성을 밝히기 위해서는 무엇보다도 헌법을 참조할 수밖에 없다. 헌법은 "국가의 조직과 구성에 관한 기본법"이자, 한 국가의 사회 및 정치 질서를 형성하는 "최고의 규범 체계"이기 때문이다.[1] 그렇다면 헌법상 우리나라는 본래 어떤 나라인가? 1948년 제정된 대한민국 제헌헌법에서 출발하여 1987년 개정 헌법에 이르기까지 헌법 제1조는 "대한민국은 민주공화국"임을 천명하고 있다.[2] 이는 우리나라의 국가 및 통치 형태를 규정한 것으로서 헌법을 새로 제정하지 않는 한 변경될 수 없는 헌법의 가장 핵심적인 부분이다.[3] 그리고 헌법 전문 역시 우리나라가 어떤 나라인지를 이해하는 데 필수적이다. 헌법 전문은 "헌법 규범의 단계적 구조 중에서 최상위의 규범"에 해당할 뿐만 아니라, 법리상으로도 대한민국에서 일어나는 모든 "법령해석의 기준"이자, "입법의 지침"이요, 재판상의 "준거 규범"이기 때문이다.[4] 그렇다면 헌법 전문에서는 우리나라를 어떤 나라로 규정하고 있을까? 헌법 전문을 보면 헌법 제정 주체인 대한민국 국민이 헌법을 제정한 이유가 나타나 있다. 즉 "정치·경제·사회·문화의 모든 영역에 있어서 각인의 기회를 균등히 하고, 능력을 최고도로 발휘하게 하며, 자유와 권리에 따르는 책임과 의무를 완수하게 하여, 안으로는 국민 생활의 균등한 향상을 기하고 밖으로는 항구적인 세계평화와 인류공영에 이바지함으로써 우리들과 우리들의 자손의 안전과 자유와 행복을 영원히 확보"하는 데 대한민국 헌법의 제정 이유가 있다는 것이다.[5] 이렇게 본다면, 헌법 전문의 내용은 민주공화국이라는 대한민국의 국가 형태가 아니라, 민주공화국으로서 대한민국이 추구해야 할 최종 목표이자 대한민국의 존립 근거를 밝히고 있다. 따라서 대한민국이 어떤 나라인지 그 정체성은 '대한민국은 민주공화국'이라는 헌법 제1조 규정과 헌법 전문에 나와 있는 헌법 제정 이유를 통해 이해되어야 한다.

## 1. 헌법 1조 '민주공화국'의 역사적 기원

그럼 먼저 '대한민국은 민주공화국이다'라는 말은 구체적으로 무엇을 의미하는지 살펴보자. 이에 대해 우리나라 헌법학계의 통설로 자리 잡은 것은 대한민국 제헌헌법 초안을 작성한 유진오의 해석이다.[6] 이에 따르면 민주공화국은 민주와 공화국이 합쳐진 말로서 공화국은 국가 형태인 국체(國體)를, 민주는 통치 형태인 정체(政體)를 가리키는 말이다. 즉 대한민국은 주권의 소재에 따라 국가 형태를 구분할 경우 주권이 군주에 있는 군주국이 아니라, 주권이 국민에게 있는 공화국이며, 동시에 대한민국은 국가 권력의 행사방식에 따라 통치 형태를 구분할 경우 권력집중이 아니라, 권력분립에 기초한 민주주의 국가라는 것이다. 그런데 사실 민주와 공화국의 의미를 이런 식으로 이해한다면 과연 민주주의와 공화국이 구별될 수 있을지 의문이다. 민주주의란 문자 그대로 국민이 나라의 주인이라는 국민주권원리를 표현하고 있는데도, 공화국을 국민주권 국가의 의미로 이해한다면, 민주주의와 공화국은 서로 구별되지 않는다. 이런 점에서 유진오 역시 공화국과 민주국을 동의어로 보면서 민주공화국은 보통 민주라는 말을 빼고 공화국이라는 명칭만을 사용하고 있음을 지적한다. 하지만 사정이 이런데도 유진오가 굳이 공화국 앞에 민주라는 말을 붙여 '민주공화국'이라는 명칭을 사용한 것은 권력집중에 기초한 북한의 '인민공화국'과 권력분립에 기초한 대한민국을 구별하기 위함이었다고 한다. 이러한 해석을 전제한다면 대한민국이 민주공화국이라는 것은 국민주권과 권력분립에 기초한 국가라는 뜻이며, 이런 맥락에서 성낙인 같은 헌법학자도 민주공화국을 "군주제를 부정하고, 국민주권원리에 따라 권위주의 및 전체주의를 배격"한다는 의미로 해석한다.[7]

그러나 이처럼 민주공화국의 의미를 단지 북한의 인민공화국과 구별하려는 뜻으로 한정시킬 필요가 있을까? 민주나 공화국, 혹은 민주주의나 공화주의란 말은 오랜 역사를 갖고 있으며, 그만큼 민주공화국에 대해서도 얼마든지 다양한 해석이 가능한 것 아닐까? 더구나 유진오가 대한민국 제헌헌법 초안을 작성했다고는 하지만, 그가 민주공화국이란 말을 처음 만들어낸 것도 아니며, 그가 대한민국 헌법과 관련하여 민주공화국이란 말을 처음 사용한 것도 아니다. '대한민국은 민주공화국'이라는 헌법적 규정은 1919년 제정된 대한민국 임시정부 최초의 헌법 문서인 〈대한민국 임시헌장〉에서 처음 등장하였으며, 대한민국 임시정부 하에 이루어진 5차례의 헌법 개정에도 불구하고 아무런 변경 없이 유지되었다. 그러나 '민주공화국'이란 표현이 헌법 문서상으로 〈대한민국 임시헌장〉에 기원한다고 해서, '민주공화국'이란 말이 〈대한민국 임시헌장〉을 위해 처음 만들어졌다는 것은 아니다. 민주공화국 담론의 역사적 기원과 전개 과정을 탐구한 박찬승에 따르면, 민주공화국은 19세기 말부터 우리나라에서 진행된 "신(新)국가 구상"에 대한 논의의 결과였으며,[8] 이런 점에서 민주공화국은 대한제국 멸망 이후는 물론 그 이전부터 새로운 나라를 세우고자 했던 우리 민족의 염원이 담긴 말로 이해할 수 있다. 따라서 '민주공화국'이 무엇을 의미하는지를 규명하기 위해서는 헌법 초안자인 유진오의 해석만이 아니라, 우리 민족이 새로운 나라를 세우고자 했던 역사적 맥락도 함께 살펴보아야 한다.

### 새로운 나라에 대한 염원

박찬승의 연구를 정리해 보면 우리나라 조선에 서구의 정치 제도가 처음 소개된 것은 1844년 중국에서 간행된 『해국도지』를 통해서였다. 이 책은 세계 각국의 지리적 특성에서부터 정치, 경제, 종교 등은 물론 영국의 입헌군주제와 미국의 대통령제도 소개하고 있다. 그리고 조선의 지식인이었던 최한기는 이를 참고하여 1857년 『지구전요』라는 책을 집필하면서 입헌군주제에 대한 조선의 담론이 시작되었다. 그런데 흥미롭게도 『지구전요』에서 최한기는 영국과 미국의 정치 제도를 소개하면서 미국의 대통령제가 어진 임금 못지않게 나라를 잘 통치할 수 있는 제도로 보면서 영국의 입헌군주제보다 더 높게 평가하였다고 한다. 그 후 1881년 일본을 시찰하고 돌아온 박정양과 민종묵이 입헌군주국으로의 탈바꿈이 시작된 일본의 정치 제도를 소개하였고, 특히 민종묵은 일본의 정치 제도가 영국의 정치 제도를 모방한 것임을 지적하였다. 그리고 1884년 우리나라 최초의 신문이었던 『한성순보』는 「구미입헌정체」,

「미국지략」, 「민주주의와 각국의 장정 및 공의당」 등의 글을 통해 서구의 정치 제도를 상세하게 소개하였다. 이에 따르면, 서구의 정치 제도는 모두 헌법에 따라 나라를 다스리는 입헌정체이며, 이는 다시 '군민동치(君民同治)'와 '합중공화(合衆共和)'로 구분된다. 이 중 군민동치란 군주와 백성이 함께 나라를 다스리는 것으로서 영국의 입헌군주제가 대표적 사례이며, 합중공화는 미국과 같이 국민이 합동으로 대통령을 선출하여 나라를 통치하는 것을 말한다.

물론 영국의 입헌군주국과 미국의 공화제 등 서구의 정치 제도에 대한 소개가 단지 소개로만 끝난 것은 아니다. 이는 우리에게 적합한 정치 제도는 무엇인가에 대한 논의로 이어졌고, 급기야 이를 실현하려는 국가 개혁 운동으로까지 발전하였다. 유길준과 같은 개화파 정치인은[9] 정치 제도를 다수가 다스리는 '다인정치(多人政治)'와 소수가 다스리는 '소인정치(少人政治)'로 나누고, 소인정치는 다시 '군주전제(君主專制)', '군주전치(君主專治)', '귀족정치(貴族政治)'로, 그리고 다인정치는 '군민동치(君民同治)'와 '공화정치(共和政治)'로 구분하면서 조선의 정치 제도를 이 중 가장 나쁜 군주전제에 해당하는 것으로 분류하였다. 물론 유길준이 원하는 것은 다인정치였지만, 그렇다고 그가 다인정치 중 미국처럼 국민이 대통령을 선출하는 공화정치를 원했던 것은 아니다. 더구나 그는 영국의 입헌군주제식의 군민동치와 같은 뜻인 '군민공치(君民共治)'가 가장 좋은 제도라고 생각했지만, 일반 백성의 학식 수준이 국정에 참여할 정도가 되지 못한다 하여 임금과 신하가 권력을 분점하는 '군신공치(君臣共治)'를 조선에 가장 적합한 정치 제도로 보았다. 따라서 유길준은 임금의 전제적 권력을 제한함으로써 임금과 신하가 권력을 분점하여 나라를 함께 통치하는 새로운 나라를 구상하게 된다. 이러한 점은 급진개화파로서 갑신정변에 참여했던 박영효도 마찬가지였다. 그는 고종에게 올린 상소문인 「건백서」에서 임금의 권한 제한과 백성의 권리 신장을 주장했지만, 국민이 주권을 갖는 국민주권원리로까지 발전하지는 못했고, 유길준과 마찬가지로 '군신공치'라는 제한된 형태의 군주제가 조선에 적합하다고 보았다. 그리고 드디어 유길준은 1894년 갑오개혁 정권에 참여하게 되면서 실제로 자신의 이상을 실현하기 위해 군국기무처를 설치하여 군주의 권한으로부터 독립한 입법기관을 만들고자 하였다. 그러나 고종은 끝내 이를 거부했고, 개화파가 주도했던 갑오개혁 정권 역시 1896년 아관파천 이후 붕괴하고 말았다.

그러나 이로써 새로운 나라를 만들고자 하는 열망마저 사라진 것은 아니다. 1896년 설립된 독립협회는 오히려 진일보하여 군신공치가 아니라, 군민공치를 주장함으로써 사실상 우리 민족의 새로운 나라로 영국식 입헌군주국을 구상하기에 이른다. 당시 독립협회를[10] 이끌던 지식인들은 모든 국민이 생명과 재산에 대한 권리와 언론과 집회의 자유를 천부 인권으로 가지고 있음을 주장했을 뿐만 아니라, 이를 넘어 국민이 바로 나라의 주인이요, 벼슬하는 사람들은 국민의 종이라는 생각까지 펼쳤기 때문이다. 이러한 사고의 전환은 드디어 의회개설론으로 발전하여 1897년 3월 독립신문은 국가 경영의 방책을 만드는 일은 의회에서, 이를 시행하는 일은 내각에서 맡을 것을 주장하였다. 그리고 1898년 독립협회의 윤치호는 고종에게 상소문을 올려 기존의 중추원을 의회로 개편하여 행정과 입법을 독립적으로 시행할 것을 주청하였다. 이에 고종은 결국 중추원이 법률이나 칙령의 제정 등을 심의하도록 하고, 중추원 구성원의 반은 정부가 임명하고, 나머지 반은 독립협회 회원들이 투표로 선출하도록 이를 개편하였다. 이로써 입법권과 행정권이 분리될 뿐만 아니라, 매우 제한적이지만 일반 백성도 투표를 통해 국정에 참여하는 군민공치의 길이 열렸다. 그러나 고종 임금은 독립협회가 군민공치라는 입헌군주제가 아니라, 군주제를 폐하고 공화제를 수립하려 한다는 모함에 현혹되어 독립협회를 탄압하였고, 독립협회의 중추원 선출권만이 아니라, 독립협회 자체를 폐지하였다. 그리고 급기야 1899년 〈대한국 국제(大韓國 國制)〉를 반포하여 대한제국이 황제에게 무한한 권력을 부여한 전제군주국임을 천명함으로써 조선을 입헌군주국으로 탈바꿈하려는 모든 노력이 수포가 되었고, 1910년 대한제국이 멸망하면서 입헌군주제를 위한 노력 자체가 사라지고 말았다. 군주가 없는 상황에서 입헌군주제란 어불성설이나 마찬가지였기 때문이다.

하지만 새로운 나라를 세우려는 염원마저 사라진 것은 아니며, 이는 오히려 한층 강화된 형태로 나타났다. 군주가 없다면 이제 역설적으로 백성이 주인인 나라, 그렇기에 백성이 국가를 통치하는 나라를 만들 수밖에 없기 때문이다. 따라서 이제 새로운 나라에 대한 염원으로 입헌군주제가 아니라, 공화제가 등장한다. 물론 망국 이전에도 최한기와 유길준, 그리고 『한성순보』 같은 경우 서구의 정치 제도를 소개하면서 입헌군주제만이 아니라, 미국의 공화제도 함께 소개하였고, 이와는 별개로 1883년 홍영식은 미국을 시찰한 후 고종에게 미국의 공화제에 대해 보고했다. 그리고 1888년 박정양도 『미속습유』에서 미국의 공화제를 소개했다고 한다.[11] 그렇다면 이들에게 공화제란 어떤 통치 형태를 말하는 것이었을까? 그것은 공화국의 대표적 사례로 지목된 미국의 경우에서 알 수 있듯이 선거를 통해 선출되는 대통령제였다. 그렇다면 사실 공화제란 국민주권에 기초한 대의제 민주주의를 의미하는 것 아닌가? 당시 문헌을 보더라도 1909년 선우순은 『국가론의 개요』에서 아리스토텔레스가 구분한 군주제, 귀족제, 민주제라는 세 가지 정체가 시대의 변화에 적합하지 않다고 보면서 국가의 정체를 군주제와 공화제로 구분하고, 공화제를 다시 귀족 공화제와 민주 공화제로 구분하였다. 이런 점은 1908년 원영의가 쓴 『정체개론』도 마찬가지였다. 여기서도 국가의 정체를 군주정체와 공화정체로 구분하고, 군주정체는 전제군주제와 입헌군주제로 나누면서 공화정체를 귀족 공화제와 민주 공화제로 나누고 있기 때문이다.[12] 이런 구분법에 따른다면 미국의 정치 제도를 말하는 공화제란 정체 분류상 민주 공화제에 해당하며, 의미상 그것은 대의제 민주주의 국가를 가리킨다. 따라서 공화국이란 용어는 당시에 사실상 민주공화국이나 민주주의와 동의어처럼 사용되었다고 볼 수 있다. 그렇다면 망국 이전에 원영의가 말한 민주 공화제라는 용어를 사용하지 않고, 굳이 민주라는 말이 빠진 공화제란 용어를 사용한 이유는 무엇일까? 김정인에 따르면,[13] '민주'라는 단어는 말 자체가 백성이 주인이라는 의미를 직접 표현하고 있기에, 당시 전제군주국이었던 조선의 상황에서는 군주가 나라의 주인임을 부정한 불온한 표현으로 이해될 수밖에 없었다. 그리고 바로 이 때문에 당시의 지식인이나 정치인들은 민주라는 단어의 사용을 피하고, 공화국이란 말로 이를 대신하려 했다는 것이다. 그러나 미국의 정치 제도를 공화국으로 규정하든 민주공화국으로 규정하든 국민이 선출한 대통령이 나라를 다스리는 대의제 민주주의는 당시 지식인들의 시각에서 볼 때 시기상조였다. 비록 최한기 같은 경우는 영국식 입헌군주제보다 미국식 대의제 민주주의를 높게 평가했지만, 당시 조선의 지식인 대부분은 일반 백성이 이를 감당할 만큼 문명화되지 못했다고 생각했기 때문이다.

이렇게 볼 때 망국 이전에는 입헌군주국이 당시 전제군주국이었던 조선의 대안으로 제시되었고, 민주공화국은 '민주'라는 표현을 잃어버린 채 아직 우리 실정에 맞지 않은 통치 형태로 자리매김하고 있었다. 그러나 망국 이후에는 입헌군주국이 아니라 이젠 공화국이, 그것도 민주공화국이 명실상부한 새로운 국가의 이상으로 등장한다. 망국 이후 독립운동을 주도하던 사람들에게 전제군주국이었던 대한제국의 멸망은 군주권의 소멸일 뿐 이는 민권에 기초한 새로운 나라의 시작이나 마찬가지였기 때문이다. 이미 1905년부터 국민주권에 기초한 국민국가 건설을 표방했던 미국의 한인조직인 '공립협회'는 1910년 '대한인국민회'로 통합되면서 우리 민족이 건설할 새로운 국가를 "민주주의 국가"로 규정했다.[14] 그리고 이러한 희망 속에서 1914년 미국 대한국민회 하와이 지방총회는 앞으로 설립할 새로운 국가를 "민주공화국"으로 지칭하기에 이른다.[15] 이렇게 새로운 나라에 대한 논의가 입헌군주제에서 민주 공화제로 도약한 것은 1911년 공화제를 표방한 중국의 신해혁명, 그리고 1917년 군주제를 붕괴시킨 러시아 혁명과 1918년 독일 혁명 등 국제 정세의 변화가 큰 영향을 미친 것으로 보인다.[16] 조선의 지식인들은 이런 세계사적 변화를 겪으면서 군주제가 아니라, 공화제를 세계사적 흐름으로 보게 되었기 때문이다. 이런 점에서 1919년 3.1 운동과 함께 공화제, 민주제, 대의제를 표방한 다양한 임시정부 시안들이 등장하였으며,[17] 드디어 같은 해 대한민국 임시정부가 구성되어 우리 민족의 새로운 나라가 '민주공화국'임을 선포한 것이다.

### 대의제 민주주의의 경험

지금까지 살펴보았듯이 '대한민국은 민주공화국이다'라는 규정을 임시정부수립 이전에 진행되었던 새로운 국가 건설을 위한 논의의 결과로 이해한다면, 민주공화국의 의미는 다름 아닌 국민주권원리에 기초한 대의제 민주주의 국가로 이해할 수 있다. 하지만 당시까지 새로운 국가 건설에 대한 논의가 주로 지식인이나 정치인, 더 나아가 독립운동가 사이에서 진행되었다는 점을 염두에 둔다면, 과연 대의제 민주주의 국가 건설이 우리 민족의 염원이었다고 할 만큼 일반 백성들에게도 공감 가능한 것이었을지 의문이다. 19세기만 해도 지식인과 정치인들은 일반 백성들의 문명화 수준이 낮다고 하여 대의제 민주주의가 조선의 실정에 맞지 않는다고 보지 않았던가! 그러나 "19세기부터 1919년 3.1 운동과 대한민국 임시정부 출범까지의 역사에서 민주주의의 기원"을 탐구한 김정인의 연구를 보면,[18] 당시 일반 백성의 삶은 이들의 판단과는 달랐다. 19세기 조선의 신분제도 붕괴 과정에서 일반 백성들은 대의제 민주주의의 기초라 할 수 있는 만민평등의식만이 아니라, 스스로 주권자가 되어 결성한 자치 조직 내에서 이미 민주주의를 몸소 실천하고 있었기 때문이다. 이런 점에서 당시 조선의 백성들이 대의제 민주주의라는 서구의 정치 제도를 몰랐고, 이를 의식적으로 주장하지 않았다 하더라도 대의제 민주주의의 원리는 일반 백성들에게 결코 낯선 것이 아니었다.

대의제 민주주의는 근본적으로 국민주권원리에 기초하고 있으며, 주권을 갖는 국민은 자유롭고 평등한 존재로 간주된다. 그리고 모든 국민이 자유롭고 평등한 존재이기 때문에 이들로 구성된 국가의 주권은 특정인이나 특정 세력이 아닌 국민 모두에게 부여된다. 다시 말해 국민주권원리는 만민평등을 전제할 수밖에 없고, 만민평등을 전제한다면, 국가의 주권은 국민 모두의 것일 수밖에 없다는 것이다. 이런 점에서 조선의 백성들이 만민평등의식을 갖게 되었다면, 이는 대의제 민주주의의 기초가 마련되었음을 의미한다.[19] 그리고 실제로 조선에서는 1801년 공노비 해방으로부터 시작하여 1894년에 노비제가 폐지되면서 신분 질서가 붕괴하였고, 더구나 이는 동학 농민군의 저항을 통해 이루어진 역사적 쾌거였다. 동학 농민군에는 농민만이 아니라, 양반, 노비, 천민 등 다양한 신분층이 참여하였고, 이들이 신분제 폐지를 요구했다는 것은 이미 이들 사이에서 상하 귀천의 신분 의식이 사라지고 있음을 의미한다. 동학 농민군의 정신적 지주였던 동학은 하늘이 사람이고, 사람이 하늘이라는 '천인합일'을 주장함으로써 모든 인간의 존엄성뿐만 아니라, 모든 인간이 평등한 존재임을 주장했다. 이러한 동학은 1905년 천도교로 계승되었고, 1910년대에는 그 신도가 100만 명에 이르렀다는 것은 그만큼 만민평등의식이 일반 백성들 사이에 널리 확산했음을 말해준다. 그리고 1866년 병인박해 당시 이미 신도가 2만 명을 넘어선 천주교 역시 만민평등의식을 확산시키는 데 지대한 영향을 끼쳤다. 모든 인간이 하나님의 피조물이며 서로 사랑해야 한다는 천주교의 가르침을 볼 때 모든 인간이 평등한 존재라는 것은 너무나 자명한 사실이기 때문이다.

천주교와 동학의 역할은 이렇게 일반 백성들에게 평등의식을 고취함으로써 대의제 민주주의의 초석을 마련해 놓은 데 그치지 않는다. 천주교와 동학은 일반 백성들이 주권자가 되어 자신을 통치하거나, 대표를 선출하여 통치를 대신하게 하는 대의제 민주주의마저 경험하게 했기 때문이다.[20] 우선 천주교인들은 조선 정부의 탄압을 피해 공동 노동과 공동 분배에 기초한 '교우촌'이라는 자치공동체를 결성하였으며, 이 공동체 내에서 모든 사람에게는 동등한 권리가 부여되었다. 이런 점에서 교우촌 구성원 모두는 공동체 최고 주권자로서 공동체를 함께 운영함으로써 민주주의를 내면화할 수 있었다. 동학 역시 마찬가지였다. 동학의 창시자인 최제우는 동학교도를 중심으로 '접주제'라는 자치공동체를 결성했다. 이는 40가구 정도가 하나의 조직인 '접'을 이루어 상하 귀천 없이 상부상조하는 종교공동체로서 동학 2대 교주인 최시형에 이르러서는 '포'라 불리는 대규모의 조직이 추가되어 포접제로 변화했다. 이러한 포접제는 동학 농민전쟁이 발발하면서 단순한 종교공동체의 성격을 넘어 정치적, 군사적 공동체로 발전하기도 하였다. 그리고 이런 자치 전통은 천도교로 이어지면서 1919년 3.1 운동을 기화로 천도교 조직 자체가 완전한 대의제 민주주의 조직으로 탈바꿈한다. 이는 당시 종교 조직에서 볼 수 없는 파격적인 것으로서 가히 민주주의의 훈련장이라 할 만큼 대의제 민주주의 국가의 조직 구조와 유사했다. 즉 천도교는 헌법에 해당하는 '종헌'을 제정하여 천도교의 교권이 천도 교인에 있음을 천명했다. 그리고 전국을 60개 구역으로 나누고, 다시 500가구를 기준으로 선거구를 획정하여 교인들의 무기명 직접 투표로 대표를 선출하고, 이들로 천도교 내 대의기구인 '의정회'를 구성하였다. 더 나아가 천도교는 비록 결실을 보지는 못했지만, 교주마저 선거를 통해 선출하려 하였다.

## 2. 헌법 전문 '자유'와 '균등'의 의미

이렇게 본다면 〈대한민국 임시헌장〉에서 우리 민족이 건국하게 될 새로운 나라를 '민주공화국'이라 천명하기 전부터 이미 조선의 지식인들과 독립운동가들은 국민주권원리에 기초한 대의제 민주주의 국가인 민주공화국을 주장했으며, 조선의 일반 백성들은 비록 맹아적이나마 이러한 대의제 민주주의를 실천하고 있었다. 그렇다면 〈대한민국 임시헌장〉의 반포에 이르기까지 조선의 지식인과 독립운동가들은 왜 하필이면 새로운 나라로 민주공화국을 건국하려 했을까? 이들에게 새로운 나라란 단지 선거를 통해 선출된 국민의 대표가 통치하는 나라였을까? 다시 말해 이들이 염원했던 민주공화국이란 단지 새로운 통치 형태만을 의미했을 까? 아니면 이들이 꿈꾸던 민주공화국은 새로운 통치 형태를 수단으로 국민의 삶을 근본적으로 바꾸어 놓을 어떤 새로운 나라였을까?

아마도 이에 대한 답은 1948년 제정된 제헌헌법 전문과 이를 계승한 1987년 개정 헌법 전문을 통하여 확인할 수 있다. 제헌헌법 전문에서는 대한민국 임시정부를 계승하여 대한민국을 재건하게 된 '결의'를 밝힘 으로써 대한민국이 어떤 나라가 되어야 하는지 그 목표를 명시하고 있 고, 이 부분은 이미 앞서 언급했듯이 1987년 개정 헌법 전문과 같은 것 이다. 즉 대한민국은 "정치·경제·사회·문화의 모든 영역에 있어서 각인 의 기회를 균등히 하고, 능력을 최고도로 발휘하게 하며, 자유와 권리에 따르는 책임과 의무를 완수하게 하여, 안으로는 국민 생활의 균등한 향 상을 기하고 밖으로는 항구적인 세계평화와 인류공영에 이바지함으 로써 우리들과 우리들의 자손의 안전과 자유와 행복을 영원히 확보"하는 나라가 되어야 한다는 것이다.[21] 이렇게 보면 민주공화국으로서의 대한 민국은 단지 대의제 민주주의라는 통치 형태만을 가리키는 것이 아니 라, 자유와 균등이라는 특정한 가치를 추구하는 나라임을 알 수 있다. 대한민국은 대내적으로만 보자면, 한편으로 모든 국민이 자신의 능력을 최고도로 발휘하며 자신의 자유와 권리를 실현하는 나라라는 점에서 자유라는 가치를 추구한다고 볼 수 있고, 다른 한편으로 이런 자유 실현 을 위해 모든 국민에게 기회 균등과 균등한 생활 향상이 보장된다는 점 에서 균등의 가치를 추구하는 나라로 볼 수 있기 때문이다. 그리고 이런 가치가 실현될 때 비로소 대한민국 국민은 자손 대대로 행복한 삶을 누 릴 수 있다는 것이다. 물론 이런 대한민국이 가능하기 위해서는 대외적으로 국가 간에 전쟁과 침략이 아니라, 평화와 공영을 통한 안전 보장이 필수적 전제이다.

## 조소앙의 삼균주의

그렇다면 헌법 전문에는 왜 다름 아닌 자유와 균등이라는 가치가 명시된 것일까? 그리고 이런 가치가 구체적으로 함의하는 바는 무엇일까? 기존의 연구에 따르면, 헌법 전문에 자유와 균등이라는 가치가 명시된 것은 대한민국 임시정부가 '삼균주의'를 건국 정신으로 삼았기 때문이다. 즉 1941년 11월 28일 대한민국 임시정부 국무회의에서 의결한 〈대한민국 건국강령〉은 "우리나라의 건국 정신은 삼균제도"에 있다고 천명한다.[22] 그리고 이러한 건국강령에 따라 1944년 4월 22일 개정된 〈대한민국 임시헌장〉 전문에서는 대한민국이 "정치, 경제, 문화, 기타 일체 제도에 자유, 평등 및 진보"를 기본정신으로 한다는 점을 명시하고 있으며,[23] 1948년 제정된 대한민국 제헌헌법은 이러한 〈대한민국 임시헌장〉을 참조하여 헌법 전문에 자유와 균등의 가치를 천명한 것이다. 박찬승에 따르면 1948년 제정된 제헌헌법과 1944년 개정된 〈대한민국 임시헌장〉은 제반 규정과 구성에 있어서 거의 유사하며, 이런 점에서 그는 당시 조선법전편찬위원회 헌법기초분과 위원회에서 제헌헌법 초안을 만든 유진오가 대한민국 임시정부의 헌법을 계승하기 위해 1944년 〈대한민국 임시헌장〉을 참조했을 것으로 본다.[24] 그리고 제헌헌법이 삼균주의를 계승하고 있음은 1948년 제헌의회 헌법기초위원회 위원장이었던 서상일이 최운교 의원의 질문에 답하는 방식으로 확인하였다고 한다.[25]

이렇게 볼 때 제헌헌법 전문에서부터 1987년 개정 헌법 전문에 이르기까지 대한민국 건국의 이유로 자유와 균등을 명시한 것은 대한민국 임시정부가 대한민국의 건국 정신을 삼균주의로 천명했기 때문이다. 그렇다면 한 걸음 더 나아가 당시 대한민국 임시정부는 왜 다름 아닌 삼균주의를 건국 정신으로 천명한 것일까? 그리고 삼균주의란 구체적으로 무엇을 의미하기에 자유와 균등의 가치와 관계가 있을까? 이는 삼균주의를 제창했을 뿐만 아니라, 이를 통해 〈대한민국 건국강령〉을 기초함으로써 대한민국의 청사진을 제시했던 조소앙의 입장을 통해 알 수 있다. 먼저 조소앙이 삼균주의를 건국 정신으로 삼은 이유는 세 가지이다. 첫째, 삼균주의는 국조 단군 때부터 내려온 우리 민족의 건국 정신을 계승한 것이라 한다. 조소앙이 기초한 〈대한민국 건국강령〉 제1장 총칙 2절을 보면, "우리나라 건국정신은 삼균제도에 역사적 근거를 두었으니 선조들이 분명히 명한 바 「수미균평위(首尾均平位)하야 흥방보태평(興邦保泰平)하리라」" 하였고, "이는 사회 각층 각급이 지력과 권력과 부력의 향유를 균평하게 하여 국가를 진흥하며 태평을 보유하려 함이니 홍익인간과 이화세계(理化世界)하자는 우리 민족이 지킬 바 최고의 공리"라고 천명하였다.[26] 이 조항을 보면 대한민국의 건국 정신은 삼균주의이며, 이는 역사적으로 볼 때 "수미균평위 흥방보태평"이라는 한자 말에서 유래한 셈이다. 그리고 이 한자 말은 "머리와 꼬리가 고르고 평평하게 자리하여야 나라가 흥하고 태평함을 보전할 수 있다"는 뜻으로서 단군 시대의 사관이었던 신지의 말이라고 〈고려사〉에 기술되어 있고, 또한 신지라는 인물에 대해서는 세종 때의 〈용비어천가〉에서도 언급되었다고 한다.[27] 그 후 신지의 말은 1909년 대종교를 창시한 나철에 의해서 다시 주목받았으며, 조소앙은 이를 사회 사상적으로 해석하여 삼균주의를 제창한 것이다.[28] 즉 조소앙은 '머리와 꼬리가 고르고 평평해야 한다'는 신지의 말을 지위 고하를 막론하고 모든 사람의 '지력과 권력과 부력'이 균등해야 한다는 말로 해석하여 이 세 가지 균등을 의미하는 삼균주의를 제창했다는 것이다. 그리고 더 나아가 조소앙은 국조 단군의 건국이념으로 알려진 홍익인간과 이화세계를 우리 민족이 지켜야 할 '최고 공리'로 규정하면서 삼균주의가 바로 이 공리를 계승했다고 본 것이다. 분명 우리 민족이 건국한 나라가 어떤 나라든 민족사적 정통성을 갖기 위해서는 국조 단군으로부터 면면히 이어져 내려온 건국 정신을 계승해야 한다. 그리고 홍익인간과 이화세계는 바로 국조 단군이 나라를 세운 뜻이라는 점에서 민족사적으로 단군의 나라에 뿌리를 둔 대한민국은 의당 이를 계승해야 한다. 이렇게 본다면, 결국 조소앙은 고조선의 사관이었다는 신지의 말을 인용하여 삼균주의가 국조 단군의 건국 정신을 계승한 것이라 주장한 셈이다. 즉 홍익인간을 널리 인간을 이롭게 한다는 뜻으로, 이화세계를 이치로 세상을 다스린다는 뜻으로 이해한다면, 삼균주의가 바로 널리 인간을 이롭게 하기 위한, 나라를 다스리는 이치라는 것이다.

둘째, 조소앙은 삼국시대부터 3.1운동까지 이어진 우리 민족의 혁명운동사라는 또 다른 역사적 전통에 기초하여 삼균주의를 건국 정신으로 삼았다. 즉 그에게 삼균주의란 다름 아닌 정치적, 경제적, 교육적 불평등에 저항한 혁명 운동의 결실이라는 것이다. 조소앙에 따르면, "혁명의 대상은 한두 사람이 만들어 나타낼 수 있는 것이 아니며, 외국에서 들어온 사조가 부추겨 구성될 수 있는 것도" 아니며,[29] 역사적으로 우리나라 내부에서 누적된 병폐와 문제점이 뒤얽히고, 외래적인 요인이 합쳐져 만들어진다. 그런데 우리 민족의 경우 고대부터 대한제국 멸망에 이르기까지 일반 백성들에게는 "악독한 전제 정치의 착취와 유린"이 자행되었으며,[30] 아직도 이로부터 해방되지 못했다. 왜냐하면 계급제도와 노예제도로 인해 모든 백성이 평등한 기본 권리를 누릴 수 없었으며, 토지의 사유와 겸병으로 부익부 빈익빈이 가중되었고, 교육제도와 과거제도가 귀족과 관리 계급을 중심으로 시행됨으로써 일반 백성들은 배울 기회를 가질 수 없었기 때문이다. 그리고 이러한 상황은 일제 강점기에 이르러 더욱 심화하였다. 일제는 2700여 개의 경찰서와 전국에 주둔한 헌병대를 동원하여 언론, 집회, 결사, 출판의 자유는 물론 기본적 인권마저 탄압하였으며,[31] 일본인이 토지를 독점함으로써 조선 농민들은 땅을 잃고 농노로 전락하거나 초근목피로 연명하는가 하면, 조선을 떠나 해외로 유랑하기 시작했다.[32] 그리고 일제는 한국인에게는 교육받을 기회뿐만이 아니라, 교육자가 될 기회 또한 제한하였고, 한국어와 한국사 교육을 금지함으로써 우리 민족의 5000년 찬란한 문화를 말살했다.[33] 그러나 우리 민족의 역사를 보면, 고대로부터 당시까지 자행되어 온 착취와 유린에 항거하여, 고려 시대 노비 만적의 난에서부터 시작하여 충주 노예, 개경 노예, 관노 숭겸에 이르기까지 지속적인 노예들의 저항이 일어났으며,[34] 근대에 이르러 대원군의 황족혁명, 김옥균의 벌열혁명, 전봉준의 평민혁명, 그리고 서재필의 민권혁명에 이어 드디어 1919년 3.1운동이 일어났다는 것이다.[35] 조소앙은 대한민국 건설을 역사적으로 누적된 불평등으로부터의 해방을 이루어내려는 혁명 운동의 계승으로 보고 있으며, 그에게는 삼균주의 실현이 바로 "한국 혁명"의 목표였다.[36]

셋째, 대한민국 임시정부가 삼균주의를 건국 정신으로 삼은 것은 삼균주의가 독립운동세력들의 분열과 대립을 극복하기 위해 제시된 통합의 이념이었기 때문이다. 1919년 대한민국 임시정부수립 이후 독립운동세력들은 이념과 독립운동 방법을 두고 분열과 대립 상을 보여왔으며, 이런 상황에서 조소앙이 통합의 이념으로 제시한 것이 삼균주의였다. 조소앙에 따르면, 공산당은 "국내의 무산계급과 세계의 무산계급이 모든 자본주의 국가를 타도할 것"을 주장하지만, 결국 "노동자 농민 계급을 간판으로 내걸고서 독단"의 정치를 추구하며, 소련을 공산주의의 종주국으로 인정함으로써 대한민국의 주권을 포기하려 하였다.[37] 이런 점에서 조소앙은 공산주의 세력에 반대했지만, 그렇다고 그가 미국식의 자본주의적 민주주의에 우호적이었던 것은 아니다. 그는 프롤레타리아 독재를 주장하는 소련식 민주주의도 배격하지만, 미국식 정치 체제가 지식인과 부유층의 독재에 불과하다고 하여 이 역시 배격하였다. 조소앙은 특정 계급에 기초한 독재가 아니라, 국민 모두의 자치에 기초한 '신민주주의'를 원했으며, 이를 가능하게 하는 것이 그에게는 삼균주의였다.[38] 이렇게 볼 때 대한민국 임시정부는 독립운동세력의 분열과 대립을 극복한 통합된 나라를 건국하고자 삼균주의를 건국 정신으로 삼았다고 할 수 있다.

## 조소앙의 삼균주의 이념과 대한민국 헌법

그렇다면 이렇게 세 가지 이유에서 대한민국의 건국 정신으로 제시된 삼균주의란 정치 이념적으로 볼 때 어떻게 이해되어야 할까? 삼균주의를 제창한 조소앙은 대한민국 임시정부의 헌장기초위원, 국무위원, 외무부장 등을 역임하였고, 광복 후에는 제2대 국회의원을 역임하였다. 그리고 1919년 〈대한민국 임시헌장〉, 1931년 〈대한민국 임시정부 대외선언〉, 1941년 〈대한민국 건국강령〉, 1944년 재개정된 〈대한민국 임시헌장〉을 기초하는 등 대한민국 임시정부의 대표적 이론가이자, 우리 민족의 새로운 나라인 대한민국의 설계자였다.[39] 우선 그가 구상했던 대한민국은 근본적으로 "독립국, 민주 정부, 자유 사회"라는 세 가지 특징을 가진다.[40] 이 중 '독립국'이란 당연히 일제 강점으로부터 해방된 나라로서 타국과의 관계에서 국제법상 "독립권, 대내 주권 행사 자유권, 생존권, 자기보존권, 자위권, 평등권, 존엄권, 국제 교통권, 공사권(公使權), 대외국민보호권" 등을 갖춘 나라를 말한다.[41] 그리고 '민주 정부'란 당시의 상황에서 볼 때 자본 권력에 기초한 영국과 미국의 자본주의 민주주의도 아니고, 소련의 프롤레타리아 독재에 기초한 사회주의 민주주의도 아니며, 오직 "국민의 이익"을 기초로 한 〈인민으로 된, 인민이 소유한, 인민을 위한 민주주의〉(By the people, Of the people, For the people)"를 실현하는 "신 민주" 정부를 말한다.[42] 끝으로 '자유 사회'란 독립국이라는 토대 위에서 민주 정부가 만들게 될 새로운 사회를 의미한다. 조소앙에 따르면, 물질을 구성하는 원자나 생물을 구성하는 세포처럼 사회의 기본 단위는 개인이며,[43] 이런 개인은 선천적으로 불가침의 인권을 보유하고 있는 가장 "소중하고 보귀(寶貴)한 존재"이다.[44] 민주 정치의 핵심은 이런 개인의 "자유와 권리를 보장"하는 데 있으며, 이렇게 만들어진 사회가 다름 아닌 자유 사회이다.[45] 물론 여기서 말하는 개인의 자유와 권리란 조소앙이 기초한 〈대한민국 건국강령〉이나 〈대한민국 임시헌장〉(1944)에 명시되어 있듯이 신체 및 거주, 여행, 통신, 신앙, 언론, 출판, 집회·결사 등의 자유권적 기본권은 물론이고 참정권적 기본권과 학교에 입학하거나 직장을 가질 권리 등 광범위한 것이었다.[46]

이렇게 본다면 조소앙이 말하는 자유 사회란 모든 개인이 누구도 훼손할 수 없는 존엄한 존재로서 각자 자신의 자유와 권리를 만끽하는 사회라 볼 수 있지만, 이 자유 사회가 홉스와 같은 고전적 자유주의자들이 말하듯, 자신만을 중시하는 이기적 개인들로 구성된 것은 아니다. 만약 그렇다면 자유 사회는 자신의 이익만을 추구하는 독립된 개인 간의 경쟁으로 점철되어 이내 불평등 사회로 변질될 것이다. 하지만 이런 불평등 사회를 과연 조소앙이 말하는 '인민으로 된, 인민이 소유한, 인민을 위한' 사회라 할 수 있을까? 조소앙은 국가가 흥하고 망하는 데는 평범한 백성들도 책임이 있고, 삼정승을 위하지 말고 백성 각자는 자신만을 위하라는 말을 언급하면서, 이런 말을 악의가 아니라 호의로 해석할 것을 주문한다.[47] 아마도 이 말을 악의로 해석한다면 오직 자신만을 위하라는 말이겠지만, 호의로 해석한다면 사람들은 누구나 할 것 없이 똑같은 소중한 존재이기에 공동체에 대한 책임 역시 같으며, 이것이 자기 자신을 위한 길이라는 뜻일 것이다. 그렇다면 이렇게 공동체에 대한 동등한 책임을 갖는 개인들은 자유 사회에서 서로 어떤 관계에 있을까? 조소앙이 이 부분에 대해 상세하게 논의한 것은 없지만, 조소앙이 삼균주의를 주장한 이유가 삼국시대로부터 일제 강점기까지 이어지는 '악독한 전제 정치의 착취와 유린'으로부터의 해방에 있다는 점을 상기한다면, 자유 사회에서의 개인 간의 관계가 대립과 억압이나 지배의 관계일 수는 없고, 그가 경제적 차원에서의 국제 관계를 "교호관계(交互關系)"로 규정하면서 "조화와 협조"를 강조하듯이,[48] 누가 더 소중하다고 할 것도 없이 똑같이 소중한 개인 간의 관계 역시 조화와 협력의 관계로 해석할 수밖에 없다.

그렇다면 민주 정부는 어떻게 모든 사람이 각자 자신의 자유와 권리를 만끽하면서도 서로 조화와 협력을 이루는 자유 사회를 만들 수 있을까? 조소앙이 말하는 삼균주의란 바로 이런 맥락에서 제시된 민주 정부의 정치적 이념으로서 민주 정부는 다름 아닌 삼균주의를 통해 자유 사회를 만들게 된다. 이러한 삼균주의가 구체적으로 무엇을 의미하는지는 조소앙이 1930년 김구, 이동녕 등과 함께 설립한 한국독립당의 근황을 소개하는 글 중, 한국독립당이 추구해야 할 정치적 이념을 설명하는 부분에 간명하게 제시되어 있다. 조소앙에 따르면, 사람과 사람, 민족과 민족, 국가와 국가가 서로 "균등한 생활"을 영위해야 하며, 이 중 사람과 사람의 균등한 생활을 실현하기 위해서는 "정치 균등화, 경제 균등화, 교육 균등화"가 실현되어야 한다는 것이다.[49] 그리고 이와 더불어 민족과 민족의 균등한 생활이란 모든 민족이 비록 다민족 국가 내의 소수민족이라 하더라도 자결권을 갖는 것이며, 국가와 국가의 균등한 생활은 침략과 전쟁 행위 없이 모든 국가가 평등한 지위를 갖는 것을 말한다.[50]

이렇게 본다면 삼균주의란 평등한 국제 관계와 민족 자결을 조건으로 일국의 최고 정책 목표를 정치, 경제, 교육이라는 세 가지 영역에서의 균등으로 규정한 정치적 이념이라고 할 수 있다. 그렇다면 여기서 말하는 '균등'이란 말은 무슨 뜻일까? 강정인과 권도혁은 조소앙의 글에 대한 텍스트 분석을 통해 삼균주의에서 말하는 균등의 개념적 의미를 명료화했다.[51] 이들에 따르면, 우선 조소앙은 인간을 "육체와 생명과 정신의 3요소"로 구성된 것으로 본다.[52] 그리고 조소앙은 육체와 생명과 정신을 유지 발전시키기 위해서는 부력, 권력, 지력이라는 세 가지 힘이 필요하고, 이 힘을 얻기 위해서는 노동하고, 타인과 단결하고, 면학에 힘써야 한다고 주장한다.[53] 그러나 반대로 이러한 힘을 갖추지 못하면 인간은 타인의 전제적 지배하에 놓이게 됨으로써 정치적 노예, 경제적 노예, 지적 노예로 전락한다. 강정인과 권도혁은 이런 전제하에서 삼균주의에서 말하는 균등이란 "모든 주체가 어떠한 것을 수행할 평등한 기회와 그것을 수행할 능력에 필요한 것들을 향유하며, 또 외부적 방해 없이 실제로 수행할 수 있는 안정적인 상태"를 의미한다고 해석한다.[54] 이러한 해석을 따른다면 정치 균등화, 경제 균등화, 교육 균등화라는 삼균주의는 결국 정치, 경제, 면학에 참여할 기회를 평등하게 보장할 뿐만 아니라, 이런 기회를 실질적으로 활용할 수 있도록 이를 권리 차원에서 보장하는 것을 말한다. 즉 삼균주의란 "정치 권리의 균등, 생활 권리의 균등 및 배울 권리의 균등"을 의미하며,[55] 이러한 권리를 보장하는 이유는 인간이 육체, 생명, 정신 등 자신을 구성하고 있는 모든 요소를 계발하고 발전시키면서 아무런 방해 없이 이를 실현하도록 하기 위한 것이다. 따라서 삼균주의가 실현된 대한민국, 즉 민주 정부를 통해 만들어진 자유 사회란 〈대한민국 건국강령〉이나 〈대한민국 임시헌장〉(1944)에서 명시하고 있는 자유권적 기본권이나 참정권만이 아니라, 결국 모든 국민이 타인과의 조화와 협력 속에서 아무런 방해 없이 자신의 모든 잠재력을 실현하며 살 수 있도록 실질적 권리가 보장된 사회라 할 수 있다. 이렇게 본다면 결국 자유 사회란 형식적 자유 실현이 아니라, 정치, 경제, 교육 영역에서 모든 국민의 실질적 자유 실현이 균등하게 보장된 사회, 즉 자유와 균등의 가치가 실현된 사회라 할 수 있다.

그렇다면 어떻게 해야 세 가지 영역에서 균등을 이룰 수 있을까? 조소앙이 주장하는 삼균주의는 단지 세 가지 균등만을 주장하는 추상적 이념에 그치지 않는다. 조소앙의 삼균주의는 대한민국이라는 새로운 나라의 설계도라 할 만큼 구체적이면서도 광범위한 제도와 정책을 포함한 것으로서 이는 무엇보다도 그가 기초한 〈대한민국 건국강령〉, 그리고 그의 정치적 생각을 담은 글들에 명시적으로 제시되어 있다. 즉 정치 균등화는 신체, 거주, 언론, 저작, 출판, 신앙, 집회, 결사 등의 자유권적 기본권은 물론 보통선거제에 기초한 선거권 및 피선거권에 이르기까지 한 국가의 주권자인 국민 개개인에게 부여되어야 할 기본적 권리를 평등하게 보장하는 것을 말한다.[56] 이렇게 본다면 정치 균등화는 국민주권에 기초한 대의제 민주주의와 크게 다를 것이 없다. 그리고 경제 균등화는 국민 개개인의 균등한 생활을 보장하기 위해 한편에서는 토지의 국유화, 은행, 전신, 교통 등 국가 기간 산업의 국유화, 대규모 농·상·공 기업의 국유화 등 광범위한 국유화를 시행하고, 다른 한편 이런 기초 위에서 중소 규모의 사적 기업 보장, 자력자경 원칙에 따른 토지 분배, 국영 혹은 공영의 집단생산기관 지원, 노동자 농민을 위한 무상 의료까지 광범위한 경제 및 복지 제도를 포함한 것이었다.[57] 이런 식의 제도들이 보장하게 될 균등한 생활이 무엇을 의미하는지 분명하게 제시되어 있지 않지만, 대규모 국유화를 단행하려는 것은 조소앙이 부를 독차지하는 "독부주의(獨富主義)"와 타인의 것을 빼앗는 "강도주의(强盜主義)"를 비판하듯,[58] 경제 영역에서 약탈적인 거대 권력의 등장을 방지하기 위함이라고 볼 수 있다. 그리고 토지 분배나 집단생산기관 지원 등은 모든 국민에게 기본적 경제 활동 수단을 제공하기 위함이며, 무상 복지까지 언급한 것은 모든 국민의 기본적 필요를 충족시키기 위함으로 보인다. 물론 균등한 생활이 동일한 소득이나 동일한 재산, 혹은 동일한 생활 수준을 의미하는 것은 아니다. 조소앙이 합리적 경제원칙으로서 "응능응분(應能應分)"의 소비, 즉 능력과 분수에 따른 소비를 천명하고 있음에 주목한다면, 그는 이를 가능하게 하는 능력에 따른 분배 역시 전제한다고 볼 수 있다.[59] 끝으로 교육 균등화는 도덕적으로 교화되고, 생활 능력을 갖추고 있을 뿐만 아니라, 민주 시민으로서의 자치능력을 겸비한 대한민국 국민을 육성하기 위한 것으로서 한편에서는 6세부터 12세까지의 기본교육은 물론 12세 이상의 고등 교육, 그리고 이미 학령을 초과한 사람들에 대해서는 보습 교육 등을 무상으로 시행하고, 다른 한편 빈곤층 자녀에게는 면학에 어려움이 없도록 의복과 급식은 물론 교과서까지 무료로 제공하는 것을 말한다.[60] 이렇게 본다면 교육 균등화란 능력 있는 소수를 선별해서 교육하는 "개인 천재주의"가 아니라,[61] 모든 국민의 지식수준을 가능한 한 균등하게 높이는 것을 말한다. 그리고 조소앙이 이렇게 보편 교육을 강조한 것은 경제발전을 위한 공업화나 과학화의 문제가 결국은 국민 모두의 지식수준이 높아질 때 가능하다고 보았기 때문이다.[62] 즉 경제 문제는 곧 교육의 문제라는 것이다.

이렇게 삼균주의를 일별해 본다면, 결국 삼균주의는 세 가지 균등이라는 추상적 이념에 그치는 것이 아니라, 구체적인 제도와 정책을 포함하고 있어 가히 대한민국의 설계도라 할 만했다. 그러나 〈대한민국 건국강령〉에 명시된 제도나 정책까지 〈대한민국 제헌헌법〉에 그대로 반영된 것은 아니다. 물론 자유권과 참정권 등 국민의 기본권 보장을 통한 정치 균등화는 그대로 반영되었다. 〈대한민국 건국강령〉 중 국민의 기본 권리에 관한 규정은 〈대한민국 제헌헌법〉 "제2장 국민의 권리와 의무" 규정에서 반복되고 있기 때문이다. 그리고 1987년 개정 헌법 역시 자유권과 참정권 등 국민의 기본적 권리를 모든 국민에게 동등하게 보장하고 있음은 마찬가지이다. 이에 비해 균등한 생활을 위한 경제 균등화에는 다소 편차가 있다. 조소앙은 균등한 생활 보장을 위해 토지의 국유화, 국가 기간산업의 국유화, 대기업의 국유화와 함께 자력자경 원칙에 따른 토지 분배를 주장했지만, 〈대한민국 제헌헌법〉에서는 금융, 운수, 통신, 전기, 수도 및 공공성을 가진 기업의 국영화와 토지 분배만 명시하고 있을 뿐, 토지와 대기업의 국유화에 대한 규정은 없으며, 1987년 개정 헌법에서는 국가 기간 산업, 토지, 대기업의 국유화 조항 모두 빠져 있고, 비록 경자유전 원칙이 천명되었지만, 토지 분배에 관한 규정도 없다. 이런 식의 차이가 있는 것은 조소앙이 말한 토지, 국가 기간 산업, 대기업의 국유화가 일본인 귀속 재산이나 사업체에 대한 처리방침을 천명한 것이지,[63] 우리 국민이 사적으로 소유한 토지나 개인 기업을 국유화하겠다는 의미는 아니며,[64] 토지 분배 역시 이런 식으로 국유화된 토지의 처리방침으로 제시된 것이었기 때문이다. 따라서 일본인 귀속 재산 처리가 마무리된 오늘날에는 이에 대한 처리방침을 굳이 헌법에 명시할 필요는 없었다. 그리고 조소앙은 균등한 생활 보장을 위해 무상 의료 등 일종의 무상 복지를 주장했고, 〈대한민국 제헌헌법〉 제19조에서는 노령, 질병, 근로 능력의 상실로 생활 능력이 없는 국민에 대한 국가의 보호를 규정하고 있으며, 제84조에서는 모든 국민에게 기본적 수요를 충족시키는 사회정의 실현을 천명하고 있다. 그리고 1987년 개정 헌법은 여기에 더해 제34조에서 사회보장 및 사회복지 증진을 위한 국가의 의무를 규정하고 있다. 그러나 〈대한민국 건국강령〉을 제외하고는 어디에도 무상 의료 등 무상 복지에 관한 언급은 없다. 더구나 오늘날 대한민국의 사회복지제도는 대부분 사회보험방식으로 진행되고 있다는 점에서 무상 의료식의 무상 복지와는 다르다. 이러한 점은 교육 균등화 경우도 마찬가지이다. 조소앙은 12세 미만까지의 의무 교육만이 아니라, 그 이상의 고등 교육 역시 무상으로 시행할 것을 주장했다. 〈대한민국 제헌헌법〉은 이를 이어받아 제16조에서 "균등하게 교육받을 권리"를 천명하면서 초등교육을 의무 교육으로 규정하고 있고, 현행 헌법 제31조에서는 의무 교육 확대 규정을 두고 있지만, 의무 교육 이상의 교육까지 무상으로 실시한다는 규정은 없다.

이런 점에서 오늘날 대한민국 헌법이 조소앙이 말한 삼균주의의 구체적 실행방안을 그대로 반영한 것은 아니지만, 대한민국 헌법이 헌법 전문만 아니라, 개별 조항에서도 삼균주의 정신을 담고 있음은 부인할 수 없다. 〈대한민국 제헌헌법〉과 마찬가지로 현행 헌법이 "균등하게 교육받을 권리"를 명시적으로 표명하고 있다는 것은 교육 균등화 이념의 발로라 할 수 있으며, 오늘날 의무 교육이 중고등학교까지 확대된 것을 보면 교육 균등화가 분명 헌법 정신을 형성하고 있음을 알 수 있다. 그리고 조소앙이 〈대한민국 건국강령〉에서 나열한 경제 균등화의 구체적인 제도나 정책과 현행 헌법 사이에 다소간의 편차가 있지만, 〈대한민국 제헌헌법〉은 제84조에서 모든 국민의 "기본적 수요" 충족과 "균형 있는 국민경제"의 발전을 강조하고 있으며, 현행 헌법 제9장 경제 조항은 "균형 있는 국민경제", "적정한 소득 분배", "경제 주체 간의 조화", "지역 간의 균형" 등을 천명함으로써 균등한 생활 보장에 대한 분명한 의지를 표명하고 있다. 그런데 조소앙이 삼균주의를 주장했고, 이것이 우리나라 〈대한민국 건국강령〉만이 아니라, 〈대한민국 제헌헌법〉과 현행 헌법의 기본정신으로서 헌법 전문에 천명되었다고 하더라도, 삼균주의를 실현하기 위해 조소앙이 제시했던 다양한 제도와 정책까지 모두 헌법 조문에 반영되어야 하는 것은 아니다. 삼균주의가 국가 운영의 최종 목표를 제시한 정치이념이라면, 이러한 제도나 정책은 삼균주의 실현을 위한 방법에 해당하는 것으로서 삼균주의의 효율적 실현을 위해서는 시대적 상황에 따라 얼마든지 달라질 수 있기 때문이다.

### 민주공화국과 삼균주의의 결합

지금까지의 논의를 종합해 보면 '대한민국은 민주공화국'이란 규정은 유진오의 해석처럼 제헌헌법 당시 국민주권과 권력분립을 의미했고, 〈대한민국 임시헌장〉이 제정된 1919년 이전까지 새로운 나라에 대한 구상 속에서는 대의제 민주주의를 의미했다. 이런 점에서 민주공화국이란 결국 국민주권, 권력분립, 대의제 민주주의에 기초한 민주주의 국가를 의미하지만, 대한민국의 정체성이 단지 주권의 소재나 주권의 행사방식으로 한정된 것은 아니다. 대한민국의 최종 목표이자 존립 근거를 밝히고 있는 헌법 전문에 따르면, 대한민국은 자유와 균등의 가치를 실현하는 나라이기도 하기 때문이다. 물론 자유와 균등의 가치가 서로 분리된 별개의 가치를 말하는 것은 아니다. 자유와 균등이란 가치의 헌법적 기원인 조소앙의 삼균주의에 따르면 자유와 균등의 가치는 실질적 자유 실현의 균등한 보장이란 의미로 통합되기 때문이다. 이렇게 본다면 결국 대한민국은 정치, 경제, 교육 등 다양한 사회적 영역에서 **모든 국민의 실질적 자유 실현이 균등하게 보장된 민주주의 국가**라고 할 수 있다.

박찬승 역시 대한민국 제헌헌법이 대한민국 임시정부의 헌법 문서와 조소앙의 삼균주의를 계승했다고 보면서, 민주공화국의 의미를 자유민주주의와 사회민주주의의 요소가 공화주의를 매개로 통합된 것으로 해석한다.[65] 즉 '민주공화국'이란 말의 앞 단어인 '민주'는 자유민주주의적이고 사회민주주의적인 요소라는 이중적 의미를 가지며, 뒤 단어인 '공화국'은 이 두 가지 요소의 조화와 통합을 의미한다는 것이다. 그럼 어떤 점에서 이렇게 볼 수 있을까? 박찬승은 먼저 루소에 근거하여 공화주의 국가를 공공의 이익 실현을 위한 법치 국가로 해석한다. 그리고 자유민주주의란 18세기 이래로 개인의 자기결정권이란 의미의 개인적 자유를 최고의 가치로 삼는 자유주의와 인민의 자기 지배를 뜻하는 민주주의가 결합하여 만들어진 정치적 이념으로서 정치적으로는 개인의 자유권과 국민주권에 기초한 대의제 민주주의, 그리고 경제적으로는 사적 소유권에 기초한 자유시장 경제를 주장한다. 이와 달리 사회민주주의는 본래 민주주의를 통해 사회주의를 건설하겠다는 정치적 이념으로서 경제적 영역에서 인간의 기본적 필요 충족을 위한 사회보장과 부의 공평한 분배, 그리고 이를 위한 경제 활동의 민주적 관리를 주장한다. 공화주의가 이 두 가지 요소 사이에서 조화와 통합을 이루어낼 수 있는 것은 공화주의가 정치적 영역에서의 자유민주주의를 전제하면서도 경제적 영역에서는 공공의 이익이란 관점에서 개인의 영리 추구와 기업 활동의 자유를 제한함으로써 사회민주주의적 요소를 실현할 수 있기 때문이다. 박찬승에 따르면, 분명 대한민국 헌법은 그가 말하는 공화주의적 특징을 분명하게 보여준다. 〈대한민국 제헌헌법〉 제5조는 대한민국이 정치, 경제, 사회, 문화 등 모든 영역에서 개인의 자유와 평등을 보장하며, 공공복리를 위해 이를 조정할 의무를 갖는다고 천명하고 있으며, 제15조에서는 개인의 재산권을 보장하되 공공복리에 적합해야 한다는 제한을 두고 있기 때문이다.[66] 이러한 점은 1987년 개정 헌법에서도 마찬가지이다. 개정 헌법 제37조는 국민의 자유가 공공복리를 위해 제한될 수 있다고 규정하고 있으며, 제23조는 재산권 행사가 공공복리에 적합해야 한다고 명시하고 있다.[67] 그리고 대한민국 제헌헌법 초안을 작성한 유진오 역시 비록 박찬승처럼 대한민국이 공화주의를 표방하고 있다고 말하지는 않았지만, 대한민국 헌법에 자유민주주의적 요소와 사회민주주의적 요소가 공존하고 있음을 분명하게 지적하고 있다. 즉 유진오에 따르면 "대한민국 헌법의 기본정신은 정치적 민주주의와 사회적·경제적 민주주의의 조화를 꾀하는 데" 있으며,[68] "불란서 혁명이라든가 미국의 독립시대로부터 민주주의의 근원이 되어 온 모든 사람의 자유와 평등과 권리를 존중하는 동시에, 경제 균등을 실현해보려고 하는 것이 이 헌법의 기본정신"이라는 것이다.[69]

이러한 입장은 사실상 조소앙이 삼균주의를 주장했던 이유와 같다.

앞서 설명했듯이 조소앙은 미국식 자본주의 민주주의나 프롤레타리아 독재를 주장하는 소련식 사회주의 민주주의가 아니라, 양자의 조화를 모색했으며, 그 방법으로 정치적 균등만이 아니라, 경제 균등과 교육 균등이라는 세 가지의 균등을 주장했다. 이를 자유민주주의와 사회민주주의라는 용어로 바꾸어 본다면, 조소앙은 정치적 균등을 주장하면서 자유민주주의적 요소를 수용하고, 경제 및 교육 균등을 주장하면서 사회민주주의 역시 받아들인 셈이다. 그러나 조소앙이 사회주의를 추구한 것도 아니며, 자본주의 체제를 부정한 것도 아니다. 그에게 중요한 것은 오직 모든 국민의 실질적 자유 실현을 균등하게 보장하는 것이었을 뿐이다. 이러한 점은 대한민국 헌법 체계와 이념의 역사적 기원을 탐구한 서희경과 박명림의 연구를 보더라도 크게 다르지 않다.[70] 이들 역시 조소앙의 삼균주의가 해방 이후 제시된 모든 헌법 시안에 영향을 끼쳤다고 보면서, 대한민국 헌법이 표방한 민주공화국의 의미를 균등이라는 가치 지향에서 찾는다. 즉 대한민국은 사적 소유와 시장경제만을 강조하는 자유주의에 머물지 않고 정치, 경제, 교육의 균등을 추구한다는 점에서 자본주의 국가도 아니고, 사회주의 국가도 아닌 "제3의 사회적 민주주의 국가"라는 것이다.[71]

# 2장 대한민국 정체성에 대한 담론들

지금까지 1장에서는 '대한민국은 민주공화국'이라는 헌법 제1조와 자유와 균등의 가치를 천명한 헌법 전문의 의미를 헌법이 만들어진 역사적 과정과 헌법 작성자들의 입장을 통해 이해함으로써 대한민국이 어떤 나라인지를 규명하였다. 하지만 대한민국의 정체성이 이러한 방식으로만 밝혀질 수 있는 것은 아니다. 민주공화국 개념을 민주주의와 공화주의의 결합으로 이해한다면, 민주공화국의 의미는 민주주의와 공화주의에 대한 다양한 해석 지평에 놓일 수밖에 없다. 그리고 이는 헌법 전문에 명시된 자유와 균등이라는 개념 역시 마찬가지이다. 사실 민주주의, 공화주의, 자유, 균등과 같은 고도의 추상적 개념들은 단지 사전적 의미만 가지고 그것이 무엇을 의미하는지 이해한다는 것은 불가능하다. 따라서 이런 개념들은 불가피하게 해석의 대상이 될 수밖에 없으며, 이런 개념들을 제시한 헌법 작성자의 의도가 무엇인지를 확인함으로써 그 의미가 온전히 이해될 수 있는 것도 아니다. 이러한 개념들은 헌법 작성자가 국가 운영의 추상적 원리를 전달하기 위해 사용한 개념들이란 점에서 그것이 구체적으로 어떤 내용을 함축할 수 있는지는 또다시 해석적 작업을 필요로 할 수밖에 없다. 물론 헌법 작성자가 이런 개념들을 사용할 때 특정한 상황을 염두에 두면서 이것이 초래할 구체적인 효과나 결과 역시 의도했을 것이다. 그러나 헌법 작성자가 이런 개념들을 통해 의도했던 것이 자신이 생각한 개념들에 적합한 것이 아닐 수도 있다.

헌법 해석과 관련하여 드워킨이 제시한 '아들에게 공평함을 가르치는 아버지의 사례'는 이와 관련하여 시사하는 바가 크다.[72] 즉 아버지는 아들에게 친구들을 공평하게 대하라고 가르쳤고, 아들은 이를 수용했다. 그러나 아들이 아버지가 염두에 둔 여러 가지 공평한 사례들을 그대로 답습해야 하는 것은 아니다. 아버지가 염두에 둔 사례라 하더라도 아버지가 잘못 생각했을 수도 있고, 아버지가 생각지 못한 경우에는 이에 적합한 공평한 행동이 무엇인지 스스로 생각해 보아야 하기 때문이다. 따라서 아들이 공평함을 추구한다고 하더라도 구체적인 상황에서 공평함이 무엇인가는 항상 새로운 해석의 대상이 될 수밖에 없다. 드워킨은 이런 문제와 관련하여 헌법에 대한 두 가지 관점을 구분한다. 즉 헌법에 제시된 개념을 이해할 때 헌법 작성자의 원래 의도를 중시하는 관점과 헌법에 제시된 개념 자체가 무엇을 의미하는지를 따져보려는 관점이 그것이다. 물론 드워킨이 헌법 작성자의 의도를 무시해도 된다고 생각하지는 않지만, 헌법 작성자가 헌법에 제시한 개념은 이 개념에 대한 의미론적 해석에 개방되어야 함을 강조한다. 예를 들어 미국 수정헌법 8조에 명시된 '잔인한 형벌 금지'가 무엇을 의미하는지를 따져볼 때 200여 년 전 이 규정이 만들어질 당시에 헌법 작성자가 염두에 두었던 잔인성을 기준으로 삼을 필요는 없다는 것이다.[73] 하지만 헌법에 제시된 개념 자체가 무엇을 의미하는지를 밝히기 위해 이에 대한 의미론적 접근을 시도한다고 해서 이것이 해당 개념이 갖는 사전적 의미 정도를 밝히자는 것은 아니며, 개인의 신념이나 가치관에 따른 다양한 해석을 허용하자는 것도 아니다. 드워킨은 '헌법적 통합성'이라는[74] 입장 하에서 헌법 해석은 개별적인 조항과 헌법 전체의 구조만이 아니라, 선행하는 판례와 관행 등 헌법 운용 전통과 부합해야 하며, 동시에 이런 전통을 가장 잘 정당화할 뿐만 아니라, 이를 최선의 작품이 되도록 해야 한다고 주장한다.[75] 그리고 이를 위해 헌법 해석자는 헌법에서 사용되는 추상적인 개념이나 가치에 대한 도덕 철학적 식별력을 갖추어야 할 뿐만 아니라, 이를 통해 헌법에 대한 '도덕적 읽기'를 수행할 수 있어야 한다는 것이다.[76]

## 1. 대한민국의 정체성과 '민주공화국' 담론

헌법 해석에 대한 드워킨의 입장을 전제한다면, 대한민국 헌법 제1조 규정인 '민주공화국'이나 헌법 전문에 명시된 '자유'와 '균등'의 가치가 무엇을 의미하는지 역시 헌법이 만들어지게 된 역사적 맥락이나 헌법 작성자의 의도만으로 이해되어야 하는 것은 아니다. 이 역시 시대변화와 이로 인한 새로운 상황에 맞게 재해석될 수밖에 없기 때문이다. 그런데 1948년 헌법 제정 당시를 제외하고 대한민국이 어떤 나라인지 대한민국의 정체성 자체가 다시금 문제가 된 결정적 계기가 있다면, 그것은 2008년 촛불 집회였다. 당시 촛불 집회는 이명박 정부의 미국산 소고기 수입 결정이 도화선이 되었지만, 이는 국민의 주권을 무시한 권위주의적 권력 행사와 의사 결정, 그리고 더 나아가 국가가 추구해야 할 공공성마저 포기한 채 초국적 자본의 이익을 대변한 신자유주의 정부에 대한 저항이었다.[77] 그런데 이 촛불 집회가 대한민국의 정체성 문제를 제기한 것은 근 3개월간 지속하였고, 연인원 500여 만 명이 참여했던 전례 없는 집회에서 청소년, 가정주부, 직장인을 비롯하여 남녀노소 할 것이 없이 모두가 '대한민국은 민주공화국'이라는 구호를 외쳤기 때문이다. 그리고 이를 계기로 가히 민주공화국의 재발견이라 할 만큼 민주공화국이란 개념을 통해 대한민국의 정체성을 규명하려는 다양한 입장들이 법학, 철학, 정치학, 역사학 등 유관학문 분야에서 제시되었고, 이전의 연구들 또한 재조명되는 계기가 되었다.

## 민주와 공화의 결합

이에 관한 대표적 사례로는 먼저 김상봉이 있다. 그는 2008년 촛불 집회 이후 대한민국이 추구해야 할 미래의 국가상을 다름 아닌 민주공화국에서 찾았기 때문이다. 김상봉에 따르면, 민주공화국이란 민주국가와 공화국의 합성어로서 이 두 개념은 각기 다른 정치적 범주이다. 이 중 공화국은 라틴어로 '레스 푸블리카(res publica)'로 표현되며, 이는 문자 그대로 공공의 것을 뜻한다. 그리고 '푸블리카(publica)'라는 단어는 '포풀루스(populus)', 즉 모든 사람을 가리키는 인민이란 단어에서 파생되었다. 이런 점에서 공화국이란 공공의 것이자, 동시에 모두의 것이란 뜻이 된다. 그리고 이런 말뜻에 근거하여 키케로는 공화국이란 "합의된 법과 공공이익"을 통해 만들어진 정치 공동체로 규정했다.[78] 따라서 법치와 공공성이 공화국의 핵심적 원리이며, 이 두 가지 원리가 지켜진다면 군주 국가도, 과두제 국가도, 민주국가도 공화국이라 할 수 있다. 이렇게 본다면 공화국이 바로 민주국가인 것은 아니다. 이에 비해 민주국가는 모든 시민이 나라의 주인인 국가를 말한다. 따라서 민주국가에서 국가 권력은 시민 모두의 의지에 따라 행사되어야 한다. 그리고 이를 위해서는 시민들이 "시민적 주체성"을 갖추어야 한다.[79] 즉 시민은 고립된 개인으로서 단지 개인적 권리의 주체로만 행동하는 것이 아니라, 국가 전체의 일을 자기 일처럼 여기며 전체의 고통과 기쁨을 자신의 고통과 기쁨처럼 느끼고 전체에 대한 책임을 져야 한다는 것이다. 이렇게 본다면 민주공화국은 국가 권력이 시민적 주체성을 통해 그리고 공공성을 위해 행사되는 나라를 말한다. 즉 민주공화국이란 "모두에 의한 나라"이자, "모두를 위한 나라"라는 것이다.[80]

이렇게 김상봉이 민주공화국을 민주국가와 공화국이라는 두 가지 국가 형태의 합성어로 보면서 그 개념적 의미를 밝혔다면, 신용인은 민주공화국을 민주주의와 공화주의라는 두 가지 정치이념의 합성어로 보면서 이와 관련된 기존 견해들을 종합하는 방식으로 그 의미를 규명한다.[81] 먼저 민주주의란 어원상 인민의 자기 지배란 뜻으로 이는 정치형태와 정치이념이라는 두 가지 관점에서 이해될 수 있다. 즉 민주주의란 한편으로 국민이 주권자가 되어 자기 자신을 통치하는 정치형태를 말하며, 다른 한편 민주주의란 국민에 의한 통치를 수단으로 국민을 위한 통치가 되어야 한다는 정치이념을 말한다. 그리고 여기서 국민을 위한다는 것은 인류의 보편적 가치나 공공성을 실현할 때 가능하며, 이는 구체적으로 인간의 존엄성 실현을 의미한다. 이러한 민주주의와는 달리 공화주의란 특정인이나 특정 세력이 아니라, 모든 개인이나 계급이 공동으로 권력을 행사하는 정치형태를 의미하며, 아리스토텔레스에 기원하는 시민적 공화주의와 마키아벨리에서 기원하는 자유주의적 공화주의라는 두 가지 측면을 갖는다. 이 중 시민적 공화주의가 시민들의 적극적 정치참여라는 공적 활동을 강조한다면, 자유주의적 공화주의란 타인의 간섭이 없는 상태를 넘어 타인의 자의적 지배로부터의 자유를 보장하기 위해 인간이 아닌 법의 지배를 강조한다. 그리고 결국 신용인은 민주주의와 공화주의에 관한 이러한 입장들을 종합하여 민주공화국이란 "법치, 비지배 자유, 시민적 덕성을 바탕으로 국민주권을 올바르게 실현함으로써 헌법상의 최고 이념인 인간의 존엄을 구현"하려는 국가라고 주장한다.[82]

김상봉과 신용인이 다소 편차를 보이지만, 민주와 공화국과 관련된 개념을 통해 민주공화국의 의미를 규명했다면, 이영록은 민주공화국의 의미가 역사적으로 어떻게 변화했는가를 추적함으로써 그 시대적 의미를 밝히고 있다.[83] 이에 따르면 민주공화국의 의미는 네 가지 시기로 구분된다. 첫째는 임시정부 시기로서 이때 민주공화국은 국가 형태상 군주제가 아니라 국민주권에 기초한 민주정체를 의미하며, 국가 이념상으로는 조소앙의 삼균주의를 추구하는 나라를 의미한다. 조소앙의 삼균주의는 좌우합작을 위해 창안된 정치적 이념으로서 정치, 경제, 교육의 균등에 기초한 민주주의 국가를 진정한 민주공화국으로 규정하면서, 이런 국가는 자본주의 민주주의나 사회주의 민주주의도 아닌 '신민주주의' 국가임을 천명한다. 둘째는 헌법 제정 시기로서 이때 민주공화국의 의미는 전문법학자들에 의해 규정되었다. 즉 민주공화국의 민주는 정체를, 그리고 공화국은 국체를 지칭하며, 공화국은 세습 군주를 가지지 않는 국가라는 뜻이며, 공화국 중에서 권력분립에 기초한 국가를 민주공화국으로 규정했다는 것이다. 그리고 민주의 의미를 국민주권보다 권력분립으로 파악한 것은 당시 권력집중제에 기초한 북한의 인민공화국과 대한민국을 구별하기 위함이었다. 셋째는 제3공화국 시기로서 이 때 민주공화국이라는 헌법상 규정은 5.16 군사반란으로 집권한 군부세력이 자신의 정치적 목표를 정당화하기 위해 '진정한 민주공화국'이란 표현을 사용하면서 다시 부각하였다. 이런 점에서 민주공화국은 민주와 공화국 본래의 의미가 퇴색된 채 대개 반공, 국가에 대한 봉사, 경제 개발 등 이들의 정치적 선전을 위한 수사로 전락하였다. 넷째는 1987년 민주화 이후의 시기로서 이때 민주공화국의 의미는 공화주의적 입장에서 재해석되었다. 이 시기에는 비록 형식적인 차원에서나마 민주화가 달성되었지만, 신자유주의로 인한 사회적 양극화가 확대되면서 민주주의의 한계에 대한 학문적 반성도 확대되었다. 이 때문에 신자유주의가 낳은 문제를 해결하려는 방안을 민주주의보다는 다른 이념적 전통에서 찾으려 했고, '민주공화국'의 또 다른 축을 이루는 공화주의가 바로 그 역할을 했다.

## 민주공화국에 대한 공화주의적 해석

이러한 네 번째 시기에서 민주공화국을 공화주의적으로 해석한 대표적 사례로는 이영록도 지적하고 있듯이,[84] 곽준혁의 연구를 들 수 있다. 곽준혁은 '민주공화국'을 "민주주의와 공화주의의 결합"으로 보지만, 이를 양자가 결합하여 만들어진 어떤 새로운 정치이념이 아니라, 양자를 결합할 수 있게 하는 어떤 공통된 원칙, 그의 표현대로 한다면 어떤 "조정원칙"으로 규정한다.[85] 그리고 그는 이 조정원칙을 오늘날 페팃으로 대표되는 신공화주의가 주장하는 "비지배 자유의 원칙"에서 찾는다.[86] 왜냐하면 자유를 비지배 상태로 본다면 민주주의나 공화주의는 자유 실현이라는 맥락에서 상호보완적이 될 수 있기 때문이다. 즉 그의 분석에 따르면 민주주의의 기원인 아테네 민주정은 자기 지배 혹은 자율성을 의미하는 시민적 자유와 이를 실현할 수 있는 정치적 평등에 기초하고 있으며, 공화주의의 기원인 로마 공화정 역시 '타인의 자의적 지배로부터의 자유'를 법적 권리로 보장했다는 점에서, 모든 시민 사이에 이른바 "비지배적 상호성" 관계를 형성하려는 것은 민주주의와 공화주의를 결합하는 조정원칙이 될 수 있다는 것이다. 이런 점에서 그는 "개개인이 가지는 다양한 욕구를 충족시킬 수 있는 조건인 자유에 주목하고 사회적 약자에게 실질적 힘을 부여함으로써 비지배를 제도적으로 확보하며, 그 결과를 토대로 개인적 수준에서의 호혜적 비지배 관계를 형성하고 지속시키는 것"이 민주공화국의 실질적 의미가 되어야 한다고 주장한다.[87]

이에 반해 정원규는 비록 '민주공화국'의 의미를 분석한 것은 아니지만, 현행 헌법이 그 어떤 정치적 이념보다 루소의 공화주의에 가깝다는 견해를 피력하고 있다는 점에서, 이 역시 민주공화국에 대한 공화주의적 해석으로 볼 수 있다. 정원규에 따르면, 현행 헌법에 대한 기존의 해석들은 대부분 자신의 정치적 이념에 따른 자의적 해석이거나, 헌법의 일부 조항에 근거하기 때문에 헌법 전체를 고려한 새로운 헌법 해석이 필요하다.[88] 이는 헌법 조항과 판례에 근거하여 헌법의 이념적 지향을 유추하고, 다시 이를 여타의 헌법 조항과 판례에 부합하는지를 따져보는 것으로서, 정원규는 이를 롤스의 용어인 '반성적 평형의 방법'이라 지칭한다. 이러한 방법에 따르면, 87년 개정 헌법은 자유 지상주의와 달리 국가의 경제개입을 허용하며, 질서 자유주의와 달리 시장 질서 유지를 위한 경제개입만이 아니라, 이와 무관한 균형발전을 위한 개입도 허용한다. 그리고 대한민국의 이념적 지향을 자유민주주의로 규정한 헌법 판례도 있지만, 여기서 말하는 자유민주주의는 고전적 자유주의에나 해당하는 것이기 때문에 현행 헌법에 맞지 않는다. 이러한 자유주의적 입장과는 달리 페팃의 공화주의는 비지배 관계 형성을 위한 정부의 개입을 허용하면서 권력분산, 청원권 보장, 순응자 중심적 형법 등을 주장하지만, 현행 헌법은 청원권 보장보다는 이에 대한 제한을 강조하고 있다. 그리고 현행 헌법에서는 미국과는 달리 광범위한 권력분산이 이루어져 있지 않고, 순응자 중심의 형법 개념은 그 자체가 없다. 이에 비해 아렌트의 공화주의는 공적 자유나 정치적 평등의 보장과 함께 사적 영역인 경제적 영역의 보호와 지방자치단체의 독립성 보장을 주장하지만, 현행 헌법은 사유재산권을 일정 정도 제한할 뿐만 아니라, 지방자치단체의 독립성 또한 적극적으로 보장하고 있지 않다. 그리고 공동체주의적 공화주의는 공동선의 실현을 강조하지만, 현행 헌법은 공동선이 아니라 공공복리를 강조한다는 점에서 차이가 있다. 이렇게 볼 때 현행 헌법은 자유주의적으로도, 그렇다고 해서 페팃, 아렌트, 공동체주의의 공화주의로도 해석될 수 없다. 다만 현행 헌법은 루소의 공화주의와는 친화성을 갖는다는 것이 정원규의 입장이다. 현행 헌법은 국민발안과 같은 직접민주주의적 요소는 없지만, 인민주권, 법치주의, 권력분립의 원칙만이 아니라 특히 민의를 실현하기 위한 입법부의 재량권 확대와 행정부의 적극적 역할을 강조하고 있다는 점에서 루소의 공화주의와 일치한다는 것이다.

## 2. 대한민국의 정체성과 '자유민주주의' 담론

이렇게 2008년 촛불 집회를 전후로 대한민국의 정체성은 민주와 공화국, 혹은 민주주의와 공화주의적 입장에서 해석되었지만, 한국 정치사에서 대한민국이 반공 국가임을 강조하기 위해 '자유민주주의'라는

64

용어가 오랜 기간 사용되어왔다는 사실이 간과되어서는 안 된다. 더구나 이는 우리나라 보수세력이 따르는 대한민국의 정체성에 대한 유력한 해석이기도 하다. 이나미의 연구에 따르면,[89] 1955년 신도성이 『사상계』에 실린 「한국자유민주주의의 과제」를 통해 공산주의자들도 민주주의라는 용어를 사용하기 때문에 개념상 혼동을 피하려는 소극적 의도에서 자유민주주의라는 용어를 사용하고 있음을 밝히고 있다. 그리고 이 연구는 이승만과 박정희 정권이 북한을 배격하는 자신의 위상을 선전하기 위해 자유민주주의라는 용어를 사용하고 있음도 지적한다. 즉 1959년 공보실은 이승만의 정치이념이 독재와 침략주의를 배격한 철저한 자유민주주의라고 소개하고 있으며, 1972년 제정된 유신헌법 전문은 "자유민주적 질서를 공고히 하는 새로운 민주공화국을 건설"한다고 천명함으로써 대한민국이 자유민주주의 국가라고 선언한 바 있다.[90] 그 후 자유민주주의라는 용어는 2011년 이명박 정부가 역사 교과서 개정을 추진할 때 다시금 전면에 등장한다. 당시 교과부는 역사 교과서에 나온 '민주주의'란 용어를 '자유민주주의'로 바꾸려 하였으며, 이를 적극적으로 옹호했던 한국현대사학회는 '역사 교육과정개발 정책위원회'에 보낸 건의서를 통해 대한민국의 정체성이 '자유민주주의 체제'임을 역설했을 뿐만 아니라, 반공이란 말을 붙여 '반공 자유민주주의'라는 용어까지 사용했다.[91]

그러나 이나미에 따르면, 대한민국 정부수립 이전까지만 해도 우리나라에서 자유민주주의라는 말은 자본주의나 공산주의 체제와 무관하게 "자유의 가치를 옹호하는 민주주의"라는 의미로 사용되었고, 이 때문에 자유민주주의라는 용어는 해방 이후 한반도에 주둔했던 미군만이 아니라 소련군 역시 사용했다고 한다.[92] 하지만 남북 대치상황 속에서 북한의 인민민주주의와 구별하기 위해 자유민주주의란 용어는 결국 반공과 동의어가 되고 말았다는 것이다. 아마도 이런 맥락에서 박근혜는 2014년 통합진보당 해산 결정을 "자유민주주의를 확고하게 지켜낸 역사적 결정"으로, 그리고 새누리당은 "자유민주주의의 승리"로 규정했던 것으로 보인다.[93] 이런 점은 지금도 마찬가지이다. 국민의힘 당 강령은 대한민국의 역사를 "공산주의 침략에 맞서 자유민주주의를 지켜낸 국난 극복의 자랑스런 역사"로 규정하면서, "2.28 대구 민주운동, 3.15 의거, 4.19 혁명, 부마항쟁, 5.18 민주화운동, 6.10 항쟁" 등 우리나라 현대사에서 일어난 모든 민주화 운동을 다름 아닌 "자유민주주의를 공고히 한" 역사적 사건으로 규정하기에 이른다.[94]

## 정치적 자유민주주의와 사회적 시장경제의 결합

이렇게 자유민주주의라는 용어는 대한민국 정부수립 이후 특히 6.25 전쟁을 거치면서 오늘에 이르기까지 대한민국이 반공 국가임을 천명하기 위해 사용되었지만, 이 용어 자체가 아무런 헌법적 근거도 갖추지 못한 것은 아니다. 유신헌법 이후 '자유민주적 기본질서'란 용어가 헌법 전문에 삽입되면서 이에 근거한 헌법재판소 판례들도 등장했기 때문이다. 2001년 판례에 따르면,[95] 대한민국의 국가 이념은 자유민주주의이며, 이는 대한민국의 실정법이나, 실정법 해석, 그리고 국가 권력 발동의 정당성을 평가하는 최고의 원리이자 척도가 된다. 왜냐하면 대한민국 헌법의 기본 원리를 천명하고 있는 헌법 전문에 "자유민주적 기본질서를 더욱 확고히 하여"라는 문구를 통해 대한민국이 자유민주주의를 추구해야 함을 명시하고 있기 때문이라는 것이다.[96] 그리고 이러한 점은 헌법 제4조의 "자유민주적 기본질서에 입각한 평화적 통일정책 수립"

이라는 규정을 통해 재확인되고 있다.[97] 그렇다면 여기서 말하는 자유민주적 질서란 무엇을 의미할까? 1990년 판례에 따르면,[98] 자유민주적 기본질서란 "국민의 자치, 자유, 평등의 기본원칙" 하에 "기본적 인권 존중, 권력분립, 의회제도, 복수정당제도, 선거제도, 사유재산과 시장경제를 골간으로 한 경제 질서 및 사법권의 독립"을 보장하는 법치주의적 통치질서를 말한다.

이러한 헌법 해석은 기본적으로 독일 연방 헌법재판소의 판결에 나타난 자유민주적 기본질서에 근거한 것이다.[99] 여기서도 자유민주적 기본질서를 국민자결, 자유, 평등이라는 기본원칙과 이와 관련된 제반 정치 제도에 기초한 법치 국가적 통치질서로 규정하기 때문이다. 다만 대한민국의 판례에는 독일의 판례에 있는 사유재산과 시장경제에 대한 언급이 나타난다는 점에서 차이가 있다. 그렇다면 경제 활동과 관련하여 볼 때 대한민국은 독일과는 다른 유형의 나라일까? 독일의 헌법에 해당하는 기본법 제20조 1항에는 "독일연방공화국은 민주주의 국가이며 동시에 사회국가"임을 천명하고 있다.[100] 여기서 말하는 사회국가란 독일을 비롯한 서유럽 국가 대부분이 추구하는 국가 유형으로서 모든 국민에게 최저 생활을 보장할 뿐만 아니라, 질병, 실업, 고령화에 대비한 사회보험제도의 구축, 사회적 약자 지원을 통한 사회적 기회 균등화를 추구하는 나라를 말한다.[101] 그리고 더 나아가 독일의 경제 질서는 흔히 자유방임적 시장경제도 아니고, 국가계획경제제도 아니며, 시장의 권력화 방지를 위해 사회적 교정장치를 가진 '사회적 시장경제'로 규정되곤 한다. 그리고 이런 역할을 하는 것이 자본 권력을 제한하고 노동자에 대한 권리를 보장할 뿐만 아니라, 분배 정의와 사회복지 등을 실시하는 사회국가라는 점에서 사회적 시장경제와 사회국가는 서로 통합되어 있다.

이러한 사회적 시장경제는 1949년 독일 기독민주당 강령으로 제시되었고, '민주적 사회주의'를 추구했던 독일 사회민주당 역시 1959년 고데스베르크 강령 채택 이후 사회적 시장경제 요소를 받아들였을 뿐만 아니라, 1990년대부터는 본격적으로 사회적 시장경제란 용어를 사용하고 있다.[102] 이렇게 독일의 주요 정당이 당 강령에서 사회적 시장경제를 채택하고 있다는 점에서 독일이 추구하는 경제 질서를 사회적 시장경제라고 규정하는 것은 전혀 무리가 아니다. 따라서 독일의 사회경제적 질서를 특징짓는 사회국가나 사회적 시장경제를 염두에 둔다면, 독일 헌법재판소 판례에 나타난 자유민주주의에 관한 규정은 사회경제적 질서와 구분되는 독일의 정치 질서를 설명한 것이다.

이런 점에서 1990년 헌법재판소 판례가 자유민주주의를 규정할 때 사용한 "사유재산과 시장경제를 골간으로 한 경제 질서"라는 표현은 문자 그대로 경제 질서를 표현한다는 점에서 정치 질서로서의 자유민주주의를 규정할 때 포함될 필요가 없다. 그런데도 정치 질서를 의미하는 자유민주주의를 설명하면서 경제 질서까지 포함한다는 것은 범주 적용의 오류에 해당한다. 그렇다면 우리나라와 독일은 정치 질서로서 자유민주주의를 추구한다는 점에서는 같지만, 사회경제적 질서라는 면에서는 차이가 있다고 볼 수 있을까? 그런데 1989년 우리나라 헌법재판소 판례를 보면 그렇지도 않다. 이에 따르면,[103] 우리나라 경제는 자유방임적 시장경제도 아니고, 계획통제경제도 아니며, 시장경제를 근간으로 하면서도 최소한의 인간다운 생활 보장, 소득 재분배, 사회보장을 추구한다는 점을 명시하고 있기 때문이다. 이렇게 본다면 우리나라 역시 헌법 판례상 독일식의 사회국가에 해당한다고 볼 수 있으며, 현행 헌법 제9장 경제 항목 중 제119조를 보면 대한민국이 사회적 시장경제를 추구하고 있음도 확인할 수 있다. 여기서는 대한민국의 경제 질서가 개인과 기업의 자유와 창의를 기본으로 한다고 명시함으로써 자유 시장경제임을 천명하고 있지만, 동시에 '균형 있는 국민경제', '적정한 소득 분배', '경제민주화'를 추구하고 있음도 함께 밝히고 있기 때문이다. 이는 현재 우리나라 양대 정당의 강령을 보아도 마찬가지이다. 더불어민주당은 공정한 시장경제란 기치 아래 균등한 기회와 기본생활 보장, 경제적 불평등과 갈등 해소, 사회적 약자 보호, 경제민주화를 표방하고 있으며,[104] 국민의힘 당까지도 공정한 시장경제 확립을 주장하며 기본적 삶 지원, 사회적 양극화 해소, 경제 주체 간의 불공정 행위 처벌, 경제민주화를 천명하고 있다.[105] 이런 점에서 성낙인은 『헌법학』에서 오늘날 자유민주주의 국가의 경제 질서는 "경제의 민주화를 위한 사회적 시장경제"로 정착하고 있으며, 우리나라 헌법 역시 사회적 시장경제를 채택하고 있다고 기술한다.[106]

## 경제적 자유와 반공주의의 결합

이렇게 본다면 독일이나 우리나라는 헌법 규정상 정치 질서로는 자유민주주의 국가이면서도 경제 질서로는 사회적 시장경제라는 특징을 가지고 있다. 그러나 이러한 결합을 자유민주주의의 왜곡으로 보는 견해도 있다. 이에 따르면 자유민주주의는 근본적으로 자유방임적 경제 질서인 '자유 시장경제'를 보호하기 위한 정치적 이념이기 때문이다. 왜 그럴까? 민경국에 따르면,[107] 자유주의와 민주주의는 다른 것이다. 즉 자유주의가 외적 강제가 없는 상태인 '자유' 개념에서 출발하여 언론, 출판, 표현, 학문, 사상의 자유 등과 같은 시민적 자유와 사유재산에 기초한 경제적 자유라는 개인적 자유의 보장을 추구한다면, 민주주의는 국민주권원리에 근거하여 선거와 국가의 정책 결정, 입법부의 법률 제정 등이 다수결 원칙에 따라 이루어지는 국가 권력의 소재와 실행 방법을 말한다는 것이다. 그런데 이 두 가지 정치적 이념은 서로 통합할 수도, 대립할 수도 있다. 우선 자유주의와 민주주의의 통합을 주장할 수 있는 것은 경제적 자유가 보장되어야 시민적 자유가 가능하고, 시민적 자유가 전제되어야 민주주의가 발전할 수 있기 때문이다. 민경국에 따르면,[108] 경제적 자유를 제한하게 되면, 이는 결국 시민적 자유의 제한으로 이어진다. 예를 들어 외환거래의 자유를 제한하면 외국의 잡지, 신문, 서적 구매나, 정부를 비판하는 사람들의 해외 탈출 역시 봉쇄될 수밖에 없으므로 결국 사상이나 표현의 자유 등이 제한된다. 이런 점에서 경제적 자유가 보장되어야 시민적 자유 역시 보장될 수 있으며, 또한 경제적 자유가 보장될 때 사람들은 자유로운 선택과 결정 방법을 터득할 뿐만 아니라, 타율과 간섭이 좋지 않다는 것을 알게 됨으로써 이를 지키기 위해 정치적 참여와 민주주의도 요구한다는 것이다. 그러나 반대로 자유주의와 민주주의는 서로 대립할 수 있다. 다수결에 의한 선거, 정책 결정, 법률 제정이라는 민주적 절차에 더 많은 사람이 참여하고, 그 적용 범위가 더욱 확대되어 경제적 영역에서까지 "더 많은 민주주의"가 실현된다면,[109] 이는 결국 공적 영역의 확대와 개인적 자유 영역의 축소로 이어지기 때문이다. 따라서 민경국은 자유주의와 민주주의를 동시에 보장하기 위해서는 더 많은 민주주의가 아니라 "제한된 민주주의"가 필요하다고 보며, 분배 평등이나 사회복지 확대를 위해 경제적 자유를 제한하는 사회민주주의, 경제민주주의, 심의민주주의 등 이른바 "자유를 뺀 민주주의"에 반대한다.[110] 왜냐하면 민주적 절차에의 참여와 그 적용은 사유재산에 기초한 경제적 자유와 시민적 자유라는 개인의 자유를 보장하기 위한 목적으로 제한되어야 하기 때문이다. 이런 점에서 민경국은 모든 개인적 자유의 근원이 결국은 경제적 자유에 있다고 보면서, 이를 수호하는 것이 자유주의와 민주주의를 통합한 "자유민주주의의 본질"이라고 규정한다.[111]

이렇게 본다면 자유민주주의란 경제적 자유를 보장하기 위한 정치적 이념이라는 점에서 정치 질서만이 아니라, 경제 질서 역시 포괄하는 개념이 되며, 경제적 자유에 기초한 자유방임적 자유 시장경제를 전제할 수밖에 없다. 그러나 이와 달리 앞서 언급한 1989년 헌법재판소 판례는 이미 대한민국의 경제 질서가 자유방임적 시장경제가 아니라, 일종의 사회적 시장경제라고 규정하고 있다는 점에서 민경국의 입장은 현행 헌법과 배치된다. 물론 앞서 지적했듯이 1972년 유신헌법 이후 우리나라 헌법 전문에는 "자유민주적 기본질서를 더욱 확고히 하여"라는 표현이 등장하지만, 이를 정치적 질서로서의 자유민주주의를 넘어서 자유방임적 시장경제를 의미한다고 해석할 이유는 없다. 헌법 전문을 보면,[112] 민주개혁, 평화적 통일, 정의, 인도, 동포애, 민족 단결, 폐습과 불의 타파 등 우리나라 헌법이 추구해야 할 다양한 가치와 지향점이 명시되어 있으며, 이 모든 것은 결국 모든 국민에게 자유와 균등을 통한 행복한 삶을 보장하는 것으로 귀결된다. 자유민주적 기본질서 역시 우리나라 헌법이 추구하는 다양한 가치와 지향점 중 하나로서 자유와 균등, 그리고 행복한 삶의 보장에 기여해야 한다. 더구나 헌법에서는 단지 자유민주적 기본질서를 말하는 것이 아니라, '자율과 조화'를 바탕으로 한 자유민주적 기본질서를 주장한다는 점에서 이 역시 최종적으로는 자유와 균등을 보장하려는 헌법 정신의 표현이라고 보아야 하며, 따라서 자유민주적 기본질서를 자유방임적 시장경제로 해석할 근거는 아무 데도 없다.

사실 민경국 자신도 그가 말하는 자유민주주의라는 개념이 현행 헌법과 일치하지 않음을 인정한다. 그는 우리나라 현행 헌법이 그가 말하는 자유민주주의와 부합할 수 없다고 보면서, 경제적 자유와 사유재산 보호를 위한 헌법 개정을 강변하고 있기 때문이다.[113] 그리고 이와 함께 민경국은 자유민주주의의 최우선 임무를 반공에서 찾는다. 자유민주주의의 본질적 부분인 경제적 자유는 권위주의 정부 아래에서도 가능하지만, 공산주의 같은 전체주의 체제는 사유재산마저도 부정한다는 점에서 자유민주주의의 파멸을 의미한다는 것이다. 이런 점에서 민경국은 경제적 자유를 제한하는 이른바 '자유를 뺀 민주주의'에 대한 반대를 넘어서, 반공주의를 "자유민주주의의 핵심"으로 삼는다.[114] 이렇게 본다면 6.25 전쟁 이후 이승만과 박정희가 자신의 정치적 위상을 강조하기 위해 사용했던 자유민주주의, 그리고 이명박 정부 때 교과서 개정 주장을 통해 다시 등장했던 자유민주주의, 더구나 박근혜와 한나라당에 이어 국민의힘 당으로까지 이어지는 자유민주주의의 용법은 사실상 민경국이 말하는 자유민주주의와 다를 것이 없다.

# 3장 대한민국의 정체성과 현 상황

　지금까지 2장에서 살펴본 2008년 이후 대한민국 정체성에 대한 담론들을 종합해 보면, 크게 4가지 입장, 즉 대한민국을 민주주의와 공화주의의 결합으로 해석한 입장, 대한민국을 공화주의적으로 해석한 입장, 대한민국의 헌법적 질서에 관한 헌법재판소의 입장, 그리고 보수세력의 자유민주주의적 입장을 구별해 낼 수 있다. 이를 개략적으로 정리해 본다면 다음과 같다. 첫째, 대한민국은 헌법 제1조의 민주공화국 규정과 관련하여 볼 때, 민주주의 국가이자 공화국으로서 국가 권력이 시민적 덕성을 통해 행사될 뿐만 아니라, 공공성을 위해 발휘되는 나라이며, 이 공공성이란 궁극적으로 인간의 존엄성 구현에 있다. 둘째, 대한민국은 공화주의적 관점에서 볼 때, 비지배로서의 자유를 보장함으로써 정치적 자기 결정을 위한 자유와 평등을 실현할 뿐만 아니라, 개인 간에 비지배적 상호성을 확립하고, 특히 인민주권 실현을 위해 입법부의 재량권과 행정부의 역할을 강조하는 나라이다. 셋째, 헌법재판소의 판례를 보면 대한민국은 정치 질서상 자치, 자유, 평등이라는 기본원칙하에 기본권

존중, 권력분립, 의회제도, 복수정당제도, 선거제도에 기초한 자유민주주의 국가이며, 동시에 경제 질서상 개인과 기업의 자유와 창의를 기본으로 하면서도 균형 있는 국민경제, 적정한 소득 분배, 경제민주화를 추구하는 사회적 시장경제 국가이다. 넷째, 대한민국은 이승만, 박정희, 이명박, 박근혜, 국민의힘 당으로 이어지는 한국의 보수 정치 세력의 관점에서 볼 때, 경제적 자유라는 자유주의의 본질적 가치를 수호하기 위해 선거, 정책 결정, 법률 제정 등에서 국가 권력이 다수결에 따라 행사되는 자유민주주의 국가이자, 전체주의 체제인 북한의 공산주의에 반대하는 반공 국가이다.

## 1. '헌법적 통합성'에 근거한 대한민국의 정체성

대한민국의 정체성에 대해 이렇게 다양한 입장이 가능하다면, 궁극적으로 어느 입장이 대한민국의 정체성을 가장 잘 설명해 준다고 보아야 할까? 더구나 1장에서 살펴보았듯이 대한민국 헌법 제정의 역사적 맥락과 헌법 작성자의 관점에서 볼 때, 대한민국은 정치, 경제, 교육 등 다양한 사회적 영역에서 모든 국민의 실질적 자유 실현이 균등하게 보장된 민주주의 국가 아니었던가? 그렇다면 이러한 입장까지 합쳐서 다섯 가지 입장 중 어느 것은 옳고, 어느 것은 틀린 것일까? 그런데 사실 대한민국의 정체성에 대한 이런 입장들을 옳고 그름의 문제로 본다든지 선택의 문제로 보는 것은 잘못이다. 이러한 입장들은 모두 현행 대한민국 헌법의 핵심적 부분이자 불변적 부분인 헌법 전문과 헌법 제1조에 근거를 두고 있을 뿐만 아니라, 헌법 입안자들의 관점에서도 크게 벗어나 있지 않기 때문이다. 다만 차이가 있다면 이는 헌법 부분 중 어디에 강조점을 두느냐의 차이일 뿐이다. 물론 보수세력의 자유민주주의적 입장을 주장하는 사람들은 현행 헌법이 자신들의 자유민주주의 이해에 부합하지 않는다는 전제하에 헌법 개정을 요구하고 있지만, 이 또한 현행 헌법의 일부분을 편향되게 강조한 것으로 이해한다면, 현행 헌법과 헌법 입안자들의 관점을 공유하는 부분이 있다. 나는 대한민국의 정체성에 대한 다섯 가지 입장은 드워킨이 말하는 '헌법적 통합성'이란 관점에서 이해하는 것이 적절하다고 본다. 앞서 서술했듯이 드워킨에 따르면 헌법 해석은 한편으로 헌법 작성자의 의도만이 아니라, 헌법에 대한 의미론적 해석에 개방되어야 한다. 그리고 다른 한편으로 의미론적 해석은 개별적인 조항과 헌법 전체의 구조만이 아니라, 선행하는 판례와 관행 등 헌법 운용 전통과 부합해야 하며, 동시에 이런 전통을 가장 잘 정당화할 뿐만 아니라, 이를 최선의 작품이 되도록 해야 한다. 이런 관점을 따른다면, 헌법의 불변적 요소로서 대한민국의 정체성을 나타내는 헌법 전문과 헌법 제1조 규정에 대한 해석은 헌법 작성자의 의도만이 아니라, 헌법의 개별적인 조항과 헌법에 대한 판례 전통에 부합해야 한다. 그리고 여기에 더해 헌법 해석이 더 설득력을 높이려면 대한민국의 헌법적 지향에 대한 국민적 의식의 표현이자 요구라고 할 수 있는 합법적 정당의 강령이나 헌법에 대한 당대의 이론적 관점들도 통합할 수 있는 최선의 작품이어야 할 것이다. 물론 모든 관점을 다 통합해야 하는 것은 아니다. 헌법에 대한 여러 관점 사이에는 서로 통합될 수 있는 것도, 그렇지 않은 것도 있을 수 있기 때문이다. 이런 점에서 헌법 해석은 내적 정합성을 유지해야 하지만, 동시에 특정 편향 없이 가능한 많은 관점을 통합할 수 있다면 가장 설득력이 있는 해석이 될 것이다.

## 조소앙의 삼균주의와 중첩적 합의

이런 관점에서 헌법 입안자의 입장과 헌법 전체 구조만이 아니라, 헌법재판소의 판례 전통이나 합법적 정당의 강령, 그리고 당대의 다양한 이론적 입장 등을 전제한 다섯 가지 입장을 검토해 보면, 이 중 헌법 개정을 요구하는 민경국의 입장을 제외한 나머지 입장들을 통합적으로 이해하는 것이 어려운 일은 아니다. 왜냐하면 이 입장들 사이에는 유사성이 존재할 뿐만 아니라, 이런 유사성은 일종의 공유된 합의, 즉 롤스가 말한 '중첩적 합의'라고 할 수 있을 만큼 하나의 일반적 원칙으로 수렴되기 때문이다. 롤스에 따르면, 다원주의 사회에서 어떤 정치 제도나 정의관이 공적으로 정당화되기 위해서는 비록 정치적 입장은 다르지만 자유롭고 평등하며 이성적 능력을 갖춘 당사자들이 공유하고 지지할 수 있는 어떤 '합의'에 근거해야 한다. 그리고 다원주의 사회에서 서로 다른 정치적 입장을 갖는 사람들도 비록 그 이유는 다르지만 특정한 정치 제도나 정의관에 합의할 수 있다.[115] 이것이 롤스가 말하는 중첩적 합의이며, 대한민국의 정체성에 대한 네 가지 입장에 대해서도 이를 적용할 수 있다. 즉 이 네 가지 입장 역시 각기 다른 이유에서 대한민국의 헌법적 정체성을 해석하지만, 이들 사이에 존재하는 중첩적 합의에 대해 말할 수 있다면, '헌법적 통합성'에 따라 대한민국의 정체성에 대한 해석이 가능하다는 것이다. 그렇다면 이제 문제는 이 중첩적 합의가 과연 무엇인가 하는 점인데, 결론부터 이야기하자면 그것은 대한민국이 '**모든 국민의 실질적 자유 실현**'을 보장하는 민주주의 국가라는 데 있다. 다시 말해 단군 시대로부터 삼균주의를 거쳐 제헌헌법으로 계승된 대한민국 건국 정신이 비록 의식적인 것은 아니지만, 2008년 이후 등장한 국가 담론 속에서까지 면면히 이어졌다는 것이다. 이런 점에서 대한민국은 비단 민주주의 국가만이 아니라, 자유 실현을 최고의 가치이자 목표로 삼는 '자유-주의' 국가라고 할 수 있다. 따라서 나는 헌법 전문과 헌법 제1조가 규정한 대한민국의 정체성은 이러한 일반 원칙에 따라 이해되어야 하며, 또한 이러한 일반 원칙은 여타의 헌법 규정에 대한 해석뿐만이 아니라, 대한민국의 모든 법과 제도, 그리고 정책을 입안하는 데 최고의 규범적 지침이 되어야 한다고 본다. 그러면 어떤 점에서 대한민국의 정체성에 대한 네 가지 입장들이 유사성을 보일 뿐만 아니라, 이 유사성이 '모든 국민의 실질적 자유 실현'이라는 일반 원칙에 수렴된다고 볼 수 있을까?

먼저 네 가지 입장 사이의 유사성을 말할 수 있다면, 그것은 이들 입장이 조소앙의 삼균주의와 일맥상통하기 때문이다. 〈대한민국 제헌헌법〉의 기원이 된 〈대한민국 건국강령〉을 작성한 조소앙은 대한민국을 민주공화국으로 설계하면서, 자본가 중심의 미국식 자본주의 민주주의도 아니고, 프롤레타리아 중심의 소련식 사회주의 민주주의도 아닌 모든 사람을 위한, 모든 사람의, 그리고 모든 사람에 의한 새로운 민주주의를 제시하려고 했다. 그리고 그 방법이 모든 사람의 자유 실현을 실질적으로 보장하는 삼균주의라는 점에서 그에게 민주공화국이란 굳이 이름을 붙이자면 '자유 균등 민주주의' 국가라 칭할 만하다.[116] 이렇게 조소앙이 삼균주의를 통해 민주공화국을 재규정한 것은 민주공화국이 단지 국민주권, 권력분립, 대의제 민주주의 등 주권의 소재와 행사방식으로만 이해될 때, 경제력에서 우위에 있는 자본가 중심의 자본주의 민주주의 국가로 변질된 위험성이 있기 때문이다. 따라서 그는 모든 국민에게 자유롭게 살 수 있는 권리만이 아니라, 균등한 참정권을 보장하는 정치 균등화를 실현하면서도, 이러한 권리가 단지 형식적 권리에 머무는 것을 방지하기 위해 모든 국민에게 기본적 경제 활동 수단과 기본적 욕구 충족을 보장하는 경제 균등화, 그리고 각 개인의 실질적 능력 개발을 위한 교육 균등화를 실현하려고 했다. 이렇게 본다면 사실 조소앙이 설계한 대한민국은 1989년과 1990년 헌법재판소 판례에서 나타나듯이 정치 질서로는 자유민주주의 국가요, 경제 질서로는 사회적 시장경제 국가라 해도 무리가 아니다. 그리고 이런 식의 해석은 〈대한민국 제헌헌법〉을 기초했던 유진오의 입장과 일맥상통한다. 그 역시 대한민국 헌법에는 자유민주주의적 요소와 사회민주주의적 요소가 공존한다고 보았기 때문이다.

이런 점은 2008년 촛불 집회 전후로 등장한 대한민국의 정체성에 관한 입장들도 마찬가지이다. 김상봉이 공공성 실현을 위한 시민의 주체적 정치참여를 강조하면서 대한민국을 '모두를 위한', '모두에 의한' 나라로 규정한 것은, 조소앙이 모든 국민의 자유로운 삶과 균등한 정치참여를 보장하면서도 대한민국이 특정 계층만을 위한 나라로 변질되는 것을 막기 위해 경제 및 교육 균등화를 실현하려고 한 것과 맥을 같이 하기 때문이다. 그리고 대한민국의 정체성에 대한 공화주의적 해석 역시 조소앙의 입장과 크게 다를 것이 없다. 곽준혁이 대한민국이 비지배로서의 자유를 통해 정치적 자율성을 실현하고, 사회 전체에서 비지배적 상호성 관계를 형성해야 한다고 보았듯이, 조소앙의 자유 균등 민주주의 역시 비지배로서의 자유를 전제한 것이나 마찬가지이기 때문이다. 조소앙이 삼균주의를 제시한 이유는 앞서 서술했듯이 삼국시대부터 일제 강점기까지 정치, 경제, 교육 등 사회 전체에서 자행되어 온 '전제 정치의 착취와 유린'으로부터 모든 국민을 해방하기 위함이었다. 이런 점에서 조소앙이 설계한 대한민국은 정치적 자유만이 아니라, 사회 모든 영역에서의 지배 철폐를 목적으로 한다. 그리고 정원규가 주장하듯이 특히 인민주권 실현을 위한 입법 활동의 확대와 행정부의 적극적 역할을 강조한 것이 루소의 공화주의라면, 조소앙의 자유 균등 민주주의는 이런 식의 정치적 이념 역시 함축하고 있다. 자유 균등 민주주의가 실현되기 위해서는 인민주권, 권력분립, 법치주의와 같은 민주적 질서는 물론이고, 조소앙이 말하는 '민주 정치'와 같이 모든 국민의 자유와 권리 실현을 목적으로 한 정치적 개입이 필요하기 때문이다. 따라서 자유 균등 민주주의 국가에서는 인민주권을 실현하기 위한 입법 활동 확대와 정부의 적극적 개입은 필수적이다. 그렇다면 조소앙이 설계한 대한민국은 신용인이 주장하듯, 법치, 비지배 자유, 시민적 덕성을 바탕으로 국민주권을 올바르게 실현함으로써 궁극적으로 인간의 존엄을 구현하려는 국가라고도 볼 수 있을까? 사실 입법부와 행정부의 적극적 활동을 통해 자유 균등 민주주의가 실현된다면, 비로소 압제와 억압이 없는 비지배적 관계 하에서 모든 국민이 정치에 참여하고, 기본적 경제 활동 수단과 기본적 필요 충족을 기반으로 자유로운 경제 활동을 수행하며, 자신의 능력을 마음껏 계발하고 발휘할 수 있다는 점에서, 이는 법치와 정치 참여를 통해 국민주권을 실현함은 물론이요, 궁극적으로 인간의 존엄을 구현하는 길이 된다. 인간을 존엄한 존재로 보는 이유가 인간만이 삶의 목적을 스스로 설정하는 자유의 존재라는 점에 있다면, 인간의 존엄을 구현하는 길은 인간을 누군가의 삶을 위한 수단이 아니라, 목적적 존재로 대우하기 위해 자유를 보장하는 데 있다. 따라서 자유 균등 민주주의는 모든 사회적 영역에서 인간의 자유를 실질적으로 보장하려 한다는 점에서 인간의 존엄을 구현한다.

그러나 자유민주주의의 본질을 경제적 자유의 보호로 보는 민경국의 입장은 조소앙으로부터 유진오, 김상봉, 신용인, 곽준혁, 정원규로 이어지는 관점과는 맥을 같이하는 점도 있지만, 그렇지 않은 점이 크다. 민경국 역시 국민주권, 권력분립, 대의제 민주주의 같은 정치 질서로서의 자유민주주의를 주장한다는 점에서 조소앙으로부터 내려오는 관점과 일치하지만, 그가 정치 질서로서의 자유민주주의를 경제적 자유 수호라는 목적으로 제한한다는 점에서 이들 관점과 대립할 수밖에 없다. 사실 경제적 자유 보장, 특히 국가의 개입으로부터 경제 활동의 자유를 보장하는 것은 누구에게나 요구되는 것이 아니다. 경제적으로 종속된 사람에게 자립 기반을 마련해 주지 않은 채 단지 경제적 자유만을 보장한다면, 이는 실현 가능성이 없고, 또한 경제적 자유가 자유경쟁으로 이어진다면, 경쟁력 없는 사람들은 생계 위험에 빠질 수밖에 없기 때문이다. 그러나 조소앙이 자유민주주의 질서로 이해될 수 있는 정치 균등화만이 아니라, 경제 및 교육 균등화를 실현하고자 한 것은 단지 개인의 자유를 형식적 권리로서만 보장하는 것이 아니라, 이를 실현할 수 있는 물질적 수단이나 개인적 능력 등 실질적 조건을 마련해 주기 위함이었다. 이런 점에서 조소앙이 자유 실현의 실질적 조건을 보장함으로써 모든 사람에게 경제적 자유 역시 균등하게 보장하려고 했다면, 민경국이 말하는 경제적 자유의 수호는 단지 경제적 자립성을 갖춘 자산가들만을 위한 것이다. 따라서 민경국의 자유민주주의는 경제적 자유 보장을 위해 민주주의의 제한을 주장하지만, 사실 그는 소수의 경제적 자유를 위해 대다수의 실질적 자유 실현을 제한한 것이며, 민경국이 민주주의를 통한 경제적 자유 제한을 '자유 없는 민주주의'라고 비판하지만, 사실 그는 소수의 자유를 위해 대다수에겐 '자유 없는 자유주의'를 주장한 셈이다.

## 모든 국민의 실질적 자유 실현

이렇게 조소앙의 삼균주의를 기준으로 대한민국의 정체성에 관한 여러 입장 사이의 유사성을 말할 수 있다면, 이제는 이 입장들이 '모든 국민의 실질적 자유 실현'이라는 일반 원칙으로 수렴됨도 알 수 있다. 앞서 서술했듯이 조소앙이 정치, 경제, 교육의 균등을 주장한 것은 모든 인간이 타인의 지배하에서 정치적 노예, 경제적 노예, 지적 노예로 전락하는 것이 아니라, 바로 이를 통해 신체, 생명, 정신 등 그것이 생명이든, 육체적이거나 정신적 요소이든 인간을 구성하는 모든 요소를 계발하고 발전시키며, 또한 이를 발휘할 수 있기 때문이다. 이런 점에서 삼균주의란 인간의 자아실현으로서의 자유를 가능하게 하는 실질적 조건이라 할 수 있으며, 여기서 말하는 자아실현이란 자기보존은 물론 개인의 육체적, 정신적 잠재력을 아무런 방해 없이 실현하는 것으로서 특정 영역에서만이 아니라, 모든 사회적 영역에서의 자아실현으로 이해되어야 한다. 이렇게 본다면, 시민적 기본권과 참정권 보장이라는 정치 균등화는 개개인의 자유로운 삶을 권리 차원에서 보장할 뿐만 아니라, 자유와 권리를 보장하고 강화하기 위한 민주 정치에 모든 개인이 참여할 수 있는 조건이다. 그리고 기본적 경제 활동 수단을 제공함은 물론 기본적 필요마저 충족시키려는 경제 균등화란 누구나 자유롭게 일하며 자신의 능력을 발휘할 수 있는 실질적 조건이자 동시에 균등한 정치참여의 실질적 가능 조건이 된다. 경제적 의미에서 자립성을 확보하지 못하고 누군가에게 종속되어 있다면, 사실 정치적 영역에서도 자율성을 발휘하기는 어렵기 때문이다. 더구나 무상교육이라는 교육 균등화는 모든 개인이 그것이 정치적 영역이든 경제적 영역이든 모든 사회적 영역에서 발휘될 수 있는 자신의 잠재력을 계발하고 발전시킬 수 있는 토대가 된다.

이런 전제하에서 본다면 대한민국의 정체성에 대한 나머지 입장들 역시 각기 강조점은 다르지만, 다양한 사회 영역에서 '모든 국민의 실질적 자유 실현'이라는 목적으로 수렴됨을 알 수 있다. 김상봉이 시민적 주체성에 의한 정치참여를 강조함으로써 정치적 영역에서의 자유 실현에 주목한다면, 유진오는 사회민주주의를 그리고 헌법재판소 판례는 사회적 시장경제를 강조하면서 경제적 영역에서의 실질적 자유 실현에 주목한 것이다. 이에 반해 신용인이 인간 존엄에 근거하여 민주공화국의 모든 제도적 장치의 목적을 인간의 자유 실현에 두었고, 곽준혁 역시 비지배로서의 자유 개념을 통해 실질적 자유 실현을 강조한다면, 정원규는 이를 위한 입법부와 행정부의 적극적인 활동에 주목한 것이다. 물론 민경국이 강조한 경제적 영역에서의 자유는 단지 자산가들만을 위한 것이지만, 국가의 역할을 경제적 자유의 수호로 제한한 것은 역설적으로 이를 통해서만 아무런 장애 없이 자산가들의 자유가 실질적으로 실현될 수 있기 때문이다. 하지만 '모든 국민의 실질적 자유 실현'을 추구하는 조소앙의 입장이 자산가들만의 실질적 자유 실현을 의미하는 것일 수는 없다.

## 2. 대한민국의 현 상황

이렇게 대한민국을 '헌법적 통합성'이란 관점에서 '모든 국민의 실질적 자유 실현'을 보장하는 나라로 본다면, 과연 현재의 대한민국이 이런 일반적 원칙을 충분히 실현하고 있다고 볼 수 있을까? 다시 말해 대한민국은 명실상부하게 자신의 정체성을 규정하는 최고의 가치이자 목표인 모든 국민의 실질적 자유 실현에 부합한 나라일까? 만약 그렇다면 대한민국은 '이게 나라냐?'는 비판에 대해 분명 '나라다운 나라'라고 대답할 수 있을 것이다. 하지만 조소앙의 삼균주의가 대상으로 한 정치와 경제 영역만 보더라도 오늘날 대한민국이 자유로운 정치참여와 경제 활동을 균등하게 보장한다고 보기는 어렵다. 그리고 이는 자유로운 정치참여와 경제 활동을 가능하게 하는 개인적 능력계발의 기회 역시 마찬가지이다. 만약 이렇게 정치, 경제, 교육의 균등화가 제대로 이루어지지 않았다면, 사실 '모든 국민의 실질적 자유 실현'이 제도적으로 보장되었다고 말하긴 어렵다.

### 정치적 불균등

그렇다면 우선 자유로운 정치참여 상황이 어떤지부터 살펴보자. 우리나라 정치질서는 민주주의이며, 이를 통해 모든 국민의 자유로운 정치참여가 보장된다. 민주주의적 정치 질서에서 국가의 주권은 국민에게 있으며, 국가의 운영은 주권자인 국민의 의사에 따라 이루어져야 하기 때문이다. 이런 민주주의적 국가 운영 원칙을 흔히 권력의 주체이자 대상이 같다는 의미에서 자기 지배 원칙이라 한다. 하지만 특정인이나 특정 계급이 국가 운영에 관한 권력을 독점한다면, 이는 국민의 자기 지배라는 민주주의 원칙에 어긋난다. 이런 점에서 민주주의 질서하에서 국민은 누구나 정치적으로 예속되어 있지 않은 채 자신의 의사를 국가 운영에 반영할 수 있어야 한다. 흔히 이런 식의 정치적 자유는 신체, 거주, 언론, 출판, 신앙, 집회, 결사의 자유 등 시민적 자유를 보호하는 데 필요하지만, 정치적 지배 세력의 등장을 막기 위해서도 필수적이다. 물론 우리나라 민주주의는 대의제 민주주의이다. 따라서 국민이 직접 국가를 운영하는 것이 아니라, 국민의 대표가 국가를 운영한다. 그렇지만 이 역시 민주주의라 할 수 있는 것은 국민이 선출한 대표가 국민의 의사에 따라 국가를 운영한다면 비록 간접적이지만 국민이 국가를 운영하는 것이나 마찬가지이기 때문이다. 이런 점에서 우리나라 헌법은 국민주권 원칙에 따라 모든 국민에게 동등한 투표권을 보장하고 있을 뿐만 아니라, 의회제도, 복수정당제도, 선거제도 등 대의제 민주주의를 위한 제도적 기반을 갖추고 있다. 그리고 실제로 1987년 이후 우리나라에서는 구의회 의원에서부터 대통령에 이르기까지 모든 위정자가 국민의 투표로 선출된다. 그렇다면 과연 국민의 대표가 국민의 의사에 따라 국가를 운영한다고 볼 수 있을까? 그리고 모든 국민은 국민의 대표를 통해 자신의 의사를 국가 운영에 반영하고 있을까? 국민의 대표가 국민의 의사에 따라 국가를 운영한다면, 이는 비록 간접적이지만 국민이 국가를 운영하는 것과 다를 것이 없다는 점에서 정치적 자유의 실현이라고 볼 수 있다. 그러나 반대로 국민이 선출한 국민의 대표가 권력자가 되어 국민 위에 군림한다면, 이는 정치적 자유의 실현은커녕 대의제 민주주의 이념에도 맞지 않는다.

그런데 대의제 민주주의에서는 국민의 투표를 통해 선출된 위정자의 역할이 항상 문제가 된다. 국민이 선출한 대표는 국민의 의사만을 전달하는 국민의 '대리인(delegate)'일까? 아니면 자신의 소신에 따라 행동하는 일종의 '수탁자(trustee)'일까? 달리 표현한다면 국민의 대표는 국민으로부터 국가 운영을 위임받았지만, 이 위임은 국민이 정한 사안만 처리하는 '귀속 위임(imperative mandate)'일까? 아니면 자신의 재량에 따라 행동할 수 있는 '자유 위임(free mandate)'일까? 존 스튜어트 밀은 국민의 대표를 단순한 대리인으로 보지 않으며, 국민의 대표가 국민으로부터 특정한 사안만을 귀속 위임받았다고 보지도 않는다. 밀은 국민의 대표를 의사에 비유한다. 즉 환자가 유능한 의사를 선택하지만, 직접 처방을 내릴 수 없듯이, 국민이 국민의 대표를 선출하지만, 국가를 어떻게 운영할지는 국민의 대표가 결정한다는 것이다. 국민의 대표는 자신을 선출한 사람만을 위해서가 아니라, 공공선에 부합하는 결정을 내려야 하므로 자율성을 가져야 한다는 것이다. 이런 이유에서 밀이 국민의 대표를 수탁자로 보지만, 사실 더 근본적인 이유는 다수의 횡포를 막기 위해서다. 다수 득표 원칙에 따라 국민의 대표로 선출된 사람은 항상 다수가 원하는 사람이며, 따라서 국민의 대표가 단순한 대리인이라면, 결국 국민의 대표를 선출한 다수가 국가를 지배하게 되고, 소수는 자신의 대표조차 가질 수 없다는 것이다. 따라서 국민의 대표는 다수를 대변하는 것이 아니라, 공공선을 위해 국가를 운영해야 한다.[117] 그러나 루소에 따르면, 반대로 국민의 대표가 대리인이 아니라, 일종의 수탁자로서 자신의 재량에 따라 국가를 운영한다면, 이는 국민의 대표가 권력자가 됨을 의미하며, 따라서 다수의 횡포가 아니라, 소수 권력자의 지배가 시작된다. 이런 점에서 루소는 대의제 민주주의 국가에서 국민은 선거 때만 자유롭고, 선거가 끝나면 자신이 선출한 위정자들의 노예가 된다고 일갈한 바 있다.[118] 그러나 민주주의를 모든 국민의 균등한 정치참여로 이해한다면, 다수의 횡포도 소수의 지배도 진정한 민주주의일 수는 없다.

그런데 다수 득표 원칙에 따라 국민의 대표가 선출되는 과정을 보면, 역설적이게도 다수의 횡포는 발생하지 않는다. 국민의 대표로 선출된 사람이 획득한 득표수는 항상 국민 전체 중 소수나 마찬가지이기 때문이다. 우리나라 역대 대통령 선거를 보면 투표율이 가장 높았던 때는 1987년 13대 대통령 선거로서 89.2%였으며, 당시 노태우 당선자는 33.6%를 득표했다. 이를 전체 유권자 비율로 환산하면, 전체 국민 중

29.9%만이 노태우 당선자를 지지한 셈이다. 그리고 투표율이 가장 낮았던 때는 2007년 17대 대통령 선거로서 63.0%였으며, 당시 이명박 당선자는 48.7%를 득표했고, 이는 전체 유권자 중 30.6%만이 이명박 당선자를 지지했음을 의미한다. 이렇게 본다면 국민의 투표로 선출된 국민의 대표는 전체 국민 중 대략 30%의 지지만 받고 있을 뿐, 나머지 70%는 다른 후보를 지지했거나, 아예 투표에 참여하지 않았다. 그리고 이러한 사정은 60% 내외의 투표율에 불과한 국회의원 선거도 크게 다를 바 없다는 점에서,[119] 결과적으로 70%에 해당하는 국민은 자신의 대표를 갖지 못한다. 이는 투표율이 100%가 된다 해도 마찬가지일 것이다. 단독 후보가 아닌 한, 후보가 많으면 많을수록 개별 후보의 득표율은 낮아지며, 아무리 득표율이 낮더라도 한 표라도 더 얻은 후보가 당선되기 때문에 소수의 지지만 갖고도 국민의 대표로 당선될 수 있다. 그런데 과연 국민의 30% 정도의 지지로 당선된 대통령이나 국회의원을 국민의 대표라 칭할 수 있을까? 이들은 자기를 선출한 소수를 과잉 대표하는 것은 아닐까? 반대로 당선자를 내지 못한 다수의 국민은 자신의 대표를 갖지 못하는 대표 결핍 상태에 빠진 것은 아닐까? 물론 소수의 지지로 당선되었다 하더라도 국민의 대표가 단순한 위임자가 아니라, 수탁자로서 국민 전체를 위해 국가를 운영한다면 이런 문제는 발생하지 않는다. 그러나 반대로 국민의 대표가 자신을 지지한 소수를 위해서만 국가를 운영한다면, 비록 모든 국민에게 투표권이 보장된다 하더라도 대다수 국민은 자신의 의사를 국가 운영에 반영시킬 수 없으며, 결국 모든 국민에게 자유로운 정치참여를 보장하는 정치 균등화가 실현되었다고 볼 수 없다.

## 경제적 불균등

그런데 과연 국민의 대표가 국민 전체를 보고 국가를 운영하는지, 아니면 소수의 지지를 얻기 위해 소수만을 위해 국가를 운영하는지는 경제적 영역을 보면 쉽게 알 수 있다. 경제적 영역은 국민의 생존 문제와 직결될 뿐만 아니라, 자유로운 삶을 위한 물질적 토대라는 점에서 국가 운영의 핵심적 영역이 될 수밖에 없기 때문이다. 불행하게도 우리나라의 경제적 상황을 보면 모든 국민의 자유로운 경제 활동은 물론 균등한 생활 수준 향상이 이루어졌다고 보기 어렵다. 우리나라의 경제 상황은 한마디로 말해 '사회적 양극화'로 규정될 수 있기 때문이다. 물론 2021년만 보더라도 우리나라 1인당 국민소득은 3만 달러를 넘어섰다. 1995년에 1만 달러 수준이었던 것에 비하면 엄청난 발전이다. 그러나 4인 가족을 기준으로 계산해보면 가구당 1년 총수입이 1억 2천만이 넘는 가정이 전체 가구 중 얼마나 될까? 사실 우리 주변에 이런 가정을 보기란 쉬운 일이 아니다. 왜 그럴까? 그것은 평균 수치로만 1인당 국민소득이 3만 달러일 뿐, 극심한 소득 불평등 때문에 우리나라 가정 대부분은 평균 이하의 소득 수준을 보이고 있기 때문이다. 최근 통계만 보더라도 소득 수준 상위 10%가 우리나라 전체 부의 50%를 차지하고 있지만, 하위 70%가 차지하고 있는 부는 우리나라 전체 부의 20%에 불과하다. 이는 OECD 국가 중 미국 다음으로 심각한 불평등 상황이라고 한다. 이렇게 본다면 1인당 국민소득이 3만 달러를 넘어선 것은 우리나라 국민의 소득 수준이 전반적으로 높아졌기 때문이 아니라, 소득이 높은 극소수가 평균치만 높였기 때문이다.

그렇다면 왜 이런 극심한 소득 불평등 상황이 발생한 것일까? 그것은 근본적으로 우리나라가 1990년대 중반 IMF 사태 이후 경제 위기 극복을 위해 신자유주의적 경제 정책을 확대하였기 때문이다. 신자유주의란 누적된 재정적자 문제를 해결하기 위해 1980년대 중반부터 영국의 대처 총리와 미국의 레이건 대통령 주도로 전 세계로 확산한 새로운 경제 정책 원칙을 말한다. 이는 사유재산, 시장에 의한 가격조절, 자유경쟁이라는 세 가지 원칙이 기업의 생산성을 높인다고 보고 과감한 규제 철폐를 요구했다. 그 결과 기업 간의 인수합병은 물론 구조조정을 통한 노동 비용 절감이 추진되었고, 급기야 노동시장 유연화를 통해 비정규직 노동자가 대규모로 양산되었다. 그리고 이로 인해 기업은 거대 기업과 중소기업으로 양분화하면서 기업 간의 지배종속 관계가 확대되었고, 노동자와 관련해서는 실업이 증가하고 소득 불평등이 심화하였다. 이 중 사회적 양극화의 주범으로 간주할 수 있는 것은 특히 노동자들의 소득 격차이다. 통계청이 펴낸 〈2019년 임금 근로 일자리 소득(보수) 결과〉를 보면, 대기업 노동자 월평균 임금이 515만 원인 데 비해 중소기업 노동자 월평균 임금은 245만 원으로 거의 절반 수준이다.[120] 그리고 2020년 한국노동사회연구소에서 펴낸 〈비정규직 규모와 실태〉를 보면 정규직 노동자는 1,194만 명이고, 비정규직 노동자는 859만 명에 해당한다.[121] 이렇게 보면 우리나라 전체 노동 인구 중 비정규직 노동자가 거의 절반에 해당하지만, 월평균 임금을 보면 정규직 평균은 331만 원인 데 비해 비정규직 평균은 173만 원에 불과하다. 그리고 법정 최저 임금조차 받지 못한 노동자가 전체 노동자의 15.5%인 319만 명이나 된다.

이렇게 우리나라 전체 노동자 사이의 임금 격차가 극심하다면 소득 불평등 악화를 초래할 수밖에 없으며, 경제가 성장한다 하더라도 균등한 생활 수준 향상은 요원하다. 더구나 비정규직 노동자는 사회복지제도나 노동법 등 노동자들에 대한 제도적 보호 장치의 사각지대에 놓이게 됨으로써 노동자라는 지위 자체를 위협받고 있다. 비정규직 노동자는 우리나라 사회복지제도의 기본 축인 4대 사회 보험에서 임의가입자로 분류되기 때문에 사회 보험 가입률이 정규직의 절반에도 미치지 못한다.[122] 그리고 노동조합이 정규직 중심으로 조직되면서 비정규직의 노동조합 가입률이 정규직의 10% 정도에 그치고 있다. 이런 점에서 비정규직 노동자는 노동 삼권에서마저 배제된 실정이다.[123] 이 모두를 종합해 보면, 우리나라 노동자들은 한쪽에는 노동 삼권과 사회복지제도를 통해 기본적 필요를 충족함은 물론 사용자와 대등한 위치에 있는 정규직 노동자와 다른 한쪽에는 노동 삼권은 물론 사회복지제도에서 배제되고 사용자와의 관계에서도 종속적 위치에 있을 수밖에 없는 비정규직 노동자로 양극화되었다.

조소앙이 말하는 경제 균등화란 전 국민의 균등한 생활 수준 향상을 위하여 경제적 지배 권력의 등장을 방지하고, 모든 국민에게 기본적인 경제 활동 수단을 제공할 뿐만 아니라, 기본적 필요 충족을 보장함으로써 누구나 자신의 능력을 마음껏 발휘하며 자유롭게 경제 활동을 수행하는 것을 말한다. 그리고 헌법상 우리나라 경제 질서인 사회적 시장경제 역시 균형 있는 국민경제, 적정한 소득 분배, 경제민주화 등을 추구한다는 점에서 경제 균등화는 우리나라 헌법 정신과 맥을 같이한다. 그러나 거대 기업과 중소기업 간의 지배종속 확대는 균형 있는 국민경제 발전을 파괴하고, 사회복지제도의 사각지대 확대는 전 국민에게 기본적 필요를 충족시키려는 국가의 노력을 무의미하게 만들고 있다. 더구나 과거 조소앙이 주장한 토지 분배처럼 모든 국민에게 기본적인 경제 활동 수단을 제공하려는 정책은 계획조차 된 적이 없으며, 이 모든 것이 결합하여 균등한 생활 수준 향상은커녕 경제적 불평등 심화로 인한 사

회적 양극화가 발생하고 말았다. 과연 이러한 상황에서 우리나라 국민
이 누구나 할 것 없이 자신의 능력을 마음껏 발휘하며 자유롭게 경제 활
동을 수행한다고 말할 수 있을까?

### 교육적 불균등

신자유주의 정책이 초래한 부정적 결과는 비단 경제 영역에만 그치
지 않는다. 생산성과 경쟁력 향상을 통해 이윤 극대화를 노리는 기업의
논리가 사회 전체로 확산하면서 신자유주의는 사회 자체를 재조직하기
에 이르렀기 때문이다. 즉 한편으로 사회 전체는 '기업 하기 좋은 환경'
으로 탈바꿈되어야 했으며, 다른 한편으로 이윤추구와 무관한 사회 영
역도 기업처럼 생산성과 경쟁력을 우선시하게 되었다는 것이다. 이러
한 대표적인 사례가 교육이다. 왜냐하면 교육의 목적도 기업의 요구에
따라 전인교육이 아니라, 시장에서의 경쟁력을 갖춘 인적 자원 육성으
로 변질되면서 학생 간, 학교 간의 경쟁 역시 격화되었고, 그 결과 한편
에서는 우수 학생 육성을 우선시하는 '수월성 교육'이, 다른 한편에서는
학교 간 평준화 대신 서열화가 확대되었기 때문이다. 그리고 이러한 상
황에서 교육이 드디어 입시교육으로 탈바꿈하는 대전환이 일어났다. 시
장에서 경쟁력을 갖춘 인재가 되려면 학업 성취 능력에서 우수해야 할
뿐만 아니라, 사회 진출에 탁월한 경쟁력을 갖춘 이른바 명문대학에 입
학해야 하고, 또한 명문대학에 입학하려면 이에 앞서 일반고보다 명문
대학 진학률이 월등히 높은 특목고에 입학하여 자신의 학업성취능력을
입증해야 한다. 이렇게 되면 고등학교 교육은 대학 입시를 위한 교육으
로, 그리고 중학교 교육은 다시 특목고 입시를 위한 교육으로 변질된다.
더구나 이런 입시에서의 경쟁력을 미리미리 확보하려면 초등학교만이

아니라, 유치원에서부터 입시를 준비해야 하며, 이것은 선행학습이라는 기이한 교육 풍토를 만들어낸다. 그리고 이렇게 교육이 입시교육으로 변질되면, 교육 자체가 시장에서 사고파는 물건처럼 상품화되는 또 다른 변화를 초래할 수밖에 없다. 이제 교육에서 중요한 것은 입시에 얼마나 효과적이냐이며, 입시에 효과적이라면 비용이 얼마가 되던 사교육마저 수용하게 되기 때문이다. 사교육은 철저히 개인의 비용 부담을 통해 이루어진다는 점에서 사교육은 비용에 상응하는 성과를 내야 하고, 효과가 높은 사교육일수록 높은 비용을 요구할 수밖에 없다. 이런 점에서 교육이 입시교육으로 변질되면, 사교육을 금지하지 않는 한 교육의 상품화는 필연적이다.

조소앙은 도덕적 교화, 생활 능력 및 민주시민의 자치능력 향상을 교육의 목적으로 설정하면서 뛰어난 소수가 아니라, 가능한 모든 국민의 지식수준 향상을 위한 의무 교육과 무상교육을 시행하는 교육 균등화를 주장하였고, 이러한 정신은 현행 헌법에서 '균등하게 교육받을 권리'로 계승되었다. 하지만 오늘날 교육이 입시교육으로 변질되고, 급기야 교육 상품화까지 이루어짐으로써 교육은 결코 모든 국민에게 균등하지 않게 되었다. 물론 현재 우리나라에서는 초등학교 6년 과정과 중학교 3년 과정이 의무 교육으로, 그리고 고등학교 3년 과정은 무상교육으로 시행되고 있다. 이런 점에서 형식적 차원에서 교육 기회의 균등화가 이루어졌다고 볼 수 있지만, 교육 상품화는 교육 조건과 관련하여 우리나라 교육을 극심한 불평등 상황에 빠뜨린다. 교육이 시장에서 사고파는 상품이 되었다는 것은 교육에 비용 논리가 개입되었다는 뜻이며, 결국 부모의 경제력이 교육을 좌우하게 되었음을 의미하기 때문이다. 교육이 평준화된 공교육을 통해 이루어진다면, 학생들의 학업 성취도는 학생 개인의 자질이나 노력에 따라 좌우된다. 그러나 학교가 서열화하면 학교마다 학생들에 대한 교육의 질이 달라질 수 있고, 이렇게 되면 어느 학교에서 교육을 받았느냐가 교육 성취도에 영향을 미치게 된다. 그리고 우수한 학교에 진학하는 것이 결국 입시에 효과적인 고비용의 사교육에 달려 있다면, 이제 교육 기회를 결정하는 것은 부모의 투자와 이를 가능하게 하는 부모의 경제적 능력이 된다.

교육부와 통계청이 공동 시행한 〈2019 초중고 사교육비 조사결과〉에 따르면 2019년 한 해 동안 우리나라 국민이 지출한 사교육비 총액은 21조 원에 이르며, 사교육 참여 학생 비율은 전체 학생의 74.8%이다. 그리고 이들이 지급한 1인당 월평균 사교육비는 42만 9천 원이나 된다.[124] 이렇게 본다면 우리나라 학생들 대부분이 사교육을 받는 셈이며, 만약 자녀가 2인이라면 근 100만 원에 이르는 사교육비를 부모가 감당해야 한다. 그리고 〈2020년 대학별 국가장학금 신청자 현황〉 자료를 분석한 결과 4년제 대학생 중 고소득층 자녀 비율은 39.5%이지만, 서울 소재 15개 대학 재학생 중 고소득층 자녀 비율은 51.2%이고, 서울대, 연대, 고대 등 이른바 SKY 대학 재학생의 경우는 56.6%, 그리고 서울대 재학생은 62.6%에 이른다.[125] 이렇듯 서열화된 대학에서 상위권 명문대로 갈수록 고소득층 자녀 비율이 높다는 것은 그만큼 부모의 경제력이 자녀의 교육 기회만이 아니라, 학업성취능력에도 중대한 영향을 미치고 있음을 말해준다.

### 새로운 신분 사회와 지배와 피지배의 양극화

이렇게 부모의 경제력이 자녀 교육에 중대한 영향을 미친다면, 오늘날 우리나라에서 모든 국민이 자신의 능력을 계발할 균등한 기회를 보장받고 있다고 보기 어렵지만, 이는 단지 교육 기회 불평등 문제에서 그치는 것이 아니다. 우리나라처럼 학력과 학벌이 취업만이 아니라, 부와 권력, 그리고 사회적 지위 상승에 결정적 영향을 미치는 '능력사회', 내지 '학벌 사회'에서는 사회적 계층이동에도 중대한 변화를 일으키기 때문이다. 전근대 사회가 신분제도에 기초하여 사회적 재화를 분배했다면, 신분제도가 해체된 근대 사회에서는 개인의 능력이나 성과에 따른 분배가 사회적 공정성의 척도가 된다. 2018년 한국리서치가 실시한 〈한국사회 공정성 인식조사〉를 보더라도, 한국인의 66%는 '개인의 능력과 노력에 따라 보수의 차이가 클수록 좋다'고 생각한다.[126] 이런 결과는 역으로 보수의 차이가 크더라도 이것이 개인의 능력과 노력에 기인한다면, 이는 정당하다는 의식을 반영한 것이다. 이런 점에서 우리 사회는 소득, 지위, 명성 등을 개인의 능력이나 성과에 따라 분배하는 '능력사회'의 모습을 보이지만, 문제는 이른바 학벌이 개인의 능력이나 성과를 판단하는 상징적 척도로 작용하고 있다는 점이다. 물론 개인의 학벌은 개인의 학업성취능력에 따라 좌우된다는 점에서 이 또한 능력사회의 모습이라고 볼 수 있지만, 우리 사회에서는 개인의 능력 척도가 학벌로 고착화하면서 능력사회에 역행하는 모습을 보인다. 학벌이란 같은 학교를 졸업한 사람들이 학연을 토대로 만들어낸 배타적 이익 집단으로서 학벌에 따라 사회적 재화의 분배가 이루어진다면, 이는 공정한 것이 아니다. 명문대학에 입학했다는 것은 학업성취능력이 우수함을 의미하지만, 학업성취능력 하나가 개인의 모든 능력을 보여주는 것은 아니며, 대학 입학 당시의 일회적 성적이 대학 졸업 이후 평생의 능력까지 보장하는 것은 아니기 때문이다. 이런 점에서 학벌과 개인의 능력은 구분되어야 하며, 더 나아가 오늘날 학벌이 공정한 분배의 기준이 되기 어려운 것은 이것이 개인의 능력이나 노력만이 아니라, 오히려 부모의 경제력에 좌우되기 때문이다. 앞서 설명했듯이 고비용 사교육이 특목고 입학이나 명문대학 입학에 결정적 영향을 미친다면, 부모의 경제력 차이는 자녀의 학벌 차이로 이어지고, 부유한 부모를 둔 자녀가 다시 부와 권력과 높은 사회적 지위를 획득한다면, 빈곤은 세습되고, 사회 전체는 새로운 신분 사회로 재편되고 만다. 그러나 불행하게도 우리나라는 이미 개천에서 용이 날 수 있는 사회가 아니다. '금수저-흙수저'라는 참담한 말이 회자하듯이 대한민국은 이미 신분 사회로 탈바꿈하고 있다.

이렇게 오늘날 대한민국에서 경제 불평등과 교육 불평등이 통합하여 신분 사회적 경향마저 보인다면, 과연 국가 운영이 공공선의 관점에서 국민 모두를 위해 이루어졌다고 볼 수 있을까? 앞서 설명했듯이 민주주의란 국민이 주권자란 점에서 다수이든 소수이든 특정 세력에 의한 독점적 지배에 반하여 주권자인 국민의 의사에 따라 국가가 운영되는 정치 제도를 말한다. 그러나 오늘날 우리나라의 선거제도에서는 소수의 지지만으로도 국민의 대표가 선출되기 때문에, 어느덧 소수가 정치적 권력을 장악하는 현상이 발생한다. 물론 이 소수가 공공선 실현이라는 관점에서 국민 모두를 위해 국가를 운영한다면 대한민국을 소수가 지배하는 나라라고 규정할 수는 없다. 그러나 경제와 교육에서의 불평등 상황을 볼 때 과연 그렇다고 할 수 있을까? 더구나 정치적 대표를 갖지 못하는 다수에 비해 자신의 정치적 대변자를 갖는 소수는 과연 누구일까? 경제적으로 부유하고, 교육적으로 학력과 학벌을 갖춘 사람이 그들이라면 사실 정치 권력, 경제 권력, 교육 권력은 하나로 통합하여 우리나라를 양분화한다. 상황이 이렇다면 사회적 양극화란 비단 경제적 불평등만을 의미하는 것이 아니라, 사회 전체가 양극으로 나누어지는 현상이며, 이는 단지 우리 사회가 신분 사회화하는 것에서 더 나아가 지배와 피지배의 관계로 재편됨을 보여준다. 과연 이런 대한민국이 19세기부터 우리 민족이 염원해 마지않던 새로운 나라일까? 과연 이런 나라가 1910년 대한제국의 멸망 이후 조선의 독립을 위해 목숨을 바쳐가며 일본 제국주의와 맞서 싸운 독립운동가들이 꿈꾸었던 나라일까? 이런 나라는 1948년 제헌헌법 제정 이후 우리나라 헌법이 천명한 대한민국의 정체성을 실현하는 나라도 아니며, 2008년 촛불 집회 이후 2016년 박근혜 대통령 탄핵을 이루어낸 위대한 대한민국 국민이 원하던 '나라다운 나라'도 아니다.

# 4장 대안적 정치이념과 새로운 사회적 자유주의

그렇다면 이제 우리는 무엇을 해야 할까? 대한민국이 새로운 나라를 세우고자 했던 민족의 염원이자 헌법적 정체성을 실현하는 나라가 되려면 지금 무엇을 해야 할까? 이에 답하려면 무엇보다도 대한민국을 재구성할 새로운 정치이념에 대해 생각해 보아야 한다. 대한민국을 탈바꿈시키기 위해서는 세부적인 제도와 정책도 필요하지만, 이에 앞서 이 모든 것의 규범적 방향을 설정하는 것이 무엇보다 중요하기 때문이다. 물론 그 방향은 지금까지 살펴보았듯이 '모든 국민의 실질적 자유 실현'이라는 대한민국의 정체성을 효율적으로 실현할 수 있어야 한다. 그렇다면 이제 우리의 과제는 좀 더 분명하게 제시될 수 있다. 즉 대한민국이 다양한 사회 분야에서 '모든 국민의 실질적 자유 실현'을 보장하기 위해서는 어떤 정치이념이 필요할까? 1990년대 IMF 사태로 인한 신자유주의 도입 이후 사회적 양극화가 심화하면서 이를 해결하기 위한 이념적 대안이 모색되는 가운데 특히 2012년 대선을 전후로 개인의 자유 실현에 주목한 새로운 정치이념들이 등장했다. 물론 정치 이념적 전통에서 개인의 자유를 최고의 가치로 삼는 정치이념이 자유주의라는 점에서 이들 정치이념은 광의의 의미에서 자유주의라는 틀 속에서 논의되었다. 그리고 바로 이런 점 때문에 새로운 정치이념들은 이승만, 박정희, 이명박, 박근혜로 이어지면서 우리나라 보수세력의 자유주의 이념으로 정착되었던 이른바 '자유민주주의'에 대한 비판적 성찰도 수행하였다. 대안적 정치이념을 자유주의라는 틀 속에서 제시하기 위해서는 기존의 자유주의와의 차별화는 불가피한 일이며, 보수세력의 전유물처럼 여겨졌던 '자유민주주의'가 신자유주의로 인한 사회적 양극화를 해결하기는커녕 오히려 이를 강화할 뿐만 아니라, 개인의 자유를 최고의 가치로 삼는 자유주의 본래의 의미에도 맞지 않았기 때문에 이에 대한 비판은 불가피하기 때문이다.

## 1. 급진 자유주의

그렇다면 어떤 점에서 우리나라 보수세력의 자유민주주의가 자유주의 본래의 의미에도 맞지 않는다고 볼 수 있을까? 윤평중은 '자유주의에 대한 급진적 성찰'을 통해 '자유주의가 다시 태어나야 함'을 주장하면서 우리나라 보수세력의 전유물처럼 여겨졌던 '자유민주주의'가 오히려 자유주의를 파괴했다고 주장한다.[127] 그 이유는 우리나라 보수세력이 군사독재정권을 정당화하거나 미화하기 위해 자유민주주의라는 정치이념을 표방했을 뿐, 실제로 역대 군사독재정권들은 자유주의의 핵심 가치들을 훼손했기 때문이다. 즉 자유민주주의는 한편으로 경제적 자유를 자유의 가장 본질적인 부분으로 주장하지만, 현실은 그렇지 않았다. 군사독재정권은 강력한 "중상주의적 국가 대(大)전략"을 통해 "정부의 외채조달, 국내 은행의 저금리 특별융자와 구제금융, 국내 기업을 위한 관세 및 비관세정책, 노조 억압" 등 온갖 방법을 총동원하여 대기업을 육성하였지만, 반대로 국민에게는 "저임금, 낮은 예금 금리, 높은 수입 물가, 만성적 인플레, 국내시장의 대기업 독점" 등을 감내하게 했다.[128] 이런 점에서 군사독재정권은 대한민국 경제를 강력하게 통제함으로써 경제적 자유를 억압함은 물론 시장경제의 근간마저 훼손했다. 그리고 다른 한편으로 군사독재정권은 경제적 자유만이 아니라, 시민적 자유도 억압했다. 윤평중에 따르면, "사상과 양심의 자유는 가장 중요한 자유주의적 가치" 중 하나임에도 군사독재정권은 국가보안법을 통해 "명백하고 현존하는 위험을 야기하지 않는 내면적 사상의 자유"조차 허용하지 않았기 때문이다.[129] 물론 이뿐만 아니다. 군사독재정권은 "언론, 출판, 결사, 집회의 자유, 법치제도, 권력분립, 입헌주의의 견제와 균형의 원리 같은 자유주의의 핵심적 덕목"조차 훼손하고 말았다. 더구나 윤평중이 지적하고 있지는 않지만, 군사독재정권이 군사반란이라는 반헌법적 과정을 통해 정권을 장악했다는 점에서 전 국민의 정치적 자유는 물론 민주주의 절차를 완전히 파괴했다는 점도 간과해서는 안 된다. 이렇게 본다면 비록 민경국이 자유주의의 반대를 전체주의로, 민주주의의 반대를 권위주의로 규정하면서 자유주의와 권위주의의 결합을 모순으로 보지 않지만,[130] 사실 보수세력이 만들어 낸 자유민주주의 국가는 개인의 자유를 억압하는 전체주의 국가이자, 동시에 민주주의 절차를 무시하는 권위주의 국가였다. 과연 민주주의에 반하는 권위주의 국가가 개인의 자유인들 보장할 리가 있을까?

## 다시 태어난 자유주의

그렇다면 윤평중에게 자유민주주의를 통한 자유주의의 파괴를 극복할 수 있는 대안적 자유주의, 다시 말해 그가 생각하는 '다시 태어난 자유주의'는 어떤 것일까? 윤평중은 이러한 자유주의를 '급진 자유주의'로 명명하면서 이를 '비판적 자유주의', '성찰적 개인주의', '민주주의에 대한 자유주의의 우선성'이라는 세 가지 특징을 통해 설명한다. 첫째, 급진 자유주의는 비판적 자유주의로서 자유주의의 다양한 실험에 대한 자기비판과 "자율적이고 성숙한 개인의 삶"을 방해하는 일체의 사회적 현상에 대한 사회비판을 수행하고, 인류의 역사에 대한 비판적 성찰을 통해 자유주의의 성과를 계승하고 변혁적 잠재력을 최대화시키려 한다.[131] 둘째, 급진 자유주의는 성찰적 개인주의를 전제한다. 즉 급진 자유주의는 "자율적이고 독립적인 개인"을 인간의 삶뿐만이 아니라 사회 개혁과 진보의 출발점으로 보지만, 개인을 무연고 실체, 혹은 개체주의나 원자론적 관점에서 이해하는 것이 아니라, 상호주관적인 정치참여를 통해 형성되는 민주적 시민으로 봄으로써 개인과 공동체 간의 갈등을 창조적으로 극복하려고 한다.[132] 셋째, 급진 자유주의는 민주주의에 대한 자유주의의 우선성을 주장한다. 역사적으로 볼 때 민주주의가 부족한 자유주의는 존속할 수 있었지만, 자유주의 없는 민주주의는 전체주의로 흐를 수밖에 없었기 때문이다. 이런 점에서 급진 자유주의는 "민주주의에 의한 자유주의의 완전한 극복"이라는 환상을 버리고 자유주의의 제도와 가치를 통해 민주주의의 형식과 내용을 규정하고자 한다.[133]

이렇게 세 가지 특징을 갖는 급진 자유주의는 자유주의도, 민주주의도 부정한 군사독재정권의 이데올로기였던 '자유민주주의'와 다른 것임은 분명하다. 급진 민주주의는 자유주의의 계승은 물론 민주주의를 이와 결합하려고 하며, 바로 이런 이유에서 개인의 자율성과 독립성뿐만 아니라, 민주적 시민으로서의 정치참여 역시 강조하기 때문이다. 그렇다면 급진 민주주의가 신자유주의의 문제점 역시 극복할 수 있을까? 윤평중이 급진 자유주의를 제시한 것은 한편에서는 자유민주주의를 자처하면서 자유주의를 파괴하는 역설적 현상으로부터 자유주의를 구해내기 위함이지만, 다른 한편에서는 자유주의를 "강자의 이익에 복무하는 퇴행적 이념"으로 전락시킨 신자유주의의 문제점을 극복하기 위함이다.[134] 이런 점에서 윤평중은 자신이 제시한 급진 민주주의가 "포스트 신자유주의 시대에 걸맞은 진보적 자유주의를 지향"한다고 주장하면서,[135] 신자유주의의 폐해가 무엇인지 분명하게 밝히고 있다. 그에 따르면, 신자유주의는 "작은 정부, 큰 시장"을 표방하며 자본의 자유로운 운동, 노동시장 유연화, 경제적 개인주의를 칭송했지만, 그 성과는 "자본가와 금융 CEO, 극소수 전문 층과 노동 엘리트"에 집중되고 여타의 노동자들은 고용 불안정과 사회경제적 불평등에 시달리고 있다.[136] 그리고 이런 점에서 신자유주의는 경제적 자유만을 강조한 채 결국 상위계급의 기득권만을 극대화하는 퇴행적 자유주의 이념으로 전락했다는 것이다.

그렇다면 급진 자유주의가 신자유주의의 폐해마저 극복하는 대안적 자유주의가 될 수 있을까? 윤평중은 자유주의적 제도와 가치들을 통해 민주주의의 형식을 규정하고 민주적 시민으로서의 정치참여를 강조하지만, 이것은 과연 구체적으로 무엇을 의미하는 것일까? 물론 이런 주장은 대한민국이 자유주의 국가이자 민주주의 국가라는 점을 재확인하고 있지만, 과연 이런 주장만으로 앞으로 대한민국이 무엇을 해야 할지 그 제도와 정책의 방향마저 제시할 수 있을까? 신자유주의는 사유재산, 시장에 의한 가격조절, 자유경쟁이라는 세 가지 원칙을 통한 기업 생산성 향상을 국가 정책과 제도의 규범적 목표로 제시함으로써 정치이념으로 자리 잡을 수 있었다. 그러나 급진 자유주의가 표방한 자기비판, 사회비판, 역사비판이라는 비판적 자유주의, 개인을 자율적이고 독립적인 존재일 뿐만 아니라, 정치적 주체로서의 민주적 시민임을 강조하는 성찰적 개인주의, 더 나아가 자유주의에 근거하여 민주주의 제도를 만들어야 한다는 자유주의의 우선성이 신자유주의의 폐해를 극복할 수 있는 국가 정책과 제도의 규범적 지침으로 기능할 수 있을까? 윤평중이 비판적 자유주의, 성찰적 개인주의, 자유주의의 우선성을 통해 급진 자유주의의 특징을 설명하지만, 사실 이는 새로운 자유주의를 구성하기 위해 고려해야 할 조건일 뿐, 이러한 조건을 충족한 대안적 자유주의가 실제로 어떤 자유주의인지는 또 다른 과제로 남는다. 이런 점에서 윤평중은 사실 대안적 자유주의를 제시한 것이 아니라, 자신이 말한 세 가지 조건을 충족한 대안적 자유주의를 구성해야 한다는 새로운 과제를 제시한 것처럼 보인다.

## 급진 자유주의의 문제점

이렇게 윤평중의 급진 자유주의를 이해한다면, 분명 대안적 자유주의의 조건을 제시하려고 한다는 점에서 군사독재정권의 국정 운영 방식과는 근본적으로 다르지만, 과연 급진 자유주의가 민경국이 말하는 자유민주주의 이념과 얼마나 차별화될 수 있을지는 가늠하기 어렵다. 민경국은 자유주의와 민주주의의 통합을 말하지만, 여기서 민주주의란 민경국이 자유주의의 핵심가치라고 규정한 시민적 자유와 경제적 자유를 보장하기 위한 제한적 민주주의이다. 이렇게 보면 민경국이 말하는 자유민주주의에서 자유주의는 목적이 되고, 민주주의는 수단적 의미만을 가질 뿐이며, 그가 비록 시민적 정치참여라는 공화주의적 요소를 강조한다 하더라도 이 역시 그 목적은 개인적 자유의 보장에 있다. 이렇게 본다면 민경국에게는 민주주의에 대해서건 공화주의에 대해서건 항상 우선성을 갖는 것은 자유주의이다. 이에 비해 윤평중은 외적 강제가 없는 상태를 자유로 보는 이른바 '소극적 자유' 개념을 수용할 뿐만 아니라, 보편적 이성이나 공동선의 실현을 주장하는 '적극적 자유'와 공공성을 추구하는 공화주의에 대한 "열린 자세"를 강조한다는 점에서 민경국의 자유민주주의와는 다른 지향점을 가진 것처럼 보인다.[137] 그러나 윤평중의 급진 자유주의가 주장하는 민주주의에 대한 자유주의의 우선성이 결국에 가서는 자유주의적 제도와 가치들을 통해 민주주의의 형식을 규정할 뿐만 아니라, 이를 위한 민주적 정치참여를 요구한 것이라면, 과연 민경국이 말하는 자유민주주의와 차별화될 수 있을까? 더구나 자유주의 없는 민주주의가 전체주의로 나아갈 수밖에 없으므로 민주주의를 통한 자유주의 극복이라는 환상을 버려야 한다는 윤평중의 주장이 민주주의의 과잉을 비판하고 경제적 자유를 보호하는 한도 내로 민주주의를 제한해야 한다는 민경국의 주장과 얼마나 다른 것일까?

윤평중은 자유주의는 개인의 권리를 보장하려고 하고, 민주주의는 모든 시민의 평등한 정치참여를 강조한다는 점에서 서로 이질적일 뿐만 아니라, 시장과 관련하여 각기 시장옹호론과 시장비판론으로 발전하고 있음을 지적한다. 시장이란 개인 간의 자유경쟁을 통해 형성된 자생적 질서라는 점에서 개인의 경제적 자유를 주장하는 자유주의가 시장을 옹호한다면, 평등한 정치참여를 강조하는 민주주의는 자유경쟁으로 인해 극심한 불평등을 초래하는 시장을 통제하려 한다는 점에서 시장 비판적이다. 물론 민경국은 경제적 자유를 자유민주주의의 본질적 부분으로 본다는 점에서 시장 옹호론의 입장임은 분명하다. 그러나 이와는 달리 윤평중은 급진 민주주의가 "시장옹호론과 시장비판론 사이의 대립을 넘어 시장질서와 민주질서의 상호복합관계를 균형감 있게 사유"해야 함을 주장하면서 이 두 가지 입장의 "잠정적 종합"을 이뤄낼 수 있는 세 가지 명제를 제시한다.[138] 즉 윤평중에 따르면, "경제적 자유와 풍요의 증대는 경향적으로 정치적 자유를 위한 공간과 기회를 증대"시키며, 경제적 영역에서의 사유재산권이 "자유의 물적 근거"이고, 현대 민주주의 국가에서는 점차 "시민주권과 소비자주권이 수렴"된다는 것이다.[139] 그러나 이런 세 가지 명제가 과연 시장옹호론과 시장비판론, 그리고 시장질서와 민주질서 중 어느 한쪽만을 편향되게 강조하는 것이 아니라, 이들의 잠정적 종합으로 볼 수 있을까? 이 세 가지 명제가 성립하기 위해서는 각기 설명되어야 할 부분이 있다. 즉 윤평중이 전제한 경제적 사유의 증대가 과연 모든 국민에게 경제적 불평등이 아니라, 물질적 풍요마저 증대시킬 수 있을까? 사유재산권이 자유의 물적 근거라면, 사유재산이 아니라, 노동만으로 생계를 유지할 수 있는 노동자들의 자유는 어떻게 보장되는가? 그리고 시민주권이 소비자주권으로 수렴된다면, 민주주의의 토대이자 소비자주권으로 환원될 수 없는 국민 주권적 부분들은 제한되어야 한다는 뜻인가? 그러나 이런 문제는 차지하더라도, 윤평중의 입장이 사유재산에 기초한 경제적 자유가 개인적 자유를 증진하고, 이런 경제적 자유는 민주주의를 통해 보장되어야 하며, 이를 넘어선 민주주의는 제한되어야 한다는 민경국의 주장과 과연 다른 것일까? 사실 윤평중과 민경국의 주장 사이에 큰 차이가 없다면, 윤평중의 급진 자유주의는 민경국의 자유민주주의와 마찬가지로 신자유주의에 대한 대안이 되기는 어렵다. 이런 식의 자유주의 이념이 바로 신자유주의를 통해 복원된 자유주의의 핵심이기 때문이다.

## 2. 진보적 자유주의

지금까지 설명한 윤평중과 마찬가지로 최태욱 역시 신자유주의를 극복할 수 있는 대안적 정치이념을 자유주의 전통에서 찾고 있지만, 윤평중과는 반대로 민주주의에 대한 자유주의의 우선성이 아니라, 자유주의에 대한 민주주의의 우선성을 견지한다. 그는 이른바 '진보적 자유주의'를 대안적 자유주의로 제시하면서 자유주의가 추구하는 최고의 가치인 개인의 자유가 소수의 자유로 전락하는 것을 막고 모든 사람의 자유를 보장하기 위해 오히려 자유의 한계 설정과 이를 위한 민주주의의 확대를 주장하기 때문이다.[140]

### 민주주의 확대, 민주적 시장경제, 합의제 민주주의

자유주의라는 정치이념의 발상지인 영국의 경우를 보면, 자유주의는 역사적으로 16-18세기에 형성된 정치이념으로서 만민평등 사상에 기초한 시민 혁명을 통해 신분제 사회를 무너뜨리고 모든 인간이 동등한 권리를 갖는 시민사회를 태동시켰다. 그러나 이러한 자유주의가 경제적 자유를 절대화하는 자유 방임주의로 변질되고 19세기 산업혁명을 거치면서 극심한 경제적 불평등과 노동자들의 빈곤을 결과하자, 이에 대한 반발로 고전적 형태의 자유주의와 구별되는 새로운 자유주의가 등장하였다. 이 자유주의는 정부의 적극적 개입을 통해 극심한 빈부격차와 절대적 빈곤 등 자유 방임주의가 낳은 폐해들을 극복하려는 정치이념으로 대개 고전적 자유주의가 강조하는 사적 소유나 자유경쟁의 근간은 유지하면서도 경제적 성과에 대한 사회기여분을 세금으로 환수하여 모든 국민의 생계 보장과 사회복지를 확대하려고 하였다. 서병훈은 이러한 자유주의가 자유주의의 기본 원리를 계승하면서도 고전적 자유주의가 중심에 놓았던 '개인' 대신 '사회'를 중심에 놓고 있다는 점에서 이를 "사회적 자유주의"로 지칭한다.[141] 이러한 사회적 자유주의는 2차 대전을 전후로 각국의 사정에 따라 수정자본주의, 민주적 시장경제, 사회적 시장경제 등 다양한 이름으로 미국과 유럽에 확산하였다. 최태욱이 말하는 진보적 자유주의란 자유 방임주의에 대한 폐해를 극복하기 위해 사회적 자유주의가 등장했던 것처럼 신자유주의가 낳은 폐해를 극복하기 위한 새로운 자유주의로 과거의 사회적 자유주의를 소환한 것이다. 물론 내가 이 책에서 주장하는 사회적 자유주의는 이런 과거의 사회적 자유주의가 아니라, 새로운 형태의 사회적 자유주의이다.

그렇다면 21세기에 소환된 사회적 자유주의인 진보적 자유주의란 어떤 특징을 갖고 있을까? 최태욱은 존 스튜어트 밀의 자유주의 제1원칙에서 출발하여, 진보적 자유주의를 '민주주의 확대론', '민주적 시장경제', '합의제 민주주의'라는 세 가지 특징을 통해 설명한다. 우선 진보적 자유주의는 밀이 주장하는 자유주의 제1원칙을 따르고 있다는 점에서 자유주의를 계승한다. 밀은 자유를 국가가 보장해야 할 최고의 가치로 설정할 뿐만 아니라, 타인에게 부당한 피해를 주지 않는 한도 내에서만 자유가 허용된다는 자유의 한계를 주장한다. 왜냐하면 이런 한계 내에서만 모든 사람에게 자유가 평등하게 보장될 수 있기 때문이다. 다시 말해 모든 사람의 자유 실현을 위해 역설적으로 개인의 자유를 제한해야 한다는 것이다. 이것이 진보적 자유주의가 출발점으로 삼은 밀의 자유주의 제1원칙이며, 그 실현방법이 무엇인가에 진보적 자유주의의 특징이 있다. 첫째, 진보적 자유주의는 민주주의 확대론에 기초하고 있다. 즉 모든 사람에게 자유가 평등하게 보장되기 위해서는 이를 가로막는 것이 절대군주나 귀족의 권력이든, 아니면 오늘날처럼 재벌과 대기업의 권력이든 모든 종류의 권력에 대한 민주적 통제가 필요하다는 것이다. 그리고 이러한 민주적 통제를 위해서는 법, 제도, 정책을 결정하는 민주주의 절차에 사회적 약자들도 사회적 강자와 대등한 입장에서 안정적으로 참여할 수 있어야 한다. 이런 점에서 진보적 자유주의는 "노동, 중소기업, 자영업자 등 약자들의 이익과 선호"를 대변하고 이를 민주주의 절차에 반영할 수 있는 "정당 정치의 활성화"를 강조한다.[142] 둘째, 진보적 자유수의는 민주적 시장경제를 추구한다. 민주적 시장경제란 시장경제의 근간을 유지하되 이를 민주적으로 통제하는 경제체제로서 "민주주의의 평등과 시장경제의 효율"을 결합한 것이다.[143] 이런 점에서 민주적 시장경제는 한편으로 개인의 자유, 공정한 경쟁, 자기 책임 원칙에 기초한 경제 활동을 보장하면서도, 만민평등이라는 민주주의 이념을 실현하기 위해 무엇보다도 경제민주화와 사회복지 확대를 통해 경제력 집중과 불평등을 해소하려고 한다. 사실 우리나라 헌법은 사회복지와 경제민주화를 천명하고 있으며, 이런 점에서 진보적 자유주의가 말하는 민주적 시장경제는 우리나라 헌법에 부합한다. 셋째, 진보적 자유주의는 합의제 민주주의를 요구한다. 왜냐하면 민주적 시장 통제가 정당성을 가지려면 광범위한 사회적 합의에 근거해야 하기 때문이다. 흔히 민주적 통제를 민주 정부가 수행하는 시장 통제로 이해하기 쉽지만, 국가 권력자와 관료 집단이 반드시 공공성을 담보한다고 보기는 어려우며, 그렇다고 이익 단체나 시민 단체들이 서로 경쟁하며 정당과 의회에 영향을 미치는 방식으로 시장개입이 이루어진다면 정당과 의회의 비대표성이 새삼 문제가 될 수 있다.[144] 그리고 사회적 합의가 정당성을 가지려면 노동자, 중소 상공인 같은 사회적 약자가 자본가나 대기업과 같은 사회적 강자 집단과 동등하게 합의 형성 과정에 참여할 수 있어야 한다.[145] 진보적 자유주의가 말하는 합의제 민주주의란 소선거구 1위 대표제가 아니라 비례대표제, 양당제가 아니라 다당제, 다수당 정부가 아니라 연립정부에 기초한 정당 간의 협의를 통해 국정 운영이 이루어지는 정치 질서를 의미하며, 이런 정치 질서하에서 각 경제 주체들은 자신의 대변자를 확보할 뿐만 아니라, 이를 통해 자신의 의사를 반영할 수 있다는 점에서 합의제 민주주의는 각 경제 주체 간의 광범위한 합의 형성을 이뤄낼 수 있다.[146]

이렇게 진보적 자유주의의 세 가지 특징을 살펴본다면, 진보적 자유주의가 결국, 밀의 자유주의 제1원칙이 개인의 자유를 타인에게 부당한 피해를 주지 않는 한도 내로 제한하듯이, 경제 권력의 횡포와 불평등을 극복하고 경제민주화와 사회복지 확대를 달성하기 위해 사회적 합의라는 민주주의 절차를 토대로 경제적 자유를 제한하려는 정치이념이라고 볼 수 있다. 분명 진보적 자유주의가 말하는 경제적 자유에 대한 민주적 통제가 성공적으로 이루어진다면 경제민주화를 달성하고 사회복지를 확대하는 데 큰 진보가 있을 것이다. 그리고 이러한 진보는 분명 '모든 국민의 실질적 자유 실현'에도 이바지하는 바가 클 것이다. 민주적 통제는 사회적 합의에 기초해야 하고, 사회적 합의는 사회구성원들의 광범위한 정치참여를 요구한다는 점에서, 이는 정치적 자유를 확대하는 데 이바지할 것이며, 경제적 자유 제한을 통한 경제적 불평등 해소와 사회복지 확대는 역설적으로 더 많은 국민의 자유로운 경제 활동을 위한 물질적 기반을 마련해 줄 것이기 때문이다. 그리고 더 나아가 민주적 통제를 통해 사회복지가 확대되고, 생활 수준이 향상된다면 모든 국민이 기본적 필요를 충족하고, 자신의 능력을 마음껏 발휘하며 자신이 원하는 삶을 영위할 수 있을 것이다.

## 진보적 자유주의의 한계

그러나 현재 우리나라에는 합의제 민주주의를 실현할 만한 정치 질서가 형성되어 있지 않다. 우리나라 정치 질서는 비록 지역대표제와 함께 연동형 비례대표제가 도입되었지만, 파행적 운영으로 말미암아 사실상 거대 양당제 형태를 띠고 있고, 대통령중심제를 채택하고 있다는 점에서 정부 구성 역시 연립정부와는 거리가 멀다. 이런 점에서 정당 간의 협의를 통한 국정 운영은커녕 여당의 독주나 대통령의 제왕적 국정 운영, 그리고 야당의 발목잡기가 항상 문제되곤 한다. 따라서 진보적 자유주의가 실현되기 위해서는 이에 앞서 정치 질서의 대변화가 전제되어야 한다. 그러나 설령 정치 질서의 대변화가 이루어진다고 해도 민주적 통제의 토대가 되는 합의제 민주주의가 실제로 실현되고 더 나아가 사회적 합의가 형성될 수 있을지는 미지수이다. 사실 사회구성원들이 각자의 이익이 타인에게는 손해가 되는 제로섬 경쟁 상황에 빠져 있다면, 사회적 합의는 고사하고 대립과 갈등이 확대될 수밖에 없다. 그러나 반대로 사회적 합의가 가능해지려면 상대방의 이익이 나에게도 이익이 된다는 연대의식이 필요하고, 이러한 연대의식은 경제 주체들이 대립과 경쟁이 아니라, 협력과 지원 관계에 있을 때 가능하다. 따라서 사회적 합의가 실제로 이루어지려면 먼저 사회 자체가 협력적으로 구조화되어 있어야 한다. 그러나 앞서 설명했듯이 오늘날 우리나라가 소득 수준 상위 10%가 전체 부의 50%를 차지하고, 하위 70%는 전체 부의 20%만을 차지하는 심각한 불평등 상황에 빠져 있다는 것은 그만큼 경제 주체들이 이익을 둘러싼 극한적 경쟁과 대립 관계에 빠져 있음을 의미한다. 사정이 이렇다면 합의제 민주주의에 적합하도록 정치 질서가 개편된다고 하더라도 사회적 합의가 가능할까? 다시 말해 진보적 자유주의가 주장하듯 기존의 정치 질서가 바뀌어 자본가나 대기업만이 아니라, 노동자, 중소 상공인 같은 사회적 약자도 정치적 대변자를 갖는다 하더라도, 이들이 극한적 경쟁과 대립 관계에 있다면 경제적 영역에서의 투쟁과 갈등이 정치적 영역에서도 재연되는 것은 아닐까? 더구나 경제 활동에 대한 민주적 통제란 결국 경제적 자유를 제한하는 것이기 때문에 비록 경쟁과 대립 관계에 있는 경제 주체들이 자신의 이익을 위해 전략적 타협을 이루어낸다 하더라도 이들에 대한 개입이 확대되면 될수록 기득권층의 저항 역시 증대될 수밖에 없다. 이런 점에서 민주적 개입은 경제 주체 간의 경쟁과 대립을 해소하는 것이 아니라 이를 억제할 뿐이며, 그것도 힘의 균형이 유지될 때만 가능하다는 한계를 지닌다. 사실 이러한 점은 진보적 자유주의의 기원인 과거의 사회적 자유주의도 마찬가지였다. 사회적 자유주의가 추진한 민주적 통제의 핵심은 경제적 성과에 대한 사회기여분을 세금으로 환수하여 사회복지를 확대하는 이른바 소득 재분배 정책으로서 이는 자유경쟁에 기초한 경제 질서 자체의 변혁을 전제한 것이 아니다. 따라서 사회적 자유주의는 경제적 불평등을 낳은 자유경쟁 자체를 철폐하는 것이 아니라, 이를 억제함으로써 경제적 불평등을 완화하려는 소극적 정치이념이거나, 경제 주체 간의 대립과 갈등을 초래하는 자유경쟁은 그대로 놓아둔 채 소득 재분배라는 정책적 개입을 통해 자유경쟁의 결과인 경제적 불평등만 완화하려는 대증요법일 뿐이었다.

## 3. 민주주의적 자유주의와 새로운 사회적 자유주의

존 듀이 역시 '진보적 자유주의자'로 지칭되곤 하지만, 자유방임적 자유주의를 혁신하기 위해 제시한 그의 "민주주의적 자유주의"는,[147] 최태욱과는 달리 자유경쟁의 완화가 아니라, 한 걸음 더 나아가 사회 전체가 협력적으로 재구성되어야 함을 주장한다. 듀이는 공동체의 목적이 개인의 자유 실현이며, 이는 한 개인의 잠재력 발전이 타인의 잠재력 발전에 이바지할 수 있는 협력적 관계 속에서만 가능하다고 보기 때문이다.[148] 그렇다면 어떻게 사회가 협력적으로 될 수 있을까? 이에 대한 답은 일차적으로 민주주의에 있다. 주지하다시피 그에게 민주주의란 단지 주권의 소재나 정치적 의사 결정 방식을 말하는 것이 아니라, 소통이라는 협력적 활동을 통해 공동의 문제를 해결하는 합리적 절차이다.[149] 이런 점에서 민주주의란 비단 정치적 의제만이 아니라, 사회구성원들이 일상생활에서 겪는 공동의 문제를 해결하는 일반적 방식으로 듀이 자신의 표현처럼 일종의 "공동생활 형식"을 의미한다.[150] 그런데 여기서 말하는 소통이 결국은 사회적 합의를 목표로 한다면, 듀이가 추구하는 민주주의는 최태욱이 주장하는 합의제 민주주의와 크게 다르지 않다. 최태욱의 합의제 민주주의가 추구하는 것 역시 자유로운 소통을 통해 형성된 광범위한 사회적 합의일 수밖에 없기 때문이다. 그러나 듀이는 사회적 합의를 가능하게 하는 조건으로서 합의제 민주주의라는 정당 간 협의 질서가 아니라, 오히려 이러한 민주주의의 토대가 되는 사회적 협력 체계 형성을 강조한다는 점에서 최태욱과는 다르다. 다시 말해 사회적 합의가 가능해지려면 사회 자체가 하나의 유기체처럼 협력적 분업 관계로 구성되어야 한다는 것이다. 왜냐하면 이런 협력 관계 속에서만 사회구성원은 아무런 방해 없이 자신의 개성과 능력을 마음껏 발휘하며 성공적 자아실현, 즉 그가 말하는 "각 개인의 잠재성의 완전한 실현"으로서의 자유를 실현할 수 있기 때문이다.[151] 그리고 이런 협력 관계가 전제될 때 비로소 사회구성원 사이에 협력 의식이 형성되고, 이러한 협력 의식을 통해 공동의 문제를 협력적으로 해결하려는 민주주의 역시 가능하다는 것이다. 이런 점에서 듀이는 "개인들의 실질적 자유와 문화 발전을 위해 새로운 생산력이 협동적으로 통제되고 사용"되도록 "사회를 조직적으로 재구성"하는 것을 새로운 자유주의의 목표로 삼았다.[152]

## 경쟁에서 협력으로 자유주의의 패러다임 전환

이렇게 개인의 자유 실현의 사회적 조건을 협력 관계로 볼 뿐만 아니라, 개인의 자유 실현을 위해 사회 자체의 재구성을 주장한다는 것은 자유주의 전통에 있어서 일종의 패러다임 전환을 의미한다. 듀이의 설명에 따르면, 초기 자유주의자들은 개인의 자유를 불가침의 자연권으로 규정하면서, 국가의 유일한 역할을 개인적 자유의 보호에 두었을 뿐, 어떤 경우에도 국가가 개인의 자유 영역에 개입하는 것을 허용하지 않았다. 그 결과 초기 자유주의 시대에는 개인의 자유로운 경제 활동을 아무런 제한 없이 보장하는 자유 방임주의 체제가 등장했다. 그리고 초기 자유주의자들은 개인의 이기심에 기초한 자유경쟁이 개인의 잠재력을 일깨움으로써 재화와 용역의 효율적 생산을 가능하게 하고, 결과적으로 사회 전체의 물질적 풍요를 가져올 것이라고 믿었다. 그렇기에 이들에게 자유주의가 지향하는 경제 질서는 당연히 자유경쟁에 기초한 자유 방임주의 체제였다. 그러나 듀이의 표현에 따르면, 자유 방임주의 체제의 결과는 "모든 사람을 위한 자유의 시대"가 아니라, "소수가 권력을 소

유하는 시대"였다.[153] 과학기술의 발전을 통해 사회 전체의 생산력 수준
은 비약적으로 발전했지만, 생산력 향상의 성과를 소수가 독점하면서
다수의 생산 노동에 대한 소수의 통제가 이루어지고, 그 결과 사회 전체
가 "노예 상태와 군대식 통제"에 놓이게 되었기 때문이다.[154] 이런 점에
서 사실 초기 자유주의자들이 자연권으로 규정했던 개인의 자유는 단
지 형식적 권리에 그쳤을 뿐, 사회구성원 대다수는 실제로 자유가 아닌
종속, 물질적 풍요가 아닌 빈곤에 빠지고 말았다. 이에 듀이는 개인의
자유 실현이라는 자유주의의 가치를 유지하면서도, 소수의 자유가 아닌
모든 사람의 실질적 자유 실현을 위해 "협력을 통한 사회 진보"를 주장
한다.[155] 물론 듀이는 이를 실현할 구체적인 방법으로서 천연자원과 토
지의 국유화와 은행, 교통, 통신 등 국가 기간 산업의 국유화, 대규모 공
공사업 등을 구상하기도 했다.[156] 그러나 이런 구체적인 제도나 정책들
은 당시의 정치적 상황과 사회적 조건에 따른 것으로 볼 수 있으며, 중
요한 것은 어떤 제도나 정책을 추진하든 그 최종 목적이 생산력을 협력
적으로 통제하고 사용할 수 있도록 사회구조 자체를 재구성해야 한다
는 점이다. 듀이는 이런 식으로 "사회화된 경제"가 "개별적으로 경쟁하
는 개인의 경제 활동"을 대신하는 대전환이 일어날 때 인간의 자유라는
"너무나 고귀하고 인간의 본성에 깊이 각인"된 자유주의의 대의가 실현
될 수 있다고 보았다.[157]

이렇게 경쟁에서 협력으로의 패러다임 전환을 감행한 듀이의 민주주
의적 자유주의는 윤평중의 급진 자유주의나 최태욱의 진보적 자유주의
와는 근본적으로 다른 것이다. 사실 이 두 가지 자유주의는 각기 민주주
의에 대한 자유주의의 우선성을 주장하거나, 경제적 자유에 대한 민주
적 통제를 주장한다는 점에서 서로 다르지만, 이들은 경제적 영역의 사

회관계가 경쟁 관계로 구조화된 것까지는 문제 삼지 않았을 뿐만 아니라, 은연중에 이를 당연한 것으로 전제하고 있다. 먼저 윤평중이 주장하는 급진 자유주의는 앞서 설명했듯이 대안적 자유주의가 고려해야 할 제반 조건을 제시한 싯일 뿐, 이러한 조건을 충족한 대안적 자유주의가 과연 어떤 자유주의인지는 불분명한 상태로 남는다. 그렇지만 그가 급진 자유주의의 조건으로 제시한 민주주의에 대한 자유주의의 우선성이 결국 민주적 개입에 대한 경제적 자유의 우선성을 의미한다면, 윤평중의 급진 자유주의는 듀이가 말하는 초기 자유주의자들의 입장과 크게 다를 것이 없다. 그리고 윤평중의 급진 자유주의가 민경국의 자유민주주의와도 차별화되기 어렵다면, 그에게 민주주의란 경제적 자유 보호를 위한 정치참여의 수단에 불과하다. 그런데 초기 자유주의자들이든 민경국이든 이들이 강조하는 경제적 자유란 타인과의 관계에서 볼 때 자유경쟁을 의미한다. 경제적 자유가 누구나 자신의 이익을 위해 스스로 적당하다고 생각하는 직업 활동이나 사업을 추진하는 것이라면, 자본주의라는 시장경제체제에서 개개의 경제 주체들은 자신이 획득하고자 하는 것이 타인이 획득하려는 것과 같을 때 각자 자신의 이익을 위해 경쟁할 수밖에 없기 때문이다. 이 때문에 이들에게 경제적 자유를 보호하기 위해서는 자유경쟁이 공정하게 유지되어야 하고, 공정한 경쟁이란 타인의 생명, 재산, 권리 등을 훼손하는 외적 강제나 방해가 없는 상태에서의 경쟁을 말한다. 그리고 이런 상태는 이들이 말하는 자유의 상태와 같은 것이기 때문에 공정한 경쟁이란 경제적 자유에 대한 침해가 없는 자유-경쟁상태를 말한다. 따라서 이들이 강조하는 국가의 유일한 역할은 정의라는 이름으로 외적 강제로부터 개인을 보호하는 것이고, 이것이 자유주의의 최고 가치인 개인의 자유와 자유경쟁을 보호하는 길이 된다.

초기 자유주의자이자 자유 방임주의의 창시자인 애덤 스미스의 경우만 보더라도 이는 명백한 사실이다.[158] 스미스는 인간이 자신의 이익을 위해 자신이 적합하다고 생각하는 방식에 따라 경제 활동을 하는 것을 '자연적 자유'로 규정하면서, 자연적 자유가 제도적으로 보장된 사회를 누구나 자신의 노동과 자본을 바탕으로 타인과 자유롭게 경쟁하는 사회로 본다. 이런 점에서 그에게 경제적 자유란 자유경쟁을 의미하며, 타인과의 경쟁은 타인의 생명과 인격, 재산과 소유물, 권리와 계약상의 몫을 훼손하지 않는다는 정의의 원칙을 따라야 한다. 그리고 스미스는 이를 '자연적 자유의 정의로운 실현'이라고 규정했다. 따라서 윤평중의 급진 자유주의가 경제적 자유의 근본적 의미를 살리려는 자유주의라면, 그가 은연중에 전제했고, 또한 당연시한 사회란 다름 아닌 자유경쟁 사회이다.

이러한 점은 최태욱의 진보적 자유주의 역시 마찬가지이다. 그가 민주적으로 통제해야 한다고 본 경제적 불평등이나 권력 관계는 자유경쟁에 기초한 자본주의 경제체제에서 발생한 것이기 때문이다. 이렇게 본다면 사실 민주적 통제란 근본적으로 이러한 경쟁 체제에서 타인에 대한 부당한 침해가 발생하지 않도록 개인의 자유를 제한하려는 것으로서 진보적 자유가 모든 사람에게 보장하려는 자유란 결국 제한된 자유경쟁이라고 할 수 있다. 이렇게 볼 때 밀이 타인에게 부당한 피해를 주지 않는 한도 내로 개인의 자유를 제한하라는 자유주의 제1원칙을 설정한 이유 역시 개인의 자유 실현이 경쟁 관계 속에서 이루어지기 때문이다. 다시 말해 사회가 경쟁 관계로 구조화되어 있는 상태에서 개인의 자유 실현은 타인의 자유 실현과 대립하고, 타인의 자유 실현이 자신의 자유 실현에도 장애가 되기 때문에 서로의 한계를 정할 수밖에 없었다는 것이다. 따라서 자유의 한계를 설정한다는 것은 동시에 경쟁의 한계를 설정하는 것과 같다. 다만 초기 자유주의자들이 타인에 대한 부당한 침해를 외적 강제로 한정하고 자유방임적 경쟁을 주장했다면, 최태욱의 진보적 자유주의는 외적 강제를 넘어 경제적 불평등과 권력 관계 자체를 자유 실현의 중대한 장애 요인으로 간주함으로써 사회적 약자를 보호하고 강자의 자유를 통제하는 제한적 형태의 자유경쟁을 요구한 것이다.

이렇게 자유 실현의 장애 요인을 확대한다면, 진보적 자유주의는 비록 자유주의 전통은 아니지만 '비지배 자유'를 주장하는 페팃의 신 로마 공화주의와도 일맥상통한다. 페팃은 "자의적인 권력에 의한 간섭"이 없는 상태, 따라서 타인의 자의적 지배가 불가능한 비지배 상태를 자유로 보기 때문이다.[159] 이는 자의적 간섭이 실제로 일어나는 경우만이 아니라, 일어날 가능성도 배제된 상태를 의미하며, 반대로 자의적이지 않은 간섭은 허용된다는 점에서 자유를 외적 강제의 부재, 내지는 이사야 벌린의 표현처럼 간섭의 부재로만 보는 "소극적 자유의 개념"과는 다른 것이다.[160] 페팃은 자의적이지 않은 간섭, 내지는 정당한 간섭을 허용함으로써 자의적 권력의 행사를 막기 위한 법적 개입을 자유의 반대가 아니라, 자유를 확대하는 것으로 본다. 예를 들어 노동자와 같은 사회적 약자가 고용주의 자의적 지배에 놓이지 않도록 파업권을 보장한다는 것은 노동자들의 자유를 확대하는 것이며, 소득 재분배 정책을 통해 사회적 약자나 소외 계층의 복지를 확대하는 것은 그만큼 사회적 강자들의 잠재적 지배력을 약화함으로써 이들에게 자유를 보장하는 역할을 한다는 것이다. 이렇게 본다면 페팃이 말하는 정당한 간섭이나 최태욱이 말하는 민주적 통제는 사실 같은 것이다. 페팃이 말하는 비지배로서의 자유는 경제민주화와 사회복지 확대를 위한 최태욱식의 민주적 통제를 요구하며, 최태욱식의 민주적 통제는 경제적 영역에서의 권력 관계나 불평등으로 인한 자의적 지배를 방지하기 위한 것이라 볼 수 있기 때문이다. 그리고 이들이 말하는 자유의 의미 역시 일치한다. 최태욱은 자유 실현에 장애가 되는 한 모든 종류의 권력을 민주적 통제의 대상으로 삼는다는 점에서 그 역시 모든 종류의 자의적 지배가 없는 상태를 자유의 상태로 본 것이나 마찬가지이다. 더 나아가 최태욱이나 페팃에게 권력 관계나 불평등을 통제함으로써 만들어진 비지배 상태는 공정한 경쟁의 조건이라고 할 수 있다. 이렇게 제한된 상태에서만 경쟁은 타인의 자유에 대한 부당한 침해가 되지 않기 때문이다.

### 진보적 자유주의를 넘어서

그런데 민주적 통제, 내지는 정당한 간섭을 통한 자의적 지배가 없는 상태라 하더라도 개인의 자유가 자유경쟁으로 실현된다면, 과연 모든 국민의 실질적 자유 실현이 가능할까? 분명 초기 자유주의자들은 외적 강제만 없다면 모든 사람이 자신의 자유를 실현할 수 있다고 보았을 뿐만 아니라, 이런 상태에서의 경쟁을 자유경쟁이자 공정한 경쟁으로 보았다. 앞서 서술했듯이 애덤 스미스에게 이런 경쟁은 자연적 자유의 정의로운 실현이나 마찬가지였기 때문이다. 그러나 자유경쟁이 이들이 말하는 공정한 조건 속에서 이루어지든, 혹은 그렇지 않든 경쟁 관계 속에서의 자유의 실현은, 듀이가 소수의 자유와 대다수의 부자유를 지적하듯, 사실상 승자만의 자유 실현일 뿐, 패자에게는 부자유라는 결과를 낳을 수밖에 없다. 경쟁 관계에서는 어떤 사람의 성취가, 다른 사람의 상실을 의미하는 제로섬 관계가 성립하기 때문이다. 그런데 초기 자유주의자들이 외적 강제가 없는 상태를 자유의 상태라고 보았을 때, 여기에는 암묵적으로 전제된 것이 있다. 그것은 바로 이런 자유의 상태에서만 자신이 하고자 하는 바를 수행할 수 있다는 것이다. 이렇게 본다면 자유란 단지 외적 강제가 없는 상태만이 아니라, 바로 이런 상태에서 자신이 하고자 하는 바를 수행하는 적극적 행위를 말한다. 물론 초기 자유주의자들에게 개인의 자유는 개인이 원하는 바를 실제로 성취하는 것과는 무관하다. 이들에게는 개인이 원하는 바를 성취하지 못하더라도 외적 강제만 없다면 이 개인은 여전히 자유로운 사람이기 때문이다. 이런 점에서 초기 자유주의자들에게는 개인적 무능력과 부자유는 서로 무관한 것이었다. 홉스가 제시한 사례처럼 병석에 누워 있는 환자가 비록 자신이 원하는 활동을 할 수 없다고 해서 이 환자를 부자유한 사람으로 볼수는 없다는 것이다.[161] 이는 초기 자유주의자의 자유 개념을 계승하여 개인의 자유를 '소극적 자유'로 규정한 이사야 벌린도 마찬가지이다. 그에 따르면 시각장애인이 읽고 싶은 책을 못 읽는다고 해서 부자유 상태에 있다고 볼 수는 없으며, 자신이 원하는 목표를 달성하지 못했다고 해도 이는 자유의 결여 때문이 아니라는 것이다.[162] 다시 말해 능력이 없는 것과 자유가 없는 것은 다른 문제라는 것이다.

따라서 이들처럼 개인의 자유를 소극적 자유로만 보는 사람들에게는 자유의 실질적 실현 여부는 중요하지 않고, 자유 실현 능력이 없는 사람에게 자신이 하고자 하는 것을 실제로 실현할 수 있도록 국가가 지원하는 것 역시 개인의 자유 보장을 위해 필요한 것이 아니다. 이에 반해 최태욱의 진보적 자유주의는 실질적 자유 실현에 이바지할 수 있다. 진보적 자유주의가 말하는 민주적 통제란 경제민주화나 사회복지 확대를 통해 사회적 약자들의 자유 실현 능력을 높이는 것이나 마찬가지이기 때문이다. 그러나 사회적 약자의 자유 실현 능력, 다시 말해 경쟁 관계에서의 경쟁 능력을 높이면 좀 더 대등한 관계에서 경쟁이 이루어질 순 있지만, 그렇다고 경쟁 자체로 인한 성공과 실패가 사라지는 것은 아니다. 이런 점에서 진보적 자유주의가 자유의 실질적 실현을 중시한다면, 이제는 개인의 능력만이 아니라, 이를 저해하는 사회적 경쟁에도 주목해야 한다. 듀이의 패러다임 전환은 바로 이런 맥락에서 자유주의에 대한 우리의 사고 틀을 근본적으로 바꿔 보라는 요구이다. 앞서 서술했듯이 듀이는 기존의 경쟁 관계를 완화하거나 정당한 경쟁을 주장하는 것이 아니라, 경쟁 관계로 구조화된 사회 자체를 협력 관계로 재구성할 것을 주장한다는 것이다. 왜냐하면 이러한 협력 관계 속에서만 사회구성원은 아무런 방해 없이 자신의 개성과 능력을 마음껏 발휘하며 성공적 자아실현에 이를 수 있기 때문이다. 이렇게 볼 때 듀이는 모든 불평등의 근본적 원인인 경쟁 관계를 유지하면서 모든 사람이 평등하게 자신의 자유를 실질적으로 실현하는 방법을 찾은 것이 아니라, 경쟁 관계 자체를 협력 관계로 재구성함으로써 모든 사람에게 실질적 자유 실현을 가능하게 할 사회적 조건을 확립하려고 한 것이다.

### 새로운 사회적 자유주의

나는 모든 사람의 실질적 자유 실현을 보장하기 위해서는 듀이의 주장처럼 경쟁 사회를 협력 사회로 재구성하려는 새로운 자유주의가 필요하다고 본다. 이를 통해서만 진보적 자유주의의 한계를 넘어 모든 국민의 실질적 자유 실현을 보장하는 데 한 걸음 더 나아갈 수 있기 때문이다. 나는 이 새로운 자유주의를 인간의 사회성에 기초한 자유주의라는 의미에서 사회적 자유주의라고 명명한다. 협력이라는 사회적 조건은 나의 자유 실현이 타인의 자유 실현에 이바지하고, 타인의 자유 실현이 나의 자유 실현에 이바지할 때 가능하며, 이러한 협력 관계는 근본적으로 자기 중심성에서 벗어나 타인의 관점에서 느끼고, 생각하고, 자신을 반성할 줄 아는 인간의 사회성에 기초하기 때문이다. 그러나 이러한 사회적 자유주의는 용어상 새로운 사회적 자유주의이다. 앞서 서술했듯이 진보적 자유주의의 기원인 사회적 자유주의가 역사적으로 이미 존재했기 때문이다. 물론 과거의 사회적 자유주의도 개인을 독립적 실체로 보는 것이 아니라, 사회적 존재임을 강조하지만, 그것이 기존의 경쟁 관계를 협력 관계로 재구성할 것을 주장하는 단계로까지 발전하지는 못했다. 과거의 사회적 자유주의는 대개 소득 재분배 정책 등을 통해 사회적 약자의 생존 보장이나 자유 실현의 물질적 조건을 확보하는 데 치중했기 때문이다. 더구나 과거의 사회적 자유주의는 인간을 사회적 존재로 볼 뿐, 인간의 사회성에 대한 개념적 통찰에 이르지도 못했고, 따라서 인간의 사회성에 기초한 자유 개념을 정립할 수도 없었다. 나는 이러한 자유주의를 계승하면서도 그 한계를 넘어 경쟁 관계를 협력 관계로 재구성하고, 이를 통해 실질적 자유 실현을 위한 사회적 조건을 확보하려는 사회적 자유주의를 말하고자 한다. 이런 점에서 내가 말하는 사회적 자유주의는 '새로운 사회적 자유주의'이다.

그러나 내가 경쟁 사회를 협력 사회로 재구성할 것을 주장한다고 해서, 모든 사회적 관계에서 경쟁 관계가 완전히 배제되어야 한다는 뜻은 아니다. 사람들은 경쟁이 개개인에게 자기 발전의 계기가 된다고 말한다. 그러나 동시에 경쟁이란 승자와 패자를 나누는 제로섬 게임이기도 하다. 소극적 자유를 주장하는 사람들은 경쟁이 자기 발전의 계기라는 점을 강조하지만, 경쟁이 패자에게는 삶의 실패로 이어질 만큼 치명적이라는 점에는 주목하지 않는다. 이에 반해 진보적 자유주의는 자유방임적 경쟁이 불평등의 원인이라고 보지만, 경쟁은 놔두고 그 부정적 결과만을 사후적으로 해결하려고 한다. 그렇다면 이 두 가지 입장을 넘어서 자기 발전의 계기가 되는 경쟁은 유지하면서도 경쟁이 사회적 약자들에게 삶의 실패로 이어지는 것을 방지할 수는 없을까? 내가 생각하는 새로운 사회적 자유주의는 협력 관계 확대를 통해 '적대적' 경쟁 관계를 대체하는 것이지, 모든 경쟁을 배제하자는 것은 아니다. 그리고 그 방법은 원칙적으로 모든 경쟁 관계를 협력 관계로 바꾸는 것이 아니라, 광범위한 협력의 토대 위에서 경쟁이 이루어지도록 사회를 재구성하는 데 있다.

그러나 진보적 자유주의는 이와는 반대로 경쟁의 토대 위에 협력 관계를 구축하려는 역설적 시도라 할 수 있다. 진보적 자유주의가 주장한 합의 민주주의는 경쟁과 대립으로 치닫는 사회가 아니라, 듀이가 주장하는 사회구성원 간의 협력 의식이 전제될 때 가능함에도 진보적 자유주의는 기존의 경쟁 관계를 그대로 전제하고 있기 때문이다. 그러나 이와는 반대로 새로운 사회적 자유주의가 추구하는 협력 관계가 점차 확대된다면, 합의제 민주주의도 점차 실현 가능성을 높일 수 있다. 확대된 협력 관계가 바로 합의제 민주주의의 토대가 될 수 있기 때문이다. 더구나 진보적 자유주의가 말하는 민주적 개입 역시 협력 관계라는 토대 위에서 그 영역을 확대할 수 있다. 민주적 개입은 모든 사람의 자유를 위한 것이지만 역설적으로 사회적 강자의 자유를 제한한다. 이런 점에서 민주적 개입은 자유를 제한당하는 사람들, 그것도 기득권층의 저항을 불러올 수밖에 없기에 민주적 개입은 매우 제한적일 수밖에 없다. 그러나 사회적 자유주의가 추구하는 사회적 협력 관계가 확대된다면, 그만큼 경쟁이 약화하고, 또한 그만큼 민주적 개입에 대한 저항도 감소할 것이다. 이렇게 되면 협력 관계에 토대를 둔 합의제 민주주의가 확대되고, 결국에는 민주적 개입 역시 확대될 수 있다. 이런 점에서 나는 새로운 사회적 자유주의가 진보적 자유주의와 반대되거나 그 지향점이 다르다기보다 오히려 진보적 자유주의의 목적을 더 잘 달성할 수 있다고 본다. 새로운 사회적 자유주의가 요구하는 것은 모든 국민의 실질적 자유 실현을 제도적으로 보장하기 위해 이제는 시각을 바꿔서 경쟁을 완화하거나 경쟁의 부정적 결과를 경감시키는 것만이 아니라, 경쟁 관계 자체를 축소하고 협력 관계를 확대할 수 있는 대안적 제도와 정책을 마련해 보자는 것이기 때문이다.

# 제 I 부

# 고전적
# 자유주의의 이념

    지금까지의 자유주의는 인간의 자유를 최고의 가치로 삼는 정치이념으로서 역사적으로 볼 때 신분 사회를 무너뜨리고 모든 인간에게 자유롭게 살 수 있는 평등한 권리가 보장된 새로운 사회를 만들려고 했다. 그런데 지금까지의 자유주의는 자유를 최고의 가치로 삼으면서도, 이를 제한하는 역설에 빠지고 말았다. 왜 그럴까? 지금까지의 자유주의가 말하는 자유란 이른바 이사야 벌린이 정식화한 소극적 자유, 즉 외적 간섭, 강제, 방해가 없는 상태를 의미했기 때문이다. 물론 외적 간섭, 강제, 방해가 없어야 비로소 모든 개인은 자신이 하고자 하는 바를 수행할 수 있다고 말할 수 있지만,[1] 이렇게 외적 간섭, 강제, 방해 없는 상태를 강조한 이유는 자유주의가 전제한 사회적 관계가 근본적으로 경쟁 관계였기 때문이다. 따라서 사회 속에서 타인은 항상 내가 하고자 하는 바를 방해할 수 있는 존재로 간주하였고, 자유주의가 모든 사람에게 자유를 보장하기 위해서는 타인의 자유를 침해하지 않는 한계 내에서만 개인의 자유를 허용하는 제한적 자유주의일 수밖에 없었다. 그러나 그렇다고 해서 모든 사람이 비록 일정 한계 내에서지만 자신이 하고자 하는 바를 수행할 수 있는 것은 아니다. 타인과의 경쟁이 외적 간섭, 강제, 방해 없이 이루어진다고 해서 승자와 패자가 나누어지는 것마저 제한할 수 있는 것은 아니기 때문이다.

이러한 자유주의는 역사적으로 볼 때 홉스, 로크, 스미스를 통해 형성된 고전적 자유주의에 기원한다. 홉스는 개인을 자기보존본능에 따라 행동하는 독립적 실체로 보았을 뿐만 아니라, 자기보존본능을 실현하는 데 있어서 외적 강제나 억압 등 아무런 방해가 없는 상태를 자유로 보았다. 로크는 이러한 자유를 생명, 노동, 자산 등에 대한 소유권으로 확대하였을 뿐만 아니라, 이를 공권력을 통해 보장하기 위해 대의제 민주주의 국가를 구상하였다. 그리고 스미스는 아무런 국가의 간섭도 없이 오직 자신의 이익을 위하여 타인과 경쟁하며 자신이 적합하다고 생각하는 데로 경제활동을 수행할 때 사회 전체에 이익이 된다고 주장함으로써 이제 개인의 자유를 자유 방임주의적 경제 질서와 결합하였다. 분명 고전적 자유주의는 모든 인간에게 자유롭게 살 수 있는 평등한 권리를 보장하려고 했다는 점에서 신분 사회적 지배질서나 권위주의적 정부를 비판할 수 있는 규범적 토대를 제공한다. 그러나 고전적 자유주의는 개인의 자유를 자기보존과 이를 둘러싼 경쟁 속에 위치시킴으로써 결과적으로 사회적 불평등을 방치시키고, 소수의 자유를 위한 대다수의 부자유를 낳고 만다.

제Ⅰ부에서는 이러한 문제의식하에 첫째, 자유주의가 핵심가치로 삼는 개인의 자유가 어떤 사상적 조건에서 개념적으로 구성되었고, 어떤 역사적 배경에서 새로운 정치이념으로 확산하였는지를 살펴본다(1장). 둘째, 자유주의의 초기 형태인 홉스, 로크, 스미스 등 이른바 고전적 자유주의가 어떻게 개인의 자유를 개념화하였으며, 어떻게 개인주의, 대의제 민주주의, 자유 방임주의라는 근대 자유주의 사회의 기본 틀을 마련하였는지를 규명할 것이다(2장). 그리고 끝으로 고전적 자유주의에 기초한 근대 자유주의 사회가 역설적으로 모든 인간의 자유 실현이 아니라, 불평등과 착취의 문제를 낳음으로써 이에 대한 저항으로 사회주의의 도전에 직면하게 되었고, 더 나아가 자유가 초래하는 삶의 불확실성 증가로 인해 자신의 자유를 포기하고 마는 자기 파괴적 상황에 빠지고 말았음을 논의한다(3장).

# 1장 자유주의의 역사적 등장

자유주의는 모든 인간의 자유를 최고의 가치로 삼는 정치이념이자, 근대 시민혁명의 사상적 토대가 되었던 혁명 이념이다. 이러한 자유주의는 몇몇 학자들의 지적 노력을 통해 구상된 것이 아니라, 근대 시민혁명이라는 기나긴 과정에서 형성된 정치이념이었다. 이런 점에서 자유주의 사상 형성이라는 이론적 과정과 근대 시민혁명이라는 정치적 과정은 별개의 것이 아니다. 그렇다면 자유주의의 핵심가치인 자유 개념은 이론적으로 볼 때 어떤 배경에서 형성된 것일까? 그리고 이러한 자유 개념은 실천적으로 볼 때 어떻게 혁명 이념이 될 수 있었을까? 이런 질문은 자유주의의 기원에 관한 문제로서 자유주의 이념이 어떤 시대의식하에 형성되었고, 또한 이런 시대의식이 어떤 역사적 한계를 갖는지를 이해하는 데 중요하다. 나는 이런 문제에 답하기 위해 미셸 푸코의 고고학적 그리고 계보학적 담론 분석 방법을 따르는 것이 효과적이라고 본다.[2] 푸코의 고고학적 분석이란 특정한 지식이나 관념, 학문의 타당성을 분석하는 것이 아니라, 이런 지적 산물이 어떻게 형성되었는지를 특정한 시기의 담론적 질서를 통해 규명하는 연구방법을 말한다. 이에 반해 계보학적 담론 분석이란 이렇게 특정한 담론적 질서에서 형성된 지적 산물이 어떻게 사회적으로 타당한 지식으로 확산할 수 있었는지를 비담론적 실천, 특히 권력 관계 변화를 통해 규명하는 연구방법을 말한다. 이러한 담론 분석 방법이 의미가 있다면, 그것은 사회적으로 유통되는 지식이나 관념, 학문을 인식의 진보에 따른 참된 인식, 즉 진리의 문제로 보는 것이 아니라, 그것이 특정한 시기에 형성된 역사적 산물임을, 그리고 이런 지적 산물이 진리처럼 받아들여지고 있는 것이 지식 탐구와 무관한 권력의 효과임을 밝혀줌으로써 우리의 사고가 얼마나 현재의 지평에 갇혀 있고, 또한 얼마나 새로운 사고가 가능한지를 자각하게 하는 것에 있다. 마찬가지로 푸코의 담론 분석 방법에 따라 자유주의의 핵심가치인 자유 개념이 어떤 담론적 질서에서 형성되었고, 또한 어떤 비담론적 실천을 통해 사회적으로 유통되었는가를 규명해 본다면, 자유주의가 갖는 역사적 제한성을 자각할 수 있을 뿐만 아니라, 인간의 자유에 대한 새로운 사고도 가능할 것이다.

## 1. 자유주의 인간관의 고고학

자유주의가 인간의 자유를 최고의 가치로 볼 뿐만 아니라, 이를 통해 신분 사회를 붕괴시킬 수 있었던 것은 근본적으로 모든 인간은 자유롭고, 이런 점에서 평등한 존재라는 새로운 인간관 때문이다. 다시 말해 인간이 누구나 할 것 없이 본성상 자유로운 존재라면, 인간에게 가장 중요한 것은 인간의 본성인 자유를 유지하고 실현하는 것이며, 또한 이런 이유로 인해 인간 본성인 자유에 배치되는 사회질서는 해체되어야 했다는 것이다. 그렇다면 모든 인간이 자유롭고 평등하다는 인간관은 역사적으로 볼 때 어떻게 형성된 것일까? 사실 이런 사상이 어떤 특정한 사상가에 의해 제시되었거나, 어떤 단일한 기원을 갖는 것은 아니다. 근대 시민혁명이 기나긴 역사적 과정을 통해 진행되었듯이, 자유주의 사상 역시 다양한 담론들이 서로 교차하고 결합하는 기나긴 역사적 과정에서 만들어진 것이기 때문이다.

　푸코의 고고학적 담론 분석에 따르면, 고전 시대까지만 해도 인간의 자유는 물론 인간 자체가 학문의 대상이 될 수는 없었다. 이 시기의 모든 지식은 푸코가 '재현'이라고 규정한 특정한 담론질서 속에서 형성되었기 때문이다.[3] 다시 말해 당시에는 이 세계에 존재하는 모든 것들이 하나의 통일적인 질서를 형성하고 있고, 언어적 기호가 이 세계에 대응한다는 점에서, 이 세계의 질서는 언어적 기호의 질서로 표현할 수 있다는 가정이 하나의 담론질서를 이루고 있었고 이 세계에 대한 지식은 모두 이러한 가정 속에서 형성되었다. 그러나 이런 담론질서에서 인간은 아무런 자리도 차지하지 못했다. 푸코가 재현이라고 규정한 '재현'의 질서 속에서는 세계에 대한 지식이 누구를 위한 지식이며, 또 지식의 주체가 누구인지는 문제조차 되지 못했기 때문이다. 그러나 이에 반해 근대에 이르러 인간을 자유롭고 평등한 존재로 간주하는 자유주의가 등장할 수 있었던 것은 르네상스와 종교개혁 그리고 과학혁명이 만들어낸 새로운 담론질서 때문이다. 르네상스, 종교개혁, 과학혁명은 각기 다른 이유이지만, 자유주의의 토대가 되는 새로운 인간상을 만들어낼 만큼 과거와는 다른 인간관을 제시했다. 다시 말해 르네상스는 문화적 차원에서 서로 다른 개성을 가진 인간에 대해, 종교개혁은 종교적 차원에서 신앙과 구원에 있어 각기 독립적인 인간에 대해, 그리고 과학혁명 이후 자연법사상은 형이상학적, 신학적 인간 이해에서 벗어나 경험적으로 확인 가능한 인간의 자연적 본성에 대해 말하기 시작했다. 모든 인간이 자유롭고 평등하다는 자유주의 사상은 바로 이런 담론들이 서로 교차하고 융합하면서 만들어진 것이다. 그러나 이러한 담론들은 각기 다른 맥락에서 등장한 것이기 때문에 서로 같은 것도 아니며, 서로 이질적이기까지 하다. 따라서 자유주의 사상은 이들을 어떻게 연결하고 통합하느냐에 따라 다양한 형태로 나타날 수 있고, 어떤 요소를 우선시하고 어떤 요소를 배제하느냐에 따라 상반된 입장을 가질 수 있다.

### 르네상스의 인간 담론

르네상스란 14세기에서 16세기에 이르기까지 피렌체, 밀라노, 베네치아, 피사 같은 이탈리아의 도시국가를 중심으로 등장한 새로운 문화적 흐름으로 단테, 보카치오, 다빈치, 라파엘, 미켈란젤로 등 천재적인 문학가나 시인, 미술가들을 배출했을 뿐만 아니라, 고대 그리스와 로마 고전에 관한 활발한 연구를 통해 이를 다시 부흥시키는 계기가 되었다. 흔히 르네상스의 시대정신을 인문주의로 규정하는 것이 후자의 경우처럼 철학, 수사학, 시, 역사, 문법 등 인간의 품위에 맞는 교양과 관련된 고대 그리스와 로마 시대의 고전을 수집하고 연구했기 때문이다. 물론 이런 연구가 중세 시대에도 없었던 것은 아니다. 그러나 이를 특별히 문예 부흥이란 의미의 르네상스로 지칭한 것은 이 시기의 인문주의자들이 고전 연구를 통해 고대와 자신의 시대의 시대적 차이를 자각하고 중세 시대의 전통적 가치를 넘어설 수 있는 비판 의식을 형성할 수 있었기 때문이다.[4] 이런 맥락에서 르네상스 연구의 대명사라 할 수 있는 부르크하르트의 『이탈리아 르네상스의 문화』가 자세히 서술하고 있듯이, 이 시기에 와서 이른바 '인간의 발견'이라 칭할 만큼 종래의 인간관과는 근본적으로 다른 새로운 입장이 등장한다. 부르크하르트의 표현을 빌리자면, 그것은 인간을 "인종, 민족, 당파, 단체, 가족 따위의 보편적인 범주"로 이해하는 것이 아니라, "주관적 의식"을 갖춘 "정신적 개체"로 보는 것이다.[5]

주지하다시피 중세는 봉건제에 기초한 신분 사회였다. 왕은 충성 서약을 받고 대귀족에게 봉토를 수여하고, 대귀족은 다시 중소 귀족에게 충성 서약의 대가로 봉토를 제공한다. 그리고 일반 농민들은 농노가 되어 봉토를 지배하는 영주들에게 예속된다. 이런 봉건 제도하에서 중세 사회는 왕을 정점으로 귀족과 농노가 신분적 위계질서를 형성하는 신분 사회였다. 따라서 인간은 항상 특정 신분의 구성원으로서 위계적 신분 질서의 일부로 간주되었다. 그리고 다시 이 신분 질서는 신이 창조한 세계 전체의 일부분이라는 점에서 중세 시대의 인간은 항상 자신을 포괄하는 세계 전체 중 일부이거나 위계적 신분 질서 내에서 자신이 속한 신분의 구성원일 뿐이었다. 따라서 개개의 인간이 어떤 존재인가 하는 점은 바로 그가 속해 있는 전체, 즉 신분 질서나 세계의 특성을 통해 설명될 수밖에 없었다. 그러나 르네상스 시대에 인간은 보편적 질서의 한 부분으로서가 아니라, 이로부터 분리되어 저마다 자신의 개성을 과시하는 수천의 얼굴로 등장하기 시작했다. 다시 말해 르네상스 시대에 나타난 수많은 문학이나 예술 작품 속에서 공통적으로 발견할 수 있는 인간의 모습은 다양한 성격, 다양한 외모, 타인과 구별되는 자신만의 개성을 갖는 인간이었다는 것이다. 더구나 이들은 자신의 인격적 완성을 위해 노력할 뿐만 아니라, 자신의 명성을 중시하면서 하나의 자서전적 역사를 만들어가는 자유롭고 자존감 넘치는 개인이었다. 부르크하르트가 피코 델라 미란돌라의 연설문인 「인간의 존엄성에 대하여」를 인용하여 말하고 있듯이, 르네상스 시대에 발견된 인간은 "일정한 거처와 일정한 행위와 어떤 필연성에 묶인" 존재가 아니라, "자유로운 활동과 자유의지"를 갖춘 자기 자신의 "자유로운 창조자"이자 "자기 의지에 따라 발전하고 성장"하는 존재였다.[6]

물론 인간 자신의 개성에 대한 자각, 더구나 인간이 자신을 자유로운 존재로 인식하는 새로운 자기의식이 르네상스 시대에 보편적인 현상은 아니며, 이는 당시의 상류층에 속하는 극소수에 해당하는 현상이다.[7] 당시에 고전을 읽기 위해서는 라틴어를 구사할 줄 알아야 하지만, 이는 사실 특권층에서나 가능한 일이었고, 당시의 천재적인 문학가나 예술가들의 작품을 감상하는 것도 소수의 엘리트 계층이었기 때문이다. 그러나 이에 반해 르네상스 시대의 유럽 사람들 대부분은 여전히 중세적 사고방식과 생활방식에 따라 살고 있었다. 이런 점에서 르네상스와 중세가 서로 대립하거나 명확히 구분되는 것은 아니라거나, 르네상스는 19세기 자유주의적 유럽 지식인들이 만들어낸 "역사적 신화"에 불과하다고 보는 역사가들도 있다.[8] 따라서 르네상스는 이미 12세기부터 중세 봉건질서에서 벗어나기 시작한 이탈리아 도시국가에서 신분보다는 막대한 부의 축적을 통해 자신을 영향력을 확대하던 소수의 상류층 부르주아 계급의 문화라 할 수 있다. 그렇지만 부르크하르트가 르네상스를 선도하던 이탈리아에서 발견한 개성에 대한 찬미는 분명 모든 인간이 세계 전체 중 일부로서 위계적 신분 질서에 얽매여 있던 중세 시대에는 불가능한 것이었다.

## 종교개혁의 인간 담론

종교개혁은 주지하다시피 16세기, 17세기에 거쳐 로마 교황 중심의 가톨릭교에 저항하여 기독교를 혁신하려는 종교운동으로 루터, 칼뱅 등에 의해 시작되어 전 유럽으로 확산하였다. 이러한 종교개혁은 새로운 기독교인 개신교를 탄생시킴으로써 기독교 역사에 있어서 일대 전환점을 마련했지만, 이러한 운동이 동시에 자유주의 사상이 형성되는 데 밑거름이 될 수 있었던 것은 르네상스와 마찬가지로 인간에 대한 새로운 관점을 세시했기 때문이다. 종교개혁 이전까지 기독교를 지배하던 가톨릭 교리에 따르면, 인간은 자유의지에 따라 선을 추구할 뿐만 아니라, 이를 통해 쌓은 공적과 예수의 몸과 같은 교회를 통해 구원에 이를 수 있다. 그런데 종교개혁을 통해 특히 문제가 되었던 것은 인간의 자유와 구원, 그리고 교회의 역할에 대한 것이었다. 루터가 1517년 가톨릭교회에 반발하여 95개 조의 반박문을 발표할 때만 해도 가톨릭교회는 교회와 성직자들을 통해서만 구원에 이를 수 있음을 강조하며 성사 참여, 선행, 면죄부 구매를 강요하였다. 그러나 이에 반해 루터에 따르면, 인간이 자유롭게 되는 방법은 성직자들의 관례에 따라 성의를 입고, 성소에서 거하고, 성직에 종사하는 등 육신의 행동이 아니라, 오직 하나님의 거룩하신 말씀, 즉 복음에 대한 확고한 신앙을 갖는 데 있다.[9] 그리고 신앙을 갖게 되면 인간은 그리스도와 하나가 되어 자신 속에 있는 죄를 깨닫고 본성이 변하며, 육신을 훈육하고 이웃 사랑을 실천함으로써 결국 아담의 타락으로 인한 원죄에서 벗어나 구원에 이른다. 그런데 여기서 중요한 것은 이러한 신앙을 갖게 되는 것이 인간의 노력이 아니라 하나님의 은총에 따른 것이라는 점이다.

이렇게 볼 때 루터와 가톨릭교회 사이의 결정적 차이는, 가톨릭교회는 인간의 구원에 있어서 교회의 역할을 중시하지만, 루터에게 구원은 전적으로 하나님의 은총에 달린 문제가 됨으로써 교회가 설 자리를 잃게 된다는 점이다. 이러한 생각은 칼뱅에 이르러 구원은 이미 개개의 인간이 태어나기 전에 하나님에 의해 정해진다는 '구원예정설'로 이어진다. 그렇다면 왜 이런 생각이 자유주의 사상을 형성하는 데 밑거름이 될 수 있었을까? 그것은 바로 하나님의 은총에 따라 갖게 된 하나님의 말씀에 대한 믿음이 바로 주관적인 체험이라는 점 때문이다. 즉 신앙이 타인과 공유할 수 있는 것도 아니며, 타인이 나에게 선사하는 것도 아니며, 오로지 나만이 체험할 수 있는 지극히 주관적인 것이라면, 신앙의 주체는 이제 종교적 차원에서 자기 완결적인 독립적 개인이 되기 때문이다. 그리고 이 독립적 개인은 동시에 평등한 존재이기도 하다. 하나님 앞에서는 세속적인 개인의 신분이나 사회적 지위, 부와 권세, 명예 따위는 아무런 의미가 없기 때문이다. 다시 말해 하나님 앞에서는 인간이 만들어낸 모든 것이 무의미해지고, 결국 만인이 평등하다는 것이다.

물론 종교개혁은 신앙과 관련하여 인간을 교회의 권위로부터 해방시켰지만, 그렇다고 신의 권위로부터 인간을 해방시킨 것은 아니다. 이제 인간의 구원은 개인의 자유로운 선택과 노력에 따른 것이 아니라, 개인의 탄생 이전에 이루어진 신의 결정에 따른 것이 되어 버렸기 때문이다. 예를 들어 루터에 따르면, 인간은 자유로운 존재로 창조되었지만, 아담의 원죄 이후 인간의 본성에는 선천적으로 악한 본성을 갖게 되었으며, 이로 인해 선을 선택할 자유가 결여되어 있다. 따라서 인간이 다시 자유롭고 선한 본성을 갖기 위해서는 하나님의 말씀에 대한 신앙이 필요하며, 신앙을 얻을 때만 인간은 영의 자유도 얻게 된다. 그러나 이것마저도 하나님의 은총에 따른 것이라면 인간은 결코 자유로운 존재가 아니다. 이런 점에서 루터나 칼뱅 모두에게서 신앙과 구원이란 인간의 자유의지나 자아실현을 전제한 것이 아니라, 자기 부정 및 신에 대한 복종과 일치한다.[10]

이렇게 종교개혁이 신 앞에서의 자유를 부정함에도 자유주의의 사상적 밑거름이 될 수 있는 것은 앞서 지적했듯이 인간을 위계적 신분 질서의 한 부분이 아니라, 하나의 독립된 개인으로 보기 시작했기 때문이다. 따라서 이제 인간은 르네상스가 발견한 개성적 존재일 뿐만 아니라, 종교적 구원과 관련하여 서로 독립된 존재가 된다. 즉 이제부터 인간은 개인으로 존재하며, 개인이란 서로 다른 특징인 개성을 가진 존재일 뿐만 아니라, 종교적 구원과 관련하여 서로 분리된 독립된 존재가 되었다는 것이다.

### 과학혁명 이후의 자연법적 인간 담론

르네상스라는 문화적 흐름이 개성을 가진 인간, 즉 개인을 발견하게 했다면, 종교개혁은 이러한 개인이 신 앞에서 서로 독립된 존재임을 자각시켰다. 이에 반해 16~17세기 유럽에서 갈릴레이, 케플러, 뉴턴의 주도로 일어난 과학혁명은 우주와 자연만이 아니라, 인간에 대한 형이상학적이고 신학적인 관점에서 벗어나게 하는 결정적 계기가 되었다. 그리고 그 결과 인간에 대해 새로운 이해를 촉진하였을 뿐만 아니라, 당시 사회질서를 정당화하던 자연법사상의 근본적 변화도 초래하였다.

중세를 지배했던 아퀴나스의 자연법사상에 따르면 전지전능한 신은 자신의 이성에 따라 이 세계를 창조했고, 또 이 세계를 지배한다. 영원법이란 이러한 신적 이성의 법칙을 말하며, 신이 영원하듯이 이러한 법칙 역시 영원하다. 따라서 신이 창조한 이 세계의 모든 것은 영원법에 따라 부여된 각각의 본성을 실현하게 되어 있으며, 자연법이란 이렇게 영원법에 따라 만물에 부여된 법칙을 말한다. 인간 역시 신에 의해 창조되었다는 점에서 인간의 마음속에도 자연법이 각인되어 있으며, 신이 인간에게만 부여한 능력인 이성을 통해 이를 인식할 수 있다. 아퀴나스에 따르면 신이 인간에게 부여한 본성은 '선을 행하고 악을 피하라'는 것이며, 인간은 이성을 통해 이를 인식하고 어떤 행위가 옳은지 그른지를 결정하는 규칙, 인간 법을 만든다. 이렇게 볼 때 인간이 만든 법의 정당성은 자연법에 있고, 이는 다시 영원법에 근거한다고 할 수 있다. 이러한 아퀴나스의 자연법사상에서 발견할 수 있는 것은 모든 법의 근원이자 정당성의 원천으로 신을 전제하고 있다는 점이다. 그리고 자연법은 인간의 본성 속에 각인되어 있지만, 이성을 통해 이를 인식하고 실현해야 한다는 점에서 일종의 의무를 말하고 있다. 즉 자연법이란 신이 인간에 내린 명령으로서 일종의 도덕률이라 할 수 있으며, 피조물인 인간은 이를 따라야 할 의무를 지킬 때 자신의 본성을 실현하며 완성된 인격체가 된다.[11]

이렇게 중세에는 인간 사회의 법과 질서의 근거를 자연법에서 찾으려 했고, 자연법이 궁극적으로 신의 뜻과 결부되어 있었다면, 근대 과학혁명은 실험과 관찰에 기초한 경험적 증명이나 수학에 기초한 합리적 추론을 중시하는 새로운 과학적 탐구 방법을 확산시킴으로써 경험적으로 입증할 수 없는 형이상학적, 신학적 가설 등 사변이나 신앙에 기초한 종래의 인간관, 사회관, 자연관은 설 자리를 잃고 말았다. 이런 과학혁명을 배경으로 그로티우스와 홉스 등은 "인간의 행태를 결정하고 영향을 미치는 인과법칙"에 대한 연구와 "인간의 특성"에 대한 경험적 관찰을 통해 인간의 본성을 이야기하기 시작했다.[12] 그로티우스에 따르면,[13] 인간의 자연적 본성은 타인과 공동생활을 영위하려는 '사회성'에 있고, 인간은 자신의 자기보존만이 아니라 타인의 자기보존도 고려하며 평화롭게 공동생활을 유지하기 위한 일반 원칙을 인식하고 이를 실행할 수 있는 '이성'적 능력을 갖추고 있다. 그로티우스는 이러한 새로운 인간관을 전제로 자연법 역시 새롭게 규정한다. 즉 자연법이란 '이성에 의하여 사회적 본성에 합치되는 것이라고 인식되는 공동생활의 법칙'을 말한다는 것이다. 그리고 그로티우스는 바로 이러한 자연법은 신도 바꿀 수 없고, 따라서 신도 따라야 하는 불변적인 것이라고 보면서 자연법사상에서 신학적 요소를 완전히 제거한다. 홉스 역시 인간의 자연적 본성을 자연법의 토대로 삼기는 마찬가지였다. 그는 근대 과학혁명의 문을 연 갈릴레이, 케플러, 코페르니쿠스의 과학이론으로부터 많은 영향을 받았으며, 이 때문에 세계에 대한 목적론적 설명이 아니라 개별적 사건들의 인과적 연관과 경험적 관찰을 토대로 한 추론만을 참된 지식으로 여겼다. 그리고 특히 갈릴레이 운동론의 영향을 받아 이를 인간에게 적용하기에 이른다. 즉 홉스에 따르면,[14] 이 자연계에 존재하는 모든 물체가 운동하고 있듯이 인간 역시 운동하는 존재이며, 인간의 운동은 생명 운동과 의지 운동으로 구분된다. 전자는 생명을 유지하려는 생리적 운동과 생물학적 운동을 말하며, 후자는 어떤 대상에 다가가거나 멀어지려는 운동인 욕구, 욕망, 혐오로 나타난다. 이 중 욕구와 욕망 운동은 쾌락을 가져다줌으로써 생명 운동에 도움이 되기 때문에 이들이 원하는 대상은 '선'이 되며, 생명 운동을 방해하는 것들은 '악'이 된다. 따라서 인간은 생명 운동에 도움이 되는 것을 원하고, 그 반대를 싫어한다고 할 수 있다. 홉스는 바로 이런 근거하에 인간에게서 모든 인위적인 요소를 제거한 자연상태에서 드러나는 인간의 자연적 본성을 자기보존 욕구로 규정한다. 따라서 인간의 자연적 본성에 근거하여 자연법을 말한다면, 이제 자연법이란 모든 인간이 아무런 방해 없이 자연적 본성에 따라 자기 자신을 보존하는 것을 말하며, 이런 점에서 인간이 자기보존 욕구에 따라 살아가는 것은 누구도 침해할 수 없는 자연적 권리에 해당한다. 그리고 모든 인위적인 사회질서나 규범의 정당성은 바로 이런 자연적 권리를 보호할 때 확보될 수 있으며, 인간의 의무 역시 자기보존의 권리를 보호할 때 의미가 있을 뿐이다. 이렇게 본다면 자연법사상에서 나타난 변화가 자유주의 사상 형성의 토대가 되었음은 명백하다. 이제 인간이 자연적 본성에 따라 사는 것이 자연법이며, 이것이 천부적인 권리라면, 인간이 자연적 본성에 따라 자신의 삶을 영위하는 것을 누구도 방해해서는 안 되며, 이런 점에서 자유주의 전통에서 자유 개념의 근간이 된 이른바 '소극적 자유', 즉 개개의 인간이 자신이 하고자 하는 바를 수행할 수 있도록 아무런 외적 간섭, 강제, 방해가 없는 상태를 자유로 보는 자유 개념이 등장한 것이다. 홉스식으로 말하면, "운동하는 모든 사물은 다른 어떤 것이 방해하지 않는 한 영원히 운동하려" 하며,[15] 바로 이처럼 인간 역시 아무런 외적 장애가 없다면 자신의 자연적 본성을 실현하며 자유롭게 살 수 있다는 것이다.

지금까지의 논의를 종합해 보면, 모든 인간은 자유롭고 평등하다는 사상은 르네상스, 종교개혁, 과학혁명 시기에 등장한 새로운 담론들을 배경으로 한다는 점을 알 수 있다. 르네상스가 문화적 차원에서 인간이 서로 다른 개성을 갖는 개인임을 말하기 시작했다면, 종교개혁은 종교적 차원에서 이러한 개인이 서로 독립된 평등한 존재임을, 그리고 과학혁명을 통한 자연법사상의 변화는 개성과 독립성을 갖는 평등한 개인이 자연적 본성에 따라 사는 것이 자연적 질서임을 말해주기 때문이다. 이러한 담론적 지평에서 자유롭고 평등한 인간상이 형성되었다면, 자유주의가 말하는 자유가 어떤 뜻으로 사용될 수 있을지 그 의미의 범위 또한 형성되었다고 볼 수 있다. 즉 자유란 자신의 개성을 창조하고 이를 실현하는 것일 수 있으며, 또한 아무런 외적 방해 없이 자연적 본성에 따라서 사는 것일 수 있으며, 또한 신의 섭리와 같은 어떤 보편적 원리에 따라 자신의 삶을 자율적으로 통제하는 것일 수도 있다는 것이다. 물론 자유가 어떻게 이해되든 이들 사이에 공통점이 있다면, 그것은 자유가 특정한 사람이나 집단이 아니라 모든 사람의 자유라는 점이다. 인간은 개성, 구원, 자연적 본성과 관련하여 누구나 동등한 존재이기 때문이다.

## 2. 자유주의 인간관의 계보학

이렇게 모든 인간이 자유롭고 평등하다는 사상이 르네상스, 종교개혁, 과학혁명을 통해 등장한 새로운 인간 담론에 기원하고 있다면, 이러한 사상이 사회적으로 확산함으로써 결국 시민혁명이라는 정치적 혁명으로까지 이어질 수 있었던 원인은 어디에 있을까? 더구나 앞서 서술한 다양한 인간 이해를 전제한다면 자유의 의미 역시 다양해질 수 있다. 그런데 자유주의의 역사를 보면 태동기부터 자유가 갖는 여러 가지 의미 중 과학혁명을 통해 등장한 새로운 자연법사상에 기초한 자유, 즉 아무런 외적 방해가 없는 상태라는 소극적 의미의 자유만이 자유주의의 자유관이 된다. 어떻게 이런 일이 발생했을까? 모든 인간이 자유롭고 평등하다는 사상이 올바른 생각이고 진리이기 때문에 동시대 사람들이 이를 수용한 것일까? 그리고 많은 이론적 논쟁 끝에 인간의 자유를 단지 외적 억압이 없는 상태로 보는 소극적 자유가 수용된 것일까? 모든 인간은 자유롭고 평등하다는 자유주의 사상이 시대를 바꾸어 놓는 역사적 역할을 담당할 수 있었던 것은 이를 주도적으로 실천할 뿐만 아니라, 이러한 사상을 필요로 하는 사회적 세력 때문이며, 개인의 자유가 소극적 차원으로 일면화한 것 역시 이와 관련이 있다. 푸코의 계보학적 담론 분석이 보여주는 것은 특정한 사상이 진리의 지위를 갖고 사회적으로 유통되는 것은 그것이 갖는 이론적 타당성보다는 권력 행사와 같은 비담론적 실천 때문이라는 점이다. 이런 점에서 자유주의 사상의 등장을 이해하는 데 간과하지 말아야 할 점은 자유주의 사상을 통해 자기의식을 형성했고, 또 자신의 권력 확대를 원했던 사회적 세력, 즉 중소자본가를 중심으로 한 부르주아 계급의 등장이다.

### 르네상스와 도시의 성장

자유주의를 생성시킨 사회경제적 배경에 관한 이근식의 연구에 따르면,[16] 이탈리아에서 르네상스가 꽃피기 시작한 것은 14세기 중엽이었지만, 이를 가능하게 했던 것은 이미 자본주의가 태동하던 10세기부터 시작된 도시의 성장이다. 이때부터 지중해 지역에서 모슬렘 세력이 축출되면서 베네치아, 피사, 제노바 등의 도시가 비잔틴 제국과 이집트, 중국, 인도 등과 유럽을 연결하는 중계무역을 통해 막대한 부를 축적하기 시작했기 때문이다. 이렇게 도시가 성장하자 한편으로 근대적인 상업과 금융 제도들이 만들어지기 시작했으며, 다른 한편으로 도시에 식량과 원료를 제공하는 상업화된 농업까지 등장하였다. 그 결과 중세봉건제도의 상징인 장원이 감소하고 농노제도도 소멸하기에 이르렀고, 상인이 수공업자에게 원료를 제공하며 생산을 주문하는 선대제도가 확대되면서 상업 자본주의 시대가 열렸다. 그리고 이를 기반으로 이탈리아 도시들은 자치권까지 확보하며 일종의 독립된 도시국가로 탈바꿈하게 되었다. 물론 르네상스가 이탈리아 도시국가에서 시작되었다고 해서 여기에만 국한된 것은 아니다. 이탈리아 상인들이 서부 유럽 해안을 따라 북해로 이어지는 새 항로를 개척하면서 이 지역과의 해운 교역이 증가하기 시작했고, 그 결과 영국, 벨기에, 네덜란드, 독일에 이르기까지 많은 도시가 형성되면서 이탈리아에서 시작된 르네상스가 이런 도시들을 배경으로 유럽 전역으로 확대되었다. 이렇게 유럽의 르네상스가 도시를 배경으로 꽃피기 시작한 것은 여기서 막대한 부를 축적한 상인이나 귀족들, 즉 거대 상업자본가들이 예술과 학문의 발전을 위해 많은 지원을 했기 때문이다. 이런 점에서 유럽의 르네상스는 이들의 세계관과 생활 방식을 반영할 뿐만 아니라 이를 찬미하는 것일 수밖에 없었으며, 르네상스가 발견한 '개인'이란 사실 비범함과 탁월함을 갖춘 성공적인 인물일 뿐만 아니라 온갖 역경을 이겨내고 자신의 인생을 개척하는 세속적인 인물들이었다. 따라서 르네상스가 비록 개인을 말하지만, 이런 개인은 도시국가의 지배층에 해당하는 부와 실력을 갖춘 개인들이며, 만인 평등을 말할 만큼 평범한 사람들은 아니었다.

그런데 막스 베버의 연구에 따른다면,[17] 중세 말경 이탈리아와 유럽의 도시에서 등장한 이들 거대 상업자본가들은 근대적 자본가 계급과는 달리 여전히 중세의 위계적 신분 질서 속에 편입될 수 있는 하나의 정치 사회적 신분 집단이나 마찬가지였다. 즉 이들 거대 상업자본가, 혹은 거상들은 자유 경쟁 시장에서 요구되는 목적 합리적 행위원칙에 따라 부를 축적한 사람들이라기보다는 시장 외적 힘을 통해 자본을 축적한 낭만적 모험가이거나 정치 권력과 밀착된 독점자본가라는 것이다. 이에 반해 근대 유럽의 자본주의화를 촉진한 자본가 계급은 중소상공인들이며 이들은 기업을 운영하며 자유 경쟁과 수요 공급의 원칙이 지배하는 시장의 논리에 따라 철저한 손익계산을 통해서만 이윤을 추구하는 시장 사람이다. 이들의 사회적 영향력을 확인할 수 있는 것은 르네상스가 아니라, 한참 후인 16세기의 종교개혁이었다.

### 종교개혁과 중산층의 등장

르네상스가 도시의 성장을 배경으로 하듯이, 종교개혁 역시 도시를 배경으로 한다. 그러나 그 거점이 된 것은 이탈리아의 도시들이 아니라, 이탈리아 상인들이 개척한 신항로를 통해 이들과 교역하며 성장했던 서유럽의 도시들이며, 이탈리아의 르네상스가 부와 권력을 가진 소수 거대 상업자본가들의 주도로 확산하였다면, 종교개혁은 서유럽 도시의 중소상공인, 즉 중산층을 기반으로 한다.[18] 그렇다면 왜 이런 도시에서 중산층을 기반으로 종교개혁이 일어났으며, 이를 초래할 만큼 심화하였던 갈등은 무엇이었을까? 사회경제적 측면에서 보면 무엇보다도 갈등의 핵심은 도시 내부에서의 계층분화와 대립에 있다. 중세 시대만 해도 상업과 제조업은 비교적 안정된 기반 위에서 수행되었다. 수공업 제품을 생산하는 장인, 도제와 같은 직공들은 소규모 길드 조직을 형성하고 있었으며, 이러한 길드는 사회 전체의 수요에 맞게 제한되어 있었기 때문에 길드 간의 경쟁도 심하지 않았다. 더구나 이들 길드는 원료 구매와 가격 결정에서 서로 협조적이기도 했다. 이런 점에서 길드의 구성원들은 어느 정도의 사회적 지위와 충분한 생활 수준을 유지할 수 있었다. 이는 상인도 마찬가지였다. 상인들이 담당하는 상거래는 주로 작은 도시들 사이의 거래였으며, 소매상과 도매상의 분리도 이루어지지 않았기 때문에 대부분 소규모 상인이었다. 그리고 15세기 말까지도 자본 축적이 크지 않아 이들 간의 경쟁도 미약했고, 그 결과 이들 소규모 상인들은 상당히 안정된 생활을 유지하고 있었다. 그러나 16세기에 이르러 직공들이든 상인이든 이들의 안정된 삶이 무너지게 된다. 그 이유는 두 가지이다. 즉 한편으로 상인들의 주문에 따라 제품을 생산하는 선대제도가 확산하였고, 급기야 상업자본가가 작업장을 만들어 직공을 고용하는 공장제 수공업까지 등장하면서 전통적 길드 조직의 급격한 변화를 초래했다. 즉 길드 간의 경쟁이 심화하면서 길드 조직들은 경쟁력 확보를 위해 더 많은 자본이 필요하게 되었으며, 그 결과 길드 규모에 있어서 양극화가 이루어지고, 많은 직공이 단순한 피고용자로 전락하여 경제적 독립과 안정을 상실하게 되었다. 다른 한편으로 국내적으로든 국제적으로든 상거래가 급속도로 확대되면서 대규모 상인들이 등장하기 시작했고, 이들은 강력한 자본력을 토대로 중세의 소규모 상인들을 위협하는 독점적 지위를 확보하기 시작했다. 이렇게 제조업과 상업 분야에서 급격한 변화가 일어나는 데는 농업혁명의 영향이 컸다.[19] 15세기 말부터 확대되기 시작한 1차 인클로저 운동을 통해 개인 경작지가 늘어나고, 이로 인한 농업의 상업화로 기술 개발, 품종 개량 등 농업 생산성을 높이는 급격한 변화가 일어났다. 이른바 농업혁명이라 불리는 이러한 변화는 식량 공급을 증대시켜 보다 많은 식량이 요구되는 도시화의 기반을 마련하였다. 그리고 이를 통해 수공업 생산에 필요한 원자재를 제공할 뿐만 아니라, 역으로 농촌 시장을 확대하여 수공업 생산품에 대한 내수 기반을 마련하였다. 이런 농업혁명이 16세기 유럽경제에 결정적 영향을 미친 것은 토지 사유화로 경작지를 잃은 대다수 농민을 농업, 혹은 수공업 노동자로 탈바꿈시킴으로써 상업 자본주의 발전을 본격화시켰다는 데 있을 것이다.

이렇게 농업혁명을 필두로 상업과 수공업 분야에서 한편으로 자본주의화가 본격적으로 진행되면서, 다른 한편으로는 대자본가와 중소자본가라는 계층분화를 초래하였다. 이런 와중에 발생한 종교개혁은 무엇보다도 중소사본가들이 갖는 대자본가들에 대한 적대감에 기초하고 있었다. 이러한 점은 1524년 간행된 「상업과 고리대금에 관하여」라는 문건에서 종교개혁 지도자 마르틴 루터가 다름 아닌 중소상공인들을 괴롭히는 대자본가들의 횡포를 극렬하게 비판하고 있음을 보면 알 수 있다.[20] 이렇게 오늘날 우리가 중산층이라고 규정할 수 있는 중소상공인을 중심으로 한 중소자본가들은 대규모 자본의 힘으로 시장을 독점하면서 자신들에게 온갖 횡포를 자행하는 대자본가들과 갈등 관계에 놓여 있었으며, 동시에 여전히 영향력을 발휘하고 있던 가톨릭교회의 경제관과도 대립하고 있었다. 이에 따르면 경제활동은 생계유지를 위해 필요하지만, 이것 자체가 목적이 될 수는 없고 경제활동에서도 다른 활동과 마찬가지로 도덕적 원칙을 지켜야 한다.[21] 필요 이상의 경제적 이익이나 부에 대한 욕구는 탐욕이며, 죄악이기 때문이다. 따라서 경제적 부란 자신의 삶의 유지를 위해 필요할 뿐이며, 그 외의 것은 가난한 사람들에게 나누어주어야 한다. 따라서 이 세상의 부는 가능한 모든 사람에게 골고루 혜택을 볼 수 있도록 사용되어야 했다. 그러나 유럽 사회의 자본주의화 흐름 속에 등장한 중산층의 삶은 이러한 중세적 경제관에 어울리는 것이 아니었다. 이들은 열심히 일해서 많은 부를 축적하려 했고, 이런 의미에서 물질적으로도 성공하길 원했다. 그리고 이들은 타인과의 협력이 아니라 냉혹한 경쟁 속에서 자기 자신이 바로 자신의 운명을 개척하고 결정해야 하는 독립된 주체라는 사실을 깨달아갔다. 따라서 이들은 아무런 일도 하지 않는 비생산적 교회에 대해 분노했고,[22] 교회의 권위를 통해 구원을 받을 수 있다는 가톨릭의 교리에도 반감을 품을 수밖에 없었다. 더구나 영리 행위를 부도덕하게 보는 가톨릭 가치관과 이들은 양립할 수 없었다. 대신 이들은 자신들을 독립된 인격체로 인정해 줄 뿐만 아니라, 자신들처럼 일을 소중하게 생각하고, 열심히 일해 부를 축적하는 것을 정당화시킬 수 있는 새로운 가치관을 고대하고 있었다.

앞서 지적했듯이 종교개혁은 신앙을 주관적인 경험의 문제로 해석하면서 독립된 개인을 신앙의 주체로 인정한다. 이런 점에서 종교개혁은 자신을 독립적 주체로 보려고 했던 16세기의 중산층에게 호소력을 갖고 있었다. 그러나 아마도 종교개혁이 이들의 새로운 종교적 신념이 될 수 있었던 더 큰 이유는 중소자본가들의 이윤추구와 영리 행위를 윤리적으로 정당화시켜주었기 때문이다. 자본주의 정신의 윤리적 기원을 탐구한 막스 베버의 『프로테스탄트의 윤리와 자본주의 정신』에서 볼 수 있듯이,[23] 한편으로 루터는 개개인의 일을 신의 소명으로 보는 혁신적 직업관을 제시함으로써 중소자본가들이 자신의 활동을 정당화할 수 있는 길을 열어놓았다. 루터는 이러한 직업관에 따라 성직자나 모든 신도가 자신의 직분에 헌신하는 것을 신에 대한 의무로 봄으로써 중소자본가들의 영리 행위를 부도덕하게 보는 편견을 깨버렸기 때문이다. 다른 한편 칼뱅은 구원예정설을 주장함으로써 신의 구원과 개인의 공적(功績) 사이의 연관을 끊어버렸지만, 이 구원에 대한 증거를 발견할 수 있는 길마저 닫아 놓은 것은 아니다. 역설적으로 칼뱅에게 인간의 삶이란 구원의 징표를 찾아가는 과정으로써 이것은 금욕적 실천 속에서 신의 의지가 담긴 현세에서의 사명을 다하는 것이었다. 따라서 이 세상에서 살면서 근검절약하며 저축하고, 이를 통해 자본을 축적하고 이를 재투자하여 부를 만들어가는 중소자본가들은 현세적 금욕주의자로서 자신의 행위에 윤리적 가치를 부여할 수 있을 뿐만 아니라, 신의 구원마저 확신할 수 있었다.

## 중상주의에 대한 중산층의 저항

이렇게 종교개혁을 통해 중소상공인들은 영리활동에 대한 윤리적 정당성을 종교적으로 확보할 수 있었지만, 종교개혁이 단순히 종교적 영역에서의 변화에 국한된 것은 아니었다. 종교개혁은 루터교, 칼뱅교 등 새로운 기독교를 만들어냄으로써 중세를 지배하던 보편종교로서의 가톨릭 지배체제와 갈등할 수밖에 없었으며, 이를 기반으로 형성된 신성로마제국과도 대립하게 되었기 때문이다. 이러한 갈등이 첨예하게 표현된 것이 종교개혁 이후 근 100여 년을 지속했던 종교전쟁이다. 독일에서는 루터를 지지하는 독일 내 군주들과 자치 도시들이 신성로마제국과 내전을 벌였으며, 프랑스에서는 칼뱅교도와 가톨릭교도 사이에 장기간에 걸친 전쟁이 벌어졌고, 합스부르크왕가, 스페인, 이탈리아가 구교도 편에 서고 독일의 제후국, 네덜란드, 덴마크, 스웨덴, 프랑스, 영국 등이 신교도 편에 서서 30년에 걸친 대규모 전쟁이 일어나기도 했다. 그 결과 유럽 각국에서 신교가 구교와 마찬가지로 동등한 지위를 인정받았으며, 네덜란드와 스위스는 독립국이 되었고, 프랑스와 스웨덴은 영토를 확장하고, 독일의 제후국들과 자치 도시들은 자치권을 획득함으로써 신성로마제국의 지배권이 사실상 해체되었다.[24]

이렇게 종교개혁을 통해 중소상공인들은 가톨릭 지배에 맞서 종교적 자유를 쟁취했지만, 이들의 현실이 근본적으로 바뀐 것은 아니다. 오히려 종교개혁을 통해 가장 큰 혜택을 본 것은 세속적 정치 권력과 대자본가들이었다. 이들은 신·구교 간의 갈등으로 인한 종교전쟁을 이용해 자신들의 권력을 강화함으로써 절대왕정 시대를 열어놓았기 때문이다. 사실 종교전쟁에 참여함으로써 중세의 가톨릭 체제만이 아니라 신성로마제국마저 무너뜨린 세력은 중소상공인들이었다. 그런데 각 지방의 영주를 중심으로 한 중세의 지방분권체제는 지방마다 법과 제도가 달라 자유로운 교역에 걸림돌이 되었을 뿐만 아니라 치안 불안 등 많은 문제를 초래하고 있었다. 이런 점에서 중소상공인들은 이러한 장애를 없앰으로써 시장을 확대하고 교역을 보호해 줄 수 있는 통일된 중앙집권 국가를 원했다. 따라서 대외적으로는 가톨릭지배체제와 신성로마제국의 정치적 영향력에서 벗어날 뿐만 아니라, 대내적으로는 중세 봉건 귀족들의 분권화를 막으려 했던 세속 군주들에게 이들 중소상공인은 강력한 지지 세력이 될 수 있었다. 그리고 그 결과가 바로 절대군주제의 등장이었다. 그러나 절대군주들이 비록 중소상공인들의 지지로 등장했지만, 상비군 등 통일국가 유지를 위한 막대한 재원을 확보하기 위해 과다한 세금을 부과하는가 하면, 대자본가 위주의 중상주의 정책을 시행함으로써 자유로운 거래를 제한하였다. 따라서 이제 절대군주의 절대적 권력은 중소상공인들에게 정치적 억압으로 받아들여졌다. 이런 점에서 중소상공인들은 절대군주의 권력으로부터의 해방을 원했으며, 절대군주제는 결국 중소상공인들에게 새로운 저항의 대상이 되었다.[25]

근대 시민혁명은 이러한 중소상공인들에 의해 촉발되었으며, 네덜란드에서 시작하여, 영국의 명예혁명을 거쳐 프랑스대혁명으로 이어졌다. 이러한 시민혁명은 왕권을 무력화하고, 당시까지 남아 있던 중세 귀족 세력을 추출하고, 대의제 민주주의를 확립하는가 하면, 종교적 자유만이 아니라 개인의 재산과 기본권을 보장하고, 결국에 가서는 절대군주제 하의 중상주의 정책을 철폐하고 자유 방임 정책을 펴도록 함으로써 근대 시민사회의 토대를 만들어 놓았다. 이러한 과정에서 모든 사람이 자유롭고 평등하다는 자유주의 이념은 바로 중소상공인들이 절대왕정을 무너뜨리고 새로운 시민사회를 형성하는 데 이념적 토대가 되었으며, 또한 이러한 정치적 혁명의 성공을 통해 근대의 정치이념으로 자리 잡게 되었다. 예를 들어 모든 인간을 자유롭고 평등한 존재로 규정할 뿐만 아니라, 이를 보장하기 위해 절대군주제를 거부하고 의회민주주의를 주창한 로크의 사상은 1689년 영국의 명예혁명에 이론적 정당성을 부여하였을 뿐만 아니라,[26] 그가 『통치론』에서 제시한 자연권과 사회계약에 관한 사상은 서양 역사상 최초의 민주주의 공화국을 수립하게 한 1776년 미국 독립혁명의 사상적 기틀이 되었다.[27] 그리고 1789년 프랑스대혁명이 인간은 자유로운 존재로 태어났다는 전제에서 출발한 루소의 사상에 토대를 두고 있다는 점은 주지의 사실이다.[28]

이렇게 본다면 앞서 설명했듯이 모든 인간이 자유롭고 평등하다는 자유주의의 핵심 사상은 르네상스, 종교개혁, 과학혁명을 통해 등장한 인간에 대한 새로운 담론을 배경으로 등장하였지만, 이러한 새로운 사상이 사회적으로 확산하고 정치이념으로까지 발전한 것은 결국 종교개혁과 시민혁명을 수노한 중소상공인의 등장에 원인이 있다. 이들에게는 자신의 삶과 영리활동을 정당화하고 미화할 수 있는 종교적 신념만이 아니라, 정치이념이 필요했기 때문이다. 다시 말해 자유주의 사상은 중소상공인들을 통해 현실에 적용될 수 있었고, 중소상공인들은 자신들의 권력을 확대하기 위해 자유주의 사상을 진리로 만들었다는 것이다.

이런 점을 염두에 둔다면 자유가 왜 소극적 차원에서 이해되었는지도 분명해진다. 한편으로 근대 시민혁명을 이끌었던 중소상공인이 절대왕정을 붕괴시켰던 것은 무엇보다도 이들의 간섭과 강제에서 벗어나기 위함이었다. 절대군주의 과도한 세금과 중상주의의 정책은 중소상공인의 자유로운 영리활동에 방해가 되었기 때문이다. 그리고 다른 한편 중소상공인들에게 중요한 것은 치안 확보였다. 치안이 제대로 유지되지 않으면 중소상공인들은 자신의 소유물을 지킬 수 없을 뿐만 아니라, 자신이 원하는 영리활동을 아무런 외적 방해 없이 수행할 수 없기 때문이다. 이들에게 자신의 이익을 위해 자신이 원하는 것을 하는 것은 자연법이 보장하는 자연권이나 마찬가지였기 때문에 국가의 역할은 오직 이에 대한 침해를 막는 것이지 개성의 실현이나 어떤 보편적 원리에 따른 자기 규율 같은 것은 아무런 의미도 가질 수 없었고, 외적 방해가 없는 상태에서 실제로 개개인이 자신이 하고자 하는 바를 성취했는가 하는 점 역시 중요하지 않았다. 바로 이런 점 때문에 중소상공인이 자유주의 이념을 전파하고 절대왕정을 무너뜨렸다고 해서 모든 인간이 자유롭고 평등한 존재라는 자유주의의 핵심 사상이 온전히 실현된 것은 아니다. 모든 인간에게 아무런 외적 방해가 없는 상태가 보장되었지만, 자유 경쟁이란 허울 아래에서 불평등은 심화하고, 자신이 하고자 하는 바를 성취하기는커녕 생존마저 보장하기 어려운 극심한 빈곤 상황이 펼쳐졌기 때문이다. 다시 말해 아무런 외적 방해가 없는 상태에서 자신이 하고자 하는 바를 성취할 수 있는 사람은 자산가 계층으로 한정되고, 그렇지 못한 대다수 사람은 부자유 상태에 빠지고 말았다는 것이다.

# 2장 고전적 자유주의의 자유 개념

앞서 1장에서는 모든 인간이 자유롭고 평등하다는 자유주의의 핵심 사상이 어떻게 형성되었고, 또한 확산하였는지를 당시 새로운 인간 이해를 가능하게 한 담론질서와 중소상공인을 중심으로 한 중산층의 등장을 통해 살펴보았다. 이러한 전제하에서 2장에서는 고전적 자유주의 전통의 개별 사상가들이 구체적으로 모든 인간에게 평등하게 보장되어야 하는 개인의 자유를 어떻게 개념화하고 있고, 이들에게 이런 자유를 실현할 수 있는 새로운 사회는 어떤 사회였는지를 살펴볼 것이다. 이러한 탐구를 통해 확인할 수 있는 것은 고전적 자유주의 전통의 개별 사상가들을 통해 이른바 소극적 자유가 자유주의의 전형적인 자유 개념으로 확립되었을 뿐만 아니라, 개인주의, 대의제 민주주의, 자유 방임주의가 자유주의 사회의 핵심 요소로 제시되었다는 점이다.

## 1. 홉스: 자기보존과 개인주의

홉스는 1651년 출간된 그의 주저 『리바이어던』에서 자유를 다음과 같이 정의하고 있다. 즉, "자유(liberty, freedom)는 본래 저항의 부재를 의미한다. 여기서 저항이란 외부적 장애를 말한다. (…) 자유의 의미를 이와 같이 이해할 경우 (…) 자유인이란 '스스로의 힘과 지력으로 할 수 있는 일들에 대하여 자기가 하고자 하는 것을 방해받지 않는 인간'을 뜻한다."[29] 이러한 인용문을 볼 때 홉스에게 자유란 무엇보다도 외적 장애의 부재를 뜻하지만, 외적 장애가 아니라, 내적 장애는 자유를 가로막는 요소가 아니다. 예를 들어 병석에 누워 있는 환자는 밖에 나가 활발하게 활동하고 싶어도 그렇게 할 수 없지만, 이 경우는 자유가 없는 것이 아니라, 움직일 힘이 없는 것이기 때문이다. 마찬가지로 내가 하늘을 날고 싶지만, 누가 방해해서가 아니라, 날개가 없어 날 수 없다면, 이를 부자유 상태라고 말할 수는 없다는 것이다. 따라서 자유, 혹은 부자유는 자신의 능력 밖에 있는 일을 할 수 있거나 그렇지 못한 상태를 말하는 것이 아니다. 이렇게 볼 때 홉스가 말하는 자유가 무엇을 의미하는지는 분명하다. 자유란 아무런 외적 방해가 없는 상태이며, 이것이 자유일 수 있는 이유는 바로 이런 경우 자기가 하고자 하는 것을 자기 능력껏 할 수 있기 때문이다. 그렇다면 자유가 보장될 때 개개인은 무엇을 하고자 할까? 능력이 허락하는 한 개개인이 무엇을 하려고 하든 이를 다 자유라고 보아야 할까?

그런데 흥미로운 것은 홉스가 말하는 자유가 비단 인간만의 자유를 뜻하는 것이 아니라는 점이다. 다시 말해 자유라는 단어는 이성이 있는 인간이든, 이성이 없는 생물, 혹은 무생물이든 운동하는 물체라면 그것이 어떤 것이든 다 적용된다는 것이다.[30] 따라서 외적 장애 때문에 자신이 하고자 하는 것을 하지 못하는 인간이 부자유 상태에 있다고 말할 수 있듯이, 흐르는 물이 제방에 갇혀 있다면, 이 물 역시 자유롭지 못한 물이 되고, 사냥꾼에게 사로잡힌 사슴 역시 부자유 상태에 있다고 말할 수 있다. 이렇게 자유와 물체의 운동을 결합한 것은 홉스가 아리스토텔레스의 운동론과 목적론적 세계관을 거부하고 모든 자연현상을 인과적으로 설명하려고 했던 과학혁명으로부터 많은 영향을 받았기 때문이다. 특히 홉스는 1636년 갈릴레오를 방문하면서 그의 운동론에 결정적인 영향을 받게 되고, 이를 자신의 철학적 연구에 적용하기에 이른다. 아리스토텔레스의 운동론에 따르면, 운동이란 외부의 작용 때문에 물체가 한 상태에서 다른 상태로 변화하는 것을 말하며, 외부의 작용이 없으면 물체는 운동하지 않고 정지한다. 그러나 갈릴레오는 이와는 달리 물체는 항상 같은 속도로 운동하고 있으며, 외부의 작용은 운동을 일으키는 것이 아니라, 운동 상태를 변화시킨다고 생각했다. 그리고 정지란 절대적으로 운동이 없는 상태가 아니라, 속도가 같은 물체 사이에서 느껴지는 상대적 정지일 뿐이었다.[31] 이러한 갈릴레오의 생각이 홉스에서는 자연적 물체이든 인간이든 아니면 인공적 물체까지도 이 세계에 존재하는 물체들은 모두 운동하고 있다는 생각으로 이어진다.

### 자기보존과 전쟁상태

그렇다면 인간은 어떤 운동을 하고 있을까?[32] 홉스는 우선 인간의 운동을 두 가지로 설명한다. 하나는 생명을 유지하기 위한 운동으로서 혈액순환, 맥박, 호흡, 소화, 영양, 배설 등 생물학적 법칙의 지배를 받는 생명 활동을 말하며, 다른 하나는 의지적 운동으로서 걷고, 말하고, 몸을 움직이는 등 자신이 마음먹은 대로 움직이는 것을 말한다. 그리고 이 의지적 운동은 항상 '어디서', '어떻게', '무엇을'에 대해 생각하는 일정한 사고 작용을 전제할 뿐만 아니라, 이를 수행하려는 노력을 동반하고, 이 노력을 야기하는 욕망과 혐오감을 전제한다. 또한 욕망과 혐오감은 대상에 대한 사랑과 미움으로 표현되기도 하고 그 충족 여부에 따라 쾌락과 불쾌, 기쁨과 화남, 희망, 절망, 탐욕 등 수많은 정념을 낳는다. 그리고 마지막으로 인간은 수많은 정념이 교차하는 가운데 어떤 것을 행하고 어떤 것은 행하지 말아야 할지를 숙고하고, 그 결과 어떤 행동은 하고, 어떤 행동은 피해야 할지를 결정하는 최종적인 욕구 혹은 혐오를 느끼게 된다. 이것이 홉스에게는 의지이다. 그러나 홉스에게 생명 운동이나 의지적 운동이 별개의 것은 아니다. 욕구 충족은 쾌감을 주어 생명 운동을 강화하거나 이에 도움이 되고, 혐오는 불쾌감을 주어 생명 운동을 방해하고 문제를 일으키는 것을 피하려는 운동으로 이해할 수 있기 때문이다. 이렇게 볼 때 인간의 운동은 자신의 욕구와 혐오를 실현시켜 생명 운동을 강화하고, 결국에 가서는 자신의 생명을 유지하고 보존하기 위한 운동이라 할 수 있다.

인간의 운동을 이렇게 이해한다면 이제 자유란 단지 외적 장애가 없는 상태만이 아니라, 바로 외적 장애가 없기 때문에 자신의 생존을 위한 욕구와 혐오를 실현할 수 있는 상태가 된다. 따라서 자유인에 대한 홉스의 규정 역시 다음과 같이 보다 구체화될 수 있다. 즉 자유인이란 자신의 능력 범위 내에서 자신의 생명 보존을 위한 욕구와 혐오를 실현하는데 아무런 방해도 받지 않는 인간을 의미한다는 것이다. 그런데 홉스에게 이런 자유는 선과 악의 구분을 넘어선 것이다. 왜냐하면 인간은 어떤 것이 '선'이기 때문에 이를 욕구해야 하거나 '악'이기 때문에 이를 혐오해야 하는 것이 아니라, 반대로 인간의 욕구의 대상이 될 때 그것은 '선'이 되고, 혐오의 대상이 될 때 그것은 '악'으로 간주되기 때문이다. 따라서 홉스가 말하는 자유란 어떤 일반적 법칙으로서의 선과 악의 구분 이전의 자유를 의미하며, 무엇이 선이고 악인지는 개인이 무엇을 욕구하고 혐오하느냐에 따라 달라진다. 이런 점에서 홉스가 말하는 자유란 정치적 공동체가 존재하지 않는 곳, 사람들이 합의한 중재자, 혹은 재판관이 부재하는 곳, 따라서 법이 만들어지기 이전 상태, 이른바 '자연상태'에서의 자유이다. 그렇다면 자연상태에서 인간은 누구나 평등하게 자유를 실현하며 살고 있을까?

홉스에 따르면 자연상태에서 인간은 "자신의 생명을 보존하기 위해 자신의 뜻대로 힘을 사용할 수 있는 자유"를 갖는다.[33] 이것은 자신의 생명을 보존하려는 인간의 '본성'에 따른 것이기 때문에 스스로 획득하거나 다른 존재로부터 부여받은 것도 아니다. 또한 외적 방해가 있다 하더라도 이 자유 자체가 사라지는 것도 아니다. 외적 방해를 통해 이러한 자유가 제한받을 수는 있어도 자신의 생명을 보존하겠다는 인간의 본성 자체가 사라지는 것은 아니기 때문이다. 따라서 자연상태에서 인간은 어떻게 하든 자신의 생명을 보존하려고 하며, 이를 위해 무엇이든 할 수 있는 자유를 자연적 권리로 갖는다. 그러나 이러한 자유는 인간의 본성에 따른 것이기 때문에 어느 한 개인만이 갖는 것이 아니라, 생명이 있는 인간이라면 누구나 동일하게 갖는 권리이며, 각 개인에게는 자신의 생명 보존이 최고의 목적이기 때문에 다른 누구의 생명도 자신의 생명보다 우선할 수 없다. 이런 점에서 자연상태에서 모든 인간은 본성상 자유로우며, 바로 이 때문에 평등하다.

그러나 홉스에 따르면 자연상태에서 모든 사람이 자유를 실현할 수 있는 것은 아니다. 만약 사람들이 생존을 위해 원하는 것이 같다면, 이들은 서로 적이 될 수밖에 없고, 이런 경우 사람들은 상대방을 파괴하거나 굴복시키려고 하고, 그 결과 한 사람의 자유 실현은 다른 사람의 예속으로 이어진다. 따라서 사람들은 자신의 자유 실현을 위해 '힘(power)'이 될 수 있는 것이라면 무엇이든지 확보하려 할 것이다. 물론 홉스가 지적하듯이 여기에는 신체적 힘, 외모, 분별력 등과 같이 자연적으로 타고난 신체적 혹은 정신적 능력이 포함될 수 있으며, 부나 평판같이 이보다 더 많은 힘을 획득할 수 있는 수단들도 포함된다. 어쨌든 사람들은 상대방을 제압해서라도 자신의 자유를 실현하려고 할 것이며, 따라서 자기보존을 위한 힘의 확보가 인간의 가장 큰 욕망이 된다. 더구나 이런 욕망은 중단됨이 없다. 항상 더 많은 힘을 확보하지 못하면 현재 확보한 힘조차 유지할 수 없기 때문이다. 이런 점에서 예방적 차원에서라도 힘의 증대는 필수적이다.[34] 따라서 자연상태에서 인간은 자신의 힘을 확보하려 하기 위한 지속적인 갈등상태에 빠지게 된다. 즉 사람들은 타인과 경쟁할 뿐만 아니라, 자신의 이익확보를 위해 상대방을 약탈하기도 하고, 자신의 안전을 위해 침략자가 되기도 하고, 자신의 평판이 침해당할 때 타인에 대한 공격자가 된다. 그 결과 홉스의 저 유명한 문구처럼 "만인에 대한 만인의 전쟁" 상태가 발생한다.[35] 그렇다면 이 전쟁에서 승리한 사람은 자신의 자유를 완전히 실현할 수 있을까? 영원한 승리가 가능하다면 그럴 수 있겠지만, 자연상태에서는 아무리 힘이 막강한 자라도 영원한 승리자가 될 수는 없다. 홉스의 표현대로, "체력이 아무리 약한 사람이라 하더라도 음모를 꾸미거나, 혹은 같은 처지에 있는 약자끼리 공모하면 아무리 강한 사람이라도 충분히 죽일 수 있기 때문이다."[36] 따라서 만인에 대한 만인의 전쟁 상태로 인한 "끊임없는 공포와 생사의 갈림길에서 인간의 삶은 고독하고, 가난하고, 험악하고, 잔인하고, 그리고 짧다."[37]

## 자연법과 국가

이렇게 본다면 결국 자연상태에서 모든 인간은 본성상 자유롭고 평등하지만, 바로 이 때문에 자신의 자유를 성공적으로 실현하지도 못한 채 만인에 대한 만인의 전쟁 상태에서 살 수밖에 없는 것일까? 홉스는 인간을 본성상 자유롭고 평등한 존재로 봄으로써 자유주의 사상의 초석을 놓았지만, 이를 통해 그가 말하려는 것은 자연상태의 불가피성이 아니라, 반대로 자연상태로부터의 탈출 가능성과 이를 통한 만들어진 법치 상태의 정당성이다. 홉스에 따르면 인간은 정념과 이성 때문에 자연상태에서 벗어난다.[38] 인간의 정념 중 죽음에 대한 공포나 생존을 위해 필요한 물자를 갖고 싶은 욕망, 그리고 이러한 물자를 자신의 힘으로 확보할 수 있다는 희망 등은 이를 극단적으로 방해하는 만인에 대한 만인의 투쟁에서 벗어나 평화에 대한 욕구로 이어지며, 이러한 정념은 인간이 이성을 통해 평화를 가능하게 하는, 그것도 서로가 합의할 수 있는 평화의 규약들을 찾아내도록 하기 때문이다. 홉스에게는 이러한 규약이 바로 자연상태에서 인간의 이성이 찾아낸 법, 즉 자연법으로서 이는 모든 사람이 평화를 위해 노력해야 한다는 것과 이를 위해 모든 인간은 "타인에게 허락한 만큼의 자유"만을 갖는다는 점을 핵심 내용으로 한다.[39] 그리고 자연법은 어떤 경우에도 인간의 생명을 파괴하거나 생명 보존 수단을 박탈할 수 없으며, 생명 보존을 위한 행위를 금지해서도 안 되며, 자신의 생명을 빼앗으려는 타인의 공격에 대해 저항할 수 있도록 해야 한다.[40] 즉 자연법은 평화와 자기방어가 보장되는 한에서만 정당성을 가질 수 있으며, 개인의 자유를 타인에게 허락한 만큼의 자유로 제한한다 하더라도 개인의 생명 보존과 이와 관련된 행위마저 제한할 수는 없다는 것이다. 생명을 보존하고 이를 위한 수단들을 확보하는 것은 인간의 자연적 본성이고, 이런 점에서 모든 인간의 삶의 목적이 되기 때문이다. 그런데 여기서도 알 수 있듯이 모든 인간이 타인에게 허락한 만큼의 자유를 갖는다는 것은 자연상태에서의 무한한 자유를 포기한다는 뜻이 된다. 그렇다면 평화를 위해 자신의 무한한 자유를 제한하는 자연법이 과연 지켜질 수 있을까? 물론 모든 사람이 상호신뢰를 바탕으로 이러한 제한을 약속할 수 있을 것이다. 그러나 그렇다고 해도 이런 약속이 지켜지리라는 보장은 어디에도 없으며, 반대로 인간의 야심, 탐욕과 같은 정념이 평화의 욕구를 압도할 수도 있다. 이런 점에서 홉스는 자연상태에서의 약속은 아무런 효과도 없다고 보고, 이제 모든 인간에게 자연법 준수를 "강제할 수 있는 공통의 권력, 충분한 권리와 힘을 가진 공통의 권력"을 수립하기 위한 정치적 계약이 필요하다고 주장한다.[41] 다시 말해 자연상태에서의 만인에 대한 만인의 전쟁으로부터 인간을 보호할 목적으로 인간 상호 간의 '신의 계약'을 통해 그가 '리바이어던'이라 지칭했던 정치적 공동체, 즉 국가가 만들어져야 한다는 것이다.

이렇게 볼 때 홉스가 모든 인간이 자유롭고 평등하다는 자유주의 사상에 도달한 것은 인간의 항구적 운동, 내지 인간의 본성을 자기보존 욕구에서 찾았기 때문이며, 이러한 욕구는 동시에 국가 권력 형성을 정당화하는 근거가 된다. 그런데 인간에게 자기보존의 욕구가 있다고 해서 과연 필연적으로 만인에 대한 만인의 전쟁 상태가 발생할까? 그리고 설사 자연상태에서 만인에 대한 만인의 전쟁이 필연적으로 발생한다고 해도 이를 해결하기 위한 정치적 계약이 과연 국가를 통한 자유의

제한이어야 할까? 더구나 이러한 정치적 계약을 통해 등장한 국가 권력이 과연 만인에 대한 만인의 전쟁 상태를 극복하고 평화 상태를 만들어 놓을 수 있을까? 만약 그렇다면 홉스가 생각하는 평화란 무엇을 의미할까? 그로티우스의 자연법사상을 보면 인간의 가장 근원적인 욕구는 자기보존 욕구만이 아니다. 그로티우스는 인간의 가장 근원적인 욕구, 더구나 인간을 다른 동물과 구별시켜주는 욕구를 '사회성(sociableness)'으로 보았다. 인간에게는 사회생활에 대한 강한 욕구가 있으며, 그것도 다른 사람들과 평화롭게 공동생활을 영위하려는 욕구가 있다는 것이다.[42] 따라서 그로티우스에게 자연법이란 인간의 사회성에 맞는 공동생활의 법칙이며, 이는 신도 어길 수 없는 불변적인 것이었다. 이런 그로티우스의 자연법사상을 전제한다면, 인간이 자연상태에서 만인에 대한 만인의 전쟁 상태에 빠질 것이라는 홉스의 주장은 그렇게 필연적인 것처럼 보이지 않는다. 인간은 자연상태에서 자신만의 자기보존이 아니라 타인의 자기보존도 고려하며 평화롭게 살 수도 있기 때문이다.

물론 홉스가 말하는 만인에 대한 만인의 투쟁 상태는 국가가 만들어지기 이전 상태를 가상적으로 추론한 것이지만, 그는 사실적으로도 많은 야만족이 이런 자연상태에서 살고 있음을 주장한다.[43] 그러나 아직 현생인류가 등장하기 이전인 원시시대 인간의 생활을 연구한 문화인류학자 모건의 연구를 참고하더라도,[44] 인간이 본래 자기보존 욕구에 따라 사는 존재이기 때문에 필연적으로 타인과 대립할 것이라는 추측은 사실이 아니다. 원시시대 인간에게 '적'은 홉스식으로 말해서 자신의 생명을 위협하고, 자신의 재산을 빼앗아 가는 다른 인간이 아니라, 신체적으로 너무나 연약한 인간 자신을 위협하는 포식자와 거대한 자연이었기 때문이다. 따라서 인간은 자기보존을 위해서라도 자연이라는 공동의 적에 대처해야 했으며, 이 때문에 인간은 본능적으로 만들어진 자연 발생적인 집단생활 단계를 넘어 의식적으로 공동체를 형성하였고, 공동 노동을 통해 협력적으로 생존의 문제를 해결하였다는 것이다. 그리고 노동이 공동으로 이루어졌다는 점에서 모든 생산물 역시 공유되었다. 따라서 내 것과 남의 것의 구분이 없었기 때문에 타인의 재산을 약탈하는 행위 자체가 있을 수 없었다. 이런 점에서 인류의 사실적 역사는 홉스가 말하는 자기보존 욕구로 인한 전쟁 상태가 아니라, 그로티우스가 말하는 사회성에 기초한 평화 상태에 가깝다. 그러나 이러한 점이 인류 역사에 있어서 만인에 대한 만인의 전쟁에 버금가는 전쟁 상태가 없었다는 것은 아니다. 원시공동체 단계를 넘어서 청동기와 철기를 사용하면서 생산력이 발전하고, 사적 소유가 등장하고, 국가가 등장하면서 인간 사이의 갈등이 본격화했기 때문이다. 이런 점에서 만인에 대한 만인의 전쟁 상태는 홉스가 생각한 것과는 반대로 사적 소유가 형성되고 국가가 등장한 이후의 일이다.

그러나 이러한 인류학적이고 역사적인 사실은 차치하고, 홉스의 가정을 받아들인다 해도 여전히 문제는 남는다. 홉스의 입장에 따르면, 자연 상태에서 인간은 본성상 자기보존을 위해 수단과 방법을 가리지 않는다. 홉스가 지적하고 있듯이,[45] 사람들은 자기보존을 위해 서로 경쟁하고, 타인을 불신하고, 타인의 명예마저 훼손한다는 것이다. 그리고 이런 이유에서 사람들은 서로에 대해 적이 된다는 것이다. 그렇다면 이 자연적 전쟁 상태를 극복하기 위해 등장한 국가에서는 구성원들 사이의 경쟁이 사라지고, 서로를 신뢰하고, 또 존중할 수 있어야 한다. 그러나 홉스가 말하는 국가는 이런 것과 거리가 멀다. 국가의 최고 목적은 인간의 자기보존이라는 최고 목적과 마찬가지로 구성원의 생명을 보존하는 데 있기 때문이다. 따라서 국가는 공권력을 통해 구성원들이 자신의 생명을 보존하기 위해 타인의 생명을 침해하지 않도록 강제하며, 자신의 생명을 보존하는 데 필요한 수단을 확보하려 하듯이 타인에게도 이를 보장하도록 한다. 그리고 이를 어기면 국가의 제재를 받는다. 따라서 국가가 존재한다면, 모든 구성원은 타인에게 허락한 만큼의 자유만을 누리도록 자신의 자유를 제한해야 한다. 그러나 이렇게 각 개인이 자신의 자유를 제한한다고 해서 개인 간의 경쟁이 사라지는 것도 아니며, 개인 간의 신뢰가 형성되는 것도 아니다. 각 개인이 자유를 제한하는 이유는 국가의 제재가 두렵기 때문이지, 그것이 타인을 위한 것은 아니기 때문이다. 따라서 이런 점에서 홉스가 말하는 국가에서는 사실 만인에 대한 만인의 전쟁 상태가 종식되는 것이 아니라, 단지 타인의 생명을 빼앗지 않을 정도로 완화될 뿐이다.

그렇다면 무엇이 경쟁을 소멸시키고 타인에 대한 신뢰와 존중을 가능하게 할까? 우리가 가진 평화로운 사회의 이미지는 그로티우스가 말하는 사회성과 유사할 것이다. 즉 사람들이 자신만이 아니라 타인의 생존도 고려하며 함께 사는 사회 말이다. 그리고 역사적으로 볼 때 평화는 사적 소유가 출현하기 이선 모든 사람이 동등한 존재로서 서로 협력하며 함께 사는 사회 속에서 존재했다. 분명 공동체 구성원들이 서로 협력적이라면 타인의 생명을 위협하는 것이 아니라 오히려 타인의 생명 보존에 도움을 주며, 따라서 서로의 자유를 제한하는 것이 아니라 서로 지원하게 된다. 그리고 이러한 상호지원을 위해서는 상대방에 대한 신뢰와 존중은 당연히 전제되어야 한다. 이렇게 본다면 평화를 가능하게 하는 것은 사회구성원 간의 상호 협력과 지원이라 할 수 있다. 그러나 홉스가 말하는 평화란 사회구성원들이 서로 협력하고 지원하며 사는 것을 의미하지 않는다. 그가 말하는 평화란 단지 인간의 생명을 위협하는 전쟁이 없는 상태만을 의미하기 때문이다. 따라서 사회의 구성원 간에 생명을 위협하는 일만 막으면 국가는 평화를 유지하는 셈이며, 이렇게 되면 그 국가가 민주주의 국가이든 왕정 국가이든, 아니면 신분 사회이든 시민사회이든 이와 무관하게 정당성을 갖는다. 그러나 과연 사회구성원들이 서로 협력하고 지원하지도 않고 각자 자신의 이익만을 위해 경쟁하는 사회를 단지 이런 경쟁이 타인의 생명을 훼손하지 않도록 제한된다고 해서 이를 평화사회로 보아야 할까?

### 개인주의적 인간관과 사회관

홉스에게 정치적 계약을 통해 형성된 국가의 최고 목표는 왜 구성원 간의 상호협력이 아니라, 단지 이들의 생명을 보존하는 것이었을까? 홉스의 사상 체계 안에서 그 이유를 찾는다면 그것은 개인주의적 인간관 때문이다. 앞서 설명했듯이 홉스가 말하는 자기보존의 주체와 자유의 주체는 다름 아닌 독립된 개인이며, 자연권의 주체이자 국가 형성을 위한 계약의 주체 역시 독립된 개인이다. 중세까지만 해도 인간은 서로 독립된 개체, 즉 개인이 아니라, 사회나 자연, 그리고 이 세계라는 전체의 일부분으로 이해되었다. 이런 점에서 개개의 인간 역시 전체를 이루는 세계 속에서 상호의존적인 존재였다. 그렇다면 홉스는 왜 인간을 독립적 개인으로 보았을까? 무엇보다도 그 이유는 홉스가 인간의 자연적 본성을 자기보존 욕구로 규정한 데 있다. 자기보존이란 근본적으로 자신의 생명 보존을 의미하며, 타인이 생명을 보존한다고 해서 나의 생명이 보존되는 것도, 나의 생명이 보존된다고 해서 타인의 생명이 보존되는 것도 아니다. 따라서 자기보존의 주체는 서로 분리된 별개의 존재일 수밖에 없다. 더구나 인간은 자기보존 욕구를 자신만의 능력으로 충족해야 한다. 다시 말해 인간은 수단과 방법을 가리지 않고 오직 자신의 힘으로 자신의 생명을 보존해야 한다는 것이다. 타인 역시 자기보존을 위해 수단과 방법을 가리지 않기 때문에 타인은 나의 경쟁자일 수밖에 없기 때문이다. 물론 자기보존을 위한 타인과의 협력이 불가능한 것은 아니지만, 이런 협력은 자기보존이라는 최종 목적을 위한 전략적 협력일 뿐, 타인이 잠재적인 경쟁자라는 사실까지 달라지는 것은 아니다. 이런 점에서 자기보존을 위해 '스스로의 힘과 지력으로 할 수 있는 일들에 대하여 자기가 하고자 하는 것을 방해받지 않는 인간', 즉 자유의 주체는 타인으로부터 분리된 별개의 존재일 뿐만 아니라, 각기 자립성을 갖는다는 점에서 독립적 존재이다. 이런 점에서 서구 자유주의의 융성과 쇠퇴를 연구한 아블라스터는 개인을 타인과 분리된 '한 명의 사람'으로서 '완결적'이고 '자기충족적'인 존재로 간주한다.[46]

그리고 홉스가 인간을 독립적 개인으로 보게 된 또 다른 이유는 그가 말하는 자연권의 주체이자 사회계약의 주체는 독립적 개인일 수밖에 없기 때문이다. 앞서 서술했듯이 자연상태에서 자기보존의 주체는 자기보존을 자연적 권리로 갖고 있지만, 자연상태에서 자기보존의 주체는 생존경쟁으로 인해 전쟁 상태에 빠질 수밖에 없다. 따라서 전쟁 상태를 평화 상태로 전환하기 위해서는 신의 계약을 통해 국가를 형성해야 한다. 그렇다면 여기서 자연권이 부여된 인간, 신의 계약을 맺는 인간은 어떤 존재일까? 서로 의존적인 존재일까? 아니면 독립적 존재일까? 자기보존과 관련하여 모든 인간이 서로 분리된 독립된 존재라면, 이를 자연적 권리로 규정할 경우 당연히 자기보존 권리의 주체 역시 독립적 개인이며, 이러한 권리를 국가에 양도하는 신의 계약의 주체 역시 독립적 개인일 수밖에 없다. 이렇게 국가를 형성하는 신의 계약의 주체가 독립적 개인이라면 이제 개인주의적 인간관은 개인주의적 사회관으로 발전한다. 즉 개인은 존재론적으로 사회에 앞서 존재하며, 사회는 개인이 자신의 이익을 위해 만든 구성물일 뿐이라는 것이다. 따라서 사회는 개인의 권리나 이익을 침해할 수 없다. 이렇게 본다면 인간이 자연상태에서의 만인에 대한 만인의 전쟁을 극복하기 위해 만든 국가는 독립적 존재인 개개인이 각자 자신의 생존을 위해 몰두하는 사회로서 오직 타인에게 위해를 가하지 않을 뿐, 상호 협력적이거나 상호 의존적인 사회는 결코 아니다.

지금까지의 논의를 종합해 보면 결국 홉스가 인간을 자유롭고 평등한 존재로 본 이유는 개인주의적 입장에서 인간과 사회를 바라보고 있기 때문이다. 그러나 짐멜이 구분한 개인주의의 두 가지 유형을 염두에 둔다면, 홉스의 개인주의는 일면적이다. 짐멜에 따르면 개인을 동등한 권리의 주체로 보는 '양적 개인주의'가 있다면, 이와는 반대로 개인을 각기 고유한 특성이 있는 존재로 보는 '질적 개인주의'가 있다.[47] 이런 구분법에 따른다면 홉스의 개인주의는 양적 개인주의로서 개개인은 자기보존이라는 점에서 별개의 존재이지만, 사실 모든 개인은 자기보존 주체이자, 자연권과 신의 계약의 주체라는 점에서 서로 동일한 존재이다. 이런 점에서 홉스가 생각한 개인은 개성을 지닌 존재가 아니라, 오히려 개성이 배제된 추상적 존재로서, 마이클 샌델의 표현을 사용한다면, 아무런 연고도 없고, 특성도 없고, 도덕적 깊이도 없는, 현실로부터 유리된 초경험적 존재이다.[48]

## 2. 로크: 소유권과 대의제 민주주의

홉스가 인간의 자유를 외적 장애 없이 자기보존이라는 자연적 본성을 실현하는 데 있다고 보고, 이를 평화적으로 보장하는 것을 국가의 최고 목표로 삼았다면, 로크에게 국가의 역할은 단지 개인의 자기보존만이 아니라, 개인의 재산 보호로까지 확대된다. 그렇다면 로크는 자유를 어떻게 이해하기에 국가의 역할을 개인의 재산 보호에 있다고 보았으며, 로크의 사상 속에서 모든 사람을 자유롭고 평등한 존재로 볼 수 있는 근거는 무엇이었을까?

### 자유와 자연법

로크에게 자유란, 1689년에 출간된 그의 핵심 저작인 『통치론』에서 밝히고 있듯이 "자연법의 테두리 안에서 스스로 적당하다고 생각하는 바에 따라서 자신의 행동을 규율하고 자신의 소유물과 인신(人身, person)을 처분할 수 있는" 상태를 말한다.[49] 그리고 이러한 자유는 어떠한 인위적 정치 권력도 존재하지 않는 자연상태에서 모든 인간이 누리고 있으며, 이런 점에서 모든 인간은 자유롭고 평등하다.[50] 이러한 로크의 자유관을 이해하려면 아마도 이 규정을 구성하고 있는 세 가지 요소를 나누어 생각할 필요가 있다. 즉 자유란 '자신의 행동을 규율하고 자신의 소유물과 인신을 처분'하는 행위이며, 이런 행위는 '스스로 적당하다고 생각하는 바'에 따라 이루어져야 하고, 또한 이는 '자연법의 테두리 안'에서 이루어져야 한다는 것이다. 이 중 첫 번째 요소는 로크가 자유를 무엇보다도 자율로 이해하고 있음을 보여준다. 여기서 개인의 행동, 소유물, 인신에 대한 규율은 바로 자기 자신이 주체가 되어 수행하는 것을 의미하기 때문이다. 따라서 자유란 나의 행동, 소유물, 인신에 대한 규율과 통제를 나 아닌 존재가 수행하는 이른바 타율과 대립하며, 나의 행동이나 소유물, 인신에 대한 처분이 타인의 허락이나 타인의 의지에 따라 이루어지면 이는 자유가 아니다. 그러나 여기서 말하는 자율이란 방종과는 다른 것이다. 로크가 염두에 두고 있는 자율이란 비단 개인이 자기 자신을 스스로 규율하는 것을 의미할 뿐만 아니라, 내가 '적당하다고 생각하는 바'에 따라 나 자신을 규율하는 것을 의미하기 때문이다. 이런 점에서 자유란 사람들이 "각자 하고 싶은 대로 행동하며, 기분 내키는 대로 살며, 어떠한 법에도 구속되지 않는" 것을 의미하지 않으며,[51] 자신을 규율하는 데 있어서 일정한 기준을 전제한다.

그렇다면 자율의 기준이라고 할 수 있는 '스스로 적당하다고 생각하는 바'란 무슨 뜻일까? 이러한 표현 자체를 이해하기 위해서는 로크가 인간을 어떤 존재로 생각하는지를 알아야 한다. 그래야만 여기서 말하는 '스스로'가 무엇을 의미하는지가 밝혀지기 때문이다. 로크가 생각하는 인간이란 한편으로 이성적 존재이며, 다른 한편 행복을 추구하는 자연적 경향이 있는 존재이다. 물론 이 두 가지 인간의 본성은 별개의 것이 아니다. 인간의 이성적 능력이란 바로 인간이 행복을 추구하는 데 필수 전제가 되기 때문이다. 다시 말해 인간은 자신의 삶을 행복하게 만들기 위해 이성을 사용한다는 것이다. 로크에 따르면, 인간이 무언가를 하고자 한다는 것, 즉 의욕한다는 것은 개인적 선호에 따른 것이며, 이런 개인적 선호가 생기는 것은 그것이 쾌락을 가져다주고 결국에는 인간을 행복하게 해주기 때문이다.[52] 이런 점에서 인간은 자신의 의욕에 따라 행동하지만, 이러한 의욕 자체가 생기는 것은 인간 자신의 결정에 따른 것이 아니다. 인간의 욕구나 욕망이 생기는 것은 자연 발생적인 것이며, 이것 자체는 인간이 통제할 수 있는 것이 아니기 때문이다. 그러나 그렇다고 해서 인간이 이런 자연 발생적 욕망이나 욕구에 지배당한다는 뜻은 아니다. 이런 경우 인간이 자유롭다고 말할 수는 없다. 마찬가지로 인간이 이러한 욕망과 욕구를 포기해야 하는 것도 아니다. 그렇게 된다면 인간의 삶은 행복해질 수 없다. 인간의 이성적 능력은 바로 이 지점에서 발휘된다. 사실 인간의 욕망과 욕구 충족이 쾌락을 주고 행복한 삶을 가능하게 한다고 해서 매 순간 발생하는 개별적 의욕에 따라 행동하는 것이 행복을 보장해 주는 것은 아니다. 어떤 쾌락은 다른 쾌락보다 더 클 수 있고, 반대로 어떤 의욕이 충족되지 못했을 때 느끼는 불쾌감은 다른 의욕이 충족되지 못했을 때의 불쾌감보다 더 클 수 있다. 이런 점에서 인간이 진정으로 행복하려면 무엇을 하는 것이 최선인지를 생각하지 않을 수 없고,[53] 따라서 인간은 자신의 의욕 실현을 일단 유보하고, 숙고의 시간을 가져야 한다.

이렇게 볼 때 인간에게 이성적 능력이 있다는 것은 자신의 자연 발생적 의욕에 지배당하지 않고, 이에 따를 것인가 말 것인가를 행복을 추구하는 본능적 경향에 따라 숙고해 보는 것을 말하며, '스스로 적당하다고 생각하는 바'란 이러한 숙고를 통해 내리는 이성적 판단을 의미한다. 따라서 인간의 자유란 자율적 행동일 뿐만 아니라, 자신의 행복을 위한 최고의 선택이라는 목표하에 자신의 행동, 소유물, 인신을 규율하는 것을 말한다. 그렇다면 이제 인간은 자신의 행복을 위한 것이라면 무엇이든 다 해도 될까? 그리고 이것을 자유라고 말해야 할까? 로크에게 '스스로 적당하다고 생각하는 바'에 따라 자신을 규율한다는 것은 행복을 위한 최선의 판단을 의미하지만, 이는 "자연법의 테두리 안에서"만 허용된다.[54] 다시 말해 인간의 이성은 행복을 위한 최선의 판단을 숙고할 뿐만 아니라, 이를 자연법의 한계 내에서 숙고해야 한다는 것이다. 따라서 로크가 말하는 인간의 자유 역시 이에 상응해서 이해할 수밖에 없다. 즉 인간의 자유란 결국 자연법의 범위 내에서 행복한 삶을 위한 최선의 판단에 따라 행동하는 것을 말한다는 것이다.

그렇다면 이제 밝혀져야 할 것은 자연법이 무엇이고, 왜 이를 따라야 하는가 하는 점이다. 로크에 따르면, 법이 존재하는 목적은 인간의 "자유를 폐지하거나 제약"하는 것이 아니라, 이를 "보존하고 확장"하는 데 있다.[55] 이는 절벽에 친 울타리가 인간을 구속하는 것이 아니라, 반대로 인간을 보호하는 것과 같다. 그런데 법이 없다면 과연 개개인의 자유가 보호될 수 있을까? 다시 말해 모든 인간이 자신의 행동을 규율하고, 소유물과 인신을 처분하는 데 있어서 자기 기분 내키는 대로 하거나, 아니면 자신만의 행복을 위해 타인을 구속하고 폭력을 행사한다면 과연 모든 사람이 자유롭게 산다는 것이 가능하겠냐는 것이다. 바로 이 지점에서 인간의 이성적 능력은 다시 한 번 인간의 자유를 보장하는 토대가 된다. 로크에 따르면, 인간의 이성적 능력은 모든 인간에게 자신의 자유를 실현하면서 적절한 이익을 추구하는 것을 제약하는 것이 아니라, 이를 인도하는 법을 이해할 수 있게 하고, 또한 가르쳐줄 수 있다는 것이다.[56] 따라서 인간은 단지 자유로운 존재로 태어난 것일 뿐만 아니라, 바로 이성을 갖고 태어났기 때문에 자신의 자유를 일정한 방향에 따라 주도적으로 실현할 수 있다. 로크가 말하는 자연법이란 인간이 이성을 갖고 있다면 누구나 알 수 있는 법을 말하며, 이런 점에서 로크는 이를 "이성의 법"이라고 규정한다.[57] 그리고 자연법은 어떤 특정한 인간이 만든 것도 아니요, 자연적으로 존재하는 법이란 점에서 자연법이고, 어떤 인위적 권력도 존재하지 않는 자연상태에서 인간이 따르는 법이란 점에서 자연법이다. 물론 조물주가 존재한다면 이 세계가 조물주의 작품이듯이 인간과 이성, 그리고 자연법 역시 조물주가 만든 것이라 할 수 있을 것이다. 그러나 이 세계가 존재하게 된 원인이 아니라, 이 세계가 존재한다는 사실 자체, 그리고 인간을 창조한 조물주가 있든 없든 인간에게 이성적 능력이 있다는 사실 자체가 자명한 것이라면, 인간이 이성을 사용하여 자유를 보장할 방법을 찾아낼 수 있음도 얼마든지 가능한 일일 것이다.

그렇다면 로크가 말하는 자연법이란 과연 어떤 것일까? 로크가 말하는 자연법의 핵심은 모든 인간이 자연상태에서 자유롭고 평등한 존재이듯, 이를 보장하기 위해 모든 사람이 따라야 할 이성의 법을 확립하는 것이다. 그럼 이제 다음과 같이 질문할 수 있다. 모든 인간이 어떻게 행동할 때 모든 사람의 자유와 평등을 보장할 수 있을까? 이에 대한 로크의 대답은 간단하다. 즉 "어느 누구도 다른 사람의 생명, 건강, 자유 또는 소유물에 위해를 가해서는 안 된다"는 것이다.[58] 이런 경우에라야 모든 인간은 자신의 행위를 자율적으로 규율하고, 자신의 소유물과 인신을 처분할 수 있으며, 동시에 이런 경우에만 누구는 자유롭고, 누구는 자유롭지 못한 불평등을 막을 수 있기 때문이다. 이런 점에서 자연법은 타인에게 위해를 가하지 못하게 함으로써 개인의 자유를 구속한다고 할 수 있지만, 사실 이는 개인의 자유를 보호하기 위한 것이라는 점에서 모든 사람의 자유와 평등을 보장한다고 할 수 있다. 그렇다면 누군가 나의 생명을 위태롭게 하면 어떻게 될까? 당연히 나는 나의 생명을 보존하기 위해 이 사람에게 반격할 수 있으며, 비단 내가 아니더라도 다른 사람 역시 이 사람을 처벌할 수 있다. 이 사람의 자연법 위반을 처벌하지 않으면 자연법은 지켜질 수 없고, 결국 이로 인해 언젠가는 자신도 피해를 볼 수 있기 때문이다.[59]

이렇게 이성을 통해 알 수 있는 자연법을 전제한다면, 인간의 자유란 사실 자연상태에서 모든 인간이 향유할 수 있는 권리이기도 하다. 모두가 자연법을 준수하여 누구도 타인에게 위해를 가하지 않는다면 개개의 인간이 자기 뜻에 따라 자율적으로 살 수 있는 것이 법적으로 보장된 것이나 마찬가지이기 때문이다. 그러나 문제는 과연 모든 인간이 자연법을 지키면서 타인의 자연권을 침해하지 않을 것인가 하는 점이다. 사람들이 비록 이성적 능력을 갖추고 있다고 해서 반드시 자연법을 따를 것이라고 말할 수는 없다. 예를 들어 자신의 힘이 강할 경우 자연법을 지키기보다는 타인을 침해하면서 자신의 이익을 관철할 수 있다. 다시 말해 자연법이 무엇인지 알고 있어도 자신의 이익을 위해 자연법을 침해할 수 있다는 것이다. 더구나 타인을 침해하지 않는 것이 자연법이라 하더라도 과연 어떤 행동이 침해인지 아닌지를 둘러싸고 갈등이 일어난다면 그 해결이 쉽지 않다. 설사 자연법 위반자를 처벌한다 하더라도 그 처벌이 사적인 복수심이나 이기심을 배제한 공정한 처벌이라 할 수 있는 것도 아니다. 더구나 모든 개인이 자신의 자유를 실현할 때 이성적 숙고를 한다 하더라도 결국은 각자 자신의 행복을 위한 것이라는 점에서 타인과의 분쟁이 일어날 가능성은 항상 존재한다. 로크는 이런 점을 염두에 두고 자연상태에서 자연법이 지켜지기 어려운 이유를 다음과 같이 밝히고 있다. 자연상태에서는 갈등이 발생할 때 옳고 그름을 판별하는 공통의 기준이 존재하지 않고, 공평무사하게 분쟁을 해결할 수 있는 권위 있는 재판관도 존재하지 않고, 판결을 집행할 수 있는 권력 또한 존재하지 않는다는 것이다. 이런 점에서 자연상태에서의 인간은 비록 자유롭지만, 불안과 불확실성 속에서 살 수밖에 없고, 결국에는 자연상태를 떠나 사회를 만들고 정치적 권력을 세우게 된다. 물론 이 권력은 모두에게 적용될 수 있는 법을 제정하고, 공평무사한 재판관을 통해 분쟁을 해결하고, 강제력을 통해 법을 집행함으로써 자연상태가 초래하는 불안과 불확실성을 해소하고 모든 인간에게 자유를 보장해야 한다.[60] 이렇게 볼 때 로크가 말하는 권력이란 결국 법 제정, 집행, 재판과 관련된 이른바 삼권(三權)으로 구성된 국가 권력을 말하며, 이것이 형성된다면 자연상태에서의 인간의 자유는 국가라는 정치적 공동체에서의 자유로 이전된다. 따라서 이제 인간의 자유를 보장하는 것은 자연법이 아니라, 정치 공동체 내에서 제정된 법이며, 정치적 공동체 자체는 이렇게 인간의 자유를 보장한다는 점에서 정당성을 갖는다.

### 자유와 소유권

그렇다면 이제 국가 내에서는 모든 인간이 자유롭고 평등한 삶을 영위하게 되는 것일까? 물론 법적으로는 모든 사람은 자유롭고 평등한 존재이다. 그러나 실제적으로는 경제적 불평등으로 인해 어떤 사람은 자유롭게 살지만 어떤 사람은 타인에게 예속된 삶을 산다. 왜 그럴까? 이런 현실은 로크가 생각한 국가가 제대로 작동하지 못해서일까? 사실 이런 문제는 로크가 생각하는 자유 개념 자체에 내재한 역설적 결과라고 볼 수 있다. 로크는 자유를 "자연법의 테두리 안에서 스스로 적당하다고 생각하는 바에 따라서 자신의 행동을 규율하고 자신의 소유물과 인신 (人身, person)을 처분할 수 있는" 상태로 규정했지만,[61] 사실 자유를 이렇게 규정할 수 있었던 근본적 이유는 내 것은 내 마음대로 할 수 있다는 생각에 있다. 로크에게는 개인의 재산만이 아니라, 개인의 인신 역시 자기 자신의 소유물로 이해되고 있기 때문이다.[62] 이런 점에서 로크가 말하는 자유란 자연법의 테두리 안에서 자신의 소유물을 마음대로 처분할 수 있는 자유를 말하며, 자연법적으로 보장된 자유의 권리란 이런 점에서 재산권과 동일하다. 그리고 국가의 가장 근본적인 목적이 개인의 자유 보장에 있다면, 이것 역시 사실은 국가가 개인의 재산권 보호를 최고의 목적으로 삼는다는 것과 같은 의미가 된다.[63] 따라서 로크에게 자유란 결국 재산의 문제이며, 그가 비록 모든 사람의 평등한 자유를 주장하지만, 사적 소유의 문제 때문에 개인의 불평등과 부자유를 용인하고 만다.

로크에 따르면, 자연상태에서 이 세계는 그 누구의 소유도 아니다. 하나님은 모든 인간에게 각자의 생명을 보존하기 위해 이 세계를 이용할 수 있는 권리를 주었다.[64] 따라서 모든 인간은 이 세계에 존재하는 것이 과실이든 짐승이든 아니면 토지이든 자신의 생존을 위해 이용할 수 있다. 그렇다면 어떻게 해서 사적 소유가 발생했을까? 우선 이 세계의 모든 것은 하나님이 인간에게 선사한 공유물이지만, 인간 개개의 생명과 신체는 그 누구의 것도 아닌 바로 자신의 것이다.[65] 인간의 생명이 개개인의 소유가 아니라면 이러한 생명을 보존할 권리를 모든 인간이 가질 필요도 없다. 이런 점에서 하나님이 모든 인간에게 부여한 생명 보존의 권리는 바로 인간 개개인이 자신의 소유물인 자신의 생명을 지킬 수 있는 권리이기도 하다. 그럼 개개인은 어떻게 해야 자신의 소유물인 생명을 지킬 수 있을까? 인간은 자신의 생존을 위해 필요한 것이라면 그것이 과실을 모으는 일이든, 사냥하는 일이든, 아니면 토지를 개간하는 일이든 이 세계에서 공유물로 존재하는 것들을 대상으로 노동을 가해야 한다.[66] 로크에 따르면 이것이 바로 자신의 신체를 소유하는 것 이외에 사적 소유물이 발생하는 근거이다. 인간은 누구의 소유도 아닌 것에 바로 자신의 소유물인 신체를 이용하여 노동을 투하함으로써 노동 대상 속에 무언가 자신의 것을 보탰기 때문에 그 성과물을 소유할 수 있다는

172

것이다. 분명 생명 보존의 권리는 인간이 생명 보존에 필요한 무엇인가를 획득할 때 가능하며, 이런 점에서 생명 보존에 필요한 물자를 자신의 소유물로 삼지 않는다면 생명 보존의 권리 역시 보장될 수 없다. 따라서 모든 인간에게 자신의 생명과 신체에 대한 소유를 인정하고, 이와 관련된 생명 보존의 권리를 인정한다면, 생존에 필요한 물자를 소유할 수 있는 권리 역시 당연히 인정해야 한다.

그렇다면 인간은 자연상태에서 각자 자신의 노동에 따른 성과만을 소유하고 있고, 또한 생존에 필요한 물자만을 소유할까? 일단 로크는 자연상태에서는 "매우 적절한 정도"로 "어떤 사람에게도 피해를 입힘이 없이" 사적 소유가 이루어질 것이라 주장한다.[67] 어떤 사람도 이 세상 모든 것에 자신의 노동을 가할 수 없으며, 자신의 생존에 필요한 물자는 한정된 양에 불과하기 때문이다. 그리고 다른 사람이 일정한 물자를 취한 후에도 이 세계에는 여전히 많은 양의 물자가 남아 있으므로 굳이 필요하지도 않은 것을 소유물로 삼을 이유는 없다. 더구나 하나님은 "우리에게 모든 것을 풍성히", 그리고 "즐길 수 있는 만큼"만 주셨기 때문에 누구도 필요 이상의 몫을 차지하지도, 그리고 남의 것까지 차지함으로써 분쟁이나 다툼을 일으킬 소지는 없었다는 것이다.[68]

그렇다면 실제로 존재하는 불평등과 이로 인한 예속 관계들은 어떻게 생긴 것일까? 로크의 자유 개념과 그리고 이와 동전의 양면처럼 연결된 소유권은 바로 이 지점에서 일대 전환을 맞게 된다. 로크는 이제 화폐의 발명을 통해 이루어진 대규모 재산 소유를 당연한 것으로 받아들이기 때문이다. 그런데 놀랍게도 그 이유는 로크가 사람들이 이를 암묵적으로 동의했다고 보는 데 있다.[69] 로크는 이러한 점을 다음과 같이 표현한다. "나는 다음과 같은 점을 대담하게 주장하고자 한다. 화폐를 발명하고 묵시적 합의를 통해서 그것에 가치를 부여하고자 하는 인간들이 (동의를 통해서) 대규모의 재산과 그것에 대한 권리를 도입"하였다는 것이다.[70] 물론 로크 역시 자신이 가정한 사람들 간의 묵시적 합의에 동의한다. 화폐를 통한 무제한적 재산축적은 대략 네 가지 점에서 정당성을 갖기 때문이다. 로크가 말하는 첫 번째 이유는 화폐가 썩지 않는다는 점이다. 이런 경우 사람들은 필요 이상의 토지를 소유하고 경작해서 생산물이 남는다 해도 이를 화폐로 저장할 수 있으며, 이는 생산물을 썩게 함으로써 남이 가질 것을 내가 빼앗는 것이 아니므로 타인에게 피해를 주는 것도 아닌 셈이 된다. 두 번째 이유는 화폐가 갖는 유용성이다. 로크에 따르면 자신의 생산물이 썩어 버려 무용해지기 전에 다른 사람의 생산물과 교환한다면, 이것 역시 자신의 생산물을 이용한 것일 뿐만 아니라, 타인에게도 이로운 것이다. 이와 마찬가지의 논리로 내가 나의 생산물을 주고 화폐를 받아 저장한다면, 이 역시 나만이 아니라 타인에게도 이로운 것이 된다는 것이다.[71] 따라서 화폐를 아무리 많이 가진다 해도 이것이 누구에게 해로운 것이 아니라, 반대로 유용한 것이 된다. 세 번째 이유는 화폐로 인해 사람들이 재산을 지속적으로 확장하려고 하면 사람들이 더 많은 토지를 개간할 것이고 그 결과 생산물이 늘어 "인류의 공동자산의 가치"를 증대시킨다는 것이다.[72] 그리고 마지막 이유는 화폐를 통한 재산축적 가능성이 사람들을 근면하게 만든다는 데 있다. 재산의 차이란 결국 근면함의 차이이며,[73] 이러한 근면함 때문에 생산량이 늘고, 결국에 가서는 이것이 인류에게 보탬이 되기 때문에 열심히 일하는 것은 인류 전체에 이바지하는 훌륭한 행동이 된다. 그러나 자신에게 필요한 정도만 소유할 수 있다면 사실 아무리 비옥한 토지가 남겨져 있다 하더라도 아무도 개간하지 않을 것이다. 더구나 로크에 따르면 하나님은 "이 세계를 근면하고 합리적인 자"들이 사용하도록 주었다는 것이다.[74] 따라서 열심히 일해서 많은 재산을 축적하는 것은 신의 뜻이 되는 셈이다.

이러한 네 가지 근거를 전제한다면, 사회적으로 불평등이 발생한다 하더라도 그것은 정당한 것이다. 재산이 많은 것은 자신만이 아니라 인류에 이바지하는 것이고 재산이 적은 것은 개인의 게으름에 기인하기 때문이다. 더구나 생존에 필요한 물자가 부족한 것이 아니라, 반대로 풍족하다면, 빈곤은 더더욱 개인의 잘못으로 귀착된다. 그리고 이로 인해 남에게 종속된 삶을 산다면 이것 역시 개인의 책임이 됨은 당연하다. 그러나 이 모든 논리에 감추어진 전제는 자연상태부터 인간이 자기보존을 위해 수행하는 노동이 타인과의 협력을 통해 이루어지는 것이 아닌 개별적 노동이란 점이다. 그렇기에 이 노동이 사적 소유의 근거가 된다. 그러나 과연 인간의 역사를 되돌아볼 때 원시사회에서 인간이 홀로 노동했을까? 더구나 거대한 대자연의 가공할 폭력에 맞서 홀로 자신의 생명을 지켜낼 수 있었을까? 홉스의 경우에서도 지적하였듯이 인류의 역사를 보면 인간이 자연상태에 가까울수록 인간은 홀로 노동하며 자신의 생존을 유지한 것이 아니라, 다른 인간과 협력하며 공동으로 생존을 유지해 왔다. 그러므로 인간의 생산물 역시 사적으로 소유되는 것이 아니라, 공동으로 소유되고 관리되었다. 따라서 인간이 자신의 노동 성과물을 사적으로 소유하고, 이로 인해 경제적 불평등이 일어난다는 것은 자연상태에서의 인간의 삶을 말해주는 것이 아니라, 이미 인간이 협력 상태에서 벗어나 경쟁 사회로 접어들었다는 것을 말해주며, 경제적 불평등 역시 개인적 근면에 따른 것이 아니라, 경쟁의 결과일 뿐이다. 마찬가지로 로크가 개인적 자유를 자신의 소유물에 대한 자율적 처분으로 보면서도 이를 자연법적 테두리 내로 제한하려고 한 것은 개인 간의 경쟁이 만인에 대한 만인의 전쟁이라는 무질서한 상태로 빠지는 것을 막기 위해 이를 제한한 것이라 할 수 있다. 이렇게 볼 때 모든 사람이 자유롭고 평등하다는 로크의 주장이 경제적 불평등과 타인에 대한 예속을 허용하고, 자연법과 국가라는 이름으로 개인의 자유를 제한한 것은 협력이 아닌 경쟁을 전제한 것으로서 결국 경쟁을 정당화하고 이를 유지하기 위한 것이라 볼 수 있다.

## 대의제 민주주의

지금까지의 설명을 종합해 보면 로크가 말하는 자유는 결국 개인의 재산권을 말하며, 이는 국가에 의해서만 안정적으로 보장될 수 있다. 그렇다면 국가는 어떻게 통치되어야 할까? 로크의 사상이 자유주의가 형성되는 데 결정적 역할을 한 것은 바로 이것이 영국의 의회민주주의가 확립되는 데 이론적 기초를 제공함으로써 대의제 민주주의라는 새로운 정치 질서 형성을 가능하게 했기 때문이다. 로크 역시 홉스와 마찬가지로 인민의 동의에 기초한 신의 계약을 통해 국가가 형성된다고 본다. 이런 점에서 국가의 주권은 인민에게 있고, 만약 국가가 인민의 자유를 보장하는 것이 아니라, 반대로 훼손한다면 주권자인 인민은 이를 철폐할 수 있다. 따라서 로크는 민주주의의 기본 원칙인 국민주권 원칙을 제시했다고 볼 수 있다. 그러나 주권자인 인민이 국가를 직접 통치하는 것은 아니다. 인민은 국가를 형성할 수도 폐지할 수도 있지만, 국가를 형성하면서 자신의 주권을 국가라는 "독립적인 공동체"에 양도했기 때문이다.[75] 그러나 인민이 양도한 주권이 절대군주 같은 특정인에게 귀속되는 것은 아니다. 만약 이렇게 되면 이 특정인은 자신의 이해관계에 따라 국가를 통치할 수 있다. 그리고 주권이 특정인에게 귀속되지 않는다는 것은 국가가 개인이 아닌 법에 따라 통치됨을 뜻한다. 로크에 따르면, 주권이 특정인에게 귀속되면, 그가 아무리 선량한 사람이라 하더라도 즉흥적이거나, 혹은 무절제하고, 불투명한 의지에 따라 국가를 통치할 수 있고, 이렇게 되면 인민의 자유 보장이 개인의 자의에 맡겨질 수밖에 없다. 이런 점에서 로크는 국가 권력이 "확립되고 선포된 법"에 따라 행사되어야 한다고 주장한다.[76] 그렇다면 이제 문제가 되는 것은 누가 법을 제정할 것인가 하는 점이다. 국가 권력이 법에 따라 행사된다면, 인민이 신의 계약을 통해 양도한 주권은 결국 입법자에게 귀속되기 때문이다. 로크에 따르면, "인민들(은) (…) 그들이 선출하여 그들을 위해서 법률을 만들도록 권한을 부여한 사람들에 의해서 제정된 법률을 제외하고는 그 어떤 법률에도 구속될 수 없다."[77] 이렇게 본다면 법을 제정하는 것은 입법부인 의회이지만, 의회의 구성원은 인민에 의해 선출된다는 점에서 결국 법을 제정하는 것은 인민 자신이 된다. 물론 법을 제정한 의회의 구성원 역시 자신이 제정한 법률에 복종해야 함은 당연한 일이다.[78] 이렇게 볼 때 결국 로크는 국민주권 원칙만이 아니라, 비록 간접적인 방식이지만 국민의 자기 지배 원칙마저 채택하고 있다는 점에서 근대 민주주의 정치질서인 대의제 민주주의를 주창했다고 볼 수 있다.

### 3. 스미스: 자연적 자유와 자유 방임주의

앞서 서술했듯이 홉스는 인간의 자연적 본성을 자기보존 욕구로 보면서 인간의 자유를 외적 장애 없는 자기보존 욕구 충족 행위로 보았다. 이에 반해 비록 로크가 인간의 본성을 이성적 능력을 통한 행복추구 경향에서 찾고 있긴 하지만, 이런 행복 역시 자연 발생적으로 등장하는 욕구나 욕망의 충족을 의미한다는 점에서 홉스가 말하는 자기보존 욕구 충족과 크게 다를 것이 없다. 더구나 로크에게 자유란 행위, 소유물, 인신(人身)에 대한 자율적 처분을 말하지만, 이 모든 것은 결국 개개인의 '자기'에 귀속된다는 점에서 홉스가 말한 자기보존에서의 '자기'의 의미를 확장한 것이라 볼 수 있다. 이렇게 본다면 자유를 자기보존과 동일시한 홉스와 로크의 자유 개념 사이에는 큰 차이가 없다. 물론 이런 식의 자유는 자연법이 보장하는 한계 내에서만 허용되기 때문에 제한적 자유다. 즉 홉스에게 개인의 자유란 타인에게 허락된 만큼의 자유로 한정되어야 하며, 로크에게서도 자유는 타인의 생명, 소유물, 자율적 행위를 해치지 않는 한도 내에서만 허용된다. 이에 반해 스미스는 홉스나 로크와 달리 인간의 자연적 본성을 자신의 보존이나 자신의 행복추구 같은 자기중심적 특성으로만 보지 않는다. 스미스는 자기 중심성에서 벗어난 일종의 사회적 특성 역시 인간의 자연적 본성으로 보기 때문이다. 즉 스미스는 인간의 본성을 한편으로 인간이 자기 자신만을 고려하는 자기애 성향과 다른 한편 타인과의 일체감을 형성하는 동감 능력으로 본다. 그렇다면 스미스는 인간의 자유를 어떻게 이해할까? 인간의 자연적 본성에 대한 이해가 다르다면 자유에 대한 이해 역시 달라지는 것 아닐까? 그리고 이런 경우도 인간의 자유는 여전히 제한적일까? 아니면 인간의 자유는 아무런 제한 없이 보장되는 것일까? 더 나아가 스미스가 생각하는 자유가 보장된 사회는 어떤 사회일까?

### 사회적 본성과 도덕적 감정

먼저 스미스에 따르면,[79] 인간의 본성에는 "타인의 운명에 관심"을 가지고 "그들의 행복을 자신에게 필요불가결한" 요소로 만드는 원리가 존재하며,[80] 이는 연민이나 동정심같이 타인의 고통과 슬픔에 대해 "동료 감정"을 느끼는 "동감(sympathy)"을 통해 드러난다.[81] 즉 인간애가 넘치는 사람이든 극악무도한 사람이든 정도의 차이는 있지만, 인간은 타인의 고통과 슬픔을 보고 자신도 함께 아파하고 슬퍼한다는 것이다. 스미스는 이를 "입증할 필요가 없는 매우 자명한 사실"로 본다.[82] 인간이 타인에게 동감한다는 것은 너무나 일상적이고 흔한 일이기조차 하기 때문이다. 인간은 병에 걸려 신음하는 갓난아이를 보거나, 돌아가신 망자를 볼 때, 심지어 비극적인 소설 속에서 주인공이 슬퍼할 때도 그 아픔을 자신의 아픔처럼 느낀다. 물론 이런 감정은 인간이 상상력을 통해 타인의 입장에 설 수 있기에 가능하다. 이런 경우 인간은 타인과 같은 사람이 된 것이나 마찬가지이기 때문이다.[83] 그런데 동감은 단지 타인에 대한 감정적 반응에 그치는 것은 아니다. 타인은 비록 자신이 괴롭더라도 내가 동감해줌을 느낄 때 자신의 괴로움을 덜어낼 수 있으며, 타인의 기쁨 또한 내가 동감할 때 더 커진다. 즉 인간이 타인과의 감정적 일치를 경험할 때, 이러한 "동감은 환희를 활기차게 만들고 비애를 경감"시켜 준다는 것이다.[84] 그러나 인간은 반대로 자신의 불행에 대해 아무도 동감하지 않고, 오히려 이를 경시하거나 이에 대해 무관심으로 일관한다면, 마음이 상할 뿐만 아니라, 이를 "가장 잔혹한 모욕"으로 느낀다.[85] 이렇게 본다면 동감이 인간의 자연적 본성이라는 것은 인간이 자기중심적 관점에서 벗어나 타인의 처지에 서서, 마치 자신이 타인인 것처럼 그의 감정과 같은 감정을 느낄 수 있을 뿐만 아니라, 동시에 타인도 자신에게 이렇게 동감하길 원한다는 것이다. 따라서 인간에게 이런 감정이 존재한다는 것은 인간이 그만큼 상호의존적 존재라는 것을 말하며,

인간이 홀로 사는 것이 아니라, 타인과 함께 살려는 사회성이 본성적으로 마련되어 있음을 의미한다.

　그런데 스미스에게 중요한 것은 이러한 동감이 인간의 도덕성을 보여준다는 점이다. 누군가의 감정에 동감을 표현한다는 것은 그 사람의 감정이 "정당하고 적당하며, 그 대상에 적합한 것"임을 인정하는 것이며,[86] 자신의 감정에 동감을 얻은 사람들은 이를 통해 자신의 감정의 정당성과 적정성을 인정받았다고 생각한다. 이런 점에서 동감은 단순한 감정적 반응에 그치는 것이 아니라, 상대방의 감정에 대한 가치 판단을 함축한다. 즉 우리가 누군가의 감정에 동감하거나 동감하지 않는 것은, 어떤 사람의 의견을 듣고 이 주장의 옳고 그름에 동의하거나 동의하지 않는 것과 마찬가지로, 상대방의 감정이 갖는 정당성이나 적정성에 대한 인정과 부정을 의미한다는 것이다. 이런 점에서 스미스에게 동감은 단순한 감정의 일치가 아니라, 동시에 상대방의 감정을 일으킨 행위, 혹은 이것이 초래한 행위의 옳고 그름에 관한 도덕적 감정이다. 그리고 이렇게 스미스가 말하는 동감이 도덕적 감정이라는 특성을 갖는다면, 동감의 대상이 될 수 있는 것은 단지 타인의 감정만이 아니다. 인간은 자신의 감정에 대해서도 타인의 동감을 얻을 수 있을지를 판단할 수 있기 때문이다. 다시 말해 개개인은 다른 사람이 자신에 대해 어떻게 생각할지를 고려함으로써 자신의 감정에 관한 가치 판단에 이를 수 있다는 것이다. 그런데 여기서 말하는 타인이란 구체적으로 존재하는 특정한 개인이 아니다. 특정한 타인은 그가 처한 상황이나 이해관계에 따라 편파적일 수 있다. 즉 인간은 타인이 자신과 친한 사람인지, 아니면 적대적인 사람인지에 따라 동감 여부나 강도가 달라진다는 것이다. 따라서 내가 타인의 감정만이 아니라, 나 자신의 감정이 동감 가능한지를 평가하기 위해서는 나 자신으로부터 일정한 거리를 둘 뿐만 아니라, 그 어떤 이해관계도 전제하지 않는 "공정하고 불편부당한 관찰자"의 입장에 서야 한다.[87] 그리고 이러한 입장에 섰을 때 타인이나 나의 감정의 원인이나 결과들과 관련하여 동감 가능하다면 이러한 감정은 도덕적으로 올바른 것이고, 그렇지 못하다면 그른 것이다.

이렇게 동감이라는 도덕적 감정은 원리적으로 볼 때 한편으로 내가 타인의 상황과 처지에 있다면 나는 어떻게 행동할 것인가를 고려하게 함으로써 타인의 감정을 평가하게 하고, 다른 한편으로 타인이 나의 상황과 처지에 있다면 그는 어떻게 반응할 것인가를 가상적으로 고려함으로써 나의 감정을 평가하게 한다. 이런 점에서 동감은 나의 입장에서 타인을 평가하고, 또한 나의 입장에서 나 자신을 평가하는 것이 아니라, 항상 "다른 사람의 눈"으로 나를 보려 하고, 또한 다른 사람의 입장에서 그의 처지를 살펴보려는 태도라고 할 수 있다.[88] 물론 이러한 태도가 가능하고, 또한 필요한 이유는 인간이 사회적 존재이기 때문이다. 다시 말해 이런 태도는 홀로 고립된 곳에서 성장한 사람이 아니라, 바로 사회 속에서 살아가는 사람에게만 나타난다는 것이다.[89] 사실 사회 밖에서 홀로 사는 사람이 있다면, 당연히 타인의 시각에서 자기 자신을 성찰할 수도 없고, 또한 그럴 필요도 없다. 인간이 자신을 의식하고, 자신을 평가한다는 것은 타인이 있기에 가능하며, 바로 이런 이유로 인해 타인의 시각에서 자신을 보는 것이 자기반성의 핵심적 기준이 되어야 한다.

### 자기중심적 본성과 자연적 자유

이렇게 인간이 사회적 삶을 전제한 타인에 대한 동감 가능성을 자연적 본성으로 지니고 있다면, 스미스가 생각하는 인간의 자유란 무엇일까? 만약 흡스처럼 인간이 아무런 외적 방해 없이 자연적 본성에 따라 행동하는 것을 자유로 본다면, 인간의 자유는 이제 아무런 외적 방해 없이 동감 가능성에 따라 행동하는 것이 될까? 그런데 스미스에 따르면, 인간에게는 동감처럼 타인과의 상호의존성이나 인간의 사회성을 나타내는 본성만이 아니라, 흡스와 로크에게서 볼 수 있는 자기중심적 본성 또한 존재한다. 즉 인간에게는 "이기적이고 본원적인 열정"으로서 "다른 사람의 행복보다도 자신의 행복"을 우선시하는 자기애의 본성이 있다는 것이다.[90] 그리고 인간은 이러한 본성 때문에 다른 사람을 보살피기보다는 자기 자신을 보살피는 데 열중하며, 타인에게 파괴적인 것처럼 보여도 자기 자신의 이익을 도모할 수 있다면 이를 마다하지 않는다.[91] 물론 이렇게 인간이 자기중심적 본성을 갖는 이유는 흡스가 생각한 것과 유사하다. 스미스에 따르면 인간은 이 세계에 존재하는 모든 생명체와 마찬가지로 자기보존과 자기 종족의 번식이라는 신의 섭리에 따라 창조되었다.[92] 따라서 인간에게는 이에 대한 근원적 욕구가 있으며, 이에 방해되는 것에 반감을 갖는다. 스미스가 말하는 자기애의 본성은 결국 이런 욕구에 기인한다.

그런데 이렇게 스미스는 자기애와 동감이라는 두 가지 차원에서 인간의 자연적 본성을 이해한다는 점에서 흡스나 로크와는 차별화되지만, 인간의 자유를 동감의 본성이 아니라, 바로 자기애의 본성과 결합한다는 점에서는 이들과 다를 것이 없다. 스미스에 따르면, 이 세계는 신이 창조했으며, 이런 점에서 이 세계에 존재하는 모든 것들은 신의 섭리에 따라 운행한다. 스미스는 이것을 이 세계 만물의 "자연적인 과정"으로 보았을 뿐만 아니라,[93] 인간 역시 신의 섭리에 따라 신이 부여한 본성에 따라 행동하는 것을 "자연적 자유"로 규정한다.[94] 그리고 스미스에 따르면, 자연적 자유란 "자신의 방식대로 자신의 이익을 추구"하는 것이며, 타인과의 관계에서는 "자신의 근면·자본을 바탕으로 다른 누구와도[다른 어느 계급과도] 완전히 자유롭게 경쟁"하는 것을 말한다.[95] 그리고 이는 구체적으로 볼 때, "자기가 적당하다고 생각하는 직업을 선택"하거나, "자기 이익이 명하는 바에 따라 유리한 사업"을 추진하는 것을 뜻한다.[96] 이렇게 본다면 스미스가 말하는 자연적 자유는 자기애를 실현하는 것이라 볼 수 있으며, 이 자기애의 근원이 자기보존과 종족 번식이라는 점에서, 스미스의 자유에 관한 입장은 홉스나 로크와 크게 다르지 않다.

그런데 동감의 본성도 인간의 자연적 본성이라면, 이것을 실현하는 것도 인간의 자연적 자유일 텐데, 스미스가 말하는 자연적 자유는 동감의 본성과는 무관한 것인가? 더구나 스미스가 인간의 자유를 자기애에 기초해서만 설명한다면, 동감의 본성을 과연 인간의 본성이라고 볼 수 있을까? 스미스가 자기애의 실현을 인간의 자유로 보지만, 인간의 자유가 동감의 본성과 무관한 것은 아니다. 스미스에게서는 동감이 자연적 자유의 한계를 정할 뿐만 아니라, 이러한 한계 내에서 자유를 정당화하는 역할을 한다. 앞서 설명했듯이 타인의 입장에 서서 타인의 고통과 기쁨을 자신의 고통과 기쁨처럼 느끼는 동감은 공정한 관찰자의 동감 가능성을 기준으로 자신과 타인을 바라보게 한다는 점에서 도덕적 감정이다. 그러나 여기서 문제는 공정한 관찰자의 시각을 우리가 어떻게 알 수 있는가 하는 점이다. 이 때문에 스미스는 "도덕의 일반원칙"이란 차원에서 공정한 관찰자의 시각에 무엇인지를 밝힌다.[97] 즉 우리가 수많은 상황 속에서 일어난 수많은 사례로부터 무엇이 동감 가능한가에 대한 일반적 원칙을 도출해낸다면, 이를 통해 타인과 자신에 관한 공정하고 불편부당한 시각을 가질 수 있다는 것이다. 그리고 스미스는 이러한 일반원칙으로 신중(prudence), 정의(justice), 자혜(beneficence)라는 세 가지 덕목을 제시한다. 즉 우리가 자기애를 실현하되 장기적인 안목에서 신중하게 행동하며,[98] 타인의 생명과 인격, 재산과 소유물, 권리와 계약상의 몫을 훼손하지 않고,[99] 타인의 행복을 보호하고 증대하는 행동을 한다면,[100] 사람들로부터 인정받는 사람이 됨은 물론 완성된 인격체가 될 수 있고, 그렇게 하지 않는다면 우리는 수치심에 사무치게 된다는 것이다.[101] 이렇게 본다면 스미스가 말하는 자유란 아무런 제한 없이 자기애를 실현하는 것이 아니라, 도덕성의 한계 내에서, 즉 신중하고, 정의롭고, 자혜로운 자기애의 실현을 의미한다. 따라서 스미스에게서 자유란 자기애의 본성만이 아니라, 동감의 본성 역시 실현되는 이중적 과정이라 볼 수 있다.

그러나 스미스가 인상적으로 표현하듯, 인간은 수억 명의 이웃이 파멸되더라도 개의치 않을 순 있어도, 자신의 손가락 하나라도 다치게 되면 밤잠을 설칠 만큼 자기애가 강하다.[102] 그런데도 과연 인간이 자기애의 강력한 충동을 억누르고 신중, 정의, 자혜라는 도덕적 덕목을 지킬 수 있을까? 이런 맥락에서 스미스는 자기애의 도덕적 실현을 보장하기 위해 국가의 역할을 강조한다. 즉 국가가 공권력을 통해 자기애의 제한된, 그러나 정당한 실현을 강제해야 한다는 것이다. 하지만 이러한 강제가 신중, 정의, 자혜 모두에 해당하는 것은 아니다. 신중이라는 도덕적 덕목은 장기적 안목에서 자신의 이익을 추구하려는 것으로 이를 지키지 않는 경우 자신에게 피해가 갈 수는 있어도, 타인에게 피해를 주지는 않는다. 자혜도 마찬가지이다. 자혜란 타인의 행복을 증대시키는 행동을 말하지만, 타인에게 자혜를 베풀지 않는다고 해서 타인에게 피해를 주는 것은 아니다. 그러나 사람들이 정의를 지키지 않는다면 타인의 생명, 재산, 권리 등이 침해될 수 있음은 명약관화하다. 이런 점에서 정의라는 덕목은 그것의 준수를 국가가 공권력을 통해 강제해야 한다는 것이 스미스의 입장이다. 그런데 이렇게 정의가 국가가 강제하는 도덕적 덕목이란 점에서 신중, 자혜와 구별되지만, 신중을 제외한 정의와 자혜 사이에는 또한 공통점이 있다. 신중함이 자신에 대한 도덕적 태도라면, 정의와 자혜는 모두 타인에 대한 태도로서 타인과의 공동생활을 전제하기 때문이다. 그러나 국가가 공권력을 통해 강제하는 것은 이 두 가지 덕목 모두가 아니라, 정의라는 덕목만이다. 왜 그럴까? 그 이유는 스미스가 정의와 자혜라는 두 가지 도덕적 덕목이 사회가 존속하고 번영하는 데 필요하다고 보지만, 각각의 중요성을 다르게 평가하기 때문이다. 즉 정의는 비유적으로 볼 때 사회라는 건물을 지탱하는 기둥과 같지만, 자혜는 사회라는 건물을 꾸미는 장식과 같다는 것이다.[103] 정의가 없다면 사회 자체가 유지될 수 없지만, 자혜가 없더라도 사회 자체가 해체되는 것은 아니기 때문이다. 다만 자혜가 있다면 사회는 애정과 애착이 넘치는 "유쾌한 연대"가 되겠지만, 자혜가 없다 해도 사회가 붕괴하지는 않는다는 것이 스미스의 주장이다.[104]

### 정의와 자유방임주의

이렇게 정의만을 국가가 강제할 도덕적 덕목으로 본다면 스미스가 구상하고 있는 사회는 어떤 사회일까? 스미스는 인간이 사회 속에서만 생존할 수 있도록 창조되었다고 보지만, 사회가 두 가지 형태를 가질 수 있음도 지적한다. 즉 "상호 선행"에 기초한 사회와 "상호 침해"가 없는 사회가 그것이다.[105] 이 중 상호 선행에 기초한 사회란 사회구성원들이 서로 돕는 사회로서, 도덕적 덕목과 관련하여 설명한다면, 다름 아닌 자혜에 기초한 사회라 할 수 있다. 자혜란 타인의 행복을 증대하려는 행동이라는 점에서 이는 타인에 대한 지원과 같은 행동이라고 볼 수 있기 때문이다. 따라서 앞서 말한 애정과 애착이 넘치는 유쾌한 사회란 바로 상호 선행에 기초한 사회이다. 이에 반해 상호 침해가 없는 사회란 상인들의 금전적 교환처럼 상호 효용에 기초한 사회를 말한다. 다시 말해 사회구성원들이 서로를 도와주는 사회가 아니라, 사회구성원들이 각자 자신의 이익을 위해 타인과 함께 사는 사회가 그것이다. 이런 사회가 유지되기 위해서는 당연히 사회구성원들이 각자 자신의 이익을 추구할 수 있는 권리가 보장되어야 할 뿐만 아니라, 사회구성원들이 서로를 해치거나 침해하는 일이 있어서는 안 된다. 상대방에 대한 침해 행위가 시작되면 사회구성원들은 적대 관계에 빠질 수밖에 없기 때문이다. 이런 점에서 상호 침해가 없는 사회는 타인의 생명과 인격, 재산과 소유물, 권리와 계약상의 몫을 훼손하는 등 일체의 침해 행위가 금지된, 즉 정의가 보장된 사회를 말한다. 그리고 이런 정의가 보장된다면 사회구성원은 누구나 "자신의 방식대로 자신의 이익을 추구"하고, "자신의 근면·자본을 바탕으로 다른 누구와도[다른 어느 계급과도] 완전히 자유롭게 경쟁"할 수 있다.[106] 따라서 상호 침해가 금지된 사회란 근본적으로 국가의 강제력을 통해 정의가 보장된 사회로서 인간의 자연적 본성에 따른 행위가 "방임되는 사회"라 할 수 있고,[107] 이런 점에서 스미스는 이런 사회를 "자연적 자유의 체계"가 확립된 사회로 규정한다.[108]

이렇게 본다면 결국 스미스가 말하는 자유는 정의라는 조건에서 아무런 침해 없이 자연적 본성에 따라 행동하는 것, 즉 자연적 자유의 정의로운 실현이라 규정할 수 있다. 그런데 사회구성원 모두가 자신만의 방식대로 자신의 이익을 추구한다면 과연 상인들의 금전적 교환처럼 사회구성원 모두에게 이익이 될까? 더구나 타인과의 자유 경쟁 속에서 자신의 이익을 추구하는데도 사회구성원 모두에게 이익이 될까? 스미스는 자신의 이익을 추구하는 인간의 자연적 본성이 방임되는 사회가 만들어진다면, 누구나 사신의 방식대로 자신의 이익을 위해 타인과 경쟁한다 하더라도 두 가지 이유에서 사회 전체에 이익이 된다고 본다. 첫째, 사회 전체가 분업적 협력 구조를 이루고 있다는 점에서 사회구성원들이 전혀 의도하지 않더라도 각자 자신의 이익을 추구하는 행위가 사회 전체에 이익이 된다. 예를 들어 모직 코트를 생산할 경우 양을 키우고 양모를 채취하여 선별하고 염색하고 옷감을 짜는 일이 나누어져 수행되며, 양모를 공급하기 위해서는 해운업이 필요하고, 해운업을 위해서는 조선업이 필요하고, 조선업을 위해서는 돛대 제조업, 밧줄 제조업이 필요하다. 이런 식으로 하나의 상품을 생산하기 위해서는 사회 전체가 수많은 노동을 나누어서 수행할 뿐만 아니라, 수많은 산업이 함께 협력해야 한다. 물론 이런 분업적 협력 과정에서 모든 생산자는 각기 자신의 이익을 위해 생산하지만, 그 생산물을 사용하는 것은 자신이 아닌 타인이다. 따라서 나는 나의 이익을 위해 생산하지만 동시에 타인을 위해 생산하는 셈이다. 이런 점에서 스미스는, "우리가 매일 식사를 마련할 수 있는 것은 푸줏간 주인과 양조장 주인, 그리고 빵집 주인의 자비심 때문이 아니라, 그들 자신의 이익을 위한 그들의 고려 때문"이라고 말한다.[109] 둘째, 사회구성원은 자신의 이익을 위해 타인과 경쟁하지만, 시장의 합리적 조절 기능 때문에 이러한 경쟁은 사회 전체에 이익이 된다. 왜 그럴까? 모든 사회구성원이 자신의 이익만을 추구한다면, 이익이 많은 곳에서 노동하고 투자할 수밖에 없으며, 따라서 특정 분야에서 경쟁이 심해진다. 그러나 경쟁이 심해지면 그만큼 이익을 확보할 가능성이 작아지므로 사람들은 다른 곳으로 이동할 수밖에 없다. 그 결과 사회 전체적으로 볼 때 노동과 자본의 적절한 배분이 이루어져 모두에게 이익이 된다는 것이다.[110] 이런 점에서 스미스는 사회구성원들이 자신의 이익을 위해 타인과 경쟁할 때 이익이 줄어드는 것이 아니라, 오히려 불이익을 피하게 만듦으로써 누구에게나 이익이 된다고 본다.

지금까지 설명한 스미스의 사상을 종합해 보면 그가 자유가 실현된 사회로 본 것은 결국 경제적 의미에서 자유 방임적 사회라고 볼 수 있다. 스미스에게 자연적 자유는 노동자에게는 직업 선택의 자유, 자본가에게는 투자의 자유로 나타나며, 국가는 오직 자연적 자유에 대한 훼손 행위만을 강제적으로 통제할 뿐 사회구성원 모두가 자연적 본성에 따라 경제 활동을 수행할 수 있도록 이를 방임해야 하기 때문이다. 따라서 국가는 노동자 보호를 명분으로 임금에 개입해서는 안 된다. 임금은 노동자와 고용주 사이에서 결정되며, 노동 수요가 많으면 임금은 올라가지만, 국가가 개입하여 임금을 올리면 고용이 감소하기 때문이다. 국가가 투자 유치를 통해 특정한 산업을 육성하려고 해서도 안 된다. 투자는 오로지 개인의 이익에 따라 결정되어야 하며, 이는 정치인보다 자본가가 가장 잘 알기 때문이다. 그리고 국가가 상품 가격 안정을 위해 인위적으로 개입해서도 안 된다. 이렇게 되면 자유로운 상품 거래를 막아 반대로 상품 품귀현상을 빚을 수 있기 때문이다. 그리고 이런 자유 방임적 경제 질서는 분업적 협력과 시장의 조절 기능 때문에 사회구성원 모두에게 이익이 된다는 것이 스미스의 최종 결론이다. 이런 점에서 홉스가 자유주의의 핵심 요소로 개인주의를 제시했다면, 로크는 대의제 민주주의를 정당화했고, 스미스는 자유 방임주의를 제창했다고 볼 수 있다.

그러나 자유 방임적 경제 질서가 과연 사회구성원 모두에게 이익이 될까? 스미스가 주장하듯이 사회 전체가 분업적 협력 관계를 이루고 있다면, 이는 분명 사회구성원 모두에게 이익이 된다. 자신의 이익을 위해 생산하면서도 동시에 타인을 위해 생산하는 셈이 되기 때문이다. 그러나 사회가 분업적 협력에 기초해 있다 하더라도 개개인의 경제 활동이 자유경쟁을 통해 이루어진다면, 경제적 불평등은 피할 수 없다. 아무리 스미스가 말하는 정의가 국가에 의해 보장된다고 해도 자유경쟁 상황에서는 경쟁의 승자와 패자가 나누어질 수밖에 없고, 경쟁의 성공과 실패가 쌓이면 쌓일수록 경제적 불평등은 심화할 수밖에 없기 때문이다. 물론 스미스가 말한 시장의 자기조절 기능이 발휘되면서 사회 전체적으로, 그리고 장기적으로 볼 때 노동과 자본의 적절한 배분이 일어난다고 할 수는 있지만, 경쟁에 실패한 사람들에게는 이러한 장기적 조절 과정이 실업이나 파산으로 이어지는 고통스러운 과정이며, 이는 결국 삶과 죽음까지 결정할 정도로 중대한 문제가 된다. 그렇다면 스미스가 주장하는 자연적 자유의 정의로운 실현이 아니라, 그가 장식으로만 취급했던 자연적 자유의 자혜로운 실현은 불가능할까? 자혜는 자신의 이익보다 타인의 이익을 우선시하는 행동이지만, 자혜가 어떤 특정인이 아니라, 사회 전체적으로 실현된다면 이는 단지 타인을 위한 행동이 아니라, 사회구성원 모두에게 서로를 위한 행동이 된다. 이렇게 본다면 자혜는 나의 이익이 타인의 이익과 대립하는 경쟁 관계가 아니라, 나의 이익이 동시에 타인의 이익이 되는 협력 관계를 함축한다고 볼 수 있으며, 이는 결코 자기애와 대립하지 않는다. 그렇다면 사회구성원의 경제 활동이 경쟁이 아니라, 협력적으로 수행될 수는 없을까? 만약 이것이 가능하다면 자혜 역시 사회를 꾸미는 장식이 아니라, 사회를 유지하는 기둥이 될 수 있는 것은 아닐까?

# 3장 고전적 자유주의의 한계와 사회주의의 도전

자유주의는 개인의 자유를 최고의 가치로 삼는 정치적 이념으로서 다름 아닌 개인의 자유가 실현되는 사회를 건설하려고 한다. 따라서 자유주의를 이해하기 위해서는 무엇보다도 자유 개념에 주목해야 한다. 이런 점에서 지금까지 살펴보았듯이 자유주의의 시발점인 고전적 자유주의 전통 속에서 홉스는 방해 없는 자기보존 욕구 충족을, 그리고 로크는 행복을 위한 최선의 판단에 따른 자기 소유물의 처분을, 스미스는 각자 자신의 방식대로 자기 이익을 추구하는 것을 개인의 자유로 보았다. 물론 개념 규정만 보면 이들은 서로 다른 자유 개념을 제시한 것 같지만, 사실 이 세 가지 자유 개념은 같은 자유를 점차 구체화한 것이라 볼 수 있다. 자기보존 욕구를 충족하기 위해서는 신체나 재산과 같은 자기 소유물이 필요하며, 자기 소유물을 최선의 방식으로 처분하는 것은 결국 경제적 영역에서 자신에게 이익이 되는 방식으로 노동하고 투자하는 것으로 해석할 수 있기 때문이다. 이런 점에서 고전적 자유주의의 자유 개념은 결국 스미스의 경제적 자유 개념으로 귀결되며, 홉스와 로크가 제시한 개인주의와 대의제 민주주의라는 새로운 사회의 비전 역시 스미스가 말한 자유 방임주의 자본주의 체제로 수렴된다고 볼 수 있다. 물론 자유 방임주의라 하더라도 타인의 자유를 훼손하는 자유까지 방임되는 것은 아니다. 이는 모든 사람의 자유를 보장하려는 국가의 공권력을 통해 규제를 받는다. 그렇다면 실제로 개인주의, 대의제 민주주의, 자유 방임주의에 기초한 근대 자유주의 사회는 과연 자유주의가 최고의 가치로 삼는 개인의 자유가 실현된 사회였을까? 더구나 스미스가 주장하듯이 자유주의 사회는 사회구성원 모두에게 이익이 되는 사회였을까? 이하의 글에서는 고전적 자유주의에 기초한 근대 자유주의 사회가 모든 개인을 자유롭고 평등한 존재로 보는 자유주의 이념을 실현한 것이 아니라, 역설적으로 극심한 불평등과 빈곤을 낳고 있음을 보여줄 것이다. 그리고 이에 이어서 고전적 자유주의의 역설적 결과를 극복하기 위한 대안으로 사회주의가 등장할 뿐만 아니라, 개개인이 종국에 가서는 자신의 자유마저 포기하는 병리적 현상이 발생하고 있음을 논의할 것이다.

## 1. 근대 자유주의 사회의 실상

근대 자유주의 사회에서 모든 개인에게는 자유롭게 살 수 있는 권리가 평등하게 보장되었다는 점에서 사회구성원 각자는 독립적 주체로서 자신이 원하는 삶을 영위할 수 있다. 근대 자유주의 사회가 등장하는 데 결정적 역할을 한 시민혁명은 공통적으로 모든 인간이 자유롭고 평등한 존재라는 자유주의의 핵심적 이념을 선포했을 뿐만 아니라, 이에 대한 보장을 국가의 본질적 역할로 삼았기 때문이다. 1688년 명예혁명 이후 영국 사회는 시민적 자유와 종교적 관용을 보장하고 입헌주의, 의회민주주의에 기초한 새로운 정치 질서를 형성하였다. 이러한 변화 과정에서 모든 인간의 자유를 자연법에 따른 자연권으로 규정할 뿐만 아니라, 이를 보호하기 위해 사회계약을 통해 국가가 형성되었다고 본 로크의 사상이 결정적 영향을 미쳤음은 주지의 사실이다.[111] 그리고 1776년 미국 독립 혁명 당시 토머스 제퍼슨이 기초한 '독립선언서'는 로크의 자연권과 사회계약론 사상에 기초하여 모든 인간이 자유롭고 평등한 존재일 뿐만 아니라, 생명, 자유, 행복추구가 누구도 훼손할 수 없는 천부의 자연권임을 천명하였고, 이러한 자연권 보장이 정부의 목적일 뿐만 아니라, 정부가 이를 보장하지 못할 때 국민은 이에 저항하여 새로운 정부를 세울 권리가 있음을 선포하고 있다.[112] 이와 마찬가지로 1789년 프랑스대혁명 당시 제헌의회가 공포한 '인간과 시민의 권리선언(흔히 인권선언)'은 모든 인간이 자유롭고 평등한 존재로 태어났고, 결코 소멸할 수 없는 자연적 권리를 갖는다고 천명하였으며, 정부나 국가의 목적이 바로 자연권을 보장하는 데 있다고 규정한다. 그리고 이런 점에서 인권 선언은 개인의 신체, 재산은 물론 종교, 사상, 언론, 출판과 관련된 개인의 자유권을 구체적으로 명시했다.[113] 이렇게 모든 인간을 자유롭고 평등한 존재로 간주한 것은 개인의 권리 차원만이 아니라, 정치적 차원에서도 마찬가지이다. 시민혁명을 통해 입헌주의 국가 체제 확립, 의회라는 대의제 기구 설립, 그리고 비록 개인의 자산을 조건으로 한 것이지만 자신의 의사에 따라 국민의 대표를 선출할 수 있는 투표권이 보장되면서, 모든 국민이 자유롭고 평등한 존재로서 국가의 주권자가 되는 길이 열렸다. 그리고 경제적 영역에서도 산업혁명을 거쳐 자유 방임주의 자본주의 체제가 확립되면서 모든 국민이 자기의 방식대로 자신의 이익을 추구하는 경제적 자유도 보장되었다.

## 자본가-노동자 계급분화

그러나 이렇게 만들어진 근대 자유주의 사회는 사회구성원들의 형식적 권리가 아니라 실질적 삶의 모습을 볼 때 결코 모든 인간이 자유롭고 평등한 사회는 아니었으며, 모든 사회구성원에게 이익이 되는 사회도 아니었다. 고전적 자유주의의 발상지인 영국의 상황을 보더라도 고전적 자유주의자들이 구상한 것과는 달리 정치적 영역에서 주권재민 원리가 실현된 것이 아니라 자본가 중심의 정치 질서가 확립되었고, 경제적 영역에서는 모든 국민이 풍요로운 삶을 영위하는 것이 아니라, 극단적인 불평등과 빈곤이 확산하였다. 이를 구체적으로 살펴보면 다음과 같다.[114] 먼저 1775년 와트의 증기기관이 발명되고 제철기술이 발전하면서 자연 동력이 아닌 기계 동력을 사용한 대규모 공장이 설립되었다. 그리고 이러한 기술 혁신이 산업 각 분야로 확산하면서 대량생산이 가능해지자 소규모 수공업은 몰락하고, 여기에 종사하던 사람들은 실업자가 되든지 기계제 대규모 공업의 임금 노동자가 되었다. 이에 따라 자본가와 노동자로의 계급분화가 가속화되었고, 자본을 투자하여 생산설비를 마련하고, 임금을 주고 노동자를 고용하여, 이윤을 목적으로 상품을 생산하는 자본주의적 생산양식이 사회적 생산 전체를 주도하게 되었다. 그 결과 이제 사회구성원들은 신분적 구속 없이 자유롭게 생산하고 소비하며 각자 자신의 이윤을 위해 경쟁하는 새로운 경제 질서가 형성되었다. 흔히 이러한 변화 과정을 산업혁명으로 규정하지만, 변화의 폭이 산업에만 국한된 것은 아니다. 이제 자본주의적 생산양식에 따른 자유경쟁을 저해하는 경제적, 정치적 요소들도 철폐되면서 사회 전체가 재구성되었기 때문이다. 특히 경제적 영역에서는 대내적으로 볼 때 1846년 지주계급의 이익을 위해 자유로운 가격 형성을 가로막았던 곡물법이, 그리고 대외적으로는 1849년 자유무역을 제한했던 항해조례가 폐지되었고, 1860년에는 관세 개정으로 자유경쟁에 기초한 자유무역체제가 확립되었다. 그리고 정치적으로는 1832년 선거법 개정을 통해 도시 인구 집중을 반영하지 못하는 선거구와 의원 수가 조정되었고, 1867년 2차 선거법 개정을 통해 투표권자의 자격 기준인 자산 기준이 완화되면서 자본가 계층은 더욱 확대된 정치 참여를 통해 자신들의 경제적 이익을 수호하기 위한 정치적 지배체제를 확립하였다. 그러나 아무런 자산도 없는 노동자들에게까지 투표권이 부여된 것은 아니었다.

## 노동자들의 빈곤과 경제 공황

이렇게 영국은 산업혁명기를 거치면서 자유 방임주의 자본주의에 기초한 자유주의 사회를 확립함으로써 비약적으로 생산을 늘릴 수 있었고, 이를 통해 국내시장을 확보함은 물론 해외시장도 개척할 수 있었다. 분명 자본가에게 이러한 과정이 비약적인 이윤 증대와 자본 축적의 계기가 되었지만, 노동자들의 사정은 달랐다. 자본가는 이윤을 목적으로 투자하고 생산하기 때문에 이윤 극대화를 추구할 수밖에 없고, 노동자는 단지 임금이라는 생산비 요소로 취급되었기 때문에 자본가는 임금비용을 최소화하려고 했다. 그 결과 노동자들은 저임금과 장시간 노동에 혹사당할 수밖에 없었으며, 이 때문에 한 가족의 생계를 위해서는 부녀자는 물론 아동도 노동해야 했다. 당시 소년 노동자들이 아침 5시에서 밤 7시까지 노동했다고 하니 노동자들이 얼마나 비참한 생활을 했는지 충분히 짐작하고도 남는다. 그러나 노동자들은 이러한 노동 혹사를 거부하기 어려웠다. 기계제 대공업을 통한 대량생산이 가능해지면서 점차 기계가 노동자를 대체하는 현상이 확대되면서 실업이 가중되고 있었기 때문이다. 더구나 노동자들의 참상은 여기에서 그치는 것이 아니다. 노동자들의 노동 현장이나 거주지에는 아무런 위생시설도 갖추어져 있지 않았기 때문에 노동자들은 빈곤에 더해 질병에도 시달려야 했다.

그런데 산업혁명기를 지나면서 자유주의 사회는 전례 없는 새로운 문제에 봉착하게 된다. 그것은 바로 생산 과잉으로 인한 경제 공황이다. 자본가는 이윤을 위해 더 많은 상품을 생산 판매하려고 했고, 기계제 대공업은 이를 가능하게 했다. 그러나 생산물 모두가 판매되어 자본가의 이윤을 증대시키고, 이를 통해 다시 투자가 이뤄지는 선순환 구조가 형성된 것은 아니다. 생산 증가에 비례하여 구매력이 높아지지 않으면 생산물은 소비되지 않는다. 그러나 산업 혁명 이후 노동자들이 저임금과 실업 상태에 빠지게 되면서 구매력이 높아질 수 없었으며, 이로 인해 한편에서는 노동자들의 비참한 생활이 이어지지만 다른 한편에서는 판로를 잃은 자본가들이 몰락하고 생산 과잉으로 창고에는 생산물이 산적해가는 기현상이 벌어졌다. 하지만 이런 상황에서도 거대 자본은 오히려 몰락한 중소 자본을 매수하여 독점 기업화하였고, 이로 인해 생산력의 수준이 더욱 향상되고 과잉 생산 역시 가속화되었다. 그렇지만 독점 자본들이 대량생산을 중단할 수는 없었다. 그렇게 되면 자신의 생산력 수준을 유지할 수도 이윤 확보의 길도 막혀버리기 때문이다. 이런 상황 속에서 독점자본의 탈출구가 된 것이 다름 아닌 식민지 경략이었다. 더 많은 식민지를 확보하면 할수록 원료 확보는 물론 상품 판매도 늘릴 수 있기 때문이다. 이렇게 되자 결국 고전적 자유주의 이념에 기초한 근대 자유주의 사회는 독점 자본주의로 인해 자유 경쟁은 사라지고, 식민지 쟁탈을 둘러싼 미증유의 세계대전을 목전에 두게 되었다.

## 2. 자본주의의 모순과 사회주의의 등장

왜 이런 일이 벌어진 것일까? 고전적 자유주의의 정점이라 할 수 있
는 스미스의 자유 방임주의 사상에 따르면, 자본주의 체제에서 모든 개
인이 각자 자신의 이익을 추구하면 결과적으로 사회 전체의 이익이 증
대된다. 그러나 지금까지 설명했듯이 스미스가 기대했던 것과는 정반대
의 일이 벌어졌다. 왜 그럴까? 마르크스는 이에 대한 근본적 원인을 자
본주의에 내재한 근원적 모순에서 찾았다. 즉 자본주의는 생산은 사회
적으로 이루어지지만, 생산수단은 사적으로 소유되는 모순된 체계라는
것이다. 이에 따르면 개별 자본가는 자신의 이윤을 위해 개별적으로 생
산 활동을 수행하지만, 이런 생산 활동이 자연 발생적으로 형성된 사회
적 분업 속에서 수행되면서 개별적 생산은 하나의 사회적 생산과정으
로 통합된다. 이에 반해 자본가는 자본이라는 생산수단을 사적으로 소
유할 뿐만 아니라, 이를 투자한 결과인 생산 이윤 역시 사적으로 소유하
기 때문에, 자본가들은 자신의 투자가 얼마나 많은 이윤을 낳느냐에 관
심을 가질 뿐, 사회적 분업의 효율적 작동은 관심 밖이다.

### 사회적 생산과 사적 소유

분명 생산이 사회적으로 이루어진다는 지적은 스미스의 입장을 따르
더라도 옳다. 스미스가 지적하고 있듯이 자본주의 체제에서 생산은 개
별적으로 이루어지는 것이 아니라, 분업적 협력에 기초하고 있기 때문
이다. 즉 하나의 상품을 생산하기 위해서는 사업장 내에서 일을 나누어
수행해야 하고, 사업장 밖에서도 수많은 산업 간의 협력이 필요하다. 이
런 점에서 개개의 생산자들은 자신의 이익을 위해 생산하지만, 이들의

생산품은 자신을 위한 것이 아니라 타인을 위한 것이며, 어떤 생산자도 모든 상품을 홀로 생산할 필요가 없다. 모든 사회구성원은 특정한 상품만 생산하더라도 화폐를 통해 다른 상품과 교환하면 필요한 모든 물자를 확보할 수 있기 때문이다. 스미스가 설명하고 있듯이 우리가 식사를 할 수 있는 것은 우리가 모든 식품을 다 만들고 있기 때문이 아니라, 정육점이 있고, 양조장이 있고, 빵집이 있기 때문이다.[115] 이렇듯 생산이 타인과의 협력을 통해 사회적으로 이루어지면 개개인이 의도한 것은 아니지만 사회 전체에 이익이 된다.

그런데도 이러한 분업적 협력체계에서 경제적 불평등과 노동자들의 비참한 상황이 벌어지는 이유는 생산수단을 사적으로 소유하기 때문이다. 즉 자본주의 사회는 자본이라는 생산수단을 소유한 자본가와 노동자로 양분되며, 자본이라는 생산수단을 소유하지 못한 노동자들이 자유롭게 자신의 일자리를 구한다 하더라도 이들은 결국 자본이라는 생산수단을 소유한 자본가에게 예속될 수밖에 없다. 근대 시민법 질서에서는 모든 인간은 자유롭고 평등한 존재로서 동등한 권리를 갖는다. 따라서 경제적 영역에서의 모든 거래나 계약, 고용 등도 자유의사에 따라 이루어진다. 그러나 일자리가 없으면 생계유지가 곤란한 사람들이 자유의사에 따라 자신에게 좋은 조건을 선택하여 고용계약을 맺는다고 생각하기는 어렵다. 이들은 생존이라는 절박한 요구 앞에서 열악한 노동조건도 감내할 수밖에 없기 때문이다. 더구나 노동자가 일단 자본가가 설립한 기업과 고용계약을 맺으면, 기업주가 사적 소유권에 기초하여 경영권과 이익독점권은 물론 노동 장소, 시간, 방법 등 사업장 내에서 일반적인 지시 권한을 갖기 때문에 사실상 노동자는 자본가에 예속될 수밖에 없다. 따라서 노동자는 임금을 통해 구매한 노동력 상품처럼 기업주가 마음대로 사용할 수 있으며, 이러한 노동자의 노동력은 법적으로도 일종의 '임대차' 물건에 해당한다.[116] 이런 점에서 비록 생산은 사회적으로 이루어지지만, 노동자를 노동력 상품으로 취급하는 자본가가 노동자에게 얼마만큼의 임금을 지급하는가, 즉 노동자에 대한 분배는 전적으로 자본가 중심으로 이루어진다. 마르크스가 『자본론』에서 분석하고 있듯이,[117] 자본가가 이윤을 얻기 위해서는 생산과정에 투입되는 원료, 설비, 임금 등 생산비 요소보다 더 많은 가치를 창출해야 한다. 그러나 노동자에게 노동 성과만큼 임금을 지급한다면 총 생산물의 가치가 생산비보다 많을 수 없다. 마르크스가 밝힌 자본주의의 비밀은 노동자에게 지급되는 임금이 노동의 성과에 대한 보상이 아니라, 노동력 재생산에 드는 비용, 즉 노동력이라는 상품의 생산비라는 것이다. 따라서 노동자가 자신에게 임금으로 지급되는 노동력 재생산비보다 더 많은 가치를 창출한다면, 이것이 바로 자본가가 사적으로 소유하는 이윤이 된다.

마르크스가 설명하듯 이윤의 원천을 이렇게 이해한다면 자본가가 이윤을 많이 얻기 위해서는 노동자에게 노동력 재생산비용보다 더 많은 일을 시키든지, 노동자에게 주는 임금을 가능한 한 낮추어야 한다. 이런 점에서 자본가의 이윤이 확대되면 될수록, 노동자의 노동 강도는 더 커질 뿐만 아니라, 저임금에 시달려야 한다. 그러나 노동자가 자신에게 지급되는 노동력 재생산비용보다 더 많이 일함으로써 창출해낸 잉여가치가 자본가에게 이윤으로 돌아간다는 것은 노동자의 노동 성과에 상응한 보상을 하지 않고 이를 빼앗는 것이나 다름없다. 따라서 자본주의적 생산 양식에서는 비록 생산이 협력적 분업체계에서 이루어진다 하더라도 생산수단을 자본가가 사적으로 소유함으로써 노동자의 노동 성과를 착취하는 야만적 체계가 된다. 이런 점에서 자유 방임주의 자본주의 체제에서는 스미스가 주장하듯, 누구나 자신의 방식대로 자신의 이익을 추구하며 자신의 근면과 자본을 바탕으로 타인과 경쟁하는 것이 아니라, 노동 이외에 아무런 생계 수단도 갖고 있지 않은 노동자 계급은 자본을 사적으로 소유한 자본가 계급의 지배하에 놓이게 되었다.

## 사회주의의 등장

그렇다면 노동자 계급은 이러한 자본가 계급의 지배하에서 자신의 노동 성과에 대한 착취, 저임금과 장시간 노동, 생계유지도 힘든 빈곤 상황을 감내하고만 있었을까? 노동자들은 열악한 노동환경을 타파하고자 저항에 나서기 시작하였으며, 한편에서는 노동조합을 결성하고, 노동자들의 투표권 확보를 위한 투쟁도 감행하였다. 그리고 다른 한편에서 고전적 자유주의에 대항하여 노동자들의 저항 운동을 이론적으로 정당화하는 사회주의도 등장하였다. '사회주의'라는 단어는 본래 사회적 법질서의 토대를 신의 계시가 아니라, 인간의 사회성에서 찾으려 했던 18세기 후반의 자연법 학파에서 유래하지만, 사회주의가 자본주의에 저항하는 "미래지향적 사회운동" 개념으로 사용된 것은 19세기에 영국의 로버트 오언과 프랑스의 푸리에 추종자들이 자신을 사회주의자로 규정하면서부터라고 한다.[118] 다시 말해 이들은 자본주의 체제가 낳은 착취와 빈곤을 넘어서 당시 사회를 진정으로 사회답게 만들려고 했다는 의미에서 사회주의자였다. 그렇다면 이들은 어떤 사회를 진정 사회다운 사회라고 생각했을까?

먼저 오언이 구상했던 사회다운 사회를 살펴보면, 이는 무엇보다도 그가 1824년 미국에 건설한 '뉴하모니' 같은 협동 공동체를 말한다.[119] 이 공동체에서는 모든 구성원이 같은 크기의 토지를 경작하고, 각종 필수품을 공동으로 생산함으로써 자급자족을 이룬다. 그리고 여기에는 숙소를 비롯하여 식당, 학교, 진료소 등 생활에 필요한 각종 시설도 갖춰져 있다. 이 공동체를 협동 공동체라 규정한 것은 공동체 운영 전체가 구성원 간의 협동에 기초하여 이루어지기 때문이다. '뉴하모니'에서는 생산수단의 사적 소유가 폐지되어 이를 공유할 뿐만 아니라 각종 생활 시설 역시 공유되며, 구성원 각자의 노동은 노동 시간에 따라서만 평가될 뿐 동등한 가치를 갖는다. 이런 점에서 공동체 구성원들은 기본적으로 평등하며, 뉴하모니라는 공동체는 그 누구를 위한 것이 아니라, 모두를 위한 공동체다. 그리고 뉴하모니에서는 모든 생산 활동이 공동으로 수행되고, 각종 생활 시설들도 공동으로 운영된다는 점에서 개인 간의 경쟁은 사라지고, 공동체 구성원 모두가 자신을 위하면서도 동시에 타인을 위하는 협력체계가 만들어진다. 이렇게 오언이 구상했던 사회다운 사회는 생산수단의 사적 소유 대신 공유에 기초하고 있으며, 모든 노동에 동등한 가치를 부여할 뿐만 아니라 생활에 필요한 각종 활동이 구성원 각자의 개별적 활동이 아니라 공동 활동방식으로 이루어지기 때문에 이들 간에는 위계와 경쟁 대신 평등과 협력이 강화된다. 그런데 뉴하모니를 협력 공동체로 규정할 수 있는 것은 단지 이런 공동체 운영 방식에만 있는 것은 아니다. 오언은 교육과 이성 종교를 통해 뉴하모니를 구성원 각자에게 우애와 협력이 체화된 새로운 도덕 세계로 만들려고 했다. 즉 그는 공동체 구성원이 이기심이나 우월감에서 벗어나 우애와 협동 정신을 갖게 된다면 뉴하모니의 정신적 토대가 만들어질 수 있다고 본 것이다. 이렇게 볼 때 오언은 자본주의 체제에서의 사적 소유와 경쟁을 노동자들의 불평등과 빈곤을 초래하는 핵심적 원인으로 보고 이에 대한 대안으로 '뉴하모니'라는 협동 공동체를 제시한 것이다.

푸리에가 구상한 사회다운 사회 역시 오언의 '뉴하모니'와 크게 다르지 않다. 그가 이상적 공동체로 제시한 '팔랑주' 역시 협동 공동체로 이해될 수 있기 때문이다.[120] 푸리에의 팔랑주는 농업을 중심으로 다른 산업들이 복합적으로 결합한 소규모 자급자족 공동체를 말하며, 1841년 실제로 조지 리플리에 의해 미국 보스턴 인근에 설립되었다. 팔랑주에서는 뉴하모니에서와 마찬가지로 주택, 학교, 극장, 교회 등 각종 생활시설들이 공동으로 이용되고, 각종 생산 활동 역시 공동으로 이루어진다. 다만 한 가지 다른 것은 공동 노동이 소집단 형태로 이루어지면서 다른 집단과의 경쟁이 이루어진다는 점이다. 그런데 팔랑주에서 개개의 구성원은 한 집단에서만 공동 노동을 수행하지 않는다. 개개의 구성원들은 지속적으로 다양한 집단, 다양한 직종으로 일자리를 바꿀 수 있기 때문이다. 따라서 팔랑주에서는 그 구성원들이 자신의 능력이나 취향, 혹은 성격에 따라 다양한 노동에 참여한다는 점에서 노동은 생계를 위해 불가피하게 수행해야 할 고역이 아니라, 자신의 개성을 실현하는 즐거운 활동이 된다. 물론 팔랑주가 협동 공동체라는 점은 집단 간의 경쟁이 존재하더라도 전혀 훼손되지 않는다. 공동체 구성원들이 자신의 공동 노동 일자리를 지속적으로 바꾸게 되면, 한때 경쟁자였던 사람이더라도 다음번엔 협력자로 만나게 된다. 그리고 이렇게 협력과 경쟁이 반복되면, 결국에 가서는 공동체 구성원 모두가 서로를 협력자로 보게 되고 서로 간에 우애를 형성할 수 있다는 것이 푸리에의 생각이었다.

### 자유로운 개인들의 연합체

이렇게 볼 때 초기 사회주의자들은 생산수단의 사적 소유보다는 공유, 그리고 공동체 구성원 개개인의 사적 이익을 위한 경쟁이 아니라,

상호 이익과 상호 지원에 기초한 협력 사회를 진정 사회다운 사회로 보았다고 할 수 있다. 이러한 초기 사회주의자들의 생각은 마르크스에 이르러서도 크게 달라지지 않는다. 물론 마르크스는 초기 사회주의를 유토피아적 사회주의로 규정하면서 자기 입장을 이와 구분하여 과학적 사회주의로 지칭한다. 그리고 마르크스는 노동자 계급의 혁명적 투쟁을 통한 자본주의 체제 전복을 주장하면서 소규모 대안 공동체가 아니라, 대안적 사회 체제를 제시한다. 그러나 마르크스에게도 진정 사회다운 사회는 공유와 협력을 특징으로 한다는 점에서 유토피아적 사회주의와 다를 것이 없다. 마르크스가 「공산주의당 선언」(1848)에서 밝히고 있듯이 그가 자본주의 사회에 대한 대안으로 제시한 것은 "각인의 자유로운 발전이 만인의 자유로운 발전의 조건이 되는 하나의 연합체"로서,[121] 『자본론』(1867)의 설명에 따르면, 이는 자유로운 개인들이 생산수단을 공유하고, 개별적 노동을 통합하여 생산을 사회적으로 수행하면서 총 생산물의 일부는 생산수단으로 재투입되고, 나머지는 연합체 구성원들의 생활수단으로 분배되는 자유로운 개인들의 연합체를 말한다.[122] 이렇게 마르크스가 구상한 대안 사회가 구체적으로 무엇을 의미하는지는 이에 관한 김수행의 연구를 보면 좀 더 명확하게 알 수 있다.[123] 그리고 특히 '자유로운 개인들의 연합체'라는 용어에 주목해 본다면, 이런 용어의 핵심 개념인 자유와 연합체 개념을 통해 마르크스가 대안 사회로 구상한 사회가 구체적으로 어떤 사회인지 알 수 있다.

김수행의 연구를 종합해 보면, 우선 마르크스에게 자유란 자기실현으로서 이는 인간이 주체로서 자기 자신을 현실 세계에 표현하고 객관화하는 것을 말한다. 물론 여기서 현실화되는 '자기'란 개개인의 잠재력과 개성을 포괄한다. 이런 점에서 자유란 개개인이 각자의 잠재력을 전면적으로 발휘하면서 동시에 각자의 개성을 전면적으로 발휘하는 것이라 볼 수 있다. 그런데 여기서 중요한 것은 이렇게 개인이 자기를 전면적으로 실현하는 것이 주관적인 상상이 아니라, 노동이라는 실천 행위를 통해 이루어진다는 점이다. 물론 노동이란 생계수단을 확보하기 위한 수단적 의미를 지니기도 하지만, 마르크스에게 노동이란 "생명의 일차적 욕구"라 할 만큼 개개인이 자신이 하고자 하는 바를 수행하는 것,[124] 이런 점에서 그 자체가 자기실현의 과정이기도 하다. 그러나 인간의 노동은 자아실현이 아니라, 누구나 하기 싫어하는 고역이 될 수 있다. 자본주의 사회에서처럼 노동에 대한 보상이 노동 성과가 아니라, 최저 생계 수준에도 못 미치는 노동력 재생산비용에 해당한다면, 노동자들은 노동 자체를 자기 삶의 목적이 아니라, 생존을 위해 어쩔 수 없이 감내해야 하는 고역으로 생각한다. 그러나 노동에 대한 보상이 노동 성과만큼 이루어진다면, 그리고 더 나아가 어떤 노동을 수행하는지와 무관하게 필요에 따른 보상이 이루어진다면 인간의 노동은 자신이 원하는 것을 하는 즐거운 노동이 될 것이며, 무엇을 위한 수단이 아니라, 그 자체가 목적으로서 바로 자아실현이 된다.

그렇다면 어떤 사회에서 이런 자유가 실현될 수 있을까? 이에 대한 답이 바로 마르크스가 대안 사회로 구상한 '자유로운 개인들의 연합체'에서 말하는 연합체이다. 이 연합체란 무엇보다도 협동조합을 의미하며, 이는 세 가지 특징을 갖는다. 첫째는 구성원들이 개별적으로 노동하는 것이 아니라, 다른 구성원과 협력적으로 노동한다는 점에서 연합체에서의 생산 활동은 사회적 노동이요, 사회적 생산으로 수행된다. 둘째, 협동조합에서 자본, 토지, 공장, 생산설비 등 생산수단이라 할 수 있는 것은 사적 소유가 아니라, 공동 소유의 대상이 되지만, 그 구성원들은 이 생산수단을 자기가 주인인 것처럼 자주적으로 관리한다는 점에서 흡사 생산수단을 자신의 것처럼 상대한다. 이런 점에서 생산수단은 공유이면서도 동시에 개별적으로도 소유된다고 볼 수 있다. 셋째, 협동조합은 개별적인 소규모 기업이나 공장으로 존재하는 것이 아니다. 마르크스는 협동조합을 자유로운 개인들의 연합체라는 대안 사회의 토대로 삼고자 했기 때문에 조합원들의 노력만으로 운영되는 소규모 협동조합이 아니라, 신용 제도를 이용한 전국적 규모의 협동조합과 이러한 협동조합들이 연대한 "하나의 거대한 조화로운 시스템"을 구상했다.[125] 그리고 이러한 세 가지 특징을 갖는 협동조합 시스템이 완비된다면, 사회구성원들이 단위 협동조합 차원에서 타인과 협동적으로 노동을 수행할 뿐만 아니라, 서로 소통하며 협동조합을 자주적으로 관리하고, 또한 사회 전체 차원에서는 다른 협동조합들과 서로 소통하며 사회 전체의 생산을 자주적으로 관리하게 된다.

이렇게 본다면 마르크스 역시 초기 사회주의자들과 마찬가지로 생산수단의 공유와 협력에 기초한 사회를 대안적 사회로 보았다고 할 수 있다. 자유로운 개인들의 연합체에서는 생산수단을 공유할 뿐만 아니라, 개개인의 노동이 협력적으로 수행되기 때문이다. 물론 이러한 협력은 구성원 모두를 위한 것이자, 동시에 구성원 개개인의 자아실현을 위한 물질적 수단을 제공한다는 점에서 각자 자신을 위한 협력이라 할 수 있다. 그리고 더 나아가 이러한 연합체에서는 각인의 자유로운 발전이 만인의 자유로운 발전의 조건이 된다. 자유로운 개인들의 연합체에서는 구성원들이 상호협력 관계에 있다는 점에서 한 개인이 자신의 잠재력을 최대한 발휘하는 자아실현은 다른 구성원들에게도 이익이 되고, 이러한 이익은 동시에 연합체 구성원들에게 자신의 잠재력을 더욱 계발하는 자기발전의 계기가 될 수 있기 때문이다. 이런 점에서 자유로운 개인들의 연합체에서는 개인의 자유가 타인의 자유를 침해할 수 있다고 보고 이를 제한할 필요가 없다. 이 연합체에서 개개인은 서로 대립하는 경쟁자가 아니라, 협력자이기 때문이다. 따라서 이러한 연합체에서 한 개인의 자유는 타인의 자유 실현을 방해하는 것이 아니라 지원하고, 이런 점에서 타인에게 성공적 자아실현의 조건이 된다.

## 3. 심리적 불안과 자유의 포기

그런데 이렇게 공유와 협력에 기초한 사회가 단지 사회주의자들의 구상을 통해 처음 등장한 것은 아니다. 자본주의가 등장하기 이전, 즉 중세 사회에서도 공유와 협력의 공동체는 존재했기 때문이다. 중세 봉건제의 근간인 장원 내에서 농민들은 비록 영주에게 예속되었지만, 함께 땅을 갈고, 함께 추수하고, 함께 탈곡하며, 함께 가축을 돌보는 공동 노동을 수행했다. 그리고 이들에게 자기 집이나 집 뜰 등은 개별적으로 소유되었고, 자신의 보유지에 나오는 수확 역시 개별적으로 소유되었지만, 목초지, 숲 등은 공유되었다. 이런 점에서 중세 장원의 농민들에게는 더 많은 소유를 위한 경쟁 역시 일어나지 않았으며, 서로에게 협력적이었다. 물론 근대 자본주의의 출현으로 장원이라는 농촌 공동체가 붕괴하고 사적 소유와 경쟁이 지배하는 새로운 사회가 등장하였다. 그러나 자본주의의 출현을 통해 사라진 것은 단지 협력과 공유의 공동체만이 아니다. 근대인들은 중세 시대까지만 해도 자신의 삶을 지탱해주던 심리적 안정감 역시 잃어버렸기 때문이다.[126] 물론 중세인들은 많은 속박과 억압 속에서 살았다. 이들은 신분제도에 얽매여 있었기 때문에 자신이 무엇을 하며 살지 그 사회적 역할이 이미 신분을 통해 결정되어 있었다. 그리고 장원에 기초한 봉건 제도하에서는 모든 사람이 지역공동체에 얽매여 있었기 때문에, 중세인들에게는 자신이 어디에서 누구와 함께 살지도 이미 결정되어 있었다. 마찬가지로 중세인의 정신세계를 지배했던 제도화된 교회는 삶의 의미는 무엇이고, 또한 어떻게 살아야 할지까지 정해주었다. 이런 점에서 중세인들은 항상 신분제도, 봉건제도, 교회 제도가 만들어 놓은 거대한 사회질서의 한 부분으로 살아가고 있었으며, 자신이 무엇을 하며, 어디서 누구와 함께 어떻게 살아야 할지를 스스로 결정하는 자유롭고 독립적인 존재라는 의식은 매우 낯선 것이었다. 그렇지만 중세인들은 신분제도, 지역공동체, 그리고 교회의 구성원으로서 타인과의 정서적 유대 관계를 형성함은 물론, 자신의 사회적 역할과 삶의 의미에 대해 확신이 있었고, 이런 점에서 심리적 안정을 누릴 수 있었다.

## 불안한 개인

그러나 자본주의의 발전과 함께 르네상스와 종교개혁이 일어나고 시민혁명까지 성공을 거두면서 중세를 지탱했던 신분제도, 봉건제도, 교회 제도가 붕괴하였다. 그 결과 인간은 자유주의 이념이 보여주듯이 어떤 집단의 구성원이라기보다 자유롭고 평등한 독립적 개체, 즉 개인으로 등장하기 시작했지만, 이 개인들은 심리적 불안이라는 새로운 문제를 갖게 된다. 자본주의 경제 체제에서 모든 개인은 자유롭고 평등한 시장 참여자로서 자유 경쟁에 참여하게 되었지만, 시장에서의 성공과 실패는 전적으로 개인의 책임이었으며, 자신의 운명이 어떻게 될지는 누구도 확신할 수 없었기 때문이다. 그리고 이러한 개인들은 자신의 능력에 따라 얼마든지 경제적 부를 축적할 수 있게 되었지만, 그 대신 자신의 이익을 위해 타인과 경쟁하게 됨으로써 인간적 유대를 상실하게 되었다. 이런 점에서 자본주의 시장에서 자유 경쟁에 참여하게 된 개인들은 홀로 남겨진 고독하고 불안한 존재였다.

이는 종교개혁의 경우에도 마찬가지였다. 종교개혁 이전까지만 해도 종교적 구원은 교회라는 매개체를 통해 가능했다. 즉 교회와 사제가 신과 인간을 연결하는 교량 역할을 했다는 것이다. 종교적 구원은 예수님의 몸과 같은 교회의 구성원이 되어 교회가 가르치는 공적을 쌓을 때 가능한 것이었기 때문이다. 그러나 종교개혁은 인간이 교회와 사제의 매개 없이 구원에 이를 수 있음을 주장하면서 교회의 권위를 무너뜨리기에 이른다. 신과의 만남은 전적으로 개개의 인간 자신만이 알 수 있는 주관적 경험이기 때문이다. 따라서 이제 인간은 교회의 권위로부터 해방되어 신 앞에서 단독자로 서게 되었지만, 동시에 구원을 확신하기는 어려워졌다. 종교개혁은 종교적 구원이 개인적 공적을 통해 이루어지는 것이 아니라, 이미 신에 의해 예정되어 있다고 설파했기 때문이다. 따라서 개개의 인간들은 절대적 존재인 신 앞에 홀로 서 있으면서도 구원에 대한 아무런 객관적 징표도 얻을 수 없기에 점차 불안감을 피할 수 없게 된다.

근대 시민혁명은 신분제도를 철폐함으로써 자유주의 이념이 설파한 자유롭고 평등한 개개인의 지위를 법적으로 보장하기에 이른다. 따라서 이제 인간은 경제적, 종교적 영역에서 모든 구속에서 벗어났을 뿐만 아니라 정치적 의미에서도 자유를 구가할 수 있게 되었다. 그러나 개개의 인간이 심리적 불안에 빠지기는 마찬가지였다. 이제 개인은 모든 삶의 영역에서 자신의 모든 것을 홀로 결정해야 했기 때문이다. 즉 무엇을 하며 살지, 누구와 함께 어디서 살지, 그리고 어떻게 살아야 할지를 홀로 결정해야 했다는 것이다. 이는 분명 모든 억압과 속박으로부터의 해방을 의미하지만, 삶의 불확실성으로 인한 심리적 불안감의 원인이 되었다. 이제 개개인이 자신의 삶을 결정하지만, 이런 결정이 과연 올바른 결정인지를 확인할 수 있는 그 어떤 객관적 토대도 존재하지 않게 되었기 때문이다.

## 자유의 포기

이렇게 근대에 이르러 자유를 획득한 개인이 갖게 된 심리적 불안감은 역설적이게도 자유주의 이념 자체를 파괴할 수 있는 심리적 원인이 된다. 근대의 자유인은 자유 실현을 만끽하는 것이 아니라, 자신의 심리적 불안감을 해소하기 위해 자유를 포기하는 경향을 보이기 시작했기 때문이다. 프롬은 이를 세 가지 유형으로 구분해 낸다.[127] 첫째, 인간은 강력한 권위체에 복종하고, 둘째, 타인과 동질화되거나, 셋째, 이 세계와 자신을 파괴함으로써 심리적 불안감에서 벗어나려고 한다는 것이다. 분명 강력한 권위체가 어떤 것이든 여기에 복종한다면 그 순간 개개의 인간은 무엇을 어떻게 하며 살지 불안해할 필요가 없다. 이 권위체가 자신의 권위를 통해 삶의 목표와 의미를 확증해 주고 있기 때문이다. 마찬가지로 내가 타인과 동질화된다면, 나는 나의 선택에 대해 불안해할 필요가 없다. 어차피 모두가 동질화되어 있는 상황에서는 누구도 나를 비난할 수 없기 때문이다. 물론 가장 확실하게 심리적 불안감에서 벗어나는 방법은 파괴일 것이다. 이 세상이 존재하지 않는다면 내가 불안해할 이유가 있을까? 더구나 불안해하는 나 자신마저 파괴해버린다면 불안해할 존재 자체가 없어지는 것 아닌가? 인간의 파괴적 성향은 불안의 근원 자체를 없앰으로써 불안에서 벗어나게 한다.

프롬은 이렇게 자유를 포기하면서 심리적 불안에서 벗어나는 방법을 세 가지로 구분했지만, 이 세 가지 현상이 결합하여 나타날 수도 있다. 어떤 권위체에 복종하면서 다른 추종자들과 동질화되고, 이에 추종하지 않는 사람들에 대해서는 파괴적 성향을 보일 수 있기 때문이다. 독일의 나치즘은 아마도 이러한 전형적인 사례일 것이다. 히틀러가 등장하면서 대다수 독일 대중들은 히틀러라는 권위체에 절대적으로 복종하면서 모든 심리적 불안감에서 벗어났을 뿐만 아니라, 서로 하나가 되면서 강력한 동질적 집단을 형성했다. 물론 이러한 동질적 집단은 자신들의 타자에 대해 파괴적 성향을 보이기에 이른다. 유대인을 학살했고, 2차 세계대전을 일으켰다. 그러나 누구도 모든 사람을 다 파괴할 수는 없다. 그러므로 아무리 파괴를 확대해도 심리적 불안감은 남고, 이것이 더 심한 파괴를 불러오지만, 이러한 파괴는 결국 자기 파괴를 통해 종말을 맞을 수밖에 없다. 히틀러의 자살로 마감된 나치즘의 광란은 근대 역사에 있어서 개인적 자유가 심리적 불안을 초래함으로써 발생한 가장 역설적인 결과일 것이다.

## 사도-마조히즘, 권위적 종교, 독점 자본주의, 독재 체제

이렇게 근대 사회가 초래한 심리적 불안감으로 인해 개인적 자유를 포기하는 현상이 나타날 뿐만 아니라, 동시에 근대가 이룩한 많은 성과 역시 변질되기에 이른다. 르네상스는 개성을 분출하며 자신의 운명을 개척하는 영웅적 삶을 찬양했지만, 자유 확대로 인한 심리적 불안감에 사로잡힌 사람들은 사도-마조히즘과 같은 신경증적 증상을 보인다. 마조히즘은 극단적으로 자신을 부정하거나 낮춤으로써 외부의 힘에 복종하려는 성향이며, 사디즘은 반대로 타인을 완전히 지배하거나 무력화시키려는 경향이지만, 전자는 권위체에 대한 복종으로, 그리고 후자는 복종을 요구하는 권위체가 되려는 욕구로 나타남으로써 개인의 자유를 포기하거나 타인의 자유를 부정하게 된다. 이와 유사하게 종교개혁 역시 교회의 권위로부터 해방되는 계기가 되었지만, 역설적이게도 권위주의적 종교가 등장하게 되는 원인이 된다. 종교개혁에 따라 교회와 사제들의 매개 없이 신 앞에 단독자로 선다는 것은 개개의 인간에게 두려운 일이었으며, 구원예정설로 인해 구원에 관한 한 인간은 철저히 무력한 존재가 되었다. 이런 와중에 종교개혁가들은 신에 대한 복종이 신에 대한 사랑이라 강조했고, 개개의 인간은 모든 것을 신에게 맡길 수밖에 없는 상황에 빠지게 되었다. 이렇게 되면 역설적이게도 새로운 종교 단체들은 잃었던 권위를 회복하게 된다. 이 종교 집단들은 자기 집단에 온 것이 택함을 받은 자의 증거임을 역설하면서 자신들에게 신의 뜻이 있는 것처럼 강변하기 때문이다. 또한 스미스가 말하는 자본주의는 본질적으로 시장을 매개로 한 자유 경쟁체제이지만, 앞서 지적했듯이 경쟁이 확대되면 될수록 역설적이게도 독점자본이 등장하게 되었다. 자본주의 체제에서의 경쟁력은 자본력에 있고, 경쟁에서의 승리는 결국 거대 자본의 편에 있기 때문이다. 이런 점에서 자본주의가 확대되면 될수록 자유 경쟁질서는 시장을 지배하는 독점자본에 의해 파괴되고, 국제적 경제 질서는 이런 독점자본들의 전쟁터로 변모하게 된다. 이것이 바로 자본주의의 제국주의화이며 이는 결국 1차 세계대전을 일으키게 되었다. 이러한 자본주의의 구조적 전환은 정치적 질서 역시 변질시키게 한다. 독점자본의 증가와 이로 인한 중산층의 몰락이나 지위 하락으로 이어지면서 파시즘 같은 독재체제의 등장을 초래하기도 했기 때문이다.[128] 독점 자본주의를 분석한 폴 배런과 폴 스위지가 주장하듯이 독점 자본주의 시대에는 대지주, 금융자본가, 대기업주 등 최상류 계층이 자신의 이익을 유지하기 위하여 독재 정부를 출현시키고 있고, 이러한 현상은 1920년대 이탈리아, 1930년대 독일과 스페인 등 상당히 빈번하게 나타난다. 더구나 독점 자본주의로 인해 사회경제적 지위가 하락한 중소상공인들도 독재 정부에 반대하는 것이 아니라, 오히려 이들의 지지기반이 된다. 물론 이들이 독재 정부의 핵심 지지기반이라고 말할 수는 없지만, 정치적 사회균열이론을 제시한 시모어 마틴 립셋은 종래에 자유주의 정당의 주요 기반이었던 중소상공인이 나치즘 지지로 이동한 것을 나치즘 등장 원인 중 하나로 지적하기도 한다. 물론 그 이유는 나치즘이 노동조합의 영향력 확대 및 사회주의나 공산주의 정당을 확고하게 반대한다는 데 있다. 이런 점에서 신분제, 절대왕정, 교회의 권위에 저항하여 자유주의 이념을 확산시켰던 혁명적 중소상공인 계층이 독점자본의 등장으로 지위가 하락하자, 역설적으로 파시즘과 같은 정치적 독재체제를 지지하는 반동화 현상이 발생한 것이다. 그렇다면 종합적으로 볼 때, 근대를 만들어 놓은 역사적 사건들이 이렇게 변질된 것이 과연 별개의 일일까? 대중들의 심리가 사도-마조히즘화하고, 종교개혁을 통해 등장한 신교가 권위주의화하고, 자유 경쟁 시장이 독점화하고, 자유주의 정치 질서에서 정치적 독재가 등장하는 것이 서로 별개의 현상들일까? 이 모든 것의 이면에 자유로 인한 심리적 불안감의 확대가 작용하고 있다면, 이들은 하나의 복합체를 형성할 수밖에 없다. 그리고 실제로 인류의 역사에서는 정치적 독재, 독점자본, 권위주의적 종교, 그리고 사도-마조히즘적 대중이 결합하여 나치즘이라는 전체주의 국가가 등장했던 것 아닌가!

인간의 사회성과
사회적 자유 개념

제 I 부에서 살펴보았듯이 자유주의의 등장은 담론 구조상 르네상스, 종교개혁, 과학혁명 이후의 근대 자연법사상 등을 통해 등장한 새로운 인간 담론에 토대를 두고 있다. 이에 따르면, 인간이란 문화적 차원에서 서로 다른 개성을 가진 존재이며, 종교적 차원에서는 신 앞에서 서로 독립적인 평등한 존재 그리고 더 나아가 인간은 자연법칙에 종속된 생명체일 뿐만 아니라, 자연적 본성에 따라 자유롭게 살 수 있는 권리가 천부적으로 부여된 존재이다. 이러한 담론 구조하에서 인간은 자유롭고 평등한 독립적 개인이라는 자유주의 사상이 등장했으며, 이는 자본주의 등장에 따른 도시의 성장, 중산층의 등장, 그리고 결국에 가서는 시민혁명을 통해 전 사회로 확산하였다. 그러나 이러한 자유주의 이념에 토대를 둔 근대 사회에서 실제로 모든 개인이 자신의 자유를 평등하게 실현한 것은 아니다. 오히려 근대 사회는 극단적인 경제적 불평등과 빈곤을 낳음으로써 소수의 자유와 대다수의 부자유로 이어졌고, 심리적 차원에서도 개개인은 자유를 만끽하는 것이 아니라, 삶의 불확실성과 고립에 대한 불안감에 빠져 역설적으로 자신의 자유를 포기했고, 전체주의의 등장마저 초래하고 말았다.

이런 점에서 근대 사회는 고전적 자유주의 이념이 표방한 모든 사람의 자유로운 삶과는 정반대의 결과를 낳고 말았지만, 이는 이미 필연적인 일이었는지도 모른다. 고전적 자유주의의 핵심 사상인 개인적 자유 개념 자체가 자기 파괴적 특성을 내포하고 있었기 때문이다. 고전적 자유주의가 전제한 자연적 본성이란 자기보존본능을 말하며, 이런 본성이 아무런 방해 없이 실현되는 것을 자유로 본다면, 이는 필연적으로 타인의 자유와 대립할 수밖에 없다. 개인 간의 관계는 다름 아닌 자신만의 자기보존을 위해 더 많은 힘을 확보하기 위한 자유 경쟁 관계로 전락할 수밖에 없기 때문이다. 물론 자기보존이라는 목적달성을 위해 개인과 개인이 협력할 순 있지만, 이 경우에도 타인과의 관계는 자기보존이라는 목적달성을 위해 서로를 이용하려는 도구적 관계 이상이 아니라는 점에서 더 많이 이용하고, 더 많은 이익을 얻으려는 경쟁 관계는 지속한다. 따라서 자기보존본능에 기초한 개인의 자유는 타인의 자유와 대립하며, 개인의 자유 실현이 타인의 자유 실현을 훼손할 수 있다는 점에서, 고전적 자유주의가 자신의 최고의 이념인 개인적 자유를 강조하면 할수록 반대로 자유를 파괴하는 자기 모순적 상황에 빠지게 된다. 따라서 고전적 자유주의는 이러한 모순을 해결하기 위해 역설적 방법을 제시할 수밖에 없었다. 즉 개인의 자유를 보호하기 위해서는 개인의 자유를 제한해야 한다는 것이다. 이런 점에서 타인의 자유를 훼손하지 않는 한도 내에서만 개인의 자유를 보장한다는 것은 고전적 자유주의가 구상한 정치적 공동체의 최종 목적이 된다. 그러나 이렇게 자유를 제한한다 하더라도, 모든 개인의 자유가 실현되는 것은 아니다. 앞서 지적했듯이 근대 자유주의 사회는 이른바 시장에서의 자유가 초래하는 자유 경쟁으로 인해 불평등과 빈곤을 낳았을 뿐만 아니라, 결국에는 소수의 자유를 위한 대다수의 부자유를 귀결하고 말았고, 그나마 자유가 실현된다고 해도 타인과의 대립과 경쟁 속에서 실현되는 고립적 자유는 심리적 불안감의 원천이 될 수밖에 없었다.

그렇다면 고전적 자유주의와 마찬가지로 개인의 자유를 최고의 가치로 삼으면서도 고전적 자유주의와는 달리 개인의 자유를 제한하는 역설에서 벗어날 수는 없을까? 그리고 이런 점에서 개인의 자유를 강조하면서도 불평등과 빈곤, 소수를 위한 대다수의 부자유를 초래하지 않는 방법은 없을까? 더구나 자유를 만끽하면서도 심리적 불안감이 아니라, 오히려 안정감에 도달할 수는 없을까? 나는 그 가능성을 인간의 사회성에 기초한 새로운 자유 개념에서 찾으려 한다. 고전적 자유주의가 자기모순적 역설에 빠질 수밖에 없었던 것은 근본적으로 자기보존본능이라는 자기중심적 본성에 기초하여 자유 개념을 정립했기 때문이다. 따라서 타인과의 대립과 경쟁을 초래하는 자기보존본능이 아니라, 반대로 타인과의 협력과 합일을 추구하는 탈-자기중심적 본성, 즉 인간의 사회성에 기초하여 개인의 자유에 대해 사고해 볼 수 있다면, 고전적 자유주의가 낳은 가공할 문제들을 해결할 수 있을지도 모른다. 그런데 19세기 말 고전적 자유주의가 빚어낸 경제적 불평등과 빈곤 문제를 해결하기 위해 이에 대한 대안으로 이미 새로운 자유주의가 등장했었다. 이른바 사회적 자유주의로 지칭되는 자유주의가 그것이다. 하지만 이러한 사회적 자유주의(이하에서는 고전적 사회적 자유주의로 지칭함)가 비록 인간의 사회적 특성에 주목하기 시작했지만, 아직 인간의 사회성을 이론적으로 해명할 개념적 수단을 갖추고 있지 못했으며, 따라서 인간의 사회성에 기초한 새로운 형태의 자유 개념 역시 체계화할 수 없었다. 이런 점에서 고전적 사회적 자유주의는 자유의 역설을 해결한 것이 아니라, 자유 방임주의 대신 국가의 개입을 통해 개인의 자유를 더욱더 제한함으로써 경제적 불평등과 빈곤 문제를 해결하려고 했다.

나는 이러한 고전적 사회적 자유주의의 한계를 극복할 수 있는 새로운 가능성을 철학에서 일어난 패러다임 전환에서 찾고자 한다. 즉 주관성에서 상호주관성에로의 패러다임 전환은 인간의 사회성과 자유에 대한 새로운 이해를 가능하게 하기 때문이다. 나는 이러한 대표적 사례가 악셀 호네트의 사회적 자유 개념에 있다고 보며, 자유주의가 이에 기초한다면 이른바 새로운 사회적 자유주의에 대해 구상해 볼 수 있다. 즉 인간의 자유를 최고의 가치로 본다는 점에서 자유주의이지만, 인간의 자유를 사회적 자유로 이해한다는 점에서 사회적 자유주의라는 것이다. 그리고 이러한 새로운 사회적 자유주의는 개인의 자유를 타인과의 경쟁 관계가 아닌, 협력 관계 속에서 개념화하고 있다는 점에서 개인의 자유를 강조하면서도, 자유를 제한하는 고전적 자유주의의 역설에서 벗어날 수 있다. 협력 관계에서 개인의 자유 실현은 타인의 자유 실현과 대립하는 것이 아니라, 오히려 이를 강화할 뿐만 아니라, 이를 가능하게 하는 필수적 조건이기 때문이다. 더구나 협력 관계에서는 서로 독립된 개인들이 동시에 일체감을 형성한다는 점에서 고립에서 오는 불안감에서 벗어나 심리적 안정감마저 갖게 된다. 이하의 글에서는 이러한 입장을 정당화하기 위해 세 가지 작업을 수행할 것이다. 첫째, 고전적 자유주의가 전제한 인간의 자기중심적 본성인 자기보존본능에 대한 대안으로 인간의 사회성이 무엇인지를 규명한다(4장). 둘째, 고전적 자유주의에 대한 대안으로서 19세기 영국에서 등장했던 고전적 사회적 자유주의의 특징과 한계를 밝힌다(5장). 셋째, 고전적 사회적 자유주의의 한계를 인간의 사회성에 기초한 사회적 자유 개념의 부재로 보고, 이에 대한 대안으로서 '사회적 자유' 개념을 제시하면서 새로운 사회적 자유주의의 가능성을 모색한다(6장).

# 4장 사회성이란 무엇인가?


　고전적 자유주의가 개인의 자유를 외적 강제나 방해가 없는 자기보존본능의 실현으로 보았지만, 인간의 자연적 본성이 꼭 자기보존본능에만 있는 것은 아니다. 그리고 인간의 자연적 본성을 이야기하면서도 자기보존본능이 아니라, 다른 자연적 본성을 말할 수 있다면, 개인의 자유역시 다르게 이해할 수 있다. 실제로 근대 자연법사상을 살펴보면, 인간의 자기보존본능과 구별하여 인간의 사회적 본성이라 지칭할 수 있는또 다른 자연적 본성을 주장하고 있다. 그 대표적인 예가 그로티우스가말하는 인간의 사회성, 루소가 말하는 동정심, 그리고 스미스 역시 강조한 동감이다. 이런 자연적 본성을 전제한다면, 인간의 자유란 아무런 방해 없이 사회적 본성을 실현하는 것으로 이해될 수 있으며, 이렇게 자유를 이해할 경우 개인의 자유 실현은 타인의 자유 실현과 대립하는 것이아니라, 오히려 타인의 자유 실현을 지원하고 강화할 수 있다. 이들에게서 발견할 수 있는 인간의 사회성이란 평화로운 공동체에서 타인과 함께 살거나 타인의 입장에 서서 타인의 고통을 나의 고통처럼 느끼는 것이라는 점에서 인간 상호 간의 일체감 형성과 상호협력을 가능하게 하기 때문이다. 그러나 문제는 과연 이들이 말하는 사회성이 인간의 자연적 본성이라고 할 만큼 실제로 인간에게 나타나고 또한 인간이 이를 발휘하며 자신의 삶을 영위하고 있는가 하는 점이다. 만약 이들이 말하는 사회성이 형이상학적 가설이거나 도덕적 요청에 불과하다면 이를 토대로 새로운 자유를 말한다는 것은 현실성을 갖기 어렵다. 이런 점에서 근대 자연법사상이 제시한 인간의 사회적 본성이 설득력을 갖추려면 오늘날의 학문적 지평에서 그 타당성을 검토해 볼 필요가 있다. 나는 바로 이 지점에서 첫 번째로 진화인류학의 최신 연구들을 참조하려고 한다. 이런 연구들은 놀랍게도 인간의 진화과정을 설명하면서 자기보존본능만이 아니라, 사회적 본성에 해당하는 특징이 실제 역사에서 나타나고 있음을 실증적으로 보여주고 있기 때문이다. 이런 점에서 사회성에 관한 탐구는 고전적 자유주의의 한계를 넘어 대안적 자유주의를 구상하는 데 그 출발점이 될 수 있다. 이런 전제하에서 제II부 4장에서는 먼저 근대 자연법사상이라는 맥락에서 그로티우스, 루소가 말하는 사회적 본성이 각각 무엇인지를 개념적 차원에서 살펴볼 것이다. 그리고 이에 이어서 이런 사회적 본성이 단순한 형이상학적 가설이 아니라, 객관적 사실임을 진화인류학적 연구를 통해 실증적으로 보여줄 것이다.

## 1. 근대 자연법사상에서의 사회성

### 그로티우스: 평화로운 공동체

제I부에서 살펴보았듯이 고전적 자유주의를 대표하는 홉스, 로크, 스미스의 자유 개념은 무엇보다도 개인의 자기보존본능에 토대를 둔 것이었다. 그러나 홉스에 앞서 근대 자연법사상 중 "고전적 시기의 자연법"의 선구자가 된 그로티우스는 이미 그의 저서 『전쟁과 평화의 법』[1]에서 국내법과 국제법의 토대를 밝히기 위해 인간의 자연적 본성을 논의하고 있었다.[2] 그는 모든 실정법의 정당성과 기원을 자연법에서 찾으려 했고, 그에게 자연법이란 바로 인간의 자연적 본성을 통해 설명될 수 있었기 때문이다. 이런 점에서 그로티우스를 가리켜 신을 토대로 한 중세의 자연법사상과 구별하여 "인간주의 자연법론의 창시자"리 규정하기도 한다.[3] 물론 노베르토 보비오 같은 해석자는 근대 자연법사상에서 차지하는 그로티우스의 위상을 이와는 다르게 평가한다. 그는 그로티우스가 아니라 홉스를 근대 자연법사상의 참된 선구자로 보기 때문이다. 보비오에 따르면, 그로티우스는 자연법의 일반원리만을 제시하려 했을 뿐 자연법의 진정한 목록을 제시한 것은 홉스였다. 그리고 그로티우스는 홉스와는 달리 자연법 목록을 만드는 데 토대가 되는 이익 계산적 이성을 부정했을 뿐만 아니라, 인간의 이기심에서 출발하는 홉스와는 반대로 인간의 사회성을 주장한다는 점에서 여전히 중세적 입장에 사로잡혀 있다는 것이다.[4] 이러한 그로티우스에 대한 이론사적 평가와 상관없이 여기서도 확인할 수 있는 것은 인간의 자연적 본성을 이해하는 데 있어서 그로티우스가 홉스와는 대립 축을 형성하고 있다는 점이다. 그리고 그로티우스는 마치 홉스의 입장을 예견이나 한 듯 그와 유사한 주장을 펴는 카르네아데스(Carneades)를 비판하면서 인간의 자연적 본성이 무엇인지를 해명하였다.

우선 그로티우스가 『전쟁과 평화의 법』에서 거론하고 있는 카르네아데스는 자연의 본성에 따라 존재하는 영구불변의 자연법이나 법을 통한 정의의 실현 같은 것을 부정했던 2세기경의 그리스 철학자이다. 카르네아데스에게 법이란 시대에 따라 변화하고, 관습에 따라 다양하며, 인간에게는 다른 동물과 마찬가지로 본래 자신에게 이로운 것만을 추구하는 경향이 있기에 애초부터 정의란 불가능하다. 따라서 인간이 법을 수립한 것은 다름 아닌 자신의 이익 때문이라는 것이다.[5] 물론 카르네아데스의 주장은 아니지만, 아마도 법을 통해 이익을 얻는 사람은 모든 인간이 아니라, 강자일 수 있다. 인간이 자신만의 이익을 추구하는 한 타인을 고려하면서까지 자신의 이익을 해칠 리가 없고, 따라서 이익 충돌이 발생한다면 힘을 통한 해결로 나가기 쉽기 때문이다. 이런 점에서 그로티우스가 비록 투키디데스를 빌려 이야기하고 있지만, 인간이 자신의 이익만을 추구하는 한 갈등은 전쟁을 통해 해결되며, "가장 강한 자"가 "가장 정의로운 자"가 되고 만다는 것이다.[6]

그로티우스가 인간의 자연적 본성에 기초하여 자연법을 제시한 이유는 카르네아데스와 같은 입장에 따른 야만적 상황 때문이다. 그에 따르면 당시의 기독교 국가들 사이에서는 모든 사람에 대한 사랑이 기독교인의 의무임에도 불구하고, 사소한 이유나, 아예 별다른 이유 없이도 무기를 잡는다고 할 정도로 너무나 빈번히 전쟁이 발생하였기 때문에 야만 민족에게까지 부끄러울 지경이었다고 한다.[7] 이러한 시대 진단 하에서 그로티우스는 모든 나라나 통치자들에게 적용될 수 있는 가장 보편적이며, 불변적인 법을 찾으려 했고, 그것이 바로 자연법이었다. 더구나 자연법은 기독교의 신도 바꿀 수 없었다. 자연법이 모든 국가에 적용된다면, 이는 기독교 국가만이 아니라, 비기독교 국가에도 적용되어야 하기 때문이다. 이런 점에서 그로티우스는 자연법을 설정하면서 그 토대를 중세의 자연법사상과는 달리 신이 아니라, 모든 인간의 공통된 본성에서 찾게 된다. 즉 그로티우스에게는 기독교와 무관하게 모든 나라에 적용될 수 있는 세속적 자연법이 필요했다는 것이다.[8] 이런 점에서 카르네아데스에게 "법의 진정한 어머니가 유용성"에 있다면, 그로티우스에게 "자연법의 어머니"는 신이 아니라, "인간의 본성"에 있으며,[9] 이는 신도 바꿀 수 없다. 아무리 신이라 해도 2+2=4라는 법칙을 바꿀 수 없고, 아무리 신이라 해도 악을 악이 아니라고 말할 순 없기 때문이다.[10] 그리고 인간의 본성에 기초한 자연법은 다시 시민법의 토대가 된다. 그로티우스가 비록 개별 국가의 실정법이 절차적 차원에서 합의를 통해 만들이진다는 점을 전제하고 있기는 하지만, 이러한 법이 갖는 힘은 결국 자연법으로부터 도출된 것이기 때문이다. 이렇게 볼 때 인간의 자연적 본성은 자연법의 토대가 되고, 자연법은 다시 시민법의 토대가 된다는 점에서 그로티우스에게 모든 법체계의 정당성 토대는 인간의 자연적 본성에 있다.

그렇다면 그로티우스가 말하는 인간의 자연적 본성은 무엇일까? 그로티우스는 인간의 자연적 본성에 대해 다음과 같이 기술하고 있다. 즉, "인간은 단지 사는 것이 아니라, 아주 뛰어난 방식으로 산다. 인간과 다른 생명체들의 차이는 이 생명체들 사이의 차이보다 훨씬 크다. 이런 점은 인간에게 고유한 많은 활동이 증명한다. 이 중에는 인간이 분별력에 따라 질서가 만들어진 평화로운 공동체에서 타인과 함께 살려는 사회적 본능이 있다. 이를 스토아주의자들은 사회성이라 부른다. 모든 생명체가 오직 자신의 이익만을 추구하려는 본능을 갖고 있다는 명제는 이런 보편성에 비추어볼 때 인정될 수 없다."[11] 이러한 그로티우스의 주장에서 주목할 만한 것은 두 가지 점이다. 첫째, 그로티우스는 인간의 자연적 본성에 대해 말할 때 이를 여타의 생명체와의 차이점을 통해 설명하려 했다는 점이다. 이것은 그로티우스가 자연적 본성에 대해 말하면서도 홉스와 구별되는 결정적 차이점이다. 홉스가 말하는 자기보존본능은 인간만의 특징이 아니라, 모든 생명체, 더 나아가 존재하는 모든 것에 공통된 특징이기 때문이다. 따라서 홉스가 말하는 자유 역시 기이하게도 인간만의 특징이 아니라, 모든 생명체, 그리고 모든 물체에 공통된 것이었다. 홉스는 인간만이 아니라, 동물이나 자연물에도 자유가 있다고 본 것이다. 그러나 그로티우스가 말하는 사회성이란 인간만이 갖는 자연적 본성을 의미하기 때문에, 동물에서도 발견되는 사회적 특성과는 구별되어야 한다. 단순히 사회성을 어떤 개체가 혼자 사는 것이 아니라 다른 개체와 함께 사는 것으로 이해한다면 군집 생활을 하는 동물도 사회성을 갖는다고 해야 하기 때문이다. 따라서 인간에게 고유한 사회성을 말할 수 있다면, 그것은 분명 이런 식의 군집 생활 이상이어야 한다.

둘째, 그로티우스는 바로 이런 점에서 단지 타인과 함께 '평화로운 공동체'를 만들며 사는 것을 인간만의 사회적 본성으로 본 것이 아니라, 이 앞에 '이성적 분별력에 따라 질서가 만들어진'이란 수식어를 붙였다. 그렇다면 이성적 분별력이란 무엇을 의미할까? 그로티우스에 따르면, 이성적 분별력이란 현재나 미래에 자신에게 무엇이 좋고 해로운지를 구별할 뿐만 아니라, 무엇이 옳은 것인지를 판단하고 이에 따라 행동할 수 있는 능력을 말한다.[12] 따라서 평화로운 공동체란 당연히 이런 이성적 능력에 따라 모두에게 올바르다고 생각되는 보편적 규칙에 따라 사회 질서가 형성되고, 사회구성원들이 이 규칙에 따라 함께 사는 사회를 의미할 것이다. 이런 점에서 그로티우스는 단지 다른 개체와 함께 사는 것이 아니라, "이성에 상응하는 공동체에 대한 염려"를 인간적 사회성의 핵심으로 본다.[13]

그런데 흥미로운 것은 그로티우스가 '보편적 규칙'에 따른 행동만이 아니라, '언어' 역시 인간만의 사회적 특징으로 규정하고 있다는 점이다.[14] 즉 인간은 무엇이 옳은지를 판단할 뿐만 아니라, 이를 통해 사회질서를 형성하고, 또한 이를 지키며 사는 것만이 아니라, 타인과 언어를 통해 소통한다는 것이다. 이 점을 여타의 동물과 비교한다면 아마도 언어가 인간의 사회성을 설명하는 데 왜 중요한지가 드러날 것이다. 그로티우스에 따르면,[15] 동물에서도 자신의 이익만을 추구하려는 본능과는 달리 자기 새끼나 동족을 위해 자기만의 이익을 억제하는 행동이 나타난다. 그러나 이것은 단지 본능에 따른 것일 뿐 이성에 따른 것이 아니다. 따라서 동물에게는 모두가 알고 따라야 하는 '보편적 원칙'이 있을 수 없으며, 또한 동물은 본능에 따라 군집 생활을 하기에 이를 유지하는 데 복잡한 소통이 필요치 않다. 이렇게 본다면 '보편적 규칙'과 함께 '언어'를 인간에게 고유한 사회적 특징으로 본다는 것은 개개의 인간이 홀로 이성적 능력을 발휘하며 보편적 규칙을 인식하고 이에 따라 행동한다는 것이 아니라, 언어를 매개로 공동생활 구성원들이 보편적 규칙을 인식하고, 또한 이에 따라 행동한다는 것으로 해석될 수 있을 것이다.

사실 보편적 규칙과 언어를 인간 사회의 핵심적 특징으로 보는 것은 오늘날 사회학 개론서만 참조해도 금방 알 수 있는 일이다. 예를 들어 스티븐 샌더슨의 『사회학』을 보면,[16] 인간만이 사회적 동물인 것은 아니다. 인간 이외의 동물들도 생존을 위해 상호작용하고, 서로 의존하며 공동생활을 하는 경우가 많기 때문이다. 벌과 같은 일부 곤충이 그렇고, 많은 포유류 동물과 모든 영장류 동물들이 공동생활을 한다. 그러나 인간의 공동생활은 여타의 동물들과 다르다. 인간의 공동생활은 문화를 매개로 하기 때문이다. 따라서 단순한 사회성이 아니라, 인간만의 사회성을 말하기 위해서는 단지 집단을 이루며 산다는 것이 아니라, 문화를 매개로 공동생활을 한다는 점을 사회성의 핵심으로 간주해야 한다. 그렇다면 문화란 무엇일까? 문화란 앤소니 기든스가 간단히 규정하고 있듯이 사회구성원들이 공유하는 생활 방식이라 할 수 있으며, 이는 대개 옳고 그름에 대한 가치관이나 규범 체계, 물질적 재화들로 구성된다.[17] 문화를 이렇게 이해한다면, 인간의 공동생활은 신호를 통한 동물들의 소통방식과는 다른, 더구나 고도의 지능과 학습능력을 전제한 상징적 의사소통, 즉 언어를 매개로 한 소통을 필요로 할 수밖에 없다. 문화 속에서 공동생활을 영위하기 위해서는 문화가 공유되고 전승되어야 하며, 언어가 바로 이러한 역할을 한다. 벌이 춤을 추거나 동물들이 울음소리를 내고, 침팬지들은 쿵쿵대며 자신의 의사를 전달하지만, 이런 신호는 한 가지 의미만을 나타내기 때문에 정보전달에 제약이 심하다. 그러나 언어를 통한 의사소통에는 제약이 없다. 언어의 의미는 사용 맥락에 따라 다양해질 수 있고, 점점 더 새로운 의미가 추가되기 때문이다. 이런 점에서 사회학은 흔히 문화의 출현이 언어 사용에 기초한다고 본다.[18]

따라서 그로티우스가 보편적 규칙과 언어를 인간에 고유한 사회적 특징으로 본다는 것은, 그가 말하는 이성에 상응하는 공동체가 문화를 매개로 한 공동생활체를 말하며, 이는 언어를 통해 비로소 가능한 공동체임을 의미한다. 그렇다면 이런 공동체 내에서 통용될 뿐만 아니라, 언어를 통해 공유되고 전승되는 보편적 규칙이란 어떤 것일까? 다시 말해 이성에 따라 평화적인 공동체를 만들며 살려는 인간만의 사회성에 상응하는 가장 기본적인 규칙, 즉 자연법이란 어떤 것일까? 그로티우스에 따르면, 인간의 사회성에 기초한 자연법이란, 타인의 소유물에 손대지 않는 것, 타인의 소유물을 취할 때 이에 보상할 것, 타인에게 손해를 끼칠 경우 배상하거나 처벌받을 것, 약속을 지킬 것,[19] 공동체 구성원에게 각자의 몫을 상황과 사물의 본성에 따라 분배할 것,[20] 어떤 인간도 다른 인간의 뒤에 세우지 않을 것 등이다.[21]

그로티우스가 어떤 기준에서 이런 식의 자연법을 나열하고 있는지는 전혀 설명되고 있지 않지만, 이 항목들은 세 가지 권리와 관련된 것 같다. 첫째는 소유의 권리이다. 즉 타인의 소유물에 손대는 것을 금하고, 타인의 소유물을 취할 때 이에 보상해야 함을 자연법으로 규정하고 있다는 것은 이를 통해 개인의 소유권을 보장한다는 뜻이 된다. 실제로 그로티우스는 소유권에 관한 선점이론을 주장하고 있다. 그로티우스에 따르면 세계는 신에 의해 모든 인류에게 공유물로 주어졌지만, 공유할 수 없을 때 먼저 취한 사람이 소유권을 갖는다는 것이다.[22] 따라서 남의 것을 빼앗아서는 안 되며, 이를 취할 때 반드시 보상해야 함은 당연한 일이다. 둘째는 개인의 소유권을 결정하는 분배의 권리이다. 그로티우스에 따르면 개인과 공동체의 몫, 현명한 자와 그렇지 못한 자의 몫, 가까운 사람과 먼 사람의 몫, 부자와 빈자의 몫은 현명하게 분배되어야 하며, 이는 사물의 본성에 따라 이루어져야 한다.[23] 즉 개인의 노력에 따라 얻어진 물건은 그 개인의 몫이며, 하천, 바다 등과 같은 공동의 물건은 평등하게 사용할 수 있는 권리가 있다는 것이다.[24] 셋째는 인격적 평등의 권리이다. 그로티우스에 따르면, 성경에서 이야기하고 있듯이 인간은 아담과 이브를 조상으로 하며, 모두가 친척이나 다름없다. 그렇기에 인간 중 그 누구도 다른 사람보다 우선시될 사람은 없다.[25]

그런데 그로티우스가 말하는 자연법의 세부적 사항을 이렇게 이해한다면 과연 그의 입장이 홉스와 다르다 할 수 있는지 의문이다. 홉스는 자기보존본능이라는 자연적 본성에서 출발하고 있고, 이에 반해 그로티우스는 사회성이라는 자연적 본성에서 출발하고 있지만, 이에 기초한 자연법의 내용은 사실 같다. 그로티우스가 말한 자연법적 권리란 위에서 나열한 것처럼 각 개인이 자신의 이익을 추구하면서도 갈등이 일어나지 않도록 이를 조정하는 규칙에 지나지 않으며, 이는 홉스에서도 마찬가지이기 때문이다. 홉스 역시 개인을 평등한 존재로 볼 뿐만 아니라, 노동에 따른 개인의 소유물을 보장하고 있고, 이에 대한 침해를 불허한다는 것이다. 이런 점에서 그로티우스와 홉스의 공통점에 대한 루소의 지적은 탁월한 것이다. 루소는 다음과 같이 말하고 있다. "그로티우스를 격찬하고 홉스를 증오하는 소리를 들을 때, 나는 그 두 저자를 읽고 있거나 또 이해하고 있는 많은 사람들이 분별없는 사람임을 본다. 그들의 원리는 정확히 같은 것인데, 표현상으로만 다를 뿐이다."[26] 그로티우스가 인간의 사회성에 근거하여 자연법을 정립하려고 했고, 이를 토대로 이성에 따라 질서가 만들어진 평화로운 공동체를 형성하려고 했음은 분명한 사실이다. 그러나 그가 생각하는 사회성이 단지 보편적 규칙에 따라 함께 살려는 충동을 의미한다면, 그로티우스와 홉스 사이에는 차이가 없다. 홉스가 비록 자기보존본능에서 출발했고, 자연상태에서 벌어지는 만인에 대한 만인의 투쟁 상태를 종식하기 위한 것이지만, 보편적 규칙이 지배하는 공동생활을 주장했다는 점은 그로티우스와 동일하며, 그로티우스가 말하는 보편적 규칙이란 것도 모든 사람의 자기보존을 위해 이를 제한하는 것이나 마찬가지란 점에서 홉스의 입장과 다르지 않기 때문이다. 그러나 분명 사회적 본성에서 출발하는 경우와 자기보존본능에서 출발하는 경우 공동생활의 기초가 되는 보편적 규칙에 대한 이해가 다를 수밖에 없을 터인데 그로티우스는 그렇지 못했다. 그로티우스는 비록 사회적 본성을 출발점으로 삼았음에도 그가 이를 토대로 주장한 것은 단지 보편적 규칙의 필요성일 뿐, 이 보편적 규칙이 자기보존본능에서 출발하는 보편적 규칙과 얼마나 달라질 수 있고, 또 달라져야 하는지를 의식하지 못했기 때문이다.

## 루소: 자기애와 동정심

그렇다면 그로티우스와 홉스가 사실 표현만 다를 뿐 같은 원리를 주장한다고 본 루소는 인간의 자연적 본성에 대해 어떻게 생각할까? 루소는 과연 그로티우스와 홉스를 넘어서 인간의 사회적 본성에 대해 말할 수 있는 대안적 개념을 갖고 있을까? 루소의 대표적 저작인 『인간 불평등 기원론』은 사람들 사이에 존재하는 불평등의 기원을 탐색하는 데 목적이 있지만, 그가 불평등의 기원을 인간의 본성과 연관해서 설명한다는 점에서 이 책에서는 인간의 자연적 본성에 관한 루소의 입장이 나타나 있다.[27] 그리고 인간의 자연적 본성에 관한 루소의 입장은 단지 불평등의 기원을 설명하는 데 그치는 것이 아니다. 인간의 자연적 본성에 관한 루소의 입장은 불평등을 해결하기 위한 대안을 모색하는데도 규범적 토대가 되기 때문이다. 이런 점에서 홉스와 그로티우스를 비판하는 루소에게서 이들을 넘어설 수 있는 단서를 찾을 수 있다.

우선 루소에 따르면, "인간들 사이에 존재하는 불평등의 기원"을 알기 위해서는 무엇보다도 자연적으로 주어진 인간의 본성에 대해 알아야 한다.[28] 인간의 본성이 "인간 사회의 진정한 기초"이기 때문이다.[29] 그리고 바로 이런 이유에서 많은 철학자는 사회가 형성되기 이전인 "자연상태"로 거슬러 올라가 인간의 본성을 해명하려 했고,[30] 이로부터 인간 사회의 등장을 설명하려 했다는 것이다. 이러한 루소의 주장은 그가 말하는 불평등이 나이, 건강, 체력, 정신적 능력에서 오는 "자연적 혹은 신체적 불평등"을 말하는 것이 아니라, 인간 사이의 약속, 동의, 용납 등을 통해 형성된 "도덕적 또는 정치적 불평등", 다시 말해 사회적으로 형성된 불평등이란 점을 염두에 둔다면 당연하다.[31] 사회가 어떻게 형성되고 변화하는가는 결국 사회를 구성하는 인간 자신이 어떤 존재인가에 달려 있으며, 따라서 사회적으로 형성된 불평등 역시 결국에 가서는 인간의 본성을 통해 해명될 수밖에 없기 때문이다.

그러나 지금까지 철학자들은 자연상태에서의 인간의 본성을 해명하는 데 실패했다는 것이 루소의 평가이다. 이들은 단순히 현재 자신들이 사는 사회에 관한 관념을 자연상태 속으로 옮겨 놓았을 뿐만 아니라, 이 때문에 자연상태의 인간을 설명한다면서도 정작 문명 상태의 인간을 이야기하고 말았기 때문이다.[32] 이런 점에서 이들은 흔히 당시 사회의 사람들이 자신들의 이익을 위해 합의한 규칙들을 마치 자연상태에서 유래한 것처럼 말한다.[33] 루소가 이에 관한 대표적인 사례로 든 것이 바로 홉스이다. 즉 홉스는 인간이 본래 악하고, 남을 위해 행동할 줄 모르며, 자기 필요를 위해 우주 전체를 다 가지려 한다고 본다. 그래서 홉스는 자연상태를 인간의 "자기보존을 위한 노력이 타인의 보존에 가장 해를 끼치는" 상태,[34] "공격하고 싸우는 것밖에" 모르는 상태,[35] 이른바 '만인에 대한 만인의 투쟁' 상태로 보지만, 이것은 사실 당시 사회의 무질서한 모습 때문에 등장한 법 제정의 필요성을 정당화하기 위해 자연상태를 투쟁 상태로 본 것에 불과하다는 것이다. 다시 말해 무질서한 상태는 자연상태가 아니라, 당시의 사회상태인 셈이다. 이런 점에서 루소가 보기에 홉스는 문명인의 모습을 자연상태에서의 인간의 모습으로 간주한 꼴이 된다. 더구나 홉스는 자연상태를 자기보존을 위한 투쟁 상태로만 보기 때문에 "자기보존의 욕구가 완화되도록 인류에게 주어진 원리", 혹은 "동포의 괴로움을 보고 싶지 않다는 선천적인 감정"을 인식조차 하지 못했다.[36] 홉스는 인간만이 아니라 동물에게서조차 발견되는 "연민"의 감정을 알지 못했다는 것이다.[37] 그러나 인간이 연민의 감정을 본성적으로 갖고 있다는 것은 루소에게 너무나 자명한 사실이다. 루소가 보기에 "기절한 어머니나 곧 숨이 넘어가려는 어린아이에게 아무런 도움의 손길"도 뻗칠 수 없는 상태에서 아무런 고뇌도 느끼지 않는다는 것은 상상조차 할 수 없는 일이기 때문이다.[38]

그렇다면 루소에게 인간의 자연적 본성, 즉 "자연이 만든 그대로"의 인간의 모습은 어떤 것일까?[39] 루소는 인간의 본성이 어떤 것인지를 알아내기 위해 "가설적이고 조건적인 추론"이 필요하다고 본다.[40] 하지만 루소가 이러한 추론 방법이 무엇인지 상세히 설명하고 있지는 않기 때문에 우리는 그가 『인간 불평등 기원론』 전체에 걸쳐 인간의 본성을 논의하는 맥락에 따라 단지 이를 추측해 볼 수 있을 뿐이다. 아마도 루소가 말하는 추론 방법의 첫 번째 특징은 실증적 탐구가 아니라는 것이다. 다시 말해 루소는 인간의 자연상태에서의 모습이 어떠한가를 밝히기 위해 역사학적 탐구를 수행하지는 않았다. 따라서 루소가 말하는 자연 그대로의 인간의 모습이란 '가설적'인 것이다. 그렇다면 루소는 어떻게 인간의 본성에 대한 가설을 만들었을까? 이것은 루소가 말하는 추론 방법의 두 번째 특징이라 할 수 있는 것으로, 인간이 갖는 다양한 특징 중 인위적인 것을 '제거'하는 방법이다. 이렇게 되면 결국 남는 것을 인간의 타고난 특징, 내지 자연적 본성이라 할 수 있기 때문이다. 이런 맥락에서 루소는 무언가 자연상태의 인간에게 덧붙여진 것, 내지는 변화, 혹은 변질된 것을 제거하려고 한다. 즉 사회적 원인에 의해 만들어진 것, 인간의 지식이 만들어 낸 것, 그리고 신체적 원인이나 정념에 따라 변질된 것 등이 제거된다면 인간의 자연적 본성이 어떤 것인지를 알 수 있다는 것이다.[41] 루소의 다음과 같은 진술은 자신이 말하는 가설적 추론이 바로 이런 제거의 방법임을 잘 나타내고 있다. 즉 "오랜 세월에 걸친 진보를 통해서야 비로소 얻을 수 있었던 모든 인위적인 능력을 제거해버린다면, 요컨대 인간을 자연의 손에서 갓 나온 그대로의 상태"로 알 수 있다는 것이다.[42]

루소가 이런 가설적 방법을 통해 제시한 인간의 자연적 본성이란 "안락과 자기보존"을 추구하려는 경향과[43] "동정심"이다.[44] 첫 번째 본성이란 말 그대로 인간이 자신의 생명을 유지하고, 본능적 욕구를 충족하려는 경향을 말한다. 이런 점에서 자연상태에서의 인간은 생존을 유지하기 위해 먹을 것을 찾고, 다른 동물들의 먹이가 되지 않기 위해 자기 자신을 지키는 일이 가장 중요했을 것이다. 그리고 이런 과정에서 육체적 고통을 피하기 위한 휴식을 통해, 그리고 종족 번식을 위한 본능적 욕구인 성욕을 충족하면서 안락함과 자기보존본능을 충족할 수 있었을 것이다.[45] 물론 홉스 역시 인간의 자연적 본성으로서 자기보존본능을 주장하지만, 루소가 생각하는 자기보존본능은 홉스가 생각한 것과는 다르다. 홉스가 말하는 자기보존본능은 만인에 대한 만인의 투쟁을 낳지만, 루소의 경우에는 그렇지 않다. 루소가 『에밀』에서 지적하고 있듯이 인간의 자연적 본성의 하나인 자기보존본능이란 자신의 생명을 유지하고 자신의 본능적 충동을 충족하려는 경향이라는 점에서 "자기 자신만을 생각하고, 자신의 욕구만 충족"하려는 '자기애'를 의미하지만,[46] 이는 이기심과는 다르다. 이기심이란 근본적으로 "자기를 남들과 비교"하는 데서 생기는 감정이기 때문이다.[47] 이기심을 이렇게 남과의 비교를 전제한 것으로 본다면 그것은 더 많이 가지려 하고, 더 좋은 것을 가지려 하고, 남들보다 우월해지려 하고, 남들로부터 더 많은 사랑을 받으려는 것이기 때문에 이런 충동은 결코 완벽하게 충족될 수도 없으며, 인간이 이런 충동에 사로잡혀 있는 한 타인과의 갈등은 불가피하다. 이렇게 루소처럼 자기애와 이기심을 구별한다면, 인간을 만인에 대한 만인의 투쟁 상태에 빠뜨리는 것은 이기심이지, 결코 자기애가 아니다. 따라서 루소의 표현처럼, 자연상태의 인간은 "타인에게 해를 끼치고 싶은 마음보다는 타인에게서 입을지 모르는 피해로부터 스스로를 지키는 데 더욱 신경을 쓰고 있었으므로 위험한 분쟁에 휩싸일 우려가" 없었고,[48] 설사 분쟁이 일어난다 해도 "먹을 것보다 더 중요한 것이 아닌 이상 피를 흘리는 결과를 가져오는 일"은 아주 드물었을 것이다.[49] 루소가 생각하기에 이기심이 아닌 자기애가 전쟁과 같은 갈등을 필연적으로 초래하는 것은 아니다. 전쟁도 불사하려면 자신의 목숨을 걸어야 하고, 이는 자기애와 상충하기 때문이다.

그렇다면 자기애와 구별되는 동정심이란 어떤 성향을 말할까? 루소가 말하는 동정심이란 어떤 반성 행위 없이 자연스럽게 갖게 된 선천적인 감정으로서 너그러움, 관대함, 인간애 등으로 표현된다. 그리고 이 감정은 루소가 말하는 인간의 또 다른 본성인 자기보존과 행복에 대한 욕구를 완화함으로써 인간 전체의 상호적 보존에 이바지한다.[50] 왜 그럴까? 동정심이 이런 역할을 할 수 있는 것은, 근본적으로 동정심이 나와 타인을 "일체화"시키기 때문이다.[51] 즉 동정심이란 고통받고 있는 타인의 고통을 마치 자신의 고통처럼 느낌으로써 타인과 하나가 되는 감정이라는 것이다. 그래서 인간은 동정심 때문에 고통받는 사람을 보면 깊은 생각 없이도 그를 도와주려고 하고, 타인이 고통당하기를 원하지 않는다는 것이다. 이런 점에서 루소는 동정심이 인간에게 "자연상태에서 법과 풍속과 미덕을 대신"한다고 말한다.[52] 그로티우스는 인간이 사회를 형성하게 된 근본적인 이유를 '평화로운 공동체에서 타인과 함께 살려는 사회적 충동'에서 찾았지만, 루소에게 인간이 사회를 형성할 수 있는 이유는 근본적으로 동정심에 있다. 동정심이 타인과 하나가 되려는 선천적 감정이라면, 당연히 이러한 특성은 인간을 혼자 살게 하는 것이 아니라, 함께 살도록 하기 때문이다. 그렇기에 루소는 동정심을 통해 인간이라는 종 전체의 '상호적 보존'이 가능하다고 본 것이다.

그런데 흥미로운 것은 루소가 이 동정심을 단순히 자연적 본성으로만 규정한 것이 아니라, 인간의 존재론적 특징과 연결하여 설명한다는 점이다.[53] 이는 분명 동정심이 인간에게는 필연적인 본성임을 논증하기 위한 것으로 이를 통해 그가 말하는 인간 본성 개념을 더욱 강화한다. 루소에 따르면, 인간은 신이 아니다. 따라서 인간은 완전한 존재가 아니다. 만약 인간이 신처럼 완전한 존재라면, 신이 그렇듯 인간은 아무것도 필요로 하지 않으며, 자족적으로 존재하게 될 것이다. 그리고 인간은 아무런 불행도 없는 절대적 행복 상태에 있을 것이다. 하지만 인간은 불완전한 존재이고, 또한 강하기보다 약한 존재이다. 따라서 인간은 절대적 행복 상태에 있는 것이 아니라, 고통받을 수 있고, 혼자 자족적으로 존재하는 것이 아니라, 항상 무엇인가를 필요로 하며, 따라서 무엇인가를 원하고 또한 사랑한다. 동정심은 바로 이러한 존재론적 조건에서 작동한다. 타인과 하나가 되려는 선천적 감정은 바로 인간의 불완전성을 극복함으로써 이로 인한 고통에서 벗어나려는 충동이기 때문이다. 즉 인간이 신처럼 자족적으로 행복한 존재가 아니기에, 항상 무엇인가를 필요로 하며, 또한 타인 역시 필요로 한다면, 이제 동정심은 인간을 타인과 하나 되게 만들어 준다는 점에서 이런 존재론적 필요를 충족시키는 역할을 한다.

그렇다면 루소가 말하는 두 가지 본성은 어떤 관계에 있을까? 동정심이 타인과 하나가 되려는 성향이라면, 동정심을 통해 자기보존본능, 즉 자기애의 경향은 억눌러야 할까? 물론 루소가 자기애를 위해 동정심을 억눌러야 한다는 주장을 펴지는 않는다. 그러나 루소가 동정심을 통해 자기애를 완화해야 함을 지적한다는 점에서 일견 동정심과 자기애는 서로 반대되는 본성인 것처럼 보인다. 그런데 루소는 또한 자기보존본능과 동정심이라는 두 가지 본성이 서로 일치되어야 하고, 모든 자연법의 규칙은 이러한 일치에 토대를 두어야 한다고 본다.[54] 그런데 만약 이 두 가지 본성이 서로 대립하는 것이라면, 이 둘이 과연 일치를 이룰 수 있을까? 그러나 반대로 두 가지 본성이 서로 대립하는 것이 아니라면, 이 둘의 관계는 어떻게 이해되어야 할까? 루소가 『인간 불평등 기원론』에서는 이런 문제를 논의하지 않지만, 『에밀』에서는 이런 문제에 답할 수 있는 실마리를 제공한다. 루소는 자기보존이 인간이 우선적으로 주의를 기울여야 할 가장 중요한 것으로 보며, 이를 위해서는 무엇보다도 자기애가 필요하다고 주장한다. 그런데 중요한 것은 바로 이런 자기애가 자기 자신을 보호해 주는 것에 대한 사랑으로 발전한다는 점이다.[55] 따라서 인간은 자신에게 도움이 되는 것을 추구하는 만큼, 자신에게 도움을 주고자 하는 사람도 좋아한다. 동정심이란 타인의 고통을 자신의 고통으로 알고, 타인을 도와주려는 자연적 마음가짐이라 할 수 있으며, 이런 점에서 동정심은 루소가 지적하고 있듯이 모든 종의 보존에 이바지할 수 있다. 이렇게 본다면, 동정심은 자기보존과 대립하는 것이 아니라, 이와 일치될 수 있다. 나의 동정심이 타인의 자기보존에 도움을 준다면, 타인은 나를 좋아할 것이고, 타인의 동정심이 나의 자기보존에 도움을 준다면, 나 역시 타인을 좋아할 것이기 때문이다. 그리고 이 좋아함이 다시 타인에 대한 동정심으로 이어진다면, 자기애와 동정심은 서로를 억제하는 것이 아니라, 서로를 강화하는 선순환 관계를 형성한다.

　자기애와 동정심의 관계가 중요한 이유는 이를 통해 루소가 말하는 대안적 사회의 모습을 그려볼 수 있기 때문이다. 그리고 실제로 루소는 이러한 맥락에서 인류의 역사를 단계별로 구분하면서 자기애와 동정심이 서로 대립하는 것이 아니라, 서로 일치하고 조화를 이루는 상태를 가장 이상적인 상태로 규정한다. 루소가 구분한 역사적 단계를 살펴보면 다음과 같다. 우선 1단계는 이른바 인류가 '자연상태'에서 살던 시기를 말한다. 물론 앞서 설명했듯이 이 시기는 실제로 존재했다기보다는 모든 인위적인 것이 제거된 "가공의 추측"을 통해 구성된 것이다.[56] 루소가 낭만적으로 묘사하고 있듯이, 이 시기의 인간은 "떡갈나무 아래에서 배불리 먹고 시냇물을 찾아 목을 축이며, 자기에게 먹을거리를 제공해준 그 나무 발치에서 잠자리를 발견한다."[57] 즉 이 시기 인간은 일도 없고, 집도 없고, 싸움도 없고, 타인과 교류도 하지 않은 채 오직 자연적 본능에 따라 먹을 것을 찾아다니며 유유자적한 삶을 살고 있었다.[58] 이 시기 인간의 유일한 관심사는 자기보존이며, 이들의 유일한 행복은 먹고, 쉬고, 성적 본능을 충족하는 것이었기 때문이다.[59] 물론 자연상태의 인간은 선천적으로 타인에 대한 동정심이 있다. 그러나 이런 동정심이 공동생활로 이어진 것은 아니다. 이 시기 인간은 성적 본능에 따라 이성과 우연히 결합했을 뿐 부부관계를 형성하지 않았고, 어머니가 아이를 낳고 모성 본능에 따라 아이를 키웠다 하더라도 아이가 자립하면 둘 사이의 관계는 지속하지 않았다.[60] 이런 점에서 동정심은 남을 해치지 않고, 남의 것을 빼앗지 않고, 남과 싸우지 않는 정도로만 발휘되었다.[61] 즉 동정심은 타인을 불행하게 만들지 않고 자신의 행복을 실현하는 "자연적

착함" 상태에 머물러 있었다는 것이다.[62]

이러한 자연상태에 이어서 2단계가 시작한 것은 무엇보다도 인간이 자신의 생존을 저해하는 여러 가지 문제를 자각하면서부터이다. 즉 인간은 자연에서 먹을 것을 얻는 과정에서 신체적 한계 때문에 생기는 어려움에서부터 다른 동물과의 생존 경쟁, 가뭄, 추위, 더위 등 기후나 계절의 차이로 인한 문제에 직면하면서, 이를 해결하기 위해 삶의 방식을 변화시켰다는 것이다. 그 결과 인간은 단지 자신의 몸만을 사용하는 것이 아니라, 자연물을 도구로 이용하기 시작했으며, 자신의 생존을 위해 무엇이 중요한지 비교하고 평가하기에 이르렀다.[63] 그리고 이 시기에 인간의 동정심은 새로운 단계에 이르게 된다. 인간은 자신과 동류인 타인들 역시 자신과 마찬가지로 생존과 안락을 추구함을 알게 되었고, 타인들 역시 자신과 같은 문제를 겪고 있음을 알게 되었기 때문이다. 이런 점에서 이제 인간은 단지 타인에게 해를 입히지 않으면서 고독하게 사는 것이 아니라, 비록 일시적이지만 필요할 경우 서로 협력하게 되었다. 루소의 표현을 빌리자면, 인간은 이제 "자유로운 협력"을 통해 일시적 결합을 이룰 수 있었다는 것이다.[64]

이러한 진보 덕분에 인간은 더욱 신속하게 발전하여 "최초의 혁명기"로 지칭되는 3단계에 이른다.[65] 이 단계에서 인간은 숲속을 유랑하다 나무 아래에서 자는 것이 아니라, 비록 오두막이라도 집을 짓고 안정된 거주지에서 살기 시작했다. 인간이 집에서 산다는 것은 이전과는 근본적으로 다른 새로운 삶의 방식을 갖게 됨을 의미한다. 안정된 거주지가 필요했다는 것은 혼자 사는 것이 아니라, 타인과 지속적으로 함께 산다는 것을 의미했기 때문이다. 즉 이 시기 인간은 부부와 자식으로 구성된 가족을 형성하기 시작했고, 이는 두 가지 점에서 인간의 삶을 변모시켰다. 한편으로 인간의 자기보존본능과 관련해서 생각해 보면, 가족과 함께 산다는 것은 이제 자기보존을 위한 노력이 혼자만의 힘으로 이루어지는 것이 아니라, 가족 간의 역할 분담을 통한 공동의 노동이 됨을 의미한다. 그리고 이 시기에는 오직 신체적 근력이나 자연물을 도구로 이용하는 것이 아니라, 도구를 발명하고 제작하고 이를 사용하게 됨으로써 생산이 비약적으로 증가했을 뿐만 아니라, 또한 생산이 손쉽게 이루어짐으로써 인간은 여가마저 즐길 수 있게 되었다. 다른 한편 인간이 가족을 형성하며 산다는 것은 타인에 대한 동정심이 새로운 단계에 도달했음을 의미한다. 이제 부부관계나 부모 자식 관계와 같이 애착에 기초한 인간관계가 형성되었기 때문이다. 그 결과 "애착"과 "자유"에 기초한 "작은 사회"가 형성되었고,[66] 유사한 생활 방식을 가진 다른 가족 간의 교류도 빈번히 일어나고 유대가 강화되면서 인접 가족들과 결합하여 지역적으로 더 큰 공동체를 형성하기에 이르렀다.[67]

루소는 이 시기를 가리켜 인류 역사상 "가장 행복하고 안정된 시기"로 규정한다.[68] 이 시기 인간은 자연상태의 무위도식도 아니고, 이기심으로 인한 극성스러운 활동도 아닌 그 "중간"에 있었으며,[69] 규제와 단속이 없어도 "타고난 연민"으로 인해 남에게 해를 끼치지 않았기 때문이다.[70] 이런 점에 비추어 볼 때 루소가 3단계를 그 이전 단계와 비교하여 "최상의 상태"로 꼽는 이유는, 가족이라는 작은 사회를 애착과 자유로 규정한 것에서 알 수 있듯이 이 단계에 이르러 인간의 독립성과 합일이 서로 균형을 이루며, 서로를 강화하는 순환적 관계를 이루었기 때문일 것이다. 루소에게 자기보존을 위한 노력은 자기애의 표현이며, 이 시기의 자기보존 노력은 역할 분담 속에서 각자 역할을 수행하는 방식으로 이루어지면서 자신의 역할에 대한 타인의 존경을 원할 만큼 자기애를 강화했다. 이에 반해 동정심은 타인과 하나가 되려는 경향으로써 이는 애착에 기초한 가족의 형성만이 아니라, 상시적 교류와 유대를 전제한 공동체 형성에 이를 정도로 강화되었다. 그러나 이 둘은 서로 무관하게 이루어진 것이 아니다. 자기애가 타인의 존경을 원하는 데까지 이르렀다는 것은 타인과의 교류와 유대 관계 형성을 전제한 것이기 때문이다. 이는 역으로 생각해도 마찬가지이다. 타인과의 교류와 유대가 일시적 필요가 아니라, 공동생활을 형성할 만큼 강화되었다는 점에서 비로소 타인으로부터의 존경 욕구도 발생했다고 볼 수 있기 때문이다. 이렇게 볼 때 3단계에 이르러 자기보존본능과 동정심은 각기 더욱 강화되었을 뿐만 아니라, 어느 하나가 강하면 다른 한쪽을 약화하는 것이 아니라, 한쪽이 강화되면 다른 쪽도 강화될 수밖에 없는 선순환 관계에 이르렀다.

　루소가 가장 이상적인 시기로 보았던 3단계와는 달리 4단계는 야금술과 농업을 통한 "거대한 변화"가 이루어진 시기로서,[71] 이는 한편으로 인류가 문명화된 시기이기도 하지만, 동시에 인류가 "전쟁상태"에 빠짐으로써 파멸에 이르게 된 시기이기도 하다.[72] 그렇다면 야금술을 통해 철을 만들고 농업을 통해 밀을 생산하는 것이 어떻게 이러한 변화를 초래할 수 있었을까? 루소가 생각하는 근본적인 원인은 무엇보다도 불평등의 발생과 남보다 우위에 서려는 열망에 있다. 한편으로 농업을 통한 생산의 확대가 이루어지면서 생산물에 대한 사적 소유가 발생하고, 생산물에 대한 소유는 생산 수단인 토지에 대한 소유로까지 이어졌다. 그런데 문제는 개인의 신체적 능력의 차이 등 자연적 차이로 인한 생산의 차이가, 농업 기술의 도입 이후 더욱더 확대되어 사람들 사이의 불평등을 만들어냈다는 것이다. 그리고 다른 한편 이런 불평등은 더 많은 재산을 통해 남보다 우위에 서려는 열망과 결합함으로써 사람들은 타인을 희생시켜가면서까지 자신의 소유물을 확대하게 되었다. 그 결과 "지배와 굴종 또는 폭력과 약탈"이 발생하기 시작했으며,[73] 점차 사람 고기 맛을 안 늑대가 사람들을 닥치듯이 잡아먹는 것처럼, 이제 사람들은 "인색하고 야비하고 악독하게" 되어 자연적 동정심은 사라지고 서로 싸우는 전쟁상태에 빠지게 되었다.[74]

이러한 전쟁상태에 이어 루소가 인류 역사의 마지막 단계로 규정한 것은 법률이 지배하는 국가의 탄생 단계이다. 그런데 루소가 말하는 법치 국가는 홉스가 말하는 것처럼 사회구성원이 자신의 권력을 국가에 위임함으로써 만인에 대한 만인의 투쟁 상태를 종식하고 자기보존을 보장받기 위해 형성된 것이 아니다. 물론 외관상 국가는 모든 사람의 소유를 보장하고, 약자를 억압에서 보호하기 위해 등장한 것 같지만, 루소는 법치 국가의 출현을 부자들의 "교묘한 계획"의 산물로 본다.[75] 루소에 따르면, 부자들이 자신의 이익을 보호하고 약자들을 이용하기 위해 국가라는 최고 권력체를 만들어 낸 것이다. 따라서 그 결과 부자들의 소유와 정치적 지배가 확립되었지만, 약자들은 "노동과 예속과 비참"에 빠지고 말았고,[76] 인간의 자연적 동정심은 거의 사라져 버렸다는 것이다.[77] 그리고 이러한 국가 권력체는 "절대군주제라는 괴물"을 만들어 냄으로써 최고 정점에 이르게 된다.[78] 그 결과 이젠 전제 군주 외에 어떠한 지배자도 없으며, 오직 맹목적인 복종만이 강요되는 사회가 되었다.

이러한 역사적 변동 과정을 전제한다면, 루소가 생각할 수밖에 없는 대안적 사회란 당연히 불평등과 억압이 사라진 사회일 것이다. 그리고 그것은 또한 자기애와 동정심이 순환적 관계를 형성하는 사회일 것이다. 루소가 말하는 절대군주제는 모든 사람의 자기보존이 아니라, 오직 절대 군주만의 자기보존을 위한 것이라는 점에서 이는 인간의 자연적 본성에 적합하지 않으며, 더구나 여기서 인간의 자기애는 폭군의 이기심으로 변질되어 자연적 동정심을 파괴하고 있기에 이 또한 인간의 자연적 본성에 맞는 것이 아니다. 그렇다면 불평등과 억압이 사라진 사회, 자기애와 동정심이 순환적 관계를 형성하는 사회는 어떻게 가능할까? 분명 루소의 『사회계약론』은 이에 대한 답일 것이다. 여기서 루소가 말하는 '일반의지'란 다름 아닌 자기애와 동정심이 조화를 이룸으로써 인간을 불평등과 억압으로부터 해방하는 역할을 하기 때문이다. 그리고 이런 점은 이미 루소가 『인간 불평등 기원론』에서도 인민과 통치자 사이의 "참된 계약"과 "모두의 의지를 하나의 의지로 결합"하는 법률 제정을 주장하며 암시하고 있던 것이기도 하다.[79]

그렇다면 루소가 말하는 '일반의지'란 어떤 점에서 자기애와 동정심의 조화, 내지 자기애와 동정심의 순환적 통합을 가능하게 할까? 루소의 저서 『사회계약론』의 본래 목적은 "있는 그대로의 인간"에 상응하는 "정당하고 확고한 통치 원칙"을 탐구하는 데 있으며,[80] 이 통치의 법칙은 "언제나 옳고 항상 공익을 지향"하는 일반의지의 실현에 있다.[81] 이렇게 루소가 일반의지를 정당한 통치 원칙으로 본 것은 일반의지와 개별의지의 차이 때문이다. 우선 루소가 말하는 개별의지란 개인들이 자신의 이익을 추구하려는 의지를 말하며, 이런 점에서 개별의지란 타인의 개별의지와 구별된다. 이에 반해 일반의지란 공동이익을 추구하려는 개인의 의지를 말하며, 이런 점에서 일반의지 하에서 개인은 구별되지 않고 서로 하나가 된다. 그러나 이렇게 볼 때 개별의지와 일반의지는 서로 대립한 것 같지만, 사실 이 둘은 같은 뿌리를 갖는다. 일반의지란 개인적 이익을 추구하는 개별의지 속에 담긴 공동이익에 해당하는 부분이기 때문이다.[82] 이렇게 본다면, 개별의지란 타인과 구분되는 자기애를 추구한다고 볼 수 있지만, 이 개별의지 속에는 공동이익을 추구하는 부분이 있기에 동시에 타인과 하나가 되려는 동정심이 함축되어 있다. 따라서 일반의지를 실현한다는 것은 분명 공동이익을 실현한다는 점에서 동정심의 표현이지만, 이 동정심이 자기애를 추구하는 개별의지에 내재해 있다는 점에서 이는 자기애와 대립하는 것이 아니라, 순환적 통합관계에 놓이게 된다. 따라서 일반의지가 실현된다면, 개인은 개별적 이익을 추구하면서도 동시에 공동이익을 실현하고, 공동이익을 추구하면서도 동시에 개별적 이익을 실현하는 셈이 된다.

이렇게 일반의지를 통해 공동이익과 개인적 이익이 순환적 통합을 이룬다는 것은 루소가 국가라는 정치체를 하나의 "유기체"로 본다는 점에서 더 확실하게 설명될 수 있다.[83] 즉 국가와 개인의 관계는 전체와 부분과의 상호작용 관계로서 이는 한 생명체와 이를 구성하는 각 부분과의 관계와 같다는 것이다. 따라서 생명체가 죽으면 이를 구성하고 있는 부분들도 죽고, 각 부분이 죽으면 생명체 전체가 죽게 되는 것처럼, 국가 자체가 죽으면, 그 부분인 개인도 죽고, 개인이 죽으면 개인으로 이루어진 국가도 죽는다. 물론 이는 반대로 다음과 같은 관계 역시 함축하고 있다고 볼 수 있다. 즉 한 생명체를 살리기 위해 각 부분을 죽인다거나, 각 부분을 살리기 위해 생명체를 죽인다는 것은 불가능하다는 것이다. 국가와 개인의 관계를 이처럼 유기체적 관계로 본다면, 공동이익과 개별이익 역시 전체와 부분의 관계로 이해할 수 있다. 즉 공동이익이 개별이익을 부정하는 것도 아니고, 개별이익이 공동이익을 부정하지 않는 관계 속에서만 국가도 살고, 개인도 산다는 것이다. 루소가 생각하기에 이를 가능하게 하는 방법은 사회구성원들의 개별의지 사이에서 서로 상충하는 부분을 제거할 때 남는 공통적인 부분을 일반의지로 보는 것이다.[84]

그런데 이렇게 일반의지의 실현을 '있는 그대로의 인간'에 상응하는 '정당하고 확고한 통치 원칙'으로 본다면, 이제 모든 불평등과 억압이 사라지고, 자기애와 동정심이 조화롭게 실현될 수 있을까? 분명 국가라는 정치체에서 일반의지가 실현된다면, 국가라는 정치적 질서 내에서의 불평등과 억압은 사라질 것이다. 그러나 이것이 경제적 영역에서도 모든 불평등과 억압이 사라짐을 의미할까? 비록 루소가 정치적 영역에서 일반의지를 주장한다 하더라도 그가 이를 경제적 영역으로까지 확대한 것은 아니다. 물론 정치적 영역에서의 의사결정이 경제적 영역에 영향을 미칠 수 있지만, 이것이 자유경쟁에 기초한 자본주의 경제체제에 대한 어떤 대안을 제시한다는 뜻은 아니기 때문이다. 분명 루소는 국가의 의사결정에 있어 "최우선적이고 가장 중요한 원칙"이 일반의지에 따르는 것임을 천명하는 데 주저하지 않으며,[85] 국가가 부자의 거대한 소유는 강력하게 보호하고, 빈자에게는 자기 손으로 만든 오두막 정도나 허용하는 불평등 사회에 반대한다.[86] 그리고 루소는 이를 위해 국가가 "빈자에게 부담을 덜어주고 부자에게 부담을 지우는" 과세 정책을 통해 불평등의 지속적인 증가, 노동자의 부자에 대한 예속, 실업자의 증가, 농촌의 황폐화를 막아야 한다고 본다.[87] 그러나 루소의 문제의식이 사적 소유나 자유경쟁에 대한 대안을 모색하는 데까지 발전한 것은 아니며, 따라서 그의 시각이 부자와 빈자의 발생 자체를 막는 데까지 나아갈 수도 없었다. 이런 점에서 일반의지, 내지 공동이익을 추구하는 정치적 영역에서의 의사결정이 경제적 영역에서의 불평등을 완화할 수는 있어도, 경제적 영역 역시 일반의지에 따를 수 있도록 이를 재구성할 수는 없었다.

## 2. 진화인류학에서의 사회성

그로티우스가 말하는 사회성은 자기보존본능과 반대로 보편적 원칙에 따라 평화로운 공동생활을 영위하려는 성향을 말한다. 이에 반해 루소가 생각하는 사회성은 물론 동정심에 있지만, 루소는 동정심을 자기보존본능과 대립시키지 않는다. 그에게 자기보존본능은 이기심과 구별되는 자기애를 의미하며, 동정심은 이러한 자기애와 선순환 관계를 형성할 수 있기 때문이다. 이런 점에서 루소가 말하는 사회성이란 단순히 동정심이 아니라, 자기애와 동정심의 통합이라 할 수 있다. 그런데 앞서 서술했듯이 사회성에 대한 이러한 루소의 생각은 역사적 변동 과정에 관한 실증적 탐구가 아니라 가설적 추론에 따른 것이다. 그런데도 루소의 설명이 우리를 놀라게 하는 것은 이것이 오늘날 진화인류학에서 주장하는 실증적 입장과 유사하기 때문이다. 이런 점에서 루소의 입장은 단지 가설 수준에 머무는 것이 아니라, 인간의 사회성을 설명하는 중요한 개념적 틀이 될 수 있다.

### 인간의 사회성과 문화 창조

앞서 언급한 바 있듯이, 스티븐 샌더슨은 『사회학』에서 인간은 다른 많은 생명체와 마찬가지로 "사회적 동물"이라고 규정한다.[88] 사회성이란 "집단을 이루고 살며, 삶을 영위하고 욕구를 충족시키기 위해 서로 의지"하는 것을 의미한다는 점에서, 벌과 같은 곤충류나, 포유동물, 그리고 침팬지처럼 군집 생활을 하는 동물들과 마찬가지로 인간도 사회적 동물이라는 것이다. 그러나 인간은 또한 다른 생명체와는 달리 "문화적 동물"이다.[89] 인간은 "본능적 메커니즘"에 따라 행동하는 동물들과 달리 학습을 통해 공유되고, 전승되는 "문화적으로 질서 지워진 또는 문화적으로 규제된 체계" 속에서 살기 때문이다.[90] 이러한 샌더슨의 주장을 종합해 보면, 인간과 다른 생명체들이 사회 속에서 산다는 점은 같지만, 인간 사회와 동물 사회는 각기 문화와 본능에 따라 질서 지워져 있다는 점에서 서로 다르다.

그런데 이러한 샌더슨의 관점에서 의문인 것은 인간 사회와 동물 사회가 본질적으로 다르다면, 굳이 인간과 동물을 사회적 존재라는 같은 개념으로 규정할 필요가 있겠는가 하는 점이다. 샌더슨처럼 인간과 동물이 공동생활을 한다는 한 가지 점 때문에 이 둘 모두를 사회적 존재로 규정한다면 이는 '사회성'의 범위를 너무 광범위하게 설정한 것으로서 인간의 '사회성'의 특징을 제대로 부각하지 못할 수 있다. 동물 사회와는 달리 인간 사회에서만 문화가 형성되었다는 것은 인간의 공동생활 방식이 동물과는 본질적으로 다른 것임을 의미하며, 따라서 인간 사회와 동물 사회의 차이는 단지 문화의 유무가 아니라, 문화 형성의 토대인 공동생활 방식 자체가 다른 데 그 원인이 있다. 이런 점에서 문화의 존재 여부를 통해서만 인간 사회의 차이점을 설명한다면, 문화를 만들어내는 공동생활의 특징을 간과하게 될 위험성이 있다. 더구나 인간 사회와 동물 사회가 본질적으로 다르다면, 우리는 인간의 사회성과 동물의 사회성을 구별함으로써 인간의 사회성이 갖는 핵심적 특징이 무엇인지를 밝혀야 할 텐데, 그렇지 않고 이 둘 모두를 사회성이라는 같은 개념에 포섭한다면, 인간 사회나 동물 사회나 모두 똑같은 사회인데 왜 인간 사회에서만 문화가 등장하는지 알 수 없게 된다. 물론 샌더슨 역시 왜 인간 사회에서만 문화가 등장하게 되었는지를 설명하지 않는 것은 아니다. 그는 인간만이 언어를 통한 "상징적 의사소통"을 하기에 문화가 형성될 수 있었다고 본다.[91] 그러나 인간의 언어 자체도 인간이 만들어낸 문화의 일부라고 보면, 이는 문화의 등장을 다름 아닌 문화로 설명하는 것과 같다. 더구나 언어를 문화의 일부로 보는 것이 아니라, 문화가 형성될 수 있는 비문화적 조건으로 이해한다 하더라도, 이 언어가 등장할 수 있었던 것 역시 인간의 공동생활 방식, 내지 인간 사회의 특징이나 인간의 사회성이 갖는 독특성과 관련되어 있을 것이다. 그러나 샌더슨처럼 문화의 발생 원인 자체를 언어로 돌리게 되면 이 또한 인간의 사회성이 갖는 특수성을 간과하게 한다.

샌더슨과는 달리 인간의 본성에 주목한 루소는 문화의 등장 자체를 문화의 일부인 언어를 통해 설명하는 잘못을 범하지 않는다. 루소에게 문화가 등장한 것은 동물과 다른 인간의 특성 때문이며, 언어 역시 문화가 등장하는 과정에서 형성된 것이기 때문이다. 루소에 따르면, "동물은 태어난 지 몇 달 후면 일생 동안 변치 않을 모습을 지니게 되며, 천년의 세월이 흘러도 그 종의 최초 모습과 별 차이가 없다."[92] 따라서 벌과 같은 곤충이든, 아니면 포유류나 침팬지 같은 영장류라 할지라도 이들의 생활 모습은 언제나 똑같고, 앞으로도 똑같을 것이다. 그러나 인간의 삶의 모습은 지속적으로 변화해 왔고, 현재의 모습이 과거와 다르듯이 미래의 모습 역시 현재와는 다를 것이다. 물론 이러한 변화에 대한 루소의 평가가 긍정적인 것은 아니다. 루소에 따르면 동물은 그저 자신의 본능 상태 그대로 있지만, 인간은 "동물보다 더 저속한 상태"에 떨어졌기 때문이다.[93] 그러나 인간의 삶의 변화 과정에 대한 평가가 어떻든 루소에게 언어 역시 이러한 역사적 변화 과정에서 등장하게 되었으며, 그 이유는 전적으로 사회적 필요에 있었다. 즉 루소에 따르면, 언어의 최초 형태는 자연상태에서 일종의 소리와 몸짓을 통한 신호 전달의 형태였으며, 이는 무엇보다도 타인에게 자신의 절박한 사정을 알리고 도움을 "요청"하기 위해 사용되었다는 것이다.[94] 이에 반해 인간이 상징적 의사소통을 가능하게 하는 "말"을 사용하게 된 것은 그가 설명한 역사 변화 3단계에서 서로 가깝게 사는 사람들 사이의 교류를 위해서이다.[95] 이렇게 본다면 루소에게 언어는, 그것이 신호이든 아니면 상징적 의사소통 수단이든, 타인과의 상호작용이나 교류라는 사회적 필요를 전제한 것이다.

그렇다면 왜 인간의 삶의 모습은 고정적인 것이 아니고, 가변적이며, 또한 언어가 등장하고, 종국에는 인간이 동물보다도 못한 저속한 상태에 빠지고 만 것일까? 루소가 말하는 근본적 원인은 "인간의 자유로운 주체로서의 특질" 때문이다.[96] 즉 동물은 본능을 따르고 자연에 순응하여 살지만, 이와 달리 인간은 이에 복종할 것인지, 말 것인지를 선택할 수 있는 "자유의 의식"을 갖고 있다는 것이다.[97] 그리고 바로 자유의 의식 때문에 인간은 본능에 따라 혹은 자연적으로 정해진 방식의 삶을 사는 것이 아니라, 삶의 방식을 변화시킬 수 있다. 이러한 자유의 의식과 함께 루소는 인간 삶이 변화하는 이유를 설명하기 위해 인간의 또 다른 특성인 발전 가능성을 근거로 든다. 다시 말해 인간은 자신의 "모든 능력을 점차 발전"시키려 한다는 것이다. 루소가 인간이 동물보다도 못한 저속한 상태에 빠졌다고 말한 것은, 그가 바로 이 발전 가능성을 "불행의 근원"으로 보기 때문이다.[98] 왜 그럴까? 그것은 이 발전 가능성이 인간을 자신의 본능과 자연에 순종하게 만드는 것이 아니라, 반대로 이를 지배하게 함으로써 인간을 "자기 자신과 자연에 대한 폭군"으로 만들었기 때문이다.[99] 인간에게는 자유 의식이 있기에 자신의 본능과 자연에 순응하지 않을 수 있다. 그리고 지속적으로 자신을 발전시킬 수 있는 능력이 여기에 더해진다면, 이제 인간은 자신의 본능과 자연에 맞서 이를 지배할 수 있다는 것이다.

이렇게 본다면 인간 사회와 동물 사회가 근본적으로 다른 것은 인간이 동물과 달리 자유 의식과 발전 가능성을 갖고 있기 때문이며, 그 결과 인간의 공동생활은 문화적으로 질서 지워져 있는 데 반해, 동물의 공동생활은 본능적 메커니즘에 따라 유지된다고 할 수 있다. 그런데 역사적 단계에 대한 루소의 설명에서 알 수 있듯이 인간이 이렇게 본능과 자연에 무의식적으로 순종하는 것이 아니라, 자유 의식과 발전 가능성 하에서 타인과 공동생활을 하며 문화를 만들어가기 시작한 것은 자연상태에서 벗어난 2단계에서부터이다. 이 시기부터 인간은 자신의 생존을 저해하는 문제들을 인식하기 시작했고, 동시에 타인도 자신과 같은 문제를 겪고 있음을 알게 되면서 서로 협력하기 시작했기 때문이다. 즉 자유 의식을 실현하고 자신의 능력을 발전시키는 과정은 동시에 자신에게 닥친 문제를 해결하기 위해 타인과 협력하는 과정이었다는 것이다. 루소가 인류 역사상 "가장 행복하고 안정된 시기"로 규정했던 3단계는 이 두 가지 과정이 가장 이상적인 조화를 이룬 시대이다. 루소가 이 시기에 형성된 가족이라는 작은 사회를 "자유"와 "애착"에 기초한 사회로 규정했듯이, 3단계에 이르러 인간은 자연에 순응하는 것이 아니라 노동을 통해 자신의 세계를 만들어가고, 타인과 애착 관계를 형성하며 일시적 협력을 넘어서 안정된 공동생활을 영위하게 되었기 때문이다. 그러나 앞서 서술했듯이 그 이후의 단계에서는 부의 불평등이 발생하면서 인간관계가 지배와 복종의 관계로 재편되었고, 한 사람의 자유는 대다수의 부자유로 이어졌다. 이렇게 볼 때 인간 사회에서만 문화가 형성된 것은 인간의 자유 의식과 발전 가능성 때문이며, 이것은 또한 서로 협력하는 공동생활을 통해 실현되었다고 볼 수 있다. 따라서 인간 사회의 특징, 내지 인간의 사회성의 특징을 설명하기 위해서는 사회성을 단지 함께 사는 것으로 보는 것이 아니라, 자유 의식과 발전 가능성이 전제된 인간 사이의 '협력'에 주목할 필요가 있다.

그런데 중요한 것은 이러한 생각이 루소가 지적한 것처럼 '가공의 추측'에 그치는 것은 아니라는 점이다. 이런 생각은 오늘날 인류의 진화과정을 실증적으로 연구한 진화인류학에서도 발견할 수 있기 때문이다. 인간종의 진화를 연구해 온 아구스틴 푸엔테스는 『크리에이티브』에서 인간의 본성을 "창의적으로 협력"하는 존재로 규정한다.[100] 이에 따르면 인간은 신체적으로 볼 때 한없이 약한 존재이기에 항상 포식자의 먹이가 될 위험성이 있었다. 그리고 바로 이 때문에 생존을 유지하기 위해서는 타인과 협력할 수밖에 없었고, 이러한 협력의 과정에서 상상력을 발휘하여 자신의 세계를 창조해 나갔다는 것이다. 그런데 푸엔테스가 인간을 창의적으로 협력하는 존재로 규정할 때 흥미로운 것은, 그가 창의성과 협력을 각기 다른 인간의 특징으로 규정하면서 이를 따로따로 설명하는 것이 아니라, 창의성의 조건을 협력으로 봄으로써 이 둘의 필연적 결합을 이야기하고 있다는 점이다. 다시 말해 "어떤 식의 창의적 행동이든 처음 형성되는 조건은 협력"이라는 것이다.[101] 푸엔테스에 따르면, 창의적 행동이란 어떤 특별한 사람의 천재적 능력에 기인하는 것이 아니며, 따라서 창조란 이런 특출한 사람의 고독한 노력의 산물이 아니다. 그 대신 창의적 행동이란 대부분 "수백 명이나 수천 명이 시간과 공간을 초월하여 협력한 결과"라는 것이다.[102]

물론 여기서 말하는 창의적 행동이란 흔히 예술이나 산업 분야에서 볼 수 있듯이 기존의 것에 비해 어떤 새로운 것을 생각해 내는 능력만을 의미하지는 않는다. 푸엔테스가 말하는 창의적 행동이란 자연적인 것이 아니라, 무언가 인간이 자기 생각을 세계에 투영하여 이를 바꾸어 놓은 인위적인 것 모두를 말하기 때문이다.[103] 그런데 동물과 구별되는 인간 사회의 특징인 문화가 자연적이거나 본능적인 것이 아니라, 인간이 만들어 낸 모든 것을 가리킨다면, 사실 창의적 행동이란 광범위한 의미에서 문화를 형성하는 행동 모두를 말한다고 할 수 있다. 다시 말해 인간이 포식자를 피할 때건, 도구를 만들고, 불을 관리하고, 변화하는 기후와 맞서 생존을 모색할 때건, 아니면 서로 도와 어린아이를 보살피거나, 음식을 공유하고, 정교한 기술로 사고하고 의사소통하거나, 사회를 만들고, 국가를 유지하고 관리할 때이건, 인간이 타인과 협력하며 자신의 문제를 해결하려 할 때면 언제 어디서든 창의적 행동이 이루어졌다는 것이다.[104]

그런데 이렇게 협력을 창의적 행동의 조건으로 본다면, 해결되어야 할 문제가 있다. 그것은 인간의 협력과 동물의 협력을 개념적으로 구분할 수 있겠는가 하는 점이다. 사실 군집 생활을 하는 동물도 협력한다. 그렇다면 동물도 창의적 행동을 위한 조건을 갖추었다고 봐야 할까? 푸엔테스에 따르면, "아프리카 사냥개라고도 불리는 리카온과 암사자는 각각 사냥에 나설 때 협동한다. 미어캣은 교대로 보초를 서서 포식자를 감시하고, 여러 원숭이들이 사회적 동맹을 맺어 일상의 난관을 처리한다."[105] 사실 인간 이외의 생명체들이 협력 관계를 형성하고 있음을 보여주는 사례는 무수히 많다. 개미들은 여왕개미를 중심으로 분업적 협력 체계를 형성하고 있으며, 얼룩말이나 물소들은 포식자를 피하고자 무리를 이루고 있고, 악어새는 악어 치아에 끼인 찌꺼기를 제거하고, 우리 몸속에 있는 미생물조차도 협력적 공생 관계를 유지한다. 이런 협력은 인간 사회의 협력과 무엇이 다를까? 아쉽게도 푸엔테스가 이런 차이점을 중심 과제로 삼지는 않았다. 그의 주된 목적은 인류의 진화과정을 살펴보면서 "인간이 유일한 창의적 종으로 우뚝 설 수 있는 과정"을 해명하는 데 있었기 때문이다.[106] 이런 점에서 푸엔테스는 인간의 협력과 동물의 협력 사이의 차이점을 체계적이라기보다 산발적으로 제시하고 있을 뿐이다. 그런데도 이를 종합해 보면 그는 대략 세 가지 차이점을 염두에 두고 있는 것 같다. 첫째, 인간의 협력은 지속적이다.[107] 둘째, 인간의 협력은 도구를 사용하고 의사소통을 통해 이루어진다.[108] 그리고 푸엔테스가 마지막으로 들고 있는 차이점은 협력이 공동체를 통해 이루어진다는 점이다.[109] 그러나 이 세 가지 차이점 중에서 아마도 마지막 차이점이 가장 결정적일 것이다. 인간의 협력이 동물과 달리 지속적이라면, 이는 단지 양적인 차이에 불과할 수 있다. 그리고 도구와 의사소통은 협력 자체라기보다 협력의 매개 방식을 말한다는 점에서, 마지막 특징이 인간의 협력 방식의 본질을 보여준다고 할 수 있다. 물론 협력이 공동체를 통해 이루어진다는 것은 공동체가 지속적이듯 협력 또한 지속적임을 의미하고, 마찬가지로 공동체가 존속하기 위해서는 구성원들의 의사소통이 필요하다는 점에서, 마지막 특징은 앞의 두 가지 특징을 이미 내포하고 있다.

그럼 공동체적 협력이란 무슨 뜻일까? 푸엔테스에 따르면, 침팬지들의 협력은 각자 자신만을 위한 것이다. 침팬지들은 무리를 지어 사냥하지만, 직접 먹이를 잡은 침팬지가 먹이를 독식하거나, 직접 먹이를 잡은 침팬지가 무리 중 서열이 낮은 경우 서열이 높은 침팬지에게 먹이를 빼앗기기 때문이다. 그래서 침팬지 중에는 함께 사냥했지만 아무런 보상도 받지 못하는 경우가 생긴다.[110] 그러나 인간의 협력은 각자 자신만을 위한 것이 아니라는 것이다. 왜냐하면 "인간은 식량과 은신처, 안전, 혁신, 보육, 그리고 죽음에 이르기까지 세상이 던진 모든 문제에 하나의 공동체로서 대응"하기 때문이다.[111] 이 말은 인간만이 자기 자신과 타인을 포함한 서로를 위해서 협력한다는 것이다. 즉 인간만이 먹을 것을 협력을 통해 얻을 뿐만 아니라, 이를 공유할 수 있다. 그리고 인간만이 타인의 집을 짓는 데 협력하고, 인간만이 다른 사람의 아이를 돌보는 데 협력한다. 그러나 어떠한 동물도 다른 개체를 위해 집을 짓고, 다른 개체의 새끼를 돌보진 않는다. 더구나 인간만이 다른 사람을 위해 자신의 위험마저 감수한다. 푸엔테스에 따르면 인간에게만 이런 식의 협력이 일어나는 이유는 바로 인간만이 자신의 집단에 대한 소속감을 느끼기 때문이다. 즉 "인간 공동체는 소속감을 공유하는 개체들의 집합"이라는 것이다.[112] 이런 점에서 인간은 서로 분리된 개체가 아니라, 공동체의 구성원으로서 서로 한 몸이 된 것이다. 따라서 동물의 협력은 개체로서의 자기 자신만을 위한 것이라면, 인간의 협력은 **'타인과의 일체감을 통한 상호협력'**이라 규정할 수 있다.

이런 진화인류학적 입장을 전제한다면, 루소가 말하는 인간의 사회성의 핵심인 동정심은 실증적 근거를 갖게 된다. 앞서 설명했듯이 루소가 말하는 동정심이란 타인의 고통을 자신의 고통처럼 느끼면서 타인과 일체화되는 감정을 말하며, 이는 자신과 동류인 타인이 자신과 같은 문제를 겪고 있고, 또한 자신과 마찬가지로 생존과 안락을 추구한다는 자각을 통해 타인과의 협력으로 표현된다. 이런 점에서 루소가 인간의 자연적 본성으로 규정한 동정심을 '타인과의 일체감을 통한 상호협력'을 가능하게 하고, 또한 이러한 협력에 동반되는 자연적 정서라 할 수 있다면, 이는 푸엔테스가 말하는 인간의 협력 방식과 크게 다르지 않으며, 또한 역으로 푸엔테스의 연구가 보여주는 인간의 협력 방식은 바로 루소가 말하는 동정심을 토대로 이루어진다고 볼 수도 있다. 따라서 인간 사회와 동물 사회의 차이, 내지 인간의 사회성과 동물의 사회성의 본질적 차이를 말한다면, 이는 인간만이 타인과의 일체감을 통한 상호협력을 수행한다는 점이다. 그리고 더 나아가 인간 사회의 특징인 문화에 관해 이야기한다면, 바로 이런 상호협력 방식을 통해 문화가 형성되고, 그 일부로서 언어가 등장하게 되었다고 볼 수 있다.

물론 여기서 말하는 타인과의 일체감을 통한 상호협력이란 본능적인 행동을 말하는 것이 아니라, 일종의 의식적 행위라고 보아야 한다. 푸엔테스가 말하는 타인과의 일체감은 개개인이 자신을 공동체 구성원이라고 생각하는 자기의식만이 아니라, 타인 역시 자신이 속한 공동체의 구성원임을 인정할 때 가능하기 때문이다. 이는 루소가 말하는 동정심을 통한 일체감 형성의 경우도 마찬가지이다. 동정심 역시 타인이 자신과 동류일 뿐만 아니라, 자신과 같은 문제를 겪고 있고, 또한 자신과 마찬가지로 생존과 안락을 추구하는 존재라는 점을 의식할 때 가능하기 때문이다. 더 나아가 루소가 지적하듯, 인간이 본능에 따라 자연에 순응하며 사는 동물과는 달리 본능에 복종할 것인지, 말 것인지를 선택할 수 있는 "자유의 의식"을 갖고 있다면, 동정심 역시 이러한 자유의 의식을 통해 실현된다고 보아야 한다. 이런 점에서 인간의 협력 방식은 진사회성(eusociality) 생물의 사례에서 알 수 있는 본능적 차원의 상호협력과는 다른 것이다. 예를 들어 벌과 같은 진사회성 곤충의 경우를 보면, 일군의 벌 집단이 만들어 낸 군락 내에서 여왕벌은 알을 낳는 역할만 하고, 암벌인 일벌은 먹이를 모아오고, 애벌레를 키우고, 집을 짓고, 여왕벌을 보호하는 역할을 한다. 이렇게 보면 벌들은 각기 다른 역할을 하면서 상호협력체계를 형성한 것처럼 보인다. 더구나 일벌은 침입자가 있을 때 벌집을 지키기 위해 목숨을 버릴 뿐만 아니라, 여왕벌의 번식 활동을 도울 뿐 스스로는 번식을 하지 않는다. 이런 점에서 일벌은 자신이 소속된 집단을 위해 자신의 생존만이 아니라 번식마저 포기한 이타적인 행동을 하는 것처럼 보인다. 그리고 이런 상호협력이나 이타적인 행동은 자기 집단 내부에서만 일어날 뿐 다른 벌 집단과는 경쟁 관계에 놓인다는 점에서 일종의 집단의식을 전제한 것처럼 보인다. 하지만 휠도블러와 윌슨이 설명하듯이, 이런 행동을 보고 벌들이 "사람처럼 자기 행동의 이유나 가능한 결과에 대해 생각하고 행동한다"고 가정할 이유는 없으며,[113] 개개의 벌들이 어떤 "사회적 질서에 대한 설계도"에 따라 행동하는 것도 아니고, 개개의 벌들을 "지휘 감독하는 두뇌 계급"이 있는 것도 아니다.[114] 즉 벌들의 행동은 자율적인 판단에 따른 행동이 아니라, 본능적으로 결정된 행동이라는 것이다.

휠도블러와 윌슨에 따르면,[115] 진사회성 생물은 세포나 조직이 하나의 유기체를 구성하듯, 유기체적으로 분리된 수많은 개체가 노동 분업을 통한 상호 협력체계를 이룸으로써 새로운 단계의 유기체, 즉 "초유기체(superorganism)"를 구성한다. 그런데 초유기체 속에서 개체들의 협력적 행동은 이미 유전자적으로 결정된 것이다. 개체들의 성장 과정과 행동 패턴은 유전자를 통해 결정된 일종의 알고리즘에 따른 것이며, 이런 알고리즘에 따라 "자동적으로 기계적 작업을 수행"하는 개체들이 모여 분업적 협력체계를 만들어 낼 때 초유기체라 규정할 수 있는 하나의 군락이 형성된다.[116] 그리고 이 군락의 환경 적합도가 높을 때 군락만이 아니라, 군락을 형성하고 있는 개체 역시 생존하고 번식한다. 이런 점에서 진사회성 생물의 상호협력은 인간의 상호협력과 같은 의식적 행동이 아니며, 더구나 자유 의식이 동반된 행동도 아니다. 그리고 리처드 도킨스의 '이기적 유전자' 개념을 도입한다면,[117] 진사회성 생물에게서 나타

나는 상호협력은 개체 자신과 다른 개체를 위한 상호협력이라고 말할
수도 없다. 진사회성 생물의 상호협력은 개체의 관점이 아니라, 유전자
의 관점에서 볼 때, 자신의 유전자를 후세에 좀 더 많이 남기는 이기적
행동이기 때문이다. 이런 입장에서 벌들의 협력적 행동을 본다면, 일벌
이 자신은 번식을 포기하고, 여왕벌이 가능한 많은 새끼를 낳도록 도와
주고, 이를 지키기 위해 자신의 생존마저 포기하는 것은 이타적이고 희
생적인 행동이라기보다, 이렇게 할 때 여왕벌의 새끼를 통해 자신의 유
전자가 더 많이 퍼질 수 있기 때문이다.

## 인간의 사회성과 사고 유형

인간의 사회성의 본질을 '타인과의 일체감을 통한 상호협력'으로 본
다면, 이는 정서적 측면에서 루소가 말하는 동정심에 토대를 두지만, 인
간의 사회성이 단지 인간의 자연적 감정에 기초한 것은 아니다. 인간의
상호협력은 자신과 타인에 대한 의식을 전제하고 있을 뿐만 아니라, 이
러한 의식적 행동이 가능한 것은 인간이 본능적 존재가 아니라, 자유의
존재이기 때문이다. 이런 점에서 인간의 상호협력은 자신과 타인에 대
해 자율적으로 사고할 수 있는 능력을 전제한 것으로 보아야 한다. 놀랍
게도 인지과학에 기초한 진화인류학자인 마이클 토마셀로는 그의 저서
『생각의 기원』에서 역사적으로 진화해 온 인간 고유의 사고 유형을 분
석할 뿐만 아니라, 인간 특유의 협력 방식과 사고 유형과의 상관관계를
보여줌으로써 앞서 말한 인간의 사회성, 즉 타인과의 일체감을 통한 상
호협력이 **'타인의 관점에서 자기 자신을 반성'**하는 독특한 사고방식을 통해
실현되고 있음을 입증한다.[118] 이에 따르면, 토마셀로는 역사적으로 진
화해 온 인간의 사고 유형을 '개인지향성', '공동지향성', '집단지향성'이

라는 세 가지 유형의 지향적 행위로 구별하고, 인간과 동물, 특히 가장 인지능력이 발달한 대형 유인원과 인간의 차이점을 보여주기 위해 대형 유인원의 행위 지향성을 개인지향성으로, 그리고 이에 반해 대형 유인원 단계로부터 진화해 나온 인간의 행위 지향성은 공동지향성으로 규정한다. 그리고 한 걸음 더 나아가 동물과 구별되는 인간의 사고 발달 과정을 공동지향성에서 집단지향성으로의 이행으로 설명한다.

우선 토마셀로가 말하는 개인지향성, 공동지향성, 집단지향성 중에서 개인지향성이란 개인적으로 설정된 행위지향점에 도달하려는 행위를 가리킨다. 그런데 흥미로운 것은 토마셀로가 개인지향성 범주에 단지 인간의 행위만이 아니라, 침팬지, 보노보, 고릴라, 오랑우탄 등 대형 유인원과 같은 동물의 행위 역시 포함하고 있다는 점이다. 그런데 동물이 지향적 행위를 한다고 볼 수 있을까? 지향적 행위란 목적과 의도에 따른 행위를 의미하고, 목적과 의도가 있다면 이는 일정한 사고 과정을 전제할 수밖에 없다. 그렇다면 동물도 사고능력이 있다는 뜻일까? 물론 거미가 거미집을 짓고 있는 것을 보면, 거미 역시 거미집이라는 목표를 설정하고, 주변을 살피면서, 이를 실현하기 위한 행동을 수행하는 것처럼 보인다. 그러면 거미 역시 개인적으로 설정된 지향점에 도달하려는 행위를 수행한다고 말할 수 있을까? 토마셀로에 따르면 거미의 행동은 개인지향성 범주에 속하지 않는다. 거미는 분명 목표를 설정하고, 주변 환경을 지각하고, 이에 따라 행동하는 것처럼 보이지만, 이런 행동은 무의식적 행동으로서 동일한 상황이 발생하면 항상 동일한 행동이 일어나는 고정된 메커니즘을 따르고 있다. 따라서 새로운 상황이 발생하면, 거미는 이에 대처하지 못한다. 토마셀로는 거미에게는 불가능한 상황변화에 맞는 대처가 가능하기 위해서는 사고능력이 필요하다고 본다. 상황

변화에 대처하기 위해서는 자신의 목표달성을 위해 이러한 상황에 적합한 행동을 수행하려는 의지가 있어야 하지만, 이를 위해서는 새로운 상황 자체를 인식하고, 이런 상황에서 어떤 행동을 하면 어떤 결과가 산출되는지를 추측하고, 이것을 자신의 목표달성과 연결하여 어떤 행동이 적합한지를 사고할 수 있어야 하기 때문이다. 다시 말해 사고능력이란 실제 행동을 하지 않고도, 실제 행동을 하면 어떤 결과가 나올지를 시뮬레이션할 수 있는 능력이며, 이런 능력이 없다면, 어떤 생명체도 새로운 상황에 탄력적으로 대처할 수 없다. 예를 들어 한 나무 위에서 다른 나무로 점프하는 시늉을 하다가, 이내 나무에서 내려와 다른 나무로 기어 올라가는 다람쥐를 생각해 보자. 다람쥐는 왜 점프를 하지 않고 나무에서 내려와 다른 나무로 기어 올라간 것일까? 아마도 다람쥐는 다른 나무로 점프하려다가 거리가 너무 멀다는 것을 지각했을 것이다. 그리고 이 거리에서 점프하면 다른 나무에 도착하는 것이 아니라, 땅바닥에 떨어질 것이라는 점을 시뮬레이션을 통해 알았을 것이다. 그래서 다람쥐는 다른 나무로 점프하려던 자신의 판단을 수정하고, 나무 밑으로 내려온 것이다. 이렇게 본다면 다람쥐는 자신이 생각했던 것과 다른 상황을 인식하고, 자신의 목표달성을 위해 자신의 행동을 수정한 것이다. 따라서 다람쥐는 거미와 달리 사고능력이 있고, 이를 기반으로 개인지향적 행동을 한다고 볼 수 있다.

토마셀로는 다람쥐 사례에서도 알 수 있듯이, 시뮬레이션 능력을 사고능력의 핵심으로 보고 이를 토대로 한 "유연한 자기조절"을 수행하며 자신의 목표를 달성하려는 행위 방식을 '개인지향성'으로 명명한다.[119] 그리고 토마셀로는 개인지향성 행위를 가능하게 하는 사고 유형을 그가 사고의 3단계로 규정한 표상, 추론, 자기관찰과 관련하여 개념적으로 명료화한다.[120] 즉 개인지향성에 따라 행동을 수행하는 행위자는 첫째, 자신의 목표가 무엇인지, 그리고 이러한 목표와 관련된 상황이 어떤지를 인지적으로 '표상'한다. 둘째, 실제로 행동을 수행하기에 앞서 현재 상황에서 자신의 행동이 어떤 결과를 낳을 수 있고, 또한 외부의 작용들은 어떤 결과를 낳을 수 있는지를 시뮬레이션을 통해 '추론'한다. 셋째, 이러한 추론을 통해 행위를 선택하고, 실제 행위의 결과를 토대로 다시 행위를 수정하기 위해 '자기관찰'을 수행한다.

토마셀로에 따르면 실제로 대형 유인원들은 이런 3단계 사고 과정을 전제한 개인지향성 행동을 수행한다. 대형 유인원들은 공간 지각 능력은 물론이고 먹이를 식별하고 분류할 수 있는 능력을 갖추고 있고, 행위와 결과 사이의 인과적 추론에 근거하여 먹이를 구하는 행동을 수행하기 때문이다. 더구나 대형 유인원들은 인과관계에 대한 인식에 그치지 않고, 이에 근거하여 도구를 통한 상황조작까지 수행할 수 있다. 즉 대형 유인원은 "A라는 속성의 도구를 사용하면 B가 발생해야 한다"는 가정하에 현재 상황에서 자연적으로 발생하지 않는 결과를 인위적으로 유도한다는 것이다.[121] 그리고 대형 유인원은 단지 물리적 세계에서만 개인지향성 행동을 수행하는 것은 아니다. 대형 유인원은 무리를 지어 생활한다는 점에서 일종의 사회적 세계에서도 개인지향성을 발휘한다. 토마셀로에 따르면, 대형 유인원들은 자신들의 무리 속에서 먹이와 짝짓기를 둘러싼 경쟁에서 이기기 위해 인과 추론을 통해 집단 내 특정 개체를 지배하거나 친교를 맺고 이들과의 관계를 활용한다.[122] 그리고 복잡한 문제 상황에서 어떤 일이 일어났고, 어떤 일이 일어날지를 시뮬레이션하면서 이에 대처한다. 더구나 대형 유인원들은 비록 몸짓이나 소리를 통해서이긴 하지만 다른 개체들과 의사소통도 한다. 토마셀로에 따르면 대형 유인원들에서 나타나는 개인지향성은 경쟁적 상호작용 하에서 자신의 목표달성을 위해 나타나며, 이들이 비록 서로 협력하는 것처럼 보인다 하더라도 이는 다른 개체들과의 경쟁이나 싸움에서 유리한 편에 서기 위한 일시적 협력에 불과하다.[123] 이런 점에서 대형 유인원 집단에서 자신과 다른 개체들은 항상 먹이와 짝짓기를 위한 경쟁자에 불과하며, 개인지향성에 따른 사고 유형은 이런 경쟁에서 이기기 위해 발전한 것이다.

개인지향성은 대형 유인원은 물론 다람쥐에서도 나타나며, 인간 역시 예외가 아니다. 토마셀로는 400만 년 전의 오스트랄로피테쿠스를 포함하여 대형 유인원과 인류의 공통 조상은 개인지향성에 따라 사고하고 행동했을 것으로 추정한다.[124] 이런 점에서 개인지향성을 통해서는 인간과 대형 유인원이 구별되지 않으며, 따라서 토마셀로는 대형 유인원에서는 나타나지 않고, 오직 인간에게만 나타나는 사고 유형을 특정짓기 위해 공동지향성이라는 새로운 행위 지향성 유형을 제시한다. 그런데 이러한 토마셀로의 입장이 주목할 만한 이유는 그가 말하는 공동지향성이 바로 인간에게만 나타나는 고유한 협력 방식을 보여주기 때문이다. 다시 말해 토마셀로는 인간 특유의 사고 유형이 나타나기 시작한 것과 인간 특유의 협력 방식이 출현한 것을 같은 맥락에서 보고 있다는 것이다. 그렇다면 인간이 공동지향성에 따라 사고하고 행동한다는 것과 인간 간의 상호협력 사이에는 무슨 관계가 있을까? 이를 위해서는 우선 동물의 협력 방식과 인간에게만 나타나는 협력 방식의 차이가 무엇인지를 다시 살펴볼 필요가 있다.

토마셀로에 따르면, 침팬지와 같은 대형 유인원은 일종의 "자기중심의 집단행동"을 수행한다.[125] 이는 푸엔테스가 침팬지의 협력을 자신만을 위한 협력으로 설명했던 것과 같은 의미이다. 즉 침팬지들이 먹잇감으로 작은 원숭이를 단체 사냥할 때, 침팬지들은 모두 자기가 먹잇감을 직접 잡으려고 경쟁한다. 그래야 자기가 먹고 싶은 부위를 마음껏 먹을 수 있기 때문이다. 그럼 함께 사냥한 침팬지들은 무엇을 얻을까? 침팬지들은 함께 사냥했다고 해서 다른 침팬지들에게 자기가 잡은 먹잇감을 분배하지는 않는다. 따라서 먹잇감을 직접 잡지 못한 침팬지는 먹잇감을 직접 잡은 침팬지가 먹다 남길 찌꺼기를 먹든지, 구걸해서 먹이를 조금이라도 얻는다. 이런 점에서 침팬지들이 비록 함께 사냥하지만, 각각의 침팬지들 모두는 각자 자신의 목적을 추구한다. 그러나 이에 반해 인간은 먹을 것을 함께 마련하고, 또 이를 공유한다. 푸엔테스가 지적하듯이 인간의 협력은 자기만이 아니라, 타인을 위한 것이기도 하기 때문이다. 그리고 이런 협력은 비단 먹을 것을 얻는 데 그치는 것이 아니라, 공동으로 아이를 키운다든지 협력 당사자들이 갖는 공동의 문제를 해결하기 위해 서로 소통하고, 함께 해법을 찾는 것에 이르기까지 다양하게 나타난다. 토마셀로는 이런 식으로 협력하는 인간의 기원을 40만 년 전 등장했던 호모 하이델베르겐시스로 추정한다. 호모 하이델베르겐시스는 현생 인류의 공통 조상에 속하며, 이들은 서로를 위한 상호협력을 통해 큰 동물을 사냥한 최초의 인류였던 셈이다.[126]

동물과 달리 인간이 서로를 위해 협력했다는 고고인류학적 사실이 중요한 것은 이를 통해 인간만이 수행할 수 있는 '공동지향성'이라는 행위 유형과 그 전제가 되는 사고 유형이 어떤 것인지를 확인할 수 있기 때문이다. 공동지향성은 말 그대로 공동으로 지향하는 목표를 설정하고 이를 실현하는 행위 유형을 특성화한 것이다. 이를 구체적으로 살펴보면, 인간의 사고가 공동지향성을 갖기 위해서는 먼저 상호인식이 필요하다. 공동의 목표를 설정하기 위해서는 타인이 무엇을 원하는지, 그리고 타인도 내가 무엇을 원하는지를 알아야 하기 때문이다. 둘째, 일단 상호인식을 통해 공동의 목표가 설정되면, 공동의 목표와 관계하여 각자 자신의 역할이 무엇인지를 이해하는 관계적 사고를 수행할 수 있어야 한다. 셋째, 공동의 목표를 위해 서로 협력하기 위해서는 각자 상대방의 관점이 자신과 어떻게 다른지를 이해하고, 이를 공동의 목표에 적합하도록 관점을 조정해야 한다. 그리고 끝으로 상대방이 자신을 어떻게 평가하는지를 인식하고 좋은 평판을 얻도록 노력해야 협력이 효율적으로 일어날 수 있다. 토마셀로에 따르면 이렇게 인간은 상호인식이나 관계적 사고, 그리고 관점 조정을 수행할 수 있고, 자신에 대한 타인의 평판에 관심을 기울인다는 점에서 공동지향성에 따른 사고와 행위를 수행하지만, 대형 유인원은 공동의 목표를 갖고 있지도 않고, 따라서 이를 실현하기 위한 협력 활동도 보이지 않는다. 더구나 어떤 영장류 동물도 관계적 사고를 수행하는 경우는 없으며, 타인의 관점과 자신의 관점이 다르다는 것을 인식하지도 못한다. 그리고 오직 자신의 목표를 달성하기 위한 도구적 사고만 수행하는 대형 유인원들에게 다른 개체의 평가에 맞추어 자신의 행동을 조절한다는 것은 상상조차 할 수 없는 일이다.

그런데 이렇게 인간만이 수행할 수 있는 공동지향성 행위에서 인간과 동물을 구별할 수 있게 하는 결정적 차이는 바로 여기에서 인간만이 수행할 수 있는 고유한 사고 유형이 나타난다는 것이다. 앞서 개인지향성을 표상, 추론, 자기관찰이라는 사고의 3단계를 통해 특징화했듯이, 공동지향성을 이러한 단계에 따라 분석해 본다면, 각각의 지향성 유형에 따라 전혀 다른 방식으로 사고가 진행됨을 분명하게 알 수 있다. 첫째, 개인지향성을 위해서는 자신의 목표가 무엇이고, 이와 관련된 상황이 어떤지를 인지적으로 표상할 수 있어야 하지만, 공동지향성에 따른 협력적 의사소통을 위해서는 상대방의 관점에서 행위 목표와 관련된 상황을 표상할 수 있어야 한다. 이것이 가능할 때에만 공동 행위자들은 서로가 무엇을 원하고, 무엇에 관심이 있는 줄 알 수 있기 때문이다. 그러나 서로가 무엇을 원하고, 무엇에 관심이 있는지를 모른다면 상호협력은 사실상 불가능하다. 둘째, 개인지향성을 위해서는 자신의 행동과 외부의 작용이 어떤 결과를 낳을 수 있는지를 시뮬레이션을 통해 추론할 수 있어야 한다. 그러나 공동지향성에 따라 행동하기 위해서는 상대방이 내 의도에 대해 어떻게 생각하는지를 추론할 수 있어야 한다. 그렇지 못하다면 사실상 협력적 활동 역시 불가능하다. 단적인 예로 내가 손가락으로 어딘가를 가리켰을 때 상대방이 이를 이해하고 있는지를 알아야 서로 협력할 수 있다는 것이다. 셋째, 개인지향성을 위해서는 자신이 설정한 목적이 실제 행동을 통해 잘 달성되고 있는지 스스로 관찰하고 평가할 수 있어야 한다. 그러나 공동지향성을 위해서는 상대방의 관점에서도 자신의 행위를 관찰하고 평가할 수 있어야 한다. 나의 행위가 상대방의 기대에 부합하지 않다면 협력은 지속할 수 없기 때문이다. 이렇게 보면 공동지향성에서 나타나는 특징적인 사고 유형은 자신의 관점에 따라 자기 자신을 반성하는 것이 아니라, 상대방의 관점을 이해하고 또한 이를 토대로 이른바 '타인의 관점에서 자기 자신을 반성'하는 것을 말한다. 물론 이것이 가능하려면 상대방과의 협력적 소통이 전제되어야 한다. 소통의 방식이 손가락 지시이든 아니면 몸짓이든, 이러한 소통이 없다면 내가 생각한 상대방의 관점이란 주관적 상상에 지나지 않기 때문이다. 그리고 더 나아가 협력적 소통의 가능 조건을 묻는다면 그것은 상호인정일 것이다. 공동지향성에 따라 행동하는 주체들이 서로를 협력 상대자로 인정하지 않는 한 서로의 목표에 대한 상호인식은 물론 공동 목표 설정 자체가 불가능하기 때문이다.

이렇게 개인지향성과 공동지향성의 차이를 토마셀로가 사고의 3요소로 규정한 표상, 추론, 자기관찰이란 차원에서 이해한다면, 이제 이 두 가지 지향성이 서로 다른 주체성 유형을 전제하고 있음도 알 수 있다. 우선 개인지향성의 주체는 각기 독립된 개별적 존재이고, 이 주체는 자신 이외의 모든 존재를 사고와 행위의 대상으로 객체화한다. 독립된 개별적 존재는 자신의 관점에 따라 사고하고 행동하지만, 자신 이외의 존재는 그것이 물리적 세계이든 타인이든, 이 모든 존재는 주체의 목표달성을 위한 행위와 사고의 대상에 불과하기 때문이다. 이런 점에서 개인지향성의 주체는 주체-객체 관계에서 사고하고 행동한다. 이에 반해 공동지향성의 주체는 물론 개별적 존재이지만, 이 주체는 자신 이외의 모든 존재를 사고와 행위의 대상으로 객체화하지 않는다. 이 주체가 비록 물리적 세계는 객체화한다 하더라도, 자신과 협력하는 타인은 객체가 아니라, 또 다른 주체이기 때문이다. 다시 말해 공동지향성의 주체들은 상호협력을 위해 각기 상대방의 관점에서 자기 자신을 반성한다는 점에서 협력 상대방 역시 자신의 관점에 따라 사고하고 행동하는 주체로 대우한다는 것이다. 따라서 공동지향성의 주체는 주체-주체 관계에서 사고하고 행동한다.

이렇게 공동지향성이 작동하는 주체-주체 관계를 토마셀로는 두 개인 사이의 "양자 간 관계"로 규정하면서 공동지향성을 개인성과 공동성이 결합한 "중층적 구조"로 이해한다.[127] 즉 공동지향성은 "느슨하게 무리지어 협력했던" 40만 년 전 초기 인류에게 등장한 새로운 사고 유형으로서,[128] 이는 특정한 상황에서 특정한 목적을 가진 개인이 서로 다른 어떤 개인과 만나 흡사 양자 간 계약처럼 공동 목표를 설정하고 서로 협력하는 가운데 등장한 것이다. 따라서 공동지향성의 주체들은 본래 각자 자신의 관점에 따라 사고하고 행동하는 존재이며, 합의가 이루어질 때 협력 관계를 형성한다. 이런 점에서 공동지향성의 주체는 자신의 목표와 공동의 목표를 가질 수 있는 이중적 존재이며, 서로 협력할 때도 공동 목표를 추구하면서도 이를 실현하기 위한 각자 특수한 역할을 담당한다는 점에서도 항상 개인성과 공동성이 공존하는 중층적 존재이다.

이에 비해 토마셀로가 말하는 세 번째 사고 유형인 집단지향성은 한편으로 공동지향성에 따른 협력이 지속적으로 반복되면서 사람들 간의 협력을 조정하는 관습, 규범, 제도 등 이른바 "문화적 관행"이 형성되고,[129] 다른 한편 이를 공유하는 사람들이 하나의 집단을 형성할 때 가능하다. 이런 점에서 집단지향성의 뿌리는 공동지향성이지만, 공동지향성과는 질적으로 다른 사고 유형을 전제한다. 집단지향성에서는 문화적 관행이 집단 구성원 모두에게 적용되는 보편적 관점 역할을 하고, 이를 공유하는 집단 구성원은 이를 토대로 자아정체성을 형성하기 때문이다. 이런 점에서 개인성과 공동성이 공존하는 공동지향성과는 달리 집단지향성에서는 개개인의 개인성은 문화적 관행이라는 집단적 보편성에 흡수된다. 그렇다면 이런 식의 문화적 관행은 인간의 사고방식을 어떻게 바꾸어 놓았을까? 우선 개개인이 문화적 관행을 토대로 자아정체성을 형성한다는 것은 개개인이 일종의 교육을 통해 특정한 문화적 관행을 내면화하고, 자기 자신을 이를 공유한 해당 집단의 구성원으로 이해하면서 일종의 집단의식을 형성한다는 뜻이다. 그리고 이렇게 문화적 관행을 내면화하고 집단의식을 갖게 되면, 공동지향성과 구별되는 새로운 사고 유형이 등장한다. 첫째, 개개인은 개인지향성 유형에서처럼 행위 목표와 관련 상황을 자신의 관점에서 표상하는 것도 아니고, 그렇다고 공동지향성 유형에서처럼 협력 상대방의 관점도 아닌, 한 집단의 구성원으로서 집단 구성원 모두가 공유하고 있는 관점, 즉 문화적 관행에 따라 표상할 수 있어야 한다. 문화적 관행은 자기 자신만이 아니라, 다른 구성원들이 무엇을 해야 하고, 서로 무엇을 기대해야 하는지를 알려주기 때문이다. 둘째, 개개인은 자신의 행동과 외부의 작용이 어떤 결과를 낳을 수 있을지, 아니면 협력 상대방이 내 의도에 대해 어떻게 생각하는지를 추론하는 것이 아니라, 이제 한 집단의 구성원으로서 자기 생각과 행동이 왜 옳은지를 자신과 협력 상대방만이 아니라, 집단 구성원 모두가 납득할 수 있도록 논증해야 한다. 물론 여기서도 올바름의 기준이 되는 것은 모두가 공유하고 있는 문화적 관행이다. 셋째, 개개인은 자신의 행동이 가장 좋은 결과를 낳도록 이를 자신의 관점에서 관찰하고 조정하는 것도 아니고, 혹은 좋은 평판을 위해 협력 상대방의 관점에서 관찰하고 평가하는 것이 아니라, 한 집단의 구성원으로서 모든 사람이 공유하고 있는 문화적 관행을 기준으로 관찰하고 평가하고 조정해야 한다. 그래야만 한 집단의 구성원은 구성원 모두로부터 좋은 평판을 얻을 수 있기 때문이다.

이렇게 볼 때 집단지향성은 결국 개인적 관점에 기초한 개인지향성이나 양자 간 관점에 기초한 공동지향성과 달리 그 누구도 아닌 모든 사람의 관점, 다시 말해 이른바 "주체 중립적"인 객관적 관점에서 사고하는 행위 유형을 뜻한다.[130] 그리고 이런 집단지향성을 통해 행위가 이루어진다면 공동체적 협력이라는 새로운 차원의 협력이 등장한다. 공동지향성이란 공동의 목표를 합의한 특정한 개인들 간의 협력을 의미하지만, 여기에는 아직 이들 모두가 속해 있는 공동체가 전제되지 않는다. 그러나 집단지향성은 문화적 관행을 공유한 공동체를 전제할 뿐만 아니라, 이를 통해 공동체 구성원이라는 집단의식을 형성한다. 이런 점에서 공동지향성이 개인 간의 협력이라면, 집단지향성을 공동체적 협력이라고 할 수 있다. 물론 공동체적 협력이라 하더라도 이는 구체적 상황에서 항상 특정한 개인과 개인의 협력을 통해 실현될 것이다. 그렇지만 이를 공동체적 협력이라 할 수 있는 것은 협력 상대자들이 상대방을 단지 자신과 다른 어떤 개인이 아니라, 자신과 같은 공동체 구성원으로 인정하면서 협력을 수행하기 때문이다.

앞서 설명했듯이 개인지향성과 공동지향성은 각각 주체-객체 관계와 주체-주체 관계에서 작동하는 서로 다른 주체성 유형을 전제하고 있다. 이러한 비교법을 사용한다면 집단지향성은 어떤 주체성 유형을 전제한다고 말할 수 있을까? 사실 공동지향성이나 집단지향성에서 행위 주체는 개인지향성에서 나타나는 자기 중심성에서 벗어나 있다. 이 두 가지 경우 모두에서 행위 주체는 이른바 타인의 관점, 즉 자신이 아닌 다른 주체의 관점에서 자기 자신을 반성하기 때문이다. 다만 공동지향성과 집단지향성은 이 타인이 구체적인 타인이거나, 공동체를 구성하는 모든 인간이라는 점에서 차이가 있을 뿐이다. 이렇게 본다면 인간이 대형 유인원 단계에서 벗어나기 시작한 것은 그것이 구체적 타인이든, 모든 인간이든 타인의 관점에 서면서 자기 중심성에서 벗어나고, 이를 통해 타인과의 상호협력을 수행하면서부터라고 말할 수 있다. 따라서 인간의 사회성의 본질을 '타인과의 일체감을 통한 상호협력'으로 본다면, 이는 근본적으로 행위자들이 서로를 협력 상대자로 인정하면서 '타인의 관점에서 자기 자신을 반성'하는 인간 고유의 사고 유형과 불가분의 관계를 갖는다. 이런 점에서 인간이 동물로부터 구별되어 인간으로서의 고유성을 갖게 된 것은 동시에 인간이 사회성에 도달하면서부터라고 말할 수 있다.

# 5장 고전적 사회적 자유주의

　지금까지 서술했던 4장의 논의를 종합해 본다면, 근대 자연법사상 전통에 서 있는 그로티우스는 평화로운 공동체에서 타인과 함께 살려는 자연적 충동을 인간의 사회성으로 규정했으며, 루소는 타인의 고통을 자신의 고통처럼 느끼며 타인과의 일체감을 형성하는 자연적 동정심을 인간의 본성이자 사회를 형성하게 된 근본적 원인으로 보았다. 그리고 진화인류학적 시각에서 푸엔테스는 인간 고유의 협력 방식을 타인과의 일체감을 통한 상호협력으로 보았고, 토마셀로는 대형 유인원과 구별되는 인간의 특징을 상호인정을 토대로 타자의 관점에서 자기 자신을 반성하는 특수한 사고 유형에서 찾았다. 사실 이러한 입장들은 서로 다른 관점에서 출발하고 있지만, 인간의 사회성이 무엇인지를 일관되게 보여주고 있다. 즉 인간의 사회성이란 상호인정을 기반으로 타자의 관점에 서서 자기 자신을 반성하고, 타인과의 일체감을 통해 상호협력하는 인간만의 특성이라는 것이다. 타인의 관점에서 자신을 반성하는 합리적 사고 유형이나 타인의 처지에 서서 그의 고통을 자신의 고통처럼 느끼는 동정심은 자기 중심성에서 벗어난 상호협력의 합리적, 정서적 조건이나 마찬가지이기 때문이다. 따라서 이러한 사회성이 실현된다면 인간 사회는 대립과 갈등으로 점철되는 것이 아니라, 상호협력과 상호 지원에 기초한 평화로운 공동체가 될 것이다.

그렇다면 과연 오늘날 이런 사회성이 잘 발휘되고 있을까? 루소가 말하는 역사적 변천 과정을 염두에 둔다면 자연상태에서의 인간은 자기 보존본능에 따라 행동했고, 그 사고 유형은 개인지향성을 따르고 있었을 것이다. 그리고 진화인류학적 추정에 따르면, 이 시기는 대략 400만 년 전 오스트랄로피테쿠스 시기라 할 수 있다. 이에 반해 루소가 말하는 2단계는 '자유로운 협력'의 시기로서 이때 인간의 사고 유형은 공동지향성을 따르고 있었을 것이다. 그리고 진화인류학적 추정에 따르면, 이 시기는 대략 40만 년 전 호모 하이델베르겐시스 시대에 해당한다. 물론 루소가 말하는 '가장 행복하고 안정된 시기'인 3단계는 집단지향성이 등장한 시기라 할 수 있을 것이며, 이는 야금술과 농업이 발전하기 전까지의 시기를 아우를 것이다. 아마 중요한 사실은 이 세 시기 중 어느 시기에도 인간 사이에는 지배와 굴종, 폭력과 약탈이 자행되지는 않았다는 점일 것이다. 인간에게 무서운 것은 자연이었지, 타인이 아니었다. 그렇기에 인간은 일체감을 통한 협력을 수행하면서 자기 자신을 지킬 수 있었다. 그러나 인간이 동물보다 더 저속한 상태에 빠졌다고 루소가 말하고 있듯이, 이 시기를 지나 인간의 사회성은 사라지고, 이제 인간은 이기심 때문에 만인에 대한 만인의 투쟁이라 불리는 전쟁상태에 빠지고 만다. 그리고 그 결과 인간 사회에는 부의 불평등과 정치적 억압이 발생하고, 한 인간만 자유롭고, 모든 인간이 굴종과 예속에 빠진 전제군주제에 이르고 만다. 이는 진화인류학적 시각에 따르더라도 마찬가지이다.

토마셀로 역시 현대 사회가 "잔인성과 전쟁, 이기심과 경쟁으로 가득차" 있다고 보기 때문이다.[131] 물론 이런 일이 인간 사회에서 벌어진 것은 불과 1만 년 전 농경 시대에 접어들면서 "사유재산과 부를 축적하고 경쟁하기 시작"했기 때문이다.[132] 하지만 그 이전 인간은 비록 소규모 집단을 형성하고 있었지만, 이 집단은 협력적이었고, 따라서 구성원들이 이기심으로 인해 상대방을 적대시하는 일은 없었다.

이렇게 루소나 진화인류학이 공통적으로 기술하고 있는, 인간이 본래 갖고 있던 자연적 본성을 사회성으로 본다면, 인간의 자유는 어떻게 이해될 수 있을까? 분명 사회성을 전제한 인간의 자유란 고전적 자유주의자들이 생각했던 자유의 모습과는 다를 것이다. 고전적 자유주의자들이 전제한 인간의 자연적 본성은 자기보존본능이었으며, 이들에게 자유란 이러한 자연적 본성이 아무런 방해 없이 실현되는 것을 의미했다. 그러나 인간의 자연적 본성이 아무런 방해 없이 실현되는 것을 자유로 본다 하더라도 인간의 자연적 본성을 자기보존본능이 아니라 사회성으로 규정한다면, 당연히 자유의 모습은 달라질 수밖에 없다. 그리고 사회성에 기초한 자유는 아마도 자기보존본능에 기초한 자유와는 달리 자기파괴적 모습을 보이진 않을 것이다. 인간의 자유를 아무런 방해 없이 사회성이 실현되는 것으로 본다면, 이는 결코 타인의 자유에 대해 파괴적일 수 없기 때문이다. 고전적 자유주의자들이 말하는 자기보존본능에 기초한 자유는 타인의 자기보존본능과 대립할 수밖에 없으며, 따라서 자유를 강조하면 할수록 반대로 자유를 제한해야 하는 역설에 빠진다. 그렇기에 이들이 금과옥조로 삼는 자유 실현을 위한 최상의 원칙은 타인의 자유를 훼손하지 않는 선에서 개인의 자유를 보장하는 것이었다. 그러나 타인의 관점에서 느끼고 생각하면서 타인과의 일체감을 통해 상호협력하는 것을 사회성으로 본다면, 이에 기초한 인간의 자유란 이를 강조하면 할수록 더욱 강화될 수밖에 없다. 인간의 사회성은 결국 상대방의 자유에 대해 협력적 태도로 나타날 수밖에 없기 때문이다.

　서구사회에서 고전적 자유주의가 등장한 이후 시민혁명기를 거치면서 자유주의는 근대 사회의 정치이념으로 자리 잡았지만, 19세기 산업혁명기에 이르러 고전적 자유 개념에 내재한 자기 파괴적 성격, 즉 개인의 자유가 확대되면서 소수의 자유 실현과 대다수의 부자유로 이어지는 자유주의의 역설이 정점에 이르게 된다. 이 시기에 이르러 한편에서는 기계제 대공업이 등장하면서 산업이 발전하고 생산력이 비약적으로 증대되었지만, 다른 한편에서는 이러한 발전이 사회구성원들의 일반적 생활 수준을 높이는 것이 아니라, 역으로 극심한 빈부격차와 절대적 빈곤을 결과함으로써 부녀자와 아동까지 장시간 노동과 저임금에 혹사당하게 되었기 때문이다. 이러한 자유주의의 역설적 상황에서 고전적 자유주의가 한계에 다다르게 되자, 이러한 문제에 적극적으로 대처하기 위해 기존 자유주의를 쇄신하고자 하는 '새로운 자유주의'가 등장한다. 서구 자유주의의 융성과 쇠퇴를 다룬 앤서니 아블라스의 연구에 따르면,[133] 자유주의가 정치이념으로 자리 잡으면서 이루어진 선거권의 확대는 근본적으로 대중의 지지를 받는 정책을 요구하게 되었으며, 따라서 자유주의를 표방한 정치세력들은 극심한 빈부격차와 절대적 빈곤 상황에서 이를 극복할 수 있는 정책 개발을 최우선 과제로 삼을 수밖에 없었다. 이런 점에서 고전적 자유주의의 한계를 극복하려는 새로운 자유주의는 단순히 외적 강제나 방해 등 자유 실현에 장애가 되는 요소들은 제거하려는 소극적 차원이 아니라, 개개인이 자신이 하고자 하는 것을 실현할 힘과 능력을 증대하기 위한 국가의 적극적 활동을 강조하게 된다.

이러한 입장은 새로운 자유주의의 형성과정과 실천적 함의를 연구한 박성진을 따르더라도 마찬가지이다. 그는 새로운 자유주의를 "극단적 개인주의를 반대하고 국가의 개입 및 적극적 자유를 긍정하며 '개인'과 '사회'의 유기적 통일을 제시한 사회개혁이론"으로 본다.[134]

이렇게 고전적 자유주의와 구별되는 새로운 자유주의가 등장할 수 있었던 것은 새로운 자유주의의 대표자라 할 수 있는 토머스 힐 그린이나, 레너드 트렐로니 홉하우스 등이 개인과 사회의 관계를 고전적 자유주의자들과는 다르게 보기 시작했기 때문이다. 이들에게 사회란 단지 자기 보존본능을 아무런 방해 없이 실현하려는 독립된 개인들이 자신의 이익을 위해 만들어낸 기능적 연합체가 아니었다. 새로운 자유주의자들은 이러한 개인주의적, 혹은 원자론적 사회관에서 벗어나 개인과 사회의 관계를 유기체적으로 보기 시작했으며, 따라서 개인의 자유를 절대시하거나, 그렇다고 국가의 이익을 절대시하는 것도 아닌, 개인과 국가의 조화, 내지는 개인적 이익과 공동이익의 조화를 추구하게 된다. 이런 점에서 새로운 자유주의가 고전적 자유주의와는 달리 독립된 개인보다는 사회의 의미와 역할에 더 많은 강조점을 두게 됨은 당연한 일이었으며, 바로 이 때문에 새로운 자유주의를 '사회적 자유주의'라 지칭하기도 한다.[135] 이와 마찬가지 맥락에서 시르베크와 길리에는 『서양철학사』에서 새로운 자유주의자들이 "개인과 국가, 자유와 강제 간의 관계"에 대한 새로운 이해를 토대로 개인 중심의 자유주의를 "사회 자유주의"로 수정하고 있다고 평가한다.[136] 그리고 이들은 이러한 새로운 자유주의를 통해 기존의 자유주의가 윤리적 공동 책임, 사회적 존재로서의 개인, 공공 정책을 강조하는 "인간의 얼굴을 한 자유주의"로 탈바꿈되었다고 본다.[137]

이렇게 새로운 자유주의가 사회를 강조한다는 의미에서 이를 사회적 자유주의로 지칭한다면, 고전적 자유주의는 이와 반대로 개인을 강조한다는 점에서 '개인적 자유주의'로 지칭할 수 있을 것이다. 따라서 고전적 자유주의와 사회적 자유주의는 각기 개인과 사회를 강조한다는 점에서 서로 다른 자유주의가 되는 셈이다. 그렇다면 마찬가지로 고전적 자유주의는 개인 중심성에 기초한 자유 개념을, 이에 반해 사회적 자유주의는 탈개인 중심성이라 할 수 있는 사회성에 기초한 자유 개념을 발전시킨 것으로 추측할 수 있으며, 아마도 개인 중심성과 사회성을 인간의 자연적 본성과 연결한다면, 고전적 자유주의는 자기보존본능에 기초한 자유주의, 사회적 자유주의는 사회적 본성에 기초한 자유주의라 규정할 수 있을 것이다. 따라서 사회적 자유주의는 분명 인간의 자기보존본능에 기초한 고전적 자유주의의 자기 파괴적 성격을 극복할 수 있는 대안적 자유주의로 자리매김할 수 있을 것이다. 그러나 사회적 자유주의자들이 비록 개인보다 사회를 강조했다 하더라도, 이들이 인간의 사회성에 기초한 자유 개념을 발전시킨 것은 아니다. 이들은 여전히 고전적 자유주의가 주장한 개인적 자유의 틀에서 벗어나지 못했으며, 단지 공익을 위해, 내지는 사회라는 이름 아래 개인 중심적 자유를 과감하게 규제하려 했을 뿐이다. 이런 점에서 사회적 자유주의는 인간의 사회적 본성이 아무런 방해 없이 실현되도록 기존 사회를 재구성하는 데까지 나가지는 못했다.

이하의 글에서는 사회적 자유주의가 어떻게 고전적 자유주의를 극복하려 했으며, 또한 어떤 한계를 갖는지를 보여줄 것이다. 이를 위해서는 무엇보다 사회적 자유주의를 이론적이나 실천적으로 대표하는 홉하우스의 이론을 다루어야 하겠지만, 그에게 선구자 역할을 한 그린의 이론 역시 간과될 수는 없다.[138] 홉하우스의 이론은 그린의 이론을 비판적으로 계승하고 있다는 점에서, 그린과 홉하우스가 사회적 자유주의의 큰 흐름을 만들어내고 있기 때문이다. 이런 점에서 존 듀이는 새로운 자유주의자들을 "그린과 그의 제자들"이라고 표현하기도 한다.[139] 이하의 글에서는 우선 그린의 이론을, 그리고 이에 이어 홉하우스의 이론을 다룰 것이다.

## 1. 그린

고전적 자유주의를 넘어서려는 그린의 기본적 입장은 자유주의의 핵심을 이루는 자유 개념을 통해 알 수 있다. 그린의 사회적 자유주의 역시 자유주의라는 점에서 자유를 최고의 가치로 삼는 것은 고전적 자유주의와 마찬가지이기 때문이다. 그러나 그린의 사회적 자유주의의 자유 개념이 고전적 자유주의의 자유 개념과 같다면, 이 둘 사이의 차별성은 사라진다. 그린은 이런 점에서 단지 외적 간섭, 방해, 강제 등이 없는 소극적 상태를 자유로 보는 고전적 자유주의의 자유 개념을 넘어서 보다 적극적 차원에서 개인의 자아실현을 자유로 보고 있으며, 이 자아실현이 공동선을 추구한다는 점에서 자아실현 개념과 공동선 개념은 개인의 자유를 설명하는 핵심 개념이 된다. 외적 간섭, 방해, 강제 등이 없는 소극적 자유의 상태와 "어떤 목적을 향한 자아실현"이란 적극적 의미의 자유를 구별한 벌린은 이 때문에 적극적 자유를 주장한 대표적인 사상가로 헤겔이나 마르크스와 함께 그린을 지목한다.[140]

그런데 철학사적으로 볼 때 공동선을 추구하는 자아실현이라는 그린의 자유 개념은 헤겔적 전통의 자아실현 개념을 따르고 있는 것처럼 보이지만, 정작 그의 공동선 개념은 칸트적 전통의 윤리학을 따르는 것처럼 보인다. 헤겔은 개인의 자유를 인륜적으로 형성된 개인의 자아실현으로 이해함으로써 개별성과 보편성의 통일을 꾀한다. 개인의 자아실현은 자신이 원하는 것을 추구한다는 점에서 개별성을 띠지만, 인륜성은 한 사회가 추구하는 보편적 가치라는 점에서 인륜적 개인의 자아실현은 개별성과 보편성의 통일로 이해될 수 있기 때문이다. 이에 반해 칸트의 윤리학은 인간을 한편으로 본능적 욕구를 가진 자연적 존재로, 다른 한편 이성 법칙을 따르는 이성적 존재로 이중화한다. 그리고 정언명령과 같은 이성의 법칙을 행위의 도덕성을 판단하는 보편적 원칙으로 규정함으로써, 이를 모든 인간이 따라야 할 도덕적 의무로 설정한다. 그런데 그린은 헤겔과 마찬가지로 자유를 자아실현으로 규정하면서도 이를 개인적 자아 형성의 토대가 되는 인륜성과 연결하는 것이 아니라, 의무론 관점에서 모든 사람이 따라야 할 보편적 원칙인 공동선과 연결함으로써 칸트로 이동한다. 그 결과 그린은 개인의 자유를 도덕적 자율을 의미하는 칸트식의 자기규정이 아니라, 헤겔식의 자아실현으로 규정하면서도 자유의 주체를 인륜적 존재가 아닌 이성적 존재로 봄으로써 자아실현과 사회의 관계에 주목할 수 없었고, 그 결과 개인의 자유 실현을 가능하게 하는 사회가 어떤 사회인지도 사회구성 원칙 차원에서 규명할 수 없었다.

### 독립적이고 사회적인 자유의 주체

우선 자아실현이란 상식적 의미에서 인간이 자신의 능력을 발휘하며 삶의 목표나 희망 등 자신이 원하는 바를 실현하는 것을 의미한다. 이런 점에서 자아실현은 인간의 잠재적 가능성의 현실화를 의미하지만, 이런 자아실현은 충동적이거나 직접적으로 일어나는 것이 아니라, 자기의

식을 매개로 이루어진다. 즉 인간은 자신이 어떤 존재이고, 어떤 존재이
어야 하며, 또한 어떤 존재가 되고 싶은지에 대한 자기의식을 가지고 있
으며, 이런 자기의식에 맞게 자신의 삶을 영위하는 것이 바로 자아실현
이라는 것이다. 따라서 자아실현 개념에서 가장 중요한 것은 자기의식
의 주체이자 동시에 대상인 개개인이 어떤 존재인가 하는 점이다. 이런
자아실현의 주체가 어떤 존재인지를 알아야 이로부터 개개인이 무엇을
실현하려는지도 알 수 있기 때문이다. 그린 역시 자기실현을 "인간이 지
닌 능력을 최대한 실현"하는 것으로 규정하면서 이를 인간이 추구해야
할 "최상의 상태"로 간주하고, 인간은 오직 이를 통해서만 "자기만족"을
얻을 수 있다고 본다.[141] 그렇다면 그린이 생각한 자아실현의 주체는 어
떤 존재일까?

그린에 따르면, 자아실현의 주체인 개인은 고전적 자유주의자들이 생
각하는 것처럼 존재론적으로 사회에 우선한 존재가 아니다. 다시 말해
자연상태에서 독립된 개인이 먼저 존재하고, 이들이 만인에 대한 만인
의 투쟁 상태를 극복하기 위해 사회를 형성한 것이 아니다. 그린에 따르
면 개인은 사회 속에서 존재한다. 개인은 사회에서 태어나, 사회에서 성
장하고 발전하는 존재이기 때문이다. 이런 점에서 그린은 사회가 없으
면 사람도 없다고 주장하지만, 이것이 개인에 대한 사회의 존재론적 우
선성을 의미하는 것은 아니다. 이와 반대로 그린은 사람이 없으면 사회
또한 존재할 수 없다고 보기 때문에 오히려 개인과 사회의 상호의존성
을 주장한다고 보아야 한다.[142] 이렇게 개인과 사회를 선차성의 문제가
아니라, 상호의존적 관계로 본 이유는 그린이 근본적으로 모든 사물의
본질을 사물들이 맺고 있는 관계를 통해 이해하려고 한다는 데 있다.[143]
그에 따르면 개별적 사물은 독립된 실체가 아니다. 이 사물이 맺고 있는

모든 관계를 제거해버린다면 사실 남는 것은 아무것도 없기 때문이다. 하지만 그렇다고 해서 개별적 사물이 아무런 고유성도 가지지 않는다는 뜻은 아니다. 개별적 사물에 고유한 특성이 있기에 다양한 사물들의 관계가 서로 다른 특징을 가질 수 있고, 만약 그것이 없다면 다양한 사물들의 관계는 아무런 특색도 없는 공허한 것에 지나지 않기 때문이다. 이런 점에서 그린은 개인 역시 독립적 존재이자 동시에 타인과의 관계 속에 존재하는 사회적 존재로 본다.

그렇다면 그린은 어떤 근거에서 개인을 독립적이면서 동시에 사회적인 존재로 본 것일까? 고전적 자유주의자들이 개인을 독립적 주체로 볼 수 있었던 이유는 바로 자기보존본능에 있다. 즉 개개인의 생명은 타인의 생명과는 별개의 것이기에 자기보존본능 차원에서 개개의 인간은 서로에 대해 독립적인 존재이다. 비록 그린이 고전적 자유주의의 개인관을 따르진 않지만, 그렇다고 그가 인간의 생존 본능이나 이로부터 파생된 자연적 욕망을 부정하는 것은 아니다. 그린에 따르면 인간 역시 동물과 마찬가지로 자연의 산물이며, 자연법칙에 종속된 생명체이기 때문이다.[144] 이런 점에서 인간에게도 자기보존본능과 이로 인한 다양한 욕망 역시 존재한다고 볼 수 있지만, 그렇다고 인간과 동물이 같은 존재인 것은 아니다. 인간은 동물과는 완전히 다른 존재이다. 인간에게 본능적 욕망이 있지만, 동물과 달리 인간은 이에 종속되어 살지 않기 때문이다. 어떻게 이것이 가능할까? 인간이 동물과 완전히 다른 이유는 인간이 자기 자신을 객관적으로 대상화시키고, 자기 자신에 대해 사고할 수 있다는 데 있다. 즉 인간은 이성적 사고능력을 갖춘 존재라는 것이다. 그리고 이런 점에서 인간은 자연적 욕망에 지배되는 것이 아니라, 자신의 결정에 따라 행동한다. 그린은 이러한 이성적 능력을 "자기 객관화 원리"라고 규정한다.[145] 따라서 이 원리에 따른다면 인간은 자신의 본능적 욕망 역시 대상화시킬 수 있으며, 본능적 욕망에 종속되는 것이 아니라, 이로부터 분리되어 본능적 욕망에 따를지 말지, 이에 따른다면 무엇을 어떻게 해야 할지, 다시 말해 본능적 욕망을 어떻게 통제할지를 객관적으로 판단할 수 있다. 이런 점에서 그린에 따르면 이제 인간은 이성의 능력을 발휘하며 자기 스스로 목적을 설정하고, 이를 의식적으로 실행할 수 있는 "자기 주장적이고 자기 추구적인 주체"가 된다.[146] 이렇게 인간이 자신에 대해 객관적 대상처럼 사고하는 자기 의식적 존재라면, 인간이 독립적 존재임은 분명하다. 자기 객관화 원리나 이로 인한 자기의식 모두 사고 주체와 사고 대상의 동일성을 전제한다는 점에서 이는 개개인 내부의 독립적 행위이기 때문이다.

그렇다면 그린이 염두에 둔 인간의 사회성은 무엇일까? 인간이 사고의 주체가 되어 자기 자신을 대상화하면서 행위의 목적을 스스로 설정하고 이를 실행한다면 인간의 행동이나 삶은 독자성과 자기 완결성을 갖는다. 그런데도 인간이 과연 타인과 함께 살 이유가 있을까? 그린에 따르면 인간에게는 고등 동물에서와 마찬가지로 동정심이 있다. 즉 고등 동물이 다른 동물의 쾌락과 고통에 반응하며 자신도 쾌락과 고통을 느끼듯, 인간 역시 이와 같은 감정적 반응을 보인다는 것이다. 그러나 인간의 동정심은 고등 동물의 동정심과 결정적으로 다르다. 인간의 동정심은 자기의식이 매개된 "사회적 관심" 형태로 나타나기 때문이다. 즉 인간은 자기의식하에서 스스로 자신의 행위 목적을 설정하고 이를 실행하는 행위 주체이며, 자신의 행위 대상이 되는 타인 역시 자신과 마찬가지로 자기 의식적 행위 주체라는 것, 즉 타인이 "다른 자아"라는 것을 의식할 때, 인간의 동정심은 타인의 행위 목적을 자신의 행위 목적처럼 생각하는 "사람이 사람에 대해 갖는 관심"으로 나타난다는 것이다.[147] 그리고 그린은 이러한 사회적 관심을 "인간 역사의 궁극적인 사실"로 간주하면서 애정과 자비심, 즉 동정심에 기초한 모든 인간관계가 단순한 동물적 동정심이 아니라, 자기의식을 조건으로 하고 있음을 지적한다.[148] 이런 점에서 동정심을 통해 인간은 자기를 의식하듯 타인을 의식할 수 있으며, 타인의 의사 표현을 자신의 의사 표현처럼 이해할 수 있고, 타인의 만족을 자신의 만족처럼 그리고 타인의 쾌락과 고통을 자신의 쾌락과 고통처럼 느끼며, 결국에는 타인의 행복을 자신의 행복처럼 추구할 수 있다. 그리고 그린은 이런 사회적 관심을 "상호 관심"이란 용어로 표현하기도 한다. 즉 인간은 타인 역시 스스로 목적을 설정하고, 이를 의식적으로 실행하는 존재로 볼 뿐만 아니라, 타인이 목적달성을 통해 만족해하는 것을 보고 자신도 만족해하는 "상호 관심"을 가지고 있다는 것이다.[149] 그린은 바로 이러한 인간의 특성 때문에 사회가 성립할 수 있었고, 또한 이는 "역사적으로 또는 상상"을 통해 실제 사회에서도 확인할 수 있는 사실이라고 본다.[150]

### 이성적 자아실현

지금까지 설명했듯이 인간은 독립적 존재이면서, 동시에 사회적 존재라면, 그린이 말하는 자아실현, 즉 인간이 지닌 능력을 최대한 실현한다는 것은 무슨 뜻일까? 이는 인간이 이성적 능력을 발휘하여 자기보존을 위한 자연적 욕망을 실현한다는 것일까? 아니면 인간이 자기 의식적 성찰을 통해 사회적 관심을 발휘한다는 뜻일까? 더구나 인간의 두 가지 특성인 독립성과 사회성은 어떤 관계에 있는 것일까? 그린은 자아실현을 인간이 지닌 능력을 최대한 실현하는 것으로 본다는 점에서 이는 "더 나은 상태의 삶"과 그렇지 못한 삶의 구별을 전제한다.<sup>151</sup> 즉 인간의 능력이 더 잘 발휘된 상태와 그렇지 못한 상태가 있을 수 있으며, 인간의 자아실현은 인간의 능력이 최대한 실현한 상태가 되어야 최선의 삶에 도달할 수 있다는 것이다. 물론 여기서 말하는 인간의 능력이란 이성을 말한다. 즉 자기 자신을 대상화하면서 자신에 대해 사고하고, 이를 통해 목적을 설정하고 이를 실행하는 능력이 인간만이 가지고 있는 인간의 능력인 것이다. 따라서 인간이 이성을 어떻게 발휘하느냐에 따라, 내지는 자기 자신을 어떻게 이성적으로 통제하느냐에 따라 인간의 삶은 최선의 삶이 될 수도 있고, 그렇지 않을 수도 있다. 이런 점에서 이성적 통제 없이 자신이 원하거나, 할 수 있는 모든 것을 즉각적으로 실현하는 것은 자아실현이 아니다. 즉 그린에게 자아실현이란 인간이 자신의 자연적 욕망을 직접적으로 충족하는 것이 아니라, 이성적 통제하에 이를 충족하는 것을 의미한다는 것이다. 그렇다면 어떻게 이성적 능력을 발휘해야 최선의 삶에 도달할 수 있을까? 그린이 말하는 '공동선'이란 바로 이에 대한 대답이다. 즉 최선의 자아실현, 내지 자신에 대한 최선의 이성적 통제란 자신의 욕망을 객관적 성찰의 대상으로 삼을 뿐만 아니라, 공동선이 실현될 수 있도록 이를 통제하는 것을 의미한다.

이렇게 본다면 그린이 말하는 자아실현이란 결국 사회구성원으로서 공동선이 실현될 수 있도록 자신의 욕망을 통제하며 행위 목적을 설정하고 이를 실현하는 것을 말한다. 하지만 공동선의 실현이라는 최선의 자아실현이 누구에게나 언제든지 가능한 것은 아니다. 아마도 이런 점에서 공동선의 실현은 자유 자체라기보다는 최고 수준의 자유 실현, 내지는 가장 이상적 형태의 자유를 의미한다고 볼 수 있다. 그리고 실제로 그린은 자유의 단계를 세 가지로 구분하면서 마지막 단계에 공동선의 실현을 위치시키고 있다.[152] 우선 첫 번째 단계의 자유는 형식적 자유, 혹은 의지의 자유를 의미한다. 이러한 자유는 그 무엇에도 구속되거나 강제됨 없이 자신이 무엇을 할지를 스스로 결정할 수 있는 상태를 말한다. 따라서 이런 식의 자유는 고전적 자유주의자들이 주장하듯이 외적 억압이 없는 소극적 자유의 상태를 의미하지만, 그렇다고 자기보존 본능을 방해 없이 실현하는 것을 자유로 본 것은 아니다. 이런 본능적 충동 역시 개인 자신에 대한 구속력으로 작용할 수 있기 때문이다. 이런 점에서 첫 번째 단계의 자유는 외적 억압이나 강제만이 아니라, 내적 충동으로부터도 자유로운 상태를 말한다. 물론 이런 자유가 가능한 것은 인간에게 자신의 욕망도 대상화함으로써 이에 종속되지 않고 이를 성찰할 수 있는 이성적 능력이 있기 때문이다. 이런 점에서 첫 번째 단계의 자유는 이성적 자기 결정을 의미한다고 할 수 있다. 두 번째 단계의 자유는 법적 자유, 혹은 권리로서의 자유를 말한다. 이런 자유는 단지 개인에게 이성적 능력이 있다고 해서 실현될 수 있는 것은 아니다. 자유가 개인의 권리로서 법적 보장을 받는다는 것은 사회적이고, 제도적인 인정을 전제로 하기 때문이다. 그런데 이성적 자기 결정이라는 자유가 법적 자유라는 단계로 이행할 수밖에 없는 것은 이성적 자기 결정이 개인적 차원에서 이루어질 때 외적 강제로 인해 침해당할 수 있기 때문이다. 이런 점에서 법적 자유란 공권력을 통해 제도적으로 보장된 이성적 자기 결정의 자유라고 할 수 있다. 하지만 법적 보호를 받는 이성적 자기 결정을 통해 실현되는 것은 결국 행위 주체가 원하는 것, 즉 개인적 선호라는 점에서 타인과의 관계는 고려되지 않는다. 이런 점에서 그린은 진정한 자유의 단계로서 최종 단계를 설정하면서, 개인적 선호라는 한계에서 벗어나 자유와 공동선을 결합한다. 즉 진정한 자유란 개인적 차원이 아닌 사회적 차원에서 공동선을 추구하는 도덕적 이상으로서의 자유를 의미한다는 것이다.

## 상호 존중과 상호 지원

그렇다면 공동선이란 무엇일까? 공동선이란 말 자체의 의미를 생각하면, 공동선이란 모든 사람이 '선'이라고 생각하는 것이다. 따라서 공동선은 특정한 사람이 아니라, 이를 공유하는 모든 사람이 따라야 할 의무이기도 하다. 더구나 공동선은 모든 사람이 선이라고 생각하는 것이기에 그것이 개개인에게 이익을 준다면, 그것은 특정한 사람만이 아니라, 모든 개인에게 이익을 주어야 한다. 따라서 공동선 추구는 나에겐 이익이 되지만 타인에게 피해를 주는 경쟁 행위가 아니며, 나의 공동선 추구는 나만이 아니라 타인에게도 이익을 준다. 그렇다면 그린은 이렇게 모두에게 '선'일 뿐만 아니라, 모두에게 이익이 되는 공동선을 무엇으로 보았을까? 그린이 자유를 자아실현으로 규정함으로써 자유에 대한 헤겔의 용법을 따르지만, 공동선을 설명하는 부분에서는 칸트로 이동한다. 그린이 공동선이라 규정한 것은 바로 칸트가 말하는 도덕성 원칙과 다를 것이 없기 때문이다. 칸트가 도덕성의 원칙으로 삼았을 뿐만 아니라, 모든 사람이 따라야 할 의무로 설정한 것은 흔히 정언명법이라 불리는 보편화 원칙이다.[153] 즉 내가 어떤 행위를 하려고 할 때 모든 사람에게 보편화할 수 있는 행위를 해야 도덕적으로 정당하다는 것이다. 그리고 이런 도덕성의 원칙을 따라야 하는 이유는 이를 통해서만 그 누구에게도 수단이 될 수 없는 목적 그 자체로서의 인간의 존엄성이 실현될 수 있기 때문이다. 즉 그린의 표현에 따르면, 인간은 스스로 행위 목적을 설정하고 이를 실행할 수 있는 '자기 주장적이고 자기 추구적인 주체'라는 점에서 그 어떤 사람의 목적달성을 위한 수단이 되어서는 안 된다. 그리고 모든 인간은 목적적 존재라는 점에서 동등한 존재이며, 이런 점에서 도덕성의 원칙 역시 모든 사람을 동등하게 대우하라는 보편화 원칙일 수밖에 없다. 그렇다면 우리가 모든 인간을 동등하게, 따라서 타인을 목적으로 대우한다는 것은 무슨 뜻일까? 칸트는 이를 두 가지로 설명한다. 즉 타인을 목적으로 대우한다는 것은 타인의 목적달성을 방해하는 그릇된 행동을 하지 않는 것이며, 또한 타인의 목적이 달성되도록 그를 지원하는 것이다. 그런데 칸트는 전자는 절대적으로 지켜야 할 의무로 보았지만, 후자는 절대적인 것으로 보지 않았다. 칸트는 타인을 지원하는 것을 단지 개인이 공적을 쌓는 문제로 보았기 때문이다.

그린 역시 보편화 원칙만이 법과 도덕의 토대가 될 수 있으며, 인간의 절대적 가치를 지킬 수 있는 정의의 원칙이라고 보았고, 모든 인간을 수단이 아닌 목적으로 취급하는 것을 참된 선으로 규정한다. 인간은 앞서 설명했듯이 자기 객관화 원칙에 따라 스스로 행위 목적을 설정하고 이를 실행하는 자유로운 존재이기 때문이다.[154] 이런 점에서 그린은 인간 사회를 "자기 결정적인 사람들이 모인 사회",[155] 혹은 "시민들의 자유로운 결합"으로 규정하면서 타인을 자신과 동등하게 취급할 것을 주장한다.[156] 즉 인간은 "자신의 행동에 영향을 받는 다른 사람의 복리" 역시 동등하게 고려해야 한다는 것이다.[157] 따라서 인간은 타인의 행위 목적을 존중해야 하고, 타인에게 동등한 권리를 부여함으로써 "모든 사람이 동등한 존재로서 사회생활"을 영위할 수 있게 해야 한다.[158] 이렇게 볼 때 그린은 분명 칸트가 제시한 도덕성 원칙을 수용했다고 볼 수 있지만, 그가 모든 사회구성원이 따라야 할 공동선으로 규정한 것은 타인에 대한 적극적인 태도이다. 즉 칸트는 타인을 목적적 존재로 대우하라는 도덕적 의무를 타인의 목적달성에 대한 지원이라는 적극적 차원보다는 타인에게 그릇된 행동을 하지 말라는 소극적 차원에서 보았지만, 그린은 이를 적극적 차원에서 강조한다는 것이다. 물론 그린 역시 "어떤 사람도 다른 사람이 손해를 봄으로써 이득"을 얻으려 해서는 안 되며, 모든 사람에게는 각자의 몫을 주어야 한다고 본다.[159] 그러나 그린은 이렇게 타인에게 그릇된 행동을 하지 않는 것에서 한 걸음 더 나아가 "인간 대 인간으로서 서로에게 봉사"할 것을 주장한다.[160] 다시 말해 그린은 타인에 대한 존중만이 아니라, 타인에 대한 지원 역시 도덕적 의무로 보았다는 것이다.

그린에 따르면 두 가지 종류의 이상적인 삶이 있다. 하나는 고대 그리스 철학자들이 제시한 이상적 삶으로서 "친구와 사귀는 것, 공공문제를 토론하는 것, 아름다운 음악과 광경 같은 것에 자유롭게 몰입"하는 것 등 인간이 모든 활동에서 자신의 정신적, 신체적 능력을 발전시키고 실현하는 것을 말한다.[161] 다른 하나는 기독교에서 말하는 이상적 삶으로서 자신의 이익을 희생시키면서 "인류를 위해 봉사하는 삶"이 그것이다.[162] 아마도 그린이 말하는 자아실현으로서의 삶은 고대 그리스의 이상을 말한다고 볼 수 있다. 그린은 자아실현을 인간이 자신의 능력을 최대한 실현하는 것으로 보기 때문이다. 그러나 이런 식의 삶은 아직 공동선을 실현하는 것은 아니다. 그렇다면 그린이 말하는 공동선을 추구하는 자아실현은 기독교에서 말하는 이상적인 삶을 의미할까? 물론 그린은 단순한 자아실현이 아니라, 공동선을 실현하는 자아실현을 진정한 자유라고 본다는 점에서 타인에 대한 봉사를 강조하는 기독교적 이상에 "더 무게를 실어" 준다.[163] 그러나 그가 공동선의 실현이 완전한 자기희생을 의미한다고 본 것은 아니다. 그린이 염두에 둔 것은 일종의 절제된 자아실현이다. 다시 말해 진정한 자유는 공동선이라는 가치 있는 일을 위한 "절제와 용기"를 염두에 두고 있다는 것이다.[164] 이렇게 되면 공동선의 실현은 고대 그리스의 이상과 기독교의 이상을 동시에 수용할 수 있다. 인간은 자아실현을 위해 자신의 능력을 발휘하지만, 타인의 자아실현을 위해 이를 절제해야 하고, 인간이 타인을 위해 봉사해야 하지만, 이것이 자아실현을 포기하는 뜻은 아니라는 것이다. 이렇게 볼 때 결국 공동선이란 사회구성원들이 자신만의 자아실현이 아니라, 다른 사람의 자아실현도 가능하도록 상호 존중과 상호 지원의 토대 위에서 자신의 삶을 이성적으로 통제하는 것을 말하며, 이런 식으로 사회구성원이 공동선을 실현할 때 인간은 완전한 삶에 도달하고, 사회 역시 완전함에 도달한다. 그린은 개인의 완전함이 사회의 완전함이요, 사회의 완전함이 개인의 완전함이라 생각하기 때문이다.[165]

지금까지의 설명을 종합해 본다면 그린이 말하는 공동선이란 사실 그가 인류 역사의 궁극적 사실이라고 말한 인간의 '사회적 관심'과 크게 다를 것이 없다. 그린이 말하는 사회적 관심이 개개인이 타인 역시 자신과 마찬가지로 자기 의식적 행위 주체임을 인식하면서 타인의 행복을 자신의 행복처럼 느끼는 동정심이라면, 공동선은 사회구성원 모두가 자기 의식적 행위 주체로서 자신이 설정한 행위 목적만이 아니라, 타인의 행위 목적 역시 잘 달성되도록 존중하고 지원하는 것이기 때문이다. 이런 점에서 사실 공동선은 사회적 관심을 단지 동정심이라는 감정이 아니라, 모두가 따라야 할 도덕적 의무로 격상시킨 것이나 다름없다. 그런데 과연 이런 공동선이 실현될 수 있을까? 물론 그린에게 공동선은 모든 사람이 따라야 할 도덕적 의무이다. 그리고 그가 지적하고 있듯이 인간 사이의 동정심이 인류의 역사에서, 그리고 모든 사회에서 사실적으로 존재한다면 공동선 역시 실현 가능하다고 볼 수 있다. 즉 인간이 공동선의 중요성을 깨달을 만큼 의식 수준이 높아지고, 인간의 마음 상태나 성격 역시 동정심을 확대할 수 있도록 도덕적으로 변한다면 공동선이 실현될 수 있다는 것이다.

그런데 개인적 자아실현이 타인의 자아실현과 대립할 수 있는 경쟁 사회에서도 공동선의 실현이 가능할까? 그린 역시 지적하고 있듯이 인간이 "무자비한 경쟁"에 휘말리면 공동선의 실현은 불가능하고,[166] 사회가 전쟁상태처럼 변할 수 있다. 경쟁 상황에서는 한 사람의 성공은 다른 사람의 실패를 의미하기 때문에 이런 상황에서 타인을 지원한다는 것은 자기를 희생하는 것이나 다름없기 때문이다. 그런데 만약 공동선 실현을 위해 누군가의 희생을 요구한다면, 이는 공동선 개념 자체와 모순된다. 공동선은 모두의 성공적 자아실현을 위한 상호 지원을 의미한다는 점에서 누구의 희생도 전제한 것이 아니기 때문이다. 더구나 타인과의 경쟁 상황에서 모든 사람이 타인을 지원하라는 도덕적 요구를 따른다면, 사실 이는 모든 사람의 희생을 요구하는 것이나 마찬가지라는 점에서 그 누구도 성공적 자아실현에 이를 수 없고, 모두가 서로를 지원한다면 이를 경쟁 상황이라 볼 수도 없다. 이렇게 본다면 사회구성원 모두의 성공적 자아실현을 위한 상호 지원은 사회가 경쟁적으로 구조화되어 있는 한 불가능할 뿐만 아니라, 어불성설이나 마찬가지이다. 이렇게 본다면 사실 사회구성원 사이의 상호 지원은 협력 관계가 전제되어 있을 때, 비로소 협력이 잘 이루어지도록 요청되는 도덕적 의무라 할 수 있으며, 바로 이런 협력 관계 속에서만 실현될 수 있다. 이런 점에서 공동선 실현 여부는 인간의 도덕적 성숙의 문제가 아니라, 사회 자체가 협력적으로, 혹은 경쟁적으로 구조화되어 있느냐에 달려 있다.

사실 루소에서 확인할 수 있듯이 인간의 자연적 본성인 동정심은 인간 상호 간의 협력을 가능하게 하지만, 반대로 경쟁 사회에서는 축소되고 왜곡될 수밖에 없다. 그리고 푸엔테스나 토마셀로에서 확인할 수 있듯이 인간이 자신의 이익만이 아니라 상대방의 이익을 위해 행동하는 것은 협력 관계에서나 일어날 수 있다. 즉 토마셀로가 말하는 공동지향성 행위에서 볼 수 있듯이 인간은 타인과 협력 관계를 형성하면서 비로소 자신의 목적 설정과 행위가 자신만의 이익이 아니라, 상대방의 이익에도 이바지하도록 자신을 통제한다는 것이다. 이런 점에서 공동선의 실현을 위한 이성적 통제는 사실 협력 관계에서 협력이 잘 수행되도록 요구되는 의무이다. 이는 집단지향성 행위에서도 마찬가지이다. 집단지향성 행위에서는 앞서 설명했듯이 집단 구성원들이 공유한 문화적 관행이 사회구성원 모두에게 적용되는 보편적 원칙이 되며, 사회구성원은 이 보편적 원칙에 따라 자기 자신을 성찰하고, 또한 자신의 행동을 조정한다. 물론 여기서 말하는 문화적 관행이란 공동지향성 단계에서의 상호협력이 반복되면서 형성된 것이며, 따라서 집단지향성은 관행화된 상호협력 관계를 전제할 뿐만 아니라, 상호협력이 잘 수행되도록 사회구성원에게 요구된 보편적 원칙이다. 그런데 그린이 말하는 공동선 역시 사회구성원들이 상호 지원을 위해 자기 자신을 이성적으로 통제하라는 보편적 원칙이라면, 공동선이나 문화적 관행의 역할은 사실 같다. 이렇게 공동선을 이해한다면, 이제 공동선이란 사회구성원 모두에게 적용되는 보편적 원칙일 뿐만 아니라, 사회구성원 모두의 이익에 이바지하도록 사회적 관계가 협력 관계로 재편될 때 실현될 수 있다. 다시 말해 사회구성원 모두의 자아실현을 위한 상호 지원이란 단지 개인의 도덕성을 말하는 것이 아니라, 협력 사회라는 대안적 사회구성 원칙을 함축하고 있다는 것이다.

그러나 그린의 공동선 개념은 이렇게 사회 자체를 경쟁 관계에서 협력 관계로 탈바꿈하는 대안적 사회구성 원칙으로까지 발전하지는 않는다. 그린은 경쟁 관계 자체가 공동선 실현을 불가능하게 만든다는 점을 의식하고 있었음에도 공동선의 실현조건을 개인의 도덕성으로만 보았기 때문이다. 물론 경쟁 사회를 전제하면서도 사회구성원 간의 상호 지원이라는 공동선이 실현될 여지는 있다. 경쟁에 성공한 사람이 경쟁에 실패한 사람을 지원한다든지 아예 경쟁에 참여할 수 없는 사람을 지원할 수 있기 때문이다. 어떻게 보면 그린은 이런 식의 지원을 공동선의 실현으로 본 것인지도 모른다. 즉 "각자 타고난 가능성을 꽃피울 희망이 없이 내팽겨져 있는" 사람, "오직 다른 사람들의 도움이 있어야" 자아실현의 기회를 얻을 수 있는 일종의 사회적 약자에 대한 "사회적 부조"를 공동선의 실현으로 생각한 것인지도 모른다.[167] 흥미롭게도 그린은 사회가 협력적으로 구조화되어야 한다고 주장한 것은 아니지만, 모든 사회구성원의 자아실현이 실질적으로 가능하려면 제도적 장치와 환경이 갖추어져야 한다고 본다. 그리고 이런 조건의 대표적 사례로 든 것이 소유물이다.[168] 즉 일정한 재산이 보장되어야 자아실현이 가능하다는 것이다. 다시 말해 사회구성원들이 성공적 자아실현에 이르기 위해서는 자신의 몸만이 아니라, 먹을 음식이 있어야 하고, 입을 옷이 필요하다는 것이다. 따라서 이런 소유물이 제대로 갖추어져 있지 않다면, 자아실현의 방해가 된다. 그렇다면 재산이 필요한 것보다 적거나 없는 사람들은 어떻게 될까? 이들에게는 자아실현이 불가능한 것 아닌가? 이런 점에서 그린은 재산이 없어서 자아실현에도 한계가 있을 수밖에 없는 사람들, 다시 말해 실업자나 노인 등 사회적 약자에게 일정 정도의 소유물을 국가가 보장해야 한다고 주장한다. 그렇다면 반대로 소유물을 과다하게 독점함으로써 타인의 소유를 방해하는 사람들은 어떻게 될까? 이에 대한 그린의 대답은 소유물의 과도한 독점은 제한되거나 철폐되어야 한다는 것이다. 어떤 사람이 소유물을 독점함으로써 타인이 소유물을 확보하지 못하게 한다면, 이는 타인의 자아실현을 방해하는 것이나 마찬가지이기 때문에 공동선에 위배된다는 것이다. 이렇게 본다면 그린이 말하는 공동선, 사회구성원 모두의 자아실현을 위한 상호 지원이란 사실 사회적 약자에 대한 국가의 지원을 의미하며, 사회구성원이 이러한 국가를 지지하면 이른바 그린이 말하는 공동선을 실현하는 셈이 된다.

## 그린의 한계

그러나 엄밀하게 말해서 국가가 사회적 약자를 지원하는 것을 사회구성원들이 공동선을 실현하는 것으로 보기는 어렵다. 물론 국가가 소유물을 지원하거나 독점을 규제하면 사회구성원 모두가 적정한 소유물을 확보할 수 있다. 그리고 이를 통해 자아실현의 기회를 만들 수 있을 것이다. 하지만 이러한 사회적 약자 지원은 사후적인 것으로서 경쟁상태 자체를 폐기하는 것은 아니다. 따라서 국가의 개입을 통해 사회구성원 모두에게 적정한 소유물을 보장한다 하더라도 사회구성원들은 여전히 자신의 자아실현을 위해, 혹은 자신의 이익을 위해 타인과 경쟁하며, 그 결과 승자와 패자로 나누어진다. 이런 점에서 사회구성원 개개의 삶은 상호 존중과 상호 지원을 위해 자신의 자아실현을 이성적으로 통제하는 것이 아니라, 자신의 성공이 타인의 실패로 이어지는 경쟁 관계 속에서 여전히 자신의 승리를 위해 전념할 수밖에 없다. 과연 이러한 삶을 인간의 완전한 삶이라 볼 수 있을까?

그러나 분명 그린은 고전적 자유주의자들과는 달리 개인의 자유를 단지 외적 간섭, 강제, 방해 등이 없는 소극적 상태가 아니라, 적극적인 차원에서 개인의 자아실현으로 보았을 뿐만 아니라, 개인의 자아실현을 공동선과 결합함으로써 자기보존본능에 기초한 개인적 자유의 한계를 넘어서려고 했다. 이런 점에서 그린은 개인의 자기 중심성이 아니라 사회성에 주목하려고 했지만, 그가 말하는 인간의 사회성은 상당히 모호한 것이다. 그린은 인간이 갖는 타인에 관한 관심이나, 인간이 사회를 떠나서 존재할 수 없음을 강조하지만, 그에게 자유의 주체는 자신을 대상화하며 자기를 의식할 수 있는 이성적 존재이자, 이 때문에 스스로 목적을 설정하고 이를 의식적으로 실행하는 자기 주장적이고 자기 추구적인 존재이다. 다시 말해 인간은 사고와 판단, 행위에 이르기까지 모든 것을 독립적으로 수행하는 자기 완결적 존재라는 것이다. 이런 점에서 그린이 말하는 자유의 주체에는 타인의 관점에 서서 느끼고 생각하려는 탈 자기 중심성이 결여되어 있다. 비록 그린이 고전적 자유주의자들과는 달리 사회구성원 간의 상호 존중과 상호 지원에 기초한 이성적 자아실현을 말하지만, 자유의 주체가 여전히 자기중심적이라는 것이다. 따라서 그린에게 상호 존중과 상호 지원은 단지 자기중심적 주체에 부여된 도덕적 의무였을 뿐, 왜 개인의 자유가 이를 전제할 수밖에 없는지는 모호하다. 다시 말해 그린은 인간의 사회성을 강조하려고 하였지만, 정작 인간의 사회성이 무엇인지는 규명하지 못했고, 따라서 이에 기초한 자유 개념을 정립할 수도 없었다는 것이다.

## 2. 홉하우스

홉하우스는 20세기 초 영국의 극심한 빈부격차와 빈곤 문제를 해결하기 위한 사회개혁정책의 이념적 기반을 제공한 사회적 자유주의의 대표자이다. 물론 그가 사회적 자유주의라는 표현을 사용한 것은 아니다. 홉하우스는 『자유주의의 본질』에서 자신의 정치적 입장을 '자유 사회주의(Liberal Socialism)'로 규정한다.[169] 물론 홉하우스가 '비사회적 자유'와 구별하여 '사회적 자유'를 주장한다는 점에서 사회적 자유주의라는 표현이 무리한 것은 아니다. 하지만 표현이 어떻든 중요한 것은 홉하우스가 당시 경쟁적 정치이념이었던 자유주의와 사회주의 중 어느 하나를 택한 것이 아니라, 이 둘을 통합하려고 했다는 점이다. 이런 맥락에서 볼 때 자유 사회주의, 혹은 사회적 자유주의라는 표현은 자유주의와 사회주의의 결합을 표현할 뿐 양자 간에 별다른 차이는 없다. 그렇다면 홉하우스가 생각한 자유주의와 사회주의란 무엇이었을까?

### 자유주의와 사회주의의 결합

홉하우스에 따르면, 자유주의자와 사회주의자가 사회정의 실현이란 의미에서 역사적 진보를 가로막는 문제들과 싸워왔지만, 그 방법은 달랐다. 즉 자유주의자가 억압으로부터의 해방을 주장하며, 개인의 자유를 위해 싸워왔다면, 사회주의자는 사회적 연대를 주장하며, 이를 위한 사회적 책임과 협력을 강조했다.[170] 그러나 자유주의와 사회주의의 핵심을 이루는 개인의 자유와 사회적 연대라는 이상은 서로 "대립하는 것이 아니라 보완적"이다.[171] 사회주의자들은 개인의 자유가 법적 권리로 보장되더라도 개인적 생활 조건이 "불평등하면 부자유를 결과"한다고 보았다.[172] 이 때문에 사회주의자들은 모든 사람의 실질적 자유를 위해 개인적 생활 조건을 평등하게 만들려고 했으며, 자신들이 강조한 사회적 책임과 협력은 생활 조건이 취약한 사회적 약자에 대한 국가의 지원 요구로 나타났다. 홉하우스에 따르면 자유주의자들 역시 모든 사람의 평등한 자유 실현을 추구한다는 점은 사회주의자들과 같다. 자유주의자들에게 "자유와 평등"은 오래된 이상이며,[173] 이들은 모든 사람의 자유를 위한 개인의 자유 제한을 "보편적 자유를 위한 첫째 조건"으로 삼았기 때문이다.[174] 이렇게 볼 때 자유주의와 사회주의는 소수만의 자유에 반대하고, 만인의 자유를 추구한다는 점에서 다를 것이 없다. 따라서 모든 사람의 실질적 자유 실현을 위해서는 단지 개인의 자유만이 아니라, 사회적 연대도 보장되어야 한다. 그러나 자유주의든 사회주의든 그것이 왜곡되고 변질된다면 이 둘 사이의 갈등은 필연적이다. 즉 자유주의는 개인의 자유를 강조하면서 경제적 영역에서의 "상업적 경쟁"에 대한 예찬으로 변질될 수 있으며, 이렇게 되면 사회구성원 간의 협력과 지원은 물론 연민과 호의도 사라지고, 오로지 개인적 성공과 돈 버는 능력만이 숭상된다.[175] 이에 반해 사회주의는 생활 조건의 평등을 위한 국가의 개입을 강조한다는 점에서 자칫 국가 행정의 효율성만을 추구하는 고도의 전문가들에 의해 사회 자체가 하나의 "기계 조직"처럼 변질될 수 있으며, 이렇게 되면 모든 인간적 요소가 사라진 채 사회구성원들은 사회라는 거대한 기계의 일개 부품으로 전락할 수 있다.[176] 홉하우스가 자유주의와 사회주의를 결합하려고 한 것은 이렇게 자유주의가 추구하는 개인의 자유가 이기적 경쟁으로 변질되어 연대와 협력을 파괴하고, 반대로 사회주의가 추구하는 연대가 개인의 자유에 대한 억압으로 변질되는 것을 막음으로써 자유주의와 사회주의 본래의 이상을 실현하기 위함이었다.

이렇게 개인의 자유를 강조하는 자유주의와 사회적 연대를 강조하는 사회주의를 통합한다는 것은 근본적으로 개인과 사회의 관계에 대한 새로운 사고를 필요로 한다. 개인의 자유를 강조하는 자유주의는 자칫 개인의 독립성만이 아니라, 사회에 대한 개인의 존재론적 우선성을 전제하는 개인주의로 발전할 수 있으며, 사회적 연대를 강조하는 사회주의는 자칫 개인을 사회의 구성 요소로 볼 뿐만 아니라, 개인에 대한 사회의 존재론적 우선성을 전제한 집단주의로 나아갈 수 있다. 그러나 홉하우스는 개인의 자유가 절대적이라고 보지 않는다. 그렇다고 집단이 절대적이라는 것도 아니다. 그의 표현에 따르면 그는 "집단행동을 위한 논리"와 "개인의 자유를 위한 논리" 중 어느 것을 우선시하는 것이 아니라, 이 두 요소 모두가 인간의 사회생활에서 긴밀하게 얽혀 있다고 본다.[177] 이런 점에서 홉하우스는 자유주의와 사회주의의 변질을 막고, 개인의 자유와 사회적 연대를 통합하기 위해서는 개인주의와 집단주의라는 양극단이 아니라 이를 통합하는 새로운 사회관이 필요하다고 생각하였으며, 그것이 바로 유기체론이다. 즉 홉하우스는 사회를 하나의 생명체처럼 그 구성원들이 밀접한 상호협력 관계를 형성하는 유기체로 본 것이다. 이러한 유기체론은 홉하우스의 정치철학적 입장 전체의 토대가 되며, 고전적 자유주의를 넘어 새롭게 정립한 그의 자유 개념 역시 이에 기초한다. 이런 점에서 유기체론은 그가 주장한 사회적 자유주의가 무엇인지를 알 수 있게 하는 핵심 개념이다.

### 사회유기체

일반적으로 유기체라는 개념은 물리학적 대상인 물체가 아니라, 생물학적 대상인 생명체를 설명하기 위해 사용되는 개념이다. 하나의 물체는 이를 구성하는 최소 단위로 분해되며, 이 최소 단위들을 결합하면 다시 물체가 된다. 그리고 이 최소 단위들은 결합 후에도 각기 고유한 성질을 지니고 있으며, 따라서 어떤 최소 단위들로 물체가 이루어졌느냐에 따라 물체의 성질도 달라진다. 그리고 반대로 이 물체를 다시 분해한다 하더라도 각 부분은 고유한 성질을 잃지 않는다. 이에 반해 유기체역시 부분으로 이루어져 있지만, 부분과 전체의 관계가 물리학적 물체와는 다르다. 유기체가 이를 구성하는 부분들로 분해된다면, 이는 죽음을 의미하고, 분해된 부분들을 다시 결합한다고 해서 유기체가 재생되는 것도 아니다. 따라서 유기체를 구성하는 부분들은 유기체 이전에 존재할 수 없으며, 이 부분들의 특성에 따라 유기체의 특성이 결정되는 것도 아니다. 물체는 부분들의 단순한 총합이지만, 유기체는 결코 부분들의 총합이 아니기 때문이다. 하나의 유기체는 일종의 전체로서 부분들로 구성되어 있고, 이 부분들은 각기 다른 역할을 한다. 그리고 전체로서의 유기체는 부분들이 협력적 상호작용을 통해 서로 조화를 이룰 때비로소 유지된다. 그러나 유기체의 각 부분이 전체로부터 분리될 경우에도 각기 독립적인 역할을 하는 것은 아니다. 부분들이 전체로부터 분리되면 이 부분들은 아무런 역할도 하지 못한다. 그리고 하나의 유기체를 이루는 부분 중 어느 하나가 자기 역할을 못 함으로써 협력적 상호작용에 장애가 생기면, 유기체 전체가 위태로울 수 있고, 유기체 전체가위태로워지면, 이를 구성하는 각 부분도 위태로워진다. 이런 점에서 전체로서의 유기체와 이를 구성하고 있는 부분들은 협력적 상호작용을통해서만 존속하는 상호의존적 존재이다.

홉하우스가 생각하는 유기체 역시 이러한 일반적 시각과 다를 것이 없다. 홉하우스 역시 하나의 전체로서의 유기체는 부분들로 구성되어 있지만, 이 부분들은 전체를 떠나서는 완전히 다른 존재가 된다고 보기 때문이다. 예를 들어 인간의 신체 역시 부분들의 협력적 상호작용에 기초한 하나의 유기체이다. 인간의 신체는 다양한 역할을 하는 기관들로 구성되어 있으며, 이 기관들이 신체로부터 분리되면 이내 사멸하고 만다. 인간의 신체는 이를 구성하고 있는 기관들이 없으면 생명력을 유지할 수 없고, 마찬가지로 신체의 기관 역시 신체로부터 분리되면 생명력을 잃기 때문이다. 이런 점에서 인간의 신체와 이를 구성하는 각 기관은 불가분한 상호의존관계를 갖는다.[178] 홉하우스는 바로 이러한 유기체 모델에 따라 사회를 파악한다. 사회와 이를 구성하고 있는 개인들의 관계가 협력적 상호작용에 기초한 유기체와 같다는 것이다. 즉 사회 역시 개인들로 구성된 생명체로 볼 수 있으며, 사회는 자신의 부분인 개인들이 없으면 존재할 수 없고, 개인 역시 사회를 떠나서는 존재할 수 없다.[179] 이렇게 사회를 유기체로 본다면, 사회는 개인들로 구성되어 있지만, 단순히 개인들의 총합은 아니며, 개개의 구성원이 다양한 관계 속에서 자신의 역할을 하면서 서로 조화를 이룰 때 사회라는 하나의 통일된 전체가 존재한다고 볼 수 있다. 따라서 만약 사회를 구성하고 있는 개인들 간의 협력적 상호작용이 성공적으로 이루어지지 못한다면 사회는 결코 유지될 수 없으며, 사회를 구성하는 개개인 역시 협력적 상호작용을 떠나서는 아무런 가치도 없게 된다.

그렇다면 협력적 상호작용이 원활하게 이루어져 사회 전체가 조화를 이루기 위해서는 사회구성원 각자는 어떻게 행동해야 할까? 홉하우스는 이를 개인의 권리와 의무로 설명한다. 즉 사회구성원은 각자 자유롭게 자신의 이익을 위해 행동할 수 있는 권리를 갖지만, 이러한 권리가 공익을 해쳐서는 안 된다는 것이다. 사회구성원에게는 공익을 지켜야 할 의무가 있기 때문이다. 그러나 공익이 개인의 권리에 우선하는 어떤 별개의 것이거나 개인 위에 군림하는 어떤 신비로운 것은 아니다. 홉하우스에 따르면 공익은 "개개인이 나눠 가지는 이익"으로서 사회구성원 각자가 자신의 능력을 발휘하며 맡은 역할을 완수할 때 모두에게 돌아간다.[180] 이런 점에서 공익은 개개인 각자의 이익과 대립하는 것이 아니라, 공익 속에는 개개인의 이익도 존재한다. 그렇다면 과연 무엇이 공익에 해당할까? 혹은 사회구성원 각자가 어떤 행동을 할 때 이를 공익적 행동이라 볼 수 있을까? 홉하우스는 공익 속에 각자의 이익도 존재한다는 전제하에서 가설적이나마 "유기적인 사회관의 근본 원리"를 천명한다.[181] 그것은 한 개인만이 아니라 사회구성원 모두의 개성이 타인의 개성 실현과 조화를 이룰 때 완전히 실현될 수 있다는 것이다. 그리고 조화란 단지 갈등 없는 상태만을 의미하는 것이 아니라, "능동적인 상호원조" 역시 포함한다.[182] 따라서 능동적 상호원조가 이루어진다면, 사회구성원 각자는 자신의 개성을 실현하면서도 동시에 타인의 개성 실현을 촉진하며, 그 결과 모두에게 이익이 된다. 이렇게 본다면 공익적 행동이란 다름 아닌 사회구성원들의 능동적 상호원조를 말하며, 사회적 조화란 사회구성원들의 목적 의식적 행위 없이 달성되는 "자연적 조화"가 아니라, 사회구성원들의 능동적 상호원조를 통해 이루어지는 "윤리적 조화"라고 볼 수 있다.[183] 그리고 홉하우스에게 사회적 조화란 이처럼 사회구성원의 조화를 말하지만, 그 방법이 공익 실현에 있다는 점에서 사회적 조화란 사적 이익과 공적 이익의 조화를 의미한다고 볼 수 있다.

그런데 흥미로운 것은 홉하우스가 또 다른 조화를 말하고 있다는 점이다. 즉 홉하우스는 개개인 자신의 내면적 조화 역시 지적하고 있다.

인간의 개인적 인격이 형성되려면 자아의 통일성이 유지될 수 있어야 하며, 이 통일성이란 개인의 사고와 감정과 행동이 조화를 이루지 않는 한 불가능하다.[184] 아마도 이런 내면적 조화는 타인과의 조화나 공익과의 조화를 이룰 수 있는 필수적 전제일 것이다. 개개인이 자아의 통일성을 유지하는 인격체로 행동하지 않는 한 타인과의 안정적 관계 형성은 불가능하며, 마찬가지로 공익 속에서 자신의 고유한 이익을 발견한다는 것도 불가능하기 때문이다. 이렇게 개개인을 한 사회의 구성원일 뿐만 아니라, 내적 통일성을 갖는 인격체로 본다면, 이제 개개인은 또한 이성적 존재로 보아야 한다. 내면적 조화를 이룸으로써 인격적 통일성을 유지하고, 타인과 능동적 협력 관계를 맺을 뿐만 아니라, 사익과 공익을 조화시키는 것은 고도의 자기 규율 없이는 불가능하기 때문이다. 이런 점에서 홉하우스는 인간에게 "편견 없는 관찰자"가 될 수 있는 이성적 능력, 내지는 그의 표현에 따른다면 "이성적 충동"이 있음을 주장한다.[185] 즉 인간은 자신만의 이익을 고려하는 것이 아니라, 타인의 요구도 동등하게 고려할 수 있는 능력이 있다는 것이다. 따라서 인간은 타인들이 자신과 마찬가지로 한 사회의 구성원임을 인정한다면, 공익의 관점에서 이성적 판단을 내릴 수 있다는 것이 홉하우스의 입장이다.

이렇게 사회유기체를 이성적 존재의 공익적 행동을 통해 확보될 수 있는 윤리적 조화로 이해한다면, 이로부터 현존 사회를 비판적으로 진단할 수 있는 규범적 기준을 도출해 낼 수 있다. 사회유기체론이 전제한 사회구성원들 사이의 조화는 역으로 이 조화를 깨는 요소를 비판할 수 있게 하기 때문이다. 다시 말해 사회유기체론은 사회구성원 간의 조화를 정상적 상태로 보게 하고, 이와 어긋난 것은 비정상적 상태로 진단할 수 있게 한다는 것이다. 물론 홉하우스가 사회적 정상성과 비정상성 개념을 사용하고 있지는 않지만, 그가 구상한 이상적 사회에 주목한다면, 현존 사회를 비판할 수 있는 규범적 토대가 사회유기체론임은 분명하다. 홉하우스에게 "이상적인 사회는 구성 부분들이 전반적으로 조화롭게 성장함으로써 활성화되고 번영하는 사회, 그리하여 각 부분들이 고유의 본성과 진로에 따라 발전함으로써 다른 부분들의 발전을 촉진하는 경향을 띠는 사회"이기 때문이다.[186] 이렇게 사회유기체론에 따른 규범적 관점을 전제한다면, 홉하우스가 활동하던 당시 영국 사회는 분명 사회구성원 간의 협력적 상호작용이 위기에 처함으로써 사회 전체를 구성하는 각 부분 간의 조화가 깨진 사회로 진단될 수 있다. 당시 만연해 있던 빈곤과 극심한 빈부격차는 전체를 구성하는 일부가 비대해지고, 나머지 부분은 왜소해진 것이나 마찬가지라는 점에서 이는 사회 전체를 이루는 부분들 간의 조화가 깨진 것이나 마찬가지이기 때문이다. 이렇게 사회유기체론을 사회비판의 규범적 기준으로 삼는다면, 이는 금방 사회정의론으로 발전할 수 있다. 사회정의론이란 무엇이 올바른 사회인가에 대한 관점이 전제될 때 비로소 등장할 수 있기 때문이다. 이런 점에서 홉하우스의 사회 정의관 역시 그의 사회유기체론에 기초하고 있다. 그는 사회 전체를 이루는 부분들 간의 조화를 해치는 빈곤과 빈부격차를 당시 사회의 가장 극심한 부정의로 규정하기 때문이다. 물론 이러한 부정의를 해결할 수 있는 정의란 반대로 사회 전체를 구성하는 부분들이 다시 조화를 회복하는 것을 의미할 것이다.

### 사회정의

그렇다면 경제적 관점에서 볼 때 어떻게 부가 분배될 때 사회적 조화가 달성될 수 있을까? 홉하우스는 이에 대해 두 가지 원칙을 제시한다.

그중 첫째는 개인의 노력에 따른 성과는 개인에게 분배하고, 사회의 기여분은 사회로 환원되어야 한다는 것이다. 홉하우스에 따르면, 오늘날 경제적 생산 활동은 세밀하게 분업화되어 있다는 점에서 그 누구도 생산 활동을 홀로 수행하지 않는다. 이는 모든 생산이 자급자족이 아니라, 타인과의 교환을 위한 상품 생산 방식으로 수행된다는 점만 보아도 알수 있으며, 생산 활동 자체만 보더라도 그 누구도 자신만의 능력으로 생산하는 것이 아니라, 인류 전체가 이루어놓은 사회문화적 자산을 활용하여 생산 활동을 수행한다. 이렇게 본다면 스미스가 분업적 협력으로 규정했고, 마르크스가 생산의 사회적 성격으로 규정했던 것처럼 홉하우스에게도 개개인의 생산 활동은 사회 전체적으로 볼 때 개개인이 의도했던 그렇지 않던 이미 협력적으로 수행된다고 볼 수 있다. 그런데 개개인의 관점에서 보면 분업적 협력 관계 속에서 기존의 사회문화적 자원을 활용하여 어떤 성과를 이뤄내느냐는 전적으로 "개인의 의욕과 노력"에 따라 달라진다.[187] 따라서 어떤 경제 질서도 이러한 개인적 노력을 무시할 수 없으며, 이를 유지하고 촉진하기 위해서는 개인적 노력의 성과에 상응하여 보상이 이루어져야 한다. 이런 점에서 개인적 노력의 성과를 개인적으로 소유하는 것도 당연하며, 자유주의자들이 강조하듯 재산권을 통해 개개인이 "자신의 노동생산물을 소유"할 수 있는 권리는 법적으로 보호되어야 한다.[188] 하지만 이런 식의 재산권이 상속권까지 포함하는 것은 아니다. 개인의 재산이 해당 개인의 노력에 상응한 것이라면, 개인의 재산이 다음 세대로 상속되는 것은 불로소득을 용인하는 것이기 때문이다. 따라서 개인이 축적한 재산이 상속원리를 통해 다음 세대로 전달된다면, 이젠 아무런 개인적 노력 없이도 재산 축적이 가능하며, 이는 정의로운 분배가 아니라는 것이다.[189]

그런데 홉하우스가 경제적 부의 원천을 개인적 노력으로만 보는 것은 아니다. 그는 경제적 부가 형성되는 데 사회가 지대한 영향을 미치고 있음을 지적하기 때문이다. 예를 들어 런던 시내의 토지가 얼마나 가치를 갖느냐는 이 토지를 소유한 개인의 노력이 아니라, 사회적 요인에 의해 결정된다.[190] 이런 주장은 별 어려움 없이 쉽게 동의할 수 있을 것이다. 도시 내의 토지 가치는 대개 도로 사정이 어떤지, 대중교통과 연결되고 있는지, 주변에 유동인구가 몰리는 관공서나 상권이 형성되어 있는지 등에 의해 결정된다는 것은 상식이나 마찬가지이기 때문이다. 물론 부가 형성되는 데 사회가 미치는 영향은 비단 토지 가치에서만 확인할 수 있는 것은 아니다. 과연 그것이 어떤 사업이든 오직 개인적인 힘만으로 이를 번창시킬 수 있는 것은 없기 때문이다. 사업이 성공하려면 도로, 철도, 항만 시설은 물론 대규모 숙련 노동자들이 있어야 하고, 또한 각종 생산물에 대한 소비자가 있어야 한다. 이는 생산과정도 마찬가지이다. 생산이란 인간의 신체 기관이나 생산 기계, 각종 지식 정보 등 지금까지 인류가 이루어낸 모든 사회문화적 성과를 활용한 것이기 때문이다.[191] 그렇다면 이렇게 개인의 노력이 아니라, 사회가 만들어낸 부는 누구의 것일까? 홉하우스의 입장에서 볼 때 사회가 만들어낸 부는 다름 아닌 사회의 것, 즉 사회구성원 공동의 것이다. 따라서 개개인이 자신의 노력으로 부를 축적했다 하더라도, 여기에 포함된 사회적 기여분은 세금을 통해 사회로 환원되어야 한다. 다시 말해 "사회에서 비롯된 것"은 "사회에 되돌려 주어야" 한다는 것이다.[192]

　이렇게 본다면 홉하우스는 사적 소유를 주장하는 자유주의도, 그렇다고 생산 수단의 공유를 주장하는 사회주의도 아닌, 아마도 이 둘의 통합이라 할 수 있는 제3의 소유론을 제시한 셈이다. 자유주의는 로크에서 볼 수 있듯이 사적 소유를 개인의 노동에서 비롯된 것으로 보면서 화폐 형태의 재산 축적에 아무런 제한을 두지 않았다. 그리고 스미스는 생산 활동 자체를 분업적 협력으로 보면서도 생산의 성과를 사적으로 소유 하는 것을 당연한 것으로 보았고, 이를 보호하는 것이 사회정의의 실현 이자 국가의 핵심적 역할로 보았다. 이에 반해 사회주의는 마르크스에 게서 볼 수 있듯이 자본주의적 착취의 원인을 생산의 사회적 성격과 소 유의 사적 성격 간의 대립으로 보면서, 모든 착취와 불평등의 원인인 생 산 수단의 사적 소유를 철폐하고 공유에 기초한 새로운 생산양식을 주 장했다. 이러한 두 가지 입장에 비추어본다면 홉하우스는 한편으로 자 유주의적 사적 소유를 인정한다. 그 역시 개인적 노동의 성과는 사적으 로 소유되어야 한다고 보았기 때문이다. 그러나 홉하우스가 사적 소유 를 전적으로 수용한 것은 아니다. 그는 개인적 노동 성과에 포함된 사회 적 기여분에 대한 사적 소유는 인정하지 않기 때문이다. 하지만 그렇다 고 홉하우스가 생산 수단의 공유를 주장한 것은 아니다. 분명 생산 활동 의 사회적 성격에 기인한 사회적 기여분은 세금 형태로 공유되어야 하 지만, 개인적 노력을 통해 획득한 생산 수단은 얼마든지 사적으로 소유 될 수 있기 때문이다. 이런 점에서 홉하우스는 사유와 공유 중 어느 하 나를 선택한 것이 아니라, 소유의 대상 영역을 나눠 사유와 공유를 통합 한다고 볼 수 있다.

그렇다면 공동의 소유인 사회적 기여분에 해당하는 세금은 무엇을 위해 사용될까? 여기에 바로 홉하우스가 생각하는 두 번째 분배 원칙이 있다. 즉 홉하우스에 따르면, 세금을 통해 "대다수 국민들에게 건강한 삶의 조건을 보장"해야 한다는 것이다.[193] 물론 세금을 많이 내는 사람은 소득이 많은 사람이다. 이들은 그만큼 부를 축적하는 과정에서 사회를 더 많이 활용했기 때문이다. 그리고 이들이 낸 세금을 통해 혜택을 받는 사람들은 소득이 적은 사람들이다. 이들은 낮은 소득으로 인해 그만큼 삶의 조건이 열악하기 때문이다. 따라서 세금을 통해 국민의 삶의 조건을 향상한다는 것은 결국 소득재분배를 의미하며, 그 구체적인 정책이 사회복지 확대이다. 이렇게 본다면 결국 부자에게서 거두어들인 세금을 통해 가난한 사람들을 지원함으로써 빈부격차를 완화하는 것이 세금의 역할인 셈이다. 이런 식의 소득재분배를 통한 사회복지 확대를 사회정의의 실현으로 규정할 수 있는 것은 홉하우스의 사회유기체론에서 알수 있듯이 이를 통해 사회구성원 간의 불균형이 극복되고 다시금 사회적 조화가 회복될 수 있기 때문이다. 그리고 더 나아가 홉하우스는 복지확대가 생산성을 위축시키고, 이에 따라 사회 전체의 부가 감소하여 오히려 빈곤층을 확대할 수 있다는 주장에 반대하여, 복지 증대가 사회 전체의 부를 증가시킬 수 있음도 주장한다. 복지 증대를 통해 소비가 확대되면 결과적으로 경제 발전 역시 촉진할 수 있기 때문이다. 따라서 소득재분배를 통한 복지 확대 정책은 사회구성원의 생활 수준을 향상할 수있을 뿐만 아니라, 경제 발전에도 이바지할 수 있다는 점에서 정당성을 갖는다.

이렇게 볼 때 홉하우스가 제시하는 사회정의는 결국 사회적 요인에 의해 증대된 부는 사회로 환원되어야 한다는 것이고, 이를 통해 사회복지를 확대함으로써 소득 불평등을 완화하자는 것이다. 물론 소득 불평등을 완화하는 것은 소득 불평등 자체를 철폐하자는 주장과는 다르다. 홉하우스는 놀랍게도 소득 불평등을 정당화할 수 있는 기준까지 제시하고 있기 때문이다. 다시 말해 그에 따르면 정당한 불평등과 부당한 불평등을 구분해야 한다는 것이다. 홉하우스가 그 기준으로 제시한 것은

"백만장자의 이익뿐 아니라 극빈자의 이익도 포함한 전체의 공익을 위해 기능하는 경제 제도"를 전제하느냐, 그렇지 않느냐에 있다.[194] 즉 소득의 차이가 있다 하더라도 공익이 보장되고, 이를 통해 소득이 적은 사람들의 소득을 증대할 수 있다면, 이는 문제가 되지 않는다는 것이다. 이런 점에서 사회적으로 볼 때 소득재분배를 통해 빈부격차를 완화하고 있다면, 이 조건 내에서의 소득 차이는 허용된다. 다시 말해 "A라는 사람이 B라는 사람보다 더 부자이거나 더 많은 권력을 휘두르거나 더 높은 지위를 차지하는 현실이 정말 당연하다면", 이는 "B를 포함한 모든 관계인들의 이익을 고려하는 제도"가 있을 경우라는 것이다.[195] 홉하우스는 극심한 빈부격차를 이런 식으로 극복하는 것이 사회유기체론에 적합하다고 본다. 물론 그 이유는 극심한 빈부격차로 인한 사회적 부조화를 소득재분배를 통해 완화하여 사회를 조화롭게 만들 수 있기 때문이다. 존 롤스의 정의의 원칙 중 '차등의 원칙'을 연상하게 하는 이런 정의관을 수용한다면 국가의 역할 확대는 필수적이다. 세금을 통한 부의 사회적 환원이나 복지 확대, 혹은 공익을 추구하는 경제 제도는 결국 국가 정책을 통해 시행될 수밖에 없기 때문이다. 이런 점에서 홉하우스는 "정상적인 시민이 유용한 노동을 통하여 자신과 가족의 의식주를 마련할 수 있는 경제적 조건"의 확립을 국가의 역할로 본다.[196]

### 사회적 자유와 비사회적 자유

이렇게 국가의 역할을 강조하면 이는 곧바로 자유의 문제를 초래할 수밖에 없다. 고전적 자유주의자들이 생각하듯이 국가의 역할 확대는 결국 개인적 삶에 대한 개입으로 나타날 수밖에 없으며, 이는 개인의 자유를 훼손하는 것이기 때문이다. 그러나 홉하우스는 이와는 반대로 사회정의를 위한 국가의 개입은 오히려 개인의 자유를 증진할 것이라고 주장한다. 그는 국가 권력과 개인의 자유를 대립 관계에서 보는 것이 아니라, 상호 지원이란 차원에서 이해하고 있기 때문이다, 그렇다면 어떤 점에서 국가 권력과 개인의 자유는 상호 지원적일까? 홉하우스가 염두에 둔 개인의 자유란 "사회적 자유"이며, 이것은 "비사회적 자유"가 갖는 한계를 극복하기 위해 제시된 것이다.[197] 여기서 말하는 비사회적 자유란 타인과 무관하게 오직 개인 자신의 욕망과 이익 등 자신의 목적을 달성하기 위해 자신의 능력을 사용하는 것을 말한다. 이런 점에서 비사회적 자유는 아무런 외적 강제가 없는 상태에서 자신의 자기보존본능을 실현하는 것을 자유로 본 고전적 자유주의자들에게서 전형적으로 발견할 수 있다. 그러나 이런 식의 자유는 사실 소수의 사람만이 가질 수 있는 자유라는 것이 홉하우스의 판단이다. 사람들이 각자 자신의 목적을 추구하면 타인과 갈등할 수밖에 없고, 이런 갈등 해결 역시 각자에게 맡겨진다면, 힘이 강한 자가 자신의 목적달성을 위해 타인의 목적달성을 억압할 수 있기 때문이다. 예를 들어 타인과의 관계에서, 특히 타인과의 계약관계 하에 살아가는 대다수 개인은 이러한 자유를 결코 가질 수 없다. 외관상 계약관계는 아무런 강제 없이 이루어진다는 점에서 분명 자유의사에 따라 이루어진 것처럼 보이지만, 이러한 자유계약을 체결한 사람들이 평등한 사람들이 아니고, 이들 사이에 힘의 불균형이 있다면 어떻게 될까? 홉하우스가 들고 있는 대표적 사례는 사용자와 노동자 간의 근로계약이다.[198] 사용자는 자신의 우월적 지위를 이용하여 자신에게 유리한 조건을 제시하려고 하지만, 열세에 놓은 노동자는 점점 더 불리해진 조건을 수용할 수밖에 없다. 개개의 노동자들에게 근로계약은 생존이 달린 문제지만, 사용자에게 근로계약은 얼마든지 다른 노동자로 대체할 수 있는 선택의 문제이기 때문이다. 따라서 단적인 예로 자유는 당시의 가난하고 힘없는 소년 노동자들을 보호한 것이 아니라, 오히려 이들을 사용자를 위한 착취 대상으로 내버려 두는 결과를 낳았다. 소년 노동자의 건강이나 행복은 자기 자신만의 욕망과 이익을 추구하는 사용자에게 고려의 대상이 아니기 때문이다. 그러나 고전적 자유주의자들에게 이런 문제를 해결할 방법은 없다. 이들은 자유를 외적 강제가 없는 상태로 규정함으로써 국가의 개입 자체를 사전에 차단해 버렸기 때문이다. 다시 말해 이들에게 국가의 역할이란 국민의 재산을 보호하고, 폭력과 사기를 예방하며, 자유로운 계약이행을 보장하는 데 국한되어 있기에, 국가가 계약 당사자들 간의 실질적 평등을 보장함으로써 자유계약으로 인한 문제를 해결하는 데 나설 수는 없었다는 것이다.[199] 이런 점에서 홉하우스는 "평등 없는 자유란 고귀한 선언과 비천한 결과의 이름"이라 결론짓는다.[200]

그렇다면 사회적 자유란 어떤 식의 자유를 말할까? 홉하우스에 따르면, 사회적 자유란 "한 공동체의 구성원 모두가 누릴 수 있는 자유"로서, "타인에게 피해가 되지 않는 한에서 가능한 행위를 선택할 수 있는 자유"이다.[201] 이러한 홉하우스의 자유에 대한 정의를 전제한다면 자유는 두 가지 측면을 갖고 있다고 볼 수 있다. 첫째, 개인의 자유란 선택의 자유라는 것이다. 즉 개인이 아무런 외적 강제도 없는 상태에서 자신이 무엇을 할지 스스로 선택하는 것이 자유라는 것이다. 이런 점에서 홉하우스는 개인의 자유에 대해 "자신의 인생을 뜻대로 영위"하는 것으로 표현하기도 한다.[202] 둘째, 개인의 자유란 일정한 제한 속에서 선택의 자유를 실현하는 것이다. 즉 개인은 자유라는 이름 아래 무엇이든 할 수 있는 것이 아니라, 자유에는 일정한 제한이 있다는 것이다. 자유란 자연상태에서의 자유가 아니라, 사회구성원으로서 누릴 수 있는 자유이기 때문이다. 이런 점에서 홉하우스가 말하는 개인의 자유란 사회구성원으로서의 자유를 말한다는 점에서 사회적 자유인 것이며, 이제 개개인은 선택의 자유를 실현함에 있어서 "타인에게 피해를 주는 행동들을 제한"해야 한다.[203] 이런 새로운 자유 개념은 고전적 자유주의자들이 말하는 자유 개념과 비교해 볼 때 중대한 차이를 갖는다. 고전적 자유주의자들이 금과옥조로 삼는 것은 외적 간섭, 강제, 방해 등을 통해 타인의 자유를 '침해'하지 않는 한에서 개인의 자유를 보장하는 것이지만, 홉하우스가 말하는 자유는 광의의 의미에서 타인에게 '피해'를 주지 않는 한에서의 자유이기 때문이다. 앞서 지적했듯이 타인의 자유를 침해하지 않으면서 나의 자유를 실현한다는 것은 타인의 것을 빼앗거나, 타인에게 폭력을 행사하지 않는 것을 의미한다. 따라서 상대방이 자유의사에 따라 계약을 맺으면, 이것이 한쪽에는 이익이 되고, 다른 쪽에는 피해가 된다고 하더라도 문제시되지 않는다. 그러나 타인에게 피해를 주지 않는 한에서 자유가 보장된다면, 이제 타인의 자유의사에 따른 계약체결이라 하더라도 이것이 자신에게만 이익이 되고 타인에게 피해를 주게 되면 이는 자유가 아니다.

홉하우스가 이렇게 고전적 자유주의의 자유 개념을 수정함으로써 의도하고 있는 것은 바로 "사회의 조화"이다.[204] 즉 개개인의 자유를 제한하는 것은 사회구성원들 사이의 조화를 추구하기 위함이라는 것이다. 앞서 지적했듯이 사회를 유기체로 본다면, 사회 자체는 사회구성원들 간의 조화가 없다면 유지될 수 없다. 그리고 이런 조화란 전체를 구성하는 각 부분의 협력적 상호작용 속에서 각자의 역할을 잘 수행할 때 달성될 수 있다. 그러나 어떤 사람의 자유가 다른 사람의 부자유가 될 수 있다면, 이런 자유는 오직 자기 자신만을 위한 자유이며, 따라서 사회구성원으로서의 자유라고 볼 수 없다. 나의 자유가 타인의 자유를 훼손한다면 사회 속에서의 협력적 조화는 깨질 수밖에 없기 때문이다. 따라서 선택의 자유를 타인에게 피해를 주지 않는 한에서만 허용한다는 것은 개인의 과도한 자유가 낳을 피해를 줄임으로써 사회구성원들의 조화를 유지하는 방법이다.[205] 물론 선택의 자유를 제한하려면 자유의 주체인 개개인이 사회구성원임을 자각해야 할 뿐만 아니라, 타인의 자유 역시 존중해야 한다. 자기 자신을 사회구성원으로 자각한다는 것은 자기 이외에 다른 사회구성원이 존재함을 인정한다는 것을 의미하며, 이러한 사회구성원 역시 자유를 갖고 있음을 존중하지 않는다면 사실 자신의 자유를 제한할 필요도 없기 때문이다. 따라서 자신만의 자유가 아니라, 사회적 자유를 실현한다면 사회가 유지될 수 있는 강력한 연대가 형성될 수 있으며, 이런 점에서 홉하우스는 사회적 자유가 사회적 연대의 토대임을 주장한다.

### 홉하우스의 한계

이렇게 홉하우스가 말하는 자유를 단지 선택의 자유가 아니라, 사회적 조화와 연대를 위해 선택의 자유에 일정한 제한을 가하는 '사회적 자유'로 이해한다면, 그가 말하는 사회정의나 국가의 역할이 이러한 자유와 불가분의 관계에 있음을 알 수 있다. 홉하우스가 말하는 사회정의란 소득재분배와 사회복지 확대를 통한 사회적 조화의 실현이며, 국가의 역할 역시 사회적 조화를 이루기 위한 제반 조건을 정책적으로 만들어내는 데 있기 때문이다. 따라서 이와 마찬가지로 사회적 조화를 추구하는 개인의 자유 역시 국가의 역할과 대립하는 것이 아니며, 역으로 국가는 사회적 자유를 효과적으로 실현할 수 있는 필수조건이라 할 수 있다.[206] 그리고 사회정의 역시 홉하우스에게 사회적 자유를 실현하는 필수조건이 됨은 이론의 여지가 없다. 국가가 실현하려는 것은 다름 아니라 사회정의이기 때문이다. 이렇게 볼 때 결국 홉하우스가 고전적 자유주의의 폐해를 극복하기 위해 제시한 새로운 자유주의의 핵심은 사회 자체를 유기체로 본다는 데 있다. 사회를 유기체로 볼 때 이상적 사회의 조건을 각 부분 간의 조화로 보고, 이에 배치되는 상황을 비판할 수 있으며, 또한 사회적 조화를 사회정의와 개인적 자유의 규범적 목표로 설정할 수 있기 때문이다.

이렇게 홉하우스는 사회유기체론에 근거하여 개인의 자유, 사회정의, 국가의 역할을 재구성했지만, 과연 그가 고전적 자유주의의 자기 파괴적 성격을 극복했는지에는 의문의 여지가 크다. 그의 새로운 자유주의는 그린의 경우에서와 마찬가지로 사회 자체를 경쟁 관계에서 협력 관계로 혁신시키는 데까지 나아가지는 못했기 때문이다. 홉하우스가 고전적 자유주의에 대한 대안으로 사회적 자유를 주장하지만, 이러한 자유는 근본적으로 개인 중심의 자유에서 벗어난 것이 아니라, 이에 대한 제한을 강화했을 뿐이다. 고전적 자유주의자들이 '타인의 자유를 침해하지 않는'이라는 제한 조건을 붙였다면, 홉하우스는 '타인에 피해를 주지 않는'이라는 제한 조건을 붙였을 뿐이기 때문이다. 이런 점에서 개인의 자유는 개인의 자기 중심적 욕구, 목표, 선호를 실현하는 것이며, 타인은 여전히 이러한 자유 실현에 대립하는 잠재적 경쟁자로 간주된다. 물론 홉하우스가 인간의 이성적 능력을 주장하고 있지만, 이것이 고전적 자유주의자들이 전제한 인간의 본성인 자기보존본능을 부정하거나 대체한 것은 아니다. 인간의 이성적 능력 역시 홉하우스에게는 인간의 자기보존본능을 제한하는 능력일 뿐이기 때문이다. 이런 점에서 홉하우스가 비록 사회를 유기체로 보고, 사회구성원 간의 능동적 협력을 주장하지만, 그가 사회 유기체론을 당시의 원자론적 사회에 대한 대안으로까지 발전시킨 것은 아니다. 그는 자기보존본능과 사적 이익을 추구하는 독립적 개인들이 서로 경쟁하던 당시의 사회를 능동적 협력에 기초한 사회로 탈바꿈시키려 한 것이 아니라, 단지 이를 제한하려 했을 뿐이기 때문이다. 물론 그 근본적인 한계는 홉하우스가 사회유기체론을 제시하면서 인간을 원자론적으로 독립된 개체가 아니라, 타인과 협력하는 사회적 존재로 보려고 했음에도 불구하고, 사회성의 핵심을 간파하지도 못했고, 마찬가지로 이에 기초한 자유 개념을 정립하지도 못했기 때문이다.

# 6장 새로운 '사회적 자유' 개념의 등장

4장에서 설명했듯이 사회성이란 인간이 자기 중심성을 넘어서 타인의 관점에서 느끼고, 타인의 관점에서 자기 자신을 반성하고, 타인과의 일체감을 통해 상호협력을 수행하는 것이다. 루소는 이렇게 타인의 관점에 서려는 인간의 사회성을 동정심이라는 자연적 감정에서 발견했다. 루소가 말하는 동정심이란 타인의 관점에 서서 타인의 기쁨과 슬픔을 함께 느끼며 타인과의 일체감 하에서 타인을 도와주는 행동으로 나타나기 때문이다. 따라서 동정심에 기초하여 인간관계가 형성된다면 이는 일체감을 통한 상호협력 관계로 볼 수 있으며, 이것이 가능한 것은 인간이 자기 중심성에서 벗어나 타인의 관점에 섰기 때문이다. 실제로 루소가 말하는 인류의 역사적 변천 과정을 보면 인류가 자연 상태에서 벗어난 두 번째 단계에서 '자유로운 협력'이 이루어졌고, 루소가 인류 역사에 있어서 '가장 행복하고 안정된 시기'라고 규정했던 세 번째 단계에서는 이러한 자유로운 협력이 공동체적 협력으로 발전했다. 물론 인간의 사회성은 단지 감정적 차원에서만 나타나는 것은 아니다. 인간의 사회성은 인간의 고유한 사고 유형 속에서도 나타난다. 푸엔테스가 지적하듯이 공동체적 일체감을 통해 상호 협력하는 것은 동물과 구별되는 인간만의 협력 방식으로서 이는 문화를 만들어낸 창의적 사고의 필수조건이다. 그리고 토마셀로가 입증하듯이 '공동지향성'이라는 사고 유형은 개인이 타인과의 합의를 통해 공동 목표를 설정하고, 이를 실현하기 위해 서로 협력하는 가운데 등장한 새로운 사고 유형이다. 이러한 사고 유형은 기본적으로 공동의 목표를 설정하고 이를 실현하기 위한 자기 조절을 가능하게 하며, 그 방법이 타인의 관점에서 자기 자신을 반성하는 것이라는 점에서 자기 중심성에서 벗어난 인간의 사회성을 보여준다. 이는 공동지향성에 따른 협력이 반복되면서 형성된 '집단지향성'의 경우도 마찬가지이다. 집단지향성에서도 인간은 자기 중심성에서 벗어나 비록 구체적 타인은 아니지만, 공동체 구성원들이 공유한 일반적 관점에서 자기 자신을 성찰하기 때문이다.

이렇게 인간의 사회성을 타인의 관점에 섬으로써 자기 중심성에서 벗어나고, 타인과의 일체감을 통해 상호협력하는 특성으로 이해한다면, 고전적 사회적 자유주의자들이 말하는 사회유기체론은 분명 이러한 인간의 사회성과 관련되어 있다고 볼 수 있다. 사회를 유기체로 본다는 것은 사회를 구성하는 개인들의 관계 역시 타인과의 일체감을 통한 상호협력 관계로 보는 것과 마찬가지이기 때문이다. 앞서 서술했듯이 사회가 유기체라면, 사회는 이를 구성하는 부분들 간의 협력을 통해 유지되며, 각 부분 역시 사회 없이 존재할 수 없다. 그리고 이렇게 사회를 구성하는 부분들은 서로 불가분의 관계를 갖지만, 각 부분은 또한 다른 부분들을 통해 대체될 수 없는 자신의 고유한 역할을 담당한다. 이런 점에서 사회유기체 속에서 각 개인은 독립성을 가지면서도 동시에 타인과 일체를 이루고 있다. 그렇다면 독립된 개인이 어떻게 타인과 일체가 될 수 있을까? 혹은 어떻게 각자 고유한 역할을 담당하는 개인이 타인과 협력 관계를 형성할 수 있을까? 사실 이런 문제는 타인의 관점에서 자기 자신을 반성하며 상호협력을 위해 자신의 행위를 조절하는 인간의 사회성 개념을 전제한다면, 큰 어려움 없이 해명될 수 있었을 것이다. 그러나 고전적 사회적 자유주의자들은 사회유기체론에 비추어 사회를 이해하려 했지만, 정작 사회유기체를 가능하게 하는 사회성이 무엇인지를 규명하는 데까지 나아가지는 못했다. 이 때문에 이들은 어떻게 개인들이 각기 독립성을 유지하면서도 타인과 하나가 될 수 있는지를 설명할 수 없었을 뿐만 아니라, 이러한 사회성에 기초한 자유 개념 역시 제시하지 못했다.

물론 고전적 사회적 자유주의자들은 자기보존본능에 기초한 개인 중심의 자유가 초래한 극심한 빈부격차와 빈곤을 사회적 부조화라고 비판하고, 이를 극복하려 했다. 그러나 인간의 사회성을 규명하지 못한 고전적 사회적 자유주의자들에게 그 방법은 제한적일 수밖에 없었다. 즉 이들은 단지 개인 중심의 자유를 제한하려 했을 뿐, 사회 자체를 인간의 사회성에 기초한 협력 관계로 재구성하는 데까지 나아가지는 못했다. 이들이 말하는 사회적 자유주의의 핵심은 상호 존중과 상호 지원을 위해서든, 아니면 타인에게 피해를 주지 않기 위해서든 개인적 자유를 제한하는 데 있었을 뿐이기 때문이다. 이런 점에서 고전적 사회적 자유주의는 개인적 자유주의에 대한 '수정'을 가했지만, 개인적 자유주의가 전제한 인간의 본성인 자기보존본능마저 사회적 본성으로 대체한 '패러다임 전환'에 도달한 것은 아니다. 따라서 고전적 사회주의자들이 구상한 대안적 사회는 여전히 개인 중심의 자유에 기초한 경쟁 관계에 기초하고 있으며, 타인과의 일체감을 통한 상호협력 확대를 추구한 것도 아니다. 그리고 고전적 사회적 자유주의자들이 개인의 이익과 공익의 조화를 말하지만, 그 방법이 국가의 개입을 통한 사회적 약자 지원이나 소득재분배 정책으로 한정된다는 점에서 이 역시 소득 불평등의 원인인 기존의 경쟁 관계를 상호협력 관계로 재편하려는 것도 아니었다.

이하의 글에서는 고전적 사회적 자유주의의 한계를 극복하기 위해 개인 중심의 자유가 아니라, 인간의 사회성에 기초한 새로운 자유 개념을 제시하기 위해 패러다임 전환을 시도할 것이다. 그리고 내 생각에 이러한 작업은 무엇보다도 인간의 주체성을 주체-객체 관계가 아니라, 주체-주체 관계라는 상호주관적 관계 속에서 재구성하려는 작업과 궤를 같이한다. 개인의 자유란 개인 스스로 자신의 사고와 행위의 주체가 될 때 가능하지만, 자기보존본능에 기초한 개인 중심의 자유는 주체-객체 관계에서 작동하는 주체성 유형, 즉 주관성을, 그리고 인간의 사회성에 기초한 자유는 주체-주체 관계에서 작동하는 주체성 유형, 즉 상호주관성을 전제할 수밖에 없기 때문이다. 다시 말해 자기보존 목적을 달성하려는 사고와 행위 주체에게 자연이나 타인은 이 목적을 달성하기 위한 통제의 대상에 불과하지만, 타인의 관점에서 자기 자신을 반성하는 사회성을 가진 주체에게 타인은 자신과 협력하는 또 다른 주체라는 것이다. 이런 점은 자기보존본능이 타인과의 관계를 경쟁 관계로 만들지만, 사회성에 기초한 인간관계는 타인과의 관계를 협력 관계로 만든다는 점을 볼 때 더욱 분명하다. 즉 경쟁 주체들은 상대방을 도구적 관점에서 통제의 대상으로 삼지만, 협력 주체들은 서로의 행동을 통일하기 위해 상대방을 협력적 주체로 대우한다는 것이다. 따라서 자기보존본능이 아니라, 사회성에 기초하여 개인의 자유를 개념화하려는 작업은 주관성이 아니라, 이른바 상호주관성에 기초하여 개인의 자유를 개념화하려는 작업과 일치한다.

이런 맥락에서 볼 때 하버마스가 시도한 주관성에서 상호주관성으로의 패러다임 전환은, 물론 미드에 기원하여 호네트로 이어지지만, 인간의 사회성에 기초한 개인의 자유가 무엇인지 개념화하는 데 중요한 이론적 자원이 될 수 있을 것이다. 그런데 하버마스 자신이 지적하듯이 개인과 개인이 주체와 주체의 관계를 형성하는 상호주관적 관계는 인정과 의사소통이라는 두 가지 방식으로 나타난다. 상호주관성의 핵심은 사회성의 의미와 마찬가지로 타인의 관점에서 자신을 반성하는 것이지만, 이는 타인과의 의사소통 관계나 인정 관계 속에서 공통적으로 나타나기 때문이다. 그런데 내 생각으로는 의사소통 관계는 공동의 문제를 해결하기 위한 동의 형성을 목표로 한다는 점에서 공동의 규범을 상호주관적으로 형성하는 데 적합하지만, 이에 반해 인정 관계는 개인적 자아 형성뿐만 아니라, 개인적 자아실현을 상호주관적으로 설명할 수 있게 한다는 점에서 사회성에 기초한 개인의 자유를 규명하는 데 더 적합하다. 그리고 실제로 호네트는 인정 개념에 기초하여 협력적 자아실현으로 이해될 수 있는 '사회적 자유' 개념을 정립하고 있다. 물론 인정과 의사소통이 별개의 상호주관적 관계를 의미하는 것은 아니다. 의사소통은 상호인정의 토대 위에서 성공적으로 실현될 수 있기 때문이다. 이하의 글에서는 이러한 전제하에서 첫째, 하버마스가 말하는 주관성에서 상호주관성으로의 패러다임 전환이 무엇을 의미하는지를 살펴볼 것이다. 그리고 이에 이어서 둘째, 인간의 사회성에 기초한 개인의 자유를 설명할 수 있는 상호주관적 개념인 인정이 무엇을 의미하는지를 설명할 것이다. 그리고 끝으로 호네트에서 발견할 수 있는 '사회적 자유'가 무엇인지를 개념적으로 규명할 것이다.

## 1. 주관성에서 상호주관성으로의 패러다임 전환

하버마스가 주관성에서 상호주관성으로의 패러다임 전환을 시도한 것은, 프랑크푸르트학파라는 지적 전통에서 등장한 이론적 문제 때문이다.[207] 프랑크푸르트학파는 사회비판이론의 대명사가 된 '비판이론(die Kritische Theorie)'을 창시한 학파로서 호르크하이머와 아도르노 등에 의해 주도되었다. 이들은 프랑크푸르트학파 태동기인 1930년대만 해도 마르크스주의에 근거하여 현대 사회를 비판했지만, 독일의 나치즘, 소련의 스탈린주의, 그리고 미국의 독점자본주의를 경험하면서 인류의 문명화 과정이라는 시각에서 현대 사회를 비판했다. 호르크하이머와 아도르노가 함께 쓴 『계몽의 변증법』에 따르면 인류의 문명화 과정은 도구적 합리성에 따른 사회적 합리화 과정이었으며, 이는 현대 사회에 이르러 최고 정점에 도달한다. 다름 아닌 현대 사회에 이르러 도구적 합리성이 사회 전체로 확산하는 총체화 현상이 일어났기 때문이다. 그러나 그 결과는 역설적이다. 본래 도구적 합리성은 인간이 자기보존이라는 목적을 달성하기 위해 자연을 도구처럼 이용하고 지배하는 과정에서 발휘된 합리적 태도였지만, 정작 도구적 합리성이 고도로 발달한 현대 사회에 이르러 도구적 합리성은 인간마저 한낱 도구로 전락시키고 말았기 때문이다. 즉 인간은 자기보존을 위해 자연을 이용하며 생산성 향상을 도모하였으며, 이에 따라 현대 사회는 생산성 향상이라는 지상 목표를 달성하기 위해 사회 전체를 고도로 효율적인 노동분업체계로 탈바꿈시켰고, 그 결과 인간마저 노동분업체계의 효율적 작동을 위한 일개 도구로 전락하고 말았다는 것이다. 이런 점에서『계몽의 변증법』의 진단에 따르면 인류의 문명화 과정은 결국 인간에 의한 자연지배, 사회적 노동분업체계에 의한 인간 지배, 그리고 결국에는 사회적 노동분업체계에 적응하기 위해 인간마저 자신을 지배하고 통제하는 인간의 자기 지배로 귀결하고 말았다. 그런데 이러한 현대 사회 진단은 근본적인 한계를 지니고 있었다.『계몽의 변증법』은 도구적 합리성의 총체화가 낳은 역설적 결과를 비판하였지만, 정작 그 대안에 대해서는 침묵하고 있었기 때문이다. 더구나 호르크하이머는 인간이 생존하기 위해서는 사회가 필요하지만, 사회가 존속하기 위해서는 사회적 노동분업체계를 통한 인간의 도구화가 불가피하다고 보는 비관주의로 후퇴하기도 한다.[208] 이런 와중에 하버마스는 도구적 합리성에 대한 대안적 합리성으로 의사소통적 합리성을 제시하면서『계몽의 변증법』의 현대 사회 비판을 재구성한다. 즉 하버마스에 따르면,『계몽의 변증법』이 지적한 도구적 합리성의 총체화 과정은 일면적 합리화 과정으로 재해석될 수 있다는 것이다. 인간의 합리성을 도구적 합리성과 의사소통적 합리성이라는 두 가지 차원에서 보게 되면, 도구적 합리성이 사회 전체로 확산한다는 것은 동시에 의사소통적 합리성이 사회에서 배제되는 과정이기도 하기 때문이다. 현대 사회에 이르러 도구적 합리성이 지배하는 경제 및 국가 행정 '체계(System)'가 의사소통적 합리성을 통해 문화가 전승되고, 규범이 형성되고, 개인의 사회화가 이루어지는 '생활세계(Lebenswelt)'를 식민화하고 말았다는 하버마스의 진단은 바로 이런 과정을 말한다.[209] 이런 점에서 하버마스는 도구적 합리성이 낳은 역설적 결과를 극복하기 위해 의사소통적 합리성의 재활성화가 필요하다고 주장한다.

## 의사소통적 합리성과 상호주관성

그렇다면 여기서 말하는 도구적 합리성과 구별되는 의사소통적 합리성이란 무엇을 의미할까? 이에 답하기 위해서는 우선 하버마스가 인간의 행위를 어떻게 구분하는가를 알아야 한다. 하버마스가 말하는 합리성이란 다름 아닌 행위의 합리성, 혹은 합리적 행위를 의미하기 때문이다. 하버마스에 따르면, 인간은 "성공 지향적" 행위와 "이해 지향적" 행위라는 두 가지 방식의 행위를 수행한다.[210] 여기서 성공 지향적 행위란 행위 주체가 자신의 행위 목표를 달성하려는 행위를 말하며, 이는 다시 도구적 행위와 전략적 행위로 나누어진다. 도구적 행위는 행위 상황에 대한 효과적 개입을 통해 행위 목표를 달성하려는 행위이고, 전략적 행위는 타인에게 영향을 미침으로써 행위 목표를 달성하려는 행위를 말한다. 따라서 전략적 행위는 타인과의 관계 속에서 수행되는 사회적 행위라는 점에서 사물과의 관계에서 일어나는 도구적 행위와 다르지만, 이 두 가지 행위는 모두 행위 목표를 달성하려 한다는 점에서 효율성을 추구한다. 다시 말해 성공 지향적 행위는 정해진 목표에 도달하기 위해 적절한 수단을 선택하는 목적 합리성을 따른다는 것이다. 이렇게 하버마스는 성공 지향적 행위와 관련하여 목적 합리성이란 표현을 사용하지만, 이는 『계몽의 변증법』에서 말하는 도구적 합리성과 같은 의미이다. 『계몽의 변증법』이 인류의 문명화 과정을 도구적 합리성의 확대 과정으로 규정한 것도 결국은 인류의 문명화 과정이 자기보존이라는 최고의 목적을 달성하기 위해 인간의 행동과 사회를 최적의 수단으로 만드는 과정이라고 본 데 그 이유가 있기 때문이다.

이에 반해 상호이해 지향적 행위란 공동의 상황에서 제기되는 문제에 대한 타인과의 상호이해, 궁극적으로는 동의 형성을 목적으로 수행되는 언어 행위를 말하며, 비록 각 행위 주체가 자신의 행위 목표를 세우고 있더라도 상대방과의 동의 형성을 통한 행위조정을 우선시하는 한 이 역시 상호이해 지향적 행위가 된다. 이렇게 본다면 상호이해 지향적 행위는 서로 다른 주체가 각기 언어 행위를 통해 화자와 청자의 역할을 번갈아 수행하는 의사소통 과정을 전제하며, 이러한 과정에서 작동하는 합리성을 하버마스는 의사소통적 합리성으로 명명한 것이다. 즉 하버마스에 따르면, 언어 행위는 객관적 세계, 사회적 세계, 주관적 세계에 관해 무엇인가를 말하면서 이를 주장하거나, 요구하거나, 표현하는 행위로서 이를 상대방이 이해하고 동의하기 위해서는 자신의 주장을 정당화할 수 있는 "근거"를 제시해야 한다.[211] 물론 그 근거가 충분하지 않다면, 의사소통 상대방은 이 주장에 동의하는 것이 아니라, 이를 비판할 수 있으며, 이렇게 주장과 비판의 과정이 반복되면서 결국에 가서는 더 나은 논증에 기초한 동의가 형성될 수 있다. 하버마스가 의사소통적 합리성이라 규정한 것은 상대방과의 의사소통 과정에서 각각의 주체들이 무언가를 주장하고 비판할 때 동의를 목적으로 근거를 제시하는 언어 행위 방식을 말한다.

이렇게 하버마스가 행위 합리성이란 의미에서 도구적 합리성, 즉 그에게는 광의의 목적 합리성과 의사소통적 합리성을 구분하고 있지만, 도구적 합리성의 폐해를 극복하기 위한 대안적 합리성으로 의사소통적 합리성을 제시한 것을 패러다임 전환이라 규정한 이유는 이 두 가지 합리성이 전제하는 인간과 세계, 그리고 인간과 인간의 관계가 근본적으로 다르기 때문이다. 즉 도구적 합리성이 주체와 객체 관계를 전제한다면, 의사소통적 합리성은 주체와 주체 관계를 전제한다는 점에서, 이 두 가지 합리성은 행위 주체가 갖는 세계에 대한 태도를 근본적으로 다르게 만든다는 것이다. 도구적 합리성은 행위 주체가 자신의 관점에서 설정된 어떤 목적을 달성하는 데 가장 효과적인 수단을 선택하려는 합목적적 행위 방식이라는 점에서, 행위 주체는 자신 이외의 모든 존재를 행위의 대상으로 삼고, 목적달성이란 관점에서 이를 평가한다. 그 결과 도구적 합리성에 따라 행동하는 행위 주체에게 이 모든 대상은 결국 목적달성을 위한 지배와 조작의 대상으로 전락하고 만다. 그리고 전략적 행위에서 볼 수 있듯이 타인 역시 행위 주체에게는 도구적 합리성에 따른 행위의 대상일 뿐이기에 지배와 조작의 대상인 것은 마찬가지이다. 따라서 서로 다른 행위 주체들이 전략적으로 행동할 때 타인과의 대립과 갈등은 피할 수 없다. 그러나 이에 반해 의사소통적 합리성이란 공동의 문제에 대해 개개의 행위 주체들이 의사소통을 통해 동의를 형성하고, 이에 따라 서로의 행동을 통합하는 행위 방식이란 점에서 행위 주체는 각기 타인을 자신과 의사소통하는 동등한 주체로 대우하게 된다. 그리고 개개의 행위 주체들은 이러한 의사소통 과정에서 공동의 문제에 대한 동의 형성을 위해 단지 자신의 주장만을 제기하는 것이 아니라, 타인을 설득할 수 있는 더 나은 논증을 제시하기 위해 타인의 관점에서 자신의 주장을 반성해 본다. 따라서 주체들은 각기 자신의 관점에서 사고를 진행하는 주체이지만, 동시에 타인의 관점에서 자신을 반성한다는 점에서 두 개의 주관성이 교차하는 상호주관적 사고 주체로 등장한다. 이런 점에서 행위 주체들이 서로를 상호주관적 주체로 인정하며 의사소통을 수행한다면 각자의 행위 목적을 넘어 서로 하나가 되어 협력할 수 있는 길이 열린다.[212]

이렇게 본다면 결국 도구적 합리성에 따라 행동하는 주체는 타인을 행위의 대상으로 삼으며 자신의 주관성에 따라 설정된 목적을 달성하기 위해 이들을 도구처럼 지배하고 조작하려 한다는 점에서 타인과의 대립과 갈등을 피할 수 없다. 그러나 이에 반해 의사소통적 합리성에 따라 행동하는 주체는 타인 역시 자신과 동등한 의사소통 주체로 대우하면서 자신의 관점을 주장하면서도 동시에 타인의 관점에서 자기를 반성하는 상호주관성을 통해 동의를 형성하고, 또한 동의에 근거하여 서로의 행위를 조정하고 통합하려고 한다는 점에서 타인과의 화합과 협력이 이루어진다. 이런 점에서 하버마스가 『계몽의 변증법』이 비판한 도구적 합리성의 역설적 결과를 극복하기 위한 대안으로 의사소통적 합리성을 제시했다는 것은 주관성에서 상호주관성에로의 패러다임 전환을 전제한 것이며, 이러한 패러다임 전환은 도구적 합리성이 빚어낸 역설적 결과를 극복하고 화합과 협력에 기초한 대안적 사회를 만들기 위한 것이다. 그런데 이러한 패러다임 전환은 사실 자기보존본능에서 사회성으로의 패러다임 전환이라고도 할 수 있다. 『계몽의 변증법』에서 비판하듯 도구적 합리성은 인간의 자기보존을 최고의 목적으로 삼는다는 점에서 이미 인간의 본성을 자기보존본능으로 보고 있다면, 의사소통적 합리성이 전제한 상호주관성은 지금까지 설명한 인간의 사회성과 일맥상통하기 때문이다. 물론 하버마스는 더 나은 논증에 근거하여 동의를 형성하는 고도의 합리화된 의사소통을 염두에 두고 있지만, 이러한 의사소통 행위를 통해 인간이 자기 중심성을 넘어서 타인의 관점에서 자기 자신을 반성하고 타인과의 일체감을 통한 상호협력을 수행할 수 있다는 점에서 이 역시 인간의 사회성을 보여준다.

그리고 하버마스가 행위 합리성이라는 차원에서 구별한 도구적 합리성과 의사소통적 합리성은 토마셀로가 구분한 두 가지 지향성과 연결될 수 있다. 즉 개인지향성은 도구적 합리성을, 그리고 공동지향성은 의사소통적 합리성이라는 합리적 행위 유형을 따르고 있다는 것이다. 도구적 합리성이란 자신이 설정한 목표를 달성하기 위한 가장 효과적 방법을 따르는 행위 유형이라는 점에서 이는 스스로 목표를 설정하고, 시뮬레이션을 통해 가장 효과적인 행위 방안을 찾아내고, 이를 수행하기 위해 자신의 행위를 관찰하고 조정하는 개인지향성을 전제할 수밖에 없다. 이와 달리 의사소통적 합리성은 의사소통을 통해 동의를 형성하고 이에 따라 서로 다른 주체들의 행위를 조정하는 합리적 행위 유형이란 점에서 의사소통 주체들에게는 상대방의 관점에서 자기 자신을 반성하고 자신의 행위를 조절하는 공동지향성이 필수적이다. 이렇게 행위 지향성과 행위 합리성을 연결한다면, 아마도 의사소통적 합리성은 공동지향성이 수행될 수 있는 가장 합리적인 방식을 말해준다고 볼 수 있을 것이다. 그리고 토마셀로가 인간 고유의 사고 유형을 공동지향성으로 보듯이 인간에게만 나타나는 합리성 유형을 의사소통적 합리성이라고 볼 수 있을 것이다. 하버마스의 입장을 보더라도 이런 해석이 무리한 것은 아니다. 그 역시 언어적 상호작용을 유인원에서 분리된 인간종의 핵심적 특성으로 보기 때문이다.[213]

이렇게 하버마스는 『계몽의 변증법』이 남긴 이론적 문제를 해결하고, 현대 사회가 직면한 문명화 과정의 역설을 극복하기 위해 주체-객체 관계에서 주체-주체 관계로의 패러다임 전환을 시도했지만, 이 패러다임 전환이 도구적 합리성에 대한 대안으로 의사소통적 합리성을 제시하는 것으로 그치는 것은 아니다. 이러한 패러다임 전환은 하버마스가 "우리 시대의 고유한 철학적 업적"으로 평가할 만큼 인간의 이성적 활동 자체에 대한 새로운 관점을 제시하기 때문이다.[214] 당시까지 근대 철학이 전제한 인식과 행위의 주체는 철저히 주관성에 사로잡혀 있는 이른바 자기 의식적 주체였다. 즉 인간은 이성적 주체로서 자신이 설정한 주관적 틀에 따라 세계를 인식할 뿐만 아니라, 이러한 자기 자신을 의식하면서 반성의 대상으로 삼는다. 이는 실천적인 차원에서도 마찬가지이다. 인간은 이성적 주체로서 또한 자신이 설정한 원칙에 따라 행위를 결정할 뿐만 아니라, 이러한 자기 자신을 반성의 대상으로 삼기 때문이다. 이런 점에서 인식과 행위의 주체는 이를 반성하는 자기의식의 주체와 동일하며, 이러한 자기 의식적 주체 이외의 모든 존재는 그것이 타인이라 하너라도 인식과 행위의 대상, 즉 객체였다. 이는 도구적 합리성의 주체 역시 마찬가지이다. 도구적 합리성의 주제는 자기보존을 인식과 행위의 기준으로 삼으면서 자신의 인식과 행위를 반성적으로 통제한다는 점에서 이 역시 근대 철학이 전제한 자기 의식적 주체이기 때문이다. 그러나 의사소통적 합리성의 주체는 이러한 자기 의식적 주체가 아니다. 물론 이 말이 의사소통적 주체는 자신의 인식과 행위를 의식하며 이를 반성의 대상으로 삼지 않는다는 것은 아니다. 의사소통적 주체 역시 자신의 인식과 행위를 반성하지만, 그 방법은 자신이 설정한 틀이나 원칙이 아니라, 타인과의 의사소통을 통해 형성된 동의이다. 이런 점에서 의사소통적 주체에게 타인은 내가 세계를 인식하고 행동을 결정하는 데 있어서 협력적 주체가 되며, 의사소통 주체들 사이의 동의를 형성할 수 있게 하는 것이 결국은 타인의 관점에서 자기 자신을 반성하는 것이라는 점에서 의사소통적 주체는 단지 주관성에 따라 이성적 활동을 수행하는 자기 의식적 주체인 것이 아니라, 상호주관성에 따라 이성을 발휘하는 상호주관적 주체이다.

## 미드의 상호주관성

이렇게 본다면 하버마스가 말하는 주관성에서 상호주관성으로의 패러다임 전환의 핵심은 이성적 주체가 주관성이라는 자기 중심성에서 벗어나 타인의 관점에서 자기 자신을 반성하는 데 있으며, 이런 상호주관적 자기반성이 가능할 때 비로소 타인과의 동의 형성, 그리고 이를 통한 화합과 협력도 가능하다. 그런데 이렇게 하버마스가 주관성에서 상호주관성으로의 패러다임 전환을 시도할 뿐만 아니라, 의사소통 행위를 인간종의 특징으로 보는 데 개념적 단서를 제공한 사람은 미드였다. 미드는 동물과 구별되는 인간 정신의 형성과정을 연구한 사회심리학자로서 하버마스에 앞서서 타인과의 의사소통을 통해 '타인의 관점에서 자기 자신을 반성'하는 상호주관적 행위를 인간 정신의 핵심 특징으로 보았기 때문이다. 물론 여기서 말하는 의사소통이란 하버마스가 합리성의 입장에서 규명한 고도의 논증적 언어사용이 아니라, 제스처나 음성 등 상징을 매개로 한 초보적 형태의 의사소통이지만, 오히려 이런 점은 인간 정신의 기원에서부터 인간종의 특징이 다름 아닌 사회성에 있음을 보여주는 데 적합하다. 그런데 미드에게 상호주관적 행위는 서로 다른 주체들의 의사소통 행위로만 한정되지 않는다. 미드는 상호주관적 행위를 통해 개인의 자아 형성 메커니즘을 규명하고 있다는 점에서, 개인의 자아실현이라는 의미에서의 자유와 인간의 사회성을 연결할 수 있는 중요한 단서를 제공한다.

우선 미드는 동물과 구별되는 인간의 특징을 정신에서 찾고 있으며, 이를 의사소통이라는 사회적 상호작용의 산물로 본다. 그렇다면 미드는 어떤 이유에서 이렇게 생각한 것일까? 미드의 설명에 따르면 그가 말하는 인간의 특징인 정신이란 "반성적 지능(reflective intelligence)"이라고 규정한 인간의 사고 활동을 말하며,[215] 이는 대략 세 가지 특징을 갖는다. 첫째, 동물은 주어진 자극에 대해 즉각적으로 반응하며, 일정한 자극에 대해 동일하게 반응한다는 점에서 조건반사적이다. 따라서 동물은 자신에게 주어진 자극을 분석한다거나 이에 대한 자신의 반응을 통제할 수 없다. 이에 반해 인간은 주어진 자극에 대해 즉각적으로 반응하는 것이 아니라, 시간적 간격을 갖고 반응을 지연시킬 수 있으며, 같은 자극에도 다양하게 반응할 수 있다. 어떻게 이런 일이 가능할까? 그것은 바로 이렇게 반응을 지연시킴으로써 비로소 인간의 사고 활동이 진행되기 때문이다. 즉 인간은 자극에 대해 즉각적으로 반응하지 않고 한 가지 자극만이 아니라, 동시에 여러 가지 자극들을 떠올려 가며 이를 구별하고 결합하며, 특정한 자극에 주의를 집중하고, 가능한 다양한 반응을 떠올려 보면서 그중 어느 하나를 선택한다는 것이다. 이런 점에서 인간은 자극을 분석하고 재조합하고 주목 대상을 선별하는 복잡한 사고 활동을 매개로 자극에 대한 자신의 반응을 통제한다. 더구나 이러한 통제는 단순히 현재 상황에서 주어진 자극과 가능한 반응들만을 분석하는 것이 아니라, 시간적으로도 과거, 현재, 미래가 결합하는 복잡한 구조 속에서 이루어진다. 인간은 과거 경험의 기반 위에서 미래의 결과들을 예측하며 현재 상황에서 "가장 적절하고 조화로운 해결책"을 찾기 때문이다.[216]

둘째, 미드가 말하는 인간의 정신이란 바로 이렇게 행동을 지연시키면서 자극을 분석하고 재조합하고 주의를 집중하고 선택하는 사고 활동을 의미하지만, 이런 식의 반응이 동물의 행동과 결정적으로 다른 것은 인간만이 행위 지연을 통한 반응선택과 통제 과정을 타인에게 전달할 수 있다는 점이다. 그 이유는 인간이 자극에 대한 반응을 선택하기 위해 사고 활동을 수행하지만, 이는 동시에 자기 의식적 반성을 동반하고 있기 때문이다. 다시 말해 인간이 자극에 대한 반응을 선택하기 위해 사고한다는 것은 동시에 이 모든 사고 과정 자체를 의식하면서 무엇이 적합한 반응인지를 반성하는 과정이라는 것이다. 이런 점에서 인간의 사고 활동은 "자기의식의 조건에서만 일어난다"고 말할 수 있으며,[217] 바로 이 때문에 인간은 자신이 의식하고 있는 자극과 이에 대한 반응을 타인에게 알려줄 수 있고, 또한 이를 통해 타인에게도 동일한 반응을 불러일으킬 수 있다. 미드가 제시한 탐정과 탐정견의 차이를 보면,[218] 탐정견은 고도로 발달한 후각을 통해 범인을 추적할 수 있다. 그러나 탐정견은 다른 탐정견에게 자신이 맡은 냄새를 알려주며 범인을 추적하도록 할 수는 없다. 그러나 탐정은 타인에게 범인의 특징을 설명하며, 범인을 추적하도록 할 수 있다. 이처럼 인간은 타인에게 "이것을 보라, 오직 이것만을 보라"라고 하며 특정한 자극에 주목하게 할 수 있을 뿐만 아니라, 이를 통해 특정한 반응을 유도할 수 있다.[219] 그리고 이 때문에 인간에게는 타인과의 관계에서 배우고 가르치는 것이 가능하다.

셋째, 인간은 자신을 타인의 위치에 놓음으로써 타인의 관점에서 사고를 진행할 수 있다. 미드가 제시한 예에 따라 다음과 같은 경우를 생각해 보자. 어떤 사람이 나에게 목적지를 말하고, 이 목적지에 도달할 수 있는 길을 묻는다. 그리고 나는 이 사람에게 길을 알려준다. 이렇게 길을 묻고 대답하는 것이 가능하기 위해서는 우선 내가 상대방이 나에게 길을 알려달라고 부탁하는 행동과 이러한 부탁을 수용한다는 것이 무엇을 의미하는지를 이해해야 한다. 그리고 나는 상대방에게 길을 알려주기 위해 상대방의 입장에 서야 한다.[220] 그래야 나는 상대방이 어떻게 이동해야 자신이 찾는 목적지에 도달할 수 있는지를 생각해 볼 수 있기 때문이다. 이런 점에서 사실 나는 상대방에게 길을 알려주기 위해 홉사 내가 길을 찾는 것처럼 사고를 진행하며, 타인의 관점에서 나 자신에게 묻고 나 스스로 대답하는 내적 대화를 수행한다고 볼 수 있다. 따라서 내가 타인과 묻고 대답하는 과정은 동시에 내가 나와 묻고 대답하는 과정이 되며, 내가 타인과 대화하는 것은 동시에 내가 나와 대화하는 것과 같다.

이렇게 본다면 미드가 생각하는 정신 활동의 특징은 자극에 대한 지체된 반응과 자기 의식적 반성, 그리고 타인의 관점에서 진행되는 내적 대화에 있다고 볼 수 있지만, 이 각각의 특징이 서로 독립된 것은 아니다. 사실 이 모든 것은 타인과의 '의사소통(communication)'을 전제하기 때문이다. 즉 인간이 자신과 내적 대화를 수행한다는 것은 타인의 관점에 설 때 가능하며, 타인의 관점이란 타인과의 의사소통을 통해 습득하게 된다는 점에서 내적 대화는 타인과의 의사소통 없이는 불가능하다. 더구나 타인과의 의사소통과 동시에 내적 대화가 진행될 수 있는 것은 타인과 내가 그 의미를 공유하는 의사소통의 매체가 있기 때문이다. 즉 나와 타인에게 동일한 생각을 떠오르게 하는 공유된 매체가 전제될 때 내적 대화와 타인과의 의사소통이 동시에 진행될 수 있다는 것이다. 그리고 자기 의식적 반성을 통해 진행된 사고 내용이 타인에게 전달될 수 있는 것도 타인과의 의사소통 없이는 불가능한 일이며, 자극과 반응에 대한 자기 의식적 반성이 타인과의 의사소통을 통해 알게 된 자극에 대한 다양한 반응 가능성에 토대를 둔다면, 자극에 대한 지체된 반응 역시 타인과의 의사소통 없이는 불가능하다. 따라서 자극이란 단순히 감각 기관을 통해 지각되는 물리적, 혹은 생리적 자극이 아니라, 사실상 그 의미가 사회적으로 공유된 것이라 볼 수 있다. 이런 점에서 미드는 "진정한 의미에서 대상들은 사회적 과정 안에서 (…) 구성"된다고 말한다.[221] 이렇게 본다면 자기가 자신을 대상화하는 자기 의식적 반성이 사고 주체만의 독백적인 과정이 아니라, 의사소통 행위를 통해 타인과 매개된 상호주관적 과정이라 볼 수 있다. 그리고 이 모든 정신적 활동의 전제가 되는 의사소통 행위란 타인과 그 의미를 공유할 수 있는 어떤 매체, 즉 사회적으로 형성된 제스처나 음성 제스처, 더 나아가 언어를 통해 이루어진다는 점에서 이를 통해 진행되는 정신의 활동 역시 사회적 산물이라 볼 수 있다. 이런 점에서 미드의 표현처럼, "정신은 사회적 과정이나 경험의 맥락 안에서 (…) 커뮤니케이션을 통해 발생하는 것이지 커뮤니케이션이 정신을 통해 발생하는 것이 아니다."[222]

이렇게 본다면 인간에게 특징적인 정신 활동은 의사소통 행위라는 사회적 행위에 의존하고 있지만, 이러한 의사소통 행위가 개인의 정신 활동으로 이어지는 것은 타인의 관점에서 진행되는 내적 대화 때문이란 점에서 결국 인간 정신의 본질은 타인의 관점에서 자신을 반성하는 데 있다고 볼 수 있다. 그런데 미드는 이러한 정신적 활동 개념을 통해 인간의 지연된 반응만을 설명하는 것이 아니라, 자기 자신이 어떤 존재인가에 대한 의식인 자아의식, 혹은 흔히 자아라고 말해지는 개인적 의식 속의 자아상 형성을 설명하는 데도 정신적 활동 개념을 활용한다. 다시 말해 미드는 타인과의 의사소통을 자극에 대한 반응이나 길 찾기 같은 협력만이 아니라, "자아의 생성 기반"으로 본다는 것이다.[223] 이런 점에서 개인의 자아는 독립적으로 이미 존재하는 실체가 아니며, 타인과 격리된 채로 독백적으로 자기 자신을 인식의 대상으로 삼음으로써 비로소 규정되는 것도 아니다. 미드의 표현에 따르면 개인의 자아는 "집단 속 개인들의 상호작용"을 통해 형성된다는 점에서 사회구성원들 간의 "협동적 활동"을 전제한 '사회적 과정'의 산물이다.[224]

그렇다면 어떤 점에서 개인의 자아가 사회구성원 간의 협동적 활동을 통해 형성된다고 볼 수 있을까? 미드는 이를 설명하기 위해 '구체적 타인'과 '일반화된 타인'이라는 개념을 도입한다. 즉 어린아이의 성장 과정을 보면, 최초로 자아상이 형성되는 것은 자신과 관계를 맺고 있는 구체적인 타인들의 관점을 통해서이다. 미드가 드는 사례를 보면, 이러한 점은 역할놀이에 해당하는 '놀이' 과정에서 잘 나타난다. 즉 어린아이는 역할놀이를 통해 엄마, 선생님, 경찰관 등 자신이 주변에서 접한 특정한 개인들의 역할을 "연극"하듯 흉내 내면서 이들이 자신에게 보였던 말과 행동을 되새김으로써 자아상을 갖게 된다는 것이다.[225] 이런 점에서 어린아이는 자신의 주변 사람들과의 상호작용을 자신의 내적 대화로 반복하면서 이들이 생각하는 자신의 모습대로 자신을 이해한다. 그러나 점차 자신과 관계를 맺는 타인들이 확대되면서 이제 어린아이는 이들 속에서 일반화된 태도, 즉 일반화된 타인의 관점에서 자기 자신에 대한 인식에 도달하게 된다.[226] 미드에 따르면, 이런 식의 자아상은 규칙에 따라 진행되는 놀이인 '게임'의 과정에서 잘 나타난다. 예를 들어 야구 경기에서는 누가 경기에 참여하든 모든 참가자가 자신의 역할에 따라 취해야 할 일반적 태도와 상대방에 대한 기대가 전체적으로 조직되어 있으며, 따라서 여기에 참가하는 어린아이 역시 흡사 경기에 참여하는 모든 개인의 태도를 조직한 어떤 타인의 관점에서 자기 자신을 이해해야 한다.[227] 이렇게 본다면 일반화된 타인이란 사실 조직화된 사회 집단, 넓게는 공동체 전체를 말하며, 어린아이가 이를 통해 자신을 이해할 줄 알게 될 때 어린아이는 비로소 공동체의 구성원이 된다.

그렇다면 개인의 자아는 이렇게 일반화된 타인의 관점에서 자기 자신을 인식할 때 형성된다고 보아야 할까? 물론 그런 부분도 있지만, 그렇다고 개인의 자아가 일반화된 타인의 관점을 일방적으로 내면화하는 과정에서 형성되는 것은 아니다. 미드는 개인의 자아를 '주격 나(I)'와 '목적격 나(me)'라는 이중적 차원에서 이해함으로써 자아 형성을 개인과 사회구성원들 간의 협동적 과정으로 설명하기 때문이다. 미드에 따르면, '목적격 나'는 타인에게 자신이 어떤 존재인지를 이해함으로써 가지게 되는 자아상으로서 타인이 자기 자신을 인식의 대상으로 삼듯이 이러한 타인의 관점에서 자기 자신을 인식할 때 등장한다. 그리고 타인이란 구체적 타인에서 결국에는 일반화된 타인으로 확장된다는 점에서 '목적격 나'는 사회적으로 요구된 자아상이라고 볼 수 있다. 이에 반해 '주격 나'는 '목적격 나'에 반응하는 자아의 역동적 측면으로서 비록 의식의 대상이 될 수는 없지만 '목적격 나'에 대해 일종의 대립 항으로 체험되는 또 다른 자아의 차원이다. 이런 점에서 미드에 따르면, 개개인이 "타인의 태도를 받아들이며 'me'가 등장하고 그 'me'에 대해 우리는 'I'로 반응"한다.[228] 그리고 '목적격 나'는 자신에 대한 공동체의 일반적인 태도를 보여주지만, '주격 나'는 이에 대한 반응으로 나타난다는 점에서 공동체를 변화시키는 원동력이 된다.[229] 그런데 이렇게 개인의 자아에 사회적 측면과 이에 반응하는 무의식적 측면이 있다면, 과연 무엇을 자아의 핵심으로 보아야 할까? 아니면 자아란 이렇게 두 가지 차원으로 분열된 것일까? 미드에 따르면, '주격 나'와 '목적격 나'는 자아를 구성하는 두 가지 차원을 의미하지만, 우리가 '자아'라 지칭하는 것은 두 가지 차원이 조화를 이룬 상태를 말한다. 즉 "자아라는 것은 me에서 타인의 역할 취득과 조화로운 I의 행위"라는 것이다.[230]

이렇게 본다면 개인의 자아란 '주격 나'도 아니고, '목적격 나'도 아니고, 이 두 가지 자아의 차원이 조화롭게 융합한 상태를 말한다. 그렇다면 이러한 융합은 어떻게 가능할까? 미드가 '주격 나'와 '목적격 나'가 조화롭게 융합할 수 있는 사례로 종교, 애국심, 팀워크 등을 들기도 하지만,[231] 사실 이것은 '주격 나'가 '목적격 나'에 반발하지 않고, '목적격 나'로 고양된 상태를 말한다. 따라서 '주격 나'가 '목적격 나'에 대립할 뿐만 아니라, 이 때문에 '목적격 나'를 만들어낸 공동체의 변화까지 초래하는 또 다른 자아의 차원으로 남아 있는 것은 아니다. 그렇다면 서로 대립하는 '주격 나'와 '목적격 나'의 조화로운 융합이 과연 가능할까? 아니면 서로 대립하는 두 가지 자아의 차원이 조화를 이룬다는 것은 해소될 수 없는 자기모순일까? 아쉽지만 이러한 문제에 대한 미드의 분명한 입장을 발견하기는 어렵다. 그런데 만약 이러한 융합이 개인 내면에서 이루어진다면 이는 한편으로 '목적격 나'와 '주격 나'의 구조에서 진행되는 내적 대화를 전제할 수밖에 없고, '목적격 나'란 바로 나에 대한 타인의 태도란 점에서 내적 대화란 동시에 타인과의 대화를 전제한다. 그리고 이렇게 볼 때 자아의 형성, 내지는 자기의식 속에 존재하는 자아상의 형성이란 분명 두 가지 주관성이 교차하는 상호주관적 관계 속에서 이루어질 수밖에 없을 것이다. 그렇다면 자아의 형성은 하버마스가 말하는 상호이해 지향적 행위로서의 의사소통 과정, 다시 말해 더 나은 논증에 근거한 동의 형성의 문제라고 보아야 할까? 만약 그렇다면 개인적 자아는 타인과의 동의 형성의 산물로 보아야 할 것이다. 그러나 하버마스가 말하는 동의 형성이란 서로 다른 주체들의 행위를 통합하기 위한 것인데, 과연 내가 어떤 존재가 되느냐가 과연 타인과의 행위를 통합하는 것과 같은 문제일까? 사실 공동의 문제에 대한 타인의 주장에 동의한다는 것은 나 자신도 그와 같은 주장을 하게 된다는 것인데, 내가 어떤 존재가 되느냐가 과연 동의 형성을 통해 해결해야 할 공동의 문제일까? 만약 그렇다면 이는 모든 개인이 같은 자아상을 가진 같은 존재가 되어야 한다는 뜻 아닌가?

그런데 하버마스는 동의 형성을 목적으로 한 의사소통 행위만 상호주관적 행위로 보지 않는다. 흥미롭게도 그는 인정 투쟁을 통한 상호인정 행위를 의사소통과는 다른 차원의 상호주관적 행위로 보기 때문이다. 이러한 하버마스의 견해는 정신의 형성과정을 설명한 헤겔의 예나 강의에 기초하여 개인의 정체성 형성을 해명하는 그의 초기 저작에서 나타난다.[232] 여기서 하버마스는 비록 간략한 서술이지만 헤겔의 입장에 따라 개인의 정체성을 두 가지 차원의 통일로 설명한다. 즉 개인의 정체성은 타인과 하나가 되는 보편성의 차원, 그리고 타인과 구별되는 개별성의 차원을 갖는다는 것이다. 헤겔은 타인과 하나 되는 보편성이 민족 정신이나 시대 정신 같은 일상적 표현에서도 알 수 있듯이 '정신'을 매개로 이루어진다고 보지만, 하버마스는 이를 대화, 다시 말해 의사소통으로 대체한다. 즉 의사소통을 통해 서로 다른 주체가 하나가 된다는 것이다. 물론 어떻게 이런 통일이 이루어질 수 있는지는 그가 말하는 의사소통 행위를 떠올려본다면 쉽게 알 수 있다. 즉 의사소통 행위는 언어적 상호작용을 통해 동의 형성을 목표로 한다는 점에서 이는 서로 다른 주체를 통일시키는 매개체가 된다는 것이다. 그렇다면 어떻게 개인은 동시에 타인과 구별되는 개별적 존재가 될 수 있을까? 하버마스는 헤겔의 인정 투쟁 개념을 통해 이를 설명한다. 이에 따르면 주체들이 서로 다른 개별성을 가진 존재로 공존하기 위해서는 상호인정 관계가 형성되어야 하며, 이는 주체들 간의 대립과 화해를 통한 역동적 과정을 통해 이루어진다. 즉 주체들이 서로를 인정하지 않고 무시한다면 생사를 건 투쟁이 발생하고, 이로 인해 서로 대립하는 주체들이 상대방을 자신과 다른 개별성을 가진 독립적 주체로 인정할 때 이 투쟁이 비로소 해소된다는 것이다. 이런 점에서 인정 투쟁은 서로 다른 주체들이 자신의 개별성을 인정받을 뿐만 아니라 이에 대한 자기의식을 갖게 되는 계기가 된다. 그렇다면 의사소통과 상호인정은 어떤 관계에 있을까? 하버마스에 따르면 의사소통이 정상적으로 진행되기 위해서는 자유롭게 자신의 의견을 표현하는 강제 없는 대화 상황이 필요하지만, 이런 대화 상황이 항상 존재하는 것은 아니다. 서로 다른 주체들 사이의 대화 상황은 파괴되었다가 다시 회복되는 역동적, 내지는 변증법적 과정에 있기 때문이다. 다시 말해 강제 없는 대화 상황은 인정 투쟁의 발생을 통해 훼손되고, 또한 인정 투쟁의 결과로 다시 상호인정 관계가 형성될 때 복원된다는 것이다. 이런 점에서 상호인정은 의사소통의 가능 조건이라고 할 수 있으며, 상호인정을 통해 서로 다른 존재로 공존하게 된 개별적 주체들은 이제 의사소통을 통해 서로 하나가 된다. 이렇게 볼 때 상호인정과 의사소통이라는 이중적 과정을 통해 비로소 보편성과 개별성의 통일로서의 개인적 정체성이 형성된다.

그렇다면 어떤 점에서 의사소통 행위만이 아니라, 상호인정 역시 상호주관적 행위로 볼 수 있을까? 하버마스가 말하는 상호주관성이란 개인이 자신을 흡사 타인처럼 반성의 대상으로 삼는다는 점에서 자기반성의 주체와 자기반성의 대상이 동일한 주관성의 구조와 달리, 개별적 주체가 자신과 다른 존재인 타인의 관점에서 자기 자신을 반성함으로써 서로 다른 주체성이 교차하는 상호적 과정을 전제한다. 이렇게 볼 때 의사소통 행위는 타인과의 동의 형성을 위해 타인의 관점에서 자기 자신을 반성하는 상호주관성을 내포하고 있다는 점에서 상호주관적 행위임이 분명하지만, 어떤 점에서 상호인정 행위 역시 상호주관적 과정을 포함한다고 말할 수 있을까? 상호인정이란 헤겔의 표현에 따르면, 타인 속에서 자기 자신으로 존재함, 혹은 타인 속에서 자기 자신을 인식함을 의미한다. 즉 두 주체가 서로를 인정한다는 것은 나와 타인이 각기 다른 존재이지만, 동시에 내가 타인의 의식 속에서 그와 하나가 되어 있기에 그의 의식을 통해 나를 인식할 수 있다는 것이다. 이런 점에서 상호인정 관계는 사랑이란 관계에서 전형적으로 나타나듯이 서로 다르면서도 하나인 이중성에 기초한 인간관계로서 서로 다른 주체가 독립성을 유지하면서도 타인의 눈을 통해 자기 자신을 인식한다는 점에서 상호주관적 과정을 포함하고 있다.

그러나 이것이 타인의 관점을 일방적으로 수용하는 과정은 아니다. 의사소통 행위에서도 타인의 주장을 비판할 수 있듯이, 타인의 의식 속에 내가 존재하지 않거나, 즉 타인이 나를 의식하지 않거나, 타인의 의식 속에 존재하는 나 자신의 모습, 즉 타인이 의식한 내가, 나의 의식 속에 있는 나, 즉 자기의식에 대한 부정으로 체험될 경우 생사를 건 투쟁을 초래한다. 이런 점에서 상호인정은 갈등과 화해가 교차하는 역동적 과정이다. 그렇다면 타인의 눈으로 자기 자신을 인식하는 것이 아니라, 이에 대해 저항하는 또 다른 나의 차원이 있다는 것일까? 앞서 설명한 미드의 개념을 사용한다면, 타인과의 갈등과 화해의 역동적 과정을 통해 형성된 상호인정 관계는 사실 '주격 나'와 '목적격 나'의 갈등과 화해의 과정이라고 볼 수 있다. '목적격 나'란 타인의 시각을 통해 인식한 자아상이지만, '주격 나'는 이에 반발하는 또 다른 자아의 차원이기 때문이다. 이렇게 본다면 미드의 개념인 '주격 나'와 '목적격 나'를 통해 인정투쟁의 내적 메커니즘을 설명할 수 있을 뿐만 아니라, 헤겔의 인정 투쟁 개념을 통해 '주격 나'와 '목적격 나'의 갈등과 화해라는 역동적 과정을 개념화할 수 있다. 그러나 앞서 지적했듯이 미드 자신은 '주격 나'와 '목적격 나'의 조화로운 융합 속에서 개인의 자아가 형성된다고 말할 뿐, 그 과정을 개념적으로 명료화하고 있지 못하다. 이런 미드의 문제점을 극복하면서도 자아 형성을 상호주관적 과정으로 설명하기 위해 헤겔의 인정 투쟁 개념을 도입한 것은 호네트이다.

## 2. 인정 투쟁과 자아 형성

호네트의 철학적 탐구의 출발점이 되었던 것은 자아실현으로서의 인간의 삶을 가능하게 하는 사회적 조건을 규명하려는 인간학적 관심이었다. 그는 이를 통해 기존 사회를 비판할 뿐만 아니라, 대안 사회의 방향을 제시할 수 있는 규범적 사회이론, 이른바 프랑크푸르트학파 전통의 사회비판이론을 정립할 수 있다고 보았기 때문이다. 이러한 호네트에게 결정적인 역할을 한 것이 바로 '인정 투쟁(Kampf um Anerkennung)' 개념이다. 그는 자아실현의 사회적 조건을 인정 관계로 보았을 뿐만 아니라, 인정의 반대인 무시 행위를 자아실현을 훼손하는 사회적 '부정의(Unrecht)'로 비판하였고, 사회적 무시를 넘어 인정 관계 확대를 사회 진보의 규범적 방향으로 제시하였다. 그리고 호네트가 이러한 사회 진보의 추동력을 다름 아닌 인정 투쟁으로 보았다는 점에서 인정 투쟁 개념에는 자아실현의 사회적 조건은 물론 사회적 부정의와 대안 사회의 방향이 집약해 있다. 따라서 인정이론으로 지칭되는 호네트의 사회비판이론에서는 인정 투쟁 개념이 핵심적 토대가 되지만, 이 개념은 호네트 자신의 독창적인 개념이라기보다는 청년기 헤겔의 철학적 통찰로부터 얻어낸 것이다. 호네트에 따르면, 헤겔은 인정 투쟁 개념을 통해 근대 사회철학을 지배했던 자기보존 패러다임에서 벗어나, 인간의 자유를 보장하는 제도적 조건을 해명할 수 있는 새로운 패러다임을 제시하려고 하였으며, 여기서 말하는 자유란 결국 자아실현을 의미한다는 점에서 헤겔은 자아실현으로서의 인간의 삶을 가능하게 하는 사회적 조건이 무엇인지를 규명하는 데 결정적 역할을 할 수 있었다. 그러나 이러한 새로운 패러다임을 제시하려는 헤겔의 시도가 하나의 사회철학 체계로 완성된 것도 아니며, 이러한 시도가 헤겔 철학 전체를 관통하는 그의 독창적 입장인 것도 아니다. 헤겔이 제시하려고 했던 새로운 패러다임은 호네트가 흔히 청년 헤겔로 지칭되는 예나 시기의 철학적 저작들로부터 재구성해 낸 것이기 때문이다. 다시 말해 호네트는 특히『인륜성 체계』(1802/03),『실재 철학』(1805/06)에서 나타난 헤겔의 철학적 통찰에 기초하여 인간의 자유 실현을 가능하게 하는 사회적 조건을 공동체 구성원 간의 상호인정으로 규정하면서 이와 관련된 세 가지 핵심 테제를 도출했다. 첫째, 개별적 주체는 타인의 인정을 경험하면서 비로소 "자율적으로 행동하는 개성화된 '자아'라는 자기 이해"에 도달하기 때문에 개인적 자아 형성은 결국 타인의 인정에 의존한다고 볼 수 있다.[233] 둘째, 개별적 주체들 사이의 상호인정은 사랑, 권리, 연대라는 다양한 형태로 표현되며, 이를 통해 개별적 주체는 "점점 더 고차적인 척도에서 자율적이고 개인화된 인격체로 인정"된다.[234] 셋째, 세 가지 인정 형태는 "사회적으로 인정받지 못한 자율성 요구를 인정"받기 위한 인정 투쟁을 통한 단계적 발전 과정을 보여준다.[235]

호네트는 이러한 핵심 테제를 토대로 현존 사회를 비판할 뿐만 아니라, 대안 사회의 비전을 제시할 수 있는 규범적 사회이론으로서 인정이론을 정립했다. 하지만 비록 청년 헤겔이 개인적 자기의식의 형성에 대한 상호주관적 통찰, 다양한 인정 형태의 구분, 그리고 사회 발전을 위한 인정 투쟁의 진보적 역할 등 자유 실현의 사회적 조건에 대한 독창적인 사고의 단서를 제시했지만, 이러한 헤겔의 사상은 인간의 자기의식 형성과 사회 발전을 "정신의 자기 관계가 전개되는 과정"으로 설명하는 의식 철학적 프로그램에 가려져 미완성의 상태로 방치되었을 뿐만 아니라, 오늘날의 인식 수준에 결코 합치될 수 없는 "형이상학적 전제에 사로잡혀" 있었다.[236] 이런 점에서 호네트가 청년 헤겔의 통찰을 규범적 사회이론으로 발전시키기 위해서는 정신의 자기 전개 과정이라는 형이상학적 전제에서 벗어나야만 했고, 이를 가능하게 했던 것이 세 가지 핵심 테제를 뒷받침할 수 있는 경험과학적 연구성과들이었다. 다시 말해 호네트는 헤겔의 관념론이라는 사변적 철학 체계로부터 일종의 "경험적 전환"을 감행했다는 것이다.[237] 그리고 이러한 과정에서 호네트는 미드가 말하는 '주격 나'와 '목적격 나'의 조화로운 융합을 해명하기 위해 헤겔의 인정 투쟁 개념을 도입하였다.

### 상호인정에 관한 청년 헤겔의 통찰

그렇다면 호네트가 말하는 인정에 관한 세 가지 핵심 테제는 어떻게 도출된 것이고, 그것이 함축하는 의미는 무엇일까? 우선 호네트에 따르면, 마키아벨리에서 홉스로 이어지는 지적 전통 속에서 인간은 항상 자기보존을 위해 자신의 이익을 추구하는 자기중심적 존재로 규정되었으며, 이런 점에서 인간과 인간의 관계 역시 자기보존을 위한 적대적 투쟁으로 이해되었다. 따라서 특히 홉스에게 국가라는 정치적 공동체의 역할은 자기보존을 위한 항구적 투쟁 상태를 종식하고, 모든 개인이 아무런 외적 강제나 방해 없이 자기보존본능을 실현할 수 있도록 평화상태를 형성하는 데 있었다. 헤겔에 따르면, 이런 입장은 인간을 고립된 개별 주체로 볼 뿐만 아니라, 인간 공동체를 이들 간의 단순한 연합으로 규정하는 원자론적 가정을 전제한 것이다. 이에 반해 헤겔에게 개별적 인간은 서로 독립된 고립적 주체가 아니다. 인간은 공동체 속에서 타인과 하나로 통일된 상호의존적 존재로서 이들은 전체와 부분의 관계처럼 공동체의 한 부분이며, 동시에 공동체는 이러한 개별적 존재들에게 자아실현의 기회를 제공함으로써 정당성을 갖는다. 이렇게 볼 때 헤겔은 독립된 개인이 먼저 존재하고, 이들이 만드는 단순한 연합체로서의 공동체가 아니라, 이른바 "보편적 자유와 개인적 자유의 살아 있는 통일"이란 표현처럼 공동체적 삶과 개인적 삶이 하나로 통합된 "더 높은 단계의 사회 공동체"를 염두에 두고 있었다.[238] 그리고 이렇게 개별적 존재들이 공동체 속에서 하나의 통일체를 형성할 수 있는 것은 이른바 그가 강조하는 상호인정을 통해서이다. 다시 말해 서로 다른 개별적 인간들이 서로를 공동체 구성원으로 인정함으로써 비로소 이들은 하나의 통일체를 이루게 되며, 동시에 이런 인정을 통해 개별적 인간들은 자신의 정체성에 대한 자기의식을 형성할 뿐만 아니라, 이를 실현하는 자유로운 존재가 된다는 것이다. 이렇게 본다면 공동체 구성원으로부터 인정받지 못한 개별적 존재들은 공동체에서 자신의 자유를 실현할 수 없으며, 따라서 이들로부터 인정받기 위한 투쟁에 나설 수밖에 없다. 다시 말해 이제 주체들은 생명을 가진 존재로서 자기보존을 위한 투쟁에 나서는 것이 아니라, 자신을 인정받기 위한 인정 투쟁을 감행한다는 것이다. 그 결과 상호인정 관계는 저급한 단계에서 더 성숙한 단계로 도약하며, 동시에 이에 상응하여 공동체 형태 역시 고도화하면서 개인의 자유도 확대된다. 호네트에 따르면, 헤겔의 『인륜성 체계』에서는 이를 개략적이나마 사랑, 권리, 연대로 개념화할 수 있는 세 가지 단계로 설명한다. 첫 번째 단계의 상호인정 관계는 사랑을 통해 정서적 유대를 맺고 있는 부부와 자식의 관계로서 여기서 각각의 주체들은 서로를 "감성적으로 욕구하는 존재"로 인정한다.[239] 두 번째 단계의 상호인정 관계는 소유물에 기초한 경제적 교환을 가능하게 하는 권리 인정 관계로서, 여기서 주체들은 서로를 "정당한 소유 요구의 담지자"인 권리 인격체로 인정한다.[240] 세 번째 단계의 상호인정 관계는 교환관계에서 각기 자신의 이익을 위해 맞서는 권리 인격체들이 서로를 국가를 구성하는 "유일성을 갖는 사회화된 주체"로 인정함으로써 일종의 연대 관계를 형성한다.[241] 이렇게 본다면 인간은 사랑, 권리, 연대라는 상호인정 관계 속에서 점차 고도화된 자기의식에 도달할 뿐만 아니라, 이를 통해 점차 확대된 자유 실현 공간을 확보하게 되며, 공동체 형태 역시 가족, 흔히 시민사회로 지칭된 경제적 교환 체제, 그리고 인륜성에 기초한 국가로 발전한다.

이러한 상호인정 행위가 하버마스가 말하는 의사소통 행위를 의미하는 것은 아니지만, 하버마스 역시 헤겔의 통찰에 근거하여 설명하였듯이, 상호인정은 개별적 주체가 타인 속에서 자기 자신을 인식할 수 있도록 한다는 점에서 상호주관적 관계를 말한다. 이러한 입장은 호네트에게도 마찬가지이다. 호네트 역시 상호인정을 타인 속에서 자기 자신으로 존재함, 혹은 타인 속에서 자기 자신을 인식함으로 해석하기 때문이다. 즉 두 주체가 서로를 인정한다는 것은 나와 타인이 각기 다른 존재이지만, 동시에 내가 타인의 의식 속에서 그와 하나가 되어 있기에 그의 의식을 통해 나 자신을 인식할 수 있다는 것이다. 이런 점에서 상호인정 관계는 사랑이란 관계에서 전형적으로 나타나듯이 서로 다르면서도 하나인 이중성에 기초한 인간관계로서 서로 다른 주체가 독립성을 유지하면서도 타인의 눈을 통해 자기 자신을 인식하는 상호주관적 과정을 포함한다. 호네트는 이렇게 상호인정이 상호주관성을 전제한다는 점을 노동과 상호인정을 구별하는 헤겔의 설명을 통해 더욱 강조한다. 즉 청년 헤겔에 따르면 상호인정과 노동은 인간이 자기 자신을 경험하는 각기 다른 방식을 함축하고 있다. 노동을 먼저 살펴보면, 이는 인간이 도구를 사용하며 자연물을 변형시켜 자신의 의도에 맞는 생산물을 만들어내는 활동이며, 인간은 이러한 생산물을 통해 현실을 구성하는 자신의 행위에 대한 의식에 도달한다. 그런데 헤겔은 이러한 노동이 인간을 단지 "활동하는 사물"로 경험하게 한다고 본다.[242] 인간이 노동을 통해 자신의 의도에 맞는 생산물을 만들어낸다는 것은 이제 현실이 인간 자신을 통해 존재하게 됨을 의미하지만, 이는 동시에 자신을 사물로 만드는 것과 같으며, 또한 노동이란 자연의 인과법칙 속에서 이루어진다는 점에서 인간 역시 자연법칙에 지배받는 사물이라는 점을 확인해 주기 때문이다. 분명 노동이란 도구적 행위를 의미한다는 점에서 하버마스가 말하는 주체-객체 관계를 전제한다. 도구적 행위를 수행하는 인간은 자신의 행위 목적을 설정하고, 이에 따라 자신의 행위를 반성적으로 통제하는 행위 주체가 되지만, 자신 이외의 존재들은 목적달성을 위한 수단이나, 통제의 대상인 객체에 불과하기 때문이다. 이러한 하버마스의 도구적 행위 개념을 전제한다면, 청년 헤겔이 말하는 노동 역시 주체-객체 관계 속에서 수행된다고 볼 수는 있지만, 청년 헤겔에게 노동하는 주체가 자신을 활동하는 사물로 경험한다면, 노동하는 주체가 노동을 통해 자신이 주체임을 확인하기는 어렵다. 그러나 이에 반해 인간이 자신을 주체로 경험하는 것은 자신과 상호인정 관계를 형성하는 오직 다른 주체를 통해서이다. 청년 헤겔은 이를 설명하기 위해 부부 자식 관계라는 첫 번째 상호인정 관계를 가능하게 하는 성적 행위를 예시로 든다. 그에 따르면, 성적 행위를 위해서 두 주체에게는 자신의 욕구만이 아니라, 상대방의 욕구가 필요하다는 점에서, 자신이 상대방을 욕구하는 것처럼 상대방도 자신을 욕구할 때 자기 자신을 "살아서 욕망하는 주체"로 경험한다는 것이다.[243] 따라서 성적 관계에서 두 주체는 타인 속에서 자기 자신을 인식하는 상호주관적 주체로 존재한다는 점에서 서로 독립된 존재이면서도 하나로 통일된다. 그리고 이렇게 두 주체가 타인 속에서 자기 자신을 인식하고 있음을 공유할 때 이들의 관계는 사랑으로 발전한다. 헤겔이 말하는 상호인정 관계란 이렇게 서로 다른 주체가 자신을 인식하는 타인의 의식 속에서 이 타인을 인식하는 자기 자신을 다시 인식할 수 있는 경우를 말한다. 이런 점에서 상호인정 관계에서 인간은 자신과 다른 또 하나의 주체인 타인의 인식을 통해 자기 자신이 주체임을 경험한다. 그러나 인간이 비록 노동을 수행하면서 자신이 구성한 생산물인 사물을 통해 자신을 인식하더라도, 이 사물은 자신을 인식하는 존재가 아니라는 점에서 주체는 사물을 통해 자신을 주체로 경험하지 못한다.

이렇게 본다면 개인의 자기의식 형성이 타인의 인정에 의존하고 있음을 알 수 있지만, 그렇다고 개인의 자기의식이 타인에 의해 일방적으로 결정된다는 것은 아니다. 헤겔은 타인과의 갈등과 화해를 통해 자아의식이 발전한다고 보았으며, 이를 설명하는 개념이 다름 아닌 인정 투쟁이다. 다시 말해 갈등과 화해의 역동적 과정인 인정 투쟁을 통해 사랑이라는 상호인정 관계가 권리 관계를 거쳐 연대 관계로 발전하면서 개인의 자기의식도 발전한다는 것이다. 헤겔은 이러한 점을 설명하기 위해 사랑이라는 정서적 결속을 통해 형성된 가족이 한 마지기의 땅이라도 이를 자신의 소유물로 장악하려는 상황을 예시로 든다.[244] 우선 한 가족이 자신의 생존을 위해 일정 부분의 토지를 무단으로 점유한다면, 다른 가족은 이를 사용할 수 없다. 따라서 토지 사용에서 배제된 다른 가족의 저항은 필연적이며, 이 두 주체는 결국 홉스가 생각하듯이 자기보존을 위한 적대적 투쟁 상태에 빠지게 될지도 모른다. 그러나 헤겔은 한 가족의 무단 토지 점유 때문에 발생한 투쟁 상황을 자기보존을 위한 투쟁이라고 보지 않는다. 헤겔에 따르면, 무단 토지 점유 행위로 인해 해당 토지를 사용할 수 없게 된 피해자에게 이러한 행위는 단순히 자신의 생존 기회를 박탈한 침탈행위라기보다는 상대방이 상호작용 관계에서 자신을 배제함으로써 자신을 무의미한 존재로 만든 것이나 마찬가지이기 때문이다. 헤겔에 따르면, 서로 다른 주체가 공존하기 위해서는 서로의 존재에 대한 상호인정이 전제되어야 하며, 이러한 상호인정을 토대로 일어나는 상호작용에는 항상 자신의 존재가 긍정적으로 고려되어야 한다는 규범적 기대가 구조화되어 있다. 이렇게 본다면 무단 토지 점유 행위는 피해자의 시각에서 볼 때 자기보존 기회를 박탈한 것이라기보다는 자신의 존재를 부정한 것일 뿐만 아니라, 결국 자신을 상호작용 상대자로 인정하지 않는 무시 행위가 된다. 따라서 피해자는 무단 토지 점유 행위에 맞서 투쟁할 수밖에 없으며, 이러한 투쟁은 빼앗긴 토지를 되찾아 자신의 생존 기회를 확보하려는 자기보존 투쟁이라기보다는, 상대방에게 자신의 존재를 재인식시킴으로써 자신에 대한 상대방의 인정을 회복하기 위한 투쟁이 된다. 이에 반해 무단 토지 점유자에게 무단 점유 행위는 자기보존을 위한 자기중심적 행위였지만, 자신을 향해 투쟁하는 피해자를 경험하면서 무단 토지 점유자는 자신의 행위가 타인에 대한 배타적 소유권을 주장한 것이라는 상황 인식과 함께 이러한 배타적 소유권의 보장은 타인의 인정을 통해 가능하다는 의식에 도달하게 된다. 물론 이는 토지 사용에서 배제된 피해자의 경우도 마찬가지일 것이다. 피해자 역시 자신에 대한 가해자의 무시 행위로 인해 침해된 것은 바로 과거에는 의식하지 못했던 자신의 토지 사용 권리라고 생각할 수 있기 때문이다. 이런 점에서 피해자가 훼손된 상호인정 관계를 투쟁을 통해 회복하려고 할 때, 이러한 회복은 단순히 이전으로 돌아가자는 것이 아니라, 이전에는 의식하지 못했던 새로운 자기의식, 즉 권리 주체라는 새로운 정체성에 대한 인정을 의미한다. 따라서 가해자와 피해자가 인정 투쟁 단계를 거치면서 새로운 상호인정 관계를 형성한다면, 이것은 단지 서로의 존재를 인정하는 것이 아니라, 서로를 권리의 주체로 인정하는 새로운 상호인정 관계를 의미한다. 하지만 헤겔은 이러한 새로운 인정 단계만을 말할 뿐, 토지를 둘러싸고 서로 대립하던 주체가 서로를 동등한 권리 주체로 인정한다는 것이 토지 무단 점유 문제를 어떻게 해결한다는 것인지에 대해서는 설명하지 않는다. 물론 한 가족이 무단으로 점유한 토지를 반분한다든지, 아니면 가해자의 무단 점유를 인정하면서, 피해자는 다른 토지의 소유를 인정받는다든지 하는 다양한 가능성에 대해 생각해 볼 수 있다. 그러나 어떤 방식으로 토지 소유 문제를 해결하든 그것은 토지로 인한 갈등을 통해 두 주체가 자각하게 된 새로운 정체성, 즉 권리 주체라는 자기의식에 상응하는 것이어야 한다.

　이렇게 주체들이 서로를 감성적 욕구 주체로 인정하는 사랑의 단계가 인정 투쟁을 통해 서로를 동등한 권리 주체로 인정하는 새로운 상호인정 관계로 이행한다면, 헤겔에서 발견할 수 있는 세 번째 상호인정 관계인 연대 관계의 등장은 어떻게 설명될 수 있을까? 물론 연대라는 새로운 상호인정 관계의 등장 역시 권리 단계와 마찬가지로 인정 투쟁을 매개로 하며, 이러한 상황을 설명하기 위해 헤겔은 선뜻 납득하기 어려운 사례이지만 절도 범죄를 예시로 든다. 그에 따르면, 도둑질은 기존의 권리 인정 관계에서 불만을 느낀 범죄자가 자신의 특수한 이익을 관철하기 위해 저지른 주관적 행위이지만, 도둑질을 당한 피해자는 이를 통해 소유물 상실만이 아니라, 권리 주체로서의 자신의 인격이 훼손됨을 경험한다. 이런 점에서 피해자에게 도둑질은 소유물을 잃어버림으로써 발생하는 자산 손실에 그치는 것이 아니라, 지금까지 자신의 인격에 대한 자기 긍정을 통해 형성된 명예가 훼손되는 사건이다. 헤겔에 따르면 바로 이런 점에서 자신의 신체보다 명예를 중시하는 피해자는 훼손된 명예를 회복하기 위해 삶과 죽음을 건 투쟁을 감행할 뿐만 아니라, 자신의 인격을 유지하는 것이 결국에는 국가라는 공동체에 의존하고 있다는 의식에 도달한다. 이런 점에서 범죄 행위를 통해 역설적으로 독립된 권리 주체들은 자신이 국가 공동체의 동등한 구성원이라는 자기의식에 기초한 새로운 상호인정 관계를 형성하게 된다. 다시 말해 지금까지 자신의 권리에만 집착한 독립적 주체들이 공동체 구성원이라는 연대적 의식을 통해 "공동체라는 포괄적인 틀" 속에서 하나가 된다는 것이다.[245]

그렇다면 범죄 피해자가 아니라, 범죄자의 관점에서는 왜 범죄 행위가 기존의 인정 관계를 넘어서려는 행위가 될 수 있을까? 헤겔은 비록 도둑질은 아니지만, 권리 주체들 사이에 체결된 계약을 위반하는 사건을 통해 이를 설명한다. 헤겔에 따르면, 범죄자의 행위 동기는 모든 사람에게 부여된 일반적 권리를 통해서는 자신의 특수한 의지가 인정되지 않는다는 감정에 있으며, 비록 계약 위반이라는 도발적 행위를 통해서이지만 범죄자는 기존의 권리를 통해서 아직 "인정받지 못했던 자신의 기대"를 인정받고자 한다는 것이다.[246] 그런데 계약 위반이라는 범죄 행위를 이렇게 개인의 특수성과 권리의 일반성 간의 갈등 구조로 파악한다면, 범죄자가 도발적 행위를 통해 제기하는 인정요구는 권리 관계 속에서는 해소될 수 없다. 권리관계란 모든 개인을 동등한 요구의 담지자로서 대우할 뿐, 각 개인의 특수성은 고려하지 않기 때문이다. 이런 점에서 헤겔은 개인의 특수성에 대한 사회적 관심을 동반하는 새로운 상호인정 관계로서 국가라는 공동체 구성원 사이의 사회적 연대를 제시한다. 즉 서로 대립하던 주체들이 서로를 공동체의 구성원으로 인정함으로써 연대 관계를 형성할 때 이들은 각기 특수성을 지닌 개별적 주체로서 공존할 뿐만 아니라, 하나로 통합된다는 것이다. 헤겔의 주장이 당황스러운 것은 여기서도 그는 연대라는 새로운 상호인정 관계가 형성될 때 절도나 계약 위반과 같은 범죄가 어떻게 해결되는지는 아무런 설명도 제시하지 않기 때문이다. 하지만 모든 개인에게 동등한 권리를 부여하는 권리 관계에서는 개인의 특수성이 고려되지 않는다는 헤겔의 지적에 주목한다면, 연대라는 상호인정 관계는 범죄 행위로 훼손된 개인의 권리를 단순히 회복하거나 범죄자를 처벌하는 것이 아니라, 개인의 특수성을 보호하고 배려함으로써 범죄 행위 자체를 예방하는 국가 공동체의 역할을 생각해 볼 수 있게 한다.

지금까지의 설명을 종합해 본다면 어떻게 헤겔이 인간의 삶과 사회에 대해 새로운 패러다임을 제시했는지가 분명해진다. 홉스가 말하는 자기보존본능이란 공동체 형성과 무관한 인간의 자연적 본성일 뿐만 아니라, 자기보존을 둘러싼 인간 사이의 항구적 투쟁 역시 공동체 형성 이전의 자연상태에서부터 등장한다는 점에서 '자연적'인 것이다. 그리고 홉스는 자기보존이라는 항구적 투쟁 상태에서 벗어나기 위해 공동체가 형성되었다고 보지만, 공동체 형성 이후에도 이러한 투쟁이 사라진 것은 아니다. 자기보존을 둘러싼 항구적 투쟁이 단지 타인에게 위해를 가하거나 타인의 소유물을 강탈하지 않는 평화적 방식, 즉 경쟁으로 변화될 뿐이기 때문이다. 따라서 홉스에게 자기보존을 위한 주체들의 적대적 경쟁상태는 항구적인 것이다. 이렇게 보면 홉스는 항상 자기보존본능이라는 자연적인 것을 통해 인간의 삶과 사회, 그리고 인간 간의 갈등을 설명한 셈이다. 이에 반해 헤겔에게 인간은 공동체가 형성되기 이전부터 존재하는 고립적 주체가 아니다. 인간은 항상 상호인정 관계에 기초한 공동체 속에서 태어나고 성장하는 상호의존적 존재이며, 단순한 자기보존이 아니라, 공동체 형태가 발전함에 따라 점차 고도화된 자기의식에 상응하여 정서적 욕구 주체, 권리 주체, 그리고 특수한 공동체 구성원으로서 자아실현의 삶을 영위한다. 헤겔에게 공동체는 자연상태를 극복하기 위해 구성된 것이 아니며, 현재의 공동체는 이전의 공동체로부터, 그리고 이전의 공동체는 또한 그 이전의 공동체로부터 발전해 온 것이다. 그리고 이러한 발전을 추동해 온 것이 타인의 인정과 무시를 둘러싼 인정 투쟁이다. 이렇게 본다면 공동체의 형성과 발전의 기초이자 동시에 개인적 정체성 형성과 실현조건인 '인정'은 자연상태가 아닌, 사회상태의 본질적 모습을 보여주는 "사회적인 것(das Soziale)"으로서 인간의 삶과 사회의 변화, 그리고 인간 사이의 투쟁을 설명하는 핵심 개념이 된다.[247] 따라서 인간의 삶과 사회 그리고 인간 간의 갈등을 설명하는 데 자기보존 투쟁이 아니라, 인정 투쟁이라는 개념 틀을 사용한다는 것은 자연적인 것에서 사회적인 것으로의 패러다임 전환으로 볼 수 있다.

## 호네트의 인정이론

앞서 지적했듯이 호네트의 인정이론은 인정 투쟁에 관한 청년 헤겔의 통찰을 단순히 복원해 낸 것이 아니다. 호네트는 청년 헤겔의 통찰을 규범적 사회이론으로 발전시키기 위해 경험과학적 연구성과를 통해 이를 재해석하였기 때문이다. 다시 말해 한편으로 호네트는 개인적 자아 형성이 타인의 인정에 의존하고 있을 뿐만 아니라, 이를 인정 투쟁이라는 역동적 과정으로 파악한 헤겔의 통찰을 따르면서도, 미드의 사회심리학적 연구를 통해 경험적 전환을 감행한다. 그리고 다른 한편 호네트는 헤겔이 구분한 사랑, 권리, 연대라는 세 가지 상호인정 유형을 전제하면서도 이를 대상 관계 이론이나 개념사 연구 등 경험적 연구를 토대로 재해석함과 동시에 이를 통해 사회적 인정 관계 확대가 자아실현을 위한 사회적 조건임을 입증한다.

그렇다면 먼저 호네트가 미드를 통해 어떻게 개인의 자아 형성이 타인의 인정에 의존한다는 점을 경험과학적으로 입증하는지를 살펴보자. 앞서 서술했듯이 미드는 개인의 자아 형성을 사회구성원 간의 협동적 활동으로 보면서 이를 '목적격 나'와 '주격 나'의 조화로운 융합을 통해 개념화하려고 하였다. 호네트 역시 이러한 미드의 개념 틀을 수용하면서, 한편으로 개인의 자아의식은 타인이 자기 자신을 어떤 존재로 이해하고 있는가를 인식하면서 형성된다고 본다. 그러나 이렇게 타인의 관점에서 이해된 자아, 즉 미드가 말하는 '목적격 나'는 실제로 행동하는 행위 주체로서의 '나'는 아니다. 타인에게 목적어로 존재하는 '나'는 나의 행위 표현의 주어가 될 수는 없기 때문이다. 이런 점에서 미드는 다른 한편 행위 표현의 주어에 해당하는 '주격 나'를 말하지만, 이는 '목적격 나'처럼 인식 가능한 특정한 자아상을 나타내는 것이 아니다. '주격 나'는 항상 '목적격 나'에 대한 반발로 체험되는 자아의 차원으로서 '목적격 나'를 통해 한정되지 않는 무한한 자아 가능성의 원천이기 때문이다. 호네트에 따르면 '목적격 나'에 따라 개인의 자아가 형성된다면 해당 개인은 타인과 함께 한 사회의 정당한 구성원이라는 상호인정 관계를 형성하게 된다. '목적격 나'는 구체적 타인을 넘어 일반화된 타인의 관점을 통해 형성된 자아상으로서 행위 주체가 이를 내면화한다는 것은 자신과 상호작용하는 사람들을 사회 협력체의 구성원으로 인정함을 의미하며, 동시에 일반화된 타인의 관점을 내면화한 행위 주체는 이들로부터 동등한 사회구성원으로 인정받게 되기 때문이다.[248] 이런 점에서 개인은 '목적격 나'를 매개로 자아가 형성될 때 사회적 인정을 얻게 된다. 그러나 이에 반해 '주격 나'는 '목적격 나'에 반발하는 모든 내적 충동의 집합소라는 점에서 기존 사회에서 인정되지 않은 무진장한 자아 가능성의 원천으로 볼 수 있다. 따라서 '목적격 나'에 함축된 일반화된 기대에 합치하지 않는 내적 충동은 '목적격 나'로 대표되는 기존의 상호인정 관계에 저항하도록 한다. 그러나 이러한 내적 충동이 발현되기 위해서는 이에 상응하는 자아정체성 요구가 무엇인지를 구체화할 수 있어야 할 뿐만 아니라, 이에 대한 사회적 정당화가 필요하다. 사회적으로 정당화되지 못한다면 새로운 자아정체성 요구는 실현될 수 없기 때문이다. 이런 점에서 '주격 나'의 정체성 요구는 역설적이게도 사회적 인정을 필요로 한다. 따라서 '목적격 나'에 대한 '주격 나'의 반발은 기존의 상호인정 관계를 넘어 새로운 자아정체성 요구가 인정된 미래 사회, 다시 말해 기존의 상호인정 관계보다 더 고도화된 새로운 상호인정 관계 형성을 목표로 할 수밖에 없다. 따라서 '주격 나'로 인해 촉발된 저항은 인정 투쟁의 형태를 띠게 되며, '주격 나'의 저항이 성공적으로 관철된다면 이는 '주격 나'와 '목적격 나'의 조화로운 융합이라고 볼 수 있다. 이제 현재의 '주격 나'가 요구하는 새로운 자아상이 미래의 '목적격 나'와 일치하게 되기 때문이다. 다시 말해 '주격 나'의 인정 투쟁이 만들어 낸 새로운 상호인정 관계란 '목적격 나'에 함축된 사회적 기대 지평이 새로운 자아정체성을 인정할 정도로 확장될 때 가능하다는 점에서 이는 동시에 새로운 '목적격 나'의 형성을 의미한다는 것이다.[249] 이렇게 볼 때 미드가 말하는 '주격 나'와 '목적격 나'의 조화로운 융합이란 '주격 나'가 '목적격 나'로 고양되는 것이 아니라, '주격 나'가 비록 현재의 '목적격 나'와 대립하지만, 인정 투쟁을 통해 새롭게 형성된 미래의 '목적격 나'와 화해하는 역동적 과정으로 해석할 수 있다.

이렇게 호네트는 미드의 '주격 나'와 '목적격 나' 개념을 사용하면서 개인의 자아의식 형성이 사회적 인정을 전제하고 있다는 헤겔의 통찰을 재해석할 뿐만 아니라, 미드가 주장하는 '주격 나'와 '목적격 나'의 조화로운 화해를 헤겔의 인정 투쟁 개념을 통해 체계적으로 규명한다. 그러나 호네트는 여기에 그치지 않고 한 걸음 더 나아가 인정 유형과 그 반대 현상인 무시의 유형을 구분하면서 왜 인정이 자아실현의 사회적 조건인지를 긍정적 자기 관계 개념을 통해 입증한다. 물론 이러한 인정과 무시의 '유형학'은 세 가지 상호인정 유형을 구분한 헤겔의 통찰을 따른 것이지만, 호네트는 이를 통해 헤겔이 직관적으로 구분한 사랑, 권리, 연대라는 인정 유형을 경험과학적 연구성과들과 접목하고 있으며, 헤겔이 생각하지 못했던 무시 현상에 주목함으로써 왜 인정이 필요한지를 규범적으로 정당화한다.

헤겔이 말하는 첫 번째 인정 유형은 사랑으로서 이는 감정적 차원에서 주체들이 서로를 욕구하는 존재로 인정하는 것을 말한다.[250] 호네트 역시 인간이 신체를 가진 자연적 존재로서 본능적 욕구를 지니고 있음에 주목하면서, 개별적 주체는 타인이 자신에 대해 일체감을 가질 뿐만 아니라, 자신의 욕구를 마치 그 자신의 욕구처럼 느끼며 나의 욕구 충족을 시원하고 배려할 때, 자신이 타인으로부터 욕구를 가진 존재로 인정받고 있음을 알게 된다고 본다. 그리고 호네트는 여기서 한 걸음 더 나아가 왜 사랑이라는 인정 경험이 자아실현의 가능 조건이 될 수 있는지를 설명하기 위해 유아기의 성숙과정을 애착 관계를 통해 설명한 도널드 위니컷(Donald Winnicott)의 대상 관계 이론을 도입한다. 위니컷에 따르면, 갓 태어난 젖먹이 어린아이는 어머니에게 절대적으로 의존해 있다. 당연히 이 아이는 어머니의 보호 없이는 생존할 수 없기 때문이다. 그런데 아이만 어머니에게 의존해 있는 것은 아니다. 어머니는 임신 기간 아이를 자신과 동일시해 왔기 때문에, 출산 이후에도 아이와 떨어져 살 수 없는 심리적 의존성을 보인다. 이런 점에서 출산 후 아이와 어머니는 공생적 일체 관계를 형성하지만, 어머니가 산후조리를 끝내고 일상생활로 복귀함에 따라 아이가 어머니로부터 분리되어 혼자 있게 되는 시간이 길어진다. 위니컷은 이 시기의 아이가 아무런 불안감 없이 혼자 있을 수 있는 능력을 어머니의 사랑과 보살핌을 통해 설명한다. 즉 아이는 자신의 필요에 응해주는 어머니의 보살핌을 반복적으로 경험하면서, 어머니가 언제든 자신이 필요할 때면 보살핌을 줄 것이라는 믿음을 갖게 되고, 바로 이 때문에 아이는 어머니가 없어도 아무런 불안감 없이 혼자 자신이 하고자 하는 바를 수행하는 자신감을 가지게 된다는 것이다.

물론 이러한 과정이 아무런 갈등 없이 이루어지는 것은 아니다. 여기서도 일종의 인정 투쟁과 같은 상황이 벌어진다. 한편으로 어린아이는 자신을 혼자 놓아둔 어머니에 대해 신체를 무는 등 파괴적 행위로 대응한다. 그런데 위니컷에 따르면, 이런 파괴적 행위는 단지 욕구 불만의 표시가 아니라, 어머니가 자신의 공격을 버텨낼 수 있는 독립적 존재임을 시험하는 행위라는 것이다. 따라서 어린아이는 자신의 공격에도 아무런 보복 없이 이를 참고 견뎌내는 어머니를 경험하면서 자신에 대한 어머니의 보살핌을 확신할 뿐만 아니라, 이제 어머니를 독립적 존재로 인정하게 된다. 그리고 다른 한편 어머니 역시 비록 자신의 아이와 심리적 일체감을 가지고 있지만, 어린아이의 파괴적 행위에 직면하면서 이제 어린아이가 독립적 존재임을 인정하게 된다. 따라서 결국 어린아이는 어머니의 보살핌에 의존하면서도 어머니를 독립적 존재로 대우하고, 어머니는 정서적 일체감으로 인해 아이를 보살피려 하지만, 동시에 어린아이를 독립적 존재로 대우하는 상호인정 관계를 형성한다. 이렇게 볼 때 비록 어린아이의 경험에 주목한 것이지만, 타인으로부터 보살핌을 받는다는 경험은 타인에 대한 의존성을 강화하는 것이 아니라, 오히려 독립적 주체로서의 자신감을 형성한다는 점에서 자아실현의 가능 조건이 된다.

그러나 개개인이 사랑을 통해 자신이 신체를 가진 욕구의 주체임을 인정받는 것이 아니라, 강제적으로 욕구 충족의 기회를 박탈당하면 어떻게 될까? 호네트는 신체적 학대나 폭행 등을 바로 이런 사례로 보면서 이를 인정과 반대되는 무시 행위로 규정한다.[251] 신체적 학대나 폭행을 당한다는 것은 한 개인에게 자신의 신체를 자유롭게 사용할 가능성을 부정한 것으로 신체적 존재로서 자신이 가지고 있는 자연적 욕구 역시 충족할 수 없게 만들기 때문이다. 그러나 신체적 학대나 폭행이 피해자에게 단지 욕구 충족의 박탈이나 신체적 고통으로만 경험되는 것은 아니다. 자신의 신체가 타인에게 강제적으로 내맡겨진 경험은 지금까지 정서적 배려를 통해 획득했던 자신감, 즉 자신의 신체를 마음대로 움직이며 자신이 하고자 하는 바를 수행할 수 있다는 자신에 대한 믿음을 송두리째 상실하게 함으로써 피해자를 깊은 굴욕감에 빠지게 한다. 그리고 그 결과 신체적 학대와 폭행의 희생자는 자신이 하고자 하는 바를 수행하려는 아무런 의욕도 갖지 못하게 된다. 다시 말해 일종의 행위 불능 상태에 빠지게 된다는 것이다. 이러한 사례는 호네트가 지적한 것은 아니지만, 외상 후 스트레스 증후군에 빠진 폭행 희생자들에게 흔히 나타나는 현상이다. 이들은 폭행 피해로 인해 가해자에 대한 분노와 복수심에 빠지지만, 곧이어 폭행 피해의 원인을 자신의 무능에서 찾으며 심한 자책감에 빠진다. 그리고 그 결과 이들은 심각한 대인 관계 장애만이 아니라, 일상생활을 영위하기조차 어렵게 된다. 호네트식으로 말하면 폭행이라는 무시 행위의 희생자들은 자기 자신에 대한 부정적 의식에 빠짐으로써 행위 불능상태에 처하게 된다는 것이다.

호네트가 두 번째 인정 유형으로 본 것은 권리이다.[252] 헤겔은 주체들이 동등한 권리부여를 통해 서로를 권리 인격체로 대우하는 상호인정 관계를 소유물에 기초한 경제적 교환의 조건으로 규정하고 있지만, 호네트는 주체들 상호 간의 동등한 권리부여를 보다 광범위한 차원에서 인간이 이성적 존재로서 도덕적 판단능력을 발휘할 수 있는 사회적 조건으로 본다. 주체들은 자신에게 동등한 권리가 부여될 때 비로소 자신이 합리적 판단능력을 갖춘 이성적 존재임을 사회적으로 인정받았다고 생각할 수 있기 때문이다. 물론 사회구성원들에게 동등한 권리가 부여된 것은 역사적으로 볼 때 신분 사회가 철폐된 근대 이후의 일이며, 그 과정 역시 권리의 내용만이 아니라, 권리 향유자가 지속적으로 확대되는 과정이었다. 다시 말해 토머스 험프리 마셜(Thomas Humphrey Marshall)이 서술하고 있듯이 시민의 권리는 18세기에 자유권적 기본권, 19세기에 참정권적 기본권, 그리고 20세기에는 사회복지권으로 확대되었으며, 참정권적 기본권의 핵심인 투표권만 보더라도 초기에는 남성 자산가에게만 부여되던 것이 19세기에는 남성 노동자에게, 그리고 20세기 들어와 여성을 비롯한 모든 시민에게 부여되었다. 물론 이렇게 권리 수혜자와 권리의 내용이 확대된 것은 투쟁의 과정을 통해서였다. 신분제도가 붕괴하고 모든 시민이 법적으로 동등한 인격체가 된 것은 프랑스대혁명과 같은 시민혁명을 통해서이며, 참정권 확대나 사회복지권의 도입은 여성 운동과 노동자들의 투쟁이 이뤄낸 역사적 성과였기 때문이다. 이러한 투쟁을 인정 투쟁으로 규정한다면, 그것은 이러한 투쟁이 다양한 사회구성원들이 자신도 완전하고 동등한 사회구성원임을 법적으로 인정받기 위한 인정 투쟁이었기 때문이다.

이렇게 본다면 사회구성원들은 제도적으로 보장된 제반 권리를 통해 시민적 자유는 물론, 정치적 의사결정에 참여하고, 기본적 필요를 충족한다는 점에서 이는 분명 개별적 구성원들이 각자 자신이 원하는 삶을 영위하는 데 필수적 조건이 된다. 그러나 호네트는 여기에 그치지 않고 권리 역시 사랑과 마찬가지로 긍정적 자기 관계를 형성한다는 점에서 개인적 자아실현의 가능 조건임을 강조하기 위해 파인버그의 사고 실험을 인용한다. 이에 따르면, 파인버그는 이타주의적 애정과 일반적인 의무감이 강하지만, 사회구성원들에게 아무런 권리도 보장하지 않는 가상의 사회를 그려본다. 분명 이런 사회에서도 사회구성원 간의 애정과 의무감을 통해 개개인의 자유로운 삶은 물론 높은 수준의 복지까지도 가능하다. 그러나 사회구성원에게는 법적 권리가 보장되어 있지 않다는 점에서 이들이 자유와 복지를 정당하게 요구할 수는 없다. 이런 점에서 파인버그가 내린 결론은 아무런 합법적 권리도 보장되지 않은 사회에서는 사회구성원들이 자신의 요구가 사회적으로 존중됨을 경험할 수 없으며, 그 결과 자기 자신에 대한 존중 의식 역시 가질 수 없다는 점이다. 이런 가상적 상황을 전제한다면, 반대로 합법적 권리부여란 개개인이 원하는 삶을 영위하는 데 필요한 요소들을 정당하게 요구할 수 있게 한다는 점에서 자아실현의 조건이 될 뿐만 아니라, 바로 이를 통해 개개인 자신이 한 사회의 정당한 구성원임을 인정받고 있음을 경험한다는 점에서 자기존중 의식을 갖게 한다. 따라서 권리부여란 개인적 자아실현을 가능하게 하는 사회적 조건이자, 동시에 긍정적 자기 관계라는 주관적 의식을 가능하게 하는 객관적 조건이 된다.

이렇게 자기존중 의식을 권리부여에 따른 심리적 동반현상으로 본다면, 반대로 권리부여가 아니라, 권리가 배제된 경우 해당 당사자는 어떤 심리적 상태에 빠지게 될까? 호네트는 권리부여라는 인정 행위에 대한 반대 현상인 권리 배제를 무시 현상으로 규정하면서 이러한 무시 경험으로 인해 해당 당사자가 자기존중 의식을 가질 수 없음을 지적한다.[253] 즉 사회구성원들은 자신에게 부여된 권리를 통해 이에 상응하는 요구를 정당하게 제기할 수 있을 뿐만 아니라, 이를 통해 이성적 존재로서 자신의 합리적 판단능력을 실현할 수 있다. 그런데 다른 사회구성원들에게 보장된 제도적 권리가 자신에게만 배제된다면, 해당 당사자는 자신이 다른 사회구성원들과 동등한 정도의 이성적 능력을 지닌 존재가 아니라는 점을 인식하게 됨으로써 자신에 대한 존중 의식을 갖기 어렵다는 것이다. 비록 호네트의 예시로 든 것은 아니지만, 신분 사회에서 일어나는 피지배층에 대한 권리 배제를 생각해 본다면, 호네트의 주장이 얼마나 설득력이 있는지 쉽게 알 수 있다. 신분 사회에서 지배층은 특권을 소유함으로써 자신을 피지배층과 비교하여 우월한 지위에 있다는 자존감을 가질 수 있지만, 특권은커녕 일반적 권리조차 갖지 못한 노예가 자신에 대한 존중 의식을 가질지, 아니면 지배층과 비교하여 열등한 지위에 있는 자기 자신을 비관하거나 자기비하에 빠질 수밖에 없을지는 이미 자명한 일이다.

이렇게 사랑, 권리에 이어 호네트가 세 번째 인정 유형으로 규정한 것은 연대이다.[254] 이러한 인정 유형은 헤겔이 주장하듯이 주체들이 서로를 각기 특수성을 지닌 공동체 구성원으로 인정하는 것을 의미한다는 점에서 이성적 존재라는 인간의 보편성에 대한 인정과는 다른 것이다. 다시 말해 세 번째 인정 유형에서 인정되는 것은 주체들이 공유한 가치 지평 내에서 사회적 가치를 부여할 수 있는 개인의 특성, 즉 개개인을 서로 다른 존재로 만드는 개인적 속성이며, 호네트는 이렇게 형성된 상호인정 관계를 연대적 관계로 규정한 것이다. 그리고 개인적 속성에 대한 사회적 가치부여가 항상 사회구성원들이 공유한 가치 지평 내에서 이루어진다는 점에서, 연대적 관계를 형성하는 사회적 가치부여는 역사적으로 가변적이며, 이 가치 지평이 얼마나 개방적이고 다원적이냐에 따라 개인적 속성에 대한 사회적 인정의 폭이 결정된다. 물론 사회적 가치부여가 투쟁이라는 역동적 과정을 전제하고 있음은 의심의 여지가 없다. 서양의 역사를 보면 근대에 이르러 개개인의 사회적 가치를 그가 속한 신분에 따라 평가하는 위계적 신분 질서가 해체되고, 이제 개인사적 과정을 통해 형성된 개인적 속성을 사회적 가치부여의 대상으로 삼기 시작했으며, 이는 다름 아닌 중세 봉건 질서에 저항한 근대 시민혁명의 산물이었다. 그리고 사회적 가치부여가 투쟁과 연결되어 있음은 신분적 차이가 아니라, 개인적 속성에 사회적 가치를 부여하는 오늘날에도 마찬가지이다. 호네트에 따르면 사회적 가치부여가 가능하기 위해서는 항상 확고한 가치 지평이 전제되어야 하지만, 사회구성원들의 연대가 확대되기 위해서는 다양한 개인적 특수성을 인정할 수 있을 정도로 가치 지평이 개방적이어야 한다. 그리고 이렇게 서로 상충한 과제로 인한 긴장 관계 때문에 사회적 가치부여는 항상 특정한 개인이나 집단의 특수성에 대한 해석을 둘러싼 갈등을 유발할 수밖에 없으며, 이러한 갈등은 단지 가치 지평에 대한 문화적 해석 논쟁을 넘어 물질적 분배 문제로까지 확대된다. 경제적 영역에서 개인의 특성에 대한 평가는 결국 재화의 분배로 구체화하기 때문이다.

호네트는 이렇게 신분 중심에서 개인적 속성 중심으로 사회적 가치부여의 구조가 달라진 것을 막스 베버와 토크빌의 개념사적 연구에 근거하여 '명예' 개념이 사회적 '위신'이나 '신망' 범주로 전환한 것으로 본다. 즉 신분 사회에서 개개인에 대한 사회적 가치부여는 그가 속한 신분에 대한 사회적 가치부여에 따라 결정되며, 여기에 추가하여 개개인은 자신이 속한 신분에 맞는 특정한 행위 기대를 잘 충족할 때 '명예'를 얻게 된다. 그러나 신분 질서가 해체된 근대에 이르러 명예 개념은 사라지고, 이 자리를 대신하여 이제는 개개인이 자신이 속한 사회의 목표를 달성하는 데 얼마나 이바지했느냐 따라 사회적 '위신'이나 '신망'을 얻게 된다는 것이다. 토크빌의 표현에 따르면 신분적 명예가 근대에 이르러 개성화된 것이다. 호네트가 말하는 연대라는 상호인정 유형은 이러한 개념 변화에 근거하여 신분에 기초한 계급 내 연대가 아니라, 개인적 속성에 대한 사회적 가치부여를 통한 공동체 구성원 간의 연대 형성을 지적한 것이다. 그리고 이렇게 개인적 속성에 대한 사회적 가치부여를 통해 연대가 형성된다면, 한편으로 사회구성원은 자신의 특수성을 실현할 기회를 얻게 된다. 개인의 특수성에 대한 가치부여는 이것이 공동체의 목표 실현에 이바지한다는 믿음에 기초하기에 해당 당사자에 대한 적극적 배려로 나타나기 때문이다. 다른 한편 개인의 특수성에 대한 가치부여를 경험한 당사자들은 자신이 가치 있는 존재라는 점을 자신 역시 인정하게 된다는 점에서 긍정적 자기 관계를 형성한다. 호네트는 이를 '자부심', 혹은 '자기 가치부여'로 규정하면서 인정 경험을 자아실현의 사회적 조건이자 긍정적 자기의식을 가능하게 하는 객관적 조건으로 본다.

이렇게 사회적 가치부여를 통한 연대 형성이라는 인정 유형에 반해 호네트가 무시 현상으로 규정한 것은 개인이나 집단의 특수성을 근거로 그 가치를 부정하거나 열등한 것으로 평가 절하하는 것, 일상적으로 흔히 모욕으로 묘사되는 현상이다.[255] 이러한 무시에 대한 경험은 신체에 가해지는 학대나 폭행, 그리고 권리 유보에서와 마찬가지로 부정적 자기의식을 형성한다. 무시당한 당사자는 가치 부정이나 평가 절하로 인해 자신의 개인적 속성에 대해 사회적 가치를 부여할 가능성을 박탈당하기 때문이다. 물론 무시 현상이 발생하는 것은 한 사회의 문화적 가치 지평 때문이다. 문화적 가치 지평은 개인의 속성이나 삶의 방식을 평가하는 척도 역할을 하며, 이러한 가치 지평 속에서 위계화된 가치 질서가 형성된 경우 특정한 개인이나 집단의 특수성을 열등한 것으로 평가하거나 그 가치를 부정하게 된다. 그리고 사회적 가치부여가 사회구성원 간의 연대 관계를 형성한다는 데 주목한다면, 가치 부정이나 평가 절하의 대상은 사회적 연대에서 배제되어 고립된 개인이나 집단으로 남겨질 수밖에 없다. 이런 점에서 사회적 연대에서 배제된 개인이나 집단이 해당 사회에서 가치 있는 존재로 인정받는다고 자부하지 못함은 당연한 일이다. 호네트가 지적한 것은 아니지만 예를 들어 어떤 개인이 다름 아닌 자신의 특수성 때문에 가정이나 학교, 직장, 사회에서 따돌림을 당한다면, 과연 이 개인이 해당 공동체의 가치 있는 구성원이라는 자기의식을 가질 수 있을까?

지금까지 설명했듯이 인간은 사랑, 권리, 연대를 통해 형성된 상호인정 관계 속에서 자연적 욕구를 가진 신체적 존재, 도덕적 판단능력을 가진 이성적 존재, 타인과 구별되는 개성적 존재라는 점차 고도화된 자기의식에 도달할 뿐만 아니라, 이를 통해 점차 확대된 자유 실현 공간을 확보하게 된다. 이렇게 본다면 인정 경험이 개인의 자유 실현을 가능하게 하는 사회적 조건이라고 볼 수 있지만, 인정 경험이 개인 중심적 자유가 주장하는 외적 강제나 장애가 없는 상태라는 소극적 조건을 의미하는 것은 아니다. 개인의 인정 경험은 자신감, 자존감, 자부심 등 긍정적 자기의식을 형성함으로써 해당 당사자는 아무런 불안감이나 심리적 위축 없이 적극적으로 자아실현에 나설 수 있기 때문이다. 따라서 타인의 인정은 개인의 자유를 방해하지 않는 소극적 행위가 아니라, 이를 지원하는 적극적 행위라고 할 수 있으며, 상호인정 관계 속에서 실현되는 개인의 자유는 타인의 자유와 대립하는 것이 아니라, 오히려 서로의 자유를 지원하고 강화한다. 다시 말해 타인의 인정을 토대로 한 개인의 자유는 홉스가 생각했던 전쟁상태나 경쟁 관계가 아니라, 협력 관계 속에서 실현된다는 것이다. 앞서 설명하였듯이 사랑은 개개인이 '타인 속에서 자기 자신으로 존재'하는 관계를 형성한다. 사랑하는 사이라면 상대방은 나의 욕구를 자신의 욕구처럼 느끼며, 나의 감정을 자신의 감정인 양 함께 느끼기 때문이다. 예를 들어 나의 어머니는 나의 배고픔을 자신의 배고픔처럼 느끼고, 나의 슬픔이 자신의 슬픔인 양 함께 슬퍼한다. 이는 내가 타인 속에서 존재하게 됨으로써 타인과 하나가 되었기 때문이다. 그러나 나는 타인 속에서 그와 동일한 사람으로 존재하는 것이 아니라, 그와는 다른 독립된 사람으로 존재한다. 따라서 타인은 나의 욕구를 자신의 욕구처럼 느끼지만, 타인은 자신이 아닌 나의 욕구를 충족시켜준다. 마찬가지로 타인이 나의 감정을 함께 느끼지만, 이 감정은 그 사람의 것은 아니다. 어머니는 나의 배고픔을 자신의 배고픔으로 느끼지만, 어머니는 나에게 먹을 것을 주며, 어머니는 나의 슬픔을 자신의 슬픔인 양 슬퍼하지만 나를 위로해 준다. 이런 점에서 사랑이라는 상호인정 관계는 개인의 욕구 충족과 관련하여 협력 관계를 형성한다. 이런 점은 권리와 연대라는 또 다른 상호인정 관계에서도 마찬가지이다. 즉 타인에게 자신과 동등한 권리를 부여한다는 것은 타인 역시 자신과 마찬가지로 사리판단능력이 있는 동등한 인격체임을 인정한 것이며, 이런 권리 관계에서 각 개인은 자신의 권리를 실현하려 한다는 점에서 독립된 존재이지만, 상대방의 권리 보호 역시 자신의 의무로 본다는 점에서 상호 협력적 존재이다. 이는 개인 간에 형성된 계약관계를 보면 더욱 분명하게 나타난다. 즉 계약이란 계약 당사자들이 각기 자신의 이익을 위해 체결한 것이지만, 이러한 이익은 계약이 잘 지켜질 때만 달성될 수 있기에 계약 당사자들은 서로가 계약상의 권리와 의무가 잘 실현되도록 상호 협력할 뿐만 아니라, 서로를 지원한다는 것이다. 그리고 상대방과 연대를 형성한다는 것은 타인의 개성이 자신의 개성과 마찬가지로 공동체에 이바지할 수 있음을 인정하는 것이며, 이러한 연대 관계 속에서 각 개인은 공동체가 추구하는 목표와 가치를 실현하기 위해 각자 자신의 개인적 역량을 발휘하면서도 공동체 구성원이라는 일체감 하에서 다른 구성원들도 각자 자신의 역량을 잘 발휘하도록 지원한다.

이렇게 본다면 인정을 통해 형성된 인간관계는 독립과 합일이라는 이중적 관계로서 이런 인간관계에서 각 개인은 자신의 욕구, 권리, 개성을 갖는 독립된 존재이지만, 동시에 타인의 욕구, 권리, 개성을 마치 자신의 것인 양 그 실현을 위해 상대방을 지원해 준다. 이런 점에서 인정이 개개인의 성공적 자아실현의 조건이라는 것은 인정이 개개인 간의 상호협력 관계를 형성하기 때문이다. 따라서 사회적 인정 관계가 확대되면서 사회구성원들이 서로를 동등하고 완전한 구성원으로 인정한다면, 이는 현대 사회에 만연한 경쟁 관계를 협력 관계로 재편할 수 있는 결정적 계기가 된다. 물론 여기서 제기될 수 있는 결정적인 문제는 사회구성원 간의 상호인정 관계를 안정된 사회질서로 구조화할 수 있는 제도적 장치일 것이다. 과연 상호인정을 제도화하는 것이 가능할까?

## 3. 사회적 자유

지금까지 설명한 호네트의 인정이론을 종합해 보면 호네트가 생각한 개인의 자유란 다름 아닌 자아실현이다. 다시 말해 한 개인이 자기 자신을 구성하고 있는 것, 내지는 자신을 구성하고 있다고 의식하는 것, 즉 자신의 욕구, 자신의 사리판단능력, 자신의 개인적 속성과 능력 등을 실현하는 것이다. 아니면 개인의 자아실현이 개인적 의도, 선호, 목표 등을 실현하는 것이라 해도 무방할 것이다. 이런 것들이 바로 나를 구성하기 때문이다. 그러나 호네트가 강조하는 것은 개인의 자아실현이 타인의 인정과 불가분의 관계를 갖는다는 점이다. 타인의 인정은 개인적 자아가 형성되는 사회적 조건이자, 동시에 개인적 자아실현을 보장하는 사회적 조건이기 때문이다. 다시 말해 나의 자아는 상호인정 관계를 떠나서 존재할 수 없고, 이러한 자아의 실현 또한 상호인정 관계를 떠나서는 불가능하다는 것이다. 한편으로 호네트가 미드의 '주격 나'와 '목적격 나'가 갈등하고 화해하는 역동적 과정을 헤겔의 인정 투쟁 개념을 통해 재해석하였듯이, 개인의 자아는 타인의 인정과 무시와의 관계 속에서 비로소 형성되고 발전한다. 그리고 다른 한편 상호인정 관계 속에서 각각의 주체들은 타인 속에서 자기 자신으로 존재하게 됨으로써 각기 독립성을 유지하면서도 비로소 타인과 하나가 되며, 이런 점에서 각각의 주체들은 타인의 자아실현을 흡사 자신의 자아실현처럼 생각하며 이를 지원한다. 더구나 타인으로부터 인정받은 주체들은 긍정적 자기의식을 형성함으로써 아무런 주저함 없이 자아실현에 나설 수 있게 된다. 이렇게 볼 때 호네트가 말하는 개인의 자유란 타인과 무관한 나만의 독립적 자아실현이 아니라, 상호인정 관계 속에서 타인의 협력을 통해 실현되는 협력적 자아실현이라고 할 수 있다. 그리고 이런 식의 자유를 사회성에 기초한 자유로 이해할 수 있는 것은 4장에서 설명하였듯이 사회성의 핵심이 타인과의 일체감을 통한 상호협력에 있기 때문이다. 물론 이것이 가능하기 위해서 인간은 자기 중심성에서 벗어나 타인의 관점에서 느끼고 생각할 수 있어야 한다. 그런데 상호인정 관계 속에서 각각의 주체는 바로 이러한 사회성이 말해주고 있듯이 자기 중심성에 벗어나 타인과 하나가 될 뿐만 아니라, 자신 속에서 하나가 된 타인의 욕구, 권리, 개성의 관점에 서서 흡사 이것이 자신의 자아실현인 양 이를 지원한다. 따라서 상호인정 관계 속에서 이루어지는 협력적 자아실현이란 동시에 사회성의 실현이라 할 수 있다.

### 개인의 자유와 사회적 제도

그러나 호네트가 이런 식의 협력적 자아실현을 초기부터 '사회적 자유'로 규정한 것은 아니다. 호네트는 『인정 투쟁』에서 청년 헤겔의 예나 시대 저작들로부터 인정이론의 기본 원칙들을 도출해내고, 이를 자유 실현의 사회적 조건으로 보지만, 그가 인정 관계를 전제한 개인의 자유를 사회적 자유로 정식화한 것은 헤겔의 『법철학』에 대한 재해석을 통해 독창적 사회정의론을 제시한 『자유의 권리』에서이다.[256] 호네트에 따르면, '자유민주주의 사회(liberaldemokratische Gesellschaft)'는 개인의 자유를 제도적으로 구현한다는 규범적 이상을 따르고 있다. 따라서 한 사회가 얼마나 정의로운 사회인가는 이 사회에서 개인의 자유가 얼마나 제도화되어 있는지에 따라 평가될 수 있다. 그리고 사회적 영역이 다양하듯이 각각의 영역에서 실현되는 자유의 제도적 형태 또한 다르며, 이에 상응하여 사회정의 역시 다양한 측면을 갖는다. 이런 점에서 호네트가 생각한 사회정의론의 핵심 개념은 개인의 자유일 수밖에 없으며, 그의 사회정의론에서 헤겔의 『법철학』이 중요한 역할을 한 것은 바로 여기서 헤겔이 근대 사회의 다양한 영역에서 개인의 자유 실현을 보장하는 사회적 제도들을 규범적 차원에서 재구성해냈기 때문이다.

그런데 호네트가 『자유의 권리』에서 상호인정 관계 속에서 실현된 개인의 자유를 사회적 자유로 규정한 것은 이러한 자유가 동시에 인간의 사회성을 실현하기 때문은 아니다. 호네트가 사용한 '사회적 자유(soziale Freiheit)'라는 용어는 프레드릭 노이하우저가 헤겔의 『법철학』에 나타난 자유 개념을 '사회적'이라고 지칭한 데서 유래하며, 여기서 '사회적'이라는 표현은 사회적 제도들이 자유 실현의 매개체, 즉 자유의 구성조건이자 실현조건임을 나타내기 위해 사용된 것이다.[257] 이렇게 본다면 사회적 자유라는 표현 자체는 말 그대로 사회적 제도를 매개로 실현되는 개인의 자유라고 볼 수 있다. 그리고 호네트가 이러한 용어를 사용한 것도 개인의 자유가 사회적 제도 속에서 형성될 뿐만 아니라, 사회적 제도를 통해 그 실현이 보장됨을 강조하려는 이론적 전략 때문이다. 즉 개인의 자유란 사회적 제도와 무관하거나 사회적 제도에서 벗어날 때 가능한 것이 아니며, 그렇다고 개인의 자유가 먼저 있고, 이것이 실현되기 위해 사회적 제도가 필요한 것도 아니다. 호네트가 생각하기에는 사회적 제도 자체가 개인적 자유를 구성하는 본질적 요소라는 것이다. 사회구성원은 사회적 제도에 참여할 때 비로소 자유를 경험할 뿐만 아니라, 이를 실현할 수 있기 때문이다. 따라서 사회적 자유란 개념적으로 볼 때 아무런 사회적 제도도 매개되지 않은 개인적 자유 개념과는 성격이 다른 것이다.

호네트는 이 점을 강조하기 위해 '소극적 자유(negative Freiheit)'와 '성찰적 자유(reflexive Freiheit)'라는 두 가지 자유 개념을 예로 든다.[258] 소극적 자유란 흔히 고전적 자유주의자들이 말하는 개인적 자유로서 이를 소극적 자유라고 규정하는 이유는, 이들이 자유를 단지 외적 강제의 부재로 해석함으로써 자유와 관련된 어떤 적극적 목표도 설정해 놓지 않았기 때문이다. 물론 고전적 자유주의자들이 자유를 외적 강제의 부재로 규정한 것은, 이럴 때 아무런 장애 없이 자기보존본능이 실현된다고 보기 때문이지만, 엄밀한 의미에서 자기보존본능은 개인의 행위를 추동하는 근원적 동력일 수는 있어도, 이러한 본능이 개개의 행위들의 구체적 목표가 되는 것은 아니다. 다시 말해 자기보존본능 자체가 구체적 행위 맥락에서 자유의 주체가 하고자 하는 것, 즉 개인적 의도, 선호, 목표 등을 규정하는 것은 아니라는 것이다. 따라서 소극적 자유 개념에서는 개개인이 자기보존이라는 근원적 본능을 충족하기 위해 무엇을 어떻게 해야 하는가는 완전히 무규정적 상태로 남아 있다. 이런 점에서 '소극적 자유'는 외적 강제가 없는 상태만을 말할 뿐, 외적 강제가 없는 상태에서 과연 자유의 주체는 무엇을 하고자 하는 것인지, 자유의 주체의 의도, 선호, 목표 등 자유 실현의 주관적 조건에 대해 말해주는 바가 없다. 이에 반해 '성찰적 자유'는 소극적 자유와는 달리 행위의 주체를 무규정 상태에 놓아두지 않는다. 성찰적 자유는 행위 주체에게 행위 지향성을 부여하는 내적 원칙을 전제하고 있기 때문이다. 호네트는 이 행위 지향성을 칸트와 루소에게서 유래하는 자기규정과 자아 진정성 개념을 통해 설명한다. 즉 칸트의 자유 개념에서 볼 수 있듯이 자유란 단지 외적 강제의 부재가 아니라, 이성 법칙에 따라 성찰적으로 자신이 무엇을 하려는지를 스스로 결정하는 자기규정이다. 따라서 이런 경우 자유란 이성 법칙이라는 행위 지향성을 갖기 때문에 행위 주체가 무규정 상태에 빠지지 않는다. 이는 루소에게서 유래하는 자아 진정성도 마찬가지이다. 자아 진정성이란 자신과 타인을 구별시키는 본래의 특성이 존재한다는 낭만주의적 전제하에 이러한 진정한 자아를 성찰적으로 탐색하고 또한 실현하는 것을 말한다. 그러나 자기규정이든 자아 진정성이든 이런 식의 자유 개념은 과연 현실 속에서 개인의 자유가 어떻게 실현될 수 있는지 이를 보장하는 객관적 조건에 대해서는 언급하지 않는다. 호네트가 말하는 사회적 자유란 이런 단점을 극복하기 위해 제시된 제3의 자유 개념으로서 외적 강제가 없는 상태에서 자신이 원하는 바를 스스로 결정하는 성찰의 방식만이 아니라, 객관적 실현조건까지 전제한 자유 개념을 말한다. 다시 말해 사회적 자유 개념에 따르면, 사회적 제도를 통해 비로소 개개인은 아무런 강제 없이 자신이 하고자 하는 바를 성찰적으로 규정할 수 있을 뿐만 아니라, 사회적 제도가 그 실현을 보장한다는 것이다.

그렇다면 사회적 제도를 매개체로 하는 개인의 자유가 호네트가 말하는 상호인정 관계 속에서 실현되는 개인의 자유와 무슨 관계가 있을까? 물론 헤겔의 사고에서 비롯된 것이지만, 호네트는 자유의 매개체인 사회적 제도를 다름 아닌 관습화된 상호인정 관계, 혹은 상호인정을 보장하는 규범적 관습이라는 의미에서 상호인정 제도로 본다.[259] 다시 말해 호네트가 자유의 본질적 요소로 본 것은 모든 사회적 제도가 아니라, 지금까지 이 글에서 인간 고유의 사회적 특성으로 규정했던 상호인정에 기초한 사회적 관습 같은 일반화된 행위 구조들이라는 것이다. 따라서 호네트가 주장하는 것은 개개의 사회구성원이 상호인정 제도에 참여할 때 비로소 자신이 하고자 하는 바를 성찰적으로 규정할 뿐만 아니라, 또한 그 실현을 보장받을 수 있다는 것이다. 이런 점에서 호네트가 말하는 사회적 자유의 의미는 상호인정 관계에서 실현되는 개인의 자유와 같다. 그리고 호네트가 비록 사회적 자유라는 용어의 '사회적'이란 말을 사회적 제도로 이해한다고 해도, 사실 이는 인간의 사회성을 의미한다고 보는 것이 무리한 해석은 아니다. 호네트에게 사회적 제도란 다름 아닌 제도화된 상호인정 관계와 동의어이고, 상호인정이 사회성의 표현이듯이 사회적이란 표현 역시 제도화된 사회성을 뜻하는 것으로 이해할 수 있기 때문이다. 그리고 토마셀로가 말하는 공동지향성과 집단지향성을 염두에 둔다면, 상호인정 행위와 상호인정 제도의 관계가 사회성의 표현이란 점은 의문의 여지가 없다. 공동지향성이 개인 간의 상호협력을, 그리고 이에 반해 집단지향성이 개인 간의 협력이 반복되면서 형성된 관행화된 상호협력을 의미한다면, 사회성과 사회적 제도의 관계도 상호인정 행위와 이러한 행위가 반복함으로써 형성된 상호인정 제도와의 관계와 같기 때문이다. 그리고 그것이 구체적 타인이든 아니면 일반적 타인이든 상호협력을 위해 행위 주체들이 자기 중심성에서 벗어나 타인의 관점에 선다는 점은 공동지향성과 집단지향성에서 공통적으로 나타난다. 따라서 상호인정이 사회성의 표현이듯이 상호인정 제도 역시 근본적으로 사회성에 뿌리를 두고 있다고 볼 수 있다. 물론 호네트가 상호인정 행위에 주목했던 『인정 투쟁』과 달리 『자유의 권리』에서 상호인정 제도에 주목한 것은 여기서 주제가 된 것이 다름 아닌 사회 제도적 차원에서의 사회정의이기 때문이다. 따라서 제도적 차원에서 사회정의를 논의하기 위해서는 상호인정 행위보다는 이것이 관행화된 상호인정 제도에 주목할 수밖에 없었다. 그러나 이러한 변화가 단순히 상호인정 개념을 다루는 이론적 틀의 변화만을 의미하는 것은 아니다. 이러한 변화를 통해 자유 실현의 규범적 조건에 대한 논의가 이제는 사회 변혁을 위한 구체적 방안에 대한 논의로 발전할 수 있기 때문이다. 다시 말해 상호인정의 제도적 차원에 대해 논의할 수 있다면, 현대 사회에 만연한 경쟁 관계를 협력 관계로 재편할 수 있는 사회 구조적 변화에 관해서도 이야기할 수 있다는 것이다.

그렇다면 어떤 점에서 상호인정 제도가 사회정의를 보장하는 자유 실현의 매개체라 할 수 있을까? 그 이유는 상호인정과 개인의 자유와의 관계와 마찬가지인가? 앞서 설명했듯이 상호인정이란 '타인 속에서 자기 자신으로 존재'하는 상호주관적 인간관계를 의미하며, 사랑이라는 구체적 사례에서 알 수 있듯이, 이러한 상호인정은 상호의존성에 대한 인식을 전제한다. 사랑이라는 상호인정 관계는 행위 주체가 갖는 상대방에 대한 성적, 정서적 욕구만이 아니라, 상대방 역시 이와 같은 욕구를 이 행위 주체에 대해 갖지 않는 한 형성될 수 없기 때문이다. 다시 말해 내가 상대방을 원하듯이 상대방도 나를 원해야 사랑이 맺어진다는 것이다. 이런 점에서 서로 다른 주체가 자신의 욕구 충족이 상대방의 욕구 충족에 의존해 있음을 인식함으로써 상대방을 자신과 동등한 욕구의 주체로 인정할 때 비로소 사랑이라는 특수한 상호인정 관계가 성립하며, 이러한 사랑의 관계 속에서 각기 다른 주체는 단지 자신만의 욕구를 충족함으로써 쾌락을 얻고자 하는 것이 아니라, 각각의 주체가 서로의 욕구를 충족해주는 하나의 통일체가 되길 원한다.『자유의 권리』에서 호네트는 이러한 상호적 욕구 충족을 특히 상호적 "보완 필요성 (Ergänzungsbedürftigkeit)", 즉 상보성 개념을 통해 정교화한다.[260] 상호인정 관계 속에서의 자아실현을 협력적으로 이해할 때, 협력의 의미는 단순히 타인의 자아실현에 대한 지원의 의미만이 아니라, 상호 보완의 의미 또한 갖고 있다는 것이다. 사랑의 예가 보여주듯이 한 개인의 성적, 정서적 욕구 충족은 이 개인에 대한 상대방의 동일한 욕구 충족 없이는 불가능하며, 그렇기에 사랑하는 상대방에 대한 개인의 욕구는 상대방 역시 자신에 대해 동일한 욕구를 갖기를 바라는 마음과 구분되지 않는다. 이런 점에서 한 개인이 욕구하는 것을 충족하기 위해서는 필수적으로 상대방 역시 자신의 욕구를 충족할 수 있어야 한다. 일반적으로 말한다면, 나의 목적달성은 상대방의 목적달성을 필요로 하며, 상대방의 목적달성이 없이는 나의 목적달성도 불가능하다는 것이다. 호네트가 말하는 상보성이란 이렇게 나의 자유 실현과 타인의 자유 실현이 필수적으로 서로를 필요로 함을 의미한다. 이런 점에서 상호의존성에 대한 인식은 상호인정을 가능하게 하는 결정적 토대가 되며, 상호인정을 통해 사랑하는 관계가 형성되면 각기 다른 주체는 자신의 욕구 충족을 위해 상대방의 욕구 충족을 필요로 하는 상보적 통일체가 된다. 호네트는 이러한 예를 통해 개인의 자유와 상호인정과의 관계를 두 가지 핵심적 특징으로 요약한다. 첫째, 상호인정 관계를 형성하는 주체들은 각기 자신들의 욕구 충족이 상대방의 욕구 충족에 의존해 있다는 상호의존성을 인식하고 있기에, 이러한 상보적 목적달성이라는 공동의 관점에서 자신을 성찰하며 자신의 행동을 스스로 규정한다. 이런 점에서 상호인정 주체들은 "보편적인 것 속에서 일체가 되고, 상호적으로 자신들의 목적과 의도를 실현한다"고 볼 수 있다.[261] 둘째, 상호인정 관계를 형성하는 주체들은 자신의 목적달성이 타인의 목적달성을 통해 상보적으로 이루어짐을 경험하면서, 각기 상대방을 "자유를 보장하는 공동체", 내지 '우리'의 구성원으로 이해할 줄 알게 된다. 주체들은 다름 아닌 상보적 목적달성을 통해 비로소 자신의 "자유를 경험하고 실현"하기 때문이다.[262]

물론 이러한 상호인정 관계 속에서의 상보적 목적달성이 사회적 관습으로 제도화되는 것이 일시에 가능한 것은 아니다. 상호인정 제도가 규범적 관습을 의미하는 한 이는 상호인정 행위들이 반복되고, 사회적으로 일반화될 때 등장하며, 또한 사회화 과정을 통해 이러한 관습이 사회구성원들에게 내면화될 때 존속할 수 있다. 이런 점에서 상호인정 제도는 객관적 관습으로도 존재하지만, 주관적 신념 속에서도 존재한다. 즉 상호인정 제도는 주체와 객체의 통일성 속에서 형성된다는 것이다. 호네트가 사회적 자유의 본질적 요소로 규정한 사회적 제도란 바로 이렇게 제도화된 상호인정 관계, 즉 사회적 상호인정 제도를 말하며, 사회구성원이 이러한 제도에 참여하게 되면, 상보적 자유 실현을 위해 관행화된 관습에 따라 자신의 행위 의도나 선호, 혹은 목적을 성찰적으로 규정하고 다른 주체의 상보적 행위를 통해 이를 협력적으로 실현하게 된다. 이런 점에서 상호인정 제도는 성찰적 자기규정을 가능하게 할 뿐만 아니라, 성찰적으로 규정된 자유 행위의 실현 가능성을 보장한다. 따라서 개인의 자유 실현은 바로 이러한 "사회적 제도 속에서, 혹은 이러한 제도의 도움"으로 실현된다고 볼 수 있으며,[263] 이런 의미에서 상호인정 제도를 개인의 자유의 매개체이자 실현조건으로 규정할 수 있다. 그리고 주체는 오직 이러한 제도적 관행의 틀 속에 참여할 때 타인을 상보적 행위의 주체로 만날 수 있으며, 타인의 상보적 행위를 통해 비로소 자신이 자유로운 존재라는 것을 경험할 수 있다. 따라서 상호인정 제도 속에서 타인은 나의 자유 실현의 조건이자, 나의 자유 실현을 가능하게 하는 협력자가 된다.

그렇다면 사회적 자유의 매개체이자 본질적 요소인 상호인정 제도, 내지 규범화된 관습이란 구체적으로 어떤 것을 말할까? 이런 문제와 관련하여 호네트에게 방향을 제시해 준 사람은 앞서 지적했듯이 다름 아닌 헤겔이었다. 호네트에 따르면, 헤겔에게도 정의로운 사회는 자유 실현에 필수적인 사회적 제도들이 갖추어진 사회를 의미하며,[264] 여기서 말하는 사회적 제도란 주체들이 상호인정의 틀 속에서 관습화된 역할을 수행할 때 자신의 자유를 실현할 수 있는 제도를 말한다. 이런 점에서 호네트가 말하는 사회적 제도란 비단 사회구성원들의 권리 관계를 규율하는 법률적 제도만을 의미하는 것은 아니다. 앞서 언급했듯이 사회적 자유의 매개체가 되는 사회적 제도란 규범적 관습으로서 상호인정 관계 속에서 상호의존적 주체들이 서로의 존재와 역할을 확인할 수 있는 공유된 가치관, 교류 방식, 행동 규칙 등 다양한 형태의 관습을 포괄한다는 점에서 쉽게 법적으로 제도화하기 어렵다.[265] 헤겔은 이러한 상호인정 제도를 '인륜적(sittlich)'으로 규정할 뿐만 아니라, 이러한 제도가 실현되는 사회적 행위체계를 '인륜성' 영역으로 지칭한다. 호네트에 따르면 이는 무엇보다도 상호인정 제도가 여기에 참여하는 주체들 간의 '상호보완적 역할 의무'라고 할 수 있는 일종의 도덕적 의무를 통해 구성되기 때문이다.[266] 즉 앞서 설명했듯이 상호인정이란 무엇보다도 상호의존성에 대한 인식을 전제한다. 사랑의 예에서처럼 나의 목적달성은 타인의 목적달성 없이는 이루어질 수 없기 때문이다. 다시 말해 나와 상대방의 목적달성은 서로에 의해 보완되어야 하며, 그렇기에 서로를 필요로 하는 상보성을 갖는다는 것이다. 따라서 어느 한쪽이라도 상보적 목적달성을 위해 자신의 행위를 규제하지 않는다면 어느 쪽의 목적달성도 실현될 수 없다. 이런 점에서 상호인정이 제도화되기 위해서는 상보적 목적달성을 위한 각자의 역할이 일종의 도덕적 의무로 자발적 동의를 얻어야 한다. 그렇지 않으면 상보적 목적달성을 위한 관련 주체들의 행동이 하나로 통일될 수 없으며, 따라서 공동의 행위가 성공적으로 수행될 수 없기 때문이다. 물론 상보적 목적달성을 위해 서로 어떤 행동을 해야 하는지는 항상 해석과 협상의 대상이지만, 이를 통해 합의된 행위들을 수행해야 한다는 도덕적 의무는 자유에 반대되는 외적 강제가 아니다. 상보적 목적달성과 관련된 역할 의무를 다할 때 주체들은 각기 자신의 목적달성을 이룰 수 있기 때문이다. 이런 점에서 상호보완적 역할 의무는 자유에 반대되는 것이 아니라, 자유 실현의 필수적 조건이다. 물론 헤겔이 이러한 인륜적 제도의 구체적 형태로 본 것은 가족, 경제적 교환관계인 시민사회, 그리고 국가였다. 호네트는 이러한 헤겔의 통찰에 근거하여 『인정 투쟁』에서 사랑, 권리, 연대라는 세 가지 상호인정 유형을 도출해냈으며, 이제 『자유의 권리』에서는 이러한 상호인정 행위의 제도적 형태를 추적한다. 다시 말해 호네트는 오늘날 자유민주주의 사회에서 개인의 자유가 실현되는 특수한 행위 영역들을 흔히 친밀성, 경제, 정치 영역으로 구분되는 '개인적 관계', '시장경제 행위', '민주적 의지 형성' 영역으로 구분하고, 각각의 영역에서 개인의 자유가 어떻게 사회적 제도를 매개로 실현되고 또 보장되는지를 규명할 뿐만 아니라, 동시에 현재의 상태를 평가한다. 물론 호네트가 규명해낸 상호인정 제도들이 헤겔이 말하는 것과 일치하지는 않지만, 이러한 제도들이 헤겔의 통찰에서 비롯된 것임은 분명하다.

### 개인적 관계와 사회적 자유

호네트가 사회적 자유가 실현되는 첫 번째 영역으로 본 것은 개성을 지닌 개개의 인간들이 친구 관계, 연인 관계, 가족 관계를 통해 '우리'라는 공동체 의식을 형성하는 사회적 영역이다. 물론 이러한 개인적 관계는 특히 서구에서 근 200여 년 전부터 등장한 근대적 인간관계를 말하며, 호네트 자신이 묘사하듯이 "아주 특수하고 특징짓기 어려운 형태의 자유가 실현되는 사회적 장소"이다.[267] 특히 우정이나 사랑을 통해 형성된 친구 관계나 연인 관계는 각기 특수한 개성을 지닌 개인들의 관계로서 항상 상대방에 대한 미묘한 개인적 감정에 좌우되기 때문이다. 이런 점에서는 가족 구성원 사이의 실질적 관계 역시 그렇게 다르지 않다. 그렇지만 이러한 개인적 관계 역시 자유가 실현되는 사회적 영역으로 볼 수 있는 것은, 여기서도 "타인을 자아실현의 기회와 조건으로 보게 하는 정서적 경험"이 형성되기 때문이다.[268] 다시 말해 개인의 감정이 결정적 역할을 하는 개인적 관계에서도 서로에게 어떤 행위를 기대해도 되는지 상보적 역할 의무를 확신하게 하는 안정된 행위 규칙이나 관행이 존재하기 때문에 이를 통해 각각의 주체들은 각기 자신의 특수성을 실현할 수 있다는 것이다.

　우선 우정을 통해 형성된 친구 관계를 보면, 이는 무엇보다도 유용성 계산에 따른 이익 관계, 같은 신분이나 계급 구성원 사이의 동맹이나 협력 관계, 그리고 정치적 비호 관계와는 달리 오직 공감과 감정, 내지는 상호적 호감과 매력에 기초한 사회적 관계를 말한다. 물론 친구 관계는 전적으로 이를 맺고 있는 사람들이 상대방에 대해 어떤 감정을 갖느냐 따라 존속 여부가 결정되는 매우 임의적인 관계이다. 따라서 친구 관계가 재생산 구조를 갖춘 사회적 제도와는 다르지만, 친구들 사이의 교류를 규제하는 특정한 행위 규칙이나 서로의 상보적 역할 의무에 대한 일반화된 규칙이 존재한다. 이런 점에서 참된 친구와 가짜 친구를 구별할 수 있고, 청소년기 아이들은 가정이나 학교에서 친구 간의 교류와 관련된 규칙들을 배우기도 한다. 따라서 우정을 통해 형성된 친구 관계는 어떠한 법적 통제가 없어도 관습화된 규범을 통해 유지될 수 있으며, 이런 점에서 우정 역시 사회적으로 제도화되었다고 볼 수 있다. 그렇다면 우정은 어떤 상보적 역할 의무를 통해 구성된 것일까? 호네트가 슐라이어마허에서 흄, 허치슨, 스미스와 같은 스코틀랜드 도덕 철학자들을 거쳐 칸트, 헤겔에까지 이어지는 우정에 대한 근대적 담론을 토대로 강조한 것은, 아무런 이익 계산 없이 "상대방의 무사 안녕을 바라는 상호 관심"을 토대로 친구의 심경 변화나 자기 고백에 대해 신뢰성 있게 대하고, 이를 외부에 발설하지 않는 것, 친구가 위기에 처할 때 조언과 배려를 아끼지 않는 것, 친구의 결정이나 생활 방식, 희망이 이해하기 어렵거나 잘못된 경우에도 항상 관심을 기울이고, 또한 존중하는 것 등 친구의 인생 고민이나 결정과 관련하여 믿을 만한 상호작용 상대자가 되는 것이다.[269]

　이렇게 친구 관계에서 서로 지켜야 할 상보적 역할 의무를 전제한다면, 친구 관계가 사회적 자유 실현의 공간이 될 수 있는 이유는 두 가지이다. 즉 한편으로 상호 관심에 기초한 상의와 조언이라는 상호작용을 통해 개개인은 친구가 아니라면 아무도 들어주지 않을 자신의 감정, 생각, 의도 등을 아무런 두려움 없이 공개함으로써 내적 폐쇄성에서 벗어나 "자신의 의지가 해방"됨을 경험한다.[270] 그리고 다른 한편 친구와의 관계에서 일어나는 아무런 강제 없는 상의와 조언의 과정은 "개인적 삶의 성공과 도덕적 성숙"에 이바지하는 바가 크다.[271] 이를 통해 개개인은 자신의 감성, 의도, 선호, 목표 등에 대한 반성과 숙고의 기회를 얻음으로써 도덕 원칙의 경직성에서 벗어나 개별적 상황에 맞추어 이를 실행할 수 있기 때문이다. 호네트에 따르면, 이렇게 볼 때 우정을 통해 형성된 친구 관계에서 상대방은 나의 자유의 한계가 아니라, 그 실현조건이 된다. 우정이 전제한 상보적 역할 의무를 통해 친구들은 서로에 대해 믿을 만한 상호작용 상대자가 됨으로써, 이제 자신의 친구가 곁에 있음이 각자 자신의 내적 경계에서 벗어나 자신에 대한 윤리적 성찰을 통해 자신의 의지를 객관적으로 구체화할 수 있도록 하기 때문이다.

이러한 친구 관계와 달리 호네트가 말하는 두 번째 개인적 관계는 연인 관계이다. 이는 성적 욕구와 사랑을 통해 형성된 개인적 관계의 제도적 형태로서 이성애냐 동성애냐, 혹은 법적 결혼을 전제한 것이냐 아니냐와 무관하며, 이런 점에서 연인 관계는 법적 결혼에 따른 계약관계를 말하는 것이 아니다. 피히테 같은 철학자가 강조했듯이 연인 관계에서는 법적 규율이 아니라, 마음과 의지의 결합이 핵심적이며, 이를 위해서는 성적 친밀성과 육체적 결합을 통해 "강제 없는 상호성"의 토대가 마련되어야 한다.[272] 이런 점에서 상호 신뢰에 기초한 상의와 조언 등 언어적으로 매개된 친구 관계와 연인 관계는 다르다. 친구 관계에서는 비록 각자의 문제에 대한 것이지만 자신의 의지를 투명하게 만들고 성숙한 판단에 이르도록 상의와 조언을 통해 서로를 보완하지만, 연인 관계에서는 상호성을 통한 신체적 일체감 형성이 중요하기 때문이다. 다시 말해 연인 관계에서 두 주체가 서로를 보완하고 완전하게 만드는 것은 비단 서로가 윤리적 성숙을 위해 서로를 지원하기 때문만이 아니다. 이보다 중요한 것은 각자의 "생명력과 행복감을 위해 특히 소중"하다고 생각하는 신체적 욕구를 서로 충족시켜주는 데 있다.

그렇다면 이러한 연인 관계가 어떤 점에서 개인의 자유의 사회적 매개체라고 할 수 있을까? 호네트에 따르면 연인 관계 속에서 타인은 나의 자유 실현의 조건이 된다. 타인은 나 자신의 자연적 욕구가 이를 얽어맨 사회적으로 사슬로부터 해방되어 어떤 "근원적 비강제성"에 도달하는 신체적 자기 경험을 안겨주기 때문이다.[273] 다시 말해 연인 관계에서 나라는 주체는 타인과 구별되면서도 타인 속에 존재하기 때문에 타인은 나의 자연적 욕구가 마치 자신의 욕구인 것처럼 충족되길 원하며, 이로 인해 나의 자연적 욕구는 해방되고 발산되고 충족된다는 것이다. 물론 이 과정은 상보적 욕구 충족의 과정이다. 상대방 역시 내 앞에서 자신의 자연적 욕구의 해방을 경험하며, 이를 충족하려고 할 때 나의 자연적 욕구 또한 충족될 수 있기 때문이다. 이런 점에서 연인 관계에서 서로 사랑하는 사람들은 상대방과의 신체적 교류를 통해 자신의 자연적 욕구를 확인할 뿐만 아니라, 아무런 외적 장애나 내적 두려움 없이 이를 실현한다. 물론 이러한 자연적 욕구라는 차원에서 개인의 자유가 실현되기 위해서는 "상호 신뢰"라는 도덕적 의무를 서로 사랑하는 사람들이 수용해야 한다.[274] 이를 통해서만 사랑하는 사람들은 상대방 앞에서 아무런 두려움 없이 자신의 신체를 개방할 수 있기 때문이다.

호네트가 마지막으로 말하는 개인적 관계는 가족 관계이다. 물론 그가 말하는 가족 관계는 역사적으로 볼 때 이른바 '근대 부르주아 가족'에서 기원한 현재의 가족 관계를 말하지만, 그가 주목하고 있는 것은 법적 관계로서의 가족이 아니라, 두 명의 배우자와 자식이라는 삼자 관계로서의 가족 관계이며, 이 관계가 결혼에 기초한 것인지, 배우자가 동성애자인지 이성애자인지, 자식이 친자인지 아닌지는 중요하지 않다. 물론 근대적 형태의 핵가족은 상호보완적인 역할 의무에 기초해 있었다. 즉 여성 배우자는 아내와 어머니로서 남편과 자식에 대한 정서적 보살핌의 의무가 있었으며, 동시에 가사 활동을 전담했다. 이에 반해 남성 배우자는 남편과 아버지로서 영리적 활동을 통해 가족을 부양하고 가족 구성원으로부터 존경과 권위를 부여받는 가부장의 지위를 갖는다. 그리고 자식은 부모의 보살핌과 부양을 통해 자립적 개인으로 성장한다. 이러한 가족 관계를 매개로 개인의 자유가 실현된다고 볼 수 있는 것은 가족 구성원들이 상보적 역할 의무를 통해 각자 개인적 목적을 협력적으로 실현할 수 있기 때문이다. 즉 아버지는 가부장으로서의 권위 욕구를, 어머니는 자식에 대한 보살핌의 충동을, 그리고 자식은 부모의 보호와 삶의 방향 제시에 대한 욕구를 충족한다는 것이다.[275]

그런데 이런 근대 가족의 상보적 역할 의무는 한편으로 여성의 노동 시장 진출이 확대되고 자녀에 대한 교육과 돌봄이 사회 기관을 통해 수행되면서 근본적 변화를 겪었다. 이제 여성들도 직업활동에 종사하면서 전통적 어머니상만이 아니라, 아버지상 역시 변할 수밖에 없었기 때문이다. 그 결과 부부관계가 가부장적 관계에서 벗어나 독립적 주체 간의 동등한 관계로 재편되었고, 가부장적 권위에 기초했던 부모 자식 관계 역시 민주화되었다. 다시 말해 두 명의 배우자와 자식이라는 삼자 관계가 동등한 협력자 관계로 재편되기 시작하였다는 것이다. 호네트의 표현에 따르면, 부부가 "육아와 가사를 공정하게 분담"하고, 자식 역시 "가족적 소통 관계의 협력자로 참여"하는 새로운 가족 관계가 형성되었다.[276] 그리고 다른 한편 부부간의 이혼이 증가하고, 평균수명이 늘어남에 따라 전통적 근대 가족에서 볼 수 없었던 새로운 현상도 나타난다. 즉 이혼 후에도 자녀 양육을 위한 부부간의 협력이 지속하고, 나이든 자식이 고령의 부모에게 과거 자신이 받던 부모 역할을 하는 경우가 확대하고 있다는 것이다. 이렇게 볼 때 오늘날 가족 관계는 출생에서 사망에 이르는 가족 구성원들 각자의 전 생애 주기에 맞춰 부모의 자식에 대한 책임, 그리고 역으로 자식의 부모에 대한 책임이라는 상보성 구조를 형성하고 있다. 물론 이러한 상보적 책임은 부모와 자식 관계가 법률적으로나 도덕적으로 결코 해약할 수 없는 영원한 관계일 뿐만 아니라, 바로 이런 점에서 부모와 자식이 서로를 평생토록 지속하는 유일한 연대 공동체의 주체로 인정함으로써 상대방이 자신의 도움과 지원을 필요로 할 경우 언제든지 자신의 이기적 관심을 유보한다는 행위 규칙을 내면화할 때 가능하다.

호네트에 따르면, 이런 식의 상보적 역할 의무를 매개로 개인의 자유가 실현된다고 볼 수 있는 이유는 이런 식의 상보적 활동이 철학적 의미에서 자신의 경험을 구현하는 일종의 "대상화(Vergegenständlichung)" 활동이기 때문이다.[277] 즉 헤겔이 자식을 부부간의 사랑 결과물, 즉 부부간 사랑이 투영된 객관적 존재로 보듯이, 전 생애에 걸쳐 지속하는 가족 간의 교류를 통해 부모는 자식에게, 자식은 부모에게 자신의 실존적 경험을 투영시킴으로써 가족 구성원들은 서로를 자신이 실현된 대상으로 경험한다는 것이다. 이런 점에서 호네트는 가족 관계에서는 상보적 협력을 매개로 그것이 친구 관계든 아니면 연인 관계든 그 어떤 개인적 관계의 자유와 비교할 수 없는 "유일무이한 형태의 자유"가 실현된다고 본다.[278]

## 시장경제 행위와 사회적 자유

호네트가 사회적 자유가 실현되는 두 번째 영역으로 본 것은 시장경제 행위가 일어나는 사회적 영역으로서 현 상황에서 볼 때 이는 나름 아닌 자본주의 경제 체제를 말한다. 그러나 오늘날 서구 유럽 선진국의 자본주의 경제 체제를 보면 그것이 무엇이든 사회구성원들이 상보적 역할 의무를 준수하면서 사회적 자유를 실현한다고 보기는 어렵다. 현재의 경제 질서는 복지 국가적 자본주의가 신자유주의적으로 재편되면서 시장경제 행위 영역은 오로지 자본주의적 이윤추구를 위한 전략적 행위 영역으로 변질된 것처럼 보이기 때문이다. 하지만 그렇다고 해서 개인의 자유를 상보적으로 실현하기 위해 시장경제 영역이 기초해야 할 규범적 잠재력 자체를 부정할 수 있는 것은 아니다. 오히려 현 상황은 이런 잠재력이 무력화된 비정상적 상황으로 볼 수 있기 때문이다. 이런 점에서 호네트는 시장경제 영역이 어떤 점에서 개인의 자유를 보장하는 제도적 영역일 수 있는지를 시장의 도덕적 토대, 소비 영역, 노동시장과 관련하여 해명할 뿐만 아니라, 이와 관련된 현 상황을 진단한다.

그렇다면 먼저 시장은 어떤 점에서 개인의 자유 실현을 매개하는 사회적 제도일 수 있을까? 인간이 생존하기 위해서는 물질적 재화와 서비스가 필요하고, 이를 위해 인간은 생산과 소비 같은 경제 활동을 수행한다. 자본주의적 시장경제는 기능적 차원에서 분업적 협력체계에 기초하고 있기에 여기서 수행되는 개인의 경제 활동은 자급 자족적으로 진행되는 것이 아니라, 항상 다른 시장경제 행위자를 전제한다. 자본가가 투자하기 위해서는 투자할 기업이 있어야 하고, 기업이 생산하기 위해서는 원료공급자와 노동자가 있어야 하고, 소비자가 소비하기 위해서는 판매자가 있어야 하기 때문이다. 따라서 사회구성원은 시장에 참가할 때 비로소 그것이 투자이든 생산이든 아니면 소비이든 자신이 하고자 하는 경제 활동에 필수적인 상보적 협력을 확보할 수 있다. 그리고 시장의 일반적 기능이 다름 아닌 교환에 있다고 본다면, 시장에서의 모든 활동은 항상 상대를 필요로 하며, 상대방은 항상 나에게 반드시 필요하지만, 나에겐 없는 것을 제공하는 상보적 존재이다. 이런 점에서 시장에서의 자유로운 경제 활동은 타인의 상호보완적 활동이 없다면 불가능하며, 타인은 다름 아닌 나의 자유 실현의 조건이 된다. 그러나 흔히 자본주의 경제체제는 개인의 욕구 충족을 위한 재화와 서비스의 생산과 소비가 화폐라는 보편적 교환 수단을 매개로 수요와 공급의 원리에 따라 수행되는 경제체제로 이해된다. 그리고 화폐라는 보편적 교환 수단을 통해 노동, 상품, 자본의 교환이 이루어지는 곳이 다름 아닌 시장이며, 시장에서의 경제 행위는 규범적 차원에서의 상보적 역할 의무가 아니라, 오직 사적 이윤 증대를 위한 합목적적 행위로 규정된다. 바로 이런 이유에서 실제로 자본가는 자본가끼리 경쟁할 뿐만 아니라, 이윤 증대라는 차원에서 노동자와 대립하고, 노동자 역시 자본가만이 아니라, 일자리를 두고 다른 노동자와 경쟁하고 대립하며, 소비자 역시 자신의 이익을 위해 판매자와 대립할 뿐만 아니라, 다른 소비자와도 경쟁한다. 이렇게 볼 때 자본주의적 시장경제 체제는 상보성에 기초한 분업적 협력 체계와 개인 간의 사적 이윤 극대화를 위한 상호 경쟁이라는 두 가지 특성을 갖는다.

그런데 역사적으로 볼 때 자본주의라는 시장경제체제가 확립되면서 오직 이윤 극대화만을 위해 타인과 경쟁하는 이른바 '경제적 인간(homo economicus)'상이 확산하였고, 상보성에 기초한 협력이라는 의식은 약화하였다. 그 결과 도덕이나 인격적 신뢰에 기초한 사회적 관계들도 붕괴하기 시작하였고, 자본주의적 시장경제 체제의 내적 갈등이 확대되면서 효율성만이 아니라, 정당성 자체에 대한 문제까지 제기되었다. 호네트에 따르면 이러한 상황에서 자본주의적 시장경제에 대한 대안적 입장으로 등장한 것이 '규범적 기능주의'이며, 그 대표적 인물로는 헤겔과 뒤르켐을 들 수 있다.[279] 이들은 사적 이윤을 추구하는 자본주의적 시장경제의 기능 자체를 부정하지 않으면서도 이러한 경제체제가 기초해야 할 규범적 토대를 제시했기 때문이다. 즉 이들에 따르면, 자본주의적 시장경제가 정상적으로 작동하기 위해서는 시장 참여자들이 서로를 단순히 사적 이윤추구를 위한 계약 상대자가 아니라, 협력 공동체의 동등한 구성원으로 인정해야 하며,[280] 시장경제라는 분업적 협력체계에서 개별적 경제 행위자들이 조화롭게 통합되기 위해서는 서로를 공정하고 정의롭게 대우함으로써 사회구성원 사이에 연대의식이 형성되어야 한다.[281] 이런 점에서 이들은 자본주의 시장경제 체제를 단순히 이윤 극대화 원칙에 따라 작동하는 기능체계로만 본 것이 아니라, 이러한 기능체계가 정상적으로 작동되기 위해서는 사회구성원들의 상호인정과 연대의식이라는 도덕적 의무가 필수적이라고 본 것이다.

이러한 규범적 기능주의를 전제한다면, 자본주의적 시장경제 영역이 사회적 자유가 실현되는 제도적 영역이 될 수 있음은 분명하다. 자본주의적 시장경제가 상호인정과 연대의식에 기초해 있다면, 상보성에 기초한 분업적 협력이 사적 이윤추구를 위한 상호 경쟁을 통해 훼손되는 것이 아니라, 오히려 시장 참여자 모두가 자신이 하고자 하는 바를 상보적으로 실현할 수 있는 토대가 되기 때문이다. 즉 이윤추구를 위한 상호경쟁이 확대되면 타인은 나의 자유 실현에 저해가 되는 경쟁자가 되지만, 상호인정과 연대의식이 강화되면 타인은 나의 자유 실현을 보장하는 협력자가 된다는 것이다. 이런 점에서 상호인정과 연대의식에 기초한 시장경제는 분명 개인의 자유의 매개체가 될 수 있다. 그렇다면 자본주의적 시장경제의 작동만이 아니라, 정당성마저 보장하는 상호인정과 연대의식은 어떻게 형성될 수 있을까? 호네트에 따르면, 이런 식의 규범적 기능주의는 헤겔이나 뒤르켐에서 끝나는 것이 아니라 폴라니, 파슨스, 에치오니, 히르슈로 이어지면서 하나의 전통을 형성하고 있다. 이들도 자본주의적 시장경제가 효율적으로 작동하기 위한 규범적 조건을 제시하기 때문이다. 예를 들어 폴라니는 노동, 자본, 토지에 대한 엄격한 통제를,[282] 파슨스는 노동자와 기업가의 직업 의무를,[283] 에치오니는 시장에서의 결정이 갖는 사회적 책임을,[284] 그리고 히르슈는 사적 이윤추구에 대한 도덕적 제한 등의 필요성을 주장한다는 것이다.[285] 물론 이 모든 제도적 방안들은 나름대로 사회구성원들이 서로를 협력적 공동체의 구성원으로 인정하게 하는 동기가 되겠지만, 호네트가 특히 강조하는 것은 다름 아닌 기회의 평등이다.[286] 즉 사회구성원들 모두에게 자신의 능력을 개발하고, 노동시장에서 자신의 능력을 발휘할 기회가 동등하게 주어짐으로써 생계유지는 물론 사회적 분업체계에 이바지한다고 자부할 수 있을 때 사회구성원들은 서로를 협력 공동체의 동등한 구성원으로 인정한다는 것이다. 물론 기회의 평등을 실현하기 위해서는 기회 평등을 보장하는 교육 정책 또한 확립되어 있어야 할 뿐만 아니라, 사회적 불평등을 초래하는 부당한 부의 축적 역시 방지되어야 할 것이다. 그러나 기회의 평등을 보장하는 제도적 방안이 무엇이든, 기회의 평등이 이루어진다면 사회구성원들이 자신이 하고자 하는 것을 실현할 뿐만 아니라, 동시에 타인의 자유가 실현되는 데 이바지할 것이다.

호네트는 이렇게 원칙적인 차원에서 시장 자체가 규범적 토대 위에서 작동할 때 사회적 자유를 보장하는 제도적 장치가 될 수 있음을 주장하고, 이제는 이를 전제로 시장에서 일어나는 구체적 경제 행위인 소비와 노동을 통해 어떻게 사회적 자유가 실현되는지를 세부적으로 규명한다. 우선 호네트는 헤겔의 입장에 근거하여 소비 행위가 수행되는 경제 행위 영역이 욕구 충족 영역임을 확인한다.[287] 즉 사회구성원은 상품시장을 매개로 자신이 애호하는 상품을 구매하고 소비하면서 자신의 욕구를 충족한다는 것이다. 그리고 이런 소비 행위를 통해 사회구성원은 소비자라는 자기의식을 갖게 된다는 점에서 소비 영역 역시 개인적 자아실현의 영역이 된다. 그렇다면 어떤 점에서 시장을 매개로 한 소비 영역에서의 개인의 자유도 상보적이라고 볼 수 있을까? 그 이유는 무엇보다도 소비 행위 자체가 소비자와 생산자라는 상보적 관계를 요구하기 때문이다. 다시 말해 생산자는 소비자의 물질적 재화에 대한 소비 욕구가 있어야 생산하며, 소비자는 생산자의 이윤 욕구가 있어야 비로소 소비할 수 있게 된다는 것이다. 그리고 역으로 말한다면 소비자는 상품 수요를 통해 생산자들에게 이윤 극대화의 길을 열어놓고, 생산자는 소비자들이 요구하는 상품을 생산함으로써 소비자들의 욕구 충족을 극대화할 수 있다. 따라서 소비 영역에서 소비자와 생산자는 서로를 각기 자신의 욕구를 충족하면서도 상대방의 정당한 욕구 충족에 이바지하는 상호 협력자로 인정해야 하며, 이에 기초하여 각기 상대방의 욕구나 의도에 맞도록 자신의 행위를 조절해야 자신의 목적 또한 달성할 수 있다.

이렇게 볼 때 시장이라는 사회적 제도를 매개로 한 소비 행위는 소비자와 생산자 사이의 상호인정 관계 속에서 수행되는 개인의 자유 실현이라고 할 수 있다.[288]

그러나 소비 영역이 이처럼 상보적 관계로 구성되어 있지만, 소비자와 생산자 사이의 상호인정을 통해 행위 조절이 이루어지지 않는다면 사회적 자유의 실현은 요원하다. 예를 들어 소비자가 소비를 통해 자신의 욕구를 충분히 충족하기 위해서는 물질적 재화의 가격이 낮아야 하지만, 생산자가 이윤 극대화 욕구 때문에 이에 부응하지 못한다면, 반대로 공급이 감소하고 가격이 상승하여 결과적으로 저소득층의 소비 기회가 감소한다. 따라서 상품 가격 수준은 항상 소비자와 생산자 사이의 갈등 요인이 되며, 상품 가격 급등과 생필품 부족 현상 등이 소비 영역에서의 자유 실현을 교란할 수밖에 없다. 더구나 소비자와 생산자 사이에 힘의 불균형이 발생하면,[289] 소비 영역은 상보적 자유 실현 영역이 될 수 없다. 예를 들어 생산자가 고도의 마케팅 전략을 사용함으로써 소비자의 욕구를 조작하거나, 생산자들이 카르텔을 형성하여 상품 가격을 임의적으로 책정한다면, 시장에서 소비자와 생산자는 상호인정 관계가 아니라 위계적이고 종속적인 관계를 형성하게 된다. 이런 점에서 역사적으로 볼 때 빵을 위한 봉기나 상품 보이콧 등 소비자들의 사회적 저항이 등장하였으며, 국가 기구가 특히 전 국민의 생계보장을 위한 생필품 가격 안정을 위해 상품시장에 개입하는 것은 아주 흔한 일이었고, 소비자 보호를 위한 법적 장치들도 마련되었다. 그리고 소비자들 역시 스스로 소비자 단체를 결성하여 생산자의 횡포에 대항하는가 하면 공동구매 등을 통해 자신들의 소비를 스스로 보호하였다. 더구나 시장이 매개된 소비 영역에서는 정당한 상품 가격만이 아니라, 사고팔 수 있는 상품의 범위가 어디까지인지, 소비의 한계는 없는 것인지, 건전한 소비 생활은 어떤 것인지 등도 문제가 된다. 이런 점에서 소비 영역은 단지 화폐를 매개로 수요와 공급이 이루어지고, 이에 따라 판매와 구매가 이루어지는 단순한 기능적 영역이 아니라, 항상 그 토대에서는 소비의 한계와 정당성 등 규범적 문제가 제기되는 영역이며, 이는 소비자와 생산자가 상보적 협력자로 서로를 인정할 때 해결될 수 있다.

이렇게 볼 때 시장을 매개로 한 소비 영역은 분명 소비자와 생산자의 상보적 협력을 요구한다는 점에서 사회적 자유의 영역이 될 수 있지만, 아마도 시장에서의 가장 핵심적인 경제 활동영역은 노동시장이다.[290] 노동시장이란 사회구성원 각자가 자신의 개성과 능력을 실현하는 대상화 활동이 이루어지는 곳일 뿐만 아니라, 이에 대한 사회적 인정이 이루어지는 사회적 영역이기 때문이다. 이런 점에서 노동시장은 사회구성원 각자의 자아실현 영역일 뿐만 아니라, 자기 자신에 대한 긍정적 자기의식을 형성하는 핵심적 영역이다. 물론 노동시장 역시 상보적 협력을 통해 개인의 자유가 실현되는 사회적 영역이다. 노동 기회라는 측면에서 보면, 노동 역시 수요자와 공급자 사이의 교환 대상이라는 점에서 노동자는 노동하기 위해서 고용자를 필요로 하고, 고용자는 생산을 위해서는 노동자를 필요로 한다. 따라서 사회구성원이 노동을 통한 자아실현을 이루기 위해서는 노동시장에 참여해야 하며, 노동시장에 참여할 때 비로소 고용자와의 상보적 관계를 통해 성공적 자아실현에 이르게 된다. 그리고 노동 기회만이 아니라, 노동과정이라는 측면에서 볼 때도 노동은 상보적 활동이다. 노동은 개별 사업장에서만이 아니라, 사회 전체적으로 볼 때도 협력적 분업 관계에서 수행되기 때문이다.

호네트는 이렇게 노동을 통한 상보적 자아실현에 주목하면서 이를 가능하게 하는 규범적 조건을 밝히고 있다. 다시 말해 규범적 기능주의 관점에서 보면, 노동시장이 특정한 규범적 조건을 충족할 때 비로소 사회 구성원에게 사회적 자유를 보장하는 제도적 매개체가 될 수 있다는 것이다. 호네트에 따르면 이는 세 가지이다.[291] 첫째, 노동시장의 참여기회가 동등하게 보장되어야 한다. 사실 이는 앞서 지적한 시장이 갖추어야 할 규범적 조건 중 하나인 기회 평등을 의미하며, 노동시장에 참여할 기회 자체를 갖지 못한다면 이는 자아실현의 기회조차 얻지 못하는 것과 마찬가지이기 때문이다. 둘째, 노동을 통한 생계유지가 가능해야 한다. 노동시장에 참여함으로써 자아실현을 이루려면 최소한 생존유지는 물론 노동력을 재생산할 수 있어야 한다는 것이다. 이것이 불가능하면 노동 자체가 수행될 수 없기 때문이다. 셋째, 노동을 통해 사회적 노동 분업체계에 이바지한다고 자부할 수 있어야 한다. 물론 이러한 자부심은 사회적 인정을 경험할 때 갖게 되는 심리적 동반현상이란 점에서 세 번째 조건은 특히 노동자가 자신의 사회적 인정을 확인할 수 있을 정도의 적절한 보상이 이루어져야 함을 의미한다. 사실 임금은 노동에 대한 사회적 가치평가를 반영한 상징적 표현으로 볼 수 있기 때문이다. 물론 이러한 조건이 갖추어진다면 노동시장은 사회적 자유를 보장하는 사회적 매개체로 정당성을 가질 수 있겠지만, 역사적으로 볼 때 자본가의 이윤 극대화 논리에 가려 노동자들은 실업과 빈곤, 사회적 평가 절하에 빠질 수밖에 없었고, 이를 해결하기 위해 노동자들의 투쟁이 확대되었다. 그리고 그 결과 임금과 일자리 보장, 실질적 기회 평등, 노사 간의 민주적 공동결정 등 노동시장을 사회적 자유의 영역으로 만들기 위한 여러 방안이 제시되었으며, 국가의 개입을 통한 노동시장에 대한 엄격한 통제가 이루어지면서 사회적 자유를 보장하기 위한 사회적 노력 역시 확대되었다.

## 민주적 의지 형성과 사회적 자유

지금까지 설명한 개인적 관계와 시장경제 행위 영역에 이어 호네트가 마지막으로 사회적 자유가 실현되는 제도적 영역으로 본 것은 민주적 의지 형성 영역이다. 호네트에 따르면 민주적 의지 형성 영역이란 "시민들이 숙의와 논쟁을 통해 법치 국가적 절차에 따라 의회의 법 제정이 따라야 할 보편적으로 동의 가능한 신념을 형성"하는 사회적 공간을 말한다.[292] 이런 점에서 민주적 의지 형성이란 국가 질서와 국가 정책의 기본 원칙이 되는 각종 법 규범을 국민 스스로 제정하는 이른바 '자기 법 제정(Selbstgesetzgebung)' 과정의 핵심적 요소이며, 이는 국민주권 원칙에 기초한 민주주의 국가에서 국민주권을 실현하는 합리적 절차이기도 하다. 그리고 민주적 의지 형성 영역은 여타의 사회적 자유 영역과 비교해 볼 때 사회적 자유 실현을 보장하는 최고의 영역에 해당한다. 개인적 관계와 시장경제 행위 영역에서 일어나는 개인의 행위는 그것이 어떤 것이든 민주적으로 형성된 보편적 신념을 어길 수 없기 때문이다. 호네트에 따르면 이러한 민주적 의지 형성을 가능하게 하는 제도적 장치는 다름 아닌 '민주적 공론장'과 '민주적 법치 국가'이며, 민주적 공론장에서 합리적으로 형성된 보편적 신념만이 절차적 정당성을 가질 뿐만 아니라, 또한 이러한 보편적 신념만이 민주적 법치 국가의 정당성을 보장하는 토대가 된다.

우선 호네트가 말하는 민주적 공론장은 18세기 서구에서 등장한 부르주아 공론장은 아니다.[293] 부르주아 공론장이 흔히 경제적으로 독립적인 부르주아 시민들이 국가 질서에 대항하여 자신의 의견을 결집하기 위한 공론 형성 공간이었다면, 민주적 공론장은 모든 국가적 행위의 민주적 정당성의 원천으로서 보편적 의지 형성 공간을 의미하기 때문이다. 그리고 민주주의가 다름 아닌 인민의 자기 지배를 의미하는 한 민주주의 국가의 운영은 인민의 보편적 의지에 근거해야 하며, 이런 점에서 민주주의 국가는 국가 운영의 최고 원칙으로 국민주권원칙을 표방하고 있다. 따라서 민주적 공론장이 개인의 자유 실현을 보장하는 제도적 매개체가 될 수 있는 이유는, 사회구성원이 민주적 공론장에 참여할 때 비로소 아무런 강제 없이 타인과의 담론적 교류를 통해 서로를 국가 운영의 토대가 되는 보편적 의지 형성의 상보적 협력자로 인정할 뿐만 아니라, 이러한 상보적 협력을 통해 자신의 의지 또한 합리적으로 실현할 수 있기 때문이다. 물론 민주적 공론장에서 형성된 보편적 신념은 의회의 법 제정을 통해 국가 질서와 정책으로 구체화된다는 점에서 민주적 공론장에 참여한다는 것은 국민이 자신이 따라야 할 법을 국민 스스로 제정하는 것과 마찬가지이며, 이런 점에서 민주적 공론장은 자기규정으로서의 개인의 자율성을 공동체 차원에서 실현하는 제도적 매개체가 된다.

호네트에 따르면 민주적 공론장이 이런 식의 역할을 다하기 위해서는 일정한 조건을 갖추어야 한다.[294] 첫째, 민주적 공론장에 누구나 참여하여 차별 없이 자신의 의견을 자유롭게 표명할 수 있는 권리가 보편적으로 보장되어야 한다. 둘째, 민주적 공론장은 전 계층을 포괄하는 보편적 소통 공간이 되어 다양한 계층이나 집단이 담론적 교류에 참여할 수 있어야 한다. 셋째, 민주적 공론장에 참여한 사람들이 공동의 문제에 대한 정확한 정보에 기초하여 자신의 의견을 형성할 수 있도록 고도로 분화된 대중매체가 발달해야 한다. 넷째, 보편적 의지 형성을 위한 각종 행사를 준비하고 진행하는 데 아무런 보상이 없어도 기꺼이 참여하려는 국민적 자세가 필요하다. 다섯째, 모든 국민이 공론장에 참여할 때에는 공동의 문제를 해결하기 위한 상보적 협력이 성공적으로 수행되도록 개인적 목적보다 공익을 우선시함으로써 국민 상호 간의 책임의식과 연대의식을 가져야 한다. 그리고 여기에 더해 모든 국민이 민주적 공론장에 참여하여 아무런 강제 없이 자유롭게 자신의 의견을 개진하기 위해서는 일정 정도 생계를 보장하는 사회복지정책도 필요하다. 물론 민주적 공론장이 보편적 의지 형성이라는 본래의 기능을 잘 수행하기 위해서는 지금까지 나열한 다양한 조건이 충족되어야 하지만, 민주적 공론장이 필요로 하는 가장 핵심적인 조건은 민주적 법치 국가이다. 민주적 공론장에서 형성된 보편적 신념이란 다름 아닌 민주적 법치 국가를 통해 실현되기 때문이다.

그렇다면 호네트가 말하는 민주적 법치 국가란 무엇을 의미할까? 호네트는 민주적 국가를 세 가지 모델로 구분하면서 이 중 마지막 모델을 민주적 법치 국가로 이해한다. 첫째 모델은 루소가 말하는 민주적 국가로서 이는 전 국민이 참여하는 국민투표를 통해 국가가 운영되는 직접 민주주의적 국가 모델이다. 그리고 둘째 모델은 개인 중심적 자유주의에서 말하는 민주적 국가로서 국민이 선출한 국민의 대표가 국가를 운영하는 대의제 민주주의적 국가 모델이다. 이러한 두 가지 국가 모델과 달리 호네트에 따르면 국가는 전혀 다른 방식으로 이해될 수 있다. 이는 뒤르켐과 듀이 그리고 하버마스에서 유래하는 국가 모델로서 공론장에 토대를 둔 국가를 말한다.[295] 즉 모든 국민이 자유롭게 참여하여 자신의 의견을 개진할 수 있는 공론장에서 공동의 문제에 대한 소통을 통해 도덕적이고 실용적인 해법에 대한 숙의가 진행되고, 이를 통해 보편적 합의가 형성되면, 이제 국가는 이를 구속력 있는 결정으로 전환하여 이를 현실화시킨다는 것이다. 이런 점에서 국가 운영은 바로 공론장에 토대를 두어야 하며, 국가의 가장 본질적인 역할은 모든 국민이 동등한 입장에서 충분한 정보를 가지고 최대한 자유롭게 이러한 공론장에 참여할 수 있는 권리를 제도적으로 보장하고 확대하는 데 있다. 따라서 국민은 비로소 국가라는 제도적 매개체를 통해 자신의 의지를 다른 국민과의 상보적 협력을 통해 실현할 수 있다. 호네트는 이런 점에서 민주적 공론장만이 아니라, 이를 보장하는 민주적 법치 국가를 사회직 자유가 실현되는 제도적 영역으로 볼 뿐만 아니라, 민주적 법치 국가가 이러한 역할을 충실히 수행할 때 규범적 정당성을 갖는다고 본다.

그렇다면 앞서 지적했듯이 이러한 민주적 법치 국가와 이를 통해 보장된 민주적 공론장으로 구성된 민주적 의지 형성 영역은 어떤 의미에서 사회적 자유 실현을 보장하는 최고의 제도적 매개체라고 할 수 있을까? 민주적 의지 형성 영역은 과연 개인적 관계와 시장경제 행위 영역과 어떤 관계에 있다고 보아야 할까? 호네트에 따르면 두 가지 이유에서 민주적 의지 형성 영역이 다른 두 가지 사회적 자유 영역에 대해 상위의 지위를 갖는다. 첫째 이유는, 사회적 자유 실현을 위해 개인적 관계와 시장경제 행위 영역에서 이루어진 성과들을 민주적 의지 형성 영역이 국가 기관을 통해 법제화함으로써 구속력 있게 만들 수 있기 때문이다. 이런 점에서 민주적 의지 형성 영역은 사회 전체에서 사회적 자유를 보장하는 "능동적 중심"을 형성한다.[296] 그러나 반대로 개인적 관계와 시장경제 행위 영역에서의 사회적 자유의 발전이 민주적 의지 형성 영역을 통해 이루어진다는 것은 아니다. 이러한 발전은 각각의 영역에서 등장하는 자유의 원칙에 대한 해석을 둘러싼 사회적 투쟁의 산물이며, 민주적 의지 형성 영역의 역할은 이를 사후적으로 법제화하는 데 있다. 둘째 이유는 민주적 의지 형성 영역만이 "반성적 자기 주제화의 장소"라는 것이다.[297] 다시 말해 민주적 의지 형성은 민주적 법치 국가에 의해 보장된 민주적 공론장에 참여한 사람들의 합리적 주장과 논증, 상호 비판과 상호 숙고의 과정을 통해 참여자 모두가 자신의 주장, 가치, 관점을 검토해 보는 자기반성의 과정이다. 이런 점에서 민주적 의지 형성 영역에서는 자기반성 자체가 사회적 자유 실현을 위한 상보적 역할 의무의 핵심이지만, 개인적 관계나 시장 행위 영역에서는 각기 특수한 역할 의무가 따로 있다. 그러나 이들 영역에서도 상보적 역할 의무 자체가 주제가 될 때 합리적 소통을 통한 문제해결은 불가피하며, 이런 의미에서 개인적 관계나 시장경제 행위 영역에서의 '민주화'를 말할 수 있다. 이렇게 볼 때 민주적 의지 형성 영역에서 보편적 신념을 형성하는 합리적 절차인 소통 메커니즘은 사회 전체 영역으로 확산할 수 있다. 하지만 호네트는 이렇게 두 가지 이유에서 민주적 의지 형성 영역이 상위의 지위를 갖는다고 볼 뿐, 근본적으로는 세 가지 자유의 영역이 "상호 의존성의 복잡한 네트워크"를 형성한다고 본다.[298] 다시 말해 한 영역에서의 자유 실현이 다른 영역에서의 자유 실현에 의존할 뿐만 아니라, 다른 영역의 자유 실현 역시 촉진한다는 것이다. 단적인 예로 시장경제 행위 영역에서 빈곤과 실업이 확대될 때 민주적 의지 형성 영역의 활성화를 기대하기는 어렵고, 민주적 의지 형성 영역이 활성화되지 않는다면, 시장경제 영역에서의 빈곤과 실업, 가족 관계에서의 억압을 문제 삼기 어렵다는 것이다. 그런데 반대로 개인적 관계와 시장경제 영역에서 사회적 자유가 활성화된다면 이는 민주적 의지 형성 영역에까지 영향을 미친다는 것이다.

### 호네트의 현 상황 진단

지금까지 서술한 사회적 자유에 관한 호네트의 입장을 종합해 본다면, 사회적 자유란 사회적 제도를 통해서 비로소 실현되는 개인의 자유를 말하며, 사회적 자유를 보장하는 제도는 상보적 역할 의무로 구성된 상호인정 제도이다. 이런 점에서 사회적 자유란 근본적으로 상호인정에 기초한 협력적 자아실현이 제도적으로 보장된 것을 말한다. 물론 여기서 말하는 협력의 의미는 이중적이다. 즉 한편으로 상호인정이 타인 속에서 자기 자신으로 존재함을 의미하듯이 이는 서로 다른 개인이 일체감을 형성하는 과정이다. 이런 점에서 협력의 의미는 타인의 자아실현을 마치 자신의 자아실현인 것처럼 지원한다는 뜻이다. 다른 한편 상호인정이란 서로를 상보적 역할 의무의 담당자로 인정한다는 의미이기 때문에, 여기서 협력이란 타인의 자유 실현이 자신의 자유 실현을 가능하게 하는 필수적 조건임을 의미한다. 그렇다면 오늘날 이렇게 일체감과 상보성에 기초한 협력적 자아실현이란 의미에서의 개인의 자유가 개인적 관계, 시장경제 행위, 그리고 민주적 의지 형성이라는 사회적 제도 영역에서 충분히 실현된다고 볼 수 있을까?

호네트의 평가에 따르면 오늘날 사회적 자유의 상황은 극히 회의적이다. 첫째, 개인적 관계 영역을 보면 그것이 우정을 통해 형성된 친구 관계이든, 사랑을 통해 형성된 연인 관계이든, 더구나 정서적 보살핌을 요구하는 가족 관계이든 상보적 역할 의무에 기초한 사회적 자유가 확대되는 것이 아니라, 오히려 관계 단절과 독신 등이 증가하면서 개인적 관계 영역이 왜소화되고 있다. 그 이유는 무엇보다도 개인주의화 경향에 있지만, 근본적인 차원에서는 이를 강화하는 경제적 요인에 있다. 즉 직업 생활에서의 자기중심적 자아실현, 혹은 출세 욕구, 노동시장 유연화에 따른 고용 불안과 생활의 불안정, 그리고 성과 압력에 따른 여유 부족 등이 상대방에 대한 배려와 보살핌의 의무를 등한시하게 만든다는 것이다. 이런 점에서 호네트는 경제적 영역이 개인적 관계 영역을 "식민화"함으로써 자유 실현의 가능성이 축소되었다고 평가한다.[299] 이렇게 볼 때 개인적 관계를 통한 사회적 자유 실현을 위해서는 이에 적합한 경제적 조건이 충족되어야 한다.

둘째, 개인적 관계 영역에서의 자유 실현을 뒷받침할 경제적 조건에 해당하는 시장경제 행위 영역에서도 사회적 자유 실현은 더 큰 장애를 겪고 있다. 거시적 차원에서 자본주의적 시장 자체를 조망해 보면 1990년대 이후 경제적 세계화 압력이 강화되고 기업 간 경쟁이 세계 시장으로 확대하면서 경제 정책 모형이 자본 이윤과 생산성 향상을 극대화하는 방향으로 재편되었다. 그 결과 기업들은 한편으로 인건비나 운영비 절감을 위해 대규모 구조조정을 단행하거나 초국적 기업 합병을 추진하였고, 다른 한편 노동시장에 대한 보호 장치가 철폐되면서 실질 임금이 감소하고, 고용 관계가 불안해졌을 뿐만 아니라, 노동자 개개인이 고용이나 근무 시간과 무관하게 흡사 1인 기업처럼 자신을 시장에 적합하도록 상시적으로 변화시키고 실적 압력을 내면화하는 "노동조건의 탈경계화" 현상마저 나타나고 있다.[300] 이렇게 시장 자체가 자본 이윤 극대화만을 추구하는 상호 경쟁 체제로 재편됨으로써 소비 영역에서도 소비자와 생산자 사이의 힘의 불균형 심화로 인해 생산 기업들이 상품 소비시장을 지배하게 되었다. 즉 기업들은 고도의 숙련된 광고전략을 통해 소비자들의 구매 태도를 조작하고 사람들의 판타지 세계에 침투하여 상품의 사용가치가 아니라, 상품이 약속하는 삶의 행복, 개성 확대, 신분 표시 등 일종의 상징 가치에 몰두하게 함으로써 소비를 증진하고 있다는 것이다. 더구나 자본 이윤 극대화 원칙은 비단 영리기업 내부에서만 통용되는 것이 아니라, 사회 전체로 확산하면서 공공 서비스 부분과 교육 부문조차도 이윤 증대를 위한 경쟁력 압박에 빠지게 되었을 뿐만 아니라, 개개인이 자신을 시장에 적합하도록 최적화하는 행위 모델이 보편화하였다. 그리고 결국 이 모든 변화가 모여 사회구성원들은 시장 자체를 협력의 장소가 아니라, 오직 자신의 이익 최상화를 위한 경쟁의 장소로 이해하고, 경쟁의 결과를 오직 자신의 책임으로만 보게 되었다는 것이 호네트의 평가이다.

셋째, 민주적 의지 형성 영역 역시 사회적 자유의 실현을 가로막는 제도적 장애를 겪고 있다. 이는 무엇보다도 민주적 공론장과 민주적 법치국가 사이의 순환적 결합이 해체되었기 때문이다. 민주적 공론장의 경우 보편적 신념이 합리적으로 형성되기 위해서는 신문, 방송, 잡지 등 대중매체의 역할이 중요하다. 민주적 공론장에 참여한 사람들이 공동의 문제에 대한 자신의 의견을 형성하기 위해서는 정확한 정보를 제공하는 대중매체가 필요하기 때문이다. 그러나 오늘날 한편으로 비정파적이고 진실 보도라는 민주적 의무에 충실한 대중매체도 있지만, 다른 한편 대중매체 자체가 이윤만을 추구하며 영리 기업화하면서 호기심 자극이나 오락 위주의 보도나 방송 프로그램들이 양산되는가 하면, 대중매체 기업들이 정치세력과 결탁함으로써 대중매체 자체가 권력화하거나, 기득권 세력의 통치 기반이 되고 있다. 그 결과 민주적 공론장의 의지 형성이 왜곡되고, 공론장 자체가 고사하고 있다. 더구나 인터넷을 통해 전 세계적 규모의 대규모 소통이 가능해지면서 "초국적 소통 공동체"에 대한 기대가 커진 것은 사실이지만, 인터넷 공간에서의 소통은 상호적이라기보다 일방적인 의견 표명으로 그치기 쉬우며, 터무니없는 견해들이 아무런 비판 없이 유통되는가 하면, 가짜 뉴스나 반민주적 의견들이 확산하는 비실명 공간으로 변질되면서 합리적 의견 형성을 어렵게 만들고 있다. 이렇게 민주적 공론장이 무력화되면 이에 토대를 두어야 하는 민주적 법치 국가 역시 제 기능을 하기가 어렵다. 이제 민주적 공론장에서 형성된 보편적 신념에 따라 법이 제정되고 국가가 운영되는 것이 아니라, 그 자리를 정치적 로비가 대체하면서 국가의 중요한 결정이 민주적으로 통제하기 어려운 대기업 단체들과의 암묵적 타협을 통해 이루어지거나, 민주적 공론장의 무력화로 인해 의회의 법 제정 역시 방향을 잃기 시작하면서 "정당의 국가화"가 촉진되었기 때문이다. 이제 정당은 국가 기구에 민의를 전달하는 것이 아니라, 정부 부처의 부서장을 충원하는 관료동맹으로 변질되었고, 영향력과 이권이 큰 자리에 자기 사람을 앉히는 권력 카르텔을 형성하게 되었다는 것이다. 이런 점에서 오늘날 민주적 법치 국가는 민주적 공론장을 통해 자신의 정당성을 확보하는 것이 아니라, 거대 자본의 경제적 이해만을 특권화함으로써 일반 대중 사이에 정치 혐오를 초래하고 있다.

호네트는 이렇게 사회적 자유 실현을 불가능하게 만드는 사회 변화에 맞서 다시금 사회적 자유를 가능하게 하는 제도적 장치들의 회복을 주장한다. 물론 이를 위해서는 개인적 관계를 위기에 빠뜨리는 경제적 요인들이 제거되어야 하고, 자본주의 시장경제 자체가 상보적 협력을 위해 규범적으로 재구성되어야 하며, 이를 위해 의회의 법 제정자들을 압박하여 국가 기구를 정상화해야 한다. 그리고 이 모두를 달성하기 위해서는 결국 경제적 세계화에 맞서 초국적 노동조합, 비정부기구, 각종 시민 단체들이 연대하여 합법적으로 보장된 저항권을 행사함으로써 역사적으로 쟁취된 자유를 수호하고, 아직 충족되지 않은 요구를 달성하려는 투쟁에 나서야 한다.

# 제 III 부

# 새로운 사회적
# 자유주의의 구성요소

자유주의는 개인의 자유를 최고 가치로 삼은 정치이념으로서 2장에서 서술했듯이 자유주의의 기원이 된 고전적 자유주의는 개인의 자유를 인간의 자기보존본능을 통해 이해했다. 홉스가 주장하듯이 개인의 자유란 아무런 외적 강제나 억압이 없는 상태에서 인간의 자연적 본성인 자기보존본능을 실현하는 것이기 때문이다. 물론 인간의 자연적 본성이 자기보존본능에 있다는 말은 인간의 행위를 결정하는 근본적인 요인이 자기보존본능이라는 것이지, 인간의 모든 개별적 행동이 다 자기보존행위라는 것은 아니다. 인간은 자신의 생명을 보존하기 위해 재산, 권력, 명예를 얻으려 할 수 있으며, 재산, 권력, 명예를 얻기 위해 또 다른 어떤 것을 의도하거나 선호하거나 목표로 삼을 수 있다. 더구나 인간이 무엇을 하려고 하던 그것은 자기중심적이다. 자기보존은 다름 아닌 자신의 생명을 보존하는 것이며, 재산, 권력, 명예도 모두 자신의 것이고, 의도, 선호, 목표도 모두 자신이 원하는 것이기 때문이다. 그리고 사실 타인의 생명을 보존한다고 해서 나의 생명이 보존되는 것은 아니며, 타인이 재산, 권력, 명예를 얻는다고 해서 나의 재산, 권력, 명예가 늘어나는 것은 아니고, 타인의 의도, 선호, 목표가 실현된다고 해서 나의 의도, 선호, 목표가 실현되는 것도 아니다. 그렇기에 인간은 자신의 생명을 보존하기 위해 타인과 투쟁할 수 있으며, 자신의 재산, 권력, 명예를 지키고 늘리기 위해 타인과 경쟁할 수 있으며, 자신의 의도, 선호, 목표를 실현하기 위해 타인을 이용할 수 있다. 따라서 고전적 자유주의가 말하는 자유의 주체는 인간이 개별적 생명체로서 서로 분리되어 있듯이 서로 독립된 개인이자 타인과의 관계에서 경쟁적이고 대립적일 수 있다. 이런 의미에서 홉스는 인간 사회가 독립된 개인으로 구성되었다고 보는 원자론적 사회관을 견지하였으며, 스미스는 자본주의 시장경제가 독립된 개인이 자신의 이익을 위해 아무런 외적 강제나 억압 없이 자유롭게 경쟁하는 곳이 되어야 한다고 보았고, 로크는 독립된 개인으로 구성된 사회는 정치적 의미에서 대의제 민주주의를 통해 통치되어야 한다는 구상에 이르렀다. 그리고 실제로 근대 자유주의 국가에서는 정치적으로 대의적 민주주의가, 경제적으로는 자유시장 경제가, 그리고 사회적으로는 원자론적 개인주의가 제도적 질서로 자리 잡았다. 하지만 그 실상을 참담한 것이었다. 이미 3장에서 서술했듯이 자유주의는 모든 인간이 자유롭게 사는 사회를 정치적 이상으로 삼았지만, 그 결과는 경제적 빈곤과 불평등, 심리적 불안, 그리고 소수의 자유를 위한 대다수의 부자유였기 때문이다.

그러나 인간은 과연 자기보존본능에 기초한 자기중심적 존재일까? 마찬가지로 인간은 과연 서로 분리된 독립적 존재일까? 4장에서 살펴보았듯이, 인간은 자기보존본능만이 아니라, 사회성을 가진 존재이며, 그렇기에 인간은 독립적일 뿐만 아니라 상호의존적 존재이다. 인간은 자기 중심성에서 벗어나 타인의 관점에서 느끼고, 생각할 수 있으며, 타인과의 일체감 하에서 서로 협력할 수 있기 때문이다. 이런 점에서 고전적 자유주의자들이 자기보존본능에 기초하여 개인의 자유를 이해하였듯이, 이와 마찬가지로 인간의 사회성을 통해 개인의 자유를 이해할 수 있다. 호네트가 제시한 자유 개념이 바로 그것이다. 즉 개인의 자유는 사회성의 표현이라고 할 수 있는 상호인정 관계에서 형성되고 실현된다는 것이다. 개인의 자유를 개인의 자아를 구성하는 욕구, 이성, 개성이나, 모든 의도, 선호, 목표 등의 실현으로 본다면, 이러한 자아가 형성되는 사회적 관계가 바로 상호인정 관계이며, 또한 상호인정 관계 속에서 개인적 자아는 아무런 내적, 외적 강제나 억압 없이 긍정적 자기의식을 통해 실현될 수 있기 때문이다. 그 이유는 사회적 주체들이 상호인정을 통해 타인 속에서 자기 자신으로 존재하게 됨으로써 각기 독립성을 유지하면서도 타인과 하나가 될 수 있기 때문이다. 이런 점에서 사회적 주체들은 상호인정 관계 속에서 타인의 자유 실현을 자신의 자유 실현처럼 생각하며 이를 지원한다. 그리고 사회적 주체들은 상호인정 관계를 형성하는 각자의 역할 의무를 수행하면서 상보적 자아실현에 이르게 된다. 이런 점에서 결국 상호인정을 통해 사회적 주체들은 자신의 독립성을 유지하면서도 상호의존적 존재가 되며, 자신의 자유를 실현하면서도 타인을 상보적 협력자로 볼 수 있다. 이렇게 개인의 자유를 사회성을 통해 이해하게 되면, 사실 고전적 자유주의가 제시했던 정치, 경제, 사회에 대한 관점 역시 달라질 수밖에 없다. 그리고 정치, 경제, 사회에 대한 대안적 관점이 가능하다면 이는 사회 자체를 경쟁 사회에서 협력 사회로 재편하려는 새로운 정치이념이 될 것이다. 고전적 자유주의가 주장하는 개인적 자유는 근본적으로 자기보존본능에 기초하고 있다는 점에서 자유의 확대를 강조하면 할수록 사회 전체가 경쟁에 기초한 경쟁 사회로 변질된다면, 사회적 자유가 확대되면 될수록 사회 전체는 상보성에 기초한 협력 사회로 재구조화될 수 있기 때문이다. 그렇다면 과연 사회적 자유에 기초한 대안적 정치, 경제, 사회에 대한 관점이 가능할까? 이하의 글에서는 이러한 문제의식하에서 고전적 자유주의가 주장한 대의제 민주주의에 대한 대안으로 협력적 민주주의에 대해 논의할 것이다(7장). 그리고 이에 이어서 자유 경쟁에 기초한 자본주의적 시장경제를 협력적으로 재편할 방안으로 사회적 경제를 제시할 것이다(8장). 그리고 마지막으로 비단 인간 사회만이 아니라, 세계 자체를 원자론적으로 이해한 고전적 자유주의에 대한 대안으로 유기체적 사회관과 세계관에 대해 논의할 것이다(9장).

# 7장 협력적 민주주의 모델

역사적으로 볼 때 홉스에서 로크로 대표되는 고전적 자유주의는 근대적 의미의 대의제 민주주의의 이념적 토대가 되었다. 이들이 주장한 사회계약론은 모든 인간을 자유롭고 평등한 존재로 볼 뿐만 아니라, 인간 간의 계약을 통해 국가 권력이 형성된 것으로 보기 때문이다. 그러나 문제는 대의제 민주주의가 사회계약론이 전제한 모든 개인의 자유, 인민주권, 인민의 자기 지배 원칙을 충분히 실현할 수 있겠는가 하는 점이다. 고전적 사회적 자유주의자들이 지적하고 있듯이 자유주의에 기초한 근대 민주주의 국가는 심각한 사회적 불평등을 초래함으로써 결국 소수의 자유를 위한 다수의 부자유로 귀결하고 말았다. 물론 그 근본적인 원인은 자유를 단지 개인의 생존과 재산, 권력, 명예를 위한 자율적 행동으로 보고 외적 강제의 부재만을 강조했던 자기중심적 자유 개념에 있다. 그것이 군주의 권력이든, 아니면 입법 권력이든 국가 권력의 형성을 통해 이제 인간은 만인에 대한 만인의 전쟁 상태에서는 벗어났지만, 역으로 모든 인간은 개인적 자유를 실현하기 위해 극심한 경쟁 상태에 빠질 수밖에 없었기 때문이다.

그렇다면 새로운 사회적 자유주의가 사회구성원 간의 협력적 자아실현을 자기중심적 자유에 대한 대안적 자유로 제시한다면, 이에 적합한 정치 질서는 어떤 것일까? 고전적 자유주의처럼 여전히 대의제 민주주의를 통해 인간의 자유가 실현될 수 있다고 보아야 할까? 아니면 여전히 민주주의를 고수하지만, 이를 실현하는 대안적 방법을 찾아야 할까? 새로운 사회적 자유주의가 여전히 자유주의인 것은 비록 고전적 자유주의와는 다른 자유 개념을 전제하더라도 여전히 개인의 자유를 최고의 가치로 삼기 때문이다. 따라서 사회적 자유주의 역시 모든 개인을 자유롭고 평등한 존재로 보는 민주주의 이념을 포기할 수는 없다. 그리고 마찬가지 이유에서 인민주권과 인민의 자기 지배 원칙 역시 포기할 수 없다. 모든 개인이 자유롭게 살 수 있는 권리를 평등하게 보장한다는 것은 그 누구도 타인을 지배할 수 없으며, 그 누구도 타인에 속박되지 않음을 의미하기 때문이다. 따라서 새로운 사회적 자유주의 역시 민주주의를 주장할 수밖에 없음은 당연한 일이다. 그렇다면 새로운 사회적 자유주의, 내지 새로운 사회적 자유주의가 전제한 모든 개인의 협력적 자아실현을 위해서는 어떤 형태의 민주주의가 필요할까? 아마도 이 문제에 대답하기 위해서는 먼저 고전적 자유주의가 제시한 대의제 민주주의가 어떤 근본적인 문제를 안고 있는지가 밝혀져야 할 것이다. 새로운 사회적 자유주의가 제시한 민주주의는 결국 이런 문제를 해결할 대안적 민주주의 형태를 띨 때 현실적 가치를 지닐 수 있기 때문이다.

이러한 문제의식하에 7장에서는 다음과 같은 세 가지 주제를 다룰 것이다. 첫째, 고전적 자유주의가 전제한 사회계약론이 어떤 점에서 대의제 민주주의로 나아갈 수밖에 없었는지 그 대표자인 홉스와 로크의 입장을 통해 살펴본다(1절). 둘째, 대의제 민주주의가 어떤 점에서 민주주의 원칙을 충분히 실현할 수 없는지 그 구조적 문제점을 지적한다(2절). 그리고 이에 이어서 셋째로 전 세계 거의 모든 나라에서 실제로 시행되고 있는 대의제 민주주의가 구체적으로 어떤 문제를 초래하는지를 살펴본다(3절). 끝으로 협력적 자아실현이라는 대안적 자유를 실현할 수 있는 대안적 민주주의 형태로 사회적 연대에 기초한 협력적 민주주의를 제시한다(4절).

## 1. 고전적 자유주의와 대의제 민주주의

### 자유주의와 민주주의

앞서 지적했듯이 고전적 자유주의가 함축하고 있었던 정치 질서는 역사적으로 볼 때 인민주권에 기초한 대의제 민주주의로 발전하였다. 고전적 자유주의의 원조 격인 홉스의 자유관이나 사회계약론적 입장이 인민 주권론의 맹아로 해석될 수 있다는 점에서 그의 이론이 민주주의라는 정치체제에 친화성을 가질 수 있기 때문이다. 그러나 그가 옹호한 정치 질서는 민주주의가 아니라, 군주제였다. 이에 반해 고전적 자유주의가 인민주권에 기초한 대의제 민주주의로 발전할 수 있음을 명확히 보여준 것은 영국의 명예혁명을 통해 의회민주주의가 형성되는 데 사상적 토대 역할을 한 로크의 자유관과 사회계약론이었다. 그러나 고전적 자유주의가 대의제 민주주의로 발전했다는 역사적 사실 때문에 자유주의와 민주주의 사이에 필연적 연관성이 존재한다고 볼 수 있는 것은 아니다. 역사적으로 고전적 자유주의는 대의제 민주주의로 발전했지만, 자유주의와 민주주의가 동일시될 수 있는 것은 아니기 때문이다. 하이에크의 지적처럼 자유주의의 반대는 전체주의이고, 민주주의의 반대는 권위주의라는 점에서, 민주주의 정부가 전체주의적일 수도 있고, 권위주의 정부가 자유주의를 강화할 수도 있다는 것이다.[1]

사실 자유주의와 민주주의는 역사적 기원부터가 다르다. 주지하다시피 민주주의는 고대 그리스의 아테네에서 기원하며, 이는 인민의 자기 지배를 의미했다. 즉 공동체는 공동체 구성원 스스로에 의해 통치되어야 한다는 것이다. 이런 점에서 통치하는 자와 통치되는 자가 같은 것이 민주주의의 근본 원칙이다. 이와 달리 자유주의란 근대 초기에 태동한 정치이념으로서 고전적 자유주의에서 볼 수 있듯이 개인의 생명과 재산의 보호에서 출발하여 결국 중소상공인의 경제활동 자유를 보장하는 자유 방임주의로 귀결되었다. 이러한 자유주의가 민주주의와 결합한 것은 경제적 자유를 보장하고, 이를 저해하는 요소들을 제거하기 위해서는 정치적 권력이 필요했기 때문이다. 이런 점에서 중소상공인들은 국가 권력을 형성하는 국회의원 선출에 참여하기 위한 투표권을 요구하였으며, 이를 통해 자유 방임주의 체제가 확립될 수 있었다. 물론 이 투표권은 중소상공인들에게만 허용된 것은 아니다. 자유주의는 모든 인간이 자유롭고 평등하다는 사상에서 출발했으며, 이러한 사상을 통해 절대왕정과 신분제를 붕괴시킬 수 있었다. 따라서 일정한 자산을 가진 중소상공인에게만 허용되었던 투표권은 점차 확대될 수밖에 없었고, 노동자들의 투표권 획득을 거쳐 여성에게도 투표권이 부여됨으로써 보통선거권에 기초한 민주주의, 즉 대의제 민주주의가 완성되었다.

이렇게 볼 때 고전적 자유주의의 최종적 귀결인 경제적 자유에 기초한 자유 방임주의가 보장된다면, 사실 어떻게 정부가 구성되는가 하는 문제는 큰 의미를 갖지 않는다. 따라서 홉스의 경우를 보면 그는 자유주의자였지만 민주주의가 아니라, 군주제라는 권위주의 정부를 옹호한 것이다. 하지만 그렇다고 해서 자유주의와 권위주의 사이에 필연적 연관성이 존재하는 것은 아니다. 홉스에 이어 등장한 로크는 자유주의자이면서도 이와는 반대로 대의제 민주주의의 초석을 놓았기 때문이다. 따라서 자유주의와 민주주의만이 아니라, 자유주의와 권위주의 사이에도 필연적 연관성이 없다면 자유주의가 민주주의와 결합하든 아니면 권위주의와 결합하든 이는 임의적이고 우연적인 것일까? 내 생각에는 그렇지 않다. 나는 역사적 차원이 아니라, 개념적 차원이지만 자유주의와 민주주의 사이에 필연적 연관성이 존재한다고 본다. 다만 여기서 분명히 해두어야 할 점은 민주주의가 무엇인가 하는 점이다. 만약 민주주의를 본래 의미대로 인민의 자기 지배로 이해한다면, 모든 사람이 자유롭게 살 수 있는 평등한 권리를 보장하려는 자유주의는 민주주의와 필연적 연관성을 갖는다. 인민의 자기 지배를 주장한다면, 모든 인민은 동등한 주권자일 수밖에 없고, 따라서 모든 인민은 그 누구에 의해 지배될 수 없는 자유롭고 평등한 존재가 된다. 그리고 바로 이런 점에서 모든 인민은 또한 자기 자신에 의해서만 통치될 수 있는 존재가 된다. 따라서 민주주의와 자유주의는 인간을 자유롭고 평등한 존재로 간주한다는 점에서 공통점을 갖고 있으며, 모든 인간에게 자유롭게 살 수 있는 권리를 평등하게 보장한다는 것은 정치적 의미에서 모든 인간이 누구에 의해서도 통치될 수 없는, 스스로 통치하는 존재라는 것과 같다.

### 홉스와 군주제

앞서 서술했듯이 홉스에 따르면, 인간은 자연상태에서 만인에 대한 만인의 갈등상태에 빠질 수밖에 없다. 자연상태에서 인간은 자기보존본능에 따라 살고 있으며, 자신의 생명을 보존하기 위해서는 힘이 필요하고, 이미 확보된 힘을 유지하기 위해서는 또한 더 큰 힘이 필요하다. 따라서 이런 개인에게 타인이란 경쟁자이거나, 적대자일 수밖에 없다. 그러나 이런 상황은 누구에게도 이로운 것이 아니다. 아무리 강자라도 영원한 승자일 수는 없으며, 아무리 약자라 하더라도 음모나 타인과의 공모를 통해 강자를 이길 수 있기 때문이다. 이런 점에서 이제 인간은 자연상태에서 벗어나 평화롭게 자신을 보존할 방법을 찾는다. 물론 그것은 모든 개인이 타인에게 허락한 만큼의 자유만을 갖는다는 상호제한 원칙이지만, 이제 인간은 이러한 원칙을 강한 강제력을 갖고 실현할 수 있는 정치적 공동체, 즉 국가를 형성하게 된다.

그렇다면 이 국가는 과연 어떤 국가를 말할까? 물론 앞서 지적했듯이 고전적 자유주의가 대의제 민주주의로 발전했지만, 정작 고전적 자유주의의 시원을 이루었던 홉스가 주장했던 국가 형태는 군주제 국가였다. 즉 절대 왕정국가가 바로 개인의 자유를 제한함으로써 전쟁 상태를 평화상태로 바꾸는 역할을 한다는 것이다. 그렇지만 홉스의 국가론에서도 민주주의의 맹아를 발견할 수 있다. 그가 국가의 형성 자체는 사회계약론적으로 보기 때문이다. 즉 홉스가 『리바이어던』에서 밝히고 있듯이 국가는 만인 상호 간의 합의에 따라 자신의 자연적 권리를 대리인에게 양도하겠다는 신의 계약을 통해 형성된다. 그리고 이런 사회계약론적 입장이 민주주의의 맹아를 간직하고 있다는 것은 여기에 다름 아닌 인민주권과 인민의 자기 지배 원칙이 전제되어 있기 때문이다. 그러나 홉스의 국가론을 민주주의로 해석하는 것이 아니라, 단지 민주주의의 맹아라고 규정한 이유는, 그가 사회계약에 함축된 민주주의 원칙을 불철저하게 인식하고 있었을 뿐만 아니라, 이를 자신의 국가론에 충분히 적용하지 않았기 때문이다.

　이런 점은 무엇보다도 그가 생각한 국가 형성을 위한 사회계약을 목적과 절차 그리고 내용이라는 면에서 파악해 보면 분명해진다. 첫째, 홉스가 생각한 국가 형성을 위한 사회계약의 목적은 자연상태에서 만인에 대한 만인의 투쟁 상태에 빠진 개인들을 평화롭게 살게 하고, 이들을 타인의 위협으로부터 보호하기 위함이다. 이런 사회계약의 목적이 인민주권과 인민의 자기 지배를 주장하는 민주주의와 관련이 있다면, 이는 여기에 모든 인간을 자유롭고 평등한 존재로 보는 민주주의 인간관이 전제되어 있기 때문이다. 즉 한편으로 홉스가 생각하는 자연상태에서 모든 인간은 자유로운 존재이다. 자연상태에서 인간은 자신의 생명을 보존하기 위해 자기 뜻대로 행동한다는 점에서 인간의 자유는 일종의 자연권이기 때문이다. 그리고 다른 한편 이런 자유로운 인간은 동시에 평등한 존재이다. 이런 자유는 인간의 본성에 따른 것이기 때문에 모든 사람에게 해당하며, 또한 자신의 생명을 보존하려는 개개인에게는 그 누구의 목숨도 자신의 목숨보다 우선할 수 없기 때문이다. 홉스가 말하는 국가의 형성은 이렇게 자연권으로 부여된 모든 인간의 자유와 평등을 강제력을 갖고 보호하려는 데 목적이 있다는 점에서 국가는 모든 개인을 자유롭고 평등한 존재로 대우해야 한다. 물론 개인의 자유가 무제한적으로 보장되는 것은 아니다. 홉스는 모든 개인이 무제한적 자유를 실현하려고 하면 만인에 대한 만인의 투쟁이 발생할 수밖에 없다는 점에서 타인에게 허락한 만큼의 자유만을 개개인에게 허용해야 한다고 본다. 그렇지만 이러한 자유의 상호제한 원칙은 모든 사람에게 동등하게 적용되어야 한다는 점에서 국가가 모든 구성원을 자유롭고 평등한 존재로 대우해야 한다는 점은 달라지지 않는다.

그러나 홉스는 사회계약의 목적에 전제된 자유와 평등이라는 민주주의 가치를 급진화시키지 않는다. 홉스는 만약 국가가 그 형성 목적에 반하여 국민의 자유를 훼손할 경우 이에 대해 저항할 수 있을 정도로 자유의 권리를 확대하지는 않기 때문이다. 물론 홉스는 국가가 국민의 자유를 훼손하거나, 이를 보호하지 못하면 국가에 자신의 권리를 양도한 신의 계약은 무효라고 본다. 따라서 홉스는 국가가 국민에게 자살이나 자해를 명령한다든지, 아니면 타인의 공격에 대해 저항하지 말 것을 명령한다든지, 더구나 자신의 생존에 필수적인 것을 확보하지 못하게 하면 이에 "복종하지 않을 자유"가 있음을 주장한다.[2] 그러나 홉스는 이러한 불복종 자유를 곧 철회하고 만다. 그는 신의 계약을 통해 형성된 국가란 모든 개인의 권리를 양도받은 대리인에 불과하기에 국민의 자유를 훼손하는 권한을 행사할 리가 없고, 더구나 계약 당사자인 국민 역시 자신의 자유를 훼손할 가능성이 있는 계약을 체결할 리도 만무하다고 보기 때문이다. 이런 점에서 홉스는 신의 계약 자체가 정상적으로 이루어질 경우만을 전제함으로써 결국 저항권의 필요성 자체를 부정한다.

둘째, 홉스가 말하는 국가 형성을 위한 사회계약 절차는 만인이 합의에 기초한 신의 계약을 통해 자신의 권리를 국가에 양도하는 것이다. 이런 사회계약 절차가 민주주의와 관련이 있다면, 이는 여기에 민주주의의 핵심을 이루는 인민주권의 원칙이 전제되어 있기 때문이다. 즉 홉스가 생각하는 신의 계약은 개인과 국가가 체결한 것이 아니라, 모든 인간이 합의에 따라 체결한 것이다. 이런 점에서 계약의 주체는 다름 아닌 모든 인간이며, 비록 모든 인간이 자신의 권리를 국가에 양도했다 하더라도 본래 국가가 갖는 주권의 원천은 다름 아닌 모든 인간이라는 것이다. 물론 국가가 형성되고, 신의 계약의 주체가 이제는 국민이 되어 국가의 주권 역시 갖게 된다면 홉스가 생각한 사회계약은 철저하게 인민주권 원칙을 실현한다고 볼 수 있을 것이다. 그러나 홉스에게 모든 인간이 국가 주권의 원천임은 분명하지만, 국가 형성 이후 모든 국민에게 주권이 있는 것은 아니다. 그 이유는 바로 사회계약을 통해 모든 인간이 자신의 권리를 국가에 양도했기 때문이다. 그러나 모든 계약은 합의를 통해 형성되어야 유효하듯이, 모든 계약은 또한 합의를 통해 폐기될 수 있다. 따라서 국가에 자신의 권리를 양도하는 계약을 모든 개인이 합의를 통해 체결하였다면, 또한 이와 마찬가지로 합의를 통해 계약을 철회할 수 있어야 한다. 그러나 국민의 저항권을 인정하지 않았던 홉스는 이경우에서도 인민주권의 원칙을 철회하고 만다. 즉 모든 인간이 자신의 권리를 국가에 양도한 이상 주권은 철저히 국가에 귀속되고, 이 국가를 대표하는 군주가 주권자가 된다는 것이다. 홉스는 통치 형태를 군주정, 귀족정, 민주정 세 가지로 구분하면서 단지 실용적 의미에서 민주정을 거부하고 군주정을 택했기 때문이다. 즉 군주정은 여럿이나 모두가 통치하는 것이 아니라, 한 사람이 통치한다는 점에서 결정의 일관성을 유지할 수 있고, 이해관계 때문에 의견 대립이 발생할 가능성이 없고, 부패의 가능성 또한 적다는 것이다.

셋째, 국가 형성을 위한 사회계약의 내용은 국가가 모든 사람을 대표하는 대표자의 권리를 갖는다는 점이다. 물론 여기서 말하는 국가의 대표자란 홉스가 통치체제로 군주정을 택하고 있다는 점에서 바로 군주이다. 그리고 국가의 주권이 신으로부터 부여받은 것이 아니라, 모든 사람이 자신의 권리를 양도함으로써 형성된 것이라는 점에서 주권자로서의 군주란 일종의 국민을 대신해서 국민을 통치하는 사람을 말한다. 즉 홉스는 군주가 모든 인간의 대표자임을 지적하면서 군주의 행위는 바로 군주에게 권리를 양도한 계약 주체들 자신의 행위와 같음을 강조하고 있다는 것이다. 이런 사회계약의 내용이 민주주의와 관련이 있다면 이는 여기에 인민의 자기 지배라는 민주주의의 절차가 전제되어 있기 때문이다. 민주주의는 인민주권 원칙에 토대를 두고 있기에 인민은 모두 자유롭고 평등한 존재이며, 그 누구에 의해서도 통치될 수 없다. 따라서 국민이 통치된다면 이는 오직 자기 자신을 통해서라는 자기 지배 원칙이 성립한다. 홉스가 국민의 통치자를 군주로 본다면, 이를 인민의 자기 지배 원칙의 훼손이라고 볼 수도 있겠지만, 사실 이는 간접적 방식의 자기 지배라고 규정할 수 있다. 군주는 국민의 대표자이기 때문에 군주의 결정은 군주를 대표자로 만든 국민의 자기 결정이나 마찬가지라는 것이다.

그러나 홉스가 인민의 자기 지배 원칙을 급진화시키고 있는 것은 아니다. 앞서 지적했듯이 홉스는 모든 인간에게 자유롭게 살 수 있는 권리가 일종의 자연권으로 평등하게 부여되었다고 보지만 불복종의 자유를 권리로 인정하지 않고 있으며, 모든 인간을 계약의 주체로 봄으로써 국가 주권의 원천을 개개의 인간으로 보지만, 계약을 철회할 수 있는 권리역시 인정하지 않는다. 그리고 이와 마찬가지로 홉스는 군주를 국민의 대표자로 보면서 이를 통해 국민의 자기 지배가 실현된다고 보지만, 이는 역설적이게도 군주의 행위를 합리화하고, 군주의 주권을 절대화하는 데 이용된다. 홉스는 주권자의 행위는 국민의 자기 행위나 마찬가지이기 때문에 주권자로부터 권리를 침해당했다고 불평하는 것은 자기 자신에게 불평하는 것이나 마찬가지라고 규정하면서, 주권자는 어떤 방식으로도 비판받을 수 없으며 또한 어떤 방식으로도 처벌받을 수 없다고 주장하기 때문이다. 이런 점에서 국민은 군주를 폐위시키거나 교체할 수 있는 권리조차 갖지 못한다.

## 로크와 의회민주주의

이렇게 국가를 형성하는 사회계약의 목적, 절차, 내용을 본다면 이는 민주주의로 발전할 수 있는 맹아를 갖고 있음이 분명하다. 여기에는 자유와 평등이라는 민주주의 가치만이 아니라, 인민주권과 이에 기초한 인민의 자기 지배 원칙 역시 내포되어 있기 때문이다. 그렇지만 홉스에게 이런 민주주의적 사고는 급진화되지 못하고, 오히려 포기되고 말았다. 홉스는 사회계약론적 입장을 통해 민주주의가 아니라, 반대로 군주정과 군주의 절대성을 주장하기 때문이다. 이와 달리 로크의 사회계약론적 입장은 근대 민주주의 국가를 형성하는 데 사상적 토대가 된다. 로크가 생각하는 사회계약을 통해 형성된 국가는 의회민주주의 국가이며, 이런 그의 입장은 명예혁명을 계기로 영국에서 의회민주주의가 확립되는 데 이념적 토대가 되었기 때문이다.[3] 이런 점은 특히 그가 말하는 사회계약론의 목적, 절차, 그리고 내용을 살펴보면 분명해진다. 로크는 인간을 자유롭고 평등한 존재로 볼 뿐만 아니라, 인민주권은 물론 인민의 자기 지배 역시 주장하기 때문이다.

로크의 사회계약론은 홉스와 마찬가지로 자연상태에 대한 가정에서 출발한다. 이에 따르면 아직 국가 권력이 형성되기 이전 상태인 자연상태에서는 모든 인간이 타인의 허락이나 그의 의지에 구애받지 않고 오직 자신이 적당하다고 생각하는 바에 따라 행동할 수 있다는 점에서 자유로운 존재일 뿐만 아니라, 그 누구도 다른 사람보다 더 많은 권력을 갖고 있지 않고, 그 누구도 다른 사람에게 종속되어 있지 않다는 점에서 평등한 존재이다. 이런 점에서 자연상태에서 모든 인간에게는 자유롭게 살 수 있는 평등한 권리가 자연적으로 부여되었다고 말할 수 있다, 그러나 만인이 실제로 자신의 자유를 누리며 평화롭게 사는 것은 아니다. 자연상태에서는 옳고 그름을 판별하거나 분쟁을 해결할 수 있는 공통의 척도가 없을 뿐만 아니라, 이를 판단할 공평무사한 재판관도 없고, 이를 집행할 수 있는 권력도 존재하지 않기 때문에 모든 인간이 타인으로부터 자신의 자유를 침해당할 가능성이 상존한다. 이런 점에서 이제 인간은 자신의 자유를 외부의 침해로부터 보호하기 위해 사회계약을 통해 국가 권력을 형성하게 된다는 것이 로크의 사회계약론적 입장이다. 이처럼 모든 인간이 자유롭고 평등하다는 자연상태에 대한 가정에서 출발하여 사회계약으로 이어지는 로크의 사고 과정은 거의 홉스와 동일하다. 그리고 그가 생각하는 사회계약의 목적, 절차, 내용을 살펴보면 여기서도 홉스와 마찬가지로 인민주권과 인민의 자기 지배 원칙이 드러난다. 그러나 그가 홉스와 결정적으로 다른 것은 이런 식의 민주주의 이념이 군주제를 옹호하기 위해 사실상 포기되는 것이 아니라, 의회민주주의로 발전한다는 점이다.

첫째, 로크가 생각하는 사회계약의 목적은 홉스에서와 마찬가지로 개인의 자유를 보호하는 데 있다. 다만 로크가 말하는 자유란 홉스의 자유 개념보다 확장되어 있다. 홉스에게 자유가 자기 뜻에 따른 자기보존 행위를 의미한다면, 로크에게 자유란 자기 뜻에 따라 행동하는 것에서부터 자신의 인신과 소유물을 마음대로 처분할 수 있는 자유로까지 확대되었기 때문이다. 그러나 개인의 신체만이 아니라, 신체를 통한 노동으로 형성된 소유물 역시 신체의 연장으로 본다면, 자유를 자기보존과 연결한 것은 홉스와 크게 다른 것이 없다. 물론 이런 사회계약의 목적이 민주주의와 관련이 있다면, 이는 여기에 모든 사람을 자유롭고 평등한 존재로 보는 민주주의적 인간관이 전제되어 있기 때문일 것이다. 그러나 로크의 입장은 홉스보다 급진적이다. 로크는 사회계약을 통해 보장되어야 할 자유에 '불복종의 자유' 역시 포함하고 있기 때문이다. 사회계약의 목적이 개인적 자유의 보호에 있다면, 이러한 사회계약을 통해 형성된 국가가 개인의 자유를 침해하는 행동을 할 때 당연히 이에 복종하지 않을 수 있어야 한다. 그러나 홉스는 신의 계약을 통해 형성된 국가가 국민의 자유를 훼손할 리가 없고, 더구나 계약 당사자인 국민 역시 자신의 자유를 훼손할 계약을 체결할 리도 없다는 식의 논리로 불복종의 자유를 인정하지 않았다. 이에 반해 로크에 따르면 모든 개인은 국가가 자신의 자유를 침해할 경우 "원래의 자유를 회복할 권리"를 가지며, 따라서 국가가 사회계약의 목적을 준수하지 않을 때 그 권력은 국민에 의해 폐지될 수 있다.[4] 더구나 로크는 국가가 신의 계약을 준수하는지를 판단하는 주체가 다름 아닌 국민이라고 봄으로써 국가에 의한 개인적 자유의 침해를 철저히 방지하려고 했다.[5]

둘째, 로크가 말하는 국가 형성을 위한 사회계약의 절차는 "인민의 동의"로서 이는 홉스가 말한 신의 계약과 마찬가지 의미이다.[6] 즉 동의에 기초하여 개개인이 자신의 자연적 권리를 국가에 양도한다는 것이다. 이런 사회계약의 절차가 민주주의를 함축한다고 볼 수 있는 이유는 인민주권의 원칙 때문이다. 홉스의 경우에서와 마찬가지로 개개인이 자신의 자연적 권리를 양도함으로써 국가가 형성된다는 것은 모든 국가 권력의 원천이 바로 개인에게 있음을 말해준다. 물론 홉스에서 개개인은 국가 권력의 원천일 뿐, 일단 자신의 권리를 국가에 양도한 이후에는 어떤 경우든 국가 권력에 복종해야 한다. 그러나 로크의 경우는 그렇지 않다. 국가가 개인의 자유를 침해할 경우 불복종할 권리를 인정하고 있다는 점에서 인민은 단지 국가 권력의 원천일 뿐만 아니라, 국가에 자신의 권리를 양도한 이후에도 여전히 최고의 권력을 보유하고 있다. 이런 점에서 한 나라의 주권자는 다름 아닌 국민이다.

셋째, 로크가 말하는 사회계약의 내용은 모든 개인이 자신의 자연권을 국가 형성을 위해 양도함으로써 비로소 모든 개인이 국가 권력의 통치를 받게 된다는 점이다. 이런 사회계약의 내용이 민주주의로 해석될 수 있는 이유는 바로 자기 지배 원칙 때문이다. 민주주의가 전제한 개인은 자유롭고 평등한 존재이다. 따라서 이런 개인은 누구에 의해서도 통치될 수 없으며, 스스로 통치해야 한다. 이런 점에서 자유롭고 평등한 개인들로 구성된 사회는 다름 아닌 이들 자신에 의해 통치되어야 한다. 이것이 인민의 자기 지배 원칙이며, 이는 인민주권과 동전의 양면처럼 필연적으로 연결되어 있다. 인민 자신이 다름 아닌 자기 자신을 통치할 수밖에 없는 이유는 인민 자신이 주권자이기 때문이라는 것이다. 물론 자기 지배 원칙이 직접적으로 실현되는 것은 아니다. 홉스에게는 군주라는 인민의 대표자를 통해 인민의 자기 지배 원칙이 간접적으로 실현되듯이, 로크에게 이런 역할은 다름 아닌 입법권을 가진 의회가 담당한다. 즉 모든 개인은 자신의 자연적 권리를 의회에 양도하고, 의회는 국민의 위임 하에 법률을 제정한다는 것이다. 이런 점에서 의회의 결정은 바로 국민이 결정한 것과 마찬가지가 된다. 그렇다면 누가 의회의 구성원으로서 입법자 역할을 하게 될까? 로크가 홉스와 비교해 갖는 급진성은 바로 이런 입법자가 국민 자신이라는 점이다. 다시 말해 로크는 누구나 입법자로 소집될 수 있고, 임기가 끝나면 다시 일반 시민으로 돌아가고, 또 다른 시민이 입법자로서 의회에 참가하는 것을 염두에 두고 있다.

이렇게 로크가 사회계약의 목적, 절차, 내용과 관련하여 모든 개인의 자유와 평등, 인민주권, 인민의 자기 지배 원칙을 주장하고 있다는 점에서 그가 근대 민주주의의 이념적 토대를 제시했다고 볼 수 있으며, 또한 국민 스스로가 대표가 되어 입법권을 행사하는 정치 질서를 주장하고 있다는 점에서 대의제 민주주의의 초석을 놓고 있다. 그러나 그가 보통 선거권이 보장되어 모든 사람이 투표를 통해 국회의원을 선출하고, 또한 모든 국민이 국회의원으로 입후보할 수 있는 정치 질서까지 염두에 둔 것은 아니다. 투표를 통해 국회의원이 선출되고, 또한 이런 투표의 권리가 자산가에서 노동자로, 그리고 여성으로까지 확대되기까지는 더 많은 시간이 지나야 했다.

## 2. 대의제 민주주의의 구조적 문제

### 다수의 횡포

서구 사회에서 대의제 민주주의가 태동하면서 이에 대한 문제 제기는 두 가지 방향에서 이루어졌다. 하나는 대중의 횡포에 대한 경계이고, 다른 하나는 소수의 지배에 대한 비판이다. 이는 역설적이게도 대의제 민주주의를 옹호했던 밀과 이와는 달리 공화주의적 입장에서 민주주의를 주장한 루소에게서 극명하게 나타난다. 서병훈의 서술에 따르면,[7] 밀은 대의제 민주주의가 참된 민주주의를 실현할 수 있는 가장 효과적인 방법이라고 본다. 인민들의 주기적 선거를 통해 선출된 대표자가 국가의 최고 권력을 행사한다면, 인민주권과 인민의 자기 지배 원칙이 충분히 실현될 수 있기 때문이다. 그러나 동시에 밀은 대의제 민주주의가 빠질 수 있는 위험성 역시 경계하고 있다. 그것이 바로 계급입법을 통한 다수의 횡포이다. 대의제 민주주의에서 국민의 대표가 선출되는 방식은 다수결에 의한 것이며, 따라서 다수가 지지하는 사람만이 국민의 대표자로 선출된다. 이런 경우 소수파들은 자신의 대표를 가질 수 없고, 또한 다수의 지지로 선출된 사람이 자신을 지지한 유권자들의 이익만 대변한다면 다수의 횡포가 등장할 수 있다. 그렇다면 보통선거제 하에서 다수는 누구일까? 밀은 바로 노동자계급이 유권자 중 다수를 차지함을 염두에 두고 이들의 지지를 통한 계급입법의 가능성을 경계한 것이다. 물론 대의제 민주주의가 다수의 이익을 대변하는 계급 지배를 결과한다면 이를 민주주의라고 보기는 어려운 것이다. 민주주의란 인민의 자기 지배를 의미할 뿐 다수에 의한 소수 지배를 말하는 것은 아니기 때문이다.

하지만 밀은 대의제 민주주의가 빠질 수 있는 위험성만 지적한 것은 아니다. 밀은 이러한 문제 제기에서 한 걸음 더 나아가 이에 대한 해법 역시 제안하고 있다. 김기순에 따르면,[8] 이는 한편으로 비례대표제를 통해 소수파도 자신의 대표를 가질 수 있게 하는 것이며, 다른 한편으로는 국민의 대표자를 단순한 대리인이 아니라, 일종의 수탁자로 봄으로써 계급입법의 위험성을 방지하는 것이다. 밀이 보통선거제만이 아니라, 비례대표제를 제안한 이유는, 그가 참된 민주주의란 전체 유권자의 참여만이 아니라, 전체 유권자의 의사가 반영되는 것으로 보았기 때문이다. 그리고 이를 위해서는 전체 유권자가 "자신들의 수효에 일치하는 비율로 자신의 선택에 따른 사람에 의해서 대표될 수 있어야" 한다는 것이다.[9] 대의제 민주주의에서 다수가 지지하는 대표자만이 선출된다면, 소수는 자신의 대표를 가질 수 없다. 이렇게 되면 소수는 단지 투표권만 가질 뿐, 자신의 의사를 국정에 반영할 수 있는 대표자를 가질 수 없다. 따라서 소수도 대표자를 갖게 하는 비례대표제는 참된 민주주의를 위해 필수적인 것이 된다.

밀이 다수에 의한 계급 지배의 위험성을 극복하기 위해 또한 염두에 두고 있었던 것은 보통선거제를 통해 선출된 국민의 대표자의 지위에 관한 것이다. 밀은 『대의정부론』에서 바로 이 문제를 논의한다. 즉, "인민의 표로 선출된 사람들은 자신의 지역구 주민들이 지시하는 대로 움직여야만 하는가, 아니면 자신의 판단과 감정대로 활동해야 하는가? 정치인은 유권자들의 뜻을 의회에 전해 주는 대사(ambassador)인가, 아니면 그들을 위해 행동할 뿐 아니라 그들을 위해 무엇을 해야 하는지 판단도 내리도록 권한을 위임받은 전문가(professional agent)인가?"[10] 물론 이러한 문제에 관한 밀의 입장은 후자이다. 즉 국민의 대표는 단순히 국민의 의사만을 전달하는 '대리인(delegate)'이 아니라, 비록 국민의 뜻과 다르더라도 자신의 소신에 따라 행동할 수 있는 일종의 '수탁자(trustee)'라는 것이다. 서병훈에 따르면,[11] 밀이 국민의 대표를 수탁자로 규정한 이유는 크게 보아 두 가지이다. 첫째, 밀은 국민이 보통선거제를 통해 선출한 대표의 능력을 신뢰할 수 있다는 점에서 대표의 지위를 수탁자로 본다. 즉 국민의 대표는 지적, 도덕적으로 뛰어난 사람이기 때문에 국민의 의사에 상관없이 독자적으로 판단할 수 있다는 것이다. 둘째, 밀은 국민의 대표가 공공선을 실현할 수 있다는 점에서 그 지위를 대리인이 아니라, 수탁자로 본다. 다시 말해 국민의 대표는 보통사람들이 사익을 추구하는 것과는 달리 의회에서의 자유로운 토론을 통해 공공선에 부합하는 올바른 결정에 도달할 수 있다는 것이다. 밀은 이런 이유에서 국민의 대표를 수탁자로 이해하면서 국민과의 관계를 의사와 환자에 비유한다. 즉 환자가 유능한 의사를 선택할 수는 있어도 자신이 직접 처방을 내릴 수 없듯이, 국민은 지적, 도덕적으로 뛰어난 사람을 자신의 대표로 선출할 수 있어도, 자신이 직접 국정 운영과 관련된 결정을 내릴 수는 없다는 것이다.

## 소수의 지배

이렇게 본다면 밀은 대의제 민주주의에서 다수의 횡포로 인해 인민주권원칙이 훼손될 수 있음을 염려하고 있었으며, 이를 해결하기 위해서는 국민의 대표가 공공선을 실현할 수 있는 지적, 도덕적으로 유능한 사람이어야 한다고 본다. 그러나 이에 반해 루소는 다수의 횡포가 아니라, 소수의 지배 가능성을 경계할 뿐만 아니라, 국민의 대표가 권력자가 됨으로써 소수의 지배자로 등장할 가능성을 경계한다. 물론 이런 생각에는 국민의 대표를 단순한 국민의 대리인으로 규정함으로써 국민의 직접적인 정치 참여를 강조하려는 공화주의적 입장이 전제되어 있다.

루소 역시 홉스, 로크와 마찬가지로 사회계약론을 주장한다. 그에게도 "계약만이 인간 상호 간의 모든 권위의 기초"가 된다는 점에서,[12] 인간이 자연상태에서 벗어나 국가를 형성함으로써 법과 질서를 유지하게 된 것은 다름 아닌 사회계약에 기원한다. 물론 이러한 사회계약을 체결한 것은 비록 인간이 자유롭고 평등한 존재로 태어났지만, 자연상태에서의 자유는 항상 타인으로부터 침해받을 수 있기 때문이다. 따라서 인간은 법과 공권력을 통해 개인의 자유를 보장하기 위해 사회계약에 따라 국가를 형성한다. 이런 사회계약론이 민주주의와 결합할 수 있는 것은 여기에도 인민주권과 인민의 자기 지배 원칙이 전제되어 있기 때문이다. 우선 루소에게 한 국가의 주권자는 모든 인간이다. 인간은 자유롭고 평등한 존재일 뿐만 아니라, 바로 국가 형성의 토대가 된 사회계약의 주체이기 때문이다. 그러나 홉스의 경우와는 달리 모든 인간은 국가 형성 이후 이 주권을 국가에 양도하지 않는다. 이제 국민은 국가 운영의 제도적 토대가 되는 모든 법을 제정하는 입법 주체이기 때문이다. 즉 국민이 바로 입법 권력을 갖는다는 것이다. 이렇게 루소는 국가 형성 이전의 모든 인간을, 그리고 국가 형성 이후에는 모든 국민을 사회계약의 주체이자 법 제정의 주체로 규정한다는 점에서 인민주권 원칙을 관철하고 있으며, 바로 이런 점 때문에 또한 인민의 자기 지배 원칙을 급진화한다고 볼 수 있다. 국민이 입법의 주체로서 제정한 법의 적용대상은 다름 아닌 바로 국민이라는 점에서 법 제정의 주체와 법의 지배 대상이 동일하기 때문이다. 즉 루소에게는 "법에 복종하는 국민이 법의 제정자"라는 점에서 인민의 자기 지배 원칙이 관철된다는 것이다.[13]

그렇다면 루소가 생각하는 국가에서는 모든 국민이 직접 법을 만들고, 또한 모든 국민이 법을 집행하는 일을 담당할까? 즉 국가의 모든 업무를 국민이 직접 담당할까? 그렇지는 않다. 루소는 입법권과 집행권을 엄격하게 구분한다. 즉 국민의 입법권은 누구에 의해서도 대표될 수 없지만, 국민이 제정한 법의 집행권은 국민이 선출한 사람이 담당한다는 것이다. 이러한 점을 염두에 둔다면 루소가 생각하는 국민의 대표가 어떤 지위를 갖는지 역시 분명하게 된다. 즉 국민의 대표는 자신의 소신에 따라 국정을 운영하는 사람이 아니라, 국민의 뜻에 따르는 단순한 "심부름꾼"에 불과하다는 것이다.[14] 따라서 이들은 철저히 국민이 승인한 법만을 따를 뿐이며, 그 외에 어떠한 권한도 갖지 않는다. 다시 말해 국민의 주권은 누구에게도 양도될 수 없으며, 따라서 누구에 의해서도 대표될 수 없다는 것이다.[15] 이렇게 볼 때 밀이 생각하듯이 국민의 주권 행사는 단지 자신보다 지적이나 도덕적으로 우월한 사람을 선출하는 데 있는 것이 아니라, 오히려 모든 국민이 사적인 일보다 공적인 일을 더욱 중시하며, 국가의 입법 활동에 적극적으로 참여하는 데 있다. 이런 점에서 루소는 국민이 국가의 일에 무관심하다면 이런 국가는 이미 망한 것이나 마찬가지이며, 이런 행동은 조국을 팔아먹는 행위나 다름없다고 말한다. 그리고 이런 맥락에서 영국의 대의제 민주주의를 비판한 루소의 저 유명한 경구가 등장한다. 영국의 인민들은 "의회의 의원 선출 기간에만 자유로울 뿐"이며, "의원을 선출하자마자 그들은 곧 노예가 된다"는 것이다.[16]

지금까지의 밀과 루소에 대한 비교를 종합해 본다면 대의제 민주주의에 관한 이들의 입장이 결정적 차이를 보이는 지점은 바로 국민의 대표에 대한 평가이다. 즉 밀은 대의제 민주주의가 계급 독재로 변질될 위험이 있기에, 국민의 대표는 단순한 국민의 대리인이 아닌 수탁자이어야 한다고 본다면, 이와는 반대로 루소는 대의제 민주주의에서는 국민의 단순한 대리인에 불과한 국민의 대표가 국민 위에 군림하는 권력자로 변질된다는 점에서 민주주의의 기본 토대인 인민주권과 인민의 자기 지배 원칙을 훼손한다는 것이다. 이러한 밀과 루소의 견해차는 사실 간접 민주주의와 직접 민주주의의 극단적 형태 사이의 차이로 볼 수 있다. 밀은 국민의 대표를 수탁자로 봄으로써 국민의 직접적 국정 운영을 배제한 것이며, 루소는 국민의 대표를 단순한 대리인으로 봄으로써 국민의 직접적 국정 참여를 강화하려는 것으로 볼 수 있기 때문이다. 그런데 이렇게 간접 민주주의와 직접 민주주의를 극단화시키는 것이 아니라, 이 두 가지 형태를 동시에 추구하는 민주주의 형태도 가능하다.

### 비대표성

뒤르켐은 밀이나 루소와 마찬가지로 대의제 민주주의에 관해 비판적이었다. 그 이유는 밀의 입장과는 정반대로 대의제 민주주의가 다수의 지배가 아니라, 소수의 지배를 낳을 수 있기 때문이다. 그러나 그 이유는 루소처럼 국민의 대표가 권력화되기 때문이 아니라, 대의제 민주주의가 안고 있는 구조적 문제 때문이다.[17] 여기서 뒤르켐이 문제 삼는 것은 전 인구에서 차지하는 유권자의 비율과 이들의 투표율이 민주주의의 본래 이념과는 다른 결과를 낳는다는 점이다. 예를 들어 1893년 당시 프랑스의 유권자는 총인구 3800만 명 중 1000만 명 정도였다고 한다. 그리고 이 중 투표율은 대략 70% 정도였고, 이 중 절반을 넘는 세력에 의해 국민의 대표가 선출되었다. 그렇다면 이는 사실 총인구의 10% 내외의 국민이 국민의 대표를 결정하는 것이나 마찬가지이다. 이런 점에서 대의제 민주주의는 소수의 지배를 낳는다는 것이 뒤르켐의 입장이다. 물론 뒤르켐이 대의제 민주주의를 비판하던 당시만 해도 아직 보편적 선거권이 확립된 시기가 아니었다. 그렇기에 유권자의 비율이 상대적으로 낮았다고 볼 수 있지만, 보편적 선거권이 확립된 오늘날에도 사정은 크게 다르지 않다. 앞으로 살펴보게 되겠지만, 우리나라의 경우만 해도 지난 2017년 대통령 선거의 투표율은 77.2%였고, 문재인 대통령은 전체 유효투표수의 41.1%를 얻고 당선되었다. 그런데 이는 전체 유권자의 31.5%에 불과한 것이었다. 국회의원 선거를 보면 사정은 더 나쁘다. 지난 2016년 국회의원 선거의 투표율은 58%였다. 따라서 과반을 얻고 당선된다 해도 이는 전체 유권자의 30%에도 못 미친다. 그렇다면 30% 국민만이 자신의 대표를 갖는 셈이고, 나머지 국민은 그렇지 못하게 된다. 이런 상황을 소수의 지배로 보고 다수의 국민이 자신의 대표를 갖지 못한다고 평가하면 과연 과장된 것일까?

그러나 뒤르켐이 대의제 민주주의를 부정하고 루소처럼 직접 민주주의를 강조한 것은 아니다. 그가 염두에 두고 있는 민주주의는 국민의 대표가 국정을 주도하는 대의제 민주주의도 아니고, 국민의 직접 참여를 강조하는 공화주의적 민주주의도 아닌 제3의 길이라 할 수 있다. 뒤르켐은 밀이나 루소에게는 없는 일종의 중간집단에 국민과 정부의 매개 역할을 부여하고 있기 때문이다. 즉 뒤르켐에게 민주주의란 국민, 중간집단, 정부라는 3각 축의 협력과 조화를 통해 실현된다는 것이다. 이중 정부는 단순한 통치기관이 아니라, 일종의 숙의 기구로서 해당 사회에 관한 다양한 정보를 수집하고, 통계를 작성할 뿐만 아니라, 이를 토대로 무엇이 정부가 해결해야 할 시급한 과제인지를 판단하고 이를 시행한다. 그러나 이런 숙의 과정 자체가 정부 단독으로 이루어지는 것은 아니다. 정부는 사회적 분화와 함께 등장한 다양한 직업집단과의 소통을 전제하기 때문이다. 물론 다양한 직업집단은 해당 국민이 자율적으로 조직한 집단으로써 해당 국민의 의견을 정부에 전달하는 기능을 담당한다. 이런 점에서 뒤르켐이 구상하고 있는 민주주의는 국민이 직접 정부를 통제하는 것도 아니고, 정부가 지적, 도덕적 우위 속에서 국정을 운영하는 것도 아니다. 국민의 의견은 직업집단이라는 중간집단을 통해 수렴되고, 정부는 이러한 다양한 직업집단과 소통하면서 전체 사회를 지탱하는 데 핵심적 토대가 되는 집합의식을 형성하고, 또한 이를 실현하게 된다.

과연 어떤 관점이 옳다고 보아야 할까? 아마도 이런 물음에 대해 실제 현실을 통해 답을 내리려 한다면, 무엇보다도 오늘날의 대의제 민주주의가 어떤 상황에 부닥쳐 있는가를 살펴보아야 할 것이다. 이하의 글에서는 오늘날 대의제 민주주의에 대한 평가를 주로 미국의 정치 현실을 비판한 달, 유럽과 아시아 그리고 대의제 민주주의가 시행되는 거의 모든 나라의 정치 상황을 분석한 크라우치, 그리고 한국의 민주주의를 진단한 최장집의 입장을 통해 살펴볼 것이다.[18]

## 3. 대의제 민주주의의 실상

### 자유경쟁과 보편적 참여

로버트 달은 『민주주의 이론 서설: 미국 민주주의 원리』에서 오늘날 미국 주도로 전 세계로 확산한 민주주의 형태인 이른바 미국식 민주주의가 무엇인지를 밝히고 있다.[19] 물론 그가 밝히고 있는 민주주의 형태가 미국의 민주주의라 하더라도, 그것이 미국 민주주의의 현실적 모습을 말하는 것은 아니다. 그가 논의하고 있는 민주주의 형태는 일종의 이상형이기 때문이다. 그러나 이런 이상형으로서의 민주주의가 미국 민주주의의 현실을 파악하는 것과 별개의 논의라고는 볼 수 없다. 이상형으로서의 민주주의가 설정될 때 비로소 민주주의의 현실적 모습을 평가할 수 있는 규범적 기준을 제시할 수 있기 때문이다. 우선 그가 말하는 민주주의의 핵심 원리를 살펴보면 이는 자유 경쟁과 보편적 참여를 말한다. 즉 한편으로 개인과 개인 그리고 집단과 집단이 자유롭게 경쟁하고 타협하면서 자신의 이익을 대표하는 대표자를 선출하고, 이들이 의회와 정부에 진출함으로써 자신의 이익을 정책적으로 실현하고, 다른 한편 모든 국민에게 동등한 선거권 및 피선거권이 보장됨으로써 이러한 자유 경쟁에 보편적으로 참여하는 것이 가능할 때 이를 민주주의라고 본다는 것이다.

달은 이런 두 가지 원칙에 기초하여 더 나아가 민주주의의 핵심 특징을 8가지로 밝히고 있다. 즉 이는 한편으로 투표를 통한 의사결정 절차에 관한 것으로서, 모든 국민은 투표를 통해 자신의 의사를 표현하고, 모든 국민의 투표는 동등한 가치를 지니며, 가장 많이 득표한 정책이나 후보자가 선택되어야 한다는 것이다. 그리고 모든 국민은 현재 제시된 정책안보다 더 선호하는 정책안이 있을 때 이를 투표의 안건으로 제시할 수 있어야 한다. 나머지 4개는 이러한 의사결정 절차의 전제 조건이거나 사후 조치에 관한 것이다. 즉 이는 모든 국민이 투표를 통해 올바른 선택을 할 수 있기 위해 모든 정책안이나 후보자에 대한 동등한 정보를 얻을 수 있어야 하며, 다수 득표 정책이나 후보자가 이보다 적은 득표를 한 정책이나 후보자를 대체해야 하고, 선출된 공직자들의 명령이 집행되고, 비선거 시기의 결정은 선거 때의 결정을 따라야 한다는 것이다. 달은 이런 2가지 원칙과 8가지 특징이 실현된 민주주의를 '다두제 민주주의'로 규정한다. 자신이 말하는 민주주의 원칙과 특징이 실현된다면 이런 정치 질서하에서는 결국 국민이 선출한 다수의 정치 지도자들이 국가를 운영하게 되기 때문이다.

이러한 8가지 핵심 특징과 더 나아가 이러한 8가지 특징의 기초가 된 자유 경쟁과 보편적 참여의 원칙이 민주주의의 원칙일 수 있는 이유는 이 모두가 앞서 민주주의의 기본 원칙으로 제시한 인민주권과 인민의 자기 지배 원칙을 따르고 있기 때문일 것이다. 모든 국민이 투표를 통해 자기 의사를 표현하고, 모든 국민의 투표가 동등한 가치를 갖는다는 것은 모든 국민이 자유롭고 평등한 존재라는 것이고, 이러한 자유롭고 평등한 국민이 국가 정책과 이를 집행할 후보자를 선택한다는 것은 바로 국민이 국가의 주권자이기 때문이다. 더구나 비선거 시기의 결정이 선거 때의 결정을 따라야 하는 것은 국민의 의사에 반하는 결정이 내려지고 집행되는 것을 방지하기 위한 것으로 이 역시 국민의 선택보다 우선

하는 어떠한 권력도 인정하지 않으려는 인민주권의 표현이라 할 수 있다. 그리고 모든 국민에게 투표와 관련된 모든 정보를 동등하게 얻을 수 있어야 한다거나, 국민 자신도 정책안을 제시할 수 있다는 것은 국민의 주권 행사가 왜곡될 가능성에 대한 방비책으로서 이 역시 인민주권 원칙을 강화하려는 시도로 볼 수 있다.

  그러나 달이 말하는 민주주의의 원칙과 특징들이 인민의 자기 지배 원칙 역시 관철하고 있는가에 관해서는 의문의 여지가 있다. 달이 말하는 민주주의 사회에서 국민의 주권 행사는 정책 제안이라는 예외적인 경우를 제외하고는 오직 투표 행위로 한정되어 있다는 점에서, 이는 다름 아닌 다수결에 기초한 대의제 민주주의의 원칙일 뿐이기 때문이다. 물론 대의제 민주주의란 간접적 방식으로 인민의 자기 지배 원칙을 관철한다. 국민이 선출한 국민의 대표가 국민의 의사에 따라 법을 만들고 이를 집행한다면, 이는 결국 국민이 법을 만들고, 동시에 법의 적용 대상이 되는 것과 마찬가지이기 때문이다. 그러나 달은 밀과 루소가 지적한 다수의 횡포나 국민의 대표자의 권력화 가능성에 대해 아무런 방비책도 제시하고 있지 않다. 그렇기에 달이 말하는 민주주의 사회에서는 대표자를 갖지 못하는 소수의 의사가 부정되고, 위정자가 국민의 의사에 따르는 것이 아니라, 스스로 권력화된다면 인민의 자기 지배는커녕 인민주권 원칙 자체도 부정될 수 있다. 더구나 달은 인민의 자기 지배의 직접적 실현으로 볼 수 있는 인민 자치 또한 거부한다. 달에게 인민 자치란 고대 그리스와 같은 소규모 정치공동체에서나 가능할 뿐 정치공동체의 규모가 민족국가로 확대된 근대 사회에서는 불가능한 것이기 때문이다.

## 경제적 불평등과 민주주의의 파괴

이런 점에서 달이 말하는 민주주의란 자유롭고 평등한 인간관에 기초한 인민주권과 인민의 자기 지배 원칙에 기초한 정치 질서라기보다, 단지 자유롭고 경쟁적인 선거를 통해 국민의 대표를 뽑는 절차에 불과하다고 볼 수 있다. 그렇다면 미국의 정치 현실에서 이런 식의 민주주의 절차라도 충실히 실현되고 있을까? 달의 평가에 따르면 그렇지 않다. 그는 미국 사회에 만연한 경제적 불평등이 그가 말하는 다두제 민주주의를 위기에 빠뜨렸다고 보기 때문이다. 그렇다면 달은 왜 경제적 불평등이 다두제 민주주의를 파괴한다고 보았을까? 달이 그 핵심적인 이유로 본 것은 경제적 불평등이 바로 정치적 영향력의 차이로 귀결된다는 점이다. 달에 따르면 모든 국민은 투표에 참여할 수 있는 동등한 권리를 갖고 있을 뿐만 아니라, 모든 국민의 투표는 동등한 가치를 지닌다는 점에서 모든 국민은 정치적 의미에서 평등한 존재이다. 그러나 거대 기업의 최고 경영진이나 사유재산권에 기초한 기업 소유자들은 이른바 기업 권력을 형성함으로써 이러한 정치적 평등을 훼손한다. 이들은 기업을 지배하고 통제할 뿐만 아니라, 바로 이 때문에 소득이나 사회적 지위, 그리고 정치적 선전과 정치 지도자에 대한 접근 가능성에 있어서 일반 국민보다 우월한 위치에 서게 되기 때문이다. 다시 말해 기업 권력자들과 일반 국민 사이에는 정치에 참여하기 위한 능력과 기회 면에서 현격한 불평등이 존재한다는 것이다.

이런 점에서 달은 다두제 민주주의의 실현을 위해, 내지는 다두제 민주주의가 함축하는 정치적 평등을 실현하기 위해 '경제민주화'를 요구한다.[20] 그런데 달이 생각한 경제민주화는 우리나라 헌법 제119조 2항에서 밝히고 있는 경제민주주의와는 상당히 다르다. 우리 헌법이 말하는 경제민주화는 대개 공정한 소득분배나 경제력 집중 방지, 내지는 대기업의 횡포를 방지함으로써 이른바 공정 경쟁을 지향하는 데 반해, 달이 말하는 경제민주화란 기업 내부의 의사결정 자체를 민주화하는 것이기 때문이다. 즉 달은 기업을 공동으로 소유하고, 기업 구성원들의 1인 1표에 의해 의사결정이 이루어지는 '자치기업'을 사적 소유권에 기초하여 기업 내부의 의사결정 권한을 독점하고 이를 통해 정치적 영향력을 확대하는 사유 기업에 대한 대안으로 제시한다. 이런 점에서 달은 정치적 평등을 자신이 생각한 다두제 민주주의의 가능 조건으로 보듯이, 경제적 영역에서 의사결정상의 평등을 경제적 민주주의의 핵심요소로 본다. 물론 달이 이렇게 경제적 영역에서의 민주주의 실현을 요구한 것은 이를 통해 기업 권력의 출현을 막을 수 있다는 점에서 정치적 민주주의의 필수 조건인 정치적 평등을 확립할 수 있기 때문이다.

### 포스트 민주주의

이렇게 달이 분석한 미국의 민주주의 상황은 결국 거대 기업을 소유한 소수 계층의 권력화가 동등한 투표권에 기초한 정치적 평등을 훼손하고 있다는 점으로 특징지을 수 있다. 그리고 이렇게 본다면 미국의 대의제 민주주의는 밀이 경계했던 다수의 횡포, 다시 말해 노동자들에 의한 계급입법의 확대를 보여준 것이 아니라, 오히려 소수에 의한 경제 및 정치 권력 독점 현상을 보여준다는 점에서 그가 염려했던 것과는 정반대로 가고 있다. 그런데 이런 현상이 단지 미국에서만 나타나는 것은 아니다. 콜린 크라우치의 분석을 보면 이와 유사한 현상은 미국을 넘어 유럽과 아시아, 라틴아메리카에 이르기까지 자유민주주의를 표방한 거의 모든 나라에서 나타난다는 점에서 크라우치가 오늘날 민주주의의 상황을 위기로 보는 것은 결코 지나친 일이 아니다. 이러한 그의 생각은 '포스트 민주주의'라는 개념 속에 압축되어 있다.[21] 즉 오늘날 민주주의는 전 세계로 확산하면서 절정을 맞고 있지만, 동시에 민주주의 이후의 상황, 다시 말해 비민주주의적인 결과를 초래하는 역설적 상황에 빠져 있다는 것이다. 민주주의가 실현되고 있는데도 비민주주의적 결과가 초래되고 있다? 과연 어떤 점에서 이렇게 말할 수 있을까? 크라우치가 말하는 민주주의란 달이 잘 설명하고 있듯이 다름 아닌 미국식 민주주의를 말한다. 이런 점에서 민주주의가 절정에 이르렀다는 것은 한편으로 민주주의가 전 세계적으로 확산하였다는 점을 의미하지만, 전 세계로 민주주의가 확산하였다는 것은 동시에 자유 경쟁 원칙에 따라 국민의 대표가 선출되고, 모든 국민에게는 다수결에 따라 국민의 대표를 뽑는 보편적 선거권이 보장되었다는 것을 의미한다. 그러나 자유 경쟁과 보편적 참여라는 절차적 의미에서의 민주주의가 보장되었다 하더라도 민주주의 본래의 이념인 인민주권과 인민의 자기 지배, 그리고 모든 국민의 자유와 평등이 실현된 것은 아니다. 자유민주주의를 표방한 국가가 전 세계적으로 확산한 현대 사회에 고대나 중세 사회에서나 볼 수 있는 신분 사회적 현상이 나타나고 있기 때문이다. 즉 과거의 귀족처럼 경제적, 정치적 특권층이 일종의 지배계급처럼 등장하고 있다는 것이다.

크라우치는 이렇게 민주주의 사회에서 나타나는 비민주주의적 현상을 설명하기 위해 4가지 근거를 제시하고 있다. 첫째는 노동자계급의 해체이다. 전통적 의미에서 산업 노동자는 노동조합을 통해 강한 연대를 형성하였으며, 이를 통해 자본가와 계급 타협을 이루어내 복지국가를 건설했다. 그러나 신자유주의가 확산하고, 정보통신기술이 비약적으로 발전한 오늘날에는 산업 노동자를 핵심축으로 하는 계급 연대가 사라지고 있다. 한편으로 생산공정의 자동화가 이루어짐으로써 생산 노동자에 대한 절대적 수요가 감소하고 있으며, 다른 한편 사무직이나 서비스업 종사자가 증가함으로써 노동자계급의 내적 분열이 가속화되고 있고, 여기에 더해 노동자 자체가 정규직과 비정규직으로 분열됨으로써 이제 노동자들이 어떤 통일된 이해관계나 정체성을 형성하기 어렵게 되었기 때문이다. 이것이 낳은 정치적 결과는 노동자계급의 정치적 영향력이 급속도로 약화함으로써 노동자계급을 대변하는 계급 정당이 사라지거나 이런 정당들이 모든 국민을 대변한다는 식으로 지지층이 모호한 국민정당으로 탈바꿈하였다는 점이다. 그러나 사실 정당들이 자신의 확고한 지지층을 상실하거나 확보하지 못하고 있다는 것은 결국 자신의 지지기반을 다른 곳에서 찾게 했고, 그 결과 정당의 활동방식 역시 아래의 세 번째 부분에서 설명하는 것처럼 근본적으로 변화할 수밖에 없었다.

둘째는 기업의 권력화이다. 달은 기업의 최고 경영자나 소유주들은 기업 내부에서의 의사결정 권한을 장악할 뿐만 아니라, 소득이나 사회적 지위, 그리고 정치적 선전과 정치 지도자에 대한 접근 가능성에 있어서 일반 국민보다 우월한 위치에 있다는 점에서 정치적 영향력 역시 강화된다고 보았다. 이런 점에서 기업의 권력화를 말할 수 있지만, 크라우치가 지적하는 기업의 권력화는 일종의 초법적 권력 행사를 의미한다. 한편으로 신자유주의적 세계화가 진행되면서 기업 경영 역시 세계화되었을 뿐만 아니라 급기야 초국적 기업이 등장하게 되었고, 다른 한편 이러한 초국적 기업들은 개별 국가에 대해 막강한 정치적 영향력을 행사할 수 있게 되었기 때문이다. 예를 들어 초국적 기업은 개별 국가에 투자하기 위해 재정, 노동, 조세 정책 등을 기업 친화적으로 변경할 것을 요구하고, 개별 국가는 투자 유치와 이를 통한 고용 창출을 위해 초국적 기업의 요구를 들어줄 수밖에 없다는 것이다. 더구나 이런 상황에서는 오히려 개별 국가들이 투자 유치를 위해 기업 친화적인 조건을 경쟁적으로 제시한다는 점에서 초국적 기업은 개별 국가의 민주주의적 입법 절차와 상관없는 초법적 권력을 갖게 된다.

셋째는 정치계급의 등장이다. 크라우치가 말하는 정치계급이란 국민의 이해를 대변한다기보다는 자기 자신의 이해관계나 자신이 소속된 정당의 이익을 우선시하는 직업 정치인들을 말하며, 이들은 기업 권력과 결탁하여 지배계급을 형성한다. 기성 정당들은 노동자계급이 해체되면서 자신의 확고한 지지기반을 상실했을 뿐만 아니라, 이들을 대신할 새로운 지지층을 확보할 수 없었다. 바로 이런 상황에서 기업 권력의 등장은 직업 정치인들에게 새로운 돌파구를 마련해 준 것이나 마찬가지이다. 이제 직업 정치인들은 기업 권력과 결탁해 자신들의 존립 기반을 확고히 할 수 있었기 때문이다. 이런 점은 기성 정당의 조직 구조를 급격하게 변화시킨다. 본래 정당은 상층부에 핵심 지도자가 위치하고 그다음에 각급 의원, 그리고 정당 활동가, 일반 당원, 지지층이 위치하는 층상 구조로 되어 있다. 그런데 노동자계급의 해체 이후 기성 정당 조직에서는 정당 상층부와 일반 당원 및 지지층을 연결하는 정당 활동가의 역할이 사라지게 되었다. 그렇다면 단지 직업 정치인들이 기업 권력의 지지만으로 매번 치러지는 선거에서 당선될 수 있을까? 이제 정치인들과 일반 당원 및 지지자를 연결하던 정당 활동가의 자리를 선거전문가들이 대신한다. 이들의 역할은 정치인들과 당원 및 지지자들을 연결하는 데 있지 않다. 노동자계급이 해체됨으로써 확고한 지지층을 상실한 정당은 선거전문가를 통해 오히려 여론을 형성하면서 지지층을 만들어

간다. 그 결과 선거에 제시되는 각종 공약은 국민의 요구를 관리하고 조작하는 선거전문가들의 전략적 계산을 통해 설정되며, 선거 자체는 이벤트와 선전 문구로 가득 찬 마케팅 행사로 전락한다. 이제 일반 국민은 선거전문가들이 짜놓은 프레임에 따라 그저 수동적으로 반응하는 유권자에 지나지 않게 되었기 때문이다.

넷째는 공공기관의 민영화이다. 즉 각종 규제를 철폐하고, 자유 경쟁을 강조하는 신자유주의 정책의 하나로 전기, 가스, 수도, 교통 등 공공재를 제공하던 공기업들 역시 민영화되고, 보건의료분야는 영리화되기까지 한다. 분명 공공기관이 민영화되면 자본주의는 새로운 팽창의 기회를 잡을 수 있다. 사기업들은 이제 정부가 제공하던 각종 공공재를 이윤추구의 대상으로 상품화시킬 수 있기 때문이다. 그러나 반대로 일반 국민은 자신들의 삶에 필수적인 공공재에 대한 통제력을 상실하게 된다. 공공재를 정부가 제공하는 한 일반 국민은 투표를 통해 이를 제어할 수 있지만, 공공재가 민간에 맡겨지면 이는 철저히 시장 논리에 따라 움직일 수밖에 없기 때문이다. 그런데 왜 이런 식의 민영화가 포스트 민주주의적 상황을 만들어내는 원인이 될까? 그것은 바로 이를 가능하게 하는 것이 기업 권력과 정치계급 간의 결탁이기 때문이다. 사실 공공재의 제공이 민영화됨으로써 이에 대한 일반 국민의 통제력이 상실된다면 분명 사영 기업에 새로운 활로를 열어주는 것이 되겠지만 일반 국민에게는 시장 논리에 따라 가격이 인상되거나, 수익성이 없는 지역에서는 아예 공공재를 제공받지 못하게 된다. 이런 일이 가능한 것은 정치계급들이 일반 국민의 확고한 지지 없이도 존립할 수 있기 때문이고, 일반 국민의 지지를 대신하는 것이 기업 권력이라는 것이다. 그리고 기업 권력 역시 자신들에게 막대한 이윤을 안겨주는 공공재 민영화를 위해 이를 추진하는 정치계급이 필요한 것은 마찬가지이다.

## 대표성의 위기

그렇다면 우리의 상황은 어떨까? 우리도 달이 지적한 기업 권력의 등장, 혹은 크라우치가 지적한 기업 권력과 정치계급의 결탁으로 인한 새로운 지배계급의 출현을 경험하고 있을까? 최장집은 일찍이 한국 민주주의를 분석하며 1987년 민주화 이후의 민주주의 상황을 위기로 진단한 바 있다.[22] 그가 이런 진단을 내린 이유는 참여의 위기와 대표성의 위기가 공공성 붕괴를 낳았기 때문이다. 최장집에 따르면 대의제 민주주의의 핵심은 국민의 참여와 정당에 의한 대표에 있다. 그러나 1987년 이후 투표율이 지속적으로 하락하여, 당시 89.2%였던 대통령 선거 투표율이 2007년에는 63%, 그리고 1988년 75.8%였던 국회의원 선거 투표율이 2012년에는 54.3%에 불과했다. 이런 상황에서는 과반수 득표를 통해 대통령이나 국회의원에 당선된다고 하더라도 이들의 지지는 전 국민의 3분의 1, 혹은 4분의 1에 불과하다. 최장집이 지적하고 있는 것은 이 정도의 지지를 갖고 선출된 정치인이 과연 국민의 대표라 할 수 있겠는가 하는 점이다. 즉 낮은 투표율이 대표성의 위기를 낳고 있다는 것이다.

그렇다면 왜 이렇게 투표율이 하락했을까? 최장집이 주목하는 것은 젊은 층과 저소득층의 투표율 감소이다. 한편에서 젊은 층은 투표해도 정치가 좋아지지 않을 것이라고 생각하거나 마음에 드는 후보가 없어서, 혹은 정치에 관심이 없어서 투표하지 않는다는 것이다. 이런 점에서 젊은 층은 현 정치체제가 자신들을 대변해 줄 것으로 생각지 않는다. 저소득층도 이와 마찬가지이다. 자신의 투표가 문제해결에 도움을 줄 것이라든지, 혹은 사회를 변화시킬 것으로 생각하는 사람들이 저소득층의 경우 다른 소득 계층에 비해 낮게 나타나기 때문이다. 이런 점에서 청년층이나 저소득층 모두 현실 정치에 대한 기대감 상실로 인해 투표장에 나가지 않는다고 볼 수 있다. 그런데 이렇게 특정 계층에서의 투표율 하락이 두드러지게 되면, 이는 단지 대표성의 위기만 초래하는 것이 아니다. 이는 상대적으로 투표율이 높은 계층의 과잉대표 문제를 낳기 때문이다. 즉 모든 사회 계층은 그 수에 비례하여 대표를 가져야 하지만, 투표율이 낮은 청년층과 저소득층은 정치적 대표를 확보하지 못하고, 이들을 제외한 중상층만이 정치적 대표를 갖게 된다는 것이다. 그런데 높은 투표율을 보이는 중상층은 사실 전체 국민 중 다수가 아니다. 사회적 양극화가 심화하면서 대다수 국민은 자신들이 중산층이 아니라고 생각하고 있기 때문이다. 이른바 신자유주의 정책이 확대되고, 노동시장이 정규직과 비정규직으로 양극화되면서 중산층은 붕괴하고, 전체 국민 중 대다수가 저소득층으로 추락했다는 것이다.

그렇다면 선거를 통해 선출된 대표자들은 누구를 대변할까? 정치인들이 자신을 지지하는 계층을 대변하는 것은 당연한 일이다. 그래야 다음 선거에서 다시 당선될 수 있기 때문이다. 하지만 소수의 지지를 통해 당선된 정치인들이 이들 소수만을 위한 정책을 입안하고 시행한다면, 국정 운영의 공공성은 붕괴하고 만다. 국가는 국민 모두와 관련된 사안을 처리할 뿐만 아니라, 이를 공익 추구 원칙에 따라 수행해야 한다. 물론 모든 국민이 동일한 이해관계를 갖는 것은 아니다. 따라서 무엇이 공익인지는 항상 논쟁의 대상이 되며, 공익 실현을 위해 어떤 정책이 채택되어야 하는지는 민주적 의사결정에 맡겨져야 한다. 즉 국가의 공익 추구는 절차적 정당성을 통해 확보된다는 것이다. 그런데 소수의 지지만으로 국민의 대표가 선출되고, 다시 이들이 자신을 지지한 소수만을 대변한다면, 더구나 국민의 대다수는 자신의 대표를 갖지 못하고 소수만이 대표를 갖는다면, 국가가 추구하는 어떤 정책도 절차적 정당성을 갖기 어렵다. 그리고 이렇게 되면 국정 운영은 소수만을 위한 것이 되며, 결국 국가의 정당성마저 위협받게 된다.

그렇다면 이렇게 투표율 하락이 대표성의 위기를 낳고, 대표성의 위기가 다시 공공성을 붕괴시킴으로써 국가의 존립 자체를 흔들어 놓고 있다면, 그 해법은 무엇일까? 최장집은 한국의 정당 체제가 이념적으로 냉전 반공주의에 편향된 보수 독점의 정치적 대표체제에서 벗어나 이념적 다양성을 가져야 한다고 본다. 그래야 다양한 계층들을 대변할 수 있는 정당들이 등장하고, 또 이를 통해 정치적으로 소외된 계층들의 참여를 확대할 수 있기 때문이다. 그러나 과연 이념적으로 다양한 정당이 등장하고, 투표율이 높아지면 대표성의 위기도 극복할 수 있고, 국정 운영의 공익성도 확보할 수 있을까? 지난 2017년 대통령 선거를 보더라도 이미 전통적인 양당체제는 붕괴하였으며, 보수도, 진보도, 중도도 분열한 다당제 상황이었다. 그리고 과거와 비교하여 볼 때 투표율 또한 상승하여 77.2%에 이르렀다. 물론 이와 유사한 상황에서 펼쳐진 2016년 국회의원 선거의 투표율은 58%였지만 이 역시 이전 선거보다 높은 것이었다. 이런 투표율 상승은 젊은 층의 투표율이나, 저소득층의 투표율 역시 향상됨을 의미한다. 그렇다면 이제 공공성은 둘째치고 대표성의 위기라도 극복했다고 볼 수 있을까?

그렇진 않을 것이다. 아무리 투표율이 높아져도 대표성의 위기가 여전히 남는다면 이는 대의제 민주주의가 안고 있는 구조적 문제일 뿐, 국민의 참여 저조가 문제인 것은 아니다. 문재인 대통령이 지난 대선에서 전체 유효투표수 중 41.1%를 얻어 당선되었지만, 이는 우리나라 전체 유권자 수의 31.5%에 불과했다. 그리고 지난 국회의원 선거에서 과반으로 당선되었다 해도, 이는 전체 유권자 수의 29%에 불과할 것이다. 가장 최근인 2022년 대선을 보면 후보단일화로 다당제가 아닌 양당제 구도에서 선거가 치러졌고, 윤석열 후보가 투표율 77.1%에 득표율 48.6%로 당선되었다. 그러나 이 역시 전체 유권자 4419만 명 중 37%인 1639만 명의 지지에 해당한다. 전체 유권자의 31%, 내지 많아야 37%를 얻고 당선된 정치인이 모든 국민을 대변한다고 볼 수 있을까? 아니면 근 60~70%에 이르는 국민은 자신의 대표를 갖지 못한다고 보아야 할까? 그렇다면 대의제 민주주의는 언제나 대표성의 위기를 안고 있을 수밖에 없는 것일까? 사실 대의제 민주주의에서 모든 계층이 자신의 대표성을 갖고, 더 나아가 모든 계층의 이해나 의사가 실현된다고 볼 수는 없다. 투표는 다수결 원칙에 따라 진행되기 때문에 표를 더 많이 얻은 사람만 당선되고, 그렇지 못한 사람은 당선되지 못한다. 이렇게 되면 당선되지 못한 정치인을 지지한 사람은 자신의 대표를 갖지 못한다. 물론 밀은 이런 점에서 비례대표제를 통해 소수도 대표를 가질 수 있게 해야 한다고 주장한다. 그러나 비례대표제를 통해 소수가 대표자를 확보한다고 해도, 의회에서의 정책 결정 또한 다수결에 의해 이루어지기 때문에 소수를 대표하는 의원이 존재한다고 하더라도 정당 간의 협력적 구조가 형성되지 않는 한 소수의 이해나 의사가 실현되기는 쉽지 않다. 더구나 의원이 아니라, 대통령을 선출할 때는 비례대표제 자체가 불가능하기에 소수는 대권에 참여할 수 없다. 물론 대통령이나 국회의원이 절대다수의 지지를 받아 당선된다면 대표성의 위기는 상대적으로 감소할 것이다. 그러나 다당제하에서, 혹은 후보가 난립한 가운데 선거가 치러지는 경우가 허다한데 과연 국민의 절대적 지지를 받는 정치인이 등장할 수 있을까? 그렇다면 다당제와 후보 난립이 결국 대의제 민주주의의 대표성의 위기를 낳는 것 아닌가? 대표성의 위기는 양당제하에서도 마찬가지이다. 한 당이 선거에 승리하면 패배한 당을 지지한 국민은 정치적 대표를 세우지 못하는 것은 마찬가지이기 때문이다.

## 4. 협력적 민주주의 모델

### 민주주의와 경쟁적 사회구조

나는 대의제 민주주의는 다당제든 양당제든 대표성의 위기를 피할 수 없다고 본다. 그 이유는 대의제 민주주의가 실행되는 사회 자체가 각기 다른 이해관계로 분열되어 있기 때문이다. 그리고 정치적 대표체제의 이념적 스펙트럼이 넓어질수록 이제 이러한 이해관계는 정치 세력의 분열, 혹은 다양화로 이어진다. 물론 현존 사회가 서로 다른 이해관계로 분열되어 있다면, 그것은 그만큼 대립과 갈등이 많다는 뜻이며, 이러한 대립과 갈등이 발생할 수밖에 없는 이유는 우리 사회가 경쟁 사회이기 때문이다. 사회구성원들이 각기 자신의 이익을 위해 타인과 경쟁한다면 대립과 갈등은 불가피하고, 이들을 하나의 이해관계로 통합시킨다는 것은 불가능하다. 정치적 대표체제 역시 이 같은 사회적 상황을 반영할 수밖에 없다. 이해관계가 다양할수록 정치적 대표체제 역시 분열할 수밖에 없고, 선거를 통해 그 어떤 세력이 정치적 권력을 장악한다 하더라도 이들은 다양한 이해관계 중 특정한 세력만을 대변할 수밖에 없다. 이런 점에 주목한다면 사실 대의제 민주주의가 대표성의 위기를 맞을 수밖에 없는 이유는 투표율의 저하나 협소한 정치적 대표체제에 있는 것이 아니라, 바로 경쟁적 사회구조에 있다.

사실 민주주의의 기본 원칙이라고 밝힌 인민주권이나 인민의 자기 지배 원칙에서 말하는 인민이란 모든 인간을 말하며, 이는 다수, 혹은 소수라 지칭할 수 있는 특정 계층이나 특정 세력을 말하는 것이 아니다. 그런데 모든 인간을 인민이라는 하나의 개념으로 지칭하려면, 이는 그만큼 모든 인간이 서로 다른 이해관계로 분열해 있는 것이 아니라, 하나로 통합될 수 있음을 전제해야 한다. 다시 말해 모든 인간의 통합을 전제하지 않는 한 인민이란 말 자체가 성립할 수 없다는 것이다. 이런 점에서 모든 인간이 서로 분열되어 있다면 인민주권이나, 인민의 자기 지배 역시 불가능하며, 모든 인간이 아니라, 특정 계층이나 세력이 흡사 자신이 모든 인간을 대표하는 것처럼 인민이란 단어를 남용할 뿐이다. 우리가 인민의 의미를 이렇게 이해한다면, 인민주권과 인민의 자기 지배라는 민주주의 원칙이 실현되기 위해서는 무엇보다도 인민이 하나로 통합되는 것이 중요하며, 이것이 전제되지 않는 한 그 어떤 형태의 민주주의도 민주주의 본래의 원칙을 실현할 수 없다.

## 민주주의와 공론장

그렇다면 인민을 서로 다른 이해관계로 분열시키는 것이 아니라, 하나로 통합할 방법은 무엇일까? 루소식의 공화주의적 민주주의는 모든 국민의 정치 참여를 강조하지만, 이것이 국민 개개인이 각자 개별적으로 국가 운영에 참여한다는 뜻은 아니다. 공화주의적 민주주의는 민주적 공론장을 통해 개별 국민의 의지가 일반 의지로 통합되는 과정을 전제하기 때문이다. 이런 점에서 공화주의적 민주주의는 현대적 의미에서 일반 국민이 민주적 공론장에 참여하여 공동의 문제에 대해 함께 토론하며 숙의하는 것을 국민의 삶의 목적이자 자유 실현으로 볼 뿐만 아니라, 민주적 공론장에서 이루어진 정치적 결정에 따라 법을 만들고 이를 집행하는 것을 입법 및 행정부의 역할로 설정할 수밖에 없다. 그런데 민주적 공론장을 강조하는 것은 공화주의 전통만이 아니라, 절차주의적 민주주의를 주장하는 하버마스 역시 마찬가지이다. 물론 하버마스는 민주적 공론장을 통한 국가 공동체의 자주적 관리를 말하는 것은 아니다. 그는 공동의 문제를 해결하기 위한 합리적 절차로서 민주적 공론장의 공론 형성 역할을 강조하지만, 민주적 공론장이 입법부와 행정부를 영향권 하에 둘 뿐, 직접적으로 법을 제정하거나 이를 집행하는 권한을 갖는 것은 아니다. 그렇지만 민주주의가 단지 국민이 자신의 대표를 선출하고 이들이 국정을 운영하는 것이 아니라, 민주적 공론장이라는 매개체를 통해 국민의 의사가 통합되고, 이렇게 통합된 의사가 모든 국가 운영의 정당성 원천이 되는 정치제도라는 점에서는 공화주의적 민주주의 전통이나 절차주의적 민주주의 입장 모두 일치한다.

그렇다면 과연 공화주의나 절차주의가 말하는 민주적 공론장을 통한 국민의 통합이 가능할까? 악셀 호네트에 따르면,[23] 공화주의가 주장하듯 민주적 공론장에 참여하는 것을 모든 국민의 삶의 목표이자 자유 실현으로 보아야 한다면, 이는 불가능하다. 오늘날과 같이 사회가 다양한 영역으로 분화된 사회에서는 각 개인의 자아실현이나 자유 실현이 공론장에 참여하는 것과 같은 정치적 활동으로 축소될 수는 없기 때문이다. 다른 한편 현재 상황을 볼 때 하버마스가 주장하듯 공동의 문제를 해결하기 위한 합리적 절차로서 민주적 공론장이 기능할 수 있는 것도 아니다. 오늘날 국민은 왜 민주적 공론장을 통해 공동의 문제를 해결해야 하는지 아무런 동기도 갖고 있지 못하기 때문이다. 아마도 이런 점은 실제 민주적 공론장의 모습을 보면 쉽게 이해할 수 있을 것이다. TV 토론이나 정당이 주최한 정책 간담회를 보면 공론장 자체가 각기 다른 집단들이 각자 자기 입장을 관철하기 위한 헤게모니 투쟁 장으로 변질된 경우가 허다하기 때문이다. 이런 점에서 하버마스가 강조하는 이른바 담론 원칙, 즉 더 나은 논증을 통한 합의 형성이라는 합리적 절차는 헤게모니 장악을 위한 전략적 담론을 통해 아무런 영향력도 발휘하지 못한 채 퇴색되고 말았다.

### 민주주의와 협력의식

호네트는 존 듀이의 민주주의 모델을 통해 대의제 민주주의만이 아니라, 대의제 민주주의의 한계를 극복하기 위해 등장한 공화주의적 민주주의 모델이나 절차주의적 민주주의를 넘어서 새로운 대안적 민주주의 모델을 제시한다.[24] 우선 그에 따르면 듀이는 민주주의가 대의제 민주주의로 축소되는 것에 반대했다. 다수결 원칙에 따라 국민의 대표를 선출하고, 이들이 국정을 담당한다는 것은 국민 개개인을 서로 고립된 존재로 볼 뿐만 아니라, 국민 개개인이 추구하는 목표나 가치가 서로 조화될 수 없음을 전제한 것이나 마찬가지라는 것이다. 다수결 원칙이란 국민 개개인 간의 통합된 의사가 존재하지 않거나, 이런 통합된 의사가 불가능할 때나 필요한 것이기 때문이다. 이런 점에서 듀이 역시 국민 개개인의 의사가 통합되는 절차로서 민주적 공론장을 강조한다. 즉 그에게 민주주의란 국민이 안고 있는 공동의 문제를 자유로운 의사소통을 통해 형성된 공론을 통해 해결하는 합리적 절차라는 것이다. 그리고 정부란 다양한 수준에서 작동하는 공론장들이 서로 통합될 수 있도록 보편적으로 동의 가능한 해결방안을 제시해야 한다.

얼핏 보기에 이런 식의 민주주의 모델은 공화주의나 절차주의 모델과 무엇이 다른지 구분하기 어렵다. 그러나 호네트는 이런 듀이의 민주주의 모델을 협력적 민주주의라 규정하면서 이런 모델이 어떤 점에서 공화주의나 절차주의 모델과 다를 뿐만 아니라, 이들의 한계를 극복하는지를 설명한다. 첫째, 듀이의 협력적 민주주의는 공화주의 전통과는 달리 국민 개개인의 삶의 목표나 자유 실현이 정치적 활동에 있다고 보지 않는다. 듀이가 보기에 개인의 자유 실현이란 분업을 통해 형성된 사회적 협력 체계 내에서 자신의 잠재력을 실현하는 데 있기 때문이다. 따라서 민주적 공론 형성에 참여하는 것은 이러한 협력 체계 내에서 문제가 발생할 때 이를 해결하기 위한 것이다. 둘째, 듀이가 비록 민주적 공론장을 공동의 문제 해결을 위한 합리적 절차로 보지만, 그렇다고 하버마스가 주장하는 절차주의 모델에 경도된 것은 아니다. 듀이는 하버마스와 달리 민주적 공론장이 작동할 수 있는 가능 조건을 중시하기 때문이다. 즉 그에 따르면 민주적 공론장에서의 합리적 문제 해결은 사회구성원 사이에 협력 의식이 존재해야 가능하다는 것이다.

그렇다면 사회구성원의 협력 의식은 어떻게 형성될 수 있을까? 듀이가 염두에 두고 있는 것은 유기적 분업체계로서의 사회이다. 즉 사회는 고전적 자유주의자들이 생각했던 것처럼 독립된 개인들의 연합체에 지나지 않는 것이 아니라, 다양한 기능과 역할들이 하나로 통합되어야 사회 전체가 유지될 뿐만 아니라, 이 각각의 기능과 역할들은 또한 사회 전체의 재생산을 통해 유지된다는 것이다. 따라서 사회구성원들 역시 독립적 개인이라기보다 이렇게 유기적으로 결합해 있는 분업체계 속에서 자신의 재능과 능력을 발휘하며 상호협력 관계를 형성하게 된다. 이렇게 본다면 듀이는 유기적 분업을 통해 다양한 사회구성원들이 하나로 통합됨을 전제하고 있으며, 이를 통해서만 민주적 공론장을 통합하여 합리적 문제 해결이 가능하다고 본 것이다. 분명 이런 형태의 민주주의 구상이 실현된다면 인민주권과 인민의 자기 지배라는 민주주의의 근원적 원칙이 실현될 수 있다. 국민 전체가 각각의 이해관계로 분열되는 것이 아니라, 이제는 인민이라는 통합된 주체로 고양될 수 있기 때문이다. 그러나 현실 사회를 보면 과연 협력 의식이 존재한다고 볼 수 있을까? 그것도 사회 전체에 협력 의식이 존재한다고 볼 수 있을까? 이익 집단의 경우 그 구성원들 사이에는 협력 의식이 존재한다. 공동의 목표를 통해 각자의 이익을 관철할 수 있기 때문이다. 그러나 이런 식의 협력 의식은 공동의 목표가 실현되면 동시에 사라질 것이다. 이들 사이의 협력은 자신의 이익을 관철하기 위한 전략적 협력에 지나지 않으며, 아마도 이익집단이 추구하는 공동의 목표가 자신의 이익을 훼손시킬 수 있다면, 전략적 협력 자체도 불가능할 것이다. 하물며 다양한 이해관계가 대립하고 충돌하는 사회 전체에서 협력 의식이 존재할 수 있을까?

나는 듀이에서 비롯된 이러한 협력적 민주주의 모델이 새로운 사회적 자유주의를 실현하는 민주주의 형태라고 본다. 그러나 이러한 주장이 실제로 협력 의식이 존재하지 않음에도 불구하고, 협력적 민주주의를 관철할 수 있다는 뜻은 아니다. 오히려 새로운 사회적 자유주의는 협력적 민주주의가 실현될 수 있는 사회적 조건을 확보해야 한다. 즉 사회 전체 차원에서 협력 의식이 가능하도록 사회 자체를 협력적으로 재구조화할 수 있어야 한다는 것이다. 이런 점에서 새로운 사회적 자유주의의 정치적 목표란 단지 협력적 민주주의를 실현하는 데 있는 것이 아니라, 이것이 가능하도록 사회 자체를 협력적으로 재편하는 데 있다. 듀이에 따르면 정부의 역할이 바로 여기에 있다. 즉 정부는 사회적 협력이 잘 실현될 수 있도록 지원하는 기관이며, 동시에 다양한 수준의 민주적 공론장을 조화롭게 결합할 수 있는 공동의 문제에 관한 해결방안을 실험적으로 제시할 수 있어야 한다는 것이다. 이렇게 본다면 결국 새로운 사회적 자유주의란 정치적 차원에서 볼 때 사회적 협력 의식을 강화할 수 있는 다양한 정책적 방안을 모색하고, 또한 민주적 공론장의 동의를 토대로 이를 실현하려는 정치적 이념을 말한다.

그런데 새로운 사회적 자유주의란 사회적 자유 실현을 최고의 가치로 삼는 정치적 이념이며, 여기서 말하는 사회적 자유란 다름 아닌 협력적 자아실현을 말한다. 즉 호네트가 정식화한 사회적 자유란 방해받지 않는 자아실현이며, 개인적 자아는 타인과의 상호인정 관계 속에서 형성되고, 또한 상호인정 관계 속에서 실현된다. 이런 점에서 상호인정 관계란 개인적 자유의 사회적 가능 조건이자 실현조건이라 할 수 있으며, 호네트는 이렇게 사회적 조건이 갖추어져야 실현될 수 있는 개인적 자유를 사회적 자유로 규정한 것이다. 그리고 이런 형태의 사회적 자유는 협력적 자아실현을 의미한다. 상호인정 관계 하에서 각각의 개인은 타인이 원하는 바를 흡사 자신이 원하는 것처럼 여기며 이를 지원하며, 또한 타인의 역할 의무 수행 없이는 자신의 자유 또한 실현될 수 없다는 점에서 상보적 관계를 형성하고 있기 때문이다. 그렇다면 유기적 협력 관계와 상호인정 관계가 동일시될 수 있을까? 물론 유기적 협력 관계 하에서도 협력적 자아실현이 가능하고, 또한 상호인정 관계 하에서도 협력적 자아실현이 가능하다는 점에서 이 둘의 등가성을 인정할 수 있을 것이다. 그러나 유기적 협력관계란 사회적 분업 영역에서 발생하는 것이고, 상호인정 관계는 호네트가 지적하고 있듯이 사랑, 권리부여, 연대를 통해 형성된다. 그렇다면 사랑, 권리부여, 연대를 통해 형성된 사회적 관계들도 분업적 협력 관계라 할 수 있을까? 그리고 반대로 모든 분업적 협력 관계 역시 해당 당사자 간의 상호인정을 전제하고 있을까? 아마도 이렇게 분업적 협력 관계와 상호인정 관계가 서로를 전제하거나 함축하고 있다면 이 둘 사이의 등가성을 말한다는 것은 결코 지나친 비약은 아닐 것이다. 9장에서 자세히 살펴보게 되겠지만, 뒤르켐은 근본적으로 현대 사회를 유기적 협력체로 본다. 현대 사회는 고도로 분화된 사회일 뿐만 아니라, 이들 간의 상호협력을 통해 형성된 유기적 연대에 기초하고 있기 때문이다. 이런 점에서 뒤르켐의 현대 사회 이해는 듀이와 다를 것이 없다. 그런데 흥미로운 것은 뒤르켐이 분업에 기초한 유기적 협력이 사회구성원 간의 상호인정을 통해 형성된다고 본다는 점이다. 뒤르켐에 따르면 분업에 기초한 유기적 연대가 가능한 것은 사회구성원 간의 상호이해와 협력 때문이며, 이는 다시 사회구성원이 서로를 동등한 권리의 존재이자, 서로를 보완해 주는 존재로 인정할 때 이루어질 수 있다는 것이다. 이렇게 보면 뒤르켐이 말하는 사회적 분업에 기초한 유기체적 연대의 가능 조건은 호네트가 말하는 동등성과 차이의 인정과 일치한다. 이런 점에서 사회적 협력 의식의 강화를 위해 사회적 인정의 확대를 주장하는 것은 사실 등가성을 갖는다고 할 수 있다.

# 8장 사회적 경제

　고전적 사회적 자유주의는 19세기 말 산업혁명이 초래한 경제적 불평등과 빈곤을 목격하면서 이를 해결하기 위한 국가의 역할을 강조하였다. 물론 국가가 경제적 불평등과 빈곤 해결을 위해 사용한 방법은 세금을 활용한 소득재분배였다. 이들에게 사회란 단지 독립된 개인들이 자기보존을 위해 상호 경쟁하는 대결의 장이 아니라, 일종의 유기체이며, 사회구성원은 서로 협력하는 상호의존적 존재였고, 개인의 성공은 단지 개인적 노력의 산물이 아니라, 근본적으로 이러한 사회적 협력이 존재하기에 가능한 것이었다. 따라서 이런 사회 기여분을 사회에 환원하는 것은 당연한 일이었으며, 이들은 소득이 많은 사람에게 누진적으로 세금을 징수하고 이를 통해 빈곤층에게 복지혜택을 제공함으로써 경제적 불평등과 빈곤을 해결하려고 했다.

　분명 고전적 사회적 자유주의가 추진했던 소득재분배를 통한 경제적 불평등과 빈곤 해소는 소득이 낮은 사람에게도 삶에 필요한 '기본적 필요(basic needs)'를 충족시켜 준다는 점에서 사회구성원 간의 상호협력의식을 증진한다고 볼 수 있다. 그러나 고전적 사회적 자유주의자들이 추진한 국가 주도의 소득재분배는 사실 사후적 조치로서 무한경쟁에 기초한 자본주의라는 시장경제질서 자체를 개편하거나 다른 식의 경제 질서로 교체한 것은 아니다. 이러한 점은 새로운 사회적 자유주의의 핵심 개념인 사회적 자유 개념을 정립한 호네트에서도 유사하게 나타난다. 그가 비록 상보적 자아실현이 가능한 제도적 영역과 여기에 함축된 역할 의무를 밝히고 있지만, 이러한 제도적 영역이 완전히 협력적으로 구조화된 것은 아니다. 여기에도 여전히 경쟁 관계가 존재한다. 다시 말해 호네트가 경제적 시장 영역으로 포괄한 소비 영역과 노동시장을 보면, 생산자와 소비자, 자본가와 노동자가 규범적으로 설정된 각자의 역할 의무를 다할 때 이들 영역에서 개인의 자유가 상보적으로 실현될 수 있지만, 개별 자본가와 자본가, 개별 기업가와 기업가, 개별 노동자와 노동자, 개별 소비자와 소비자 사이에는 상보적 관계가 아니라, 반대로 경쟁 관계가 존재한다. 이들은 각기 자신의 이익을 위해 다른 자본가, 기업가, 노동자, 소비자와 경쟁할 수 있기 때문이다.

앞서 설명했듯이 새로운 사회적 자유주의는 개인의 자유를 협력적 자아실현으로 규정하고 있으며, 이에 적합한 경제 질서는 당연히 사회 구성원의 협력적 자아실현을 가능하게 하는 것이어야 한다. 따라서 협력적 자아실현의 경제적 조건을 밝히는 작업은 새로운 사회적 자유주의의 경제 질서를 확립하기 위해 필수적이며, 이는 또한 새로운 사회적 자유주의의 정치 질서라고 할 수 있는 협력적 민주주의를 위해서도 필요하다. 협력적 민주주의란 사회구성원 간의 협력의식에 기초한 민주적 공론장에서의 합리적 문제해결을 의미한다는 점에서 사회 자체가 협력적으로 구조화되지 않는 한 실현 불가능하기 때문이다. 그러나 오늘날처럼 경제적 영역에서 사회구성원들이 대립과 경쟁에 빠져 있다면, 사회구성원 간의 협력의식은 고사하고, 사회구성원들은 각기 자신의 이익을 위해 분열될 수밖에 없고, 결국 이를 토대로 한 민주적 공론장 역시 자신의 이익을 관철하기 위한 전략적 각축장으로 전락할 것이다. 이런 점에서 사회적 자유 실현만이 아니라, 협력적 민주주의를 실현하기 위해서도 새로운 사회적 자유주의에 적합한 경제 질서가 형성되어야 한다.

그렇다면 이런 경제 질서는 과연 어떤 것일까? 자본주의적 시장경제가 어떻게 재구조화될 때 사회구성원 간의 무한경쟁을 넘어 협력적 자유 실현은 물론 사회구성원 간의 협력의식까지 확보할 수 있을까? 나는 경제적 영역에서의 사회적 자유 실현을 위해 두 가지 차원에서 자본주의적 시장경제의 재구조화가 필요하다고 본다. 첫째, 기존의 자본주의 경제 질서는 사회구성원 간의 협력의식을 강화할 수 있는 분배 정의에 따라 재구조화되어야 한다. 내가 이런 분배 정의로 염두에 둔 것은 존 롤스, 마이클 왈저, 버트런드 러셀이 말하는 분배 원칙으로서 이는 평등한 자유를 보장하면서도 경쟁에 취약한 최소수혜자를 보호하고, 경쟁이 지배와 예속 관계로 변질되는 것을 방지할 뿐만 아니라, 경제 활동과 무관하게 소득을 보장함으로써 무한경쟁으로 인한 개인적 삶의 위기를 차단할 수 있다. 둘째, 기존의 자본주의 경제 질서에 대한 대안적 생산 양식이 확대되어야 한다. 내가 이런 대안적 생산 양식으로 제시하려는 것은 '사회적 경제'이다. '사회적 경제'는 재화와 서비스를 제공함으로써 수익을 창출하지만, 자본주의적 생산 양식과는 달리 자본의 이윤 극대화나 사적 영리추구가 아니라, 사회적 가치를 실현하는 데 목적을 둔다는 점에서 생산 활동 종사자만이 아니라, 사회구성원과도 협력적 관계를 형성할 수 있다. 나는 무한경쟁에 기초한 기존의 자본주의 경제 질서가 이 두 가지 차원에서 재구조화된다면, 사회구성원 간의 협력의식이 강화됨으로써 사회적 자유 실현과 협력적 민주주의를 위한 경제적 토대가 마련된다고 본다.

그러나 이런 식의 재구조화가 자본주의적 생산 양식과 자본주의적 경쟁 자체의 철폐를 의미하는 것은 아니다. 자본주의 경제 질서 내에서 발생하는 개인 간의 경쟁이 문제인 것은 그것이 경제적 불평등과 빈곤을 초래함으로써 생계위기, 이로 인한 자기실현 기회 상실과 타인에 대한 예속 등 개인의 삶에 치명적 결과를 낳기 때문이다. 그러나 개인 간의 자유 경쟁이 정의의 원칙에 기초한다면 경쟁은 패배자에게 치명적 결과를 안겨주는 것이 아니라 오히려 개인의 자기발전은 물론 사회적 생산성 향상의 계기가 될 수 있다. 그리고 사회적 경제를 통해 자본주의 경제 질서 내에 비경쟁적 영역이 확대된다면, 자본주의는 경제적 불평등과 빈곤이라는 부정적 결과를 초래하지 않고, 오히려 경제적 자유 실현과 효율성 추구라는 본래의 가치를 회복할 수 있을 것이다. 이런 점에서 새로운 사회적 자유주의는 경쟁과 협력의 공존, 자본주의적 영역과 비자본주의적 영역의 공존을 의도한다고 말할 수 있다. 그러나 사회정의 원칙과 사회적 경제가 현실화될 수 있는 실질적 대안이 되기 위해서는 근본적으로 인간이 타인과의 경쟁이 아니라, 협력을 원해야 한다. 자본주의 경제가 이기적 인간을 전제한다면, 사회정의와 사회적 경제의 실현은 협력적 인간을 전제하기 때문이다. 물론 인간에게는 앞서 논의했듯이 사회성이라는 자연적 본성이 있다. 그러나 과연 인간이 자기보존본능이 아니라, 자신의 사회성을 얼마나 확대할 수 있을 것인가는 단지 인간이 사회성을 갖고 있다는 주장만으로 대답할 수 없다. 이런 점에서 나는 이하의 글에서 먼저 인간 사회에서 경쟁과 대립이 아니라, 협력과 연대가 가능하다고 볼 수 있는 근거가 있는지 이를 살펴볼 것이다(1절). 그리고 이를 토대로 협력의식을 강화하면서도 경쟁의 폐해를 완화하고 경쟁의 장점을 살릴 수 있는 사회정의 원칙이 무엇인지를 롤스, 왈저, 러셀의 입장에 근거하여 규명해 볼 것이다(2절). 그리고 끝으로 사회적 경제가 무엇인지를 그 개념 규정과 구체적 형태를 중심으로 살펴보면서 어떤 점에서 사회적 경제가 협력적 자아실현을 가능하게 하는 대안적 경제 질서인지를 논의할 것이다(3절).

## 1. 사회구성원 간의 협력 가능성

새로운 사회적 자유주의가 주장하는 협력적 자아실현이 가능하기 위해서는 무엇보다도 인간이 서로 협력할 수 있어야 한다. 물론 인간의 사회성을 전제한다면, 협력적 자아실현이라는 사회적 자유가 불가능한 것은 아니다. 인간의 사회성이란 제II부에서 서술했듯이 인간이 타인과의 일체감 하에서 서로 협력하는 것을 말하기 때문이다. 그러나 인간의 자연적 본성에는 인간에게만 나타나는 사회성만이 아니라, 동물에게도 나타나는 강력한 자기보존본능도 있다. 그렇다면 인간은 실제로 서로 협력할 수 있을까?

### 개체의 경쟁과 집단의 생존

홉스가 말하는 자연적 본성인 자기보존본능을 염두에 둔다면, 인간은 결코 협력적이지 않다. 인간이 자신의 본성에 따라 살면, 만인에 대한 만인의 투쟁을 초래할 수밖에 없기 때문이다. 인간에게 자기보존이란 자연적 본성이기 때문에 모든 사람이 자신의 자기보존을 최고의 목적으로 삼고 있으며, 그 누구의 자기보존도 자기 자신의 자기보존보다 우선시될 수 없다. 따라서 모든 인간은 자신의 능력을 다하여 자기보존을 위해 노력하지만, 모든 인간이 자기보존본능을 충족할 수 있는 것은 아니다. 자기보존을 위한 노력은 타인과의 생존경쟁을 낳게 되고, 인간은 타인과의 생존경쟁에서 우위를 확보하기 위해 어떤 식으로든 자신의 힘을 강화해야 했다. 더구나 인간이 항상 더 큰 힘을 확보하려고 노력하지 않으면 이미 확보된 힘마저 유지할 수 없기에 모든 인간은 자신의 힘을 강화하기 위한 만인에 대한 만인의 투쟁 상태에 놓일 수밖에 없다.

그런데 이렇게 자기보존을 위해 만인에 대한 만인의 투쟁이 불가피하다는 홉스의 생각은 단지 자연 상태의 인간에게만 해당하는 것이 아니다. 자기보존을 위한 투쟁은 국가가 형성된 이후에도 여전히 나타나기 때문이다. 다만 자기보존을 위한 투쟁은 이제 타인의 생명을 훼손하지 않고 재산권 역시 침해하지 않는 한도 내에서의 자유 경쟁으로 규정되면서 사회발전을 위한 원동력으로 간주되기까지 한다. 스미스에 따르면, 모든 인간은 완전히 자유롭게 자신의 방식대로 이익을 추구할 수 있으며, "자신의 근면과 자본을 바탕으로 다른 누구와도 [다른 어느 계급과도] 완전히 자유롭게 경쟁"할 수 있다.[25] 그러나 스미스는 이러한 경쟁이 모든 인간을 갈등과 대립에 빠지게 한다고 보지 않고, 반대로 모든 개인의 이익 추구를 위한 자유 경쟁이 오히려 사회 전체의 이익을 증진할 수 있다고 본다. 스미스는 그 이유를 '보이지 않는 손'에 의한 시장 조절 기능으로 설명하기도 하지만, 사실 그가 염두에 둔 것은 개인의 합리성이다. 즉 모든 사람은 각자 자신의 이익을 최우선시하기 때문에 이익이 많은 곳에 투자하거나 노동하려고 하며, 반대로 경쟁이 심해 이익을 얻기 어려우면 다른 곳에 투자하거나 노동한다는 것이다. 그리고 이렇게 되면 한 사회의 자본과 노동은 구성원 모두에게 이익이 되는 방향으로 적절하게 배분된다. 이런 점에서 모든 사람이 자신의 이익을 추구하고, 불이익을 피하려 한다면, 역설적으로 모두에게 이익이 될 수 있다는 것이다.

자유 경쟁에 대한 스미스의 긍정적인 평가는 스펜서에 이르러 진화의 법칙으로 격상되기에 이른다. 9장에서 살펴보게 되겠지만, 스펜서는 단순성에서 복잡성으로의 이행을 진화의 보편적 법칙으로 보았으며, 여기에 라마르크의 적자생존법칙을 결합함으로써 이를 인간의 진화를 설명하는 일반적 틀로 설정한다. 즉 인간은 자신의 복잡성을 증대시키는 방향으로 진화해 왔으며, 이러한 복잡성의 증대는 또한 인간이 자신의 환경에 적응하고, 다른 인간과의 생존경쟁에서 우위를 차지하기 위한 노력의 결과라는 것이다. 이렇게 인간의 진화를 파악하면, 이는 곧바로 사회의 진화와 연결된다. 생존경쟁에서 도태된 사람이 아니라, 생존경쟁에서 살아남은 사람들로 이루어진 사회는 이전 사회보다 진화한 사회가 되기 때문이다. 이는 또한 다른 사회와의 생존경쟁을 전제할 때도 마찬가지이다. 생존경쟁에서 우위를 차지한 사회만이 살아남을 수 있고, 이를 통해 사회 역시 진화한다고 말할 수 있기 때문이다. 물론 라마르크의 적자생존법칙은 생존을 위한 개체의 노력이 아니라, 우연적인 개체변이를 통해 진화가 이뤄짐을 주장한 다윈의 진화론에 의해 폐기된다. 생존경쟁에서 우위를 확보한 개체가 살아남게 되고, 이를 통해 종의 진화가 이루어지는 것은 맞지만, 한 개체가 생존경쟁에서의 우위를 차지하게 만든 생물학적 특징은 후천적인 노력이 아니라, 유전적으로 이미 결정된다는 것이다. 즉 목이 긴 기린이 목이 짧은 기린에 비해 생존력이 크지만, 목이 긴 기린이 목이 길게 된 것은 이 기린의 노력에 따른 것이 아니라, 선천적으로 결정된다.

그러나 선천적인 요인에서든, 아니면 후천적인 요인에서든 생존경쟁에서 우위를 차지하게 된 개체를 통해 종의 진화가 이루어진다는 점에서 생존경쟁 자체가 진화의 원동력이라는 점에는 변화가 없으며, 이렇게 생존경쟁과 진화를 결합하는 사고방식은 자유주의 전통에 있어서 개인의 자유를 강조하는 주된 근거로 사용한다. 인간과 사회의 진보가 생존경쟁을 통해 이루어진다면, 사실 국가가 개인이나 사회에 개입해서는 안 된다. 국가가 개인의 활동에 개입한다는 것은 적자생존을 위한 인간의 노력을 약화하거나 오히려 부적격자를 생존하게 함으로써 진화의 법칙을 교란하는 행위에 불과하기 때문이다. 이런 점에서 스펜서에게 국가 역할은 단지 개인 상호 간의 권리 침해를 막는 것으로 한정될 뿐이며, 국가는 개인이 스스로 환경에 적응하고 생존경쟁에서 우위를 차지하기 위해 노력하도록 '방임'(laissez faire)해야 한다. 그리고 이는 개인의 자유를 외적 강제의 부재로 보는 고전적 자유주의자에게도 일반적으로 나타나는 주장이다.

이렇게 인간 간의 생존경쟁을 자연적 본성으로 규정할 뿐만 아니라, 이를 사회진화의 원동력으로 보는 사고방식은 오늘날에도 유효할까? 『경쟁의 종말』의 저자 로버트 프랭크에 따르면,[26] 인간 사이의 경쟁이 결국에는 모두에게 이익이 될 것이라든지, 아니면 사회를 발전시킬 것이라는 애덤 스미스식의 주장은 설득력이 없다. 경쟁이란 이 경쟁이 일어나는 집단 자체를 파괴할 수 있기 때문이다. 이를 논증하기 위해 우선 프랭크는 생존을 위한 경쟁과 사회적 지위를 위한 경쟁을 구분한다.[27] 예를 들어 돌연변이가 생겨 다른 가젤보다 더 빨리 뛸 수 있는 가젤이 나타났다고 하자. 이 경우 새로운 가젤은 천적에게 잡아먹힐 가능성이 작고, 따라서 생존경쟁에서 살아남고 번식에 성공하게 된다. 그리고 이러한 과정이 반복되면 결국 가젤이란 종은 이전보다 생존력이 높은 종으로 진화하게 된다. 즉 다윈의 이론에 따른다면 다른 가젤보다 더 빨리 뛸 수 있는 새로운 가젤이 자연으로부터 선택받아 가젤 종을 진화시킨 것이다. 이러한 사례를 보면 생존경쟁에서 우위를 차지하는 개체를 통해 종의 진화가 이루어진다는 점에서 생존경쟁은 비록 개체의 노력에 따른 것은 아니지만, 종이 진화하는 데 원동력이 된다. 그러나 개체 간의 경쟁이 단지 생존을 위한 것이 아니라, 사회적 지위를 위한 것일 때 집단 전체에는 악영향을 줄 수 있다. 예를 들어 말코손바닥사슴 중에서 상대적으로 큰 뿔을 가진 수컷은 암컷을 차지하기 위한 경쟁에서 승리할 가능성이 크다. 그렇기에 큰 뿔을 가진 수컷의 유전자가 다음 세대로 전달될 가능성 역시 크며, 북미 대륙에서 발견되는 수컷 말코손바닥사슴의 경우 뿔의 크기가 1.2미터가 넘고, 무게도 18kg을 넘는다고 한다. 그러나 이렇게 뿔이 크면 개별적으로 번식 적합성이 크지만, 집단 전체에게는 치명적 결과를 초래한다. 뿔이 큰 사슴들은 숲속에서 빠르게 이동할 수 없기에 늑대에게 잡아먹힐 가능성이 크기 때문이다. 따라서 뿔이 큰 말코손바닥사슴이 번성하면, 역설적으로 이런 종은 사멸할 수 있다. 프랭크는 이 두 가지 사례를 생존경쟁과 지위 경쟁으로 구분하면서, 후자의 경우 개체 간의 경쟁은 결코 집단 전체에 이익이 되지 않음을 주장한다. 그러나 사실 경쟁을 생존경쟁과 지위 경쟁으로 구분하는 것은 그렇게 설득력이 있는 것 같지 않다. 개별적 말코손바닥사슴이 획득하게 된 사회적 지위는 결국 집단 내에서의 생존력도 높인다는 점에서 사실 앞에서 말한 두 경우 모두 생존경쟁이라고 볼 수 있기 때문이다. 다만 가젤의 경우는 다른 종과의 관계에서 생존력을 높이기 위한 것이고,

말코손바닥사슴의 경우는 같은 종과의 관계에서 생존력을 높이기 위한 경쟁이란 점이 다를 뿐이다. 이렇게 생존경쟁의 대상이 다른 집단이냐, 아니면 같은 집단 내의 개체이냐에 따라 생존경쟁이 집단에 이익이 될 수도 있고 그렇지 않을 수도 있다면, 과연 스미스나 스펜서가 말한 생존경쟁은 어떤 경쟁에 속할까?

사회구성원 모두가 자신의 이익을 위해 경쟁할 경우 결국 경제적 효율성이 향상됨으로써 사회 전체에도 이익이라는 스미스의 주장은 분명 사회라는 집단 내부의 구성원 간의 경쟁에 해당한다. 그렇다면 이런 경쟁은 결국 사회 전체에 피해를 주게 되는 것일까? 집단 내부에서의 생존경쟁에서 살아남기 위해서는 분명 개개인은 자신의 생존력을 높여야 할 것이다. 그리고 집단 내부에서의 생존력을 높이기 위해서는 또한 사회적 지위도 높아야 한다. 그러나 집단 구성원 모두가 더 높은 사회적 지위를 획득하기 위해 지속적으로 경쟁한다면, 과연 이 집단이 다른 집단과의 경쟁에서 자신들의 힘을 결집할 수 있을까? 만약 이런 점을 염두에 둔다면 집단 내부의 치열한 생존경쟁은 집단 전체의 생존력을 약화할 것이다. 하지만 스미스가 말한 생존경쟁은 사회적 지위를 둘러싼 경쟁이 아니라, 경제적 이익을 얻기 위한 것이다. 물론 모든 개인은 경제적 이익을 얻을 수 있어야 생존에 필요한 물질적 재화를 확보할 수 있다. 따라서 생존수단을 확보하기 위한 경쟁은 불가피하다. 그런데 경제적 이익을 얻기 위한 경쟁이 과연 자신의 생존수단만을 확보하기 위한 경쟁으로 그칠 수 있는 것일까? 홉스의 사고방식으로 돌아가 본다면, 경제적 이익을 얻기 위한 경쟁은 무한히 지속한다. 경제적 이익을 위한 경쟁은 자기보존을 위해 필요한 힘의 확보를 위한 투쟁이기 때문이다. 즉 인간은 자기보존을 위해 힘이 필요하며, 이미 확보된 힘을 유지하기 위해 더 많은 힘이 필요하듯이, 이제 경제적 이익을 추구하기 위한 경쟁은 단지 생존 물자를 확보하기 위한 경쟁에 그치는 것이 아니라, 더 많은 부를 축적함으로써 자신의 힘을 강화하기 위한 경쟁이 된다는 것이다. 더구나 부를 획득하기 위한 경쟁이 사회적 지위와 맞물려 있다면 이런 경쟁은 결국 집단 내의 불평등과 이로 인한 분열을 낳게 됨으로써 집단 전체의 결속력을 약화할 것이다. 제Ⅱ부에서 서술했듯이 루소는 인간 사회의 불평등 기원을 일종의 우월성 투쟁으로 본다. 즉 인간은 집단 생활을 시작하면서 타인과 비교해 우월한 사람이 되려고 경쟁하기 시작했고, 우월성의 징표를 부와 권력을 통해 확보하려 함으로써 사회적 불평등이 발생했음을 말해주고 있다. 이렇게 볼 때 사실 스미스가 말하는 생존경쟁이란 한 사회 내부에서의 우월성 경쟁으로 치달을 때 모두에게 이익이 되는 것이 아니라, 사회적 갈등과 대립의 원인인 사회적 불평등만 양산하게 될 것이다. 그리고 이는 이미 19세기 고전적 사회적 자유주의가 비판했던 자본주의의 현실을 볼 때 너무나 명백한 것이다.

이렇게 본다면 스미스나 스펜서의 입장과는 달리 한 사회구성원 간의 생존경쟁은 사회 전체의 이익이나 사회 전체의 진화에 이바지하지 않는다. 그렇다면 반대로 사회나 집단 내부의 협력은 사회나 집단 전체의 이익이나 진화에 이바지할까? 리처드 도킨스의 유전자 이기주의는 이러한 입장을 강화할 수 있는 새로운 진화론적 입장이 될 수 있을 것이다.[28] 흔히 진화의 일반적인 메커니즘은 변이, 자연선택, 유전이라는 3단계로 파악된다. 즉 개체변이를 통해 다른 개체와 구별되는 새로운 개체가 지속적으로 등장한다. 그리고 이런 개체 간의 차이는 환경에 대한 적합도의 차이를 보이고, 적합도가 높은 개체들이 살아남아 번식하게 된다. 다윈은 이런 과정을 자연이 환경에 잘 적응하는 개체들을 선택해 생존하게 한다는 의미에서 자연선택이라 규정했다. 그리고 이렇게 환경 적합도가 높은 개체들의 특성이 유전되면서 해당 종의 모습이 변화하게 된다. 이러한 진화의 메커니즘을 전제할 때 도킨스의 유전자 이기주의가 진화에 대한 새로운 관점을 제시한다는 것은 개체 중심에서 유전자 중심으로 진화의 주체를 바꾸었기 때문이다. 종래의 진화론은 개체 간의 생존경쟁을 전제하고 있으며, 이런 점에서 살아남은 개체를 통해 진화가 이루어진다고 본다. 그렇기에 종래의 진화론은 개체가 다른 개체와 협력한다든지, 다른 개체를 위해 자신의 생존을 포기하는 현상들을 설명하기 어렵다. 그런데 도킨스는 진화의 주체를 개체가 아니라, 유전자로 봄으로써 개체 간의 협력이나 희생을 설명할 수 있게 된다. 즉 개체 간의 협력이나 다른 개체를 위한 희생 등은 유전자가 자기 복제물을 퍼뜨리기 위한 이기적 전략이라는 것이다.[29] 그리고 이런 점에서 개체란 유전자가 조정하는 유전자의 생존 기계에 불과하다. 그런데 도킨스는 왜 이러한 현상을 유전자 이기주의라고 명명한 것일까? 도킨스는 이기주의라는 표현을 사용함으로써 여전히 생존경쟁을 전제한다. 그러나 생존경쟁의 주체, 내지는 이기주의의 주체가 이제는 개체가 아니라 유전자이다. 따라서 비록 개체들이 생존을 위해 경쟁하는 것이 아니라, 자신을 희생하는 이타적 행동을 하지만, 유전자를 기준으로 보면 이는 자신을 유지하고 번성하기 위한 이기주의적 행위가 된다는 것이다.

그렇다면 이렇게 말할 수 있는 근거는 무엇일까? 도킨스가 유전자 이기주의를 설명하기 위해 주목한 것은 진사회성 생물들의 행태이다.[30] 예를 들어 벌과 같은 진사회성(eusociality) 생물은 집단을 이루며 생활하며, 자신이 속한 집단을 위해 협력하거나 희생하는 행태를 보인다. 즉 벌은 외부의 침입자가 있을 때 침으로 침입자를 공격함으로써 자기 집단을 지켜낸다. 그러나 침으로 침입자를 공격하게 되면 이 벌은 내장이 파열되어 죽고 만다. 이런 점에서 벌은 집단을 위해 자기희생도 마다하지 않는 셈이다. 그리고 벌 집단 내에서 번식을 전담하는 것은 여왕벌이며, 일벌은 생식을 하지 않고 여왕벌이 알을 낳는 것을 도와줄 뿐만 아니라, 여왕벌이 낳은 알들을 돌보는 일까지 담당한다. 도킨스의 유전자 이기주의에 따르면 일벌의 행태를 개체적 관점에서 보면 이는 자기희생으로 간주할 수 있으며, 다른 개체와의 생존경쟁을 포기한 것처럼 보인다. 그러나 유전자의 관점에서 보면 이는 자신의 유전자를 확산시키는 전략적 행태로 볼 수 있다는 것이다. 벌과 같은 생물의 경우 친자매 사이에 유전자를 공유하는 정도인 근연도가 75%이지만, 자식과의 유전자 근연도는 50%에 불과하기 때문에, 자식을 낳는 것보다는 어머니인 여왕벌을 도와 친자매 수를 극대화하는 것이 자신의 유전자를 확산시키는 데 더 효과적이기 때문이다. 따라서 일벌의 행태는 개체적 관점에서 보면 이타적 행태이지만, 유전자 관점에서 보면 이기적 행태가 된다. 이러한 벌의 사례에서 알 수 있는 것은 결국 자신의 유전자를 확산시키기 위해, 자신과 유전자 근연도가 높은 다른 개체를 위해 협력하거나 개체로서의 자기 자신을 희생시킬 수 있다는 점이다. 그렇다면 이런 협력은 유전자를 공유하고 있는 집단 내에서의 협력을 의미하지, 유전자를 공유하지 않는 다른 집단과의 협력을 의미하는 것은 아니며, 따라서 다른 집단과의 관계에서는 생존경쟁이 벌어진다. 그러나 이것이 한 집단의 개체와 다른 집단에 소속된 개체와의 생존경쟁을 말하는 것은 아니다. 개체가 자신의 소속집단을 위해 협력하거나 희생하는 것은 자신의 생존이 아니라, 자신과 유전자를 공유하는 집단 자체의 생존을 위한 것이며, 이 집단이 다른 집단과의 생존경쟁에서 우위를 차지할 경우 이 집단은 살아남게 되고, 이 집단의 특성이 유전됨으로써 종의 진화를 결과하게 된다. 따라서 다윈이 말하는 자연선택에 따른 진화가 진행되지만, 다만 자연선택의 대상이 되는 것은 개체가 아니라 집단이다. 이런 점에서 개체는 집단선택을 위해 서로 협력하거나 희생한다고 할 수 있다.

지금까지 설명한 스미스나 스펜서가 생각한 생존경쟁과 도킨스가 염두에 둔 생존경쟁을 비교한다면, 전자는 집단 내에서 일어나는 개체 중심의 생존경쟁으로서 이는 집단 전체에 이익이 되거나 집단이 진화하는 데 이바지하는 것이 아니며, 집단의 생존력을 약화한다. 그러나 후자의 경우는 집단 간의 생존경쟁으로서, 집단 내의 협력은 집단의 생존력을 강화한다. 이런 점에서 집단 내의 협력은 집단 전체에 이익이 된다고볼 수 있다. 그런데 도킨스가 말하는 집단이란 사실 유전자를 공유하고 있는 집단을 의미하며, 이런 점에서 유전자 이기주의가 말하는 집단 내의 협력이란 독립된 개체들 사이의 협력이라기보다, 동질적 존재들 간의 유기체적 협력이라고 볼 수 있다. 더구나 도킨스가 유전자 이기주의의 사례로 든 진사회성 생물은 집단을 이루며 생활할 뿐 아니라, 개체가 집단 전체로부터 분리되는 것이 아니라, 서로 강하게 통합되어 있기에 마치 개체들은 하나의 유기체를 구성하는 부분들처럼 보이다. 이런 점에서 벌 집단은 다른 집단과 구별되는 그 자체로 하나의 독립된 생명체이다.

### 학습효과와 이성의 발전
그렇다면 서로 다른 존재, 즉 서로 다른 개성을 가진 존재들로 구성된 집단 내의 협력은 어떨까? 가능할까? 불가능할까? 상식적으로 보면 동질적 구성원으로 이루어진 집단은 그만큼 내부의 협력도 쉽게 일어날 수 있다. 서로 추구하는 바가 같다면, 공동의 이익 역시 쉽게 도출할 수 있기 때문이다. 그러나 이에 반해 이질적 구성원들로 이루어진 집단은 그만큼 내부의 협력이 어려울 것이다. 개별 구성원들이 추구하는 바가 서로 다르다면 오히려 대립하기 쉽기 때문이다. 스미스나 스펜서가 말하고 있는 생존경쟁이란 각기 자신의 이익을 추구한다는 점에서 서로 동질화되거나 하나로 통합되기 어려운 개인을 전제한다. 아마도 이렇게 이해관계가 다른 사람들로 구성된 사회를 전제한다면, 이 사회에서는 구성원들이 서로 협력하기보다는 대립과 경쟁으로 나아가기 쉬울 것이다. 그렇다면 동질화된 개인이 아니라, 다양한 개성이나 서로 다른 이해관계를 가진 개인들로 구성된 현대사회에서 협력을 기대하기는 어려운 것일까?

액설로드는 비록 인간의 본성이나 유전자, 혹은 사회에 대한 이론이 아니라, 게임이론적 관점에서 출발하고 있지만, 아무런 동질성도 공유하고 있지 않을뿐더러, 각자 자신의 이익만을 추구하는 개인들 사이에서도 협력할 수 있음을 보여준다.[31] 물론 액설로드는 인간 사이의 협력이 어렵다는 사실을 잘 인식하고 있다. 그런데도 그가 인간은 결국 서로 협력하게 될 것이라는 결론을 도출할 수 있었던 것은 경쟁과 대립이 반복되면서 얻게 된 학습효과 때문이다. 그렇다면 우선 왜 인간 사이의 협력은 어려운 일일까? 이를 게임이론적 관점에서 보여주는 유명한 사례는 이른바 '죄수의 딜레마'이다. 즉 예를 들어 두 명의 범죄자가 있다. 이들은 공모하여 남의 집에 침입하여 물건을 훔쳤다. 이들은 곧 체포되었지만, 물건의 행방이 묘연했다. 경찰은 이들 각자에게 은밀한 제안을 한다. 물건이 있는 곳을 말하면 석방해 주겠다는 것이다. 이렇게 되면 다양한 선택지와 각각의 선택지에 따른 보상이 달라지는 게임이 시작된다. 첫째, 둘 다 침묵하면 이들은 주거침입죄로만 처벌받게 된다. 둘째, 어느 한 사람이 훔친 물건이 있는 곳을 누설하면, 이 사람은 석방되지만, 다른 사람은 주거침입죄, 절도죄에 이어 훔친 물건 은닉죄가 추가된다. 셋째, 둘 다 누설한다면 어느 한 사람이 죄를 뒤집어쓸 수 없기에 둘 다 주거침입과 절도에 해당하는 벌을 받게 된다. 그렇다면 이 게임에 참가한 사람들은 무엇을 선택할까? 죄수의 딜레마 게임이 말해주는 것은 둘 다 훔친 물건이 숨겨진 장소를 누설함으로써 둘 다 누설하지 않을 때보다 더 큰 벌을 받게 된다는 점이다.

왜 그럴까? 그 이유는 간단하다. 그것은 상대가 누설하지 않을 때 자신만이 누설하면 자기에게 이익이 되고, 상대가 누설한다면 자신도 누설하는 것이 혼자 침묵할 때보다 자신에게 이익이 되기 때문이다. 그런데 둘 다 누설하지 않는 것은 불가능할까? 이러면 두 명의 범죄자는 단지 주거침입죄로만 처벌받게 되기 때문에 둘 모두에게 이익이 되지만, 자기만 누설할 때의 이익이 더 크기 때문에 두 명의 범죄자는 기꺼이 협력을 깬다. 이렇게 본다면 여기에는 두 가지 전제가 있다. 즉 그것은 모든 게임 참가자들이 자신의 이익을 최우선시한다는 것이며, 타인의 이익을 희생하면서끼지도 자신의 이익을 추구한다는 점이다. 그런데 과연 인간이 그럴까? 과연 인간은 협력 역시 나름대로 이익을 줄 수 있는데 이보다 더 큰 이익을 위해 협력을 깰까? 액설로드는 죄수의 딜레마를 컴퓨터 게임으로 만들어 다양한 분야의 게임이론 전문가들이 참가한 '컴퓨터 죄수의 딜레마 대회'를 개최하였다.[32] 이 대회는 죄수의 딜레마 상황에서 각기 다른 전략을 구사하는 경기자가 번갈아 가며 상대 경기자와 1대 1로 상호작용하는 방식으로 진행된다.[33] 그런데 그 전제는 첫째, 죄수의 딜레마와는 달리 게임이 단 한 번만 진행되는 것이 아니라, 회수가 제한되지 않았다는 점이다. 그리고 두 번째 전제는 경기자들은 상대 경기자가 누군지 알고, 그와의 게임이 지금까지 어떻게 진행되었는지를 안다는 점이다. 따라서 경기자들은 과거의 경험을 토대로 전략을 선택할 수 있다. 득점 규칙을 보면, 상대방과 서로 협력하는 전략을 사용하면 3점을 얻고, 상대방은 협력하지만, 자신은 배신하는 전략을 사용할 경우 5점을 얻는다. 물론 상대방은 이 경우 0점을 얻는다. 그리고 둘 다 배신하는 전략을 사용하면 각각 1점을 얻는다. 이런 게임 규칙을 보면 협력이 아니라, 상대방의 이익을 희생하며 자신의 이익을 추구할 경우 가장 큰 점수를 얻는다. 이런 점에서 이 게임은 모든 참여자가 자신의 이익을 최우선시할 뿐만 아니라, 자신의 이익을 위해 상대방의 이익을 희생시킬 수 있음을 전제한다. 그렇다면 이 게임에서 최종 승자는 어떤 전략을 구사하는 프로그램일까? 상대방과 협력을 구사하는 프로그램일까? 아니면 최고의 점수를 획득하기 위해 상대방에게 배신만을 일삼는 프로그램일까?

액설로드가 개최한 이 대회에서 최종 승자는 'Tit for Tat (눈에는 눈, 이에는 이)' 전략을 사용한 프로그램이었다. 이 프로그램은 기본적으로 어떤 상대방을 만나든 협력하려고 한다. 그러나 자신을 배신하는 프로그램이 있다면 반드시 복수한다. 그런데 이 복수가 계속되는 것은 아니다. 자신을 배신한 프로그램에 반드시 복수하지만, 복수한 이후에 다시 만나게 되면 협력 전략을 사용한다. 왜 이런 전략을 구사하는 프로그램이 가장 많은 점수를 획득한 최종 승자가 되었을까? 먼저 지속적으로 배신하는 전략을 쓰는 프로그램은 상대방으로부터 매번 배신당한다. 그렇기에 이 프로그램은 항상 1점만 받게 된다. 어느 프로그램이 지속적으로 배신하게 되면, 다른 프로그램들은 이를 인지하게 되며, 따라서 배신에 대해 배신으로 응수한다. 이에 반해 지속적으로 협력 전략을 사용하는 프로그램은 매번 배신당하게 됨으로써 0점만 얻게 된다. 이 역시 어느 프로그램이 지속적으로 협력 전략만 사용한다면 다른 프로그램들이 이를 인지하고 배신으로 대응하기 때문이다. 그렇다면 'Tit for Tat' 전략을 사용하는 프로그램의 경우는 어떨까? 이 프로그램이 기본적으로 협력 전략을 사용하지만, 배신에 대해서는 배신으로 응수한다는 것이 다른 프로그램에 인지된다면, 다른 프로그램들은 'Tit for Tat' 전략을 사용하는 프로그램에 대해 점차 협력으로 대응하게 된다. 따라서 'Tit for Tat' 프로그램이 처음에는 배신을 당하지만, 시간이 흐를수록 이 전략을 인지한 프로그램들이 협력으로 대응하기 때문에 결국에는 3점을 지속적으로 획득한다. 그리고 그 결과 'Tit for Tat' 전략을 사용하는 프로그램이 최후의 승자가 된다는 것이다.

이렇게 본다면 액설로드가 개최한 컴퓨터 게임 대회는 죄수의 딜레마와 다른 전제나 게임 규칙을 갖는 것이 아니다. 각 게임의 참여자는 공통적으로 자신의 이익을 최우선시할 뿐만 아니라, 자신의 이익을 위해 상대방의 이익을 희생시키기 때문이다. 이러한 점은 게임의 규칙상 협력보다 배신에 성공할 경우 더 많은 점수를 얻는다는 점에서 분명하게 나타난다. 그런데도 두 가지 게임은 정반대의 결과를 낳았다. 그렇다면 그 이유는 무엇일까? 이는 다름 아닌 게임 참여자 간의 상호작용이 반복됨으로써 상대방이 어떤 존재인지를 알게 되기 때문이다. 즉 상대방이 배신만 일삼는지, 아니면 협력만 하려고 하는지, 그것도 아니면 'Tit for Tat' 전략을 구사하는지를 인식하게 됨으로써 상대방을 대하는 최선의 방식을 깨닫게 되기 때문이다. 즉 경험을 통한 학습효과가 배신에 대해서는 배신으로 응수하지만, 기본적으로는 협력 전략을 구사하는 프로그램이 승리자가 되도록 만들었다는 것이다. 그런데 이렇게 본다면 아마 죄수의 딜레마의 경우에서도 이와 같은 일이 반복되면 두 명의 죄수는 결국 서로 협력하는 것이 자신을 위한 최선의 선택지임을 알게 될 것이다. 따라서 이 두 게임의 차이는 각각 게임을 한 번만 하느냐 여러 번 하느냐에 있을 뿐, 한쪽은 이기적 인간이 협력할 수 없음을, 다른 쪽은 반대로 협력할 수 있음을 보여주는 사고 실험은 아니다. 장기적으로 볼 때는 두 게임 모두에게서 협력을 기대할 수 있기 때문이다.

아마도 우리가 액설로드가 개최한 컴퓨터 게임 대회의 결과에 근거하여 "중앙 권위체가 없는 이기주의자들로 가득 찬 세상"에서 개인 간의 협력이 가능함을 주장할 수 있다면,[34] 그것은 무엇보다도 반복적 상호작용을 통해 얻게 된 학습효과 때문이다. 즉 액설로드가 고안한 컴퓨터 게임 참여자들은 반복되는 상호작용으로부터 상대방이 어떤 존재인지를 인식하게 됨으로써 결국 'Tit for Tat' 전략을 사용하는 프로그램이 승자가 되었듯이, 이기적 개인들 역시 타인과의 상호작용이 반복되면, 결국 협력만 추구하면 배신에 무력하고, 배신만 추구하다간 역으로 배신당할 수 있다는 점을 인식하고, 배신에는 배신으로 대응하지만, 기본적으로 서로 협력하는 방식을 선택할 수 있다는 것이다. 그리고 이 과정이 지속하면 이익적 개인들은 자신의 배신에 대해 상대방이 배신으로 응수한다는 것을 인식하고 자신의 이익을 위해서라도 더 이상의 배신을 감행하지 않고, 상호협력 관계를 형성하려 할 것이다.

나는 인류의 역사를 이성의 발달과정으로 본 칸트의 입장에 따른다면,[35] 'Tit for Tat' 전략이 최후의 승자가 된 것은 이기적 개인 간의 대립과 경쟁이 이성을 발달시킴으로써 결국 모두에게 이익이 되는 협력의 단계에 도달한 것으로 해석될 수 있다고 본다. 칸트는 자연상태의 인간이 반사회적 사회성에 따라 살고 있었다고 본다. 즉 인간은 타인과 함께 산다는 점에서 사회성을 본성으로 하지만, 동시에 인간은 사회 속에서 자신의 이익을 추구한다는 점에서 반사회성을 갖고 있다는 것이다. 그런데 인간은 이로 인해 타인과의 갈등과 대립, 칸트식으로 표현하면 항쟁을 겪게 되며, 이를 해결하기 위해 점차 이성을 발전시키게 되며, 그 결과 사회 역시 발전하게 된다. 이를 구체적으로 살펴보면, 자연상태의 인간은 자기중심적으로 행동하고 자기중심적으로 자신의 자유를 실현하려 함으로써 타인을 자신의 목적을 위한 수단으로 사용하려 한다. 그러나 이러한 자기 중심성은 타인과의 항쟁을 유발하게 되었고, 이제 인간은 타인의 항쟁을 제압하기 위해 자신의 능력을 개발하고, 타인을 지배하려고 한다. 이것이 신분 사회 단계이다. 하지만 이에 대한 저항 역시 더욱 강해지면서 신분 사회를 붕괴시킨 시민혁명이 일어났고, 결국에는 나만의 자유가 아니라, 타인의 자유 역시 보장하고 서로를 존중하게 하는 시민사회 단계에 이르게 된다. 그리고 이에 이어 시민사회 단계는 자국의 시민만을 보호하려는 국가 간의 전쟁을 겪게 되지만, 결국 국적과 상관없이 모든 인간의 자유를 보장하는 세계시민사회로 발전하게 되고, 이제 인류는 최종적으로 영원한 평화 상태에서 살게 된다는 것이 칸트의 역사관이다. 물론 이러한 역사발전은 타인과의 대립과 갈등이 이성의 능력을 발전시킴으로써 새로운 해법을 찾아가는 과정이기도 하다.

이러한 칸트의 역사 서술을 이기적 개인들의 대립과 협력으로 해석한다면, 아마도 자연상태는 이기적 개인들이 서로 대립하는 시기이고, 신분 사회 단계는 지배 계급이 자신의 이익을 위해 피지배 계급의 이익을 희생시키는 단계이고, 시민사회는 자유롭고 평등한 시민들이 서로의 이익을 위해 협력하는 단계로 볼 수 있다. 그리고 이런 역사발전을 가능하게 만든 이성의 발달은 다름 아닌 역사적 경험을 통한 학습 효과라고 볼 수 있다. 이성의 발달이란 이기적 행위가 결국에는 항쟁을 불러온다는 점에서 누구에게도 이익이 되지 않는다는 깨달음을 통해 이루어졌기 때문이다. 이런 점에서 이기적 개인 사이에 협력이란 불가능한 것이 아니라, 오히려 이기심으로 인한 대립이 격화되면 될수록 협력에 이르는 길이 열린다고 볼 수 있다. 물론 이는 인간의 이성이 미래에 겪을 파국을 미리 선취하면서, 이를 사전에 방지하려는 노력으로 발전할 때 가능할 것이다.

## 2. 세 가지 사회정의론: 롤스, 왈저, 러셀

지금까지 서술한 1절의 논의를 전제한다면 인간이 아무리 이기적이라도 인간 사이의 협력이 불가능한 것은 아니다. 이기적 인간은 경쟁으로 인한 불이익이 우려될 경우 오히려 협력을 택할 수 있기 때문이다. 그리고 경쟁의 폐해에 대한 장기간의 학습효과를 통해 인간의 이성이 한 단계 더 발전한다면 이러한 선택은 실제로 가능할 것이다. 그러나 제 I 부 2장에서 서술했듯이, 고전적 자유주의자들은 자본주의 시장에서 벌어진 무한경쟁을 경제적 자유로 규정하면서 이를 옹호했다. 물론 19세기 산업혁명 이후 벌어진 경제적 불평등과 빈곤은 무한경쟁이 얼마나 치명적 결과를 가져올지를 극적으로 보여준다. 시장에서의 무한경쟁은 경쟁의 패배자에게는 파산이요, 실업이요, 기회 상실이요, 결국 생존위기까지 초래하며, 사회 전체적으로 볼 때 모든 사람이 동등하게 자유를 누리는 것이 아니라, 소수의 자유를 위한 대다수의 부자유를 결과하고 말았기 때문이다. 그러나 무한경쟁이 이렇게 치명적 결과를 초래할 수 있지만, 경쟁 자체가 반드시 부정적인 것은 아니다. 스미스는 반대로 자유 경쟁이 국부의 증진에 이바지한다고 보았으며, 스펜서에서 알 수 있듯이 인간은 경쟁에서의 우위 확보를 위해 자신의 능력을 개발하려 한다는 점에서 경쟁은 진보의 원인이 된다. 이것만이 아니다. 오늘날에 도 특히 고전적 자유주의의 전통을 이어받은 신자유주의자들은 여전히 경쟁의 긍정적 측면을 강조한다.[36] 예를 들어 하이에크는 시장이 자생 적 질서로서 스스로 조직하고, 스스로 유지하고, 스스로 안정화하는 시 스템이라고 생각할 뿐만 아니라, 이것이 가능한 이유를 자기 조정, 자기 통제, 자율성이라는 세 가지 특징에서 찾았다. 즉 시장 시스템은 교환과 계약을 통해 시장 참여자들이 서로 다른 목적과 계획들을 조정하는 자 기 조정, 시장 참여자들의 올바른, 혹은 잘못된 행동과 지식의 사용에 대한 상벌을 통해 각자 자신을 통제하게 하는 자기 통제, 그리고 자신의 목적과 계획을 스스로 결정할 뿐만 아니라, 자기 조정과 자기 통제를 수 행하는 시장 참여자들의 자율성, 이 세 가지 요소를 통해 작동한다는 것 이다. 하이에크가 경쟁의 긍정적 측면을 강조한 이유는 자생적 시장 시 스템의 기초가 경쟁이기 때문이다. 예를 들어 한 공급자가 나쁜 재화를 비싸게 판매하면, 수요자는 이에 저항하여 구매하지 않지만, 다른 공급 자가 좋은 재화를 싸게 판매하면 수요자는 더 많이 구매한다. 따라서 이 제 수요자의 구매 여부는 공급자들에게 일종의 상벌로 작용하여 새로 운 지식과 행동방식을 창출하도록 함으로써 다른 공급자보다 더 좋은 재화를 싼값에 생산하도록 한다. 이렇게 볼 때 공급자는 경쟁 때문에 재 화의 품질을 높일 수밖에 없고, 경쟁 상황에 창조적으로 적응하기 위해 시장 참여자들은 자율적 결정, 자기 조정, 자기 통제를 수행한다는 것이 다. 물론 경쟁의 이유마저 따져 본다면, 그것은 사적 소득과 자산에 대한 욕구라는 점에서 하이에크가 말하는 경쟁은 홉스가 말하는 자기보존본능으로까지 소급된다.

이렇게 본다면 경쟁이란 결국 개인의 자기계발을 촉진할 뿐만 아니라, 창의성의 동기가 된다는 점에서 긍정적이지만, 경쟁으로 인한 상벌이 개개인에게는 파산이요, 실업이요, 기회 상실이요, 결국 생존위기까지 초래한다면, 사회 전체적으로 볼 때 소수의 자유와 대다수의 부자유라는 치명적 결과를 초래한다. 그렇다면 어떻게 하면 경쟁 자체를 철폐하지 않으면서도 경쟁의 치명적 결과를 방지하고, 사회구성원 간의 협력의식을 형성해낼 수 있을까? 나는 세 가지 정의론을 살펴보면서 그 가능성을 살펴보려고 한다. 이들 정의론은 각기 자유 경쟁 시장을 전제하면서도 그 폐해를 극복할 수 있는 분배 정의 원칙을 제시한다는 점에서 무한경쟁에 빠진 기존의 경제적 영역이 이러한 원칙에 따라 재구조화된다면, 사회구성원 간의 대립과 갈등이 아니라, 오히려 경제적 영역 내에서의 분업적 협력을 강화함으로써 협력의식의 형성에 이바지할 수 있기 때문이다.

## 롤스의 정의론

롤스는 자신의 정의론을 흔히 "공정으로서의 정의(justice as fairness)로 규정한다.[37] 롤스는 사회계약론의 전통에 서서 정의의 원칙이 "원초적 합의의 대상"이라고 판단하면서 자유롭고 합리적인 사람들, 그것도 자신의 이익 증진에 관심을 가진 사람들이 공정한 절차에 따라 합의한 정의의 원칙만이 정당성을 갖는다고 생각했기 때문이다.[38] 그렇다면 롤스가 생각한 공정한 절차란 무엇일까? 주지하다시피 롤스는 사회계약론자들이 말하는 자연상태처럼 일종의 가상적 상황을 정의의 원칙이 전제해야 할 공정한 절차로 설정한다. 다시 말하면, 롤스는 사회구성원들이 사회적 지위나 계층, 개인적 소질, 능력, 지능, 체력, 가치관, 심리적 상황 등과 관련하여 자신이 어떤 사람인지 전혀 모르고, 따라서 어떤 정의의 원칙이 자신에게 유리한지를 전혀 추측할 수 없는 상황에서, 누구나 자유롭고 평등한 존재로서 정의의 원칙을 결정하는 데 참여하는 것을 정의의 원칙을 정당화하는 공정한 절차로 보았다.[39] 그리고 그 결과로 롤스는 합리적인 사람이라면 그가 어떤 인생 계획을 갖던 누구에게나 필요한 기본적 재화(primary goods), 즉 권리, 자유, 기회, 소득, 재산, 자존감 등을 분배하는 두 가지 정의로운 원칙에 합의할 것이라고 보았다. 이 두 가지 원칙 중 제1원칙은 '평등한 자유의 원칙'으로서 정치적 자유, 언론의 자유, 결사의 자유, 양심의 자유, 사상의 자유, 인신의 자유, 사유 재산의 자유, 체포와 구금으로부터의 자유 등과 같이 민주주의 국가의 토대가 되는 기본적 자유가 모든 국민에게 평등한 권리로 보장되어야 함을 뜻한다. 제2원칙은 '차등의 원칙'을 말하며, 이는 개인의 권리는 평등하지만 자유 경쟁으로 인해 사회적·경제적 불평등이 발생할 때 그것이 정당화될 수 있는 조건을 밝힌 것으로, 다시 두 가지 하위 원칙으로 구분된다. 즉 사회적·경제적 불평등이 정당화되기 위해서는 한편으로 개인이 원하는 직위와 직책과 관련된 접근 기회가 평등해야 한다는 '기회 균등의 원칙', 그리고 다른 한편으로는 사회적으로 최소수혜자에 해당하는 사람들의 이익을 최대화할 수 있어야 한다는 '최소수혜자 우선성의 원칙'이 충족되어야 한다는 것이다. 물론 이런 조건이 충족될 수 없다면, 기본적 재화는 원칙적으로 평등하게 분배되어야 한다.

이렇게 롤스가 정의의 원칙을 설정한 근본적 이유는 이를 통해 한 "사회의 기본 구조"를 결정하는 정치적, 경제적 체제 등 주요 제도가 기초해야 할 기본 원칙을 규명할 수 있기 때문이다.[40] 롤스에 따르면 사회의 기본 구조란 근본적으로 사회구성원들의 권리와 의무, 사회적 부의 분배와 관련되기 때문에 개인의 삶과 인생 전망은 물론 한 개인이 무엇을 하며 어떻게 살 것인지에 대한 개인적 소망까지 결정한다는 점에서 그 영향은 "심대하고 또한 근원적"이다.[41] 이런 점에서 결국 어떤 정의의 원칙을 선택하느냐는 문제는 어떤 정치제도를 선택하느냐부터 어떤 경제적 질서를 추구하고, 개인적으로 어떤 삶을 사느냐 하는 문제에 이르기까지 한 사회의 기본 틀을 형성하는 가장 근본적인 문제라고 할 수 있다. 그렇다면 롤스가 말하는 두 가지 정의의 원칙에 기초한 사회는 어떤 기본 구조를 갖추고 있을까? 다시 말해 정의의 원칙이 실현되기 위해서는 어떤 사회적 기본 구조가 필요할까? 이에 대한 롤스의 답은 "재산 소유 민주주의"에 있다.[42] 여기에는 정의의 원칙이 실현되는 정치적 체제는 물론 경제적 체제에 대한 롤스의 구상이 담겨 있기 때문이다. 이를 구체적으로 살펴보면 재산 소유 민주주의는 무엇보다도 입헌 민주주의를 핵심으로 하면서 이것이 안고 있는 문제점을 해결하기 위한 "보완 조치"로서 전 국민의 평등한 재산 소유를 강조한다.[43] 즉 한편으로 롤스는 정의의 원칙이 실현된 사회의 기본 구조를 입헌 민주주의로 규정하고 있으며,[44] 이는 근본적으로 정의의 제1원칙인 평등한 자유의 원칙이 헌법을 통해 보장된 정치 체제로서 국민주권에 기초한 대의제 민주주의를 말한다. 이런 점에서 롤스는 특히 정치적 의사결정 과정에 참여할 평등한 기회를 보장하기 위해 국민의 대표를 뽑는 공정하고 자유로운 선거에 참여할 권리는 물론 언론 및 출판의 자유, 사상 및 양심의 자유, 정치적 결사의 자유와 1인 1표의 등가성, 정치적 이의 표출의 자유 등을 강조한다. 그러나 이런 제반 권리가 헌법적으로 보장된다고 해도 이런 평등한 자유의 권리가 실제로 실현되는 것은 아니다. 롤스는 부의 격차가 크면 더 큰 부를 가진 사람이 정치적 의사결정 과정에 더 큰 영향을 미침으로써 정치적 평등이 훼손될 수 있다고 보기 때문이다.[45] 따라서 롤스는 단지 입헌 민주주의만을 주장하는 것이 아니라, 평등한 정치 참여의 기회를 보장하는 보완 조치로서 부의 격차를 해소하기 위해 전 국민의 평등한 재산 소유를 주장한다. 하지만 롤스가 평등한 재산 소유를 주장한다고 해서 그가 경제적 불평등을 초래하는 경쟁 시장 자체를 부정하는 것은 아니며, 그렇다고 일률적인 균등 재산 분배를 주장한 것도 아니다. 롤스는 경쟁 시장을 전제하면서, "생산적 자본과 인간 자본(교육된 능력과 훈련된 기예)의 광범위한 소유를 보장함으로써 부의 집중"을 피하고, 소수가 경제와 정치를 장악하는 것을 방지하려고 하였으며, 그 구체적 방법으로 상속 및 증여에 누진세 부과를 통한 부의 분산, 공공정책을 통해 교육과 훈련 기회를 확대하는 기회 균등 보장을 제시하였다.[46] 물론 이를 위해서는 경쟁 시장에 대한 국가의 개입이 필수적이다.

이렇게 본다면 재산 소유 민주주의는 정의의 원칙을 실현하는 사회의 기본 구조를 형성한다고 볼 수 있다. 입헌 민주주의 요소는 헌법을 통해 평등한 자유의 원칙을 실현하고, 국가에 의한 교육과 훈련 기회 보장은 기회 균등 원칙을 실현하고 있기 때문이다. 그리고 마찬가지로 국가의 개입을 통한 것이지만 상속과 증여세 부과는 부의 격차를 축소함으로써 경쟁 과정에서 부의 격차로 인해 발생할 최소수혜자의 피해를 최소화한다고 볼 수 있다. 그러나 재산 소유 민주주의를 실현할 방법이 이것으로 한정된 것은 아니다. 롤스에게 중요한 것은 정의의 원칙을 실현하는 데 있을 뿐 그 방법은 "열린 문제"이며, 이를 위해서는 재산 소유 민주주의가 아닌 다른 사회적 기본 구조도 가능하다는 것이 롤스의 기

본 관점이다.[47]

　그렇다면 롤스가 말하는 정의의 원칙이 실현될 때 어떤 점에서 사회가 협력적으로 구조화할 뿐만 아니라, 사회구성원 사이의 협력의식이 형성된다고 볼 수 있을까? 롤스에 따르면, 그 이유는 정의의 원칙이 실현될 때 다름 아닌 인간의 사회성이 실현될 수 있기 때문이다. 그렇다면 롤스가 생각하는 인간의 사회성은 또한 무엇이고, 왜 사회성이 실현될 때 사회구성원 사이의 협력의식까지 형성된다고 볼 수 있을까? 롤스에 따르면 인간은 기본 특성상 능력이 있다고 해서 자신이 하고 싶은 모든 것을 다 할 수 있는 것은 아니다. 인간이면 누구든 어떤 행동을 할 때, 동시에 다른 행동을 하기는 어렵다. 하나의 행동에 능력을 집중하지 않고 다양한 행동을 동시에 수행한다면 그만큼 힘이 분산되어 어느 하나도 제대로 해낼 수 없기 때문이다. 그러나 이렇게 인간이 원하는 모든 것을 혼자 다 해낼 수 없다는 한계는 인간이 숙명처럼 안고 가야 할 불변적 특성이 아니라, 타인과의 상보적 협력을 통해 극복될 수 있다. 다시 말해 내가 원하지만 할 수 없는 일을 타인이 수행하고, 타인 역시 자신이 원하지만 할 수 없는 일을 내가 수행한다면, 우리는 각자가 원하는 것만이 아니라, 서로가 원하는 모든 것을 이루어낼 수 있다는 것이다. 이런 점에서 인간에게는 분업을 통한 상보적 협력, 내지는 노동 분업이 나타난다. 노동 분업을 통해 서로 다른 개인들이 각자 자신의 능력이나 개성에 맞는 일을 수행하면서도 자신이 해낼 수 없는 일은 타인이 대신 수행함으로써 자신의 한계를 극복할 수 있기 때문이다. 그리고 자신이 원하는 것을 혼자 다 해낼 수 없는 한계를 인간의 불완전함으로 이해한다면, 이제 인간은 노동 분업을 통한 타인과의 상보적 협력으로 비로소 자신의 불완전함을 극복하고 완전한 존재가 된다. 따라서 상보적 협력 관계에서 나와 타인은 각기 자신이 원하지만 할 수 없는 일을 해주는 귀중한 존재가 되며, 내가 나의 능력과 개성을 발휘하며 느끼는 기쁨은 나만이 아니라, 타인에게도 기쁨이 된다. 내가 나의 능력과 개성을 탁월하게 발휘한다는 것은 동시에 타인이 원하는 것을 탁월하게 수행하는 것과 마찬가지이기 때문이다. 롤스는 이러한 상보적 협력 관계를 "사회적 연합(social union)"이라고 지칭하면서 이를 "인간 공동체" 개념으로 발전시킨다.[48] 즉 상보적 협력을 통해 구성원 "각자의 탁월성과 즐거움"이 자신에게만 선(善)이 되는 것이 아니라, 타인에게도 선이 된다는 점에서 서로의 존재를 공동체의 필수적 요소로 인정할 뿐만 아니라, 이를 통해 유대가 형성되는 공동체 말이다.[49] 물론 이런 식의 상보적 관계, 내지 인간 공동체는 사랑이나 우정으로 형성된 가정, 친구 관계에서부터 크고 작은 다양한 집단을 거쳐 이 모두를 포괄하는 "사회적 연합체들의 연합"으로서의 사회로까지 확대된다는 것이 롤스의 생각이다.[50]

이런 인간 공동체 개념을 전제한다면 인간의 사회성이란 단지 인간은 사회적 존재라든지, 인간은 사회를 통해서만 생존할 수 있다든지 이런 것을 의미하는 것이 아니라, 인간은 타인의 도움을 통해서만 비로소 자신이 원하는 것을 완전하게 실현할 수 있는 상보적 존재임을 뜻한다. 그리고 이 때문에 인간이 서로를 귀중하고 필수적인 존재로 인정하는 인간 공동체도 가능한 것이다. 반대로 말하면, 롤스의 표현처럼 "우리는 남의 도움 없이는 우리가 될 수 있는 것들 가운데 일부밖에 될 수 없다는 것이 인간이 갖는 사회성의 특징"이라는 것이다.[51] 그렇다면 롤스의 정의의 원칙과 인간의 사회성은 무슨 관련이 있을까? 물론 인간의 사회성이 실현된다면 인간 사회는 그 구성원들이 사적 목적만을 독립적으로 추구하는 경쟁 사회가 아니라, 상보적 협력 체계로 구조화될 것이며,

서로를 귀중하고 필수적인 존재로 인정한다는 점에서 협력의식 또한 형성될 것이다. 그렇다면 사회성의 실현과 정의의 원칙은 무슨 관계가 있을까? 롤스에 따르면, 상보적 협력이 수행되는 사회적 연합이 형성되기 위해서는 사회구성원들의 공동 목적과 이를 달성하기 위한 공동 활동이 필요하다.[52] 이러한 입장을 정의의 원칙과 연결한다면, 정의의 원칙이 실현될 때 사회구성원들이 각자 자신의 능력과 개성을 "개인적으로나 전체적으로 가장 충실히 실현"할 수 있다면,[53] 이제 사회구성원들은 이러한 성의 원칙 실현이라는 공동 목적을 달성하기 위해 상보적으로 협력한다는 것이다.

하지만 이런 대답만으로 정의의 원칙과 상보적 협력과의 관계가 해명된 것은 아니다. 사회구성원들이 과연 정의의 원칙이 실현될 때 자신의 능력과 개성이 잘 실현된다고 볼 수 있을지는 여전히 해명되고 있지 않기 때문이다. 그러나 만약 사회구성원들이 정의의 원칙이 실현될 때 개인의 능력과 개성을 발휘하는 자아실현 역시 보장된다는 믿음을 가질 수 있다면, 분명 정의의 실현은 공동 목적이 될 수 있고, 사회구성원은 이를 위해 상보적으로 협력할 것이다. 롤스의 자존감에 대한 설명은 이 지점에서 중요한 역할을 한다. 롤스는 바로 자존감(self-respect)을 통해 정의의 원칙이 자아실현에 대한 믿음을 갖게 한다는 점을 입증하고 있기 때문이다. 이런 점에서 자존감에 대한 롤스의 설명을 살펴보면, 자존감은 한편으로 자기 자신에 대한 '가치감'으로서 자신의 선호, 목표, 계획, 역할, 일 등이 가치 있다는 신념을 말하며, 다른 한편 이렇게 자신이 하고자 하는 것을 성취할 수 있다는 자신의 능력에 대한 '자신감'을 내포한다.[54] 이렇게 이해된 자존감이 자아실현의 필수적 조건이 된다는 점은 반대의 경우를 생각해 보면 분명하다. 다시 말해 자신의 선호, 목표, 계획이 가치가 없다고 생각할 뿐만 아니라, 이를 성취할 능력도 없다고 느끼는 사람이 적극적 자아실현에 나서기는 어렵다는 것이다. 물론 개개인이 자신에 대해 자존감을 가질 수 있는 조건은 타인의 평가와 인정에 크게 의존한다. 자신이 하는 일을 주변 사람들이 평가절하할 경우 이에 대한 가치를 확신하기는 어렵기 때문이다. 다시 말해 자신의 가치에 대한 신념이 아무리 강하더라도 타인의 무관심이나 경멸을 견뎌내기는 어렵다는 것이다.[55] 그리고 반대로 타인의 인정을 경험하면, 자신의 자존감을 강화하는 것은 물론이고 타인의 가치 역시 인정하기가 쉽다는 것이 롤스의 생각이다.[56]

그렇다면 롤스가 말하는 정의의 원칙들이 개인의 자존감을 지지해 준다고 볼 수 있을까? 롤스가 비록 정의의 원칙과 자존감의 관계를 하나의 주제로 다루지는 않지만, 그가 정의의 원칙들이 자존감을 지지해 준다고 본 것은 분명하다.[57] 첫째, 롤스에 따르면 평등한 자유의 원칙은 개인의 자존감을 지지한다. 물론 이는 반대의 경우를 생각해 보면 쉽게 알 수 있다. 즉 평등한 자유의 권리가 부여되지 않을 때 자신이 다른 사람과 동등하게 존중받고 있다고 생각하긴 어렵다는 것이다. 그리고 사실 이는 사실 다른 사람보다 자신이 열등하다는 점을 공개적으로 천명한 것이나 마찬가지이다. 둘째, 기회 균등의 원칙 역시 자존감을 지지해 줄 수 있다. 자존감은 자신이 의미 있는 일을 한다는 신념을 말하며, 따라서 의미 있는 일을 할 기회가 없다면 자존감은 불가능하기 때문이다. 셋째, 최소수혜자 우선성의 원칙도 개인의 자존감을 지지해 준다. 그 이유는 자기 일이 가치 있다고 느끼는 것은 그 지위와 보상에 달려 있기 때문이다. 따라서 예를 들어 최저생계비도 못 받는 지위가 낮은 일이 허용된다면 기업가에게는 이득이 되겠지만, 최소수혜자는 자존감을 유지하기 어려우며, 따라서 최소수혜자 우선성의 원칙에 따라 최소수혜자를 보호한다면 자존감 유지가 가능하다는 것이다.

이렇게 개별적 정의의 원칙과 자존감의 관계를 이야기할 수 있지만, 아마도 정의의 원칙과 자존감의 관계를 이야기할 수 있는 가장 결정적인 근거는 정의의 원칙이 사회의 기본 질서로 제도화되면, 사회구성원들은 이를 통해 자신이 사회적으로 인정받고 있음을 경험할 수 있다는 점일 것이다. 다시 말해 누구나 자유롭게 살 수 있는 평등한 권리가 보상된다면, 이를 통해 사회구성원들은 자신이 선택한 삶의 목표가 권리로서 존중된다고 생각할 수 있으며, 기회 균등을 통해 자아실현 기회가 보장되고, 최소수혜자에 대한 보호까지 제도화된다면, 이를 통해 사회구성원들은 자신만이 아니라, 다른 사람들 모두가 해당 사회의 소중한 구성원으로 인정받는다고 생각할 수 있다는 것이다. 이런 점에서 롤스가 말하는 정의의 원칙이 실현된다면 사회구성원들은 사회적 인정 경험을 통해 자신만이 아니라 서로를 존중하면서 적극적으로 자신의 능력과 개성을 발휘할 것이며, 자신을 인정해 주는 해당 사회의 구성원이라는 자기의식을 통해 서로 간의 연대는 물론 협력의식 또한 형성할 수 있을 것이다. 그리고 정의의 원칙에 따라 한 사회의 기본 구조가 형성된다면, 사회구성원들은 각자 자신의 능력이나 개성에 맞는 일을 수행하면서도 동시에 이를 통해 남이 해낼 수 없는 일을 대신하게 되는 상보적 협력 관계를 형성할 수 있을 것이다. 이렇게 본다면 롤스가 말하는 정의의 원칙은 비록 그의 용어는 아니지만, 결국 상보적 자아실현을 가능하게 하는 사회구성 원리가 된다.

지금까지 살펴본 롤스의 정의론을 고전적 사회적 자유주의와 비교하면, 이들 사이에는 분명한 차이점이 있다.[58] 제Ⅱ부 2장에서 살펴보았듯이 고전적 사회적 자유주의는 경제적 불평등과 빈곤의 문제를 해결하기 위해 소득재분배 정책을 도입하였다. 즉 국가가 소득에 대한 누진세를 통해 재원을 확보하여 저소득층의 기본적 필요를 충족시킨다는 것이다. 이런 식의 소득재분배 정책은 오늘날 복지국가 단계의 자본주의 국가에서 일반적으로 사용되고 있지만, 롤스에 따르면, 소득재분배 정책은 "과도한 소득 격차"와 "큰 규모의 부의 불평등이 상속"되는 것을 막을 수 없다는 점에서 평등한 자유의 권리와 기회 균등을 보장하기에는 실효성이 없다.[59] 이에 반해 롤스가 주장하는 재산 소유 민주주의는 소득에 대해 누진세를 부과함으로써 '사후'에 소득 격차를 축소하는 것이 아니다. 재산 소유 민주주의는 상속 및 증여에 대한 누진세를 통해 '사전'에 재산과 자본의 소유를 분산시키고, 공공정책을 통해 교육 및 훈련 기회를 확대함으로써 소수 자산가에 의한 경제 및 정치 장악을 미리 방지하려고 한다. 이런 점에서 재산 소유 민주주의가 실현된다면, 근로소득에 대한 과도한 세금 부과로 인한 노동의욕 감소라든지, 저소득층에 대한 지원이 시혜적인 것으로 해석됨으로써 이들의 자존감을 훼손하는 일이 발생하지 않는다.

이렇게 롤스의 정의론은 복지국가가 아니라, 재산 소유 민주주의를 주장한다는 점에서 고전적 사회적 자유주의와 차별화되지만, 호네트가 주장하는 협력적 자아실현이란 의미의 사회적 자유에는 상당히 근접해 있다. 물론 호네트는 사회정의를 개인적 자유의 제도화라는 관점에서 이해하고 있으며, 롤스는 사회정의를 '공정으로서의 정의'로 본다는 점에서 접근방법 자체가 다르지만, 롤스가 말하는 정의의 원칙들과 호네트가 말하는 자유의 제도화는 사회구성원 모두가 자신의 자유를 실질적으로 실현할 수 있는 사회적 조건이란 점에서 크게 다를 것이 없다.

더 나아가 롤스가 말하는 정의의 원칙이나 재산 소유 민주주의는 이른바 '사회적 연합체들의 연합'인 '인간 공동체'를 확립하기 위한 것이며, 이는 사회구성원이 타인과의 상보적 협력 관계 속에서 자신에 대한 자존감을 토대로 각기 개성과 능력을 발휘하는 사회이다. 그리고 이러한 자존감이 사회적 인정을 통해 형성된다고 본다면, 사실상 롤스가 말하는 인간 공동체는 호네트가 말하는 상호인정 관계, 혹은 상보적 협력 관계에 기초를 두고 있으며, 인간 공동체의 구성원들 각자의 탁월성과 즐거움이 자신만이 아니라, 타인에게도 선이 된다는 것은 호네트가 말하는 협력적 자아실현의 극적인 표현이다. 그러나 롤스는 분명 호네트의 한계를 넘어서고 있다. 호네트는 개인의 자유가 제도적으로 실현되는 사회적 자유의 영역들을 구분하고, 각각의 영역에서 개인의 자유가 실현되기 위해서는 어떤 상보적 역할 의무가 제도화되어야 하는지를 밝힐 뿐, 이런 식의 상보적 역할 의무가 실행되기 위해서는 사회적 자유의 영역 자체가 어떻게 구조화되어야 하는가에 대해 주목하지 않았다. 그러나 롤스는 사회의 일반 구조를 형성하는 정의의 원칙을 천명함으로써 사회의 재구조화를 위한 기본 방향을 제시했다고 볼 수 있으며, 사실 이런 점에서 롤스가 말하는 정의의 원칙은 호네트가 주장하는 사회적 자유의 영역 중 특히 시장경제 행위와 민주적 의지 영역에서 개인의 자유가 상보적으로 실현되기 위한 구조적 조건이라고 볼 수 있다.

### 왈저의 정의론

롤스가 평등한 자유의 권리를 의미하는 제1원칙만이 아니라, 차등의 원칙 역시 정의의 원칙으로 제시한 이유는 경제적 불평등이 평등한 자유를 훼손한다고 보았기 때문이다. 더 나아가 롤스가 헌법 민주주의만이 아니라, 전 국민의 광범위한 재산 소유를 주장한 것도 소수의 자산가가 경제만이 아니라 정치 역시 장악하는 것을 막기 위함이다. 그런데 경제적 불평등을 통한 정치적 평등 훼손을 막을 방법이 기회를 균등하게 보장하고, 최소수혜자의 이익을 최대화하거나, 재산 격차를 축소하는 데만 있는 것은 아니다. '다원적 정의'를 제시한 왈저는 롤스와 마찬가지로 경제적 불평등이 정치적 평등, 더 나아가 민주주의를 훼손할 수 있다고 생각했지만, 그가 제시한 해법은 전혀 달랐다.[60]

그럼 먼저 왜 왈저가 경제적 불평등이 정치적 평등을 훼손할 수 있다고 생각했는지부터 살펴보자. 일단 왈저가 경제적 불평등이 문제라고 본 것은 단지 빈부격차가 크면 빈자들이 생계 위협을 받을 수 있다는 점 때문만은 아니다. 그가 경제적 불평등을 문제로 본 것은 이로 인해 사회적 지배와 예속 관계가 발생할 수 있기 때문이다.[61] 다시 말해 빈부격차가 크다면 빈자들은 생계를 위해 어쩔 수 없이 부자들에게 예속되고, 이 때문에 부자들은 빈자들의 고혈을 짜고, 존경을 강요하고, 결국 이들을 지배하게 된다는 것이다. 그러나 빈부격차가 항상 이런 식의 지배로 이어지는 것은 아니다. 빈부격차가 개별적인 사회적 관계에서 지배와 예속을 낳을 수는 있지만, 이러한 지배와 예속 관계가 일반화됨으로써 부자가 빈자를 지배하는 사회적 지배 구조가 형성되는 것은 돈이 "지배의 수단"이 될 때이다.[62] 다시 말해 지배의 수단이 되는 재화를 가진 자가 사회적 지배층이 되고, 돈이 지배의 수단일 경우 부자가 사회적 지배층이 된다는 것이다. 그렇다면 지배의 수단이 되는 재화란 무슨 의미일까? 왈저가 말하는 지배의 수단이 되는 재화는 한 사회에서 지배적 가치를 갖는 재화로서 이것을 소유할 경우 다른 사회적 재화도 소유할 수 있게 되는 재화를 말한다. 예를 들어 돈이 많으면 당연히 물질적으로 풍요로운 삶을 살 수 있다. 그러나 돈이 갖는 가치가 여기에 한정되는 것이 아니라, 다른 사회적 재화로도 확대될 수 있다면, 이 사회에서 돈은 지배적 가치를 갖는다. 즉 돈이 많으면 권력도 얻을 수 있고, 명예도 얻을 수 있고, 학벌, 직장, 지위, 건강, 사랑, 종교적 구원까지 얻을 수 있다면, 바로 돈이 지배적 가치를 지닌 지배의 수단이 된다는 것이다. 왈저가 강조하는 것은 바로 이런 식의 지배 수단을 소유한 사람들이 바로 한 사회의 지배층이 된다는 점이다. 왜냐하면 이렇게 사람들이 일반적으로 얻고자 하는 사회적 재화들이 돈의 가치에 종속되면, 이제 빈부격차는 모든 사회적 영역에서의 불평등으로 확산하여 결국 사회 구조 자체를 지배와 예속 관계로 탈바꿈시키기 때문이다.

그렇다면 빈부격차를 없애면 지배와 예속 관계 역시 철폐할 수 있을까? 다시 말해 사회구성원들이 경제적으로 평등해진다면, 사회적 지배의 발생을 막을 수 있을까? 왈저는 모든 사람에게 똑같은 재산이 분배되는 이른바 "단순 평등"을 거부한다.[63] 그 이유는 이런 식의 평등은 역설적으로 결국 불평등으로 귀결되고 말 것이기 때문이다. 사람들이 똑같은 재산을 갖고 있더라도 개개인의 선호나 인생 목표가 다르듯, 재산을 쓰는 곳도 다르다. 어떤 사람들은 더 많은 돈을 벌기 위해 이를 투자할 것이고, 이 중에는 성공한 사람도 있고 실패한 사람도 있게 된다. 그리고 어떤 사람들은 생계비만 아니라, 여행이나 문화생활, 아니면 학문 연구를 위해 재산 대부분을 쓸 수 있다. 이렇게 되면 처음에는 평등했다 하더라도 점차 불평등한 상황이 초래된다. 물론 상상이지만, 불평등한 상황이 발생하면 계속해서 이를 다시 평등한 상황으로 되돌려 놓을 수도 있을 것이다. 그러나 이렇게 될 때 불평등은 해소될지 몰라도 정치적 억압을 감수해야 한다. 사실 불평등한 상황을 평등한 상황으로 되돌려 놓기 위해서는 국가의 강력한 통제와 개입이 필요하기 때문이다. 이런 점에서 단순 평등을 유지하기 위해서는 국가 권력이 비대해지고 사회 자체가 억압적 사회로 변모할 수 있다. 그러나 이런 대가를 치르더라도 빈부격차를 없애고 경제적 평등을 유지하면, 반대로 다른 곳에서 불평등이 발생한다. 모두의 재산이 똑같고, 국가의 통제를 통해 재산 평등이 계속해서 유지된다면, 이제 재산은 중요한 것도 아니고, 관심의 대상도 아니다. 따라서 사람들은 재산이 아닌 다른 재화에 몰두하게 된다. 즉 사람들은 더 많은 권력을 위해, 명예를 위해, 아니면 더 나은 학벌, 직장, 지위를 위해 경쟁한다는 것이다. 이렇게 되면 비록 경제적으로는 평등하더라도 나머지 영역에서는 더 불평등한 사회가 될 수 있다. 그렇다면 이제 재산만이 아니라, 사람들이 원하는 모든 사회적 재화를 균등하게 분배해야 할까? 만약 이렇게 한다면, 분명 국가가 사회의 모든 영역에 개입해야 한다는 점에서 국가 권력은 더욱더 강력해져야 할 것이고, 이렇게 국가 권력이 강력해지면 이를 장악한 세력은 한 사회의 지배 세력이 될 것이다. 그러나 아마도 가장 큰 문제는 이렇게 모든 사회적 재화가 균등하게 분배된다면, 각 재화를 원하는 가치, 선호, 인생의 목표 등 개인 간의 차이는 사라지고 모든 개인이 동질화되면서 그 누구도 자신이 원하는 것을 위해 자율성을 발휘하지 못할 것이라는 점이다. 과연 이처럼 모든 개성이 사라지고, 모든 것을 국가가 통제하고 지배하는 사회를 정의로운 사회라고 말할 수 있을까?

이렇게 볼 때 돈이 지배적 재화가 되어 한 사회를 지배 예속 관계로 탈바꿈한다고 해도 이를 해결할 방법이 재산의 평등에 있는 것은 아니다. 그렇다면 돈이라는 지배의 수단에 의한 지배 예속 관계를 철폐할 방법은 무엇일까? 사실 돈이 다른 모든 사회적 재화를 얻을 수 있는 지배적 재화가 되었다는 것은 돈이 갖는 가치와 다른 사회적 재화가 갖는 가치들 사이의 경계가 무너졌다는 뜻이다. 그렇다면 반대로 권력, 명예, 학벌, 직업, 직위, 건강, 구원 등을 돈으로 살 수 없다면, 이들 사회적 재화 사이에는 경계가 형성되고 사회적 지배는 발생하지 않는다. 이런 점에서 왈저는 돈이 지배적 재화가 됨으로써 사회적 지배가 발생하는 것을 막을 방법은 하나의 재화를 다른 재화로 둔갑시키는 "사회적 연금술"의 철폐에 있다고 본다.[64] 다시 말해 돈을 통해 다른 사회적 재화를 획득하게 하는 메커니즘 자체를 철폐한다면 사회적 지배가 사라진다는 것이다. 이런 점에서 왈저가 돈이 지배적 가치가 되는 것을 막는 방법으로 제시한 것이 국가가 발휘하는 "분화의 예술"이다.[65] 즉 돈이 권력과 명예로 둔갑하고, 돈이 학벌, 직업, 지위 등으로 변화하는 것을 막기 위해 돈과 이들 사회적 재화 사이의 연결 고리를 끊음으로써 모든 사회적 재화가 하나의 재화로 통합되는 것이 아니라, 이들 사회적 재화들이 각기 독립성을 갖도록 분화시켜야 한다는 것이다. 물론 이러한 분화의 예술을 정책화한다면, 돈이 지배의 수단이 되는 것을 막을 다양한 방법을 생각해 볼 수 있을 것이다. 이미 시행되고 있는 것이지만, 정당 운영과 선거 관련 비용에 대한 국가의 부담을 강화하면 돈과 정치 권력과의 연결 고리를 끊을 수 있고, 공교육을 확대하고 사교육을 차단한다면 돈과 학벌의 연결 고리를 끊을 수 있고, 이를 통해 직업, 지위 등에 미치는 돈의 영향력 역시 차단할 수 있다. 그리고 더 나아가 의료보험 대상 영역을 확대하고 본인 부담금을 축소한다면 돈과 건강의 연결 고리까지 끊어버릴 수 있을 것이다.

분명 이런 식으로 돈이 지배의 수단이 되는 것을 막을 수 있다면, 경제적 불평등이 정치적 평등을 훼손하는 것을 막을 수 있을 것이다. 그렇다면 이를 통해 생각할 수 있는 정의로운 사회란 어떤 사회일까? 정의로운 사회는 단지 지배가 없는 사회일까? 더구나 사회적 지배만 없다면 경제적 불평등은 저절로 사라질까? 이에 대한 대답은 우선 왈저가 제시한 "다원적 평등"에서 찾을 수 있다. 그런데 이 다원적 평등은 경제적 불평등이나 다른 사회적 재화의 불평등이 없는 상태를 가리키는 것이 아니다. 왈저가 다원적 평등이라고 말한 것은 사회적 재화 간의 평등이기 때문이다. 왈저가 주장하듯 돈이든 무엇이든 어떤 재화도 다른 사회적 재화를 종속시키는 지배적 가치를 지니지 않는다면, 이제 다양한 사회적 재화들은 서로 동등한 가치를 지닌다는 것이다. 이런 점에서 다원적 평등이란 사람들이 일반적으로 가치를 부여하고 획득하려고 하는 사회적 재화들 사이의 평등이며, 다양한 사회적 재화들이 지배적 가치를 갖는 특정한 재화에 종속되는 것이 아니라, 각자 독립성을 갖는다는 의미에서 다원적 평등이다. 이런 식의 평등이 실현된다면 어떤 사람은 재산을, 어떤 사람은 권력을, 또한 어떤 사람은 명예를 갖고, 어떤 사람은 기업 경영에서, 어떤 사람은 학문에서, 어떤 사람은 문화 예술에서 특출한 능력을 발휘한다 하더라도 그 누구도 지배적 지위에 설 수 없다. 따라서 개별적 재화를 둘러싼 소규모 불평등은 있지만, 이것이 사회 전체로 확대되지 않고, 불평등으로 인한 사회적 갈등이 발생한다 하더라도 이 역시 국지화된다. 그리고 어떤 사회적 재화도 지배적이지 않다면 사회구성원은 각자 자신의 선호에 따라 사회적 재화에 가치를 부여하고 그 획득을 추구할 수 있다. 이런 점에서 다원적 평등이 실현된다면 사회적 갈등은 축소되고, 개인의 삶은 자율성을 얻는다.

왈저가 주장한 '다원적 정의'는 바로 이런 다원적 평등 하에서 실현된 분배 정의를 말한다. 왈저에 따르면, 인간은 사회 속에서 함께 살면서 다양한 재화를 산출하고 분배하는 일종의 '분배 공동체'를 형성한다. 물론 여기서 말하는 재화란 특정한 개인에게만 가치가 있는 것이 아니라, 그 가치가 사회적으로 공유된 사회적 재화라는 점에서 사회구성원들은 이를 얻기 위해 서로 경쟁한다. 따라서 이러한 경쟁이 갈등으로 치닫지 않기 위해서는 이를 공정하게 규제할 정의의 원칙이 설정되어야 한다. 그러나 왈저는 사회적 재화의 분배와 관련된 어떤 일반적 원칙이 있다고 보지 않는다. 그는 어떤 재화가 사회적 가치를 지니고, 이러한 재화는 누구에게 어떻게 분배되어야 하는가는 항상 특정한 사회적 의미 연관망 속에서 이해되고 해석되고 평가된다고 본다. 다시 말해 다양한 재화의 사회적 가치나 분배는 사회적 조건에 따라 달라진다는 것이다. 이 때문에 어떤 공동체에서는 돈보다 명예를 중시하고, 어떤 공동체에서는 종교적 구원을 우선시하고, 어떤 공동체에서는 하찮은 돌덩이로 취급되는 것이 어떤 공동체에서는 귀중한 장식품, 혹은 성스러운 물건으로 취급될 수도 있다. 따라서 왈저가 다양한 재화들이 각기 어떻게 분배되어야 정의로운가에 대해 일반적 원칙을 제시할 수는 없었으며, 다원적 평등에 기초하여 다양한 사회적 재화들이 각기 고유한 원칙에 따라 분배되어야 한다고 주장한 것이다. 이런 점에서 다원적 정의란 다양한 사회적 재화가 동등한 가치를 지닌다는 점에서 가치의 다원성을, 그리고 다양한 사회적 재화가 각기 고유한 분배 원칙을 갖고 있다는 점에서 분배 원칙의 다원성을 전제한 정의관이라 할 수 있다.

지금까지 설명한 왈저의 정의론과 롤스의 정의론을 비교해 본다면 둘 사이에는 근본적 차이가 있다. 롤스는 모든 사회적 재화가 아니라, 사회구성원 각자가 어떤 개인적 선호, 가치, 인생의 목표를 추구하든, 누구에게나 필요한 기본적 재화를 분배의 대상으로 삼았다면, 왈저에게 분배의 대상이 된 것은 사회적 가치를 지닌 모든 재화이다. 그리고 롤스가 기본적 재화의 분배를 규제할 일반적 원칙을 규명했다면, 왈저는 오히려 개별적 재화의 분배는 사회적 의미 연관망에 따라 가변적인 것으로 보면서, 다양한 사회적 재화 사이의 독립성 자체를 사회정의로 설정했다. 이렇게 이들 정의론의 기본 틀이 서로 다르다 하더라도, 양자 간의 아무런 접합점도 없는 것은 아니다. 롤스가 정의로운 사회로 본 것은 근본적으로 헌법적 민주주의 사회였으며, 정의의 제2원칙은 빈부격차로 인한 헌법적 민주주의의 훼손을 막기 위한 추가적 원칙이었다. 롤스에게 이러한 정의로운 사회가 필요한 이유는 이런 조건이 갖추어졌을 때 사회구성원들이 평등하게 보장된 자유를 실현하며 자존감 있는 삶을 영위할 수 있기 때문이다. 그리고 왈저가 전제한 정의로운 사회는 다원적 정의에서 알 수 있듯이, 가치의 다원성이 보장된 다원주의 사회이며, 이를 훼손할 수 있는 지배적 재화의 등장을 막기 위해 분화의 예술을 강조한 것이다. 왈저에게 이러한 정의로운 사회가 필요한 이유는 사회구성원들이 가치 다원성 하에서 자신이 원하는 가치를 자율적으로 추구할 뿐만 아니라, 그 누구에게도 예속되거나 지배당하지 않을 수 있기 때문이다. 이렇게 롤스와 왈저를 비교해 보면 정의로운 사회가 보장해야 할 개인의 삶이 어떤 것인가에 대해 이 둘의 입장 사이에 분명한 접합점이 존재한다는 점을 알 수 있다. 개인의 자율적 삶과 다양한 삶이 서로 배타적이지 않고, 오히려 서로를 전제할 수밖에 없다면, 더구나 자존감 있는 삶이 타인에 대한 예속 철폐를 전제한다면 롤스와 왈저는 서로 만날 수 있기 때문이다. 다시 말해 자율적 삶은 다원적 삶이며, 자존감 있는 삶은 지배와 예속에서 해방된 삶이라는 것이다.

그렇다면 왈저는 호네트와도 만날 수 있을까? 물론 이런 질문은 반대

로도 제기될 수 있다. 호네트가 말하는 사회적 자유는 과연 왈저의 다원
적 평등, 혹은 다원적 정의를 전제하고 있을까? 호네트의 인정이론이 천
명하고 있듯이 호네트는 인정 투쟁을 통해 추동된 상호인정 관계 확대
를 사회적 진보로 본다. 상호인정 관계 확대를 통해 더 많은 사회구성원
이 인간으로서의 보편성과 개인으로서의 특수성을 인정받음으로써 한
사회의 동등하고 완전한 구성원의 지위를 갖게 되기 때문이다. 이런 점
에서 상호인정 관계의 확대는 개인의 보편성과 특수성을 실현하는 자
아실현으로서의 자유를 확대한다고 볼 수 있으며, 호네트는 제도화된
상호인정 관계에서 실현되는 개인의 자유를 사회적 자유로 규정했다.
이렇게 볼 때 상호인정 관계가 확대되면 될수록 더 많은 사람이 동등하
고 완전한 구성원으로서 자신의 개성을 발휘하며 살 수 있으며, 이는 그
만큼 한 사회의 가치 지평이 다양한 개인적 특성과 다양한 개인적 선호,
가치와 목표를 수용할 수 있을 정도로 확대됨을 전제한다. 다시 말해 상
호인정 관계의 확대는 가치의 다원화를 전제한다는 것이다. 이런 점에
서 다양한 사회적 재화의 동등한 가치를 전제한 다원적 평등이나 이를
실현하는 다원적 정의 역시 상호인정 관계의 확대와 일맥상통한다. 더
구나 왈저가 인정이란 용어를 사용하지는 않지만, 시민적 '관용'이란 표
현을 통해 그는 사회구성원들이 서로의 차이를 수용할 때 다양한 개인
이나 집단이 위계적 관계나 차별 없이 사회적 연대를 형성할 수 있음을
강조한다.[66] 이렇게 볼 때 호네트의 사회적 자유 개념은 다원적 평등을
전제하며, 다원적 평등을 실현한다는 것은 결국 사회적 자유를 확대한
다는 것과 마찬가지이다.

## 러셀의 정의론

러셀은 롤스나 왈저처럼 본격적으로 자신의 정의론을 제시하지는 않았다. 그러나 『버트런드 러셀의 자유로 가는 길』에서 그가 규명한 자유 실현을 위한 사회적 조건은 그의 독창적인 정의론이라 규정할 만하다. 러셀은 이를 통해 사회적 분배에 관한 일반 원칙을 제시했기 때문이다. 이러한 그의 정의론이 무엇인지 해명하기 위해서는 먼저 '국가사회주의'와 '아나키스트 코뮌주의'에 대한 그의 논의를 살펴볼 필요가 있다. 그의 정의론은 이 두 가지 정치 노선의 장단점을 살피는 가운데 도출된 것이기 때문이다.

먼저 러셀이 말하는 국가사회주의는 과거 소련 시대의 사회주의 체제에서 전형적으로 나타난 사회주의 체제로서 토지와 자본의 사적 소유를 폐지하고 대신 이를 국가 소유로 전환한다. 이런 점에서 국가사회주의에서는 "국가가 유일무이한 자본가"가 되며,[67] 물질적 분배는 철저히 노동에 대한 보상 방식으로 이루어진다. 즉 토지와 자본이 국가 소유이기 때문에 이로 인한 소득을 누리는 사적 개인은 있을 수 없으며, 사회구성원 모두는 일할 능력이 있는 한 원칙적으로 노동에 참여해야 한다. 오직 노동한 자만이 노동의 산물을 누릴 권리가 있기 때문이다. 그리고 노동에 대한 보상은 성과나 가치에 따라 이루어진다. 이런 점에서 모든 노동자의 소득이 동등해야 한다고 주장하는 철저한 사회주의와는 달리 국가사회주의 사회에서는 소득 불평등까지 철폐되는 것은 아니다.[68] 러셀에 따르면 이런 국가사회주의 체제의 결정적 문제는 그 어느 지배 체제보다 훨씬 더 해로운 독재를 초래한다는 점이다.[69] 국가사회주의 체제에서는 국가가 토지와 자본을 독점하는 유일무이한 자본가일 뿐만 아니라, 모든 사회구성원은 의무적으로 노동해야 하기에 국가와 국민의 관계는 일종의 고용주와 노동자의 관계가 된다. 이런 점에서 국가와 국민의 관계는 자본주의 사회에서 자본가와 노동자의 관계처럼 지배 예속의 관계로 변질될 수 있다. 실제로 소련에서는 국가 운영을 담당하는 관료집단이 중앙집권적 계획경제를 실시하면서 개별 노동자의 노동에 관한 평가까지 했다는 점에서 광범위한 지배 체제가 형성되었다. 물론 제 I 부 3장에서 설명했듯이, 생산은 사회적으로 수행되지만, 소유는 사적으로 이루어지는 자본주의 사회의 모순을 비판하며 마르크스가 구상했던 사회주의 사회의 모습은 이와는 달랐다. 그에게 사회주의 사회란 "각인의 자유로운 발전이 만인의 자유로운 발전의 조건이 되는 하나의 연합체"로서,[70] 이는 공유와 협력에 기초한 자유로운 개인들의 연합체였기 때문이다. 이런 점에서 사회주의 사회에서는 자유로운 개인들이 생산수단을 공유하고, 개별적 노동을 통합하여 생산을 협력적으로 수행하며, 총 생산물의 일부는 생산수단으로 재투입되고, 나머지는 연합체 구성원들에게 생활수단으로 분배된다. 그러나 소련에서 구현된 사회주의는 국가사회주의였으며, 이 역시 사회주의라는 점에서 생산수단의 사적 소유는 철폐되었지만, 생산수단의 소유는 공유가 아니라, 국가 소유로 그리고 협력적 생산 역시 중앙집권적 계획경제를 통해 이루어지면서 사회주의 사회는 자유로운 개인들의 연합이 아니라, 국가 중심적 전체주의 체제로 변질되었다.

이런 점에서 생산수단의 사적 소유 철폐를 주장하면서도, 국가의 권력화에 빠지지 않기 위해 국가 자체도 부정한 정치 노선이 등장하였으며, 그것이 바쿠닌에서 시작된 "아나키스트 코뮌주의",[71] 흔히 아나키즘으로 지칭되는 정치적 노선이다. 아나키즘은 개인의 자유를 최고의 선으로 규정했을 뿐만 아니라, "공동체가 개인에게 행하는 강제적 통제"

모두를 철폐하려고 했기 때문이다.[72] 아나키즘은 말뜻 자체가 '지배자 없이'라는 뜻으로 어떤 형태의 국가든 지배 권력을 행사하는 국가에 반대하며, 오직 "자유 정부"만을 허용한다.[73] 이는 다수의 지지가 아니라, 구성원 모두의 지지에 기초한 정부를 말하며, 이 때문에 아나키즘은 공동체 구성원 중 일부의 의사에 따라 다른 일부의 의사를 강제할 수 있는 경찰이나 형법 제도도 거부하며, 비록 민주적 정부라 하더라도 다수결로 다수가 소수를 억압하는 것도 반대한다. 이런 점 때문에 아나키스트는 생산수단의 사적 소유 철폐를 주장하지만, 국가사회주의에서처럼 국가가 유일무이한 자본가가 될 때 국가가 "사적 자본가의 포악한 성향"을 드러낼 수밖에 없다는 점에서 국가 권력을 최대한 축소하면서 종국에는 이를 폐지해야 한다고 주장한다. 그렇다면 아나키스트들이 구상한 대안 사회는 어떤 사회일까? 우선 이들이 구상한 사회는 계급 간 차별은 물론 성별 간 차별 등 모든 종류의 차별이 철폐된 만인 평등의 사회이며, 여기서 토지와 자본 등 생산수단은 물론 노동 수단까지 농업조합과 산업조합의 집합적 소유가 됨으로써 오직 노동자만이 이를 이용한다.[74] 이런 점에서 아나키스트들은 마르크스처럼 "생산자가 생산 방식과 조건, 노동 시간 등 모든 문제를 결정하는 자치공동체"를 구상했다고 볼 수 있지만,[75] 물질적 분배의 방식은 사회주의와 달리 노동을 전제하지 않는다. 아나키스트들은 한편으로 사회구성원에게 모든 생필품이 무상으로 공급되어야 한다고 생각하면서도, 다른 한편 노동에 대한 의무도, 노동에 대한 보상도 거부한다.[76] 이들은 노동을 통해 주변 사람의 칭찬과 이로 인한 자부심만이 아니라,[77] 일 자체가 즐거움을 줄 수 있다면 사람들은 무위도식이 아니라, 노동을 택할 것이라고 보기 때문이다.[78] 물론 노동이 즐거움이 되기 위한 일정한 조건이 충족되어야 한다. 즉 생산 조직 자체가 생산자들의 자율적 운영에 맡겨지고, 합리적인 조직과 과학적인 방법으로 노동 시간이 줄고, 노동 자체가 새 기법과 새 도구를 고안하고 개발하는 자유로운 정신으로 가득하다면, 노동은 지루하고 힘든 일이 아니라, "예술적 창조에서 느끼는 즐거움"을 줄 수 있다는 것이다.[79] 그러나 아나키스트들에게 국가가 폐지된 상태에서 과연 자율적 생산 조직들이 서로 어떻게 연결되어 유기적 체계를 갖출 수 있고, 마찬가지로 사회 전체의 질서는 어떻게 형성되고 유지될 수 있을지는 매우 불분명하다. 그리고 사실 과학기술 발전에 따라 생산 기술도 발전하고 생산성도 비약적으로 향상된다면, 사람들이 적은 노동을 하고도, 사회구성원 모두가 소비하고 남을 생필품을 생산할 수 있겠지만, 노동에 대한 아무런 보상이 없어도 사람들이 자발적으로 일할 것이라는 주장은 쉽게 수용하기 어렵다. 더구나 아나키즘을 실현하기 위해 실제로 벌어졌던 아나키스트들의 정치적 투쟁을 보면 이는 사회적 차별과 국가에 대한 지나친 적개심 때문에 테러 투쟁화하였고, 러셀에 따르면 "광기와 흔한 범죄 사이의 어중간한 지점"에 놓이고 말았다.[80]

러셀은 이렇게 국가사회주의와 아나키스트 코뮌주의를 비판하면서 양자의 문제점을 극복할 수 있는 제3의 길로 "길드 사회주의"를 제시할 뿐만 아니라, 바로 이를 개인의 자유를 보장할 수 있는 사회체제로 본다.[81] 길드 사회주의는 1913년 영국의 전국길드연맹이 여러 간행물을 통해 소개한 새로운 유형의 사회주의로서 한편으로 산업별 자치를 지향한다는 점에서 아나키스트 코뮌주의를 따르고 있지만, 국가의 철폐가 아니라, 국가의 존속을 주장한다는 점에서 이와 다르다. 그렇다고 길드 사회주의가 국가사회주의를 따르는 것도 아니다. 길드 사회주의는 국가의 존속을 주장하면서도 민주주의 국가를 추구한다는 점에서 국가사회주의와 다르다. 하지만 길드 사회주의가 말하는 대의제 민주주의는 흔히 현대 자본주의 국가에 나타나는 대의제 민주주의가 아니라, 생산자와 소비자로 이원화된 대의 체제를 의미한다는 점에서 이와 다르다. 러셀에 따르면, 우선 개별 공장들은 소속 노동자들이 경영진을 선출하고 자율적으로 관리하면서 가장 기초적 단위의 길드, 즉 생산자 공동체를 형성하고, 이 개별 길드들의 대표자들이 연합하여 전국 단위의 길드 평의회가 만들어지며 이를 통해 업체 전체의 생산 활동이 조율된다. 그러나 모든 생산수단의 소유권은 길드에 있는 것이 아니라, 국가에 있으며, 개별 길드는 그 대신 국가 소유의 생산수단을 운용하며, 이에 대한 대가로 국가에 세금을 내고, 개인 길드의 수익 분배는 길드 구성원들이 자율적으로 결정한다. 이렇게 보면 길드 평의회가 모든 생산자 공동체를 대표한다는 점에서 사실상 국가 권력이 여기에 있는 것 같지만, 이는 생산자들의 대의 기관일 뿐 소비자를 대표하는 조직이 따로 있다. 즉 길드 단위가 아니라, 대의제 민주주의 국가에서 일반화되어 있듯이 지역별 대표를 뽑고 이들로 구성된 의회가 별도로 존재하여 생산 이외의 사안을 결정한다는 것이다. 이렇게 되면 한 국가에는 길드 평의회와 의회라는 두 개의 대의 기관이 존재하며, 사실 국가의 가장 중요한 역할은 이 둘을 조정하는 데 있다. 즉 길드 평의회와 의회의 대표가 동수로 참여한 합동위원회가 조직되어 생산자와 소비자의 공동 사안을 결정한다는 것이다.

러셀은 이렇게 이원적 대의 체제를 통해 생산수단의 국가 소유를 부정하지 않으면서도 국가가 권력화되는 길을 막고, 생산자들의 자치공동체를 허용하면서도 이들을 유기적으로 통합할 새로운 정치 질서를 제시함으로써 개인의 자유가 실현될 수 있는 정치적 기반을 마련할 뿐만 아니라, 새로운 분배 원칙을 통해 개인의 자유가 실현될 수 있는 경제적 토대 역시 제시한다. 물론 이 분배 원칙 역시 이원적 대의 체제와 마찬가지로 사회주의와 아나키즘 중 그 어느 것을 따른 것이 아니라, 이를 넘어선 제3의 방식이다. 즉 새로운 분배 원칙은 노동을 의무로 규정한 사회주의와 노동을 개인의 자발성에 맡긴 아나키즘을 통합한 것일 뿐만 아니라, 동시에 노동의 성과에 따른 분배를 주장한 사회주의와 모든 구성원에게 생필품의 무상 분배를 주장한 아나키즘을 통합한 것이다. 러셀은 한편으로 생필품을 무상으로 제공하면서도 다른 한편 공동체에 유용한 노동을 제공하는 사람에게는 일의 난이도에 따라 차별적으로 보상하는 이중적 분배구조를 제안하기 때문이다. 다시 말해 러셀은 한편으로 사회구성원들 모두에게 생필품을 무상으로 구매함으로써 생계를 유지할 일정 소득을 보장해야 한다고 본다. 이는 일을 하느냐 그렇지 않느냐와 무관하다는 점에서 노동은 의무도 강제도 아니며, 이런 점에서 사회구성원들은 노동으로부터 해방되어 자유를 누릴 수 있다. 그리고 다른 한편 러셀은 노동을 통한 자아실현의 길을 열어놓는다. 노동하지 않아도 생계가 보장된다면, 노동은 개인의 선택 사항이 되며, 개인적 노동에 대한 보상이 뒤따른다면, 사회구성원 각자는 기본적 생계유지에 만족하지 않고 자신의 능력과 개성에 따라 기꺼이 노동한다는 것이다. 물론 노동에 대한 보상이 주어진다고 해서 그것이 단지 금전적 보상만을 의미하지는 않을 것이다. 아나키스트들이 주장했듯이 칭찬과 자부심, 일 자체가 즐거움을 줄 수 있는 노동이 노동의욕을 고취할 수 있기 때문이다. 하지만 사실 이렇게 보상받을 수 있는 자아실현 노동은 대개 우수한 노동력을 요구할 수밖에 없고, 따라서 자아실현 노동의 기회가 특정한 사람들에게로 한정될 수 있다. 러셀은 이런 난점을 피하고자 사

488

회구성원 모두에게 자신의 능력을 개발할 교육과 직업 훈련 기회를 무상으로 제공해야 한다고 본다.

이렇게 본다면 이중적 대의 체제와 이중적 분배구조는 인간의 자유가 실현되는 제도적 조건이라고 볼 수 있다. 이중적 대의 체제를 통해 사회구성원은 생산자 자치공동체의 구성원으로서 자율성을 발휘할 수 있으며, 이중적 분배구조를 통해 자신의 능력과 개성을 발휘할 수 있기 때문이다. 물론 러셀이 말하는 이중적 대의 체제는 생산수단의 국가 소유를 전제하고 있다는 점에서 오늘날의 상황에 쉽게 적용하기는 어렵지만, 이중적 분배구조는 그렇지 않다. 이는 무상교육과 오늘날 쟁점이 된 기본소득제도와 관련된 것으로서 이미 시행되고 있거나 사회복지 정책의 패러다임 전환 문제일 뿐, 생산수단의 국가 소유마저 요구하는 것은 아니기 때문이다. 이런 점에서 무상교육, 기본소득과 관련하여 롤스와 왈저의 정의론, 그리고 호네트의 사회적 자유 개념을 비교해 본다면 이들 간의 접합점을 찾을 수 있다. 롤스가 주장한 정의의 제2의 원칙 중 기회 평등은 교육과 직업 훈련 기회의 균등한 제공을 의미한다는 점에서 이미 러셀이 말하는 무상교육과 마찬가지 의미이다. 그리고 러셀이 주장하는 기본소득은 롤스가 말하는 최소수혜자 이익 극대화 원칙에도 부합한다. 물론 롤스 자신은 기본소득을 반대하지만,[82] 기본소득이 제공된다면 사회구성원 모두는 물론이고 최소수혜자에게도 이익이 된다는 것은 명백하다. 기본소득은 어떤 사람에게는 피해를 주고, 그 피해만큼 다른 사람에 이익이 되는 제로섬 상황을 만들어내지 않기 때문이다.[83] 그리고 사실 기본소득제도가 실현된다면 아무리 가정 형편이 어렵고 선천적 능력이 취약하다 하더라도 누구나 일정 소득을 보장받기 때문에 사실 최소수혜자라는 구분 자체가 무의미해질 수 있으며, 기본소득은 사회구성원 모두에게 지급된다는 점에서 최소수혜자의 자존감을 훼손하지도 않는다. 그리고 러셀의 이중적 분배구조를 왈저의 다원적 정의와 비교해 본다면, 이는 그 실현 가능성을 높여 준다. 왈저가 말하는 다원적 정의는 근본적으로 가치 다원성을 전제하고 있으며, 지배적 가치가 없을 때 누구나 자신의 가치관에 맞는 사회적 재화를 추구할 수 있음을 강조한다. 이런 관점에서 볼 때 만약 기본소득이 제공되고, 사회구성원 모두에게 생계가 보장된다면, 생계 문제로 인해 자신의 가치와 무관한 삶의 목표를 추구하는 일은 방지될 것이다. 따라서 교육과 직업 훈련을 통해 자신의 능력을 개발하고, 기본소득을 기반으로 자신이 원하는 가치를 추구할 수 있다면, 이를 바로 다원적 정의의 실현이라고 할 수 있다.

이런 점을 전제한다면 사실 기본소득은 호네트가 말하는 사회적 자유의 실현성 역시 높일 뿐만 아니라, 사회적 자유의 구조적 결함까지 드러내 준다. 호네트의 사회적 자유 개념은 협력적 자아실현을 의미하며, 이는 상호인정 제도의 매개를 통해 실현된다. 상호인정 관계는 사회구성원 간의 일체감과 상보성을 전제한다는 점에서 이들은 타인의 지원과 보완을 통해 자아실현에 이를 수 있기 때문이다. 그런데 호네트는 이러한 사회적 자유 개념을 정립할 때 항상 분배 정의 문제는 논의하지 않았다. 그는 자유 실현의 제도화를 사회정의의 기준으로 삼고 있다는 점에서 그에게 자유와 정의는 동전의 양면처럼 서로 구분되지 않기 때문이다. 즉 자유가 곧 정의이고, 정의 실현이 곧 자유 실현이라는 것이다. 따라서 협력적 자유 실현을 가능하게 하는 상호인정 제도가 확립되면 이를 정의로운 사회라고 평가할 수 있을 뿐, 정작 상호인정이 어떤 분배 정의를 요구하는지는 항상 모호한 채로 남는다. 다시 말해 호네트가 오늘날 시장경제 행위 영역에서 분업적 생산 체계, 노동자-자본가 관계, 생산자-소비자 관계에서 상보적 협력이 이뤄질 때 비로소 개인의 자유가 실현될 수 있음을 주장하지만, 정작 어떤 분배 원칙이 확립되어야 이들이 각자 자신의 상보적 역할 의무를 다하면서 서로 협력할 수 있을지는 논의조차 하지 않고 있다는 것이다. 물론 시장경제 행위 영역에서 상보적 협력이 이루어지기 위해서는 노동시장 참여를 위한 기회 평등, 노동을 통한 생계유지 및 사회적 분업 체계에 이바지한다는 자부심 등을 조건으로 제시하지만, 이는 하나의 분배 원칙이라기보다, 역사적으로 등장한 다양한 시장 규제 방법을 집약해 놓은 것에 불과하다. 그러나 이런 조건들도 그 내용을 살펴보면 롤스가 말한 정의의 원칙과 다를 것이 없으며, 러셀이 말하는 이중적 분배구조에서도 크게 벗어나지 않는다. 롤스 역시 기회 균등과 최소수혜자 이익 최대화 원칙을 밝힐 뿐만 아니라, 자존감을 강조하고 있으며, 러셀도 교육과 직업 훈련 기회 균등, 기본소득을 통한 생계보장, 자발적 노동의 조건으로 이에 대한 금전적 보상만이 아니라, 일 자체의 만족감, 칭찬, 자부심 등을 강조하기 때문이다. 이렇게 볼 때 러셀의 이중적 분배구조는 호네트의 사회적 자유 개념이 결여하고 있는 분배 정의 원칙을 제공할 뿐만 아니라, 이를 통해 그 실현 가능성을 높여 준다고 볼 수 있다.

지금까지 논의한 세 가지 정의론의 관계를 종합해 본다면, 이는 각기 사회구성원 간의 협력의식을 강화하는 서로 다른 분배 원칙이지만, 이들의 세부 원칙들은 서로 중첩되거나 연결될 수 있다. 롤스가 말하는 기회 균등 원칙과 최소수혜자 이익 극대화 원칙은 러셀이 말하는 교육과 직업 훈련, 기본소득 보장과 같은 내용이거나 서로 결합할 수 있고, 왈저의 다원적 정의는 롤스가 말하는 제1원칙인 평등한 자유의 권리가 추

구하는 자유로운 삶의 토대가 될 뿐만 아니라, 러셀의 이중적 분배구조
는 다원적 정의의 실현성을 높이는 가능 조건일 수 있다. 따라서 세 가
지 정의론은 협력 사회를 위해 필요한 각기 다른 정의론이 아니라, 하나
의 통합적 원칙들로 이해할 필요가 있으며, 사회적 협력을 통해 실현되
는 사회적 자유는 그 연결 고리가 될 수 있다. 상호인정에 기초한 협력
적 자아실현이 가능하기 위해서는 사회구성원들의 상호협력을 가능하
게 하는 분배 정의 역시 전제되어야 하기 때문이다.

## 3. 사회적 경제

고전적 자유주의자들이 추구한 경제 질서는 자본주의적 시장경제 체
제였다. 스미스가 주장하듯이 이를 통해 인간은 아무런 외적 강제나 장
애 없이 자신의 자연적 본성을 실현할 수 있기 때문이다. 즉 인간은 자
본주의적 시장경제 체제에서 자신의 자유를 실현할 수 있다는 것이다.
그러나 스미스를 비롯하여 고전적 자유주의자들이 생각한 인간의 자연
적 본성은 자기보존본능이었으며, 이 때문에 경제적 영역에서 개인의
자유 실현은 타인과의 경쟁으로 이어졌고, 극심한 경제적 불평등과 빈
곤을 낳고 말았다. 하지만 인간은 자기보존본능만이 아니라, 사회성 역
시 갖고 있다. 인간은 자기 중심성에서 벗어나 타인의 관점에 서서 생각
하고 느낄 수 있으며, 이 때문에 타인과의 일체감을 통한 상호협력이 가
능하다. 그리고 앞서 살펴보았듯이 아무리 인간이 이기적이라 하더라도
상호협력이 불가능한 것이 아니며, 분배와 관련된 정의의 원칙들이 실
현된다면, 인간 사이에 협력의식 또한 형성될 수 있다. 더구나 자유 경
쟁에 기초한 자본주의 경제체제에서 발생하는 극심한 사회적 불평등을

볼 때 역설적으로 이는 협력에 기초한 새로운 경제 질서를 태동시킬 수 있는 학습 효과를 발휘할 수도 있다. 그렇다면 경쟁이 아니라, 협력에 기초한 경제가 가능할까? 가능하다면 그것은 어떤 형태의 경제일까? 나는 오늘날 신자유주의적 자본주의에 맞서 그 폐해를 극복하기 위해 등장한 '사회적 경제'가 바로 협력에 기초한 대안적 경제 형태라고 보며, 이를 협력적 자아실현을 추구하는 새로운 사회적 자유주의가 추구해야 할 경제 형태로 규정하려고 한다. 그러나 이것이 기존의 경제 질서 전체가 사회적 경제로 대체되어야 한다는 뜻은 아니다. 자유 경쟁에 기초한 자본주의적 시장경제가 초래할 치명적 결과를 방지할 수 있다면, 자본주의는 사회적으로 생산성을 향상하고, 개인적으로 창의성을 증진하는 효율적 경제 형태가 될 수 있기 때문이다. 이런 점에서 새로운 사회적 자유주의는 경쟁적 시장경제의 틀 내에서 협력 경제 형태인 사회적 경제를 확대함으로써 다원적 경제 질서 형성을 목표로 한다. 아마도 이럴 때 경쟁의 장점을 취하면서도 사회적 협력을 강화할 수 있을 것이다.

### 사회적 경제의 개념과 현황

그렇다면 사회적 경제란 어떤 경제 형태를 말할까? 사회적 경제란 사적 영리추구가 아니라, 사회적 가치실현을 목적으로 한 모든 경제적 활동을 총괄하는 개념이다. 그리고 여기서 말하는 사회적 가치란 "능동적 시민권, 연대, 사람 우선의 민주적 가치" 등을 포괄하며,[84] 구체적으로는 인간의 존엄성을 유지하기 위한 인권 보호에서부터 노동권 보장, 사회적 약자에 대한 기회 제공, 지역사회 활성화와 공동체 복원, 환경의 지속가능성 보전, 민주적 의사결정과 참여의 실현 등 다양하다.[85] 이렇게 볼 때 사회적 경제란 결국 시민의 적극적 참여를 통해 민주적 가치의 핵심인 자유와 평등을 증진함으로써 사회적 연대를 강화하기 위한 경제적 활동으로 간주할 수 있다. 따라서 사회적 경제의 주체 역시 정부 중심의 공공 섹터, 기업 중심의 영리 섹터와 구분되는 제3섹터로서 정부도 아니고, 시장도 아닌 시민사회 영역에 속한다고 할 수 있다. 그리고 구체적으로는 여기에 속하는 경제 주체는 협동조합, 공제회, 결사체와 같은 전통적인 사회적 경제 조직이며, 오늘날에는 재단이나 사회적 기업을 추가하는 것이 일반적이다.[86] 이러한 사회적 경제 조직의 일반적 운영 원칙으로는, "사람과 사회적 목적이 자본보다 우선한다, 구성원 자격은 자발적이고 개방적이어야 한다, 구성원에 의해 민주적으로 통제되어야 한다, 구성원 및 이용자의 이익, 기타 보편적 이익 등을 고루 안배해야 한다, 연대와 책임의 원칙은 반드시 준수되고 적용되어야 한다" 등이 제시되고 있다.[87]

이러한 사회적 경제는 2008년 금융위기 이후 비약적인 성장을 거듭해 왔다.[88] 유럽연합의 경우를 보면 2017년에는 약 200만 개의 사회적 경제 기업이 만들어져 145만 명을 고용함으로써 유럽 전체 고용의 6.5%를 차지했으며, 경제적 가치 생산 면에서도 전체 GDP의 8%를 차지한다. 우리나라의 경우는 사회적 경제를 이제 도입하는 단계이기 때문에 아직 그 역할은 미미한 실정이다. 그렇기에 사회적 경제 기업의 고용 역시 전체 고용 인구의 1.4%에 불과하지만, 투자 대비 취업 유발 효과나 기업 생존율이란 면에서 일반 기업을 월등히 앞지르고 있고, 높은 정규직 고용 비율 때문에 이직률 역시 현저하게 낮게 나타나는 장점을 보인다. 물론 오늘날 사회적 경제가 이 정도의 성과를 낼 수 있었던 것은 국가의 적극적인 뒷받침 때문이다. 예를 들어 프랑스[89]에서는 이미 1970년대부터 협동조합, 공제회, 그리고 다양한 결사체들이 각기 자신들이 수행하는 경제적 활동의 공통점을 사회적 경제로 규정하기 시작했으며, 프랑스 정부는 이러한 경제적 활동을 활성화하고 뒷받침하기 위해 사회경제부를 설립했고, 2015년에 이르러서는 사회적 경제 활동을 수행하는 모든 집단에 적용되는 종합적인 법률로서 「사회연대 경제법」을 시행하였다. 이 법률은 경제 다원주의라는 원칙에 따라 사회적 경제를 대안적 경제로 공인한 역사상 최초의 법률로서 사회적 경제를 촉진하기 위한 국가의 재정지원이나 공공조달 원칙을 밝히고 있고, 노동자들이 협동조합을 설립하여 기업을 인수하는 것까지도 허용한다. 그리고 2004년 캐나다[90]의 마틴 정부는 기업가 기술을 응용하지만, 영리를 추구하지 않고 공동체의 사회적, 환경적 조건을 개선하려는 경제 활동을 사회적 경제로 규정하면서, 이를 지원하는 대규모 정책을 추진하였다. 즉 캐나다 정부는 사회적 경제 조직들이 생산과 서비스 제공을 원활히 수행할 수 있는 기반과 역량을 갖추도록 지원하고, 사회적 기업들의 창업지원을 수행할 뿐만 아니라, 사회적 경제 조직들이 사회적 경제에 관한 지식과 네트워크를 활용할 수 있도록 연구기금을 투입하기도 했다. 그 결과 캐나다에서는 공동체의 복리를 위한 재화와 서비스 생산을 정부, 사적 경제, 그리고 사회적 경제가 담당하는 3각 축이 형성되었으며, 사회적 경제는 캐나다 전체 총생산의 7.7%를 차지하게 되었고, 고용 역시 전체 노동 인구의 11.1%에 이르게 되었다. 이에 비해 우리나라는[91] 2007년에 「사회적기업 육성법」이 제정되어 사회적 경제 활동을 하는 다양한 집단들, 즉 사회적 기업, 협동조합, 자활기업, 마을기업 등을 지원할 수 있는 법적 근거가 마련되었다. 그리고 2012년에는 기존의 협동조합법, 생활 협동조합법, 소비자 협동조합법을 포괄하는 통합형 협동조합법이 제정되면서 사회적 경제의 한 축을 이루는 다양한 협동조합에 대한 분산된 지원을 하나로 통합할 수 있게 되었다. 정부는 이를 통해 사회적 기업 육성 및 협동조합 기본계획을 마련하였을 뿐만 아니라, 사회적 경제 단체들에 인건비를 지원하거나 세제 혜택을 주는가 하면, 공공조달 시 우선 구매 대상자로 삼고, 정책 자금 지원 등 각종 혜택을 주고 있다. 그리고 문재인 정부 들어서 사회적 경제를 더욱 활성화하기 위해 「사회적 경제 기본법」, 「사회적 가치실현 기본법」, 「사회적 경제 기업제품판로지원법」 제정을 추진하기도 했다. 사회적 경제에 대한 지원은 개별 정부 차원이 아니라, 유럽 전체를 아우르는 유럽연합 차원에서도 이루어졌다. 유럽연합[92]은 사회적 경제의 중요성을 인식하고, 이를 확대하기 위해 2009년 유럽연합의회를 통해 '사회적 경제에 관한 결의문'을 채택하였다. 그런데 결의문 채택 이전인 2008년 금융위기부터 유럽은 심각한 경제위기를 겪고 있었다. 물론 경제위기 중 가장 심각한 문제는 광범위한 실업이었다. 그런데 사회적 경제 조직들은 경제위기 상황 속에서도 지속적으로 고용을 확대하였으며, 이는 무엇보다도 일반 기업처럼 영리추구를 목표로 삼지 않기 때문에 가능했다. 유럽연합은 사회적 경제 조직들의 일자리 창출 능력에 주목하면서 이른바 '다원주의적 경제체제'에 관심을 돌리기 시작했다. 유럽연합의회의 결의문은 이러한 사회적 경제에 대한 적극적 관심의 표현으로서 사회적 경제가 자신의 잠재력을 충분히 발휘할 수 있도록 정치적, 입법적, 운영상의 조건들을 충족시키기 위한 법률적 기반을 마련할 것을 권고하고 있다.

### 협동조합 정신

역사적으로 볼 때, 흔히 사회적 경제는 '사회적'이란 말이 의미하듯이 사람들이 공동으로 노동하고, 그 성과물을 공유하던 시대부터 등장했다. 그러나 그 정형화된 형태가 나타난 것은 19세기 협동조합이었다. 그리고 이는 당시 영국에서 자유방임적 자본주의의 확산으로 인해 경제적 불평등과 노동자들의 빈곤이 심화하던 상황에서 노동자 스스로 부족한 재화와 서비스를 공급함으로써 빈곤에서 탈피하기 위한 사회운동 차원에서 등장했으며, 이를 대표하던 인물이 로버트 오언이었다.[93] 이런 점에서 협동조합운동의 아버지로 일컬어지는 오언은 1824년 미국에 '뉴하모니'라는 소규모 협동 공동체를 건설하였다. 이미 3장에서 설명하였듯이, 뉴하모니는 생산자 협동조합, 소비자 협동조합, 판매자 협동조합 등 특정한 활동을 협력적으로 수행하기 위해 만들어진 조합이 아니라, 이런 활동 전체가 협력적으로 이루어지는 협동 공동체이다. 그렇지만 이는 협동조합이 어떤 식으로 협력을 이루어내는지를 전형적으로 보여준다. 우선 이러한 뉴하모니에서 구성원들은 모두가 평등한 존재이기 때문에 누구나 똑같은 크기의 땅을 경작하고, 똑같이 제조업 공장에서 노동하고, 생산하지 못하는 생필품은 공동으로 구매함으로써 자급자족 체계를 갖춘다. 그러나 뉴하모니는 단순한 경제적 생산 공동체에 그친 것은 아니다. 여기에는 공동의 숙소, 식당, 교육시설, 종교 시설 등도 갖추어져 있다는 점에서 이는 동시에 생활공동체이기도 했다. 뉴하모니가 공동생산, 공동생활에 기초한 공동체일 뿐만 아니라, 이를 협동 공동체라고 규정할 수 있는 이유는 생산이 공동으로 이루어질 뿐만 아니라, 생산수단이 공유되었기 때문이다. 따라서 비록 개개인은 자신의 노동 시간에 따라 보상을 받지만, 공동체 전체의 이익은 동시에 개인의 이익이 된다. 이 때문에 구성원들은 자기만을 위해 노동하는 것이 아니라, 사실 전체를 위해 협력한다. 그리고 뉴하모니에서는 생산만이 아니라, 식사에서부터 생필품을 구매하고, 아이를 키우고, 교육하는 데 이르기까지 일생 생활 역시 공동으로 수행하기 때문에, 여기서는 개인 간의 경쟁이 사라지고 협력이 극대화된다. 물론 협동 공동체에는 오언이 시도한 것만 있는 것은 아니다. 프랑스의 푸리에 역시 이와 유사한 공동체를 구상하였다. 그러나 푸리에가 구상한 '팔랑주'라는 협동 공동체는 오언의 뉴하모니와는 다른 점이 있었다. 푸리에가 구상한 팔랑주는 오언의 뉴하모니와 마찬가지로 소규모 생산 공동체였으며, 동시에 생활공동체였지만, 여기서는 모두가 같은 일을 하는 것이 아니라, 개개인의 차이가 중시되었다. 즉 구성원들은 자신의 성향에 맞는 직종을 선택할 수 있을 뿐만 아니라, 직종을 지속적으로 바꿀 수 있었다는 것이다. 이런 점에서 푸리에는 노동이 고역이 아니라 즐거운 활동이 되도록 했다. 하지만 불행하게도 오언과 푸리에의 협동 공동체는 성공하지 못했다. 협동 공동체 구성원들의 비협조적 태도가 문제되기도 하였고, 협동 공동체가 전체 사회로부터 고립되거나 협동 공동체를 건설하기 위한 비용도 문제였기 때문이다.

그러나 협동조합운동 자체가 사라진 것은 아니다. 스페인의 작은 마을인 몬드라곤에서는 호세 마리아 주교가 1956년 석유 난로를 생산하는 생산자 조업을 만들기 시작하였고, 이것이 지속적으로 발전하여 제조업만이 아니라, 금융, 유통, 지식과 관련된 260개의 회사가 하나의 협동조합복합체를 형성하였다.[94] 이는 생산자 협동조합이란 점에서 오언과 푸리에가 구상한 협동 공동체는 아니었다. 그렇지만 노동자가 출자하여 자본을 만들고, 노동자 스스로 경영하는 자주 관리 기업이란 점에서 공동소유와 공동생산을 원칙으로 했던 이들 공동체와 크게 다르지 않다. 오늘날에는 오언이나 푸리에가 구상한 협동 공동체는 아니지만, 생산조합, 소비조합, 신용조합 등 경제 분야별로 '협력화'하는 다양한 협동조합이 등장하고 있으며, 협동조합을 자본주의적 시장경제에 대한 대안으로 정립하려는 시도들도 지속하고 있다. 그 이유는 협동조합의 경제 활동 방식이 자본주의 체제에서 일반화된 영리 기업과는 근본적으로 다르기 때문이다. 1995년 ICA(국제협동조합연맹)이 제정한 '협동조합 원칙'에 따르면, 협동조합은 "자발적이고 개방적인 조합원 제도, 조합원에 의한 민주적 관리, 조합원의 경제적 참여, 자율과 독립, 교육 훈련 및 정보 제공, 협동조합 간의 협동, 지역사회에 기여"라는 7대 원칙을 준수해야 한다.[95] 이렇게 본다면, 협동조합은 자유롭고 평등한 구성원들의 1인 1표를 행사하는 민주적 절차에 따라 운영되며, 구성원들에게 지속적인 교육과 훈련의 기회를 제공하고, 다른 협동조합은 물론 지역사회와의 협력을 추구한다. 따라서 협동조합이 증가하고 협동조합 간의 협력이 확대된다면, 타인과의 협력을 통해 자신의 능력을 개발하고 이를 실현할 수 있는 사회적 영역 역시 확대된다고 볼 수 있다. 다시 말해 기업이 노동자를 고용하는 것이 아니라, 생산자가 협동조합을 조직하여 고용을 창출할 뿐만 아니라 반대로 자본을 유치한다면, 자본 이윤 극대화 논리를 넘어서 자본가와 노동자의 상보적 관계를 형성할 수 있으며, 소비자가 협동조합을 결성하여 무엇을 구매할 것인가를 결정하게 되면, 고도의 광고 기법과 마케팅 전략으로 소비자의 소비 욕구를 조작하는 생산자와 수동적 소비자라는 위계적 관계를 역전시켜 이들 간의 균형을 유지할 수 있다. 그리고 다양한 협동조합이 서로 협력하여 자체적인 생산, 소비, 금융 등이 연결된 경제 순환 시스템을 구축하게 되면, 그만큼 경제 전체는 협력적으로 재구조화한다는 것이다.

## 사회적 경제에 대한 평가

물론 사회적 경제에는 협동조합만 있는 것이 아니다. 협동조합이 사회구성원들이 겪는 경제적 불평등과 빈곤 등 경제적 위기를 타개하기 위해 등장하였듯이, 사회적 경제는 항상 경제적 위기에 대응하는 방법으로 등장하였으며, 오늘날에도 특히 실업 문제와 복지 사각지대를 해소하기 위한 혁신적인 방안으로 주목받고 있다. 우리나라만 보더라도 1990년 말 외환위기를 겪으면서 공공근로사업, 자활사업, 사회적 일자리 사업 등 실업을 해소하고 고용을 창출하는 방법으로 사회적 경제가 도입되기 시작하였고, 최근에는 사회적 서비스 제공으로 확대되고 있다. 이런 맥락에서 사회적 경제를 신자유주의에 대한 대안으로 제시하기도 한다. 주지하다시피 신자유주의는 복지국가 체제의 비효율성을 비판하며, 경제적 효율성을 높이기 위해 자유 경쟁을 제한하는 각종 규제를 철폐하고, 사회복지 역시 축소하였다. 이로 인해 실업이 증가하고, 노동시장 유연화를 통해 비정규직이 증가하고, 복지 사각지대가 확대되었다. 그 결과는 다름 아닌 사회적 양극화이고, 삶의 질 저하이며, 사회적 통합력의 약화이다. 사회적 경제에는 이에 대한 대안적 의미가 있다. 사회적 경제는 경제적 효율성과 이를 통한 이윤 극대화가 아니라, 사회적 연대라는 사회적 가치실현을 목적으로 삼기 때문이다. 그렇기에 사회적 경제는 고용 취약 계층의 일자리를 창출하고, 국가를 대신하여 복지 취약 계층에게 사회적 서비스를 제공한다. 이런 점에서 허드슨 같은 논자는 사회적 경제가 공동체의 사회적 욕구를 충족시키고, 사회적으로 유용한 재화와 서비스를 제공하는 사회화된 시장을 통해 새로운 경제적 순환을 만듦으로써 인간적, 협동적, 지속 가능한 사회적 경제 형태를 창출해 낼 수 있다고 본다. 물론 이렇게 사회적 경제를 긍정적으로 평가하고 이를 현재의 위기상황을 극복할 수 있는 대안적 경제 형태로 이해한 다 하더라도 이것이 개인의 영리추구에 기초해 있는 기존의 시장경제 를 사회적 경제로 대체하자는 것은 아니다. 허드슨이 주장하는 것은 사 회적 경제가 실업과 소득 불평등, 그리고 빈곤을 초래하는 시장경제의 문제점을 해결할 뿐만 아니라, 일종의 경쟁 형태로서 시장경제를 견제하 고, 이를 통해 역설적이게도 시장경제를 강화할 수 있다는 점이다.[96]

이렇게 사회적 경제를 긍정적으로 평가하기도 하지만, 이에 대한 반 론 역시 강하게 제기되고 있다. 최근 사회적 경제가 강화되고 있는 것은 사회적 경제가 신자유주의적 경제 운영에 대한 대안적 경제로 주목받 고 있기 때문이 아니라, 역으로 사회적 경제 역시 신자유주의 정책의 일 환이기 때문이라는 것이다. 사회적 경제는 복지삭감으로 인한 사각지대 를 해소하기 위해 사회적 서비스를 제공하지만, 이는 공공서비스를 저 임금 노동자가 대행하게 함으로써 비용을 줄이는 전략에 불과하다. 더 구나 이런 식의 사회적 서비스 제공은 복지 분야에서 양극화만 낳고 있 다고 평가한다. 결과적으로 볼 때 중상층 이상은 시장에서 제공하는 고 급 서비스를 향유하고, 빈곤층은 사회적 경제가 제공하는 질 낮은 서비 스를 공급받고 있기 때문이다.[97] 그러나 사실 이러한 입장은 사회적 경 제의 가치를 부정하는 것은 아니다. 사회적 경제가 자신이 추구하는 사 회적 연대를 실현하는 것이 아니라, 오히려 신자유주의 정책에 악용되 어 사회적 양극화에 이바지한다는 비판은 사회적 경제 자체를 거부하 는 것이 아니라, 사회적 경제의 왜곡을 비판하는 것이나 마찬가지이기 때문이다. 따라서 이런 식의 비판은 사회적 경제가 본래의 목적을 잘 살 리게 되면 자연스럽게 해소될 것이다. 물론 신자유주의가 전 세계로 확 산한 상황에서 개인주의와 능력주의에 기초한 자유 경쟁이 아니라, 사회적 가치실현과 연대를 추구한다는 것은 결코 쉬운 일이 아니다. 그러나 로이드 같은 논자는 바로 이런 상황이기 때문에 더욱더 사회적 연대가 중시되어야 함을 강조하기도 한다.[98]

그리고 사회적 경제에 대한 평가에는 이를 긍정적으로 보면서도, 사회적 경제를 시장경제에 대한 경쟁적이고 대안적 경제 형태로 규정하는 것도 아니고, 그렇다고 신자유주의 전략으로 평가하는 것도 아닌, 국가와 자본주의로부터의 해방구로 보는 견해도 있다. 이른바 신자유주의적 세계화에 대한 저항으로 등장한 '탈주(exodus) 운동'은 기존의 사회체제를 변혁하여 새로운 사회를 건설하는 것이 아니라, 기존 사회체제가 무력화된 해방된 공간을 형성하려고 한다는 것이다.[99] 즉 북미자유무역협정에 저항하며 멕시코 치아파스주에 건설한 자율 공동체, 덴마크 코펜하겐 도심에 주택과 재화의 공동사용을 위한 건설된 크리스티아니아 주거 지역, 스페인 마리날레다 지역에 공동경작을 위해 세운 마을, 노동자들의 자율통제에 맡겨진 세르비아의 유고레메디아, 그리고 2008년 금융위기를 극복하기 위해 그리스에서 만들어진 무료 약국, 무료급식소, 무료 어학원, 재활용 의료 나눔터 등 주민 자율의 네트워크와 같이 국가와 자본주의로부터 독립되고 해방된 사회 공간을 형성하려는 사회운동도 있다. 이러한 사회운동은 우리나라에서도 예외가 아니다. 최근 사회운동 차원에서 등장하고 있는 생태 운동, 대안 교육 운동, 공동생산 운동, 공동구매 운동, 귀농 운동 등이 생태공동체, 교육공동체, 생산자공동체, 소비자공동체, 귀농공동체를 표방하며 신자유주의적 세계화가 낳은 무한경쟁과 이윤 극대화 논리로부터 탈주하여 새로운 협력공동체를 만들어가고 있다. 이러한 운동은 자본주의 질서를 넘어 인간과 인간, 인간과 자연 사이의 새로운 질서를 창조하려는 운동으로 평가되기도 한다.[100] 이렇게 전 세계적으로 확산하고 있는 탈주운동은 공통적으로 신자유주의적 세계화로 인한 무한경쟁과 사회적 불평등에 반대하며, 경쟁보다는 협력, 불평등보다는 평등을 목표로 한다. 그리고 대개 공유나 협동조합 방식으로 생활에 필요한 각종 재화나 시설을 공급할 뿐만 아니라, 상호협력을 통해 보육, 교육, 의료 등과 같은 서비스를 제공한다. 이런 점에서 탈주운동은 경쟁과 영리추구가 아니라, 상호협력과 연대적 가치실현을 목표로 하는 사회적 경제에 기초하고 있다.

### 다원적 경제

지금까지 설명한 사회적 경제가 새로운 사회적 자유주의가 추구하는 경제 형태일 수 있음은 새로운 사회적 자유주의가 추구하는 자유가 무엇인가를 상기해 본다면 금방 알 수 있다. 새로운 사회적 자유주의는 개인의 자유 실현을 최고의 이념으로 볼 뿐만 아니라, 이를 목표로 한다는 점에서 자유주의이다. 그러나 새로운 사회적 자유주의가 전제하고 있는 개인의 자유란 경쟁과 대립을 낳는 자기중심적 자유가 아니다. 새로운 사회적 자유주의가 추구하는 자유란 다름 아닌 협력적 자아실현이기 때문이다. 그리고 여기서 말하는 협력이란 일체감과 상보성이라는 이중적 의미에서의 협력을 의미한다. 즉 자유의 주체는 타인과 하나가 되었기 때문에 흡사 타인의 자유 실현을 자신의 자유 실현처럼 지원한다는 것이고, 다른 한편 개인의 자아실현은 이에 대해 상보적 역할을 하는 타인의 자아실현 없이는 불가능하다는 것이다. 물론 이런 이중적 의미의 협력을 가능하게 하는 것은 상호인정 관계라는 점에서 사회적 자유가 실현되기 위해서는 그만큼 사회 자체가 상호인정 관계로 구조화되어야 한다.

자본주의 경제체제는 이러한 상호인정 관계가 구조화된 것으로 보기 어렵다. 자본주의 경제체제는 한편으로 볼 때 상보성을 갖지만, 일체감을 형성하지는 못하기 때문이다. 자본주의란 자본가가 자본을 투자하여 생산시설을 마련하고, 이윤을 목적으로 노동자를 고용하여 상품을 생산하는 경제체제를 말한다. 그렇다면 자본주의는 일차적으로 자본가와 노동자의 상보적 협력 관계를 전제한다고 볼 수 있다. 그리고 자본가와 노동자의 협력을 전제로 한 상품 생산 역시 사회 전체의 분업을 통해 이루어진다는 점에서 이 또한 상보적 협력 관계를 형성한다. 그러나 마르크스가 지적하듯이 자본주의라는 경제체제에서는 생산이 사회적으로, 즉 상보적으로 이루어지지만, 소유는 사적으로 이루어진다. 즉 자본가는 노동자를 고용하여 상품을 생산하지만, 생산의 이윤은 자본가가 독점하며, 노동자는 단지 생산비 요소로만 취급된다. 그리고 하나의 상품을 생산하기 위해서는 사회 전체의 분업적 협력이 필요하지만, 동종 생산업체 사이에서는 경쟁이 불가피하다. 이는 노동자도 마찬가지이다. 노동자 역시 고용을 위해 다른 노동자와 경쟁하기 때문이다. 물론 모든 경쟁은 소유가 사적으로 이루어지기 때문에 발생한다. 자본가는 자신의 소유물인 공장을 유지하기 위해 다른 공장과 경쟁하고, 노동자는 자신의 생계수단인 임금을 위해 타인과 경쟁한다. 그리고 더 많은 소유를 원한다면 경쟁은 더 격화되며, 이러한 경쟁은 자본주의 체제에서 필연적이다. 자본이 끊임없이 증식되지 않으면 다른 자본과의 경쟁에서 패할 수밖에 없으며, 자본의 자기증식은 생산성 향상을 전제하기 때문에 노동자들의 경쟁 역시 필연적이다.

그러나 이에 반해 사회적 경제 역시 분업적 협력 체계를 전제하지만, 경쟁을 추구하지는 않는다. 사회적 경제는 연대라는 사회적 가치실현을 목표로 하고 있기 때문이다. 이런 점에서 사회적 경제는 고용 취약층의 고용을 목표로 삼고, 복지 취약층에게 복지를 제공하려고 하며, 공동노동과 공동생산을 수행하고 공동구매를 추진한다. 물론 사회적 경제 조직들은 개인적 투자 규모와 상관없이 모든 사람이 1인 1표를 행사하는 민주적 방식으로 운영되고 있으니, 공동의 수익은 연대적 가치실현을 위해 재투자된다. 이런 점에서 사회적 경제에 종사하는 사람들이나 수혜자들은 서로 평등한 관계를 유지하고 있으며, 상호 협력적이다. 이런 점에서 사회적 경제가 활성화되고, 확대된다면 경제적 영역에서는 그만큼 경쟁을 축소하고 협력적 분업을 강화한다. 이런 점에서 새로운 사회적 자유주의의 경제체제는 사회적 경제이며, 새로운 사회적 자유주의는 사회적 경제의 확대를 추구하는 정치 이념이 되어야 한다. 그러나 새로운 사회적 자유주의가 자본주의 경제체제 자체를 사회적 경제로 대체하자는 혁명 이념인 것은 아니다. 새로운 사회적 자유주의는 사회적 경제의 확대를 주장하지만, 그 정당화 근거는 경제적 다원주의이기 때문이다. 즉 새로운 사회적 자유주의는 자본주의라는 하나의 생산 양식이 지배하는 사회가 아니라, 다양한 생산 양식이 공존하는 경제체제를 요구한다는 것이다. 오늘날 자본주의가 사회적 불평등과 빈곤의 원인이 된 것은 자본주의라는 생산 양식이 모든 사회적 영역을 자본증식을 위한 시장 영역으로 총체화함으로써 사회적 연대를 해체했기 때문이다. 그러나 경제적 다원주의는 어느 한 생산 양식이 경제 전체를 지배하는 것이 아니라, 다양한 생산 양식이 공존하면서 각기 자신의 장점을 실현하고, 단점을 지양할 수 있도록 서로를 견제하는 경제 질서를 말한다. 자본주의적 생산 양식이 생산성을 향상하지만, 무한경쟁으로 인해 경제적 불평등을 초래한다면, 사회적 경제를 통해 사회 전체의 경제적 불평등을 완화함으로써 자본주의적 생산성을 유지하면서도 사회적 연대를 강화하고, 자칫 사회적 경제가 초래할 수 있는 비효율성의 문제를 자본주의적 생산 양식을 통해 경감시킨다면 사회 전체 차원에서 연대와 생산성을 동시에 유지할 수 있다는 것이다.

# 9장 유기체주의

새로운 사회적 자유주의가 추구하는 사회적 자유란 협력적 자아실현을 의미하며, 이는 근본적으로 상호의존적 인간관을 전제한다. 개인의 자아는 타인과의 상호인정 관계 속에서 형성될 뿐만 아니라, 이를 통해 실현될 수 있으며, 이러한 자아실현은 타인의 상보적 행위가 전제될 때 비로소 가능하기 때문이다. 물론 상호인정 관계란 이를 형성하는 개개인이 상대방에 대해 독립성과 의존성을 갖는 이중적 관계를 말한다는 점에서 고전적 자유주의가 전제한 인간관계와는 다르다. 고전적 자유주의는 자기보존본능에 기초한 독립적 개인, 스스로 목적을 설정하고 이를 달성하기 위해 타인에 대해 전략적으로 행동하는 주관적 개인을 전제하지만, 상호인정 관계를 형성하는 개인은 한편으로 자기반성의 주체로서 자율성을 갖고 행동하지만, 타인의 관점에서 자기 자신을 반성한다는 점에서 타인에게 의존적이다. 이런 점에서 새로운 사회적 자유주의가 전제한 상호의존적 개인은 고전적 자유주의가 전제한 개인의 독립성을 부정한 것이 아니라, 오히려 이를 상호의존적 개인의 한 측면으로 수용한다. 더 나아가 새로운 사회적 자유주의가 전제한 사회성 역시 자기보존본능에 대립하는 것이 아니라, 자기보존본능을 경쟁적이 아니라, 협력적으로 실현하는 것을 의미한다. 이런 점에서 루소가 인류 역사의 "가장 행복하고 안정된 시기"를 자기애와 동정심의 조화로 본 것은 새로운 사회적 자유주의가 말하는 사회적 자유의 의미와 일치한다.[101]

그렇다면 새로운 사회적 자유주의는 사회를 어떻게 이해해야 할까? 사회적 자유의 주체를 이렇게 상호의존적으로 본다면, 이들로 구성된 사회는 어떻게 이해되어야 할까? 분명 사회적 자유가 함축하고 있는 사회관은 고전적 자유주의가 전제한 사회관과는 다를 것이다. 사회가 개인들의 공동생활체를 의미한다면, 이 개인의 모습이 달라질수록 사회의 모습 역시 달라질 수밖에 없기 때문이다. 앤서니 아블라스터가 『서구 자유주의의 융성과 쇠퇴』에서 서술하고 있듯이,[102] 고전적 자유주의는 원자론적 사회관을 견지하고 있으며, 2장에서 서술하였듯이 이는 홉스에서 전형적으로 나타난다. 즉 물질세계가 분할 불가능한 원자로 구성되어 있듯이 사회 역시 독립된 개인으로 구성되어 있으며, 사회는 결국 이러한 구성원들의 산술적 총합에 불과하다는 것이다. 이런 식의 사회관이 무엇을 의미하는지를 분석적 차원에서 살펴본다면, 이는 그 내용상 3가지 차원을 함축하고 있다고 본다. 첫째, 사회가 개인으로 구성되어 있다는 말은 존재론적 차원에서 개인이 사회에 앞서서 존재한다는 의미이며, 반대로 개인에 앞서서 존재하는 사회란 논리적으로 불가능하다. 둘째, 개인이 존재론적 차원에서 사회에 앞선다는 것은 사회가 개인들에 의해 만들어진 구성물임을 의미한다. 따라서 인간이 본성상 사회적 존재라거나, 인간이 사회에 의해 만들어진 존재라고 주장할 수 없다. 셋째, 개인이 사회를 만든 것은 자신의 이익이라는 목적 달성을 위한 합리적 사고의 결과이며, 따라서 개인의 이익에 우선하는 사회 자체의 이익이란 존재하지 않고, 사회 전체라는 이름으로 개개인의 이익을 침해해서도 안 된다. 이렇게 볼 때 고전적 자유주의자들에게 사회란 자신의 이익을 추구하는 독립된 인간이 목적 합리적 사고를 통해 만들어낸 구성물이다.

　이렇게 고전적 자유주의가 전제한 원자론적 사회관의 의미를 파악한다면, 새로운 사회적 자유주의에 함축된 사회관은 무엇일까? 내지는 사회적 자유 개념은 어떤 사회관을 전제한다고 볼 수 있을까? 앞서 서술했듯이 19세기에 등장한 고전적 의미의 사회적 자유주의는 원자론적 사회, 다시 말해 개인 중심적 사회에서는 개인 간의 경쟁 확대와 이로 인한 불평등 심화 때문에 사회가 대립과 갈등으로 치달을 수밖에 없음을 지적하면서, 이에 대한 대안으로 유기체론적 사회관을 제시하였다. 흔히 유기체란 물리학적 대상인 물체와 구분되는 생물학적 대상으로서의 생명체를 말한다. 물론 물체와 유기체를 구별하는 것은 각기 물리학적 법칙이 관철되느냐, 아니면 생물학적 법칙이 관철되느냐에 따른 것이지만, 전체와 부분의 관계를 볼 때 이 두 가지 존재는 근본적으로 다른 구조로 되어 있다. 즉 물체는 이를 구성하는 최수 단위로 분해될 수 있으며, 이를 다시 결합하면 원래의 물체가 된다. 그리고 물체의 성질은 물체를 구성하는 최소 단위의 성질에 의해 결정되며, 물체가 분해된다 해도 물체를 구성하는 최소 단위의 성질은 달라지지 않는다. 그러나 유기체가 이를 구성하는 부분들로 분해된다면 유기체는 죽게 되며, 이 부분들을 다시 결합한다 해도 원래의 유기체로 되살아나는 것도 아니다. 그리고 유기체는 부분들로 구성되어 있지만, 각 부분은 서로 다른 기능을 하며, 이 부분들은 유기체라는 전체를 떠나서는 존속할 수 없고, 유기체 역시 자신을 구성하는 부분들이 없으면 존재할 수 없다. 이런 점에서 물체는 이를 구성하는 부분들의 단순한 총합일 뿐이지만, 유기체는 이를 구성하는 부분들 사이의 상호협력을 통해 존재하게 된다. 5장에서 서술했듯이 고전적 의미의 사회적 자유주의를 대표하는 홉하우스는 사회와 이를 구성하는 개인들의 관계가 유기체와 같다고 본다. 즉 사회는 이를 구성하는 개인들 없이는 존속할 수 없으며, 개인들 역시 사회를 떠나서는 존재할 수 없다는 것이다. 이 개인들은 상호협력을 통해 불가분의 관계를 형성하고 있기 때문이다. 이런 유기체론적 사회관을 전제한다면, 사회를 구성하는 개인들의 상호경쟁과 이로 인한 불평등은 이들을 대립과 갈등으로 치닫게 함으로써 사회 자체와 이를 구성하는 개인들의 존속을 위태롭게 한다는 점에서 시급히 해결되어야 할 중차대한 과제가 된다.

이렇게 홉하우스의 고전적 사회적 자유주의는 사회를 유기체론적으로 파악함으로써 원자론적 사회관에 기초한 고전적 자유주의에 대한 대안이 될 수 있었지만, 사실 그가 말하는 사회유기체론은 상당히 소박한 것이다. 그의 사회유기체론은 생물 유기체 개념을 일종의 유비를 통해 사회에 적용한 것에 불과하며, 사회가 실제로 유기체처럼 작동한다는 객관적 분석을 제시한 것은 아니다. 이런 점에서 홉하우스의 사회유기체론은 실제로 존재하는 사회를 실증적으로 분석한 결과라기보다는 사회적 자유주의가 개인적 자유주의에 대한 대안으로 등장했듯이 개인적 자유주의에 기초하고 있는 원자론적 사회관에 대한 대안을 제시하기 위해 단순히 가정되었거나, 요청된 것은 아닌지 의구심을 지울 수 없다. 더구나 유기체론적 사회관을 말한다고 해서 이것이 바로 사회적 자유에 적합한 사회관이라고 주장할 수 있는 것은 아니다. 스펜서의 사회유기체론은 전통적 자유주의가 주장하는 개인적 자유 개념과도 결합할 수 있기 때문이다. 따라서 새로운 사회적 자유주의의 사회관을 정립하기 위해서는 단지 사회유기체론이 아니라, 어떤 사회유기체론인가가 중요하다.

이런 점에서 이 글에서는 유기체론적 사회관의 두 가지 형태를 고찰할 것이다. 즉 스펜서의 사회유기체론과 뒤르켐의 사회유기체론이 그것이다. 이 중 스펜서의 사회유기체론은 타인과의 경쟁적 관계에서 자기보존본능을 실현하려는 독립적 개인을 전제한다는 점에서 전통적 자유주의의 입장과 결합한다면, 새로운 사회적 자유주의는 사회적 연대를 강조하는 뒤르켐의 사회유기체론과 결합해야 할 것이다. 후자의 입장은 개인을 자율적 주체로 파악하면서도 동시에 상호의존적 존재로 보고 있을 뿐만 아니라, 사회적 연대의 토대를 사회구성원 간의 상호인정에서 찾고 있기 때문이다. 이하의 글에서는 이러한 입장을 정당화하기위해 세 가지 작업을 수행할 것이다. 첫째, 고전적 자유주의가 전제한 원자론적 사회관이 결국 어떤 문제를 초래하는지를 살펴보면서 대안적 사회관의 필요성을 주장할 것이다(1절). 둘째, 스펜서의 사회유기체론의 개념적 구조를 밝히고, 왜 그의 사회유기체론이 사회적 자유 개념과 결합될 수 없는지를 규명할 것이다(2절). 셋째, 뒤르켐의 사회유기체론의 개념적 구조와 그의 사회유기체론이 어떤 점에서 사회적 자유 개념과 결합할 수 있는지를 논증할 것이다(3절). 그리고 끝으로 고전적 자유주의가 비단 원자론적 사회관에 기초하고 있는 것이 아니라, 더 포괄적인 차원에서 원자론적 세계관에 기초하고 있듯이, 사회적 자유 개념에 함축된 사회관을 유기체론적 사회관으로 규정할 뿐만 아니라, 더 포괄적인 차원에서 유기체론적 세계관을 말할 수 있는지 현대물리학적 연구성과를 검토해 볼 것이다(4절).

## 1. 원자론적 사회관의 자기 파괴적 결과

고전적 자유주의자들에게 원자론적 사회관이 등장할 수 있었던 것은 개념적으로 볼 때 인간에 대한 새로운 관점에 기인한다. 즉 이들에게 인간은 다름 아닌 개체로서 존재하는 한 명의 인간, 따라서 타인과의 공통점이 아니라, 차이를 통해 구별되는 '개인'으로 이해되었다는 것이다. 그러나 고전적 자유주의가 등장하기 이전인 중세 시대까지만 해도 인간은 이렇게 개체로서 이해되지 않았다. 인간은 서로 분리된 개체로서가 아니라, 항상 보다 큰 질서, 즉 사회적 질서나 자연적 질서, 혹은 초자연적 질서의 한 부분으로 통합되어 있었기 때문이다. 따라서 개개의 인간은 전체 질서를 떠나서는 존재할 수 없는 불완전한 존재로 간주되었고, 또 이런 점에서 사회 질서 내에서도 개개의 인간은 타인이나 사회 전체에 의존적인 것으로 이해되었다. 고전적 자유주의가 등장하기 이전까지만 해도 개개의 인간은 사회에 앞서 존재하는 것도 아니며, 개개 인간의 이익이 사회 전체의 이익에 우선하는 것도 아니었다. 그리고 개인이 사회라는 포괄적 질서를 창조해 낸 것은 더더욱 아니었다. 오히려 개개의 인간에 대해 사회가 우선하며, 개개의 인간은 이러한 보다 큰 질서 속에서 만들어진 존재였다. 이런 점에서 찰스 테일러는 근대 이전에 인간은 "존재의 거대한 고리" 속의 한 부분에 지나지 않았다고 본다.[103]

그렇다면 근대 이전과는 달리 개체로서 존재하는 개개의 인간이란 어떤 존재를 의미하기에 물질세계를 구성하는 원자처럼 사회를 구성하는 원자로 간주될 수 있었을까? 아블라스터는 원자론적 사회관이 전제한 '개인'이 어떤 존재인가에 대해 근본적으로 '개인주의'적 입장에 서서 '인간과 세계의 분리', '인간 상호 간의 고립', '의식의 분리', '자유주의와 과학', '자기 소유', '주권적 욕망', '이성에 대한 관점들' 등을 통해 설명한다.[104] 그런데 이러한 입장은 놀랍게도 '개인'을 세 가지 분리를 통해 설명한 에리히 프롬의 입장과 일치하며, 그가 나열한 다양한 특징들은 이러한 세 가지 분리가 초래한 필연적 결과로 이해될 수 있다.[105] 그리고 에리히 프롬이 말하는 세 가지 분리를 통해 등장한 '개인'이 결국 어떤 삶을 살게 되었는가 하는 점을 말할 수 있다면, 아마도 이런 개인을 구성원으로 하는 현대사회가 결국 어떤 귀결에 도달했는가 하는 점 역시 이해할 수 있을 것이다. 내 생각으로는 6장에서 언급한 호르크하이머와 아도르노의 『계몽의 변증법』은 이러한 개인이 어떤 삶을 살게 되었고, 또한 이들로 구성된 현대사회가 어떤 귀결에 도달했는지를 이해하는 데 충분한 단서를 제공한다. 왜냐하면 『계몽의 변증법』 역시 프롬이 지적한 세 가지 분리를 통해 등장한 인간이 어떤 역설에 빠지게 되는가를 압축적으로 보여주고 있기 때문이다. 물론 『계몽의 변증법』은 이러한 역설을 인류 문명화 과정의 역설로 서술하고 있지만, 인류 문명화가 최고의 단계에 도달한 오늘날의 사회를 염두에 둔다면, 『계몽의 변증법』은 다름 아닌 현대사회의 개인이 처한 운명을 그 시발점에서부터 보여준다고 할 수 있다. 이런 점에서 아블라스터가 지적한 다양한 특징들을 고려하면서 이를 프롬이 말한 세 가지 분리에 맞게 재구성해 볼 뿐만 아니라, 이를 현대사회의 역설과 연결한다면, 고전적 자유주의가 전제한 '개인'이 어떤 존재이고, 또한 이들을 토대로 등장한 현대 자유주의 사회가 어떤 사회로 귀결하게 될지 그 윤곽이 드러날 것이다.

### 자연으로부터 분리된 존재

프롬에 따르면 인간이 동물과 근본적으로 다른 점은 자연과 관련된 인간의 삶의 모습에 있다. 동물은 자연적으로 주어진 본능에 따라 살며, 자연환경에 적응할 때에만 생존을 유지할 수 있다. 이런 점에서 동물의 삶은 자연에 순응적이며, 동시에 자연의 지배를 받는다고 할 수 있지만, 인간은 비록 자연 일부로 태어났어도, 자연에 순응하며 살지 않는다. 인간은 자연에 대해 일정한 거리를 두고 이를 이용하고 지배하거나, 통제하고 조작할 수 있기 때문이다. 이것이 프롬이 말하는 첫 번째 분리이다. 즉 인간은 자연으로부터 분리된 존재라는 것이다. 그렇다면 인간은 동물과 달리 어떻게 자연으로부터 분리될 수 있었을까? 프롬이 그 근거로 든 것은 다름 아닌 이성적 능력이다. 즉 인간은 자연을 사고의 대상으로 삼고, 이를 통해 자연 현상 배후에 작동하는 본질적 연관을 법칙으로 인식하면서, 비로소 자연을 이용하고 지배하게 되었다는 것이다.

호르크하이머와 아도르노는 『계몽의 변증법』에서 이를 인류 문명화 과정의 시발점으로 본다.[106] 즉 인간은 자연을 신비화하여, 자연 현상 배후에서 작동하는 어떤 초자연적 힘이나, 초자연적 존재를 가정하는 주술적 세계관에서 벗어나, 자연을 동일한 것이 반복되는 법칙 체계로 인식하게 되면서 비로소 문명을 건설하게 되었다는 것이다. 물론 이들이 지적하는 인류 문명화 과정은 역설적이다. 한편으로 문명화를 통해 인간은 가공할 만한 자연의 폭력으로부터 자신의 생명을 보호하고 유지할 수 있게 되었지만, 반대로 이제 자연은 흡사 아무런 생명력도 없는 죽어 있는 사물처럼 취급되기 시작하였다는 것이다. 호르크하이머와 아도르노 역시 프롬과 마찬가지로 이런 식의 문명화가 가능했던 것을 인간의 이성적 능력, 특히 자신의 생존이란 목적을 달성하기 위해 가장 효율적인 수단을 확보하려는 도구적 이성 능력에서 찾는다. 따라서 인간이 자연으로부터 분리되었다는 것은 도구적 이성을 통해 자연을 사고의 대상으로 삼고, 인간의 생존을 가장 효율적으로 달성하기 위해 이를 조작하고 지배하기 시작한 결과라 할 수 있다.

그렇다면 어떤 점에서 문명화를 근대사회와 연결할 수 있을까? 그 이유는 근대에 이르러 자연과학에서 발생한 과학혁명이 자연법칙에 대한 이해와 이를 통한 자연 지배의 길을 열어놓았기 때문이다. 사실 근대 과학혁명 이전까지만 해도 자연은 한편으로 아리스토텔레스의 목적론과 다른 한편 기독교 교리를 통해 이해되었다. 즉 아리스토텔레스에 따르면 이 세계에 존재하는 모든 존재자는 각기 자신의 목적이 있으며, 이 개개의 목적들이 조화를 이루며 하나의 전체를 형성하듯이, 자연물 역시 그것이 인간이든 동물이든, 아니면 식물이든 무기물이든 개개의 자연물에는 각기 그것이 추구하는 목적이 내재하여 있으며, 자연 전체가 보여주는 질서와 규칙성은 바로 이러한 목적을 통해 설명될 수 있다는 것이다.[107] 그리고 기독교적 입장에 따르더라도, 세계란 아리스토텔레스가 설명하듯이 개개의 사물들이 조화를 이루는 하나의 전체일 뿐만 아니라, 이 세계는 지구를 중심으로 한 지상계, 지구 주위를 도는 천체들로 구성된 천상계, 그리고 이 세계 밖에 존재하는 신의 세계라는 3분 질서로 이루어졌고, 이러한 질서는 다시 인간-교회-신, 왕-교황-신, 평민-귀족-왕이라는 종교적 및 세속적 신분질서로 나타나, 사회라는 하나의 전체를 이루게 된다.[108] 이렇게 목적론과 종교적 입장으로 채색된 중세적 세계관에서 자연에 관심을 두는 이유는 자연 현상을 정확히 설명하고 예측함으로써 자연을 이용하고 지배하는 것이 아니라, 종교나 윤리적 의미에서 자연 현상 배후에 있는 숨겨진 목적이나 의미를 찾아냄으로써 단지 자연의 질서를 이해하는 것을 넘어서, 더 나아가 자연과 조화로운 삶을 추구하기 위함이었다.

그러나 근대 자연과학의 탐구방법이나 목적은 자연에 대한 중세적 관점과는 근본적으로 다른 것이었다. 근대 과학혁명의 방법론적 기초를 확립한 베이컨은 경험적 사실들을 종합하여 일반적 결론을 도출하고, 이를 다시 실험을 통해 검증함으로써 자연 현상을 이해할 수 있는 법칙을 만들어내려고 하였다. 흔히 귀납적 방법으로 이해되는 이러한 새로운 과학적 탐구방법은 자연 현상 배후에 존재하는 어떤 초자연적 힘은 물론 그 어떤 내재적 목적이나 의미를 인정하지 않는다. 따라서 이제 자연은 단순히 측정 가능한 경험적 사실들의 총합에 불과한 것으로 이해되고, 또한 취급되었다. 이런 점에서 베이컨이 과학적 탐구의 목적을 자연을 이용하고 지배하기 위한 지식의 획득에 둔 것은 결코 놀라운 일이 아니다. 자연 현상이 인간이 추구해야 할 그 어떤 가치와 관련이 없는 단순한 경험적 사실들일 뿐이라면, 인간이 자신의 생존을 위해 이를 이용하고 지배하는 것은 어찌 보면 당연한 일이기 때문이다. 이러한 관점은 베이컨의 귀납법에 이어 또 다른 과학적 방법을 주장한 데카르트에게서도 마찬가지이다. 데카르트는 자연 현상을 수학적 구조로 설명함으로써 수학적 법칙처럼 절대적 확실성을 갖는 자연과학을 수립하려고 하였다. 이런 점에서 데카르트는 베이컨과는 다른 과학적 방법을 제시하고 있지만, 그에게도 인간의 신체를 포함한 자연은 하나의 물질세계로서 그 어떤 목적이나 정신과도 관련되어 있지 않으며, 기본적 부품들로 조립된 거대한 기계에 불과했다. 그리고 이런 점에서 그 역시 자연에 관한 과학적 탐구의 목적을 자연의 지배와 조종에 두었다.

이렇게 근대 자연과학의 등장을 자연에 대한 이용과 지배를 위해 자연을 탈신비화하고, 이를 단순한 물질로 취급하게 된 결정적 계기로 본다면, 인간과 자연의 분리는 철저한 근대적 현상이며, 비록 인간이 근대 이전에도 존재했지만, 인간이 자연으로부터 분리된 개인으로 존재하게된 것은 근대 이후의 일이라 볼 수 있다. 그런데 이렇게 근대 자연과학이 자연을 이용하고 지배할 수 있는 한낱 물질로 본다는 것은 자연과 인간과의 관계가 재편됨을 의미한다. 인간이 하나로 통일된 세계 전체의한 부분에 불과하다면, 인간은 자연과의 관계에서도 하나의 조화로운전체를 이루고 있는 자연 질서의 한 부분일 뿐이다. 그러나 인간이 자연과 분리된 개인으로서 자연을 이용하고 지배한다는 것은 인간과 자연의 관계가 주체-객체 관계로 탈바꿈됨을 의미한다. 즉 인간이 사고 주체로서 자연을 대상화하고 이를 법칙으로 인식하려는 인식주체이자, 자연을 이용하고 지배하는 자연의 주인이 되었다면, 이에 반해 자연은 아무런 자체적 생명력도 갖지 않는 수동적 객체로 전락해 버렸다는 것이다. 이런 점에서 『계몽의 변증법』이 문명화의 역설로 '자연의 사물화'를말하고 있다는 것은, 바로 도구적 이성을 통해 인간과 자연과의 관계가주체-객체 관계로 탈바꿈되었음을 의미한다.

### 자기 자신으로부터 분리된 존재

앞서 지적했듯이 프롬은 인간이 자연을 이용하고 지배하려 한다는점에서 자연으로부터 분리된 존재로 보았지만, 이는 단지 외적 자연만이 아니라, 내적 자연에도 해당하는 말이다. 즉 인간은 내적 자연이라할 수 있는 자신의 본능적 욕구에 종속되어 사는 것이 아니라, 이러한내적 욕구 역시 지배하고 통제하려 한다는 점에서 이로부터 분리된 존재라는 것이다. 물론 이런 분리가 내적 욕구를 부정하고 억압한다는 의미는 아니다. 인간이 자연을 이용하고 지배하는 것이 자신의 생존을 효율적으로 유지하기 위함이듯이, 인간이 내적 욕구를 지배하고 통제하는 것 역시 자신의 생존을 효율적으로 유지하기 위함이기 때문이다. 그런데 인간이 자신의 생존을 유지한다는 것은 무슨 뜻일까? 단지 생명만을 보존한다는 뜻일까? 아니면 생명을 유지할 뿐만 아니라, 자신의 내적 욕구를 충족한다는 뜻일까? 앞서 서술했듯이 홉스는 인간의 삶 자체를 자기보존본능에서 비롯된 다양한 욕구를 통해 추동되는 것으로 보았으며, 따라서 홉스에게 욕구가 없는 인간이란 죽은 것이나 다름없다. 이런 점에서 고전적 자유주의자들이 염두에 두었던 인간의 자기보존이란 단순한 생명 보존이 아니라, 인간의 삶 자체를 추동하는 내적 욕구를 충족하며 생존을 유지하는 것이었다.

그러나 홉스처럼 인간을 내적 욕구에 따라 자신의 삶을 영위하는 존재로 본다고 해서 인간의 삶을 즉각적인 욕구 충족과 동일시할 수 있는 것은 아니다. 인간은 순간순간 발생하는 내적 욕구에 따라 직접적으로 행동하는 존재가 아니다. 만약 그렇다면 인간은 욕구에 종속된 존재일 뿐 욕구로부터 분리된 존재가 될 수 없다. 홉스가 또한 지적하고 있듯이, 인간의 삶은 욕구 충족의 과정이지만, 인간이 욕구로부터 분리된 존재라 말할 수 있는 것은 인간이 가진 이성적 능력 때문이다. 즉 인간은 순간순간 발생하는 내적 욕구를 즉각적으로 충족시키는 것이 아니라, 이성적 계산에 따라 이를 충족하려 한다는 점에서, 인간은 자신의 내적 욕구로부터 일정한 거리를 유지한다는 것이다. 따라서 고전적 자유주의자들이 생각하는 개인이란 내적 욕구를 충족하기 위해 자신의 삶을 영위하는 존재이지만, 이 내적 욕구를 이성적 계산을 통해 충족하려 한다는 점에서 이로부터 분리된 존재라 할 수 있다.

하지만 고전적 자유주의자들이 말하는 이성적 능력이란 모든 사람이 따라야 할 이른바 보편적 도덕이나 정의를 인식하거나 실현하는 능력을 말하는 것이 아니며, 또한 이들은 어떤 것이 좋기에 인간이 욕구하는 것이 아니라, 인간이 욕구하기 때문에 그것이 좋은 것으로 생각한다. 따라서 이들에게 인간의 이성은 도덕과 부도덕, 정의와 부정의, 그리고 좋은 것과 나쁜 것을 구별하는 능력과는 무관하며, 이들이 말하는 이성적 능력이란 철저히 도구적인 것이다. 즉 인간의 이성은 어떻게 해야 자신이 가진 내적 욕구들을 가장 효율적으로 충족할 수 있는지를 계산하는 도구적 사고 능력에 지나지 않는다는 것이다. 이런 점에서 아블라스터의 지적처럼 흄은 자신의 『인간 본성론』에서 인간의 이성을 욕구의 하인으로 묘사하기도 한다.[109]

그런데 인간이 이렇게 계산적 이성을 통해 가장 효율적인 욕구 충족의 방법을 찾아낸다면, 이제 인간과 내적 욕구의 관계는 주체와 객체의 관계로 구조화된다. 만약 인간이 본능적 욕구에 따라서만 행동한다면 인간과 인간의 내적 욕구는 하나의 통일체를 형성한다고 할 수 있으며, 인간과 욕구를 굳이 구별할 필요가 없다. 더구나 인간이 욕구의 주체라는 표현도 불가능할 것이다. 역으로 인간의 행동은 욕구에 종속된 것이나 마찬가지이기 때문이다. 그러나 인간이 본능적 욕구를 이성적 계산의 대상으로 삼는다는 것은 바로 이 순간 인간이 계산적 이성의 주체가 되며, 인간의 본능적 욕구는 이러한 계산적 이성이 적용되는 객체가 됨을 뜻하게 된다. 이런 점에서 인간과 인간의 본능적 욕구와의 관계는 주체-객체 관계로 재편성된다. 그리고 인간과 자연과의 관계가 주체-객체 관계로 재편성되면서 이제 인간은 자연을 이용하고 지배하는 자연의 주인이 되듯이, 인간은 자신의 내적 자연에 대해서도 이를 지배하고 통제하는 주인이 된다. 그러나 이런 경우 인간이 지배하고 통제하는 것이 단지 내적 욕구만은 아닐 것이다. 인간의 삶 자체가 내적 욕구를 실현하는 과정이라면, 내적 욕구에 대한 통제는, 이 욕구를 효과적으로 충족하기 위한 모든 행동에 대한 통제요, 이런 행동들이 만들어낸 삶 전체에 대한 통제나 다름없기 때문이다.

이런 점에서 아블라스터가 지적하듯이, 고전적 자유주의자들이 개인을 자기 자신에 대한 소유자로 규정하는 것은 지극히 자연스러운 일이다.[110] 인간이 자신의 욕구나 행동, 삶 자체를 통제한다는 것은 이에 대해 주권을 갖고 있다는 것이며, 결국 이는 인간 자신이 이 모든 것에 대한 소유권을 갖고 있다는 것과 다를 것이 없기 때문이다. 즉 인간은 한편으로 계산적 이성의 주체가 되면서 동시에 자기 자신을 계산적 이성이 적용되는 객체로 삼음으로써 소유자와 소유물의 관계로 이중화된다는 것이다. 이런 점에서 고전적 자유주의자들에게 자유가 외적 억압이 없는 상태에서 자신이 하고 싶은 것을 하는 것을 의미한다는 것은, 개개인이 자기 자신에 대한 소유자로서 자기가 원하는 대로 자기 자신을 마음대로 사용한다는 의미로 볼 수 있다. 따라서 로크가 『통치론』에서 주장하듯이, 개개인은 자기 자신의 주인이며, 따라서 자기 자신의 몸의 소유자이고, 이 몸을 움직여 수행한 노동의 소유자이자, 이 소유는 노동의 결과물로까지 이어진다.

호르크하이머와 아도르노의 『계몽의 변증법』은 인간이 자기 자신과의 관계에서 주체와 객체의 관계를 형성하고, 도구적 이성에 따라 객체화된 자기 자신을 지배하고 통제하게 된 결과를 내적 자연의 사물화라고 규정한다. 인간이 자연과의 관계에서 주체-객체 관계를 형성하며 자연을 도구적 이성에 따라 이용하고 지배하게 되면서, 자연은 인간이 자기 뜻대로 얼마든지 조작할 수 있는 흡사 죽어 있는 물건처럼 취급되듯이, 인간이 내적 자연을 지배하고 통제하기 시작하면서 내적 자연 역시 흡사 죽어 있는 물건처럼 조작 가능한 객체가 되어 버렸다는 것이다. 물론『계몽의 변증법』에 따르면 이렇듯 자기 자신을 대상화하는 근대적 개인이 등장한 것은 인간이 자연을 이용하고 지배하게 된 데 원인이 있다. 문명화된 인간이 가장 효율적으로 자연을 이용하고 지배하기 위해서는, 이를 위한 자기 자신의 노동 역시 가장 효율적으로 수행해야 했으며, 또한 이를 위해서는 자기 자신을 지배하고 통제해야 했기 때문이다. 이러한 점은『계몽의 변증법』의 저자들이 독일의 나치즘을 피해 망명했던 미국 사회가 대표적으로 보여주는 모습이었다. 당시 독점 자본주의 형태로 발전한 미국 사회는 하나의 거대한 노동분업체계를 형성하고 있었고, 개개의 노동자들은 거대한 기계의 부품처럼 이러한 노동분업체계 속에서 자신에게 부과된 과업을 가장 효율적으로 완수하기 위해 자기 자신을 철저히 통제해야만 했기 때문이다. 물론 이러한 자기 통제는 개개 노동자들의 생계유지라는 근본적 목적을 달성하기 위한 것으로서 인간이 자기보존을 위해 자연을 이용하고 지배한 것과 마찬가지로 철저히 도구적 사고에 따른 것이었다.

### 타인으로부터 분리된 존재

지금까지 살펴본 것처럼 인간이 자연으로부터 분리되면서 자연을 이용하고 지배하게 되었고, 또한 내적 자연으로부터 분리되어 자기 자신을 지배하고 통제하는 주인이 되었다면, 이제 인간은 또한 타인으로부터 분리되어 타인을 이용하고 지배하려 한다. 이런 점에서 인간이 개인으로 존재하게 되었다는 것은 인간이 자연과 자기 자신, 그리고 바로 타인으로부터 분리된 존재가 되었다는 것을 의미한다. 그렇다면 왜 인간은 타인으로부터 분리되었을까? 프롬이 생각한 것은 인간만이 존재의 의미에 대해 질문한다는 점이다. 즉 인간만이 어차피 죽을 목숨인데 과연 살아야 할 이유가 있는지 그 의미에 대해 질문한다는 것이다. 이런 질문이 개개의 인간을 타인으로부터 분리하는 이유는 바로 이에 대한 대답을 자기 스스로 찾아야 하기 때문이다. 사실 근대 이전까지만 해도 이러한 문제에 대해서는 사회적으로 공유된 답이 있었다. 기독교적 전통하에서 인간이 공유하고 있는 종교적 세계관은 인간의 삶과 죽음의 의미를 종교적으로 해석하였고, 개개의 인간은 이 세계 전체의 통일적 질서 속의 한 부분으로서 자신의 역할과 존재 의미를 이해할 수 있었기 때문이다. 그러나 근대에 이르러 세계에 관한 과학적 탐구가 정착하면서 종교적, 혹은 통일적 세계관이 붕괴하고, 인간은 자신의 존재 이유를 확인할 객관적 토대를 상실하고 말았다. 이 때문에 이제 인간은 자신의 존재 이유를 스스로 제시해야 하는 상황에 놓이게 되었다.

하지만 인간이 자신의 존재 이유에 대한 완전한 답을 내릴 수 있는 것은 아니다. 인간이 비록 자신의 존재 이유를 질문하지만, 이에 대한 확실한 답을 찾을 수는 없기 때문이다. 그 이유는 인간이 자신의 존재 이유에 대한 답을 찾았다 해도 이를 확증할 수 있는 객관적 토대가 존재하지 않기 때문이다. 그러나 그렇다고 해서 삶의 의미 자체를 포기해야 할까? 아마도 그렇다면 인간은 삶의 방향을 설정하지 못한 채, 무엇을 하며 어떻게 하며 살지조차 결정하지 못하는 행위 불능 상태에 빠질지도 모른다. 따라서 인간이 자신의 삶을 지속하기 위해서는 무언가 확신을 주는 구체적 방향이 있어야 한다. 찰스 테일러는 타인으로부터의 분리를 통해 등장한 개인이 삶의 의미 상실이라는 위기 상황 속에서 역설적이게도 자기 확신을 주는 삶의 방향을 확립하게 되었음을 지적한다.[111] 이에 따르면, 타인으로부터 분리된 존재라는 의미에서 개인은 비록 확신을 가질 수 있는 삶의 의미를 찾을 수는 없지만, 자신의 내면에서 용솟음치는 본능적 욕구의 확실성에 대해서는 아무런 의심도 하지 않는다는 것이다. 이런 점에서 개인은 의미 있는 삶의 추구가 아니라, 점차 내적 욕구 충족에 몰두하게 되었으며, 흡사 이를 삶의 목적인 양 취급하게 되었다.

이렇게 보면 홉스가 주장하고 있듯이 개인의 삶이 내적 욕구를 통해 추동된다는 것은 근대 이전까지 인간의 의식을 지배했던 종교적, 혹은 통일적 세계관이 붕괴한 후 개개인이 겪을 수밖에 없었던 삶의 의미 상실에 따른 필연적 결과라 할 수 있다. 이런 점을 염두에 둔다면 개인을 타인으로부터 분리된 존재로 보게 하는 또 다른 이유를 지적할 수 있다. 삶의 의미 상실에 직면한 개인이 삶의 의미 대신 몰두하게 된 내적 욕구란 전적으로 해당 개인의 욕구라는 점에서 개인은 또한 타인으로부터 분리된다는 것이다. 예를 들어 나의 식욕은 나의 배고픔에서 나온 것이며, 따라서 이는 내가 밥을 먹을 때에만 충족될 수 있을 뿐 누가 나를 대신해서 밥을 먹는다고 해서 나의 식욕이 충족되는 것은 아니다. 이런 이유에서 개인이란 다름 아닌 자신의 욕구를 충족하는 데 몰두하는 이기적 개인이며, 또한 타인으로부터 분리될 수밖에 없는 존재이다.

아블라스터도 지적하고 있듯이,[112] 고전적 자유주의가 전제한 자본주의 경제는 내적 욕구라는 차원에서 서로 분리된 개인들을 전제한다. 즉 자본주의적 시장의 주체는 자신의 욕구를 충족하기 위해 이기적으로 행동할 뿐만 아니라, 자신이 무엇을 원하는지를 가장 잘 알고 있는 개개인들이라는 것이다. 이런 점에서 애덤 스미스는 자본주의적 시장 내에서 개개인이 타인의 이익, 혹은 공익에 대한 고려 없이 온전히 자신만의 이익을 위해 활동하는 것을 개인의 자유로 보장하려고 했다. 그리고 이런 고전적 자유주의자들의 생각은 이기적 존재로서 타인과 분리된 개개인이 자본주의적 시장 내에서 자기 자신의 힘으로 내적 욕구를 충족해야 함을 전제한 것이며, 바로 이런 점에서 개인은 타인에 의존하지 않고 자신의 삶을 영위해야 할 자기충족적 존재이기도 하다. 즉 삶의 의미 설정이나, 이것에 실패할 경우 내적 욕구의 충족과 관련하여 타인으로부터 분리된 개인은 타인이나 사회의 도움 없이 자신의 삶을 영위해야 하는 자기 완결적 존재라는 것이다.

그렇다면 이렇게 서로 분리된 이기적이고 자기 완결적 존재인 개인들의 관계는 어떻게 이해될 수 있을까? 홉스는 개인 간의 관계를 대립적으로 보면서 이들이 결국 만인에 대한 만인의 투쟁상태로 나아갈 것을 경고했고, 이러한 위험성을 방지하기 위해 국가가 필요함을 역설했다. 이런 점에서 타인으로부터 분리된 개인이란 타인에 대해 대립적인 존재이다. 그러나 국가가 형성된다고 해서 이런 대립적 관계가 완전히 해소될 수 있을까? 물론 공권력을 통해 개개인이 자신의 이익을 위해 타인의 재산과 생명을 강제적으로 빼앗거나 위해를 가하는 일은 방지할 수 있다. 그러나 이러한 공권력이 개인들 사이의 경쟁마저 방지하는 것은 아니다. 오히려 개인 간의 경쟁은 애덤 스미스가 지적하고 있듯이 사회적 생산성 향상을 위해 필요한 것이기도 하기 때문이다. 이렇게 이기적 존재 사이에서 발생할 수 있는 대립과 경쟁을 전제한다면, 개인 간의 관계는 구조적으로 볼 때 주체-객체 관계와 다르지 않다. 개인은 자기보존이란 목표를 효율적으로 달성하기 위해 자연을 이용하고 지배하면서 이로부터 분리되었고, 또한 자연을 이용하고 지배하는 자신의 노동을 효율적으로 수행하기 위해 자신의 내적 자연을 통제하고 지배하면서 이로부터 분리되었듯이, 이제 개인은 이기적 욕구 충족을 자기 완결적으로 수행하기 위해 타인 역시 도구적 관점에서 볼 수밖에 없기 때문이다. 즉 개인은 자기 자신의 내적 욕구를 효율적으로 충족하기 위해 타인에 대해서 계산적 이성을 발휘한다는 것이다. 그 결과가 무엇인지를 『계몽의 변증법』이 제시한 사물화 개념에 따라 설명한다면, 그것은 다름 아닌 타인의 사물화일 것이다. 내가 나의 내적 욕구를 효율적으로 충족하기 위해 자연과 나 자신만이 아니라, 타인에게도 계산적 이성을 적용한다면, 이제 나는 타인을 조작하고 통제할 수 있는, 그리고 지배 가능한 객체로 취급하는 것이나 마찬가지이기 때문이다.

물론 『계몽의 변증법』이 말하는 세 번째 사물화는 타인의 사물화라기보다는 인간 자체의 사물화이다. 두 번째 사물화를 의미하는 내적 자연의 사물화에서 나타나듯이, 사회 전체가 하나의 거대한 노동분업체계로 변질됨으로써 개개의 노동자들이 이러한 노동분업체계가 요구하는 과업을 가장 효율적으로 완수하기 위해 자기 자신을 철저히 통제한다는 것은 이미 사회라는 거대 주체가 개개인을 통제 대상으로 삼고 있음을 의미하기 때문이다. 다시 말해 사회구성원 개개인이 자기 자신을 통제 가능한 대상으로 사물화시킨다는 것은 바로 사회 자체가 개개인을 사물화시킨 결과라는 것이다. 그렇다면 이렇게 사회구성원 모두가 사물화된 상태에서 개개인 간의 관계는 어떻게 형성될까? 『계몽의 변증법』이 이 부분에 대해 상세히 설명하고 있지는 않지만, 그 답이 무엇일지는 어렵지 않게 추측할 수 있다. 사회적 노동분업체계에서 요구하는 과업을 달성하기 위해 자기 자신을 통제 대상으로 삼는 개개인은 타인 역시 이런 관점에서 볼 수밖에 없다는 것이다. 따라서 사회구성원 간에 서로를 사물화시키는 것은 인간 자체가 사물화된 상황에서는 필연적이라할 수 있다.

## 추상적 사고 주체와 도구화된 이성

지금까지 설명했듯이 고전적 자유주의자들은 가장 기본적인 원자가 물질을 구성하듯이, 개인을 사회를 구성하는 가장 기본적인 단위로 보았으며, 이런 점에서 사회란 개인들의 총합에 불과했다. 그리고 이 개인이란 단지 '개체로서의 인간'을 말하는 것이 아니라, 근대사회라는 조건에서 자연, 자기 자신, 그리고 타인으로부터 분리된 존재라는 특수한 의미의 '개체로서의 인간'을 말한다. 물론 개인은 이렇게 자연, 자기 자신, 타인으로부터 분리되었다는 점에서 각기 자연에 대한 지배자, 자기 자신에 대한 소유자, 타인에 대한 이기적 존재라는 각기 다른 특성을 갖지만, 이 세 가지 특성이 공통적으로 주체-객체 관계를 전제하고 있음이 간과되어서는 안 된다. 즉 개인은 이성적 사고의 주체로서 자연, 자기 자신, 그리고 타인을 사고의 객체로 삼는다는 것이다. 물론 여기서 말하는 이성적 사고란 자신의 이익과 자신의 목적 달성의 효율성을 계산하는 도구적 사고를 말한다. 따라서 개인은 자연, 자기 자신, 그리고 타인과의 관계에서 어떻게 하면 자신의 생존과 욕구 충족을 가장 효율적으로 달성할 수 있을지를 사고하고 판단하며 이에 따라 행동한다. 그 결과 『계몽의 변증법』에서 말하는 자연, 내적 자연, 타인의 사물화가 이루어지며, 이런 관계 속에서 이성적 주체는 자신의 모든 대상을, 그것이 자연이든 내적 자연이든, 아니면 타인이든 지배하고 통제하려고 한다. 이렇게 본다면 근대사회라는 조건에서 출현한 개인이란 존재는 이 세계 모든 것으로부터 분리된 채 단지 도구적 사고 능력만을 지닌 극도의 추상적 존재라 할 수 있다. 로크가 개인의 존재 확실성을 개인이 갖는 자기의식을 통해 설명하고 있듯이,[113] 인간은 이 세상 모든 것을 의심한다 하더라도, 이 의심하고 있음을 인식하고 있는 자기 자신만은 의심할 수 없는 사고 주체를 의미할 뿐이라는 것이다. 이런 점에서 고전적 자유주의자들이 말하는 개인이란 결국 도구적으로 사고하는 사고 주체를 말한다고 해도 지나친 것은 아니다.

그러나 『계몽의 변증법』에 따른다면 이러한 사고 주체 역시 자연이나 내적 자연, 그리고 타인과 마찬가지로 사물화란 개념으로 포섭할 수 있다. 인간의 이성이 도구적 사고 능력을 의미한다면, 이제 인간의 이성은 아무런 자기반성 없이 단지 이익이나 효율성 계산만을 수행하는 사고 기계로 사물화됨을 의미하며, 이 사고 기계를 작동시키는 것이 굳이 나 자신일 필요는 없다. 사물화된 이성은 누가 작동시키더라도 동일한 계산만 수행하면 되기 때문이다. 이러한 점은 결국 근대적 조건에서 등장한 개인이 초래하는 마지막 역설을 말해준다. 즉 개인은 자연, 자기 자신, 타인을 도구적 이성의 객체로 삼음으로써 자연을 지배하고, 자기 자신을 소유하고, 타인과 대립하고 경쟁하는 '주체'의 지위를 갖게 되었지만, 도구적 이성은 누구나 조작 가능한 사고 기계에 불과하다는 점에서 이제 인간에 대한 총체적 지배의 길을 열어놓았다는 것이다. 도구적 이성이 누가 작동시키더라도 똑같은 작업을 수행하는 사고 기계가 되었다면, 이는 도구적 이성이 이를 작동시키는 개인으로부터 분리되어 자립화되었음을 의미하기 때문이다. 따라서 이제 도구적 이성 자체가 그것이 객체이든, 주체이든 자연과 내적 자연 그리고 모든 인간에 대한 지배자 노릇을 한다. 그리고 이 도구적 이성 자체를 작동시키는 역할을 어느 한 개인이나, 집단이 장악하게 된다면, 이런 존재는 세계 모든 것의 지배자가 된다. 이런 점에서 고전적 자유주의자들이 생각했던 자유의 주체로서의 개인은 결국 개개의 사고 주체로부터 자립화된 사물화된 이성의 지배 대상으로 전락하고 만다. 외적 강제나 억압으로부터의 해

방을 추구했던 개인적 자유가 결국 모든 개인의 총체적 부자유를 낳게
된다는 것이다.

## 2. 스펜서의 경쟁적 사회유기체론

이렇게 볼 때 사회적 자유라는 새로운 자유가 필요한 이유는 개인적
자유의 추구가 모든 개인의 총체적 부자유로 귀결되는 고전적 자유주
의의 역설을 극복하기 위함이다. 따라서 사회적 자유가 전제하는 사회
의 모습 역시 인간의 외적 자연과 내적 자연이 사물화되고, 인간이 서로
를 사물화시키는 사회일 수 없으며, 도구적 합리성이라는 하나의 원리
가 사회 전체의 지배 원리로 총체화한 사회도 아닐 것이다. 앞서 서술했
듯이 고전적 의미의 사회적 자유주의를 창시한 홉하우스는 이런 점에
서 대안적 사회관을 제시하려 했으며, 놀랍게도 그 단서를 사회에 대한
유기체론적 관점을 제시했던 허버트 스펜서에서 찾았다. 물론 홉하우
스가 스펜서의 사회유기체론을 아무런 비판 없이 수용했던 것은 아니
다. 스펜서의 사회유기체론은 역설적이게도 고전적 자유주의를 정당화
하고 있기 때문이다. 이하의 글에서는 스펜서의 사회유기체론의 개념적
구조를 밝히면서, 왜 이러한 사회관이 사회적 자유주의에 친화적일 수
없는지를 규명할 것이다.

### 보편적 진보의 법칙
스펜서가 사회에 대한 유기체론적 관점을 제시한 근본적 이유는 그
가 보편적 진보의 법칙을 제시하면서 이른바 당시의 생리학적 입장을
수용했기 때문이다. 이런 점에서 그의 사회유기체론은 진보의 관점과

필연적으로 결합되어 있기에 우선 그가 말하는 진보의 보편적 법칙이 무엇인지를 이해할 필요가 있다. 스펜서는 『진보의 법칙과 원인』에서 자신이 말하는 진보가 무엇인지를 일상적인 진보관과 구별하여 간단명료하게 밝히고 있다. 우선 스펜서는 흔히 한 국가의 인구 증가나 영토 확장, 혹은 산업 생산량의 증대, 더 나아가 지식의 증대 등을 진보로 보는 관점을 거부한다. 이런 현상들은 사실 진보의 실상이라기보다는 진보의 결과를 말하는 것이기 때문에 진보의 '본질'을 보여주지 못하기 때문이다.[114] 예를 들어 아이가 성인으로 성장하거나 야만인이 철학자로 변할 때 이를 지적 진보로 규정하곤 하지만, 실제로 진보는 내부의 변화에 있으며, 이런 변화들은 내부의 변화가 나타난 결과로 보아야 한다는 것이다. 더 나아가 스펜서는 목적론적 진보관도 거부한다. 일상적으로 사람들은 무언가 직접적이든 간접적이든 인간의 행복이라는 목적에 이바지할 때 이를 진보로 본다는 점에서 '목적론적'이다.[115] 그리고 이 때문에 인간의 욕구 충족에 필요한 더 많은 재화를 생산한다든지, 건강이 강화되고 자산이 증가한다든지, 혹은 행동의 자유가 증대될 경우 이를 진보로 본다. 그러나 스펜서에 따르면, 진보가 무엇인지를 정확히 이해하려면, 변화의 본질에 대해 질문해야 하고, 이 변화의 본질은 인간의 이해관계와 무관한 것이다. 이는 지구의 지질학적 변화가 인간의 거주 공간을 넓혀주었다는 이유에서 이를 진보라고 볼 수 없는 것과 마찬가지이다.

스펜서는 이렇게 진보의 결과를 진보로 오인하거나, 진보를 인간이 추구하는 목적과 관련해서 보려는 목적론적 관점에서 벗어나, '진보 그 자체'가 무엇인지를 규명하려고 하였으며, 이런 점에서 그는 모든 변화 현상에서 나타난 공통된 특징, 내지 모든 변화 현상에 적용된 보편적 법칙을 찾아내려고 했다.[116] 스펜서에 따르면, 이러한 보편적 법칙은 바로 '단순성에서 복잡성으로 가는 변화'이며, 이에 대한 단적인 예는 배아의 성장 과정에서 볼 수 있다. 배아의 성장 과정은 지속적인 분화의 과정이며, 이 과정에서 분화된 부분들이 차별성을 보이면서 마침내 동물 성체나 식물 성체를 구성하는 조직이나 장기와 같은 복잡한 구성물을 형성하기 때문이다. 물론 이러한 변화 과정은 생명체의 진보 과정에서 전형을 이루지만, 스펜서는 무생물의 변화 과정 역시 진보의 과정으로 본다. 즉 "연속된 분화를 통해 간단한 것에서 복잡한 것으로 가는 진화는 지구의 발전에서 생명의 발전, 혹은 사회, 정부, 공업, 상업, 언어, 문학, 과학, 예술의 발전에 이르기까지 모두 동일하게 적용된다"는 것이다.[117] 이런 점에서 스펜서에게 진보의 법칙은 모든 진보 현상에서 공통적으로 나타나는 보편적 법칙이다.

이렇게 스펜서는 생리학자들이 유기체의 발전법칙이라고 생각했던 것을 만물에 공통되는 발전법칙으로 확장함으로써 진보 자체의 보편적 법칙을 주장하게 되었으며, 이런 입장을 정당화하기 위해 수많은 경험적 사례들을 제시한다. 물론 이 경험적 사례들은 단지 생물에서 나타나는 변화 현상만이 아니라, 무생물이나 인간 사회, 그리고 음악이나 미술 등 예술을 포괄하고 있다는 점에서 일종의 세계관을 형성하고 있지만, 개개의 사례들을 살펴보면 사실 이들 사이에는 아무런 유사성도 없다. 원시 우주의 변화 과정과 예술의 변화 과정 사이에 유사점이 있다고 주장한다면, 이는 상식 밖의 이야기일 수 있으며, 이 둘을 비교한다는 것 자체가 불가능하게 보인다. 그러나 이렇게 아무런 유사성도 없어 보이는 현상들 사이에도 개념적 추상도를 높인다면 얼마든지 공통점을 찾아낼 수 있다. 개념이라는 것은 서로 다른 것을 동일한 범주로 묶어내는 사고의 장치이기 때문이다. 물론 그 방법은 바로 구체적인 특성은 제거하면서 역으로 추상적인 차원에서 공통점을 찾아내는 것이다. 즉 장미와 보리가 유사성이 없더라도 식물이란 범주로 통합되고, 마찬가지로 독수리와 개구리가 동물로 통합되고, 식물과 동물은 다시 생물로, 그리고 생물은 무기물과 함께 이른바 존재로 통합되는 것이 바로 그것이다. 스펜서가 말하는 진보의 법칙이란 이런 개념적 추상화를 전제한 것이다. 따라서 진화의 법칙이 더 많은 현상에 적용되고, 이 세계에 존재하는 모든 것에 적용된다면 그만큼 진화의 법칙은 최고의 추상성을 가질 수밖에 없다. 다시 말해 진보의 법칙이 갖는 "추상성은 이것이 적용되는 보편성에 비례"한다는 것이다.[118] 이런 점에서 스펜서는 '단순성에서 복잡성으로 가는 변화'를 이 세계 모든 현상을 포괄하는 가장 추상적인 법칙으로 본다.

### 사회유기체

그렇다면 이런 진보의 법칙이 왜 그의 사회유기체론과 결합했을까? 그 이유를 살펴보기 위해서는 먼저 스펜서가 염두에 두고 있는 유기체가 무엇을 의미하는지를 알아야 한다. 스펜서에게 유기체란 흔히 우리가 이해하고 있듯이 생물학적 의미에서의 생명체만을 말하는 것이 아니기 때문이다. 진보의 법칙이 가장 높은 추상성 차원에서 이 세계에 존재하는 모든 것을 포괄하듯이, 스펜서에게 유기체 개념 역시 존재하는 모든 것을 포괄하는 고도의 추상적 개념이다. 스펜서는 「사회유기체」에서 사회와 개별 유기체 간의 유사성을 밝히고 있으며, 이에 근거하여 유기체 일반의 특징을 도출해 본다면 이는 다음과 같은 4가지 측면으로 파악할 수 있다.[119] 첫째, 크기 면에서 유기체는 작은 것들이 모여 점차 큰 것이 되며, 개중에는 원래의 크기보다 수만 배에 이르는 것도 있다. 둘째, 구조적인 면에서 유기체는 처음에는 너무나 단순하여 구조가 없는 것과 마찬가지이지만, 성장 과정을 지나면서 구조의 복잡성이 증가한다. 셋째, 의존도 면에서 유기체의 초기 상태에는 부분들 간의 상호 의존도가 희박하지만, 점차 상호 의존도가 높아진다. 넷째, 존속 면에서 유기체의 존속은 개별적 구성 부분의 존속과는 독립적이며, 이것보다 더 길다.

이런 유기체의 특징과 진보의 보편적 법칙을 비교해 본다면, 아마도 이 두 개념은 내적 분화와 통합이라는 차원에서 필연적으로 결합해 있음을 알 수 있다. 앞서 설명했듯이 스펜서가 진보의 보편적 법칙으로 규정한 것은 단순성에서 복잡성으로의 변화 과정이며, 여기서 복잡성의 증대란 다름 아닌 내적 구조의 복잡성의 증대를 의미한다. 따라서 복잡성의 증대란 내적 구조를 형성하고 있는 부분들의 분화가 증대될 뿐만 아니라, 이들 간의 기능적 연관성 역시 강화됨을 의미한다. 이런 점에서 결국 진보란 항상 내적 분화와 분화된 부분들 간의 상호의존성이 높아짐을 의미하며, 이런 진보가 유기체의 진보인 것은 유기체 역시 항상 부분들로의 분화와 이들 간의 상호의존성이라는 특징을 갖고 있기 때문이다.

그렇다면 이 세계에 존재하는 모든 것, 내지는 진보하는 모든 것들은 그것이 무생물이든 생물이든 모두 이런 특징을 갖고 있을까? 예를 들어 스펜서의 설명에 따르면, 태양계의 생성을 보더라도 진보 법칙이 관철되며, 이 역시 유기체적 특성을 보인다.[120] 즉 성운설에 따르면, 태양계가 생기기 이전에는 우주 공간에 많은 성운 물질들이 널리 흩어져 있었지만, 이런 물질들이 원자의 중력을 통해 점차 모이기 시작하면서, 공간이 빈공간과 응집된 성운 물질 공간으로 분화된다. 그리고 응집된 성운 물질들은 내부와 외부의 밀도와 온도 차이 때문에 회전 운동을 하게 되면서 태양, 행성, 위성 등으로 이루어지는 거대한 집합체가 형성된다. 이런 설명을 따른다면, 태양계 역시 단순성에서 복잡성으로의 변화라는 진보의 특징을 보이며, 마찬가지로 유기체적 특징도 보인다. 태양계는 작은 것들이 모여 큰 것을 이룬 것이며, 단순한 구조가 복잡한 구조로, 그리고 각 부분 간의 의존도가 높아지면서 형성되었다고 볼 수 있기 때문이다. 그리고 이 중 어느 한 부분의 존속 여부와 무관하게 태양계라는 거대한 집합체는 이보다 더 지속한다고 볼 수 있다. 이런 점에서 태양계라는 무생물도 일종의 진보 과정에서 형성되었으며, 동시에 유기체라는 것이다.

## 사회의 진보

그렇다면 사회는 어떤 점에서 진보 과정에 있다고 볼 수 있을까? 그리고 또 어떤 점에서 유기체라 할 수 있을까? 스펜서의 진보 법칙이 말해주듯이 사회의 변화를 단순성에서 복잡성으로의 이행으로 볼 수 있다면, 사회 역시 진보한다고 말할 수 있다.[121] 스펜서에 따르면 미개 사회는 단순히 개인들이 모여 사는 군집에 불과했다. 여기서 인간은 채집을 통해 생계를 유지하였으며, 개개인의 지위나 역할은 동일했고, 다만 성별에 따른 분업만이 나타났다. 그러나 이런 미개 사회에서 지배층과 피지배층으로의 계급 분화가 이루어지면서 사회가 변모하게 된다. 물론 초기 계급 분화에서 지배자는 단지 집단의 우두머리였을 뿐, 자신의 생계를 위해 다른 사람들과 동일한 일을 해야만 했다. 그러나 서서히 이 우두머리는 다스리는 역할만 수행하는 통치 계급이 된다. 물론 이러한 통치 계급이 한순간에 등장한 것은 아니다. 통치 계급은 초기에 제정일치의 구조로 되어 있었지만, 서서히 제정분리로 나아갔고, 이러한 분리 하에서 통치 계급은 다시 군주, 영주로 분화되고, 이들의 통치 기구 역시 관청, 사법 기관, 조세 기관 등 복잡한 조직으로 분화된다. 그리고 이와 마찬가지로 피통치 계급 역시 분화 과정을 거치게 되어 다양한 신분과 서열이라는 위계적 구조를 갖게 된다. 이러한 상황은 경제적 생산 과정에서도 나타난다. 미개 사회에서는 사회 성원들이 각자 자신을 위해 같은 일을 수행하지만, 서서히 사회구성원들은 서로를 위해 각자 다른 일을 수행하게 되었다는 것이다. 다시 말해 생산 활동이 분화되면서 서로를 위해 서로 다른 생산물을 제공하게 된 것이다. 더구나 이제는 같은 물건이라 하더라도 완성품만을 생산하는 것이 아니라, 각기 부품을 만들며 서로 협업하는 구조로 전환된다. 이러한 경제적 생산의 분화는 단지 한 국가 내부에서만 이루어지는 것은 아니며, 각 국가 간에도 분업의 형태가 나타나면서 무역이 발달하게 된다. 스펜서에게 이 모든 과정은 사회가 바로 단순성에서 복잡성으로 변화하는 과정이며, 이런 점에서 사회 역시 진보한다는 것이다. 이런 전제하에서 스펜서는 사회적 진보 과정을 4단계로 구분하여 지금까지의 사회적 진보 과정을 정형화시킬 뿐만 아니라, 미래의 진보된 사회의 모습 역시 제시하고 있다. 즉 미개 사회, 군사 사회, 산업 사회, 그리고 동등 자유 사회가 그것이다.

물론 이런 진보 역시 다름 아닌 사회라는 유기체, 즉 사회유기체의 진보이다. 앞서 설명했듯이 유기체란 작은 것들이 모여 큰 것을 이룬 것일 뿐만 아니라, 전체는 부분들로 분화되고, 부분들은 서로 의존해 있다. 그리고 전체의 존속은 개별적 부분들의 존속에 독립적일 뿐만 아니라, 더 오래간다. 이런 점을 염두에 둔다면 사회가 기능적 분화와 통합을 보인다는 것은 바로 사회가 부분들로 구성되어 있을 뿐만 아니라, 부분들이 기능적으로 상호의존성을 보인다는 점을 말해준다. 물론 사회의 기능적 분화란 바로 사회구성원들이 담당하는 역할의 분화를 의미하며, 각각의 역할들은 사회 전체의 분업 체계 속에 통합되어 있다. 이런 점에서 사회란 사회구성원인 개인들로 구성되어 있을 뿐만 아니라, 이 개인들의 '분업적 협력'을 통해 전체를 이룬다고 볼 수 있다. 그리고 사회의 부분을 이루는 개인들이 태어나 성장하고 죽더라도, 또 다른 개인이 이를 대체함으로써 사회 자체는 세대를 이어가며 존속한다. 그것도 규모가 커지고, 구조가 복잡해지고, 기능적 활동이 증대되면서 말이다.

### 인간유기체

그런데 흥미로운 것은 이렇게 사회가 유기체로서 진보할 뿐만 아니라, 이런 사회유기체를 구성하는 인간 역시 유기체적 존재로서 진보한다는 사실이다. 『진보의 법칙과 원인』에 따르면, 인간이란 종은 여타의 동물들과 비교할 때 가장 복잡성이 증대된 존재이며, 복잡성의 증대는 문명인과 미개인을 비교할 때도 확인할 수 있다. 예를 들어 미개인들은 팔과 다리의 차이가 별로 없지만, 현대 유럽인들이 팔과 다리는 이에 비해 상대적으로 복잡하게 변화되었으며, 안면골과 두개골의 비율이나 신경 기능 역시 유럽인들에게서 더 복잡하고 정교한 구조를 보인다는 것이다.[122]

이렇게 사회만이 아니라, 인간에게서도 보편적 진보 법칙이 관철된다고 보는 것은 존재하는 모든 것을 유기체적 진보의 관점에서 본 스펜서에게 당연한 일이다. 그렇지만 단순성에서 복잡성으로의 변화가 일어나는 원인에서는 인간만의 독특한 특징이 나타난다. 스펜서는 『제일 원리』에서 보편적 진보가 일어나는 원인을 일종의 물리학적 법칙에 따라 설명한다.[123] 즉 스펜서는 물질의 불멸성과 운동의 연속성에 기초한 '힘의 지속' 법칙에 따라 이 세계의 모든 영역에서 물질과 운동이 끊임없이 재분배되면서 생성, 변화, 해체가 이루어지고, 이를 통해 물질이 불확정적이고 상관성 없는 단순한 상태에서 확정적이고 상관적이며 복잡한 상태로 이행하게 된다고 본다는 것이다. 이렇게 스펜서가 유기체적 진보의 원인을 설명하는 데 물리학적 법칙을 끌어들인 것은 아마도 물리적 과정이 무생물이든 생물이든 이 세계에 존재하는 모든 것의 가장 기본적인 과정이라고 생각했기 때문인 것 같다. 그런데 흥미로운 것은 스펜서가 『생물학 원리』에서는 또 다른 진보의 원인, 내지 진보의 추동력을 제시하고 있다는 점이다.[124] 그것이 바로 스펜서를 사회진화론자라고 불리게 한 '적자생존' 법칙이다. 이것은 환경에 잘 적응하고, 생존경쟁에서 승리한 자만이 살아남는다는 법칙으로서, 동물과 식물, 인간, 그리고 인간으로 구성된 사회가 진보하게 되는 원인을 말한다. 이런 점에서 적자생존은 단순히 힘의 지속 법칙에 지배받는 무생물보다 더 분화된 존재에서 일어나는 진보의 과정을 설명하기 위한 개념으로 보인다. 물론 환경에 적응하고 생존경쟁에서 승리한 존재에게도 진보의 법칙인 단순성에서 복잡성으로의 변화가 관철된다. 따라서 적자생존은 생명 유기체를 진보할 수 있게 하며, 생명 유기체의 진보는 또한 적자생존의 법칙에 따라 이루어지는 셈이다.

이런 적자생존의 법칙이 인간에게 적용된다면 이는 두 가지 차원에서 관철된다. 즉 인간은 한편에서 자연이라는 환경에 적응하며 생존경쟁에서 우위를 확보하는 방향으로 유기체적 구조의 복잡성을 증진하여 가며, 또한 다른 한편으로는 사회라는 환경에 적응하며 생존경쟁에서 우위를 확보하는 방향으로 진보한다는 것이다. 이런 점에서 인간은 '자연선택'만이 아니라, 일종의 '사회선택'의 대상이기도 하다. 즉 자연이라는 생존 조건 속에서 환경에 잘 적응하고 다른 개체와 생존경쟁에서 우위에 설 수 있는 생명체만이 살아남아 자손을 번식하듯이, 사회라는 생존 조건 속에서도 환경에 잘 적응하고 생존경쟁에서 우위에 설 수 있는 인간만이 살아남아 세대를 잇게 된다는 것이다. 물론 이러한 과정은 사회적 환경에 적응하지 못하거나 생존경쟁에서 우위에 설 수 없는 개인들은 도태됨을 의미한다. 그리고 이러한 과정이 반복되면 결국에 가서는 적응력과 생존력 면에서 가장 우월한 이상적 인간이 등장하게 된다는 것이 스펜서의 생각이다.

### 사회와 개인의 관계

이렇게 사회만이 아니라, 사회를 구성하고 있는 개인 역시 진보하는 것으로 본다면, 이제 불가피하게 사회와 개인의 관계라는 중요한 문제가 제기된다. 즉 사회의 진보는 개인의 진보에 따른 결과일까, 아니면 개인의 진보가 사회적 진보의 결과일까? 이는 결국 전체와 구성 부분의 관계에 대한 문제라는 점에서 사회라는 유기체를 이해하는 데 있어서 결정적인 문제이다. 우선 사회 자체의 관점에서 보면 미개 사회에서 군사 사회로의 진보가 이루어진 이유는 미개 사회에서의 집단들이 환경에 대한 적응력을 높이고, 다른 집단과의 생존경쟁에서 우위를 확보하기 위해서이다.[125] 그리고 이 때문에 무엇보다도 전쟁을 효율적으로 치를 수 있도록 사회적 기능들이 분화될 뿐만 아니라, 이들 간의 수평적 협력 관계가 형성되고, 동시에 지배와 피지배 계급으로의 계층 분화와 이들 사이의 위계적 통합이 이루어진 군사 사회를 낳게 된다. 이렇게 보면 사회 자체의 필요가 사회진보의 원동력이 된 것으로 보아야 하지만, 이런 군사 사회가 효율적으로 운영되기 위해서는 사회를 구성하는 각 개인 역시 이러한 사회에 대한 적응력을 높여야 한다. 예를 들어 자신의 체력을 개발하고 기술발전, 사회의 대규모화와 계층화, 그리고 다양한 사회적 요구에 순응하는 습관을 형성해야 한다는 것이다. 물론 이렇게 새로운 사회적 조건에 훌륭히 적응한다면 해당 개인은 군사 사회에서 사회적으로 선택되고, 그렇지 못하면 도태될 것이다. 그러나 산업 사회 에서는 이와는 전혀 다른 방식의 적응이 요구된다. 산업 사회는 평화를 추구함에 따라 전쟁에서의 승리를 위해 사회구성원을 강제하는 제도들 이 사라지고, 사회계층 간의 위계적 구조 역시 약화한다. 그리고 이와는 반대로 산업 분야에서의 자율성이 강화되고, 개성이 고양된다. 따라서 이런 사회적 조건에서 적응하기 위해서는 무엇보다도 자율적인 자기 통제가 요구된다.

이렇게 본다면 군사 사회이든 산업 사회이든 사회구성원들이 도태되 지 않으려면 해당 사회에 적응해야 하며, 이를 위해 요구하는 능력을 갖 추어야 한다. 따라서 결국 개인의 진보란 사회의 진보에 적응하기 위해 이루어지며, 이런 점에서 사회의 진보가 개인의 진보를 요구하고 결정 한다고 볼 수 있을 것이다. 그러나 군사 사회에서 산업 사회로의 진보가 어떻게 이루어졌을까를 추측해 본다면 이렇게 개인에 대한 사회의 우 위를 주장하기는 어려울 것이다. 군사 사회가 산업 사회로 이행한 것은 개인의 관점에서 볼 때 전쟁이 줄어든 새로운 상황에 적응하기 위해 이 제 개인들이 자율성의 영역을 확대하면서 새로운 기능적 분화가 이루 어진 것으로도 볼 수 있기 때문이다. 다시 말해 새로운 사회로의 이행은 새로운 조건에 적응하기 위한 개인들의 창조적 노력을 통해 이루어진 것이 아니냐는 것이다. 이렇게 본다면 사회의 진화는 새로운 환경에 적응하기 위한 인간의 창조적 노력의 산물이 되며, 사회에 대해 인간의 존재론적 우위가 주장되어야 한다. 과연 인간은 단지 기존의 사회에서 살아남기 위해 사회의 요구에 적응하는 존재일까? 아니면 인간은 새로운 상황에 창조적으로 적응하기 위해 한 걸음 더 진보된 사회를 형성하는 존재일까?

스펜서의 국가관을 염두에 둔다면, 이런 문제에 대한 대답은 개인의 창조적 노력에 있다. 스펜서에 따르면, 인간에게 가장 중요한 문제는 자신의 환경에 적응하여 살아남는 것이며, 인간은 지식과 기술 혁신 그리고 자기 통제를 강화함으로써 생존의 문제를 해결하려고 했다. 따라서 살아남기 위한 인간의 노력이 인류를 발전시킨 주된 동력이 되어 왔으며, 이를 통해 사회의 진보도 이루어진 것이다. 이런 점에서 단순성에서 복잡성으로의 이행이라는 보편적 진보의 법칙은 스펜서가 말하는 적자생존의 원칙을 통해 관철된다고 볼 수 있다. 이렇게 인간에게 나타나는 진보의 과정을 전제한다면, 사실 국가가 개인이나 사회에 개입해서는 안 된다. 국가가 개인의 활동에 개입한다는 것은 적자생존을 위한 인간의 노력을 약화하거나 오히려 부적격자를 생존하게 함으로써 진보의 법칙을 교란하는 것에 불과하기 때문이다. 이런 점에서 스펜서에게 국가의 역할은 단지 개인이 타인의 권리를 침해하지 않도록 이를 막아내는 것으로 한정될 뿐 근본적으로는 개인이 스스로 환경에 적응하도록 '내버려 두는 것'(laissez faire)이다.[126] 이런 점에서 스펜서는 최대다수의 최대행복이란 목적을 달성하기 위해 국가가 사회개혁을 추진한다는 당시 공리주의자들의 견해에 반대하며, 인간과 사회가 진보의 법칙에 따라 변화하도록 자연상태로 방임할 것을 주장했다.

비록 스펜서가 원자론적 사회관이 아니라, 유기체론적 사회관을 주장함에도 고전적 자유주의의 전통에 서 있다고 말할 수 있는 것은 그 역시 자유를 외적 강제나 억압 없는 상태로 보기 때문이다. 그리고 그는 이런 상태를 통해서만 환경에 적응하고 타인과의 생존경쟁에서 우위를 확보하려는 인간의 노력이 아무런 방해 없이 실현될 수 있다고 본다. 물론 스펜서는 자유의 목적을 단지 자기보존으로만 한정하지 않는다. 그에게 자유의 목적은 한 단계 더 나아가 행복에 있기 때문이다. 따라서 자유란 개개인이 자신의 행복을 위해 자신의 모든 능력을 아무런 방해 없이 발휘하는 것을 말한다. 그리고 국가는 다름 아닌 이런 자유를 모든 사회구성원에게 동등하게 보장해야 한다. 물론 이런 자유에도 한계는 있다. 스펜서가 말하는 동등 자유의 법칙을 실현하기 위해서는 개개인의 자유가 타인의 동등한 자유를 침해해서는 안 되기 때문이다.[127] 이런 점에서 스펜서가 생각하는 자유는 사실 고전적 자유주의가 말하는 자유와 같다. 앞서 서술했듯이 고전적 자유주의가 주장하는 개인의 자유는 외적 강제나 억압 없는 상태에서 개인의 자기보존본능을 충족하기 위해 아무런 방해 없이 도구적 이성을 발휘하는 것을 말할 뿐만 아니라, 타인의 자유를 침해하지 않는 한도 내에서만 개인의 자유를 허용하고 있기 때문이다. 물론 스펜서가 고전적 자유주의와 다른 점이 있다면 그것은 바로 이런 식의 자유가 인간과 사회를 진보로 이끈다는 주장이다. 이런 점에서 스펜서의 사회진보론과 사회유기체론은 개인주의적 자유주의라는 정치적 입장을 이론적으로 정당화하기 위한 방법론적 도구에 지나지 않았다고 보기도 한다.[128]

그런데 이렇게 살아남기 위해 자신의 적응력을 높이려는 인간의 노력과 적자생존이라는 원칙을 사회진보의 추동력으로 본다면, 역설적이게도 이러한 진보관은 스펜서의 또 다른 주장인 사회유기체 개념과 충돌하게 된다. 사회를 변화시키는 인간의 노력은 사실상 인간에게 자율성을 부여한 것으로서, 부분 간의 상호의존성에 기초하고 있는 유기체 개념과는 모순되기 때문이다. 앞서 설명했듯이 사회를 구성하는 것은 개인이며, 이런 점에서 사회유기체의 최소 단위 역시 개인이 된다. 그렇다면 사회가 유기체로 존재하기 위해서는 기능적으로 분화된 사회에서 이를 담당하는 개인들이 상호협력을 통해 하나로 통합되어야 한다. 그리고 이러한 통합이란 다름 아닌 개개인들이 상호의존적 존재가 됨을 의미한다. 다시 말해 사회유기체를 전제한다면, 개인의 행동과 생존은 사회 속에서 규정되고, 사회 속에서만 가능하다는 것이다.

이렇게 볼 때 스펜서는 이 세계에 존재하는 모든 것이 진보한다고 생각할 뿐만 아니라, 존재하는 모든 것을 유기체로 봄으로써 단순성에서 복잡성으로의 변화를 진보로 규정하지만, 사회유기체를 설명하는 데 이르러서는 사회진보관과 사회유기체론이 서로 대립하는 모순에 빠지게 된다. 개인과 사회의 관계를 단지 진보의 법칙에 따라 파악한다면, 사회유기체론을 버려야 하고, 사회유기체론을 주장하려면 이제 진보의 법칙을 포기해야 하기 때문이다. 그런데 스펜서의 사회진보관의 핵심을 이루는 적자생존의 원칙은 라마르크의 진화론에 근거한 것으로 이런 식의 진화론은 스펜서가 이를 주장하던 당시에도 이미 다윈의 자연선택 이론으로 대체된 낡은 이론이다. 즉 적자생존의 원칙은 환경에 적응하고, 생존경쟁에서 우위에 서려는 개개인의 노력이 유전적으로 다음 세대에 전달되어 인간의 진화가 이루어짐을 의미한다는 점에서 획득형질의 유전을 주장한 라마르크의 진화론을 전제한다. 그러나 이런 식의 진화론은 생존을 위한 종의 노력이 아니라, 우연적인 개체변이를 통해 진화가 이뤄짐을 주장한 다윈의 진화론에 의해 폐기되었다는 것이다. 이렇게 본다면 사실 스펜서의 적자생존원칙은 그가 주장하듯이 생물학적으로 입증된 이론이 아니며, 이를 토대로 인간의 진보와 이에 따른 사회의 진보를 주장한다는 것 역시 과학적 근거를 갖기 어렵다. 그리고 사회유기체론이 필연적으로 적자생존법칙에 따른 사회진보를 전제해야 하는 것은 아니다. 이런 식의 사회진보관 없이도 사회유기체론을 주장하는 것이 얼마든지 가능하기 때문이다.

## 3. 뒤르켐의 협력적 사회유기체론

스펜서에게 사회가 유기체인 이유는 사회가 여러 가지 부분들로 분화되어 있을 뿐만 아니라, 이 부분들이 서로 의존적인 관계를 형성함으로써 하나의 통합된 전체를 이루기 때문이다. 그리고 사회 각 부분의 기능들을 수행하는 것은 사회구성원인 개개인들이라는 점에서 사회는 사회구성원들 사이의 분업적 협력을 통해 이루어진 하나의 통합체라고 볼 수 있다. 이렇게 사회를 분업적 협력체로 본 것은 애덤 스미스에서 기원하지만, 이런 의미에서 사회를 유기체로 규정한 것은 스펜서만이 아니다. 이러한 입장은 스펜서와 동시대를 살아간 뒤르켐에서도 발견할 수 있다. 뒤르켐은『사회분업론』에서 이른바 현대사회를 분업을 통해 형성된 유기적 연대에 기초한 사회로 보고 있기 때문이다. 그러나 뒤르켐의 사회유기체 관념은 정치적으로 볼 때 스펜서와는 정반대의 길을 가기 위한 출발점이었다. 스펜서의 사회진보론과 사회유기체론이 고전적 자유주의가 표방한 개인 중심의 자유주의라는 정치적 입장을 정당화하기 위한 이론적 도구 역할을 했다면, 뒤르켐에게 사회유기체론은 스펜서식의 자유주의를 비판하고, 이에 대한 대안으로 새로운 자유주의를 제시하기 위한 이론적 토대가 되었기 때문이다.[129] 이렇게 스펜서와 뒤르켐의 사회유기체론이 정반대의 길로 나아갈 수밖에 없었던 것은 근본적으로 스펜서가 사회유기체에 적자생존의 원리를 적용하고 있는 데 반해 뒤르켐은 이를 사회적 연대 형성의 토대로 삼았기 때문이다.

뒤르켐에 따르면, 사회만이 아니라, 생물 유기체에 공통적으로 적용되는 법칙이 '분업의 법칙'이다.[130] 그리고 뒤르켐은 바로 이런 점에서 사회 역시 유기체로 보기 때문에 분업이란 그가 생각하는 유기체 일반의 본질적 특징이라 할 수 있다. 그런데 앞서 지적했듯이 분업이란 말은 애덤 스미스의 분업이론에서 비롯된 사회과학의 용어이다.[131] 더구나 현대 산업 사회를 염두에 둔다면 사회가 하나의 거대한 분업 체계를 형성하고 있다는 점은 너무나 당연한 사실이다. 산업 분야가 분화되었을 뿐만 아니라, 한 분야에서의 작업 역시 무한히 세분화해 있기 때문이다. 물론 이렇게 한 사회가 존속하기 위해 기능과 역할이 분화되었다는 것은 사회가 분열되었다는 것을 의미하지 않는다. 만약 분업이 사회분열을 의미한다면, 분업이 확대됨에 따라 사회는 해체되고 말았을 것이다. 이에 반해 분업은 동시에 통합의 과정을 전제한다. 분업이란 하나의 기능을 나누어 수행하는 것일 뿐만 아니라, 이렇게 나누어진 기능들이 상호의존적 관계를 형성함으로써 다시 하나의 기능적 통합체를 형성하기 때문이다. 이렇게 생각한다면 경제적 의미에서 한 사회가 거대한 분업 체계를 형성한다는 것은, 경제활동이 세분화한다는 것을 의미할 뿐만 아니라, 이 세분화한 부분들이 상호의존적이 됨으로써 하나의 통합된 전체를 형성한다는 것을 의미한다.

그러나 뒤르켐이 분업을 비단 경제활동에서만 나타나는 특수한 현상으로 본 것은 아니다. 뒤르켐은 경제활동만이 아니라, 사회 곳곳에서 분업이 확장되고 있음을 지적한다. 즉 "정치, 행정, 법률의 기능이 점점 더 전문화"되고 있고, 이 점은 "예술과 과학의 영역"에서도 마찬가지라는 것이다.[132] 물론 전문화라는 것은 각각의 기능들이 세분화함을 의미하기 때문에, 전문화란 동시에 분업의 확대를 의미한다. 그리고 이 분업이라는 사회과학적 용어가 결국에는 사회만이 아니라, 생물 유기체에도 적용되기에 이르렀다는 것이 뒤르켐의 판단이다. 단적인 사례로 이러한 점은 유기체의 기능 분화 정도에 따라 동물의 서열을 구분하는 데에서도 나타났기 때문이다. 뒤르켐에 따르면, 이렇게 분업 개념을 "모든 조직된 물질의 기본 특성"으로 보게 되면서, 분업은 "세계 전체를 같은 방향으로 이끌어가는 특정 흐름"으로 간주되었고, 사회에서 나타나는 분업이나, 생명 유기체에서 나타나는 분업은 이제 "일반적 과정"의 "특수한 현상"이 되었다는 것이다.[133]

이렇게 유기체의 특성을 분업을 통해 파악한다면, 이는 스펜서의 유기체 개념과 다를 것이 없다. 뒤르켐이나 스펜서 모두 유기체를 기능 분화와 분화된 기능들 사이의 상호의존성을 통해 형성된 하나의 전체로 본다는 점에서 유기체의 본질이란 협력적 분업이나 다름없기 때문이다. 그러나 뒤르켐과 스펜서가 갈라지는 지점, 내지는 이 둘이 정반대의 길로 들어선 것은 이러한 협력적 분업 자체가 어떤 기능, 내지는 어떤 역할을 하는가에 있다. 스펜서는 유기체가 분업적 협력을 통해 환경에 대한 적응력을 높이고, 생존경쟁에서 우위를 확보한다고 보지만, 뒤르켐은 분업적 협력을 통해 사회적 연대감이 형성됨을 강조하기 때문이다. 그런데 어떻게 보면 이런 입장의 차이는 사실 분업적 협력이 어떻게 가능한가에 대한 의견의 차이로도 볼 수 있다. 스펜서는 유기체의 내적 분화가 동시에 상호의존성을 높임으로써 하나의 전체로 통합됨을 주장하지만, 이 통합이 어떻게 이루어질 수 있는가에 대해서는 침묵한다. 아마도 스펜서는 경제적 분업이 어떻게 하나의 통합체를 형성할 수 있는지를 설명하지 않고 단지 이를 '보이지 않는 손'의 역할에 내맡겼던 애덤 스미스처럼 유기체의 내적 분화가 상호의존성을 높임으로써 통합을 이룬다는 점을 자명한 사실로 가정했는지도 모른다. 그러나 뒤르켐은 분화가 자동으로 통합에 이르는 것이 아니라, 이를 가능하게 하는 매개체가 있음에 주목함으로써 분화가 통합에 이르는 과정을 단지 가정한 것이 아니라, 비로소 설명할 수 있게 되었다.

뒤르켐에게 이러한 설명이 가능했던 것은 그가 분업의 경제적 효과와 도덕적 효과를 구별한 데서 비롯된다. 우선 뒤르켐에 따르면 분업의 역할에 대한 상식적인 입장은, 분업이 생산력이나 노동자의 작업 능력을 향상함으로써 한 사회의 물질적 발전을 가져다준다는 것이다. 이런 점에서 분업은 산업을 부흥시키고 물질문명 발전에 이바지한다고 볼 수 있다. 그런데 분업이 초래하는 이런 식의 경제적 효과는 도덕적인 관점에서 보면 중립적인 것이다. 만약 한 사회의 도덕성의 척도를 "자살과 범죄의 평균적인 수치"를 통해 파악하려는 뒤르켐의 입장에 선다면, 산업 생산성이 향상되고 물질문명이 고도로 발전되었다고 하더라도 도덕성 역시 향상되는 것은 아니기 때문이다.[134] 이런 점에서 분업이 한 사회의 구성원들의 도덕적 생활에 얼마나 긍정적인 영향을 미치는지는 분명치 않으며, 비록 분업이 산업을 발전시키고 물질문명에 이바지한다고 해서 이를 도덕적 의무로 삼을 수도 없다. 이런 점에서 뒤르켐은 물질문명을 발전시키는 분업의 효과는 "도덕적 생활과 거의 무관"한 것으로 본다.[135]

이렇게 뒤르켐은 분업이 갖는 "경제적 효과"가 도덕과 무관함을 지적한 후 이제 분업이 갖는 "도덕적 효과"에 대해 서술한다.[136] 뒤르켐에 따르면, "분업의 가장 주목할 만한 효과는 분업이 가져다준 생산성이 아니라 각 기능 간의 연대감을 만들어준다"는 데 있다.[137] 그리고 이런 점에서 분업은 단지 사회를 이전보다 개선하는 것이 아니라, 필연적으로 "사회 자체가 존재하는 조건"이 된다.[138] 이런 맥락에서 볼 때 분업이 도덕적 성격을 갖는다는 것은 흔히 사람들이 물질적 이익보다 사회 질서, 조화, 연대 등을 위한 행동을 도덕적인 것으로 간주하기 때문일 것이다. 분명 사회적 연대감이 없다면 사회 자체가 존속하기는 어렵다. 사회를 구성하는 개인들이 서로 밀접하게 연결되지 않는다면, 개인들은 서로 무관하게 살아갈 수밖에 없고, 이런 점에서 분업은 결국 사회의 분열과 해체로 나아갈 수밖에 없기 때문이다. 그러나 반대로 사회구성원들이 서로 연대감을 느낀다면, 이들은 상대방을 자신에게 없어서는 안 될 존재로 간주하면서 서로의 역할을 결합하여 하나의 통합체를 이룰 것이다. 이런 점에서 뒤르켐이 연대감을 사회가 존재하기 위한 필수적 조건으로 본 것은 설득력이 있다. 그런데 왜 다름 아닌 분업을 통해 연대감이 형성된다는 것일까?

　뒤르켐은 이를 설명하기 위해 두 개인 간의 상호의존성을 보여주는 우정과 사랑의 예를 든다. 우정에 대해 먼저 말한다면, 고대 그리스 이래로 진짜 우정은 서로 비슷한 사람들 사이에서 형성되는가, 아니면 서로 다른 사람들 사이에서 형성되는가 하는 논란이 있었다고 한다. 분명 우리는 우리 자신처럼 생각하고 느끼는 사람을 좋아한다. 아마도 이런 경우는 "동질성을 기초로 공감의 감정"이 형성되기 쉽기 때문일 것이다.[139] 따라서 사람들 사이의 유사성이 우정의 토대가 된다고 말할 수 있다. 그러나 우리는 또한 우리 자신과 다른 사람을 좋아하기도 한다. 이런 점에서 헤라클레이토스는 아름다운 조화는 사람들 사이의 차이에 서 생겨난다고 본다. 뒤르켐은 유사성이 아니라 오히려 상이성이 우정 의 토대가 될 수 있는 이유에 주목하면서 이를 통해 분업과 연대감 사이 의 연관성을 해명하려고 한다. 뒤르켐에 따르면, 자신과 다른 사람이 친 구가 된다는 것은 단지 서로가 다르다는 이유 때문이 아니라, 서로의 다 름이 자신들을 대립시키거나 배제하는 것이 아니라, 상호 "보완적인 역 할"을 할 경우이다.[140] 즉 사람들은 친구가 됨으로써 상대방의 특징을 공 유하게 되고 자신의 불완전함을 해소한다는 것이다. 물론 이것은 사람 들이 상대방에 대해 자신을 "완성시켜 주는 사람의 이미지"를 갖게 될 때 가능하다.[141] 이런 점에서 한 사회의 분업 체계 내에서 각각 분화된 기능들이 서로 결합하여 상호의존적이 된다는 것은 바로 이 분화된 기 능들을 수행하는 사람들이 각자 자신의 기능이 불완전하다고 생각하기 때문이고, 바로 상대방이 이를 보완해 준다고 보기 때문일 것이다.

이렇게 우정의 사례가 서로 다른 사람들이 어떻게 상호의존적이 되 는가를 보여준다면, 사랑의 사례는 이런 상호의존성이 어떻게 역사적 으로 변화해 왔는가를 보여준다. 물론 뒤르켐은, "남녀 간에 애정을 싹 트게 하는 것"을 단지 서로 다른 성격이 아니라, "서로 보완적인 성격"에 서 찾는다.[142] 이런 점에서 사랑의 토대는 우정과 마찬가지로 상호보완 적 차이이다. 그렇다면 사랑이라는 상호보완적 관계가 역사성을 갖는다 는 말은 무슨 뜻일까? 뒤르켐에 따르면 선사시대의 유골을 보면 남자와 여자 사이의 형태상 차이가 별로 크지 않았다고 한다. 이는 골격이나 두 개골 크기 등이 유사했음을 말해주며, 이 때문에 또한 남자와 여자의 사 회적 역할에서도 큰 차이가 없었음을 보여준다. 즉 남자든 여자든 생존 방식이 거의 유사했다는 것이다. 물론 이 시기에도 남자와 여자 사이에는 성적 역할과 기능의 차이가 있었기 때문에 이들 사이에 상호의존성이 형성되었지만, 이는 성적 기관상의 분업에 한정된 것일 뿐, 일반적으로 사람들 사이의 사고와 감정의 조화를 전제한 사랑을 의미한 것은 아니었다. 그러나 남자와 여자의 역할이 달라지고, 이것이 신장, 체중, 두개골 등 형태상의 차이로도 이어지면서 남자와 여자는 이전보다 강한 유대 관계를 형성하게 되었다는 것이다. 즉 남녀 간의 역할 분화가 클수록 남녀 간의 유대도 강화된다는 것이다.[143]

이렇게 우정이나 사랑이라는 유대 관계가 다름 아닌 서로의 불완전함을 보완해 주는 인간 상호 간의 차이에 기초해 있다면, 분업이 사회구성원 사이에 연대감을 형성시키는 이유는 분업을 통해 사람들이 비록 서로 다른 역할을 하지만, 이 역할들이 서로의 불완전함을 보완해 준다고 보기 때문일 것이다. 그러나 연대감 형성이 반드시 사회구성원 간의 차이를 통해서만 형성되는 것은 아니다. 우정의 경우 역시 서로 간의 유사함이나 동질성이 그 토대가 되기도 하기 때문이다. 이런 점을 전제한다면, 분업에 의한 차이만이 연대감을 형성시키는 것이 아니라, 사회구성원 간의 동질성 역시 연대감 형성의 토대가 된다는 점을 배제할 수 없다. 이런 점에서 뒤르켐은 연대감 형성의 두 가지 방식을 구별한다. 그러나 뒤르켐은 사랑의 사례에서 볼 수 있듯이 분업에 의한 차이가 더 강한 연대감을 형성한다고 본다는 점은 분명하다.

뒤르켐은 우정에서 확인할 수 있는 연대감 형성의 두 가지 방식을 구분할 뿐만 아니라, 이를 토대로 전통사회에서 현대사회로의 변화 과정을 연대 형식의 변화로 설명하게 된다. 그리고 여기서 등장한 개념이 저 유명한 '기계적 연대'와 '유기적 연대'의 구분이다. 이 중 기계적 연대를 먼저 설명한다면 이것은 동질성에 기초한 연대 유형을 가리킨다. 그런데 여기서 중요한 것은 사회구성원 간의 동질성을 말할 때, 이것이 과연 무엇을 의미하는가 하는 점이다. 동질성에 기초한 기계적 연대와 차이에 기초한 연대가 서로 다른 것이라면, 기계적 연대에서 말하는 동질성은 차이의 원인인 기능적 분화가 이루어지지 않은 것을 의미할까? 따라서 기계적 연대란 사회구성원들의 역할이 동일한 사회 형태에서의 연대 형태를 의미할까? 그러나 뒤르켐이 말하는 동질성이란 사회구성원들이 공유하는 "공통된 믿음과 감정의 총체"를 말한다.[144] 그리고 그는 이를 "집합의식 또는 공동의식"이라 명명한다.[145] 이렇게 본다면 사회구성원들의 동일성이란 바로 기능이나 역할의 동질성이 아니라, 동일한 믿음과 감정을 통해 형성된 동질적 의식을 말한다. 뒤르켐의 설명에 따르면 이렇게 집단적으로 공유된 의식은 사회구성원들 개개인에 대해 독립적으로 존재한다.[146] 집단적 의식은 개개인의 직업이 무엇이고, 생활터전이 어디인가에 따라 달라지는 것도 아니며, 개개인이 태어나고 죽는다 하더라도 사라지는 것도 아니기 때문이다. 집단적 의식은 다양한 조건에서 생활하는 개인들을 포괄하고 있을 뿐만 아니라, 세대를 이어 존속한다.

그렇다면 이런 집단적 의식이 사회적 연대의 토대가 되는 이유는 무엇일까? 뒤르켐은 이를 설명하기 위해 집단의식과 개인의식을 구별한다.[147] 즉 집단의식이 사회구성원들이 집단적으로 공유하는 믿음과 감정을 의미한다면, 개인의식이란 사회구성원 각자의 믿음이나 감정으로서 이들 자신의 개성을 구성한다. 뒤르켐이 말하는 기계적 연대가 형성되는 것은 바로 집단의식이 개인의식을 결정하는 경우이다. 이런 경우 사회구성원 각자는 비록 자발적으로 행동한다 하더라도 개인의식을 결정하는 집단의식을 통해 이 행동들이 집단적 행동으로 결합하기 때문이다. 따라서 집단의식이 작용하는 사회적 관계가 광범위할수록 그만큼 개인과 집단을 결합하는 사회적 결속력도 크다고 볼 수 있다. 이런 점에서 뒤르켐에게는 "동질성에서 비롯한 자신만의 독자적 특징을 지닌 연대"가 가능한 것이다.[148] 그런데 기계적 연대가 이렇게 집단의식을 공유한다는 의미에서 동질성에 기초하고 있다면, 이를 집단의식적 연대, 혹은 동질적 연대라고 명명할 수 있을 텐데 뒤르켐은 왜 이를 기계적 연대로 명명했을까? 뒤르켐에게 기계적이란 표현은 유기적이란 표현의 반대말로 사용되고 있으며, 이런 점에서 유기적 구성 부분들이 각각 고유한 기능을 수행한다면, 기계적 구성 부분들은 각각 고유한 기능을 수행하는 것이 아니다. 이들은 단지 정해진 대로 일률적으로 움직일 뿐이기 때문이다. 이런 점에서 기계적 연대란 사회를 구성하는 개인들의 의식이 집단의식에 따라 일률적으로 결정됨을 의미하며, 따라서 개개인의 고유한 특징이자 타인으로부터 구별시켜주는 개성은 기계적 연대가 강한 사회에서는 존재할 수 없다. 즉 기계적 연대는 개성과 "반비례 관계"에 있다는 것이다.[149] 따라서 이제 사회구성원들은 집단의식에 따라 단지 기계적으로 움직일 뿐이다.

그런데 뒤르켐에게 특히 흥미로운 것은 그가 집단의식을 단지 개념적으로만 설명하는 것이 아니라, 이를 경험적으로 입증하고 있다는 점이다. 그러나 이런 입증이 한 사회가 집단의식에 따라 움직이고 있다는 실제 사례를 보여주는 것은 아니다. 뒤르켐에 따르면 사회구성원들이 연대감을 느끼고 있는가 하는 점은 근본적으로 각 개인 자신만이 알 수 있는 내면적 사실이기 때문에 이를 객관적으로 관찰하거나 측정할 수는 없다. 이런 점에서 사회적 연대의 존재는 이를 상징하는 어떤 외적 사실들 속에서 찾아야 한다는 것이다.[150] 뒤르켐이 주목하는 것은 사회구성원들의 행동을 지속적으로 규율함으로써 한 사회의 존속을 제도적으로 지탱하고 있는 법률이며, 기계적 연대와 관련해서는 범죄에 대해 형벌을 가하는 형법의 존재가 중요하다. 그에 따르면 형법상 범죄란 집단의식에 반하는 행동으로서 이것이 확대되면 집단의식은 훼손되고, 결과적으로 사회적 결속력 역시 약화한다.[151] 따라서 범죄란 사회의 존속을 위협한다고 볼 수 있으며, 사회는 자신을 보호하기 위해 범죄에 대항한 형벌 규정을 마련해 놓는다. 이런 점에서 형법은 한 사회의 집단의식이 표현된 것이라 할 수 있다. 그리고 형법은 또한 집단의식을 훼손하는 범죄에 대한 일치된 혐오감을 조성하고, 집단의식에 대한 존중을 요구한다는 점에서 집단의식의 활력을 유지하고, 이에 따라 사회적 결속력 역시 강화한다.[152] 물론 이런 형법은 다름 아닌 국가에 의해 제정되고 집행된다는 점에서 한 사회의 통치 권력은 "집단의식의 상징이고 살아 있는 표현"이 된다.[153]

이렇게 본다면, 뒤르켐은 동질성에 기초한 연대를 다름 아닌 집단의식에 기초한 연대로 볼 뿐만 아니라, 이런 식의 사회적 연대를 가능하게 하는 "가장 본질적인 사회적 동질성"이 형법을 통해 표현된다고 본다.[154] 그렇다면 이와 구별되는 사회적 연대 유형인 유기적 연대는 어떤 연대를 말할까? 뒤르켐은 이에 대한 실마리를 민사소송법과 같은 배상적 법률에서 찾는다. 이는 뒤르켐이 기계적 연대에 상응하는 법률 형태를 형법에서 찾았듯이, 이제는 유기적 연대를 배상적 법률에 상응하는 사회적 연대 형태로 파악하려고 한다는 점을 보여준다. 뒤르켐에 따르면 배상적 법률은 형법과는 달리 법을 어긴 사람을 처벌하고, 범행에 비례하는 고통을 주는 데 목적이 있는 것이 아니라, 훼손된 개인의 권리를 배상을 통해 원상회복하는 데 목적이 있다.[155] 형법은 앞서 서술했듯이 사회구성원들이 공유하는 집단의식에 반하는 행동을 처벌함으로써 집단적 결속력을 강화하려 한다는 점에서 형법의 중심에는 항상 집단의식이 작용하고 있으며, 사회구성원들은 자신이 범죄 행위로 인해 직접적 피해를 보지 않았다 하더라도 이에 대한 일치된 혐오감을 보인다. 그러나 민사소송법은 개인들 사이에 형성된 계약 관계를 전제하고 있으며, 여기서 문제가 되는 것은 개인적 권리의 훼손이나 의무의 불이행으로서 이는 판사와 변호사 등 전문적 지식을 갖춘 전문가들 사이의 문제일 뿐 사회 전체의 공분을 초래하진 않는다. 이런 점에서 형법은 개개의 사회 구성원과 집단의식을 강제력을 통해 결합하지만, 민사소송법과 같은 배상법은 사적인 계약 관계를 보호함으로써 개인과 개인을 결합한다.[156]

민사소송법과 같은 배상법이 그것이 규율하는 대상에 있어서 형법과 근본적인 차이가 있다면, 이에 상응하여 기계적 연대와는 근본적으로 다른 새로운 형태의 사회적 연대를 추측해 보는 것이 어려운 일은 아니다. 사실 계약을 맺는 당사자들은 계약 위반으로 상대방의 이익을 침해하였을 경우 이를 보상해야 할 의무가 있음을 알기 때문에 계약을 지키고 이를 손상하지 않기 위해 노력한다. 더구나 이러한 의무는 배상법을 통해 법적으로 강제되고 있기도 하다. 이런 점에서 계약 당사자들이 서로의 이익을 침해하려 하지 않는 태도를 다름 아닌 연대감으로 규정하는 것은 지나친 일이 아닐 것이다. 그러나 뒤르켐은 이런 식의 연대를 소극적 연대로 규정하면서, 더 적극적인 차원에서의 연대를 유기적 유대로 규정한다. 뒤르켐에 따르면, 유기체가 연관성을 유지하기 위해서는 구성 부분들이 서로 대립하거나 갈등해서는 안 되지만, 이런 식의 외적인 조화만으로 유기체가 유지되는 것은 아니라는 것이다. 이런 식의 외적 조화는 오히려 유기체 내에 강한 결속력이 존재할 때나 가능한 것이기 때문이다.[157] 이런 점에서 뒤르켐은 타인에게 해를 끼치지 않는 차원의 연대를 소극적 연대로 규정하고, 단지 타인의 이익을 훼손하지 않는 차원이 아니라, 개인과 개인 사이에서 "상호이해와 협력의 정신"이 발휘될 때 이를 적극적 연대로 규정한다.[158] 따라서 소극적 연대란 바로 이런 "적극적 연대의 결과인 동시에 전제조건"인 것이다.[159]

그렇다면 이 적극적 연대의 존재는 언제 가능하며, 어디에서 확인할 수 있을까? 뒤르켐은 이를 보여주기 위해 이젠 배상적 법률만이 아니라, 개인과 개인의 관계를 규율하는 민법, 계약법, 상법 등 보다 광범위한 차원의 법률들에 주목한다. 뒤르켐은 이런 법률들이 사회분업에 기초한 "적극적 협력"을 표현한다고 보기 때문이다.[160] 민법의 경우를 본다면, 이는 가족 구성원들 각자의 기능과 이들 간의 상호관계를 규율하고 있다. 뒤르켐에 따르면, 민법은 이런 규율을 통해 다름 아닌 가족 내의 분업 구조에 맞게 가족 구성원들을 통합시키는 특수한 연대를 표현한다는 것이다. 그리고 뒤르켐은 계약법이 규율하는 계약을 다름 아닌 "협동의 법률적 표현"으로 본다. 계약은 공동의 과제를 위해 각자의 역할과 이에 따른 권리와 의무를 정하고 있다는 점에서 이는 분업의 관계이며, 계약 당사자들이 계약을 통해 공동의 과제에 참여한다는 것은 이 분업을 협력적 상호관계로 만든다는 것이다. 그리고 상법의 경우를 보면 이것이 비록 계약을 규제하는 것은 아니지만, 거래, 중개, 파산에 관한 일반 규정 등을 통해 상행위에 관계된 모든 계약 당사자들의 연대를 보장해 준다. 이런 사례에서 확인할 수 있는 것은 개인 간의 관계를 규율하는 각종 법률이 결국 사회적 분업에 따른 협력적 관계를 규율하고 있다는 점이며, 이런 식의 법률이 발달해 있다는 것은 역으로 사회적 분업이 확대되어 있을 뿐만 아니라, 이를 통해 사회구성원들 사이에 연대가 형성되어 있음을 말해 준다는 것이다. 뒤르켐은 또한 이런 법률들을 생명 유기체에서 신경체계가 하는 역할과 동일시함으로써 분업에 기초한 사회의 유기체적 특성을 더욱 강조한다. 즉 신경체계가 유기체 내에서 분화된 각종 기능을 조절하듯이 개인 관계를 규율하는 법들은 사회적 분업에 따른 제반 기능들이 조화롭게 협력하도록 이를 조절한다는 것이다. 이런 점에서 뒤르켐은 배상법을 비롯하여 개인 간의 분업과 상호관계를 규율하는 법률들을 '협동법'이라 지칭하기도 한다.[161]

이렇게 유기적 연대가 기계적 연대와는 달리 개인과 개인의 협력적 관계를 규율하는 법률을 통해 확인될 수 있다면, 유기적 연대가 기계적 연대가 전제한 것과는 다른 유형의 개인을 전제하고 있음 또한 알 수 있다. 기계적 연대에서 말하는 개인이란 집단의식에 종속되어 있다는 점에서 타인과 구별되는 자신만의 개성을 발휘하는 존재가 아니다. 이런 점에서 기계적 연대에서 개인 간의 관계는 별다른 중요성을 갖지 못한다. 개개인은 사회구성원으로서 직접적으로 집단의식과 연결됨으로써 서로 결합할 뿐이기 때문이다. 그러나 유기적 연대에서는 배상법에서 볼 수 있듯이 개인과 개인의 관계가 중요하다. 이제 개개인은 타인과 구별되는 각자의 고유한 개성을 발휘하는 존재이며, 따라서 집단의식에 종속되지 않은 개인의식을 구현하고 있다고 볼 수 있기 때문이다. 유기적 연대는 바로 개성을 지닌 사회구성원들이 자신의 개인적 의식을 실현하는데도, 사회가 분열되거나 해체되는 것이 아니라, 오히려 강한 결속력을 가질 수 있음을 보여준다. 분업이 강화되고 전문화되면 개개인의 활동은 점점 더 개성적이 되지만, 동시에 이들 개인 간의 상호의존성 역시 강화되기 때문이다. 뒤르켐이 이런 식의 연대를 유기적 연대로 지칭한 이유는 이런 식의 연대가 고등동물과 같은 유기체에서 나타나는 분화와 통합의 방식과 유사하기 때문이다. 즉 고등동물의 경우 이를 구성하고 있는 각 기관의 분화가 확대되면 될수록 각 기관의 고유성과 자율성이 증진하지만, 동시에 각 기관의 개체화가 강화되면 될수록 유기체의 통일성 역시 더 강화된다는 것이다.[162] 이런 점에서 뒤르켐이 말하는 분업에 기초한 유기적 연대는 다름 아닌 고등동물로부터 "유추"된 것이다.

지금까지 설명했듯이 뒤르켐은 사회유기체가 존속하기 위한 가장 기본적인 조건을 사회적 연대로 본다는 점에서 진보론에 기초한 스펜서의 사회유기체론과는 근본적인 차이점을 보인다. 그 이유는 무엇보다도 스펜서에게 사회가 존속하는 것은 환경에 적응하고, 생존경쟁에서 우위를 확보하려는 개개인의 노력 때문이란 점에서, 역설적이게도 사회를 구성하는 개인들은 서로 경쟁적이며, 또한 적대적이지만, 뒤르켐에게 사회구성원은 기계적 연대의 경우 동질적 존재이며, 유기적 연대의 경우 상호의존적 존재이기 때문이다. 물론 스펜서의 유기체론에 근거한다면 전체로서의 사회는 이를 구성하는 부분인 개인들 간의 상호의존성을 통해 하나의 통합체를 형성한다. 그러나 스펜서의 사회진화론은 이와는 모순되게도 적자생존의 원칙을 전제하고 있다는 점에서 사회가 유지되고 진보하는 과정은 개개인의 살아남기 위한 창조적 전략을 통해 이루어질 수밖에 없다. 이런 점에서 뒤르켐과 스펜서가 염두에 두고 있는 사회유기체를 각기 협력적 유기체와 경쟁적 유기체로 규정해도 무리가 없을 것이다.

그런데 이렇게 사회유기체를 보는 관점이 달라진다면 이는 결국 서로 다른, 내지 대립적인 정치적 입장으로 귀결될 수밖에 없다. 사회유기체를 협력 관계로 보느냐, 경쟁 관계로 보느냐에 따라 국가의 역할에 관한 입장이 정반대로 나아가기 때문이다. 앞서 설명했듯이 스펜서에게 국가의 역할은 일종의 자유 방임이라는 특징을 갖는다. 인간의 진화와 이에 따른 사회의 진화는 환경에 대한 적응력을 높이고 생존경쟁에서 우위를 차지하려는 개개인의 창의적 노력에 따른 결과이기 때문에, 누구도 이를 방해하거나 통제해서는 안 되기 때문이다. 물론 이런 자유 방임을 위해 국가가 아무 역할도 하지 않는 것은 아니다. 역설적으로 국가의 역할은 자유 방임이 이루어지도록 사회구성원 모두의 '동등 자유'를 보장하는 데 있기 때문이다. 이에 반해 적자생존을 위한 개인의 노력이 아니라, 상호협력을 통한 사회적 연대를 주장하는 뒤르켐에게 국가의 역할은 다름 아닌 사회적 연대를 강화하는 데 있을 수밖에 없다. 그렇다면 국가는 어떻게 사회적 연대를 강화할 수 있을까?

우선 뒤르켐은 국가 역시 사회적 분화 과정에서 등장한 정치적 영역의 한 부분이라고 보면서 국가의 역할을 두 가지로 본다.[163] 첫째, 국가는 사회 전반에 대한 지식을 모으고, 이를 통해 통계를 만들고, 사회구성원 모두가 진정으로 무엇을 원하는지에 대해 숙고하고 토론하는 일종의 사유 기관이다. 이런 점에서 국가는 개개의 사회구성원이나 집단에 비교해 사회에 대해 더 많은 정보를 갖고 있고, 따라서 무엇이 사회적으로 중요한지에 대해 누구보다 더 잘 알게 된다. 그렇다면 이런 국가의 역할이 어떤 점에서 사회적 연대를 강화하는 데 이바지한다고 볼 수 있을까? 그것은 국가가 개개의 사회구성원이나 집단들과는 다른 시각에서 사회를 보기 때문이다. 즉 국가는 항상 사회 전체에 대해 생각하고 판단한다는 점에서 특정 개인이나 집단의 특수한 견해를 대변하는 것이 아니라, 사회 전체를 위한 입장에 선다는 것이다. 따라서 국가는 사회 전체의 관점에서 개개의 분화된 기능들을 조정할 수 있다.

둘째, 뒤르켐이 생각하는 국가의 역할은 사회구성원들과의 소통이다. 그러나 여기서 말하는 소통은 국가가 직접 개개의 국민과 소통하는 것을 의미하지는 않는다. 뒤르켐이 국가의 역할로 말하고 있는 소통이란 국가, 직업집단, 개인이란 3각 축 사이의 소통이다. 여기서 국가가 직접적으로 소통하는 것은 직업집단이다. 뒤르켐에 따르면 이 직업집단은 국가와 개인을 연결하는 중간집단으로 개개인의 의식을 수렴하는 한편 또한 국가 권력으로부터 개인을 보호하는 역할을 한다. 이런 직업집단과의 관계에서 수행하는 국가의 역할은 직업집단을 통해 수렴된 사회구성원들의 의견을 조율하는 것이지만, 또한 이 직업집단이 그 구성원에게 권력을 행사하는 것을 막아준다. 이렇게 되면 국가, 직업집단, 개인 사이에 힘의 균형이 유지되며, 이러한 균형 속에서 사회구성원 모두를 위한 자유의 공간이 열리게 된다는 것이 뒤르켐의 생각이다. 이렇게 본다면 국가의 소통 기능이 왜 유기적 연대를 강화하는지 또한 분명해진다. 유기적 연대는 사회적 분업의 확대와 이로 인한 개별 영역의 자율성 강화를 전제한다. 그러나 국가가 집단의식의 구현체 역할을 하게 되면, 국가는 개개인의 자율성을 억압할 수밖에 없다. 그러나 국가가 집단의식을 구현하는 것이 아니라, 개개인의 의식을 직업집단을 통해 수렴하고, 또한 직업집단이 그 구성원을 억압하는 것을 방지한다면, 분화된 영역의 자율성이 보장되면서도 동시에 이들 간의 통합도 가능하기 때문이다.

이렇게 국가의 역할을 염두에 둔다면, 이제 국가 역할은 단지 사회구성원을 자유 방임하는 수동적 역할로 한정되는 것이 아니라, 사회 전체에 대한 중립적 입장에 서서 사회적 분업을 통해 형성된 다양한 집단들이 제기하는 특수한 입장을 조절함으로써 사회적 연대 형성의 중심에 위치하게 된다. 물론 그 목표는 유기체 개념 자체가 보여주듯이 사회구성원들이 서로 대립하는 것이 아니라 각기 자율성을 유지하면서도 서로 조화를 이루는 것이다. 이런 점에서 뒤르켐을 고전적 자유주의에 대한 대안으로 등장한 새로운 자유주의, 즉 영국의 그린이나 홉하우스 식의 사회적 자유주의의 프랑스적 흐름으로 보기도 한다.[164] 그렇지만 뒤르켐의 입장은 고전적 의미의 사회적 자유주의의 한계를 넘어선 것으로 보아야 한다. 앞서 서술했듯이 홉하우스가 사회를 유기체로 본 것은 사회에 대한 이론적 분석을 통한 것이라기보다 이른바 '이상적인 사회'의 모습을 제시하기 위한 것이었다. 즉 그에게 개인 간의 경쟁과 대립 그리고 극심한 불평등을 낳고 있던 당시 사회는 모든 사람이 자유롭게 사는 사회가 아니라, 소수의 자유가 다수의 부자유를 낳는 사회에 불과했으며, 이에 대한 대안으로 그는 사회구성원 모두가 자신의 자유를 실현하면서도 경쟁과 대립이 아니라, 협력과 조화를 이룰 수 있는 사회를 구상했다. 그리고 생명체나 인간 신체에서 나타나는 유기체적 협력과 조화의 관계가 이에 대한 모델이 되었다. 그러나 홉하우스가 결여한 점은 바로 사회를 유기체로 볼 수 있는 객관적인 근거이다. 다시 말해 홉하우스는 당시 사회가 전혀 유기체적 조화를 보여주고 있지 않음에도 불구하고 사회를 유기체적으로 볼 수 있는 근거, 내지는 사회에 내재한 어떤 유기체적 특성을 제시하고 있지는 않다는 것이다.

그러나 이에 반해 뒤르켐은 근대사회의 제도적 토대를 형성하는 다양한 법률 속에서 사회적 분업에 기초한 유기적 연대의 가능성을 발견함으로써 사회가 유기체적 구조로 되어 있음을 주장할 수 있는 객관적 근거를 제시하고 있다. 더구나 이런 뒤르켐의 사회유기체론은 사회적 자유의 실현조건을 상호인정 관계에서 찾고 있는 호네트의 입장에까지 접근하고 있다. 뒤르켐이 말하는 유기적 연대 개념은 사회구성원들 사이의 상호협력 관계가 바로 이들 간의 상호인정을 통해 형성됨을 보여주고 있기 때문이다. 앞서 지적했듯이 뒤르켐이 말하는 유기적 연대란 단지 타인의 이익을 훼손하지 않는 소극적 연대를 전제할 뿐만 아니라, 더 나아가 개인 간의 상호이해와 협력을 의미하는 적극적 연대이다. 이런 점에서 유기적 연대란 일종의 상호인정을 전제한다. 즉 뒤르켐에 따르면 상호이해와 협력은 사회구성원이 각자 자신의 권리를 제한하려 할 때 가능하며, 이러한 상호권리 제한은 바로 "논리적으로나 실제적으로나 일상생활에서 인간이 타인의 권리를 인정"할 때 가능하다는 것이다.[165] 그리고 마찬가지로 이런 인정이 이루어지기 위해서는 "우선 서로를 사랑해야" 한다는 것이다.[166] 그렇다면 이 사랑은 어떻게 가능할까? 앞서 서술했듯이 뒤르켐이 우정과 사랑으로부터 연대감을 도출한 것을 염두에 둔다면, 이것은 사실 서로를 동질적 존재로 인정하거나, 아니면 상호보완적 존재로 인정할 때 가능하다. 이런 점에서 특히 뒤르켐이 말하는 유기적 연대는 사회구성원이 서로를 상호보완적인 존재로 볼 뿐만 아니라, 서로의 권리를 인정할 때 가능한 셈이다.

이렇게 본다면 사회가 유기체라는 근거는 사회의 존립 근거를 사회적 연대에서 찾을 수 있기 때문이며, 이 사회적 연대는 사회구성원들이 상호인정 관계를 형성할 때 비로소 가능하다고 할 수 있다. 그리고 이런 상호인정 관계는 또한 민법, 계약법, 상법 등 사회구성원 간의 분화된 역할과 상호작용을 규율하는 각종 법률을 통해 제도화되어 있다고 볼 수 있다. 물론 이러한 입장은 역으로 왜 근대사회가 대립과 갈등으로 치닫고 있는지를 설명할 수 있는 근거 또한 제시한다. 사회구성원의 상호인정 관계가 붕괴하고, 이에 따라 사회적 연대 역시 약화한다면, 이제 사회구성원들은 상호협력적 삶을 영위하는 것이 아니라, 각기 고립적이고 이기적인 삶을 살 수밖에 없기 때문이다.

## 4. 현대물리학의 등장과 세계관의 변화: 원자론에서 유기체론으로

뒤르켐이 말하는 분업적 협력에 기초한 사회적 연대를 전제한다면, 사회적 기능이 무한히 세분화한 현대사회가 유기체적 구조로 되어 있음을 부정하기는 어려울 것이다. 이런 점에서 뒤르켐의 사회유기체론은 고전적 자유주의가 전제한 원자론적 사회관에 대한 대안적 사회관 역할을 할 수 있다. 그런데 고전적 자유주의의 원자론적 사회관이 이보다 더 포괄적인 차원에서 원자론적 세계관으로부터 도출된 것이라는 점을 염두에 둔다면, 사회유기체론을 포괄하는 더 높은 차원의 유기체론적 세계관 역시 이야기할 수 있을까? 앞서 지적했듯이 개인적 자유를 주장하던 고전적 자유주의는 사회에 대한 원자론적 관점을 취하고 있었으며, 이런 관점 자체는 자연에 대한 원자론적 관점에 기인한 것이었다. 이런 점에서 고전적 자유주의는 원자론적 세계관에 기초한 정치적 입장이었다는 것이다. 그렇다면 개인적 자유를 표방한 고전적 자유주의가 사회적 자유를 전제한 새로운 사회적 자유주의로 대체되어야 한다면, 고전적 자유주의가 전제한 원자론적 세계관에 대한 대안적 세계관을 제시해야 하는 것 아닐까? 지금까지 논의했던 것은 새로운 사회적 자유주의에 적합한 사회관을 설정하기 위해 고전적 자유주의가 전제한 원자론적 사회관을 폐기하고, 이 자리를 유기체론적 사회관으로 대체해야 한다는 점이었다. 그렇다면 새로운 사회적 자유주의에 적합한 세계관을 제시하기 위해서도 원자론적 세계관을 폐기하고, 유기체론적 세계관을 제시해야 하는 것 아닐까? 물론 고전적 사회적 사회주의가 고전적 자유주의와 달리 사회를 유기체적 관점에서 보았지만, 이것이 세계에 대한 일반적 관점으로부터 도출된 것은 아니다. 고전적 자유주의는 뉴턴 물리학을 통해 완성된 원자론적 세계관에 뒷받침되고 있었지만, 사회적 자유주의는 사회만이 아니라, 세계 자체를 유기체적으로 볼 수 있는 아무런 세계관적 기반도 갖추고 있지 않았다. 물론 고전적 사회적 자유주의가 등장했던 19세기까지도 여전히 뉴턴 물리학이 확대일로에 있었음을 염두에 둔다면 이러한 상황은 당연한 일일 것이다. 그러나 20세기 초부터 물리학에서 일어난 새로운 혁명은 뉴턴 물리학이 전제한 원자론적 세계관이 아니라, 이 세계에 존재하는 모든 것들을 무한한 연관망 속에서 보게 하는 새로운 세계관의 출현을 내포하고 있었다.

과학사적으로 볼 때 흔히 양자역학이 등장한 20세기 초엽은 뉴턴 시대 이후 새로운 과학혁명의 시대로 간주된다. 양자역학은 원자 및 아원자 영역을 탐구하면서 기존의 뉴턴 역학으로는 설명될 수 없는 새로운 현상들을 밝혀 냈기 때문이다. 더구나 양자역학을 통해 추동된 과학혁명은 비단 물리학의 혁명으로 그치는 것이 아니라, 세계에 대한 일반적 관점 역시 변화시킬 만큼 근본적인 것이었다. 양자역학의 이론적 성과들은 뉴턴 역학이 전제하고 있던 원자론적 세계관과는 근본적으로 다른 새로운 세계관을 함축하고 있었기 때문이다. 뉴턴 역학이 물질세계를 분할될 수 없는 기본적인 입자, 즉 원자로 구성된 것으로 보면서, 모든 물질 현상을 이러한 독립된 원자들의 개별적 운동과 상호작용으로 설명하려 했다면, 양자역학은 이 세계를 분할될 수 없는 하나의 전체로 보면서 개개의 부분들을 서로 독립된 것이 아니라 하나의 무한한 연관망 속에서 이해하도록 한다는 것이다. 프리초프 카프라는 『새로운 과학과 문명의 전환』에서 이러한 새로운 세계관을 유기체적 세계관으로 규정하면서, 이를 우리 시대의 문제를 해결할 수 있는 새로운 세계관이라 주장한다.[167] 카프라에 따르면, 오늘날 사회 전체는 심각한 위기 상황에 빠져 있다. 끝없는 군비 경쟁을 통해 양산된 수많은 핵무기는 인류 전체만이 아니라 지구상의 모든 생명체를 일시에 전멸시킬 수 있는 가공할 위협으로 등장하고 있다. 그리고 대기 오염과 환경 파괴는 지구 전체의 생태계를 교란하고 있을 뿐만 아니라, 이로 인한 대재앙의 가능성을 현실화시키고 있다. 이것만이 아니다. 경제적으로는 대량 실업이 확대되고, 소득과 부의 불평등은 대부분의 나라에서 이미 구조적으로 고착화하고 있으며, 사회 곳곳에서는 폭력이 확산하고 범죄가 급증하고 있다. 카프라가 이런 위기의 상황에서 세계관의 변화를 요구하는 이유는 바로 이런 위기의 근원에 실재에 대한 편협한 인식을 확대하는 원자론적 세계관이 자리 잡고 있기 때문이다.

원자론적 세계관은 뉴턴에 이르러 완성된 고전 역학의 실재관이지만, 이는 17세기 이후 모든 과학으로 확산하여 세계에 대한 일반적 관점을 형성하였다. 이러한 입장에 따르면, 이 세계는 더 작은 것으로 분할될 수 없고, 불변적인 물질적 입자들로 구성되어 있으며, 모든 물리적 현상은 이러한 물질적 입자들의 운동으로 환원하여 설명될 수 있다. 뉴턴은 이러한 세계관에 따라 돌에서부터 위성에 이르는 거시적 물체들의 운동을 설명하는 운동 법칙을 만들어냈으며, 그 이후 이러한 세계관은 고체, 액체, 기체의 운동은 물론 열과 소리 현상에도 적용되어 이 모든 현상을 가장 기본적인 물질 입자의 운동으로 설명하기에 이르렀다. 더구나 이런 원자론적 세계관은 물리적 현상을 넘어 사회적 현상을 설명하는 데까지 나아가게 된다. 즉 사회는 독립적이고 자기 완결적인 개인으로 구성되어 있으며, 따라서 사회의 모든 현상은 이러한 개개인의 활동을 통해 설명될 수 있다는 것이다.

그렇다면 어떤 점에서 우리는 우리가 사는 세계를 분할될 수 없는 하나의 전체로 볼 수 있을까? 이 세계가 분할될 수 없는 하나의 전체라면, 분명 세계를 구성하고 있는 기본 단위로서의 원자란 사실상 불가능한 개념이며, 이에 기초한 원자론적 세계관 역시 지탱될 수는 없을 것이다. 카프라가 유기체적 세계관을 뒷받침하기 위해 끌어들인 근거는 우선 입자-파동 이중성을 설명하는 양자역학의 독특한 개념인 '확률파'이다. 먼저 물질의 이중성에 대해 말한다면, 아원자 수준에서의 입자, 즉 전자, 양성자, 중성자 등은 때에 따라 입자로 나타나기도 하고, 때에 따라 파동으로 나타나기도 한다. 이는 입자가 특정한 시간에 특정한 공간을 차지하는 국소적 존재이기도 하고, 이와는 반대로 시간에 따라 공간적으로 확장되는 비국소적 존재이기도 하다는 것으로, 양자역학에서는 이렇게 이중성을 갖는 소립자들의 운동을 확률을 통해 설명한다. 그런데 양자역학이 소립자의 위치를 확률적으로 설명하는 방식은 소립자가 특정한 시공간의 한 점에 존재할 가능성을 말하는 것이 아니라, 소립자가 존재할 가능성을 국소화하지 않고, 비국소적으로 확장되는 일종의 파동 패턴으로 설명한다는 데 있다. 이런 점에서 양자역학에서 소립자는 입자이지만 동시에 파동으로 간주된다. 그렇다면 이제 세계는 소립자로 구성된 것이 아니라, 확률파로 구성되었다고 말해야 할까? 물론 이 세계가 확률파로 구성되어 있다고 주장할 수 있다면, 일견 기본 단위를 통해 전체를 설명하는 원자론적 세계관이 여전히 유효할지도 모른다. 그러나 확률파란 분할될 수 없는 기본 단위가 아니다. 원자론적 세계관이 전제하는 기본적 구성요소인 원자는 분할될 수 없을 뿐만 아니라, 불변적이며, 따라서 항상 자신의 고유한 성질을 유지한다. 이는 물이 분해되어 산소와 수소가 되지만, 산소나 수소는 그대로 존재하는 것과 같다. 그러나 확률파는 그것이 파동인 만큼 분할 불가능하지만, 불변적인 것이 아니다. 확률파는 강화되거나 약화하고, 생성하거나 소멸할 수 있기 때문이다. 더구나 확률파는 확률이란 점에서 실제로 존재하는 것이 아니라, 일종의 가능성을 나타낸다.

그렇다면 왜 확률파가 세계를 유기체적으로 파악하게 하는 근거가 될까? 이는 무엇보다도 확률파가 발생하는 원인과 관련이 있다. 즉 양자역학이 아원자 세계의 소립자들을 확률파로 파악하게 된 이유는 아원자 세계에 대한 측정 과정에서 발생하는 상호작용 때문이다. 하이젠베르크의 불확정성 원리에 따르면, 전자현미경으로 전자의 위치를 측정하기 위해서는 조명을 가해야 하지만, 큰 파장의 빛을 사용하면 전자의 위치를 정확히 측정할 수 없고, 그렇다고 짧은 파장의 빛을 사용하면 에너지가 증가하기 때문에 전자의 속도에 영향을 준다. 이런 점에서 전자의 위치를 정확히 알려면 전자의 속도를 측정하기 어렵고, 전자의 속도를 정확하게 측정하려면 위치를 측정할 수 없기에 전자의 위치와 속도 사이에는 '불확정성 관계'가 성립하게 된다. 따라서 아원자 세계에서 물질의 초기 조건을 측정함으로써 미래 상태를 정확히 예측한다는 것은 원칙적으로 불가능하며, 물질의 운동에 관한 양자역학의 설명은 확률적일 수밖에 없다.

그런데 이렇게 위치와 속도 사이에 불확정성 관계가 형성되는 이유가 전자의 운동을 측정하는 데 사용되는 빛, 즉 광자가 바로 전자의 운동에 영향을 미치기 때문이라면, 가능한 이런 식의 교란을 배제할 수 있다면 물질의 운동을 정확히 기술할 수 있는 것 아닌가? 그러나 불확정성 원리를 제시한 하이젠베르크는 이와는 전혀 다른 방식으로 물리학적 대상을 이해한다. 즉 고전 역학에서 측정 대상은 측정 과정과는 별개로 존재하는 객관적 실재로 간주되지만, 양자역학의 대상은 이와는 달리 항상 측정 과정과의 상호작용 속에서 존재하는 '양자 상태'로 이해되어야 한다는 것이다. 그리고 불확정성 원리 때문에 객관적 실재에 대한 확정적 기술이 불가능하다면, 관측 불가능한 것은 이론에서 배제한다는 사유의 경제성 원칙에 따라 객관적 실재에 대한 환상 역시 물리학에서 배제해야 한다고 본다. 이런 점에서 하이젠베르크는 양자역학은 단순히 자연을 기술하는 것이 아니라, 자연과 측정 과정의 관계성을 표현한다고 본다.[168] 그렇다면 고전 역학과 양자역학은 서로 다른 대상을 기술한다고 보아야 할까? 그러나 사실 그렇지 않다. 하이젠베르크의 입장으로 고전 역학의 대상 역시 설명할 수 있기 때문이다. 다시 말해 고전 역학의 대상인 거시 세계의 물질 역시 측정 과정에서의 교란이 없는 것이 아니라, 교란이 미미한 것으로 본다면, 이 역시 측정 대상과 측정 과정 사이의 상호작용 속에서 존재하는 양자 상태와 다를 것이 없다는 것이다. 따라서 물리학적 대상은 거시 세계이든 미시 세계이든 모두 확률적이라 할 수 있으며, 다만 그 확률적 가능성이 크고 작음의 차이만 있게 된다.

그러나 비록 하이젠베르크가 사유의 경제성 원칙에 따라 객관적 실재에 대한 환상을 배제해야 한다고 주장하지만, 칸트의 현상계와 물자체 세계의 구분을 따른다면, 하이젠베르크의 입장이 정당한 것은 아니다. 경험적 대상에 대한 인식이 비록 인식주체와 인식 대상 간의 상호작용을 통해 가능하지만, 그렇다고 경험적 인식 대상이 인식 이전에, 그리고 이러한 상호작용과 무관하게 존재한다는 사실을 부정할 수 있는 것은 아니다. 다시 말해 인식의 가능 조건이 존재의 가능 조건마저 결정하는 것은 아니라는 것이다. 따라서 존재 자체를 확률적으로 이해하기 위해서는 인식주체와 대상과의 상호작용을 근거로 한 사유의 경제성 차원이 아니라, 이를 넘어선 물질 자체의 상호작용에 대해 말할 수 있어야 한다. 이와 관련하여 카프라가 주장하는 것은 물체들의 무한한 상호 작용을 함축하고 있는 '비국소적 관계'에 대한 지적이다. 일반적으로 고전 역학에서 설명하고 있는 물체들의 관계는 모두 '국소적 관계'이다. 즉 특정한 위치와 속도를 갖는 공간적으로 분리된 물체들이 시간적·공간적으로 구별되는 작용과 반작용이라는 형태로 관계를 맺는다. 그런데 이에 반해 비국소적 관계란 시간적·공간적으로 구별되는 작용과 반작용 관계가 아니라, 동시적 상호작용을 통해 형성된 관계를 말한다. 만약 물체들이 비국소적 관계 속에서 존재한다면, 이는 세계 자체가 서로 분리된 독립적 실체들로 구성된 것이 아니라, 서로 분리될 수 없는 하나의 전체를 형성하고 있음을 말해준다. 카프라에 따르면, 이른바 '벨의 정리'는 아원자 세계의 물체들 사이에 비국소적 관계가 존재함을 증명하고 있다.[169] 이에 따르면 우선 정반대로 회전하는 두 개의 전자의 경우 한 전자의 회전 방향을 알면 다른 전자의 회전 방향을 알 수 있다. 그렇다면 이 두 전자가 무한히 떨어져 있을 때에도 한 전자의 회전 방향만 알면 다른 전자의 회전 방향을 알 수 있게 된다. 이런 경우 한 전자와 전자 사이에서 시간적·공간적으로 구별되는 국소적 작용이 있었다고 보아야 할까? 아니면 이 두 전자는 비국소적 영향 관계에 있다고 보아야 할까? 이에 관해 카프라는 두 전자가 무한히 떨어져 있음에도 동시적으로 반대의 회전이 일어난다는 것은 이들 사이에 비국소적 관계가 존재함을 보여준다고 주장한다.

이렇게 볼 때 카프라의 해석에 따르면 양자 상태의 모든 소립자가 확률파로 존재한다는 것은 모든 소립자가 다른 소립자들과의 상호작용 속에 존재한다는 증거가 된다. 즉 하나의 소립자가 확률파로 존재한다는 것은 다른 소립자와의 상호작용 때문이며, 또한 이 소립자 역시 확률파로 존재한다는 것은 다른 소립자와 상호작용을 전제한다는 것이다. 이렇게 볼 때 결국 모든 소립자는 확률파로서 무한한 상호작용 망 속에 위치하게 된다는 것이다. 그런데 이 상호작용은 국소적 작용과 반작용의 과정이 아니다. 만약 모든 소립자가 시간적·공간적으로 특정할 수 있는 국소적 관계 속에 있다면, 이는 입자일 뿐 파동이라 말할 수 없기 때문이다. 따라서 소립자들이 존재하는 무한한 상호 연관망은 동시적 상호작용 속에서 형성된 비국소적 관계가 된다. 이처럼 이 세계에 존재하는 물질의 최소 수준인 아원자 세계에서 만물이 무한한 상호 연관망을 형성한다면, 이는 이 세계 자체가 하나의 거대한 유기체를 형성하고 있다는 증거가 될까?

이에 대해 답하기 위해서는 유기체 개념이 무엇을 의미하는지를 상기할 필요가 있다. 앞서 설명했듯이 유기체는 부분으로 이루어진 전체를 말하며, 이 부분들은 각기 다른 역할을 하지만 상호의존적이기 때문에 전체로 통합된다. 그렇다면 소립자 세계에서 나타난 만물의 무한한 상호연관성 역시 이와 같은 유기체 개념에 상응한다고 볼 수 있을까? 물론 소립자들의 존재 자체가 다른 소립자들과의 상호작용에 달려 있다면, 이 세계에 존재하는 모든 것들이 상호의존적 관계에 있다고 볼 수 있을 것이다. 그러나 이 상호의존성은 분업이라고 지칭할 수 있을 만한 역할분담과 기능적 통합을 의미해야 한다. 그러나 소립자들 사이의 상호의존성을 이런 기능적 역할분담과 통합으로 말할 수 있는 근거가 있을까? 만약 이 세계가 하나의 유기체라면 각각의 소립자들이 수행하는 서로 다른 기능은 무엇이며, 이런 기능들이 통합하여 수행하는 더 큰 의미의 기능은 또 무엇일까? 과연 물체의 위치를 확률파로 기술하는 양자역학이 각각의 물체들의 분업 구조를 전제한다고 말할 수 있을까? 사실 양자역학은 이러한 문제에 대해 아무런 답도 갖고 있지 않을 것이다. 이런 식의 개념 자체가 양자역학에는 없기 때문이다. 이런 점에서 양자역학을 통해 세계 자체가 유기체적 구조로 되어 있음을 입증할 수는 없다.

그렇지만 뉴턴 시대의 과학혁명에 버금가는 20세기의 과학혁명으로 지칭되는 양자역학의 등장이 고전적 자유주의가 기초하고 있는 원자론적 사회관, 그리고 이 원자론적 사회관이 기초하고 있는 최종적 관점인 원자론적 세계관이 이제는 유지될 수 없음을 보여주기에는 충분하다고 할 수 있다. 그리고 만물이 상호 연관망 속에 존재한다는 양자역학적 세계관은 지금까지 우리가 갖고 있던 원자론적 사회관에 대해서도 시사하는 바가 큼을 부정할 수 없다. 사회를 유기체적 구조로 보게 하는 근거가 되지는 않을지라도 사회를 상호 연관망 속에서 보게 하는 촉진제가 될 수는 있기 때문이다. 물론 진화론적 사고를 끌어들인다면, 무한한 상호 연관망 속에 존재하는 이 세계가 점차 무기물에서 유기물로 진화하는 과정을 떠올려 볼 수도 있을 것이다. 이렇게 되면 가장 고도로 진화된 상호작용을 유기체적 구조로 간주할 수도 있을 것이다. 그러나 이런 경우 스펜서에서 볼 수 있듯이 역설적이게도 유기체적 세계관이 사회적 자유주의가 아니라, 개인적 자유주의로 나아갈 위험성이 있음 또한 간과해서는 안 될 것이다.

# 주

## 서문

**1** 한국리서치 월간리포트, 『여론 속의 여론: 한국사회 공정성 인식조사 보고서』, 2018.02.02.

**2** 애덤 스미스, 김수행 옮김, 『국부론』 상/하, 비봉출판사, 2007, 15쪽.

## 예비적 고찰: 대한민국의 재구성과 새로운 사회적 자유주의

**1** 성낙인, 『헌법학』, 법문사, 2021, 17쪽, 28쪽.

**2** 대한민국 헌법, 법제처-국가법령정보센터, https://www.law.go.kr/

**3** 성낙인 (2021), 122쪽.

**4** 성낙인 (2021), 130쪽.

**5** 대한민국 헌법, 법제처-국가법령정보센터, https://www.law.go.kr/

**6** 유진오, 『헌법해의』, 명세당, 1949, 19~20쪽. (재참조: 박찬승, 『대한민국은 민주공화국이다』, 돌베개, 2013, 339쪽)

**7** 성낙인 (2021), 122쪽.

**8** 박찬승 (2013), 7쪽.

**9** 개화파 정치인들의 정치 제도 개혁에 대해서는 박찬승 (2013), 45~64쪽.

**10** 독립협회의 의회개설 운동에 대해서는 박찬승 (2013), 64~83쪽.

**11** 김정인, 『민주주의를 향한 역사: 19세기 한국사의 재발견』, 책과함께, 2015, 363쪽.

**12** 박찬승 (2013), 87~91쪽.

**13** 김정인 (2015), 364쪽.

**14** 박찬승 (2013), 116쪽.

**15** 김정인 (2015), 372쪽.

**16** 박찬승 (2013), 127쪽.

**17** 박찬승 (2013), 128쪽.

**18** 김정인 (2015), 8쪽.

**19** 김정인 (2015), 20~59쪽.

**20** 김정인 (2015), 66~105쪽.

**21** 대한민국 헌법, 법제처-국가법령정보센터, https://www.law.go.kr/

22  대한민국 건국강령 (1941년 11월 28일 의결), 우리역사넷-국사편찬위원회, http://contents.history.go.kr/

23  대한민국 임시헌장 (1944년 4월 22일 개정), 우리역사넷-국사편찬위원회, http://contents.history.go.kr/

24  박찬승 (2013), 330쪽.

25  강정인/권도혁, 「조소앙의 삼균주의 재해석: '균등' 개념의 분석 및 균등과 민주공화주의의 관계를 중심으로」, 한국정치학회, 『한국정치학회보』 51(1), 2018, 259쪽.

26  대한민국 건국강령 제1장 2절, 우리역사넷-국사편찬위원회, http://contents.history.go.kr/

27  홍선희, 『조소앙의 삼균주의 연구』, 부코, 2014, 70쪽.

28  홍선희 (2014), 70쪽.

29  조소앙, 『소앙집』, 한국고전번역원, 2019, 제4장 한국 혁명의 역사적 토대, 101쪽.

30  조소앙 (2019), 101쪽.

31  조소앙 (2019), 제1장 다른 민족 전제 아래의 정치적 유린 참조

32  조소앙 (2019), 제3장 다른 민족 전제 아래의 경제적 파멸 참조

33  조소앙 (2019), 제2장 다른 민족 전제 아래의 교육적 탄압 참조

34  조소앙 (2019), 제4장 한국 혁명의 역사적 토대, 102~113쪽.

35  조소앙 (2019), 제5장 한국 혁명 운동의 체계, 135쪽.

36  조소앙 (2019), 제5장 한국 혁명 운동의 체계, 141쪽.

37  조소앙 (2019), 한국독립당의 근황, 285쪽.

38  김기승, 『조소앙: 대한민국 임시정부의 이론가』, 역사공간, 2015, 115~123쪽.

39  홍선희 (2014), 27~37쪽.

40  조소앙/강만길 편, 『조소앙』, 한길사, 1982, 한국독립당 당의(黨義) 연구방법, 187쪽.

41  조소앙/강만길 (1982), 188쪽

42  조소앙/강만길 (1982), 201, 204쪽.

43  조소앙/강만길 (1982), 190쪽.

44  조소앙/강만길 (1982), 190, 201쪽.

45  조소앙/강만길 (1982), 292쪽.

46  〈대한민국 건국강령〉 제3장 2절: 우리역사넷-국사편찬위원회, http://contents.history.go.kr/; 〈대한민국 임시헌장〉(1944) 제2장 5조: 대한민국 헌법, 법제처-국가법령정보센터, https://www.law.go.kr/

47  조소앙/강만길 (1982), 188쪽.

48  조소앙/강만길 (1982), 189쪽.

49  조소앙 (2019), 284쪽.

50  조소앙 (2019), 284쪽.

51 강정인/권도혁, 「조소앙의 삼균주의의 재해석: '균등' 개념의 분석 및 균등과 민주공화주의의 관계를 중심으로」, 한국정치학회, 『한국정치학회보』 52(1), 2018.

52 조소앙/강만길 (1982), 296쪽.

53 조소앙/강만길 (1982) (재인용: 강정인/권도혁 (2018), 265쪽)

54 강정인/권도혁 (2018), 258쪽.

55 조소앙/강만길 (1982), 67쪽 (재인용: 강정인/권도혁 (2018), 263쪽)

56 대한민국 건국강령 제3장 4절, 우리역사넷-국사편찬위원회, http://contents.history.go.kr/

57 대한민국 건국강령 제3장 6절, 우리역사넷-국사편찬위원회, http://contents.history.go.kr/

58 조소앙/강만길 (1982), 189쪽.

59 조소앙/강만길 (1982), 189쪽.

60 대한민국 건국강령 제3장 7절, 우리역사넷-국사편찬위원회, http://contents.history.go.kr/

61 조소앙/강만길 (1982), 190쪽.

62 조소앙/강만길 (1982), 189쪽.

63 조소앙/강만길 (1982), 284쪽.

64 조소앙/강만길 (1982), 233쪽.

65 박찬승 (2013), 357쪽.

66 대한민국 헌법 (1948. 7. 17), https://www.law.go.kr/

67 대한민국 헌법 (1987. 10. 29), https://www.law.go.kr/

68 유진오, 「대한민국헌법 제정이유 설명」, 『헌법기초회고록』 부록, 1980, 236쪽. (재인용: 박찬승, 앞의 책, 335쪽)

69 『국회속기록』, 제1회 제17차 회의록 (1948년 6월 23일), 9쪽. (재인용: 박찬승, 앞의 책, 335쪽)

70 서희경/박명림 (2007), 「민주공화주의와 대한민국 헌법 이념의 형성」, 한국학중앙연구원, 『정신문화연구』 30(1), 2007.

71 서희경/박명림 (2007), 85쪽.

72 Ronald Dworkin, *Justice in Robes*, Belknap Press of Harvard University Press, 2006, p. 124. (재참조: 함재학, 「드워킨의 헌법사상: 헌법적 통합성과 파트너십 민주주의」, 한국법철학회, 『법철학연구』, 12(1)/2009, 194쪽)

73 함재학 (2009), 200~201쪽.

74 Dworkin (2006), p. 118 (재참조: 함재학 (2009), 201쪽.)

75 함재학 (2009), 197~198쪽.

76 함재학 (2009), 197~198쪽.

77 2008년 촛불 집회에 대해서는 문성훈, 『인정의 시대』, 사월의책, 2014, 236~251쪽.

78 박명림/김상봉, 『다음 국가를 말한다: 공화국을 위한 열세 가지 질문』, 웅진지식하우스, 2011, 76쪽.

79  박명림/김상봉 (2011), 119쪽.

80  박명림/김상봉 (2011), 60쪽.

81  신용인, 「민주공화주의에 대한 헌법적 고찰」, 국민대학교 법학연구소, 『법학논총』 28(3), 2016.

82  신용인 (2016), 356쪽.

83  이영록, 「한국에서의 '민주공화국'의 개념사: 특히 '공화' 개념을 중심으로」, 한국법사학회, 『법사학연구』 42, 2010.

84  이영록 (2010), 73쪽.

85  곽준혁, 「민주주의와 공화주의, 한국정치학회」, 『한국정치학회보』 39(3), 2005, 33쪽.

86  곽준혁 (2005), 49쪽.

87  곽순혁 (2005), 51쪽.

88  정원규, 『공화 민주주의』, 싸아이알, 2016, 제8장 87년 헌법의 공화주의적 해석을 위한 정치철학적 검토, 235~236쪽.

89  이나미, 「자유민주주의 대 민주주의」, 재단법인 내일을 여는 역사재단, 『내일을 여는 역사』 58, 2015.

90  대한민국 헌법 (1972. 12. 27) https://www.law.go.kr/

91  이나미, 「'자유'의 추가인가, '민주'의 삭제인가: 역사교과서의 자유민주주의 논쟁」, 재단법인 내일을 여는 역사재단, 『내일을 여는 역사』 52, 2013.

92  이나미 (2015), 29쪽.

93  이나미 (2015), 25쪽.

94  http://www.peoplepowerparty.kr/renewal/about/preamble.do

95  헌재 2001. 9. 27. 2000헌마238등, 제주 4.3사건 진상규명 및 희생자 명예회복에 관한 특별법 의결행위 취소 등 (각하). (재참조: 성낙인 (2021), 154쪽)

96  대한민국 헌법 (1987. 10. 29) https://www.law.go.kr/

97  대한민국 헌법 (1987. 10. 29) https://www.law.go.kr/

98  헌재 1990. 4. 2. 89헌가113, 국가보안법 제7조에 대한 위헌심판(한정합헌). (재참조: 성낙인 (2021), 151쪽)

99  성낙인 (2021), 151쪽.

100  https://www.gesetze-im-internet.de/

101  조성복, 『독일 사회, 우리의 대안』, 어문학사, 2019, 138쪽.

102  조성복 (2019), 43~46쪽.

103  헌재 1989. 12. 22. 88헌가13. 국토이용관리법 제21조의3 제1항, 제31조의2 위헌심판(합헌). (재참조: 성낙인 (2021), 153쪽)

104  https://www.theminjoo.kr/introduce/rule

105  http://www.peoplepowerparty.kr/renewal/about/preamble.do

**106** 성낙인 (2021), 148, 153쪽.

**107** 민경국, 『자유민주주의란 무엇인가?』, 백년동안, 2015.

**108** 민경국 (2015), 155쪽.

**109** 민경국 (2015), 35쪽.

**110** 민경국 (2015), 168, 165쪽.

**111** 민경국 (2015), 157쪽.

**112** 대한민국 헌법 (1987. 10. 29) https://www.law.go.kr/: "유구한 역사와 전통에 빛나는 우리 대한국민은 3·1운동으로 건립된 대한민국임시정부의 법통과 불의에 항거한 4·19 민주이념을 계승하고, 조국의 민주개혁과 평화적 통일의 사명에 입각하여 정의·인도와 동포애로써 민족의 단결을 공고히 하고, 모든 사회적 폐습과 불의를 타파하며, 자율과 조화를 바탕으로 자유민주적 기본질서를 더욱 확고히 하여 정치·경제·사회·문화의 모든 영역에 있어서 각인의 기회를 균등히 하고, 능력을 최고도로 발휘하게 하며, 자유와 권리에 따르는 책임과 의무를 완수하게 하여, 안으로는 국민 생활의 균등한 향상을 기하고 밖으로는 항구적인 세계평화와 인류공영에 이바지함으로써 우리들과 우리들의 자손의 안전과 자유와 행복을 영원히 확보할 것을 다짐하면서 1948년 7월 12일에 제정되고 8차에 걸쳐 개정된 헌법을 이제 국회의 의결을 거쳐 국민투표에 의하여 개정한다."

**113** 민경국 (2015), 198쪽.

**114** 민경국 (2015), 165쪽.

**115** 존 롤즈, 장동진 옮김, 『정치적 자유주의』, 동명사, 2016, 제2부 강의 IV.

**116** 물론 조소앙이 '균등 민주주의'라는 말을 사용한 적은 없지만, 그의 글에 '민주 균등'이란 표현은 간간이 등장한다. 조소앙/강만길 (1982), 205쪽.

**117** 밀의 대의제 민주주의에 대해서는 서병훈, 「국민에 대한 거역? 존 스튜어트 밀의 민주적 플라톤주의」, 『정치사상연구』 15(1), 2009.

**118** 장 자크 루소, 이환 옮김, 『사회계약론』, 서울대출판부, 1999, 123쪽.

**119** 국회의원 투표율을 보면, 2000년 16대 57.2%, 2004년 17대 60.6%, 2008년 18대 46.1%, 2012년 19대 54.3%, 2016년 20대 58%, 2020년 21대 66.2%이다. 중앙선거관리위원회 사이버선거역사관: http://museum.nec.go.kr/

**120** 대한민국 통계청, 〈2019년 임금 근로 일자리 소득(보수) 결과〉, 1쪽, 국가통계포털: https://kosis.kr/

**121** 한국노동사회연구소, 〈비정규직 규모와 실태〉(2020), 1쪽, http://www.klsi.org/

**122** 한국노동사회연구소 (2020), 23쪽.

**123** 한국노동사회연구소 (2020), 28쪽.

**124** 통계청, 〈2019 초중고 사교육비 조사결과〉, 1쪽, https://kostat.go.kr/

**125** 한겨레신문, 「계층이동 사다리가 열려 있는, 희망 있는 사회를 위해」, 2021년 2월 8일.

**126** 한국리서치, 「한국사회 공정성 인식조사 보고서」, 『여론 속의 여론』, 한국리서치 월간리포트, 2018.02.02.

**127** 윤평중, 「진보적 자유주의를 위한 변론」, 사회와철학연구회, 『사회와 철학』, 23, 2012.

**128** 윤평중 (2012), 197쪽.

**129** 윤평중 (2012), 198쪽.

**130** 민경국은 "자유주의 국가는 반드시 민주국가일 필요는 없다"고 주장하면서, 스위스에서 여성에게 참정권이 없었던 점과 싱가포르에 권위주의 정부만 있었던 점을 사례로 들고 있으며, 그런데도 이들 나라 국민이 "개인의 자유를 마음껏 향유" 했음을 강조한다. 민경국 (2015), 139~140쪽.

**131** 윤평중 (2012), 216쪽.

**132** 윤평중 (2012), 217쪽.

**133** 윤평중 (2012), 220쪽.

**134** 윤평중 (2012), 188쪽.

**135** 윤평중 (2012), 212쪽.

**136** 윤평중 (2012), 187쪽.

**137** 윤평중 (2012), 218쪽.

**138** 윤평중, 『급진 자유주의 정치철학』, 아카넷, 2009, 62, 76쪽; 윤평중, 『시장의 철학』, 나남 2016, 133쪽.

**139** 윤평중 (2009), 77~78쪽; 윤평중 (2016), 132~133쪽.

**140** 최태욱, 「진보적 자유주의의 진보성과 실천력에 대하여」, 최태욱 엮음, 『자유주의는 진보적일 수 있는가』, 폴리테이아, 2011.

**141** 서병훈, 「전환의 진통과 사상의 탄생 '우리는 이제 모두 사회주의자?'」. 나남출판사, 『사회비평』, 9/1993, 48쪽; 군나르 시르베크 등 역시 새로운 자유주의가 개인 중심적이었던 고전적 자유주의와 달리 사회적 존재로서의 개인, 공동 책임, 공공 정책을 강조한다는 점에서 "사회자유주의"로 지칭한다. 군나르 시르베크/닐스 길리에, 윤형식 옮김, 『서양철학사』, 이학사, 2016, 585쪽; 이에 반해 정작 새로운 자유주의의 대표적 인물인 홉하우스는 자신의 견해를 "자유 사회주의(liberal socialism)"로 명명하고 있다. 홉하우스, 감성균 옮김, 『자유주의의 본질』, 현대미학사, 2006, 152쪽.

**142** 최태욱 (2011), 18쪽.

**143** 최태욱 (2011), 25쪽; 민주적 시장경제를 "민주주의의 평등과 시장경제의 효율"로 규정한 것은 유종일의 견해이다. 유종일, 「민주적 시장경제의 구성요소와 핵심 과제」, 최태욱 엮음, 『자유주의는 진보적일 수 있는가』, 223쪽.

**144** 선학태, 「시장 조정 기제로서의 사회적 합의주의」, 최태욱 엮음, 『자유주의는 진보적일 수 있는가』, 265~266쪽.

**145** 최태욱 (2011), 315쪽.

**146** 최태욱 (2011), 319쪽.

**147** 존 듀이, 『자유주의와 사회적 실천』, 책세상, 2011, 117쪽.

**148** John Dewey, "A Liberal Speaks out for Liberalism", *Later Works*, vol. 2, p. 283. (재참조: 김진희, 「해제: 공공 철학자 존 듀이, 자유주의의 부활을 요청하다」, 듀이 (2011), 171쪽)

**149** 존 듀이의 민주주의관에 대해서는 악셀 호네트, 「반성적 협동으로서의 민주주의: 존 듀이와 현대 민주주의 이론」, 악셀 호네트, 문성훈 외 옮김, 『정의의 타자』, 나남, 2009.

**150** 존 듀이, 이홍우 옮김, 『민주주의와 교육』, 교육과학사, 2007, 155쪽.

**151** 듀이 (2011), 73쪽.

**152** 듀이 (2011), 76, 114쪽.

**153** 듀이 (2011), 57쪽.

**154** 듀이 (2011), 60쪽.

**155** 듀이 (2011), 106쪽.

**156** John Dewey, "No Half way house for America", *Later Works*, vol 9, p. 289~290. (재참조: 김진희, 「해제: 공공 철학자 존 듀이, 자유주의의 부활을 요청하다」, 듀이 (2011), 157쪽)

**157** 듀이 (2011), 115, 118쪽.

**158** 문성훈, 「애덤 스미스: '자연적 자유'의 정의로운 실현」, 연구모임 사회비판과대안 엮음, 『근대 사회정치철학의 테제들』, 사월의책, 2021.

**159** 필립 페팃, 곽준혁 옮김, 『신공화주의: 비지배 자유와 공화주의 정부』, 나남, 2012, 76쪽.

**160** 이사야 벌린, 박동천 옮김, 「자유의 두 개념」, 『이사야 벌린의 자유론』, 아카넷, 2006, 344쪽.

**161** 토머스 홉스, 진석용 옮김, 『리바이어던 1』, 나남, 2008, 279쪽 이하.

**162** 벌린 (2006), 344쪽.

# 제 I 부 고전적 자유주의의 이념

**1** 이사야 벌린, 박동천 옮김, 「자유의 두 개념」, 『이사야 벌린의 자유론』, 아카넷, 2014, 344쪽.

**2** 푸코의 고고학적, 계보학적 담론 분석에 대해서는 문성훈, 『미셸 푸코의 비판적 존재론』, 도서출판 길, 2010, 제3장 사회비판: 고고학적·계보학적·실용주의적 비판의 통일.

**3** 문성훈 (2010), 80쪽.

**4** 황대현, 「르네상스와 종교개혁」, 박윤덕 외, 『서양사 강좌』, 아카넷, 2016, 240쪽.

**5** 야코프 부르크하르트, 이기숙 옮김, 『이탈리아 르네상스의 문화』, 한길사, 2003, 201쪽.

**6** 야코프 부르크하르트, 『이탈리아 르네상스의 문화』, 435쪽.

**7** 최성철, 「과거 속에서 현재를 보다: 부르크하르트의 이탈리아 르네상스의 문화」, 『서양사론』 117호, 2013.

**8** 황대현 (2016), 239쪽.

**9** 마르틴 루터, 한인수 옮김, 『그리스도인의 자유』, 도서출판 경건, 1996, 6~8쪽.

**10** 에리히 프롬, 원창화 옮김, 『자유로부터의 도피』, 홍신출판사, 1988, 제3장 종교개혁시대의 자유, 92, 95쪽.

**11** H. 롬멘, 「자연법 이념의 역사 (II)」, 광주가톨릭대학교신학연구소, 『신학전망』 76, 1987, 111쪽.

**12** 오병선, 「그로티우스의 법철학 사상」, 이근식/황경식 편저, 『자유주의의 원류: 18세기 이전의 자유주의』, 철학과현실사, 2003, 80쪽.

**13** 오병선 (2003), 84쪽.

**14** 진교훈/김상돈, 「'자연법의 원리'에 관한 소고」, 『서울대학교 사대논총』 65집, 2002.

**15** 토머스 홉스, 진석용 옮김, 『리바이어던 1』, 나남, 2008, 32쪽.

**16** 이근식, 「자유주의 생성의 사회경제적 배경」, 이근식/황경식 편저, 『자유주의 원류: 18세기 이전의 자유주의』, 철학과현실사, 2003.

**17** 전성우, 『막스 베버의 역사 사회학 연구: 서양의 도시 시민계층 발전사를 중심으로』, 사회비평사, 1996, 192쪽.

**18** 중산층과 종교개혁의 관계에 대해서는 프롬 (1988), 제3장 종교개혁시대의 자유.

**19** 이근식 (2003), 29쪽.

**20** 프롬 (1988), 67쪽.

**21** 프롬 (1988), 63쪽.

**22** 프롬 (1988), 69쪽.

**23** 이에 대한 설명은 전성우 (1996), 246~258쪽.

**24** 이근식 (2003), 40~53쪽.

**25** 이근식 (2003), 53~69쪽.

26 문지영, 「자유주의와 근대 민주주의 국가: 명예혁명의 정치사상」, 『한국정치학회보』 45(1), 2011.

27 김진호, 『근대 유럽의 역사』, 한양대학교 출판부, 2016, 140쪽.

28 김진호 (2016), 150쪽.

29 토머스 홉스, 진석용 옮김, 『리바이어던 1』, 나남 2008, 제21장 백성의 자유에 대하여, 279, 280쪽.

30 홉스 (2008), 280쪽.

31 김영식, 『과학혁명』, 민음사, 1984, 제3장 역학의 혁명: I 중세역학과 갈릴레오.

32 홉스 (2008), 76~92쪽.

33 홉스 (2008), 176쪽.

34 홉스 (2008), 138쪽.

35 홉스 (2008), 171쪽.

36 홉스 (2008), 168쪽.

37 홉스 (2008), 172쪽.

38 홉스 (2008), 174쪽.

39 홉스 (2008), 177쪽

40 홉스 (2008), 176, 189쪽.

41 홉스 (2008), 186쪽.

42 오병선, 「그로티우스의 법철학 사상」, 이근식/황경식 편저, 『자유주의의 원류: 18세기 이전의 자유주의』, 87쪽.

43 홉스 (2008), 173쪽.

44 루이스 헨리 모건, 정동호/최달곤 옮김, 『고대 사회』, 문화문고, 2005. 이에 대한 설명은 최종식, 『서양경제사론』, 서문당, 1981, 제1장 원시사회와 공산제 참조.

45 홉스 (2008), 171쪽.

46 앤서니 아블라스터, 조기제 옮김, 『서구 자유주의의 융성과 쇠퇴』, 나남, 2007, 50쪽.

47 게오르크 짐멜, 김덕영 옮김, 『근대 세계관의 역사』, 도서출판 길, 2007, 제4장 개인주의의 두 형식.

48 Michael Sandel, "The Procedural Republic and the Unencumbered Self", *Political Theory* 12(1), 1984, p. 90.

49 존 로크, 강정인/문지영 옮김, 『통치론』, 까치, 1996, 11쪽.

50 로크 (1996), 11쪽.

51 로크 (1996), 29쪽.

52 존 로크, 정병훈 외 옮김, 『인간지성론 1』, 한길사, 2014, 379쪽.

53 로크 (2014), 389쪽.

54 로크 (1996), 11쪽.

**55** 로크 (1996), 58쪽.

**56** 로크 (1996), 58쪽.

**57** 로크 (1996), 58쪽.

**58** 로크 (1996), 13쪽.

**59** 로크 (1996), 14쪽.

**60** 로크 (1996), 119~123쪽.

**61** 로크 (1996), 11쪽.

**62** 로크 (1996), 83쪽.

**63** 로크 (1996), 120쪽.

**64** 로크 (1996), 33쪽.

**65** 로크 (1996), 34쪽.

**66** 로크 (1996), 35쪽.

**67** 로크 (1996), 41쪽.

**68** 로크 (1996), 37쪽.

**69** 로크 (1996), 53쪽.

**70** 로크 (1996), 42쪽.

**71** 로크 (1996), 51쪽.

**72** 로크 (1996), 43쪽.

**73** 로크 (1996), 52쪽.

**74** 로크 (1996), 39쪽.

**75** 로크 (1996), 126쪽.

**76** 로크 (1996), 132쪽.

**77** 로크 (1996), 136쪽.

**78** 로크 (1996), 139쪽.

**79** 이하 스미스의 사상에 관한 서술은 문성훈, 「애덤 스미스: '자연적 자유'의 정의로운 실현」, 연구모임 사회비판과대안 엮음, 『근대 사회정치철학의 테제들』, 사월의책, 2021.

**80** 애덤 스미스, 김광수 옮김, 『도덕감정론』, 한길사, 2016, 87쪽.

**81** 스미스 (2016), 91쪽.

**82** 스미스 (2016), 87쪽.

**83** 스미스 (2016), 88쪽.

**84** 스미스 (2016), 99쪽.

**85** 스미스 (2016), 100쪽.

**86** 스미스 (2016), 102쪽.

**87** 스미스 (2016), 284쪽.

**88** 스미스 (2016), 287쪽.

**89** 스미스 (2016), 284~287쪽.

**90** 스미스 (2016), 325, 231쪽.

**91** 스미스 (2016), 325쪽.

**92** 스미스 (2016), 221쪽.

**93** 애덤 스미스, 김수행 옮김, 『국부론(상)』, 비봉출판사, 1992, 129쪽.

**94** 스미스 (1992), 848쪽.

**95** 스미스 (1992), 848쪽.

**96** 스미스 (1992), 129쪽.

**97** 스미스 (2016), 370쪽.

**98** 스미스 (2016), 479쪽.

**99** 스미스 (2016), 234쪽.

**100** 스미스 (2016), 491쪽.

**101** 스미스 (2016), 573쪽.

**102** 스미스 (2016), 326쪽.

**103** 스미스 (2016), 238쪽.

**104** 스미스 (2016), 237쪽.

**105** 스미스 (2016), 237쪽.

**106** 스미스 (1992), 848쪽.

**107** 스미스 (1992), 129쪽.

**108** 스미스 (1992), 848쪽.

**109** 스미스 (1992), 19쪽.

**110** 스미스 (1992), 129쪽.

**111** 문지영, 「자유주의와 근대 민주주의 국가: 명예혁명의 정치사상」, 한국정치학회, 『한국정치학회보』 45(1), 2011.

**112** 김진호, 『근대유럽의 역사』, 한양대학교 출판부, 2016, 140쪽.

**113** 양희영, 『혁명은 왜 일어났을까?』 민음인, 2013, 42~43쪽.

**114** 이하의 설명은 최종식, 『서양경제사론』, 서문당, 1981, 제5장 근대자본주의의 확립과 발전 변모.

**115** 스미스 (1992), 22쪽.

**116** 김형배, 『노동법』, 박영사, 1984, 42쪽.

**117** 칼 마르크스, 김수행 옮김, 『자본론 I (하)』, 비봉출판사, 2001, 6편 19장.

**118** 악셀 호네트, 문성훈 옮김, 『사회주의 재발명』, 사월의책, 2016, 39~40쪽.

**119** 이에 대한 설명은 문성훈, 「공동체 개념의 구조변화」, 한양대학교 평화연구소, 『문화와 정

치』 제4권 제4호, 2017 참조.

**120** 이에 대한 설명은 문성훈, 「공동체 개념의 구조변화」, 한양대학교 평화연구소, 『문화와 정치』 제4권 제4호, 2017 참조.

**121** 칼 맑스/프리드리히 엥겔스, 「공산주의당 선언」, 『저작 선집 1』, 박종철출판사, 1991, 421쪽.

**122** 칼 마르크스, 김수행 옮김, 『자본론 I(상)』, 비봉출판사, 2001, 100~101쪽. 마르크스는 "자유로운 개인들의 연합"과 함께 "자유로운 생산자 연합"이라는 표현도 사용한다.

**123** 김수행, 『마르크스가 예측한 미래사회: 자유로운 개인의 연합』, 한울, 2012.

**124** 칼 맑스/프리드리히 엥겔스, 「고타강령 초안 비판」, 『저작선집 4』, 박종철출판사, 1995, 377쪽.

**125** 칼 맑스/프리드리히 엥겔스, 「임시일반평의회 대의원에게 보낸 지시. 각종 문제들」, 『저작선집 3』, 박종철출판사, 1993, 137쪽.

**126** 프롬 (1988), 제1장.

**127** 프롬 (1988), 제5장.

**128** 이에 대해서는 김억문, 『독일 나치즘의 제원인 연구』, 전남대학교 대학원 석사학위논문, 2001, 2~5쪽; 원철, 「자유주의의 파시즘」, 영남대학교 인문과학연구소, 『인문 연구』 17(1), 1995, 1~3쪽.

## 제II부 인간의 사회성과 사회적 자유 개념

**1** Hugo Grotius, trans. J. H. v. Kirchmann, *Drei Bücher über das Recht des Krieges und Friedens*, L. Heinmann, 1869.

**2** 오병선, 「그로티우스의 법철학 사상」, 이근식/황경식 편저, 『자유주의의 원류: 18세기 이전의 자유주의』, 철학과현실사, 2003, 76쪽.

**3** 앞의 책, 84쪽.

**4** 홍기원, 「후고 그로티우스의 법 사상에 있어서 자연법과 이성: 노베르토 보비오의 홉스 테제 비판 시론」, 중앙법학회, 『중앙법학』 9(2), 2007, 986쪽.

**5** Grotius (1869), pp. 23-24.

**6** Grotius (1869), p. 22.

**7** Grotius (1869), p. 48.

**8** 이러한 입장은 김웅종, 「자연법과 전쟁: 후고 그로티우스의 〈전쟁과 평화의 법〉을 중심으로」, 국방부 군사편찬 연구소, 『군사』 91, 2014, 331쪽.

**9** Grotius (1869), p. 34.

**10** Grotius (1869), p. 75.

**11** Grotius (1869), p. 24.

**12** Grotius (1869), pp. 26-29.

**13** Grotius (1869), p. 25.

**14** Grotius (1869), p. 24.

**15** Grotius (1869), p. 24.

**16** 스티븐 K. 샌더슨, 김정선 외 옮김, 『사회학』, 도서출판 그린, 1998, 63쪽.

**17** 앤서니 기든스, 김미숙 외 옮김, 『현대 사회학』, 을유문화사, 1994, 59쪽.

**18** 샌더슨 (1998), 55~56쪽.

**19** Grotius (1869), p. 25.

**20** Grotius (1869), p. 30.

**21** Grotius (1869), p. 32.

**22** 오병선 (2003), 101쪽.

**23** Grotius (1869), p. 30.

**24** 오병선 (2003), 99쪽.

**25** Grotius (1869), p. 32.

**26** 장 자크 루소, 김중현 옮김, 『에밀』, 한길사, 2003, 830쪽, 이하 루소 (2003a).

**27** 장 자크 루소, 주경복/고봉만 옮김, 『인간 불평등 기원론』, 책세상, 2003, 이하 루소 (2003b).

**28** 루소 (2003b), 33쪽.

**29** 루소 (2003b), 36쪽.

**30** 루소 (2003b), 46쪽.

**31** 루소 (2003b), 45쪽.

**32** 루소 (2003b), 47쪽.

**33** 루소 (2003b), 38쪽.

**34** 루소 (2003b), 79쪽.

**35** 루소 (2003b), 53쪽.

**36** 루소 (2003b), 80쪽.

**37** 루소 (2003b), 81쪽.

**38** 루소 (2003b), 81쪽.

**39** 루소 (2003b), 33쪽.

**40** 루소 (2003b), 47쪽.

**41** 루소 (2003b), 33쪽.

**42** 루소 (2003b), 51쪽.

**43** 루소 (2003b), 38쪽.

**44** 루소 (2003b), 39쪽.

**45** 루소 (2003b), 63쪽.

**46** 루소 (2003a), 382쪽.

**47** 루소, (2003a), 382쪽.

**48** 루소, (2003b), 84쪽.

**49** 루소 (2003b), 85쪽.

**50** 루소 (2003b), 80~83쪽.

**51** 루소 (2003b), 82쪽

**52** 루소 (2003b), 83쪽.

**53** 루소 (2003a), 395쪽.

**54** 루소 (2003b), 39쪽.

**55** 루소 (2003a), 380쪽.

**56** 루소 (2003b), 50쪽.

**57** 루소 (2003b), 51쪽.

**58** 루소 (2003b), 89쪽.

**59** 루소 (2003b), 63쪽.

**60** 루소 (2003b), 69쪽.

**61** 루소 (2003b), 83~85쪽.

**62** 루소 (2003b), 84쪽.

63 루소 (2003b), 96~97쪽.

64 루소 (2003b), 99쪽.

65 루소 (2003b), 100쪽.

66 루소 (2003b), 101쪽.

67 루소 (2003b), 102쪽.

68 루소 (2003b), 105쪽

69 루소 (2003b), 105쪽

70 루소 (2003b), 104쪽.

71 루소 (2003b), 106쪽.

72 루소 (2003b), 113쪽

73 루소 (2003b), 112쪽.

74 루소 (2003b), 113쪽.

75 루소 (2003b), 114쪽.

76 루소 (2003b), 116쪽.

77 루소 (2003b), 117쪽.

78 루소 (2003b), 135쪽.

79 루소 (2003b), 126쪽.

80 장 자크 루소, 박호성 옮김, 「사회계약론」, 『루소전집』 8, 책세상, 2015, 20쪽, 이하 루소 (2015a).

81 루소 (2015a), 46쪽.

82 루소 (2015a), 42쪽.

83 장 자크 루소, 박호성 옮김, 「정치경제론」, 『루소전집』 8, 책세상 2015, 235쪽, 이하 루소 (2015b).

84 루소 (2015b), 46쪽.

85 루소 (2015b), 239쪽.

86 루소 (2015b), 266쪽.

87 루소 (2015b), 272쪽.

88 샌더슨 (1998), 42쪽.

89 샌더슨 (1998), 42쪽.

90 샌더슨 (1998), 63쪽.

91 샌더슨 (1998), 53쪽.

92 루소 (2003b), 62쪽.

93 루소 (2003b), 62쪽.

94 루소 (2003b), 71쪽.

**95** 루소 (2003b), 102쪽.

**96** 루소 (2003b), 61쪽.

**97** 루소 (2003b), 61쪽.

**98** 루소 (2003b), 62쪽.

**99** 루소 (2003b), 62쪽.

**100** 아구스틴 푸엔테스, 박혜원 옮김, 『크리에이티브』, 추수밭, 2018, 14쪽.

**101** 푸엔테스 (2018), 13쪽.

**102** 푸엔테스 (2018), 4쪽.

**103** 푸엔테스 (2018), 13쪽.

**104** 푸엔테스 (2018), 17~18쪽.

**105** 푸엔테스 (2018), 22쪽.

**106** 푸엔테스 (2018), 28쪽.

**107** 푸엔테스 (2018), 22쪽.

**108** 푸엔테스 (2018), 125쪽.

**109** 푸엔테스 (2018), 134쪽.

**110** 푸엔테스 (2018), 120~121쪽.

**111** 푸엔테스 (2018), 135쪽.

**112** 푸엔테스 (2018), 137쪽.

**113** 베르트 휠도블러/에드워드 윌슨, 『초유기체』, 사이언스북스, 2017, 80쪽.

**114** 휠도블러/윌슨 (2017), 24쪽.

**115** 휠도블러/윌슨 (2017), 20쪽.

**116** 휠도블러/윌슨 (2017), 80쪽.

**117** 리처드 도킨스, 홍영남/이상임 옮김, 『이기적 유전자』, 을유문화사, 2010.

**118** 마이클 토마셀로, 이정원 옮김, 『생각의 기원』, 이데아, 2017.

**119** 토마셀로 (2017), 25쪽.

**120** 토마셀로 (2017), 26쪽.

**121** 토마셀로 (2017), 37쪽.

**122** 토마셀로 (2017), 41쪽.

**123** 토마셀로 (2017), 57쪽.

**124** 토마셀로 (2017), 56쪽.

**125** 토마셀로 (2017), 66쪽.

**126** 토마셀로 (2017), 68쪽.

**127** 토마셀로 (2017), 84, 85쪽.

**128** 토마셀로 (2017), 126쪽.

**129** 토마셀로 (2017), 132쪽.

**130** 토마셀로 (2017), 177쪽.

**131** 토마셀로 (2017), 67쪽, 각주 2.

**132** 토마셀로 (2017), 67쪽.

**133** 앤서니 아블라스터, 『서구 자유주의의 융성과 쇠퇴』, 나남, 2007.

**134** 박성진, 『새로운 자유주의의 제해석』, 성균관대학교 박사학위논문, 2014, 1쪽.

**135** 서병훈에 따르면, "신자유주의[새로운 자유주의]는 고전적 자유주의의 기본 원리를 계승하되, 개인주의의 자리에다 〈사회〉를 대신 앉혀" 놓고 있으며, 바로 이런 의미에서 새로운 자유주의는 "사회적 자유주의"였다는 것이다. 서병훈, 「우리는 이제 모두 사회주의자? 사회적 자유주의 혹은 신자유주의」, 『사회비평』 제9호, 1993, 48쪽.

**136** 군나르 시르베크/닐스 길리에, 윤형식 옮김, 『서양철학사』, 이학사, 2016, 585쪽.

**137** 군나르 시르베크/닐스 길리에, 『서양철학사』, 591쪽.

**138** 사이모니와 와인스타인은 그린, 홉하우스, 흡슨, 리치 등을 새로운 자유주의자로 규정한다. A. Simhony/D. Weinstein, "Introduction", in: *The New Liberalism: Reconciling Liberty and Community*, (eds.) A. Simhony/D. Weistein, Cambridge: Cambridge University Press, 2001, p. 1.

**139** 존 듀이, 김진희 옮김, 『자유주의와 사회적 실천』, 책세상, 2011, 38쪽.

**140** 이사야 벌린, 박동천 옮김, 『이사야 벌린의 자유론』, 아카넷, 2014, 155~156쪽.

**141** 토머스 힐 그린, 서병훈 옮김, 『윤리학 서설』, 한길사, 2004, 258쪽.

**142** 그린 (2004), 280쪽.

**143** 그린 (2004), 69~70쪽.

**144** 그린 (2004), 135쪽.

**145** 그린 (2004), 259쪽.

**146** 그린 (2004), 281쪽.

**147** 그린 (2004), 294쪽.

**148** 그린 (2004), 295쪽.

**149** 그린 (2004), 281쪽.

**150** 그린 (2004), 281쪽.

**151** 그린 (2004), 268쪽.

**152** 자유의 단계에 대한 설명은 박성진 (2014), 110~114쪽.

**153** 이에 대한 설명은 로버트 L. 애링턴, 김성호 옮김, 『서양 윤리학사』, 서광사, 2003, 410~458쪽.

**154** 그린 (2004), 314~318쪽.

**155** 그린 (2004), 391쪽.

**156** 그린 (2004), 378쪽.

**157** 그린 (2004), 317쪽.

**158** 그린 (2004), 397쪽.

**159** 그린 (2004), 319쪽.

**160** 그린 (2004), 397쪽.

**161** 그린 (2004), 391쪽.

**162** 그린 (2004), 391쪽.

**163** 그린 (2004), 395쪽.

**164** 그린 (2004), 396쪽.

**165** 그린 (2004), 359쪽.

**166** 그린 (2004), 355쪽.

**167** 그린 (2004), 87쪽.

**168** 소유물에 대한 설명은 박성진 (2014), 94~98쪽.

**169** L. T. 홉하우스, 김성균 옮김, 『자유주의의 본질』, 현대미학사, 2006, 157쪽. 여기서 역자는 Liberal Socialism을 "자유로운 사회주의"로 번역했다.

**170** L. T. Hobhouse, *Democracy and Reaction*, New York: G. P. Putnam's Sons, 1905, 226쪽.

**171** Hobhouse (1905), p. 227.

**172** Hobhouse (1905), p. 218.

**173** Hobhouse (1905), p. 217.

**174** 홉하우스 (2016), 39쪽.

**175** Hobhouse (1905), p. 227.

**176** Hobhouse (1905), p. 228.

**177** 홉하우스 (2016), 119쪽.

**178** 홉하우스 (2016), 120쪽.

**179** 홉하우스 (2016), 121쪽.

**180** 홉하우스 (2016), 122쪽.

**181** 홉하우스 (2016), 122쪽.

**182** 홉하우스 (2016), 123쪽.

**183** 홉하우스 (2016), 123쪽

**184** 홉하우스 (2016), 109쪽.

**185** 홉하우스 (2016), 123쪽.

**186** 홉하우스 (2016), 128쪽.

**187** 홉하우스 (2016), 171쪽.

**188** 홉하우스 (2016), 168쪽.

**189** 홉하우스 (2016), 168쪽.

190 홉하우스 (2016), 171쪽.

191 홉하우스 (2016), 169~171쪽.

192 홉하우스 (2016), 178쪽.

193 홉하우스 (2016), 178쪽.

194 홉하우스 (2016), 124쪽.

195 홉하우스 (2016), 125쪽.

196 홉하우스 (2016), 147쪽.

197 홉하우스 (2016), 93쪽.

198 홉하우스 (2016), 88쪽.

199 홉하우스 (2016), 91쪽.

200 홉하우스 (2016), 89쪽.

201 홉하우스 (2016), 93쪽.

202 홉하우스 (2016), 132쪽.

203 홉하우스 (2016), 94쪽.

204 홉하우스 (2016), 94쪽.

205 홉하우스 (2016), 94쪽.

206 홉하우스 (2016), 127쪽.

207 이에 대해서는 문성훈, 「하버마스에서 호네트로: 프랑크푸르트학파 사회비판모델의 인정 이론적 전환」, 철학연구회, 『철학연구』, 73, 2006 참조.

208 Max Horkheimer, "Verwaltete Welt. Gespräche mit Otmar Hersche (1970)"; "Pessimismus heute (1971)", *Gesammelte Schriften* Bd. 7, Suhrkamp, 1975.

209 위르겐 하버마스, 『의사소통행위이론 2』, 나남출판, 2006, 493쪽, 이하 하버마스 (2006b).

210 위르겐 하버마스, 『의사소통행위이론 1』, 나남출판, 2006, 423쪽, 이하 하버마스 (2006a).

211 하버마스 (2006a), 57쪽.

212 하버마스는 의사소통행위를 통한 행위조정을 피아제의 인지발달이론에 근거하여 "사회적 협동"으로 본다. 하버마스 (2006a), 52쪽.

213 하버마스 (2006b), 47, 79쪽.

214 Jürgen Habermas, *Die neue Unübersichtlichkeit*, Suhrkamp, 1996. p. 134.

215 조지 허버트 미드, 나은영 옮김, 『정신, 자아, 사회』, 한길사, 2010, 172쪽. 번역본에는 "reflective intelligence"를 반사적 지능으로 번역했다. 그러나 reflection은 반성이나 성찰로 번역하는 것이 일반적이다.

216 미드 (2010), 180쪽.

217 미드 (2010), 172쪽.

218 미드 (2010), 174쪽.

219 미드 (2010), 176쪽.

220 미드 (2010), 191~192쪽.

221 미드 (2010), 159쪽.

222 미드 (2010), 128쪽.

223 미드 (2010), 234쪽.

224 미드 (2010), 255쪽.

225 미드 (2010), 240쪽.

226 미드 (2010), 247쪽.

227 미드 (2010), 244쪽.

228 미드 (2010), 265쪽.

229 미드 (2010), 291쪽.

230 미드 (2010), 385쪽.

231 미드 (2010), 381쪽.

232 Jürgen Habermas, "Arbeit und Interaktion. Bemerkung zu Hegels Jenenser 'Philosophie des Geistes' (1967)", in: ders., *Technik und Wissenschaft*, Suhrkamp, 1969.

233 악셀 호네트, 문성훈/이현재 옮김, 『인정 투쟁』, 사월의책, 2011, 140쪽.

234 호네트 (2011), 141쪽.

235 호네트 (2011), 141쪽.

236 호네트 (2011), 137쪽.

237 호네트 (2011), 28쪽.

238 호네트 (2011), 46, 47쪽.

239 호네트 (2011), 56쪽.

240 호네트 (2011), 57쪽.

241 호네트 (2011), 68쪽.

242 호네트 (2011), 85쪽.

243 호네트 (2011), 86쪽.

244 호네트 (2011), 93쪽.

245 호네트 (2011), 67쪽.

246 호네트 (2011), 117쪽.

247 호네트 (2011), 54쪽.

248 호네트 (2011), 158쪽.

249 호네트 (2011), 166쪽.

250 호네트 (2011), 189쪽.

251 호네트 (2011), 252쪽.

252 호네트 (2011), 211쪽.

253 호네트 (2011), 254쪽.

254 호네트 (2011), 248쪽.

255 호네트 (2011), 255쪽.

256 Axel Honneth, *Das Recht der Freiheit*, Suhrkamp, 2011.

257 Honneth (2011), p. 82; Frederick Neuhouser. *Foundations of Hegel's Social Theory: Actualizing Freedom*, Cambridge/Mass., 2000, p. 5.

258 Honneth (2011), p. 83.

259 Honneth (2011), p. 89

260 Honneth (2011), p. 92.

261 Honneth (2011), p. 93.

262 Honneth (2011), p. 94.

263 Honneth (2011), p. 86.

264 Honneth (2011), p. 106.

265 Honneth (2011), p. 126.

266 Honneth (2011), p. 229.

267 Honneth (2011), p. 233.

268 Honneth (2011), p. 234.

269 Honneth (2011), p. 246.

270 Honneth (2011), p. 248.

271 Honneth (2011), p. 248.

272 Honneth (2011), p. 269.

273 Honneth (2011), p. 270.

274 Honneth (2011), p. 271.

275 Honneth (2011), p. 303.

276 Honneth (2011), p. 295.

277 Honneth (2011), p. 305

278 Honneth (2011), p. 308.

279 Honneth (2011), p. 332.

280 Honneth (2011), p. 329.

281 Honneth (2011), pp. 327-328.

282 Karl Polanyi, *The Great Transformation. Politische und ökonomische Ursprünge von Gesellschaften und Wirtschaftssystemen*, Frankfurt/M., 1978, 6장. (재참조: Honneth (2011), p. 338)

283 Talcott Parsons, "The Marshall Lectures (1953)", *Research Reports from the Department of Sociology, Upsala University*, 1986, Nr. 4. (재참조: Honneth (2011), p. 341)

**284** Amitai Etzioni, *The Moral Dimension: Towards a New Economics*, New York, 1988, 12장. (재참조: Honneth (2011), p. 343)

**285** Fred Hirsch, *Social Limits to Growth*, Cambridge/Mass., 1976, 12/13장. (재참조: Honneth (2011), p. 344)

**286** Honneth (2011), p. 352.

**287** Honneth (2011), p. 361.

**288** Honneth (2011), p. 363.

**289** Honneth (2011), p. 389.

**290** Honneth (2011), p. 410.

**291** Honneth (2011), p. 458.

**292** Honneth (2011), p. 471.

**293** Honneth (2011), p. 475.

**294** Honneth (2011), pp. 539-546.

**295** Honneth (2011), p. 568.

**296** Honneth (2011), p. 613.

**297** Honneth (2011), p. 616.

**298** Honneth (2011), p. 616.

**299** Honneth (2011), p. 276.

**300** Honneth (2011), p. 457.

## 제Ⅲ부 새로운 사회적 자유주의의 구성요소

**1** F. A. Hayek, *Studies in Philosophy, Politics and Economics*, Routedge & Kegan Paul, 1967, p. 161. (재참조: 앤서니 아블라스터, 조기제 옮김, 『서구 자유주의의 융성과 쇠퇴』, 나남, 2007, 163쪽.)

**2** 토머스 홉스, 진석용 옮김, 『리바이어던 1』, 나남, 2008, 279쪽.

**3** 문지영, 「자유주의와 근대 민주주의 국가: 명예혁명의 정치사상」, 『한국정치학회보』 45(1), 2011.

**4** 존 로크, 강정인/문지영 옮김, 『통치론』, 까치, 1996, 209, 143쪽.

**5** 로크 (1996), 277쪽.

**6** 로크 (1996), 109쪽.

**7** 서병훈, 「국민에 대한 거역? 존 스튜어트 밀의 민주적 플라톤주의」, 『정치사상연구』 15(1), 2009.

**8** 김기순, 「J. S. 밀의 민주주의론」, 『영국연구』, 40, 2018.

**9** J. S. Mill, "Mill to Moncure Daniel Conway (Oct. 23, 1865)", *CW* 16, p. 1106; "Mill to R. C. Madge (Dec. 7, 1868)", *CW* 16, p. 1514. (재인용: 김기순 (2018), 150쪽.)

**10** J. S. Mill, *Considerations on Representative Government in Three Essays: On Liberty, Considerations on Representative Government, The Subjection of Women*, Oxford: Oxford University Press, 1983, 12장. (재인용: 서병훈 (2009), 218쪽)

**11** 서병훈 (2009), 220~223쪽.

**12** 장 자크 루소, 김중현 옮김, 『사회계약론』, 펭귄클래식코리아, 2015, 17쪽.

**13** 루소 (2015), 53쪽.

**14** 루소 (2015), 113쪽.

**15** 루소 (2015), 113쪽.

**16** 루소 (2015), 113쪽.

**17** 뒤르켐의 민주주의론에 대한 설명은 다음을 참조했다. 김종엽, 『연대와 열광: 에밀 뒤르켐의 현대성 비판 연구』, 창작과비평사, 1998, 제3장.

**18** 이에 대한 설명은 다음을 참조했다. 문성훈, 『인정의 시대』, 사월의책, 2014, 제5장.

**19** 로버트 달, 김용호 옮김, 『민주주의 이론 서설: 미국 민주주의의 원리』, 법문사, 1990.

**20** 로버트 달, 배관표 옮김, 『경제민주주의에 관하여』, 후마니타스, 2011.

**21** 콜린 크라우치, 이환 옮김, 『포스트 민주주의』, 미지북스, 2008.

**22** 최장집, 『민주화 이후의 민주주의』, 후마니타스, 2002.

**23** 악셀 호네트, 「반성적 협동으로서의 민주주의: 존 듀이와 현대 민주주의론」, 문성훈 외 옮김, 『정의의 타자』, 나남, 2009.

**24** 호네트의 민주주의 모델에 대해서는 문성훈, 「현대 민주주의의 위기와 새로운 사회적 자유

주의」,『철학과 현실』 123호, 2019.

25  애덤 스미스, 김수행 옮김,『국부론』 상/하, 비봉출판사, 2007, 848쪽.

26  로버트 프랭크, 안세민 옮김,『경쟁의 종말』, 웅진지식하우스, 2012.

27  프랭크 (2012), 50~52, 128쪽.

28  리처드 도킨스, 홍영남 외 옮김,『이기적 유전자』, 을유문화사, 2018.

29  도킨스 (2018), 189~198쪽.

30  도킨스 (2018), 329~347쪽.

31  로버트 액설로드, 이경식 옮김,『협력의 진화』, 시스테마, 2009.

32  액설로드 (2009), 11쪽.

33  액설로드 (2009), 30~33쪽.

34  액설로드 (2009), 25쪽.

35  문성훈,「칸트의 세계시민사회이념과 인정」,『사회와 철학』 19호, 2010.

36  민경국,『하이에크, 자유의 길』, 한울아카데미, 2007, 2장 5절.

37  존 롤즈, 황경식 옮김,『정의론』, 이학사, 2003, 45쪽.

38  롤즈 (2003), 45쪽.

39  롤즈 (2003), 46~47쪽.

40  롤즈 (2003), 40쪽.

41  롤즈 (2003), 40쪽.

42  롤즈 (2003), 21쪽.

43  롤즈 (2003), 306쪽.

44  롤즈 (2003), 267쪽.

45  롤즈 (2003), 307쪽.

46  롤즈 (2003), 21~22쪽.

47  롤즈 (2003), 22쪽.

48  롤즈 (2003), 670쪽.

49  롤즈 (2003), 673쪽.

50  롤즈 (2003), 674쪽.

51  롤즈 (2003), 677쪽.

52  롤즈 (2003), 672쪽.

53  롤즈 (2003), 675쪽

54  롤즈 (2003), 568쪽.

55  롤즈 (2003), 443쪽.

56  롤즈 (2003), 569쪽.

57  이에 대해서는 홍성우,「롤즈의 자존감 이론」,『범한 철학』 61, 2011.

58 이에 대해서는 정원섭, 「자유주의 정치철학과 복지: 롤즈의 재산 소유 민주주의를 중심으로」, 『통일인문학』 56, 2013.

59 롤즈 (2003), 21쪽.

60 이에 대해서는 문성훈, 「마이클 왈쩌의 '다원적 정의'와 현대 사회 비판」, 『범한 철학』 70(3), 2013.

61 마이클 왈쩌, 정원섭 외 옮김, 『정의와 다원적 평등: 정의의 영역들』, 철학과현실사, 1999, 18쪽.

62 왈써 (1999), 19쪽.

63 왈쩌 (1999), 17쪽.

64 왈쩌 (1999), 43쪽.

65 왈쩌 (1999), 23쪽.

66 마이클 왈쩌, 송재우 옮김, 『관용에 대하여』, 미토, 2004, 7쪽.

67 버트런드 러셀, 『버트런드 러셀의 자유로 가는 길』, 함께 읽는 책, 2012, 73쪽.

68 러셀 (2012), 139쪽.

69 러셀 (2012), 266쪽.

70 칼 맑스/프리드리히 엥겔스, 「공산주의당 선언」, 『저작 선집 1』, 박종철출판사, 1991, 421쪽.

71 러셀 (2012), 74쪽.

72 러셀 (2012), 71쪽.

73 러셀 (2012), 70쪽.

74 러셀 (2012), 82쪽.

75 러셀 (2012), 148쪽.

76 러셀 (2012), 150쪽.

77 러셀 (2012), 146쪽.

78 러셀 (2012), 90쪽.

79 러셀 (2012), 147~148쪽.

80 러셀 (2012), 92쪽.

81 러셀 (2012), 122~123쪽.

82 P. Van Parijs, "Basic income and social justice: Why philosophers disagree", *Joint Joseph Rowntree Foundation/University of York Annual Lecture 2009*, 13 March 2009, p. 3. 이 글에서 파레이스는 롤스가 자신과의 대화에서 기본소득제도에 반대했다고 밝히고 있다.

83 최광은, 「재산 소유 민주주의와 기본소득의 결합: 롤스의 정의론 재해석을 통한 모색」, 『시대와 철학』 30(3), 2019.

84 주성수, 『사회적 경제: 이론, 제도, 정책』, 한양대학교 출판부, 2019, 표 1-1 EU 의회 사회적 경제 결의문.

85 주성수 (2019), 93쪽, 표 3-4 사회적 가치 유형.

**86** 주성수 (2019), 66쪽, 표 2-4 국제기관의 사회적 경제, 사회적 기업 개념 정의.

**87** 고동현 외, 『사회적 경제와 사회적 가치』, 한울, 2016, 62~63쪽.

**88** 사회적 경제의 성장에 대해서는 주성수 (2019), 21~25쪽.

**89** 프랑스의 사회적 경제에 대해서는 주성수 (2019), 33, 208~212쪽.

**90** 캐나다의 사회적 경제에 대해서는 주성수 (2019), 229~247쪽.

**91** 우리나라의 사회적 경제에 대해서는 주성수 (2019), 176~185쪽.

**92** 유럽연합의 사회적 경제에 대해서는 주성수 (2019), 18~25쪽.

**93** 문성훈, 「공동체 개념의 구조변화」, 『문화와 정치』 4(4), 2017, 45~50쪽.

**94** 윤형근 엮고 씀, 『협동조합의 오래된 미래, 선구자들』, 그물코, 2013, 292쪽.

**95** 정병호, 「교육과 협동조합 간의 협동의 원칙」, 『협동조합네트워크』 59, 2012.

**96** R. Hudson, *The social Economy beyond the local?*, University of Durham, 2005, p. 1. (재참조: 주성수 (2019), 369쪽.)

**97** J. Fontan/E. Schragge, *Social Economy: International Debates and Perspectives*, London: Black Rose, 2000, p. 6. (재참조: 주성수 (2019), 36쪽.)

**98** P. Lloyd, "The social economy in the new political economic context", in: A. Noya/E. Clarence, *Social economy: building inclusive economies*, Paris: OECD, 2007, p. 66. (재참조: 주성수 (2019), 374쪽)

**99** 문성훈, 「공동체 개념의 구조변화」, 『문화와 정치』 4(4), 2017, 55~59쪽.

**100** 강수돌, 「대안 공동체 운동의 평가와 전망」, 『진보평론』 제32호, 2007.

**101** 장 자크 루소, 『인간 불평등 기원론』, 책세상, 2003, 105쪽.

**102** 앤서니 아블라스터, 조기제 옮김, 『서구 자유주의의 융성과 쇠퇴』, 나남, 2007, 제2장, 제3장.

**103** 찰스 테일러, 송영배 옮김, 『불안한 현대 사회』, 이학사, 2001, 11쪽.

**104** 아블라스터 (2007), 제2장 자유주의적 개인주의의 토대들.

**105** 에리히 프롬, 김병익 옮김, 『건전한 사회』, 범우사, 2001, 제3장.

**106** 테어도어 W. 아도르노/M. 호르크하이머, 김유동 옮김, 『계몽의 변증법』, 문학과지성사, 2001.

**107** 김영식 편저, 『과학사개론』, 다산출판사, 1986, 제1부 6장 아리스토텔레스의 자연철학과 과학, 65~66쪽.

**108** 김영식, 『과학혁명』, 민음사, 1984, 17쪽.

**109** 아블라스터 (2007), 87쪽.

**110** 아블라스터 (2007), 72쪽.

**111** 찰스 테일러, 송영배 옮김, 『불안한 현대사회』, 이학사, 2001, 1장.

**112** 아블라스터 (2007), 74쪽.

**113** 존 로크, 정병훈 외 옮김, 『인간지성론 2』, 한길사, 2014, 308쪽.

**114** 허버트 스펜서, 이정훈 옮김, 『진보의 법칙과 원인』, 지식을만드는지식, 2014, 3쪽.

**115** 스펜서 (2014), 4쪽.

**116** 스펜서 (2014), 5쪽.

**117** 스펜서 (2014), 7쪽.

**118** 스펜서 (2014), 49쪽.

**119** H. Spencer, "The social organism", *Scientific, Political and Speculative*, London/New York, 1892.

**120** 스펜서 (2014), 7~8쪽.

**121** 스펜서 (2014), 20~27쪽.

**122** 스펜서 (2014), 18~19쪽.

**123** 양영진, 「허버트 스펜서의 사회학: 분업이론을 중심으로」, 『한국사회학』 35(5), 2001, 12~14쪽.

**124** 양영진 (2001), 14쪽.

**125** 스펜서의 사회진화론에 대해서는 愼連絳, 「스펜서의 사회진화론과 자유주의」, 『국제정치논총』 34(1), 1995.

**126** 양영진 (2001), 11쪽.

**127** H. Spenser, *Social Statics*, San Bernardino, CA: Shenandoah Bible Ministries, 2010[1850], p. 71. (재참조: 이상률, 「저주받은 사상가를 다시 읽는다」, 허버트 스펜서, 이상률 옮김, 『개인 대 국가』, 이책, 2014, 25쪽)

**128** 신연재 (1994), 204쪽.

**129** 홍성태, 「'사회적인 것'의 탄생과 뒤르카임의 '신'자유주의」, 『한국정치학회보』 36(4), 2002, 8쪽.

**130** 에밀 뒤르케임, 민문홍 옮김, 『사회분업론』, 아카넷, 2012, 74쪽.

**131** 뒤르케임 (2012), 71쪽.

**132** 뒤르케임 (2012), 72쪽.

**133** 뒤르케임 (2012), 75쪽.

**134** 뒤르케임 (2012), 87쪽.

**135** 뒤르케임 (2012), 87쪽.

**136** 뒤르케임 (2012), 95쪽.

**137** 뒤르케임 (2012), 102쪽.

**138** 뒤르케임 (2012), 105쪽.

**139** 뒤르케임 (2012), 103쪽.

**140** 뒤르케임 (2012), 94쪽.

**141** 뒤르케임 (2012), 103쪽.

**142** 뒤르케임 (2012), 96쪽.

**143** 뒤르케임 (2012), 100쪽.

**144** 뒤르케임 (2012), 128쪽.

**145** 뒤르케임 (2012), 128쪽.

**146** 뒤르케임 (2012), 128쪽.

**147** 뒤르케임 (2012), 162쪽.

**148** 뒤르케임 (2012), 163쪽.

**149** 뒤르케임 (2012), 192쪽

**150** 뒤르케임 (2012), 106쪽.

**151** 뒤르케임 (2012), 167쪽.

**152** 뒤르케임 (2012), 164쪽

**153** 뒤르케임 (2012), 134쪽.

**154** 뒤르케임 (2012), 162쪽.

**155** 뒤르케임 (2012), 169쪽.

**156** 뒤르케임 (2012), 172쪽.

**157** 뒤르케임 (2012), 180쪽.

**158** 뒤르케임 (2012), 181쪽.

**159** 뒤르케임 (2012), 181쪽.

**160** 뒤르케임 (2012), 183쪽.

**161** 뒤르케임 (2012), 191쪽.

**162** 뒤르케임 (2012), 194쪽.

**163** 이하의 설명은 다음을 참조. 김종엽, 『연대와 열광』, 창작과비평사, 1998, 252~278쪽.

**164** 홍성태, 「'사회적인 것'의 탄생과 뒤르카임의 '신'자유주의」, 『한국정치학회보』 36(4), 2002, 8쪽, 각주 1.

**165** 뒤르케임 (2012), 181쪽.

**166** 뒤르케임 (2012), 183쪽.

**167** 프리초프 카프라, 구윤서/이성범 옮김, 『새로운 과학과 문명의 전환』, 범양사, 2007. I, II장.

**168** 스티븐 호킹, 현정준 옮김, 『시간의 역사』, 96쪽.

**169** 카프라 (2007), 105~108쪽.